上海合作组织20年

20 YEARS OF SHANGHAI COOPERATION ORGANIZATION

成就、挑战与前景
ACHIEVEMENTS, CHALLENGES AND PROSPECTS

李进峰 著

社会科学文献出版社
SOCIAL SCIENCES ACADEMIC PRESS (CHINA)

序　冷战后国际格局重组中的上海合作组织

于洪君

20世纪90年代初，苏联解体，苏联十五个加盟共和国分别独立。中亚地区五个加盟共和国（哈萨克斯坦、吉尔吉斯斯坦、塔吉克斯坦、乌兹别克斯坦和土库曼斯坦）脱离苏联后，该地区突然成为地缘政治经济的"真空"地带，美国、北约、欧盟、土耳其、伊朗、日本等各方势力，纷纷开始觊觎中亚。

1996年，在"五国两方"，即以中国为一方，以俄、哈、吉、塔为另一方，开展边境事务谈判的基础上，建立了"上海五国"机制。2001年6月，乌兹别克斯坦以平等成员国身份加入"上海五国"机制。中国、俄罗斯、哈萨克斯坦、吉尔吉斯斯坦、塔吉克斯坦和乌兹别克斯坦六国元首签署联合声明，宣告上海合作组织（简称"上合组织"）成立。

20年来，上合组织经受了来自本地区和外部世界的种种考验，成为当今世界维护和平与稳定的重要力量。2017年，印度和巴基斯坦加入使上合组织成为目前世界上人口最多、面积最辽阔的地区组织。上合组织不仅是维护本地区安全和稳定的关键力量，同时也成为维护世界和平与稳定的重要力量之一。

上合组织成立初期，并没有引起国际社会的特别关注，尤其是西方国家，并没有理解和意识到上合组织属于一个脱胎于冷战思维的全新的区域组织。上合组织成员国倡导"不结盟、不对抗、不针对第三国"原则，坚持"互信、互利、平等、协商、尊重多样文明、谋求共同发展"的"上海精神"，这是上合组织得以发展壮大的独特源泉。上合组织与北约、欧盟等结盟组织的最大区别是坚持不结盟，成员国之间属于平等伙伴关系。上合组织在所有领域的合作以及军事演习等活动，均不针对第三国。可以说，上合组织扩员后，进入了新的发展阶段，同时也面临更多的机遇和挑战。

20年来的实践已经证明，正是上合组织的成立及其不断壮大，我国新疆及整个西部地区的安全稳定与发展才得到重要保障；中亚地区也才未能发生类似于格鲁吉亚、乌克兰那样后果严重的"颜色革命"，确保了中亚国家的主权安全、稳定与发展。

上合组织成员国间的平等合作与互利合作，形式丰富多彩，内涵不断扩大。成员国之间最成功的合作领域，首先是安全合作。各国持续合作，联手打击"三股势力"，这是确保本地区社会安宁、经济发展与进步繁荣的根本保障。其次是政治合作。不断促进成员国之间的政治互信，进而不断促进成员国在国际舞台上发出一致的"上合声音"，使上合组织成为维护地区安全与世界和平稳定的重要力量之一。在对外合作方面，上合组织不断加强与联合国及其下属机构的合作，坚持遵守《联合国宪章》以及维护联合国的合法地位，成为促进联合国议程的积极力量，同时也不断加大了上合组织参与全球治理的深度和广度。

在经济合作方面，许多人认为，上合组织在多边层面上的经济合作成果有限。实际上，在中俄两国全面战略协作伙伴关系推动下，成员国双边合作与多边合作的愿望不断加强。日益活跃的双边合作，促进了成员国经济发展、社会稳定和民生改善。2008年国际金融危机爆发后，成员国在交通运输便利化等方面的合作不断深化。2013年以来，在中国提出的"一带一路"倡议推动下，2015年中俄两国实现"一带一路"与欧亚经济联盟的对接合作，中哈两国产能合作也大幅度展开，各成员国的发展战略积极与"一带一路"倡议对接，有效促进了本地区国家之间的政策沟通、设施联通、贸易畅通、资金融通和民心相通。

在人文合作方面，上合组织大学的成立有效地促进了成员国的教育合作，为成员国未来发展提供了培养各领域人才、深化人力资源合作的重要渠道；丰富的文化合作，为构筑成员国地区认同和共同体意识奠定了基础；科技合作引领成员国创新发展，促进工业现代化；环保合作为成员国可持续发展和实现经济高质量发展奠定了基础。总而言之，上合组织成员国在政治、安全、经济、人文等领域的合作，取得了巨大成就，为区域合作与未来发展奠定了坚实的基础，积累了丰富经验，也进一步增强了上合组织的模式自信、理论自信和道路自信。

当然，如同任何国际性组织一样，上合组织也面临某些"成长中的问题"，或者说"前进中的挑战"。当前，上合组织存在的主要问题是理顺内部关系、完善内部治理问题，尤其是扩员后新老成员国凝聚共识、团结协作、增进互信的问题。中印互信应该加强，印巴矛盾应该化解，这是扩员后形成"八国一致"的基础和前提。展望未来，上合组织在确保本地区安全稳定繁荣发展的同时，应该以更加积极的姿态参与全球治理。应以中俄两国全面战略协调为引领，以中俄印三边协调为支撑，充分发挥各成员国的积极性和主动性，共同努力，为维护世界和平与稳定，发出"上合声音"，贡献"上合智慧"，提供"上合方案"。

李进峰研究员长期在经济领域、外交研究领域工作，有丰富的基层工作经验。他对上合组织进行了长期的跟踪研究，自2012年起，他一直担任上海合作组织黄皮书即《上海合作组织发展报告》的主编。近10年来，每年《上海合作组织发展报告》的总报告都由他执笔撰写。他从地区局势与国际大势入手，写到当年的合作成果，再到面临的机遇与挑战，最后提出可行性政策建议，受到各方好评。

前不久，我收到李进峰研究员《上海合作组织20年——成就、挑战与前景》的书稿。他希望我写个序，我欣然答应。通篇阅读书稿后，我感到这本专著有这样几个特点和创新之处。一是研究视角具有创新性，从各成员国视角分析上合组织的定位与功能；从成员国学者和外国智库学者的不同视角观察上合组织存在的问题与挑战；从一般国际组织理论和新型国际组织视角阐述上合组织的特点与独特优势。二是研究方法具有创新性，以理论思考和实践探索为基础，从国际组织比较的视角分析了东盟、欧盟扩员的经验教训对上合组织的启示；以统计学方法分析成员国之间20年的双边贸易数据及其走势。三是本书的问题意识很突出，作者把上合组织发展面临的重大问题和挑战贯穿研究的主线之中，注重将理论与实践相结合，在对上合组织政治、安全、经济、人文和对外关系领域合作的理论思考基础上，对成员国之间的务实合作做了重点论述与分析。

李进峰研究员认为，上合组织的理论基础有三个来源，上合组织发展经历了五次理论创新，上合组织发挥了四大作用，上合组织未来发展壮大将取决于三个因素，此外，他还对上合组织未来发展预测了三种可能的模式。这些研究的结论具有创新性。这部书稿是对上合组织20年发展历程的全面论述，既有实践分析，又有理论探讨；既有量化研究，也有定性研判；既有问题意识，也有政策建议。我感到，这是上合组织研究领域非常重要和相当权威的一部参考书和工具书。无论是对从事上合组织和国际组织研究的学者专家来说，还是对从事相关工作的人员而言，本书都有不可或缺的参阅价值。对于上合组织，特别是上合组织秘书处加强内部治理与机制改革也具有重要参考价值。

2021年是上合组织成立20周年，本书及时出版发行，无疑是对该组织不可多得的学术献礼。祝贺李进峰研究员著作问世！

全国政协委员、中共中央对外联络部原副部长
中国人民争取和平与裁军协会副会长
于洪君
2021年3月30日

目 录

第一章 导论 ·· 1
  第一节 上海合作组织的地位与作用 ··· 1
  第二节 上海合作组织研究综述 ·· 6
  第三节 章节结构及研究特点 ·· 18

第二章 上海合作组织发展历程与回顾 ·· 21
  第一节 成立前"上海五国"机制阶段（1996~2000） ····················· 21
  第二节 上海合作组织初创阶段（2001~2006） ····························· 23
  第三节 上海合作组织合作领域拓展阶段（2006~2011） ················ 31
  第四节 上海合作组织稳步发展阶段（2011~2016） ······················ 37
  第五节 上海合作组织扩员后发展新阶段（2017~2020） ··············· 45

第三章 上海合作组织各领域合作 ·· 48
  第一节 上海合作组织制度建设 ·· 48
  第二节 上海合作组织政治合作 ·· 52
  第三节 上海合作组织安全合作 ·· 66
  第四节 上海合作组织经济合作 ·· 77
  第五节 上海合作组织人文合作 ·· 95
  第六节 上海合作组织对外关系 ··· 105

第四章 上海合作组织发展问题与挑战 ·· 114
  第一节 上海合作组织自身建设问题 ·· 115
  第二节 上海合作组织内部问题与挑战 ······································· 124
  第三节 上海合作组织扩员及扩员后的挑战 ································ 130

第四节　上海合作组织面临的外部挑战 ……………………… 144

第五章　上海合作组织的发展机遇 …………………………………… 169
　　第一节　成员国政治互信不断增强 …………………………… 169
　　第二节　"一带一路"与欧亚经济联盟对接促进区域发展 …… 174
　　第三节　金融危机后新兴经济体加快发展 …………………… 179
　　第四节　"一带一路"倡议促进上海合作组织发展 …………… 180
　　第五节　上海合作组织首次扩员 ……………………………… 189
　　第六节　构建地区命运共同体和参与全球治理 ……………… 195

第六章　东盟等国际组织扩员经验教训及启示 ……………………… 202
　　第一节　东盟发展历程与特点 ………………………………… 202
　　第二节　上海合作组织扩员条件与东盟扩员的比较 ………… 207
　　第三节　东盟扩员的经验与教训 ……………………………… 211
　　第四节　欧盟扩员的经验与教训 ……………………………… 221
　　第五节　东盟、欧盟扩员对上海合作组织的启示 …………… 234

第七章　外国智库对上海合作组织的认知与评价 …………………… 237
　　第一节　外国智库对上海合作组织的评价 …………………… 238
　　第二节　外国智库对印巴加入上海合作组织的评价 ………… 245
　　第三节　外国智库对上海合作组织未来可能的成员国评价 … 252
　　第四节　外国智库对上海合作组织与其他国际组织关系的评价 … 255
　　第五节　外国智库对中俄印与上海合作组织关系的评价 …… 260

第八章　"一带一路"框架下成员国务实合作 ……………………… 270
　　第一节　上海合作组织成员国20年经济总量分析 …………… 270
　　第二节　中国与成员国"一带一路"产能合作分析 ………… 276
　　第三节　中国与成员国"一带一路"境外经贸合作区建设 … 301
　　第四节　上海合作组织成员国之间20年贸易分析 …………… 309

第九章　上海合作组织的发展前景 …………………………………… 360
　　第一节　上海合作组织各领域合作的理论思考 ……………… 360
　　第二节　各领域未来合作重点 ………………………………… 374

第三节 促进上海合作组织治理能力建设的思考 …………… 382
第四节 上海合作组织的发展前景 ……………………………… 385

参考文献 ………………………………………………………… 392
后　记 ………………………………………………………… 410

第一章 导论

上海合作组织（简称"上合组织"）于 2001 年成立，20 年来不断推进理论创新和实践探索，已成为有威望和影响力的国际和地区组织，成为国际关系体系中保障安全、稳定和可持续发展的有效因素。成立 20 年来，上合组织内部凝聚力和外部吸引力不断增大，"朋友圈"不断扩大，国际社会的目光越来越多地聚焦上合组织。上合组织现有中国、俄罗斯、哈萨克斯坦、吉尔吉斯斯坦、塔吉克斯坦、乌兹别克斯坦、印度和巴基斯坦八个成员国，其中，印度和巴基斯坦是在 2017 年 6 月正式加入。现有白俄罗斯、蒙古国、伊朗和阿富汗四个观察员国，现有土耳其、斯里兰卡、亚美尼亚、尼泊尔、柬埔寨和阿塞拜疆六个对话伙伴国。目前，伊朗、阿富汗已经正式提出申请希望成为上合组织的成员国；斯里兰卡、孟加拉国、叙利亚、亚美尼亚、阿塞拜疆、尼泊尔已经提出申请希望成为上合组织的观察员国；乌克兰、马尔代夫、埃及、沙特阿拉伯、巴林和以色列等国家已经提出申请希望成为上合组织的对话伙伴国。

第一节 上海合作组织的地位与作用

上合组织成立 20 年来，已探索出顺应时代发展的新型国际组织模式，已成为具有威望和影响力的国际和地区组织，成为当代国际关系中保障安全、稳定和可持续发展的有效因素，树立了地区和国际合作的典范。作为高效和建设性多边合作机制，上合组织在维护地区和平稳定、促进成员国繁荣发展方面发挥着重要作用。上合组织已成为各成员国之间深化相互理解、加强相互信任与对话、建设平等伙伴关系的稳固平台，致力于在国际法基础上，建设新型国际关系和携手构建人类命运共同体。① 20 年实践证明，"上海精神"是上合组织顺利发展和不断壮大的独特源泉。

---

① 《上海合作组织成员国元首理事会比什凯克宣言》，2019 年 6 月 15 日，新华网，http：//news. haiwainet. cn/n/2019/0615/c3544218 - 31575351. html。

一 上海合作组织积极发挥"四大作用"

经过 20 年理论探索与实践、创新与发展，上合组织已经成为具有自身特色的新型区域组织，形成了政治、安全、经济和人文领域合作的"四个支柱"。

其一，在政治合作方面。成员国以"上海精神"为引领，坚持"不结盟、不对抗、不针对第三国"原则，坚持新发展观、新安全观、新合作观、新文明观和新全球治理观。成员国一致反对霸权主义和强权政治，反对逆全球化潮流，坚持在联合国框架下通过政治途径和平解决地区冲突和国家间争端，推动构建新型国际关系，携手共同打造上合组织命运共同体。

其二，在安全合作方面。成立 20 年来把共同打击"三股势力"作为首要任务已经成为上合组织成员国的重要战略共识。从 2001 年上合组织第一次元首峰会签署《打击恐怖主义、分裂主义和极端主义上海公约》，到 2017 年上合组织第十七次元首峰会签署《上海合作组织反极端主义公约》，上合组织已经签署了一系列旨在打击"三股势力"的法律文件，形成了具有系统性的安全合作制度安排，为上合组织成员国持续联合打击"三股势力"奠定了法律基础。上合组织成员国强调建立以联合国为主导、以国际法为基础的全球反恐统一机制和体系。上合组织明确表示反对一切形式的恐怖主义，成员国反对在对待恐怖活动和极端分子方面采取双重标准。上合组织定期开展区域反恐演习，对"三股势力"已经形成强大震慑，上合组织已经成为维护本地区安全稳定的重要力量。[①]

其三，在区域经济合作方面。从成立初期，成员国就十分重视经济合作，2003 年制定了首份成员国多边经贸合作纲要，尽管后来落实得不太理想，但是，这充分表明了成员国一致推动区域合作的决心与信心。2008 年爆发金融危机后，面对国际形势的新变化和新挑战，上合组织不断促进各成员国自身的经济建设和双边、多边经济合作，积极推动区域经济合作和经济全球化进程，反对贸易保护主义，努力消除上合组织区域内的贸易壁垒。2013 年以来，以"一带一路"倡议为契机，推动成员国之间发展战略对接，广泛深入开展国际合作，积极推动第三方合作。在 2019 年上合组织新版《上海合作组织成员国多边经贸合作纲要》指引下，进一步推动区域贸易和投资便利化，切实落实《上海合作组织至 2025 年发展战略》的相关措施清单，为发展区域经济合作创造有利条件，推动各成员国贸易商品结构多样化，努力实现区域商品、资本、服务和技术自

---

① 王毅：《上合组织的三大支柱》，2018 年 6 月 8 日，中国日报网，https://baijiahao.baidu.com/s?id=16026906253696822028&wfr=spider&for=pc。

由流通。上合组织已经成为维护国际多边贸易体系的重要力量，为构建开放型世界经济不断贡献"上合力量"。

其四，在人文合作方面。自2007年签署《上海合作组织成员国政府间文化合作协定》以来，上合组织不断促进成员国之间在文化、教育、环保、科技、旅游和卫生等领域的合作。上合组织框架下的文化合作与交流加深了各成员国人民之间的相互了解和理解，在保护和鼓励文化多样性方面取得了丰硕成果，如各成员国互办文化年、语言年、旅游年、艺术节和举办国际博览会等。成员国定期召开教育无国界活动，上合组织大学合作不断深化。上合组织各成员国在居民医疗保健、卫生防疫保障和应对新冠肺炎等传染病领域密切合作。中国游客去俄罗斯、哈萨克斯坦等成员国旅游的热情不断增长。上合组织许多成员国都是古代丝绸之路的重要沿线国家，成员国在共同研究和保护丝绸之路文化和自然遗产方面不断拓展合作新领域。人文合作为成员国深化政治、安全和经济领域合作奠定了社会和民意基础。

上合组织20年来主要发挥了"四大作用"：在构建安全和谐地区方面起到中流砥柱作用，成员国密切合作持续打击"三股势力"，成为中亚和中国西部安全的重要保障机制；在促进成员国自身经济发展、加强区域经济合作应对世界金融危机和改善成员国民生方面发挥了重要作用；在促进"一带一路"共建国家发展战略对接和务实合作方面发挥了重要平台作用；积极参与全球治理，在推动构建更加公平合理的国际政治经济新秩序方面发挥的作用越来越明显。

成立20年来，上合组织发展已经实现了"三个跨越"：组织功能跨越，从成立初期主要打击"三股势力"的安全合作到"安全与经济"双轮驱动，再到政治、安全、经济与人文四大领域的全面合作；组织成员（数量）跨越，2017年上合组织首次扩员成功，印度和巴基斯坦加入，从成立初期的"中俄＋中亚四国"，以中亚为中心，拓展为包括南亚、印度洋地区的八个成员国，形成成员国、观察员国和对话伙伴国三个层次共十八个国家的"朋友圈"；组织议题跨越，从成立初期主要应对现实的非传统安全问题挑战，发展到关注成员国之间的发展战略对接等务实合作以及地区性议题，从中亚地区及周边的议题，拓展到欧亚大陆地区及周边的议题并积极参与全球治理。

二　上海合作组织在理论不断创新中发展壮大

上合组织成立的理论基础至少来自三个方面：来自成员国对冷战后国际关系的新思考，在没有传统意义上的战争"假想敌"或"敌人"的情况下，周边国家以增加国家之间信任和加强应对非传统安全为目标，建立新的伙伴关系；

来自中华传统文化中"和为贵""和合"理念,大道之行,天下为公;来自成员国对传统联盟理念的扬弃,在组织形式和组织结构上借鉴了传统联盟的组织结构,但是,在组织功能和定位上与传统联盟有着本质的区别,最具特色的是"三不原则",即上合组织坚持"不结盟、不对抗、不针对第三国"原则。

从历史的逻辑看,近百年来,中华民族遭受外部列强欺辱,战争给中华民族带来了巨大牺牲,同时,二战以后,法西斯主义也遭到全人类的唾弃。中国人民爱好和平,希望在和平的环境中发展,使国家富强、人民幸福。从现实的逻辑看,和平与发展是当今世界的主题,是人类历史发展的大潮流,不可逆转。苏联解体、世界两极对立的消失,使传统意义上的大规模战争不大可能再发生。在此背景下,中国和俄罗斯两个大国首先认识到围绕苏联解体后在中亚地区出现的新边界问题,新边界形成的新邻国之间建立新型国际关系的重要性并就此达成一致,这是上合组织的前身"上海五国"机制成立的逻辑,也是之后创立上合组织的理论基础。

成立20年来,上合组织从确立"上海精神",到构建区域新安全观、新合作观、新发展观,从打造区域"安全共同体""利益共同体"到打造"命运共同体",从打击"三股势力"到构建安全地区与和谐地区,在不断理论创新和实践中应对各种现实挑战和问题,实现了持续发展壮大,使上合组织地区逐步走向安全、稳定、和谐、繁荣。上合组织在20年波澜壮阔的发展历程中,随着国际形势的新变化以及自身功能定位的新发展,经历了"五次理论创新"。

第一,上合组织的灵魂——"上海精神"本身就是理论创新,是对传统的冷战思维的摒弃,坚信竞争与合作可以共存,反对"零和博弈"。上合组织的合作理念中有中国传统文化"和为贵"的"基因",强调大道之行,天下为公。

第二,在冷战结束后,在世界格局多极化和经济全球化背景下,在西方社会还持续热衷于建立"盟友"的背景下,上合组织创建的独特的结伴而不结盟的新型合作模式是对国际关系模式的创新。

第三,上合组织的新安全观也是一种理论创新,是对传统安全观的扬弃。坚持"共同安全、综合安全、合作安全和可持续安全",强调安全是相对的,安全不是孤立的、"零和的"、绝对的。上合组织从来没有将自己定位为一个与西方国家抗衡的地缘政治集团。

第四,上合组织的"命运共同体"是对"公共产品理论"的提升与创新,坚持成员国建立"安全共同体""利益共同体""命运共同体",这一理念既是政治互信基础,也是成员国构建公共产品服务体系的基础。上合组织本身就是一种区域性公共产品供给机制,它具有"正外部性、非竞争性和非排他性"三个特征。用国际公共产品理论分析"上合组织"的国际公共产品功能,可以比较客观地评价上合组织的作用与理论贡献。①

第五,"一带一路"倡议与欧亚经济联盟对接合作,是对同一个区域内,功能不同而又相互关联的两个区域组织开展协同发展的新探索。上合组织作为"一带一路"和欧亚经济联盟对接的重要平台,是新时代中俄全面战略协作伙伴关系深化的重要标志,将成为"一带一路"建设的重大合作成果之一,也将为上合组织经济合作开辟新前景,这是区域内不同组织机制之间对接合作的发展创新,也是上合组织合作模式的创新。

三 上海合作组织维护地区安全与稳定的能力不断提高

成立20年来,上合组织以持续打击"三股势力"为重点,成员国已经形成了制度化的反恐军事演习等联合行动。上合组织在维护中国西部安全与稳定方面发挥了重要作用,在维护中亚地区安全及世界和平稳定方面发挥的作用也不断增强。《上海合作组织成立宣言》指出:"上海合作组织尤其重视并尽一切必要努力保障地区安全。"上合组织维护地区安全稳定的作用主要体现在"三个方面"。

第一,上合组织以"新安全观"为指导,摈弃冷战背景下传统陈旧的安全观思维定式,成员国强调综合安全、共同安全、合作安全和可持续安全,推动上合组织安全合作新实践取得新突破。

第二,区域安全合作范围越来越大,从维护地区安全,共同打击恐怖势力、宗教极端势力和民族分裂势力的"三股势力",到打击贩毒、偷运武器等有组织跨国犯罪均成为成员国安全合作的优先方向。《上海合作组织成员国合作打击恐怖主义、分裂主义和极端主义构想》《上海合作组织反恐怖主义公约》《关于在上海合作组织成员国境内组织和举行联合反恐行动的程序协定》等文件奠定了上海合作组织成员国合作打击"三股势力"的法律基础。

第三,解决地区安全隐患的能力越来越强。针对上合组织各成员国存在的

---

① 经济学家萨缪尔森最早提出"公共产品"这个概念,认为公共产品具有"正外部性、非竞争性和非排他性"三个特征。1965年,经济学家曼瑟尔·奥尔森在《集体行动的逻辑》一书中最早提出了"国际公共产品"的初步观念,但是,直到20世纪末21世纪初,英吉·考尔、托德·桑德勒等才提出了相对完整的国际公共产品概念。一般来说,国际公共产品是指超出一国范围、在某种程度上甚至超越世代人口收益的公共产品,即其成本分担和受益对象主要以国家或国际集团划分,收益空间超越一国范围,收益时间包括当代和后代,或者至少是在不损害后代需要的基础上满足当代人的需求。

现实安全隐患、问题与威胁，在系统分析研判之后，不断提交上合组织元首峰会统筹协调，通过制度性安排来解决安全威胁问题。上合组织已经成为成员国之间以及成员国与观察员国、对话伙伴国之间安全合作和协调交流的有效平台。

第二节　上海合作组织研究综述

一　国内上海合作组织研究综述

上合组织成立20年来，有关上合组织研究的成果，大体上集中在四个方面：一是在上合组织成立初期的2001年前后，研究上海"五国机制"和上合组织的成果较多；二是在上合组织成立10周年前后，围绕上合组织历程回顾、发展成就、存在问题以及中期发展战略等的研究成果较多；三是在2014年到2017年，围绕上合组织扩员问题、印度和巴基斯坦加入问题的研究成果较多；四是"一带一路"倡议提出后，围绕"一带一路"与成员国发展战略对接、务实合作以及上合组织如何发挥平台作用方面的研究成果较多。总体上看，国内学者和其他成员国学者以及西方学者对上合组织的研究形成了一系列具有建设性的成果，对上合组织未来深化各领域合作与发展提供了理论和实践基础。

（一）学术专著及研究报告

国内学者研究上海合作组织的主要专著和专题研究报告有40多部。如中国现代国际关系研究所民族与宗教研究中心：《上海合作组织：新安全观与新机制》（时事出版社，2002）；外交部欧亚司编《顺应时代潮流　弘扬"上海精神"　上海合作组织文献选编》（世界知识出版社，2002）；李静杰：《上海合作组织发展战略构想》（中国社会科学院俄罗斯东欧中亚研究所、中国社会科学院上海合作组织研究中心编印，研究报告，2003）；中华人民共和国检察院编《上海合作组织成员国总检察长首次会议论文集》（中国检察出版社，2003）；李钢主编《上海合作组织：加速推进的区域经济合作》（中国海关出版社，2004）；马振岗主编《稳步向前的上海合作组织：专家学者纵论SCO》（世界知识出版社，2006）；潘光、胡键：《21世纪的第一个新型区域合作组织：对上海合作组织的综合研究》（中共中央党校出版社，2006）；张宁：《上海合作组织的经济职能》（吉林文史出版社，2006）；李敏伦：《中国"新安全观"与上海合作组织研究》（人民出版社，2006）；郑雪平：《上海合作组织区域经济合作研究》（东北财经大学出版社，2007）；中国社会科学院俄罗斯东欧中亚研究所中亚研究室编《俄罗斯学者论上海合作组织》（研究报告，2007）；崔颖：《上海合作组织区域经济合作：共同发展的新实践》（经济科学出版社，2007）；邢广程、孙壮志主编《上海合作组织研究》（长春出版社，2009）；邢广程主编《上海合作组织发展报告（2009）》（社会科学文献出版社，2009）；余建华等：《上海合作组织非传统安全研究》（上海社会科学院出版社，2009）；肖德：《上海合作组织区域经济合作问题研究》（人民出版社，2009）；吴恩远、吴宏伟主编《上海合作组织发展报告（2010）》（社会科学文献出版社，2010）；须同凯：《上海合作组织区域经济合作：发展历程与前景展望》（人民出版社，2010）；尹继武、刘振林：《上海合作组织经济合作研究》（中国商务出版社，2010）；李葆珍：《上海合作组织与中国的和平发展》（新华出版社，2011）；吴恩远、吴宏伟主编《上海合作组织发展报告（2011）》（社会科学文献出版社，2011）；赵常庆：《"颜色革命"在中亚：兼论与执政能力的关系》（社会科学文献出版社，2011）；赵华胜：《上海合作组织：评析和展望》（时事出版社，2012）；李进峰、吴宏伟主编《上海合作组织发展报告（2012）》（社会科学文献出版社，2012）；冯绍雷主编《上海合作组织发展报告（2012）》（上海人民出版社，2012）；李进峰、吴宏伟主编《上海合作组织发展报告（2013）》（社会科学文献出版社，2013）；冯绍雷主编《上海合作组织发展报告（2013）》（上海人民出版社，2013）；张杰：《反恐国际警务合作：以上海合作组织地区合作为视角》（中国政法大学出版社，2013）；段秀芳：《中国对上海合作组织成员国直接投资研究》（社会科学文献出版社，2013）；阿不都热合曼·卡德尔：《上海合作组织经济合作法律机制研究》（社会科学文献出版社，2013）；潘光主编《稳步前进的上海合作组织》（时事出版社，2014）；李进峰、吴宏伟、李伟主编《上海合作组织发展报告（2014）》（社会科学文献出版社，2014）；李进峰、吴宏伟、李伟主编《上海合作组织发展报告（2015）》（社会科学文献出版社，2015）；张宁：《上海合作组织农业合作与中国粮食安全》（社会科学文献出版社，2015）；李进峰、吴宏伟、李少捷主编《上海合作组织发展报告（2016）》（社会科学文献出版社，2016）；王海运：《上海合作组织与中国》（上海大学出版社，2017）；国冬梅、王玉娟等编著《上海合作组织区域和国别环境保护研究》（社会科学文献出版社，2017）；李进峰：《上海合作组织15年：发展形势分析与展望》（社会科学文献出版社，2017）；李进峰主编《上海合作组织发展报告（2017）》（社会科学文献出版社，2017）；李进峰主编《上海合作组织发展报告（2018）》（社会科学文献出版社，2018）；戚振宏主编《上海合作组织：回眸与前瞻（2001~2018）》（世界知识出版社，2018）；王玉娟、国冬梅等编著《上海合作组织固废管理与行业发展研究》（社会科学文献出版社，2018）；王灵桂主编《上海合作组织：新型国家关系的典范》（社会科学文献出版社，2018）；戚振宏主编《新时期上海合作组织：形势与任务（2018~2019）》（世界知识出版社，2019）；李进峰主编《上海合作组织发展报告（2019）》（社会科学文献出版社，2019）；李建民：《上海合作组织基础设施互联互通及法律保障研究》（社会科学文献出版社，2019）；肖斌：《国际组织志·上海合作组织》（社会科学文献出版社，2019）；周国梅、李菲、谢静等编著《上海合作组织：环保合作构想与展望》（社会科学文献出版社，2020）；李进峰主编：《上海合作组织发展报告（2020）》（社会科学文献出版社，2020）。

（二）国内上合组织科研机构及出版的上海合作组织发展报告

目前，以"上海合作组织研究中心"或"上海合作组织研究院"为名挂牌成立的专门研究上海合作组织的科研机构有六家。

第一，中国社会科学院上海合作组织研究中心。该中心于2002年5月成立，设在中国社会科学院俄罗斯东欧中亚研究所。该中心从2009年开始发布年度黄皮书《上海合作组织发展报告》，已经连续出版12年。

第二，中国上海合作组织研究中心。该中心于2006年3月成立，设在中国国际问题研究院。该中心从2018年开始发布年度报告，已经连续出版2年。

第三，复旦大学上海合作组织研究中心。该中心于2005年6月成立，设在复旦大学。

第四，上海社会科学院上海合作组织研究中心。该中心在2000年成立时名为"上海五国"研究中心，于2001年6月改为现名。

第五，华东师范大学于2009年6月成立了华东师范大学上海合作组织研究院。

第六，上海大学于2011年3月成立了上海合作组织公共外交研究院。

此外，新疆大学也成立了上海合作组织研究机构，国务院发展中心、中国现代国际关系研究院、中国人民大学、北京大学、兰州大学等研究机构和院校也都有学者专家专门从事上海合作组织问题研究。

国内有三家科研机构出版了上海合作组织年度发展报告：中国社会科学院俄罗斯东欧中亚研究所和中国社会科学院上海合作组织研究中心从2009年至2020年连续12年发布上合组织黄皮书；华东师范大学在2012年至2013年曾经出版两部上海合作组织发展报告；中国国际问题研究院、中国上海合作组织研究中心，在2018年和2019年，分别出版《上海合作组织：回眸与前瞻（2001~2018）》和《新时期上海合作组织：形势与任务（2018~2019）》蓝皮书。上述三家科研机构的上合组织发展报告收录了专家学者有关上海合作组织研究的论文超过 300 篇。

（三）期刊论文主要成果

2001 年以来学者专家在期刊发表有关研究上合组织的论文超过 600 多篇。

第一，期刊上发表的上合组织综合研究的主要论文。

发表在《求是》《世界政治与经济》《俄罗斯东欧中亚研究》《国际问题研究》《欧亚经济》《当代世界》《现代国际关系》《国际观察》《当代亚太》《俄罗斯研究》《俄罗斯学刊》等期刊上的论文较多。如冯绍雷：《"上海五国"：新型合作范例》（《世界知识》2001 年第 10 期）；苗华寿：《从"上海五国"机制到"上海合作组织"》（《和平与发展》2001 年第 3 期）；王金存：《具有历史意义的跨越：从"上海五国"到"上海合作组织"》（《世界政治与经济》2001 年第 9 期）；俞正梁：《上海合作组织：时代的召唤——国家共同治理的范例》（《国际观察》2001 年第 4 期）；陈之骅：《上海合作组织迎来发展的新阶段》（《当代世界》2002 年第 7 期）；孙壮志：《上海合作组织：任重而道远》（《当代世界》2002 年第 7 期）；邢广程：《上海合作组织的新发展》（《求是》2003 年第 14 期）；邢广程：《上海合作组织面向自由贸易区》（《中国评论》2003 年第 11 期）；赵常庆：《上海合作组织的经济职能》（《国际观察》2003 年第 4 期）；赵华胜：《上海合作组织：发展与评估问题》（《现代国际关系》2005 年第 5 期）；张德广：《上海合作组织与欧亚地缘政治的变迁》（《俄罗斯研究》2006 年第 2 期）；赵常庆：《上海合作组织五年的回顾与展望》（《当代世界》2006 年第 6 期）；王晓泉：《俄罗斯对上海合作组织的政策演变》（《俄罗斯中亚东欧研究》2007 年第 3 期）；赵华胜：《上海合作组织的机遇与挑战》（《国际问题研究》2007 年第 6 期）；张宁：《上海合作组织面临的几个发展方向问题》（《亚非纵横》2009 年第 2 期）；赵华胜：《不干涉内政与建设性介入——吉尔吉斯斯坦动荡后对中国政策的思考》[《新疆师范大学学报》（哲学社会科学版）2011 年第 1 期]；赵华胜：《上海合作组织的发展可能性和限度》（《国际观察》2011 年第 3 期）；赵鸣文：《上海合作组织未来十年发展前景》（《国际问题研究》2011 年第 5 期）；陈舟：《上海合作组织十年发展回顾及思考》（《和平与发展》2011 年第 5 期）；赵华胜：《上海合作组织的发展路径》[《新疆师范大学学报》（哲学社会科学版）2012 年第 2 期]；潘光：《上海合作组织的机遇与挑战：第十一届中亚与上海合作组织国际学术研讨会综述》[《新疆师范大学学报》（哲学社会科学版）2014 年第 1 期]；王晓泉：《大国博弈下，上海合作组织走向何方》（《经济导刊》2015 年第 3 期）；张宁：《关于上海合作组织扩员的战略方向的分析》[《辽宁大学学报》（哲学社会科学版）2016 年第 4 期]；李进峰：《上合组织15年发展历程回顾与评价》(《俄罗斯学刊》2017年第6期);朱永彪、魏月妍:《上海合作组织的发展阶段及前景分析:基于组织生命周期理论的视角》(《当代亚太》2017年第3期)。

第二,对上合组织经济合作研究的主要成果。

孙壮志、张宁:《上海合作组织的经济合作:成就与前景》(《国际观察》2011年第3期);王海运:《上海合作组织能源俱乐部:中国的立场选择》(《国际石油经济》2007年第6期);李海军:《浅析东盟与上合组织的合作》(《经营管理者》2011年第21期);张恒龙:《上海合作组织区域经济一体化的条件与挑战:基于二元相应模型的计量分析》(《俄罗斯研究》2014年第2期);张宁:《上海合作组织自贸区的可能性分析》[《辽宁大学学报》(哲学社会科学版)2017年第4期];田野:《上海合作组织的制度选择形式:一种交易成本分析》(《国际政治研究》2007年第2期);郑雪平、孙莹:《上海合作组织区域经济合作的现状、问题及发展路径》(《俄罗斯中亚东欧市场》2006年第3期)等。此外,在历年的《上海合作组织发展报告》中也收录了许多专家学者论述上合组织经济合作的研究报告和分析文章,这里不一一赘述。

第三,安全合作方面的研究成果。

王晓玉、许涛:《论上海合作进程中的综合安全理念》(《俄罗斯中亚东欧研究》2003年第5期);许涛:《上合组织建立预防地区冲突机制的实践意义》(《现代国际关系》2006年第12期);宛程:《上海合作组织非传统安全功能研究》(兰州大学2016年博士学位论文);李莉:《地区主义理论与上海合作组织的机制化》(南京大学2005年硕士学位论文);何妍、石松:《安全合作中的东盟与上海合作组织的比较分析》(《东南亚纵横》2006年第8期);王树春、朱震:《上合组织与集安组织为何合作大于竞争》(《国际政治科学》2010年第2期);刘思伟:《中印非传统安全领域合作初探》(《南亚研究季刊》2013年第3期);李湛军:《上海合作组织与中亚安全合作发展评估》(《太平洋学报》2006年第1期);王海运:《中亚地区安全形势及强化上合组织维稳合作的思考》(《俄罗斯中亚东欧研究》2011年第1期);曾向红、杨双梅:《大国协调与中亚非传统安全问题》(《俄罗斯东欧中亚研究》2017年第2期)。

从2009年到2020年,中国社会科学院俄罗斯东欧中亚研究所、中国社会科学院上海合作组织研究中心连续12年发布《上海合作组织发展报告》,收录了许多专家学者有关上合组织安全合作的文章,对这一领域合作的现状、问题、发展与前景做了深入的思考和探讨。

第四,人文合作研究成果。

2009年至2020年的《上海合作组织发展报告》中有许多关于人文领域合作的研究文章，这里就不一一列举。总体上看，与安全合作和经济合作相比，有关人文合作的研究成果相对较少。

此外，关于上合组织与区域内外国家关系研究的成果主要有：陈琨：《论中俄上海合作组织政策相异的原因》（《改革与开放》2011年第4期）；李兴：《论上海合作组织的发展前途：基于中俄战略构想比较分析的视角》（《东北亚论坛》2009年第1期）；曾向红、李孝天：《中亚成员国对上海合作组织发展的影响：基于国家主义的小国分析路径》[《新疆师范大学学报》（哲学社会科学版）2017年第2期]；郑羽：《美国对上海合作组织的看法与政策》（《和平与发展》2007年第1期）；邵育群：《美国与上海合作组织：认知、关系和未来》（《美国研究》2007年第3期）。

第五，关于扩员问题的研究成果。

中国学者的研究成果有：冯玉军：《上海合作组织的战略定位与发展方向》（《现代国际关系》2006年第11期）；陈小鼎、王亚琪：《东盟扩员对上海合作组织的启示与借鉴：兼论上海合作组织扩员的前景》（《当代亚太》2013年第2期）；曾向红、李廷康：《上海合作组织扩员的学理与政治分析》（《当代亚太》2014年第3期）；李进峰：《上海合作组织扩员：挑战与机遇》（《俄罗斯东欧中亚研究》2015年第6期）；李进峰：《上合组织扩员与东盟扩员比较借鉴》（《俄罗斯学刊》2016年第3期）；胡键：《上合组织接纳印巴，战略意义何在？》（《社会观察》2015年第8期）；薛志华：《巴基斯坦加入上合组织的原因、挑战及前景分析》（《中国海洋论坛》2015年第9期）；薛志华：《权力转移与中等大国：印度加入上海合作组织的评析》（《南亚研究季刊》2016年第2期）；张淑兰、康静：《中印两国在中亚地区的存在与互动》[《山东大学学报（哲学社会科学版）》2016年1期]；浦小娟：《关于上海合作组织的扩员机制探析》（《兰州石化职业技术学院学报》2011年第2期）；李进峰：《上海合作组织扩员：机遇和挑战并存》（《欧亚经济》2017年第5期）。上述成果全面分析了吸收印度、巴基斯坦，以及未来可能吸收蒙古国、伊朗加入的利弊，认为扩员要谨慎。

二 国外上合组织研究综述

（一）俄罗斯学者的研究成果

俄罗斯战略研究所科米辛娜与库尔托夫撰写的《上海合作组织：新现实的形成》于2005年出版，这是俄罗斯学者研究上合组织的第一本专著。莫斯科国际关系学院卢金主编的《上海合作组织与当代世界》《俄罗斯与上海合作组织合作中心》两本书均在 2007 年出版，《上海合作组织：从形成到全面合作》于 2008 年出版，《俄罗斯在中亚的战略与上合组织》于 2012 年出版，《转向亚洲：俄罗斯 21 世纪的外交政策》于 2017 年出版。俄罗斯科学院远东研究所卢佳宁撰写的《上海合作组织发展战略与俄罗斯的政策》（2012 年出版）、《上海合作组织内的俄罗斯与中国》（2015 年出版）、《2020 年前的上海合作组织：俄中伙伴关系的最初现实与因素》（2015 年出版），以俄罗斯的价值立场分析上海合作组织以及中俄关系。此外，还有俄罗斯科学院远东研究所克里缅克的论著《上海合作组发展战略：国防与安全问题》（2009 年出版），维克多·特里福诺夫所著《上海合作组织成员国多边经贸合作现状与前景》《海外投资与出口信贷》等。

（二）中亚学者的研究成果

乌兹别克斯坦的帖木儿·达达巴耶夫（Timur Dadabaev）所写《上海合作组织：从中亚成员国的视角看地区认同感的形成》一文论述了上合组织认同感问题，用"反干涉"因素等来构成集体认同，认为上合组织内部目前的认同感不高主要来自"中俄在中亚竞争、成员国利益分化、中亚国家对中国的质疑带来的离心力"等。塔吉克斯坦的拉希德·阿里莫夫出版著作《上海合作组织的创建、发展和前景》（王宪举、胡昊、许涛泽，人民出版社，2018）。

（三）欧美学者研究主要成果

欧洲学者史蒂芬·艾瑞克的《亚欧区域主义：上海合作组织》是目前对上合组织分析最深刻的成果之一，其用地区主义理论分析成员国通过管控分歧、利益纷争并寻找安全合作的共同立场等多种途径来发展上合组织。欧美学者多篇论文，从中俄关系、打击"三股势力"、上合组织发展模式与合作潜力、上合组织与西方关系等方面，全面研究了上合组织。美国研究中亚的权威学者、美国哥伦比亚大学教授亚历山大·库利（Cooley）在许多著作中对上合组织问题做了系统阐述，研究视角为大国博弈与地缘政治。其在著作《大博弈与本地规则：中亚的新型大国竞赛》中指出，上合组织与其他地区组织不同，中俄在中亚形成"联合共管"，在松散与紧密之间寻找平衡。库利在《俄罗斯与上海合作组织的近期演变：美国政策议题与面临的挑战》中分析了俄罗斯在上合组织的诉求以及俄罗斯的影响力和局限性，认为上合组织与美国政策有重叠之处，应该加强与俄罗斯的合作。亚历山大·库利（Cooley）在 2011 年俄罗斯的一个学术会议上发表了题为《作为地区组织的上海合作组织崛起：西方的观点》的报告，他分析总结了西方学者对上合组织认知的三种主要观点，即上合组织是反西方的区域组织、是权威政体的推动者和维护者、是地区公共产品的提供者。

他也论证了这些观点的合理性与不合理性。

英国伦敦国际战略研究所阿·安东年科发表的《欧洲不应忽视上海合作组织》政策报告是欧洲学者中较有影响力和比较系统研究上合组织的著作。瑞典斯德哥尔摩国际和平研究所所长艾利森·贝尔斯（Alyson J. k. Bailes）的论文《上海合作组织与欧洲》、英国谢菲尔德大学黎贝卡·路易斯（Rebecca Louise）的博士论文《中国与上海五国、上海合作组织：协调外交新阵线的十年》等都是比较重要的著作。丹麦学者麦克·弗雷德夫编著的《上海合作组织与欧亚地缘政治：新方向、新视角与新挑战》，汇集了许多学者从不同角度对上合组织的研究成果，比如，"丝路精神"与上合组织、上合组织随着中亚地缘政治变化而发展的制度与政治转型、上合组织与北约的比较、成员国对上合组织的认知等。

瑞典斯德哥尔摩国际和平研究所2007年的研究报告《上海合作组织发展报告》，把来自中国、俄罗斯、欧洲的四位学者的文章收录为一册，直观地展示了不同国家学者对上合组织的认知。艾利森·贝尔斯和匈牙利的帕·杜累分析了上合组织作为一个地区安全组织的成立、起源与特征，分析了成员国面临的安全困境以及安全合作的局限性，对上合组织的未来发展做了一些比较谨慎和保守的评估。

西方学者从研究中亚的视角来考察上合组织，他们一般习惯于把中亚作为整体研究，对中亚国别研究的文献很少。1996年，美国约翰斯·霍普金斯大学成立中亚—高加索研究所，成为美国研究中亚问题的重要学术阵地。西方学者研究中亚问题的主要著作有美国卡内基国际和平基金会资深合作人、著名国际学者玛莎·布瑞尔·奥卡特的《中亚的第二次机会》，奥勒·诺格德的《经济制度与民主改革：原苏东国家的转型比较分析》，这些都已经翻译为汉文出版。

西方学者基于本国利益研究的思路大体一致，但是，在不少细节处存在分歧和对立。一是英语国家学者利用外交理论研究上合组织的案例，比如，美国兰德公司2014年出版的报告《中国对南亚和中亚的战略：空城计》，认为建立上合组织是中国运用"空城计"政策，中国在南亚和中亚的政策类似，是高调宣传，但是实际投入不足，因此，收到的效果也不理想。二是加拿大学者格雷戈里·秦（Gregory Chin）在论文《中国制度影响力的崛起》中，从国际与地区安全和对外援助两个视角分析了上合组织与中国合作观的关系。其肯定了中国在地区安全方面的诚意和努力，同时，也表达了对中国追求地区霸权、以上合组织为工具控制中亚能源并为"非民主"国家提供集体庇护的担忧。三是澳大利亚悉尼大学艾米利安·卡瓦斯基（Kavalski）的著作《中亚与大国博弈风险：欧盟、中国、印度的安全管控》，对上合组织的研究更偏向理论化，他以"实践的共同体"观念来分析在国情各异、利益分歧严重情况下上合组织成员国开展合作的动机。认为上合组织通过组织内的活动,逐步构建了规则、规范与合作行为的标准,这使得成员国之间不是各自安全,而是相互安全。卡瓦斯基的著作《印度与中亚》是最早分析印度与上合组织的关系以及分析印度加入上合组织可能性的西方学者研究成果之一。

(四) 国外学者对上合组织扩员的研究成果

其一,欧美学者对上合组织扩员的主要研究成果。斯蒂芬·艾瑞斯对上合组织各成员国扩员的态度进行了分析,认为若吸收蒙古国等小国,会增加上合组织的认同感,对上合组织深化合作有好处。但是,若吸收印度、巴基斯坦、伊朗这种规模的国家,可能导致上合组织无法深入合作,最终沦为定期举行高层会议的"外交秀"。[1] 亚历山大·库利也认为中俄在上合组织的合作水平和互信共识需要提高,扩员对于中俄关系和上合组织都会造成一定的伤害。[2] 约书亚·库什纳认为,扩员使上合组织成为象征性组织,而不是实质性的地区一体化和解决问题的组织。[3] 艾利森·贝尔斯在斯德哥尔摩国际和平研究所的研究报告中认为,目前上合组织的一些观察员国,国家民主化程度不同,国际认同度不同,这些观察员国在其他国际组织的身份不同,彼此的"异质性"比较大,而同质性相对不足,很难融合在一起。印度加入上合组织是一把"双刃剑",一方面,可以帮助中国推进最关心的经济合作和国际战略利益;另一方面,印度与西方国家的关系以及民主体制可能会对其他成员国产生影响,并把中俄"共管"变成中俄印三角关系。[4] 欧亚问题专家理查德·韦兹、加拿大学者尼古拉·康泰西都认为,印巴的加入不利于上合组织发展。加拿大皇后大学国际与国防政策研究中心研究员马克西姆·斯塔查克在 2015 年以《上合组织的墓志铭》发文,认为印巴加入将使上合组织成为松散的组织,且处于迅猛发展的金砖国家组织的"阴影"之下。

2017 年 7 月,美国兰德公司发表的《中国将后悔将印度纳入上合组织》报告认为,印度加入上合组织后继续质疑"一带一路"倡议,怀疑中国与巴基斯

---

[1] Stephen Aris, Euroasian Regionalism: The Shanghai Cooperation Orgaization, Basingstoke: Palgrave Macmillon, 2011.
[2] Alexander Cooley, Great Games and Local Rules: The New Great Power Context in Central Asia, London: Oxford University Press, 2012.
[3] Joshua Kucera, "What Does Adding India and Pakstan Mean for the SCO"? Euroasianet. October 2, 2014, http// www. euroasianet. org/node/70346.
[4] Alyson J. K. Bailes, Pang uang, The Shanghai Cooperation Orgaization, SIPRI Policy Paper, No. 17 2007.

坦发展友好关系的真实动机和目的，而上合组织就是印度可以这样做的一个平台。美国学者威廉·皮耶克斯与伊丽莎白·伊克诺米也提出，一个分裂的、没有决断力的上合组织对于促进中国"新安全观"毫无用处。① 但是，也有个别欧美学者看好上合组织扩员，著名国际时政杂志《外交学者》编辑香农·提亚兹（Shannon Tiezzi）认为，尽管存在许多矛盾和问题，扩员会给上合组织带来决策更加低效、内部隐患更多等问题，但扩员后的上合组织也可以更好地实现习近平主席打造新型地区安全组织的倡议。他认为上合组织与那些庞大的老式的军事同盟比起来，是一种更有效的保障地区安全的新的国际合作模式。②

一些欧美学者对印度与中亚国家关系的研究比较深入，尤其是围绕印度在中亚地区的历史渊源与现实利益、印度与中亚国家的交往交流、印度与中国在中亚地区的竞争关系等问题的研究，都有比较多的学术成果。如法裔美国学者玛琳·拉吕埃勒（Marlene Laruelle）编著的《中亚地区的中国与印度：新的"大博弈"》和《绘制中亚地图：印度的观念与战略》，澳大利亚学者艾米利安·卡瓦斯基所著的《印度与中亚：一个崛起大国的奇迹创造与国际关系》等，都是结合历史与现实、实践与理论，对印度与中亚关系进行全面深入研究的学术专论。③

其二，俄罗斯学者对扩员的研究成果。俄罗斯学者对上合组织扩员既有支持的观点，也有反对的观点。俄罗斯国际关系学院的亚历山大·尼基金认为，印巴同时加入，会因印巴固有的矛盾给上合组织带来风险。卡内基国际和平基金会莫斯科中心亚太地区与俄罗斯项目负责人亚历山大·加布耶夫认为，印巴加入上合组织可以增加组织人口、扩大规模，但是，上合组织最大的问题是缺乏实现切实目标的能力。他断言，印巴加入后将使上合组织成为人口和经济规模巨大的空谈俱乐部。亚历山大·吉亚捷夫（Knyazev）认为，因为印巴、中印有矛盾，扩员只能增加负担，上合组织不干涉内政原则将成为最大缺陷，不能理解为何上合组织需要数量上的扩张。曾任俄罗斯总统驻上合组织代表、现任俄罗斯国际关系学院东亚和上合组织研究中心首席研究员的维塔利·沃罗比约

---

① William Piekos, "Elizabeth C. Economy, The Risks and Rewards of SCO Expansion", CFR, July 2015, https://www.cfr.org/expert-brief/risks-and-rewards-sco-expansion.

② Shannon Tiezzi, "The New Improved Shanghai Cooperation Organization", The Diplomat, September 2014, http://thediplomat.com/2014/09/the-new-improved-shanghai-cooperation-organization/.

③ Marlene Laruelle, et al. eds, China and India in Central Asia: A New "Great Game", New York: Palgrave Macmillan, 2010; Emilian Kavalski, India and Central Asia: The Mysteriousmaking and International Relations of a Rising Power, New York: I. B. Tauris, 2009.

夫认为，尽管在2010年制定了上合组织扩员的政治标准，但是，这远不能应对扩员所需，必须设立扩员的法律、财政和编制标准等，才能启动扩员程序，北约和欧盟这样建制成熟的国际组织的实践都已证明了这一点，仓促扩员会带来严重的后果，因此，应该暂缓扩员，可以借鉴东盟经验，以"6+N"的形式与非成员国进行深度合作。

在俄罗斯一些学者不支持上合组织扩员的情况下，亚历山大·卢金表示支持印巴加入，他认为印度的加入有利于维持中亚的稳定，加快中亚国家经济的发展，俄罗斯应该支持印度的申请。另外，俄罗斯科学院远东研究所的谢尔盖·卢佳宁则认为，如果上合组织非要扩员，应该不是首先接纳印巴，而是接纳问题较少的国家，如蒙古国等。俄罗斯著名战略研究机构瓦尔代国际辩论俱乐部学者发布了俄罗斯学者与印度学者的联合研究报告《俄罗斯在上合组织及中亚的角色：挑战与机遇》，该报告指出，对俄罗斯而言，让更多国家参与上合组织框架，与追求和中亚的双边合作相比，显然更符合俄罗斯的利益，因此应该让印度加入上合组织。①

其三，中亚学者对扩员的研究成果。哈萨克斯坦学者撰写的《现阶段上合组织扩员的主要问题》，评估了印度、巴基斯坦、蒙古国、伊朗加入上合组织的利弊，认为印、巴都是核国家，中亚是世界上第五个"无核武器地区"，印、巴加入与中亚无核化区域的性质背道而驰，印巴之间也有矛盾，近期不应将它们纳入。哈萨克斯坦战略研究所副所长萨特那·库什库姆巴耶夫认为，印巴加入上合组织会改变已有的中俄权力平衡，而且，扩员会把地区性问题拉入（核威慑）这个背景之中。多数中亚学者担心，印巴加入后，中亚国家在上合组织就只能凑凑热闹，没有太多的发言权了，不过，中亚国家希望中国和印度加大对中亚基础设施建设的支持力度。②

其四，印度学者对加入上合组织的研究成果。印度学者对印度加入上合组织主要有三种观点：一是支持印度加入上合组织；二是认为印度应该等一等再说；三是认为中国不再阻止印度加入上合组织是因为中国对上合组织失去了兴趣，中国的外交利益可以从双边合作以及"一带一路"倡议建设中取得。印度

---

① Ekaterina Koldunova, "Nivedita DasKundu, Russian's Role in the SCO and Central Asia: Challenges and Opportunities", Valdai Discussion Club, December 2014, http://vid-1.rian.ru/ig/valdai/SCO_eng.pdf.

② Stambulov Bredibaevich, "The Main Problems of SCO Enlargement at the Present Stage", *Asian Social Science*, Vol. 11, No. 13, 2015; GaliyaI Bragimova, "After 15 Years the SCO is Ready to Expand", *Russia Direct*, June 30, 2016.

战略学家拉贾·莫汉认为,印度在上合组织有三个战略目标:一是提防中国与巴基斯坦联手在克什米尔问题上"偷袭"印度;二是加强印度与中亚的联系;三是中俄在中亚的利益有矛盾,双方可能会在某一个时间点将矛盾公开化,印度要坐等时机,积蓄力量,"以坐收渔翁之利"。[①]

综上所述可以看出,欧美学者对上合组织研究的主要成果是论文较多,系统性研究专著比较少,其更多兴趣是在安全领域、评价上合组织前景,以及对扩员的分析等;国外学者对上合组织扩员后应如何适应新的形势的研究比较少;国外学者研究的视野并不完整,以西方理论为基础,较少把上合组织扩员放在中国外交战略和"一带一路"建设背景下思考。

从国内和国外学者对上合组织研究的综合情况看,尽管取得了许多令人振奋的研究成果,但是,也应该清醒地认识到,在对上合组织的学术研究方面还存在一些值得注意和进一步思考的问题。

第一,从政治、安全、经济和人文四大领域比较看,学术界对安全和经济领域研究的成果相对较多,而在人文领域的研究成果相对较少。

第二,业内长期关注和持续跟踪研究上合组织的学者专家不多,同时,研究的单位和学者离散化程度也相对较高。

第三,对上合组织发展成就阐述的多,积极评价的多,而直面现实问题,能提出解决现实问题建议的高质量研究成果少。

第四,对上合组织实践问题研究相对较多,对理论问题和理论创新研究相对不足。

第五,年度成果呈"阵风"趋势,围绕上合组织每年一度的元首峰会,报刊网络集中发布的信息较多,但是,"阵风"过后一片平静。

第六,对元首峰会宣传和阐释国家领导人讲话的成果较多,深度解读和理论性分析性成果相对缺乏。

第七,站在成员国视角对区域合作研究的成果较多,而站在全球视野开展综合性、前瞻性、理论性、创新性的研究成果相对不足。

第八,上合组织机制研究与金砖机制研究相比,影响力相对不足,在国际舞台的展示中似乎金砖机制的影响力大于上合组织。

面向未来,从战略宏观层面看,上合组织学术界应加强若干方面的研究。

第一,在国际格局深刻演变、世界正处于百年未有之大变局的背景下思考

[①] Raja Mohan,"Be Aware of Beijing",The Indian Express,June 8,2017,http://indianexpress.com/article/opinion/columns/beware-of-beijing-4693739/.

上合组织的发展。比如，上合组织参与全球治理、构建地区命运共同体问题等。

第二，加强对上合组织周边地区形势与问题的研究，比如，南亚问题等。

第三，加强对美国及西方国家关于上合组织认知的研究。

第四，加强与联合国以及其他国际组织的合作研究。

从内部微观层面看，上合组织学术界应加强七个方面的问题研究：一是加强在"一带一路"框架下上合组织成员国发展战略对接与深化合作的研究；二是加强对中俄印三边关系的研究；三是深化中俄在上合组织框架下的战略性协作研究；四是加强上合组织的功能、发展与定位研究；五是加强上合组织成员国多边合作制度性安排及问题的研究；六是加强对上合组织未来扩员问题研究；七是加强对上合组织与其他国际组织的比较研究。

第三节 章节结构及研究特点

一 章节主要内容

第一章是总论，综合论述上合组织的地位与作用，包括各领域合作的重大进展、理论创新与实践成就、上合组织研究的文献综述。

第二章简要论述上合组织20年的发展历程与回顾、问题与展望，包括上合组织成立前的阶段和成立后的四个阶段，共分五个阶段。

第三章分别论述上合组织在政治、安全、经济和人文领域合作的新进展与成就。

第四章专题论述上合组织在各领域合作方面存在的主要问题以及面临的内部与外部主要挑战。

第五章专题论述上合组织发展面临的重大机遇，包括"一带一路"促进上合组织发展、"一带一路"与欧亚经济联盟对接、首次扩员等带来的新机遇。

第六章专题论述东盟发展与扩员的经验教训对上合组织的启示，以及欧盟扩员教训对上合组织的启示。

第七章专题论述外国智库对上合组织的认知与评价，包括对上合组织的总体认知与评价，对印巴加入上合组织的评价，对上合组织未来扩员对象国的评价，对中俄印与上合组织关系的评价等。

第八章专题分析"一带一路"框架下上合组织成员国务实合作，包括上合组织成员国20年经济总量分析，中国与其他成员国"一带一路"产能合作分析，中国与成员国"一带一路"境外合作区建设，上合组织成员国之间20年贸易状况分析。

第九章阐述上合组织的发展前景，包括对上合组织政治、安全、经济和人文合作进行深入的理论思考，对上合组织未来发展方向进行预测。

二 本书创作的主要特点

第一，基础资料和数据统计完整。本书系统地梳理了前人的研究成果与学术观点，包括国内和国外学者的学术文献，可以说几乎囊括了所有关于上合组织研究的学术专著和主要学术论文的成果；对上合组织在政治、安全、经济、人文、对外关系五大领域合作进行了全面梳理和总结，尤其是对近十年每年合作的情况都有简述。系统分析了上合组织2001~2020年各成员国的贸易数据，为读者提供了数据完整的图表和曲线分析。

第二，在研究视角和研究方法上有所创新。综合研究视角具有创新性，从各成员国视角分析上合组织的定位与功能；从成员国学者和外国智库学者不同视角观察和评价上合组织；从一般国际组织理论和新型国际组织不同视角，分析上合组织的特点和独特优势。综合研究方法具有创新性，用国际组织比较方法分析东盟、欧盟扩员经验教训对上合组织的启示；用案例方法分析成员国与"一带一路"发展战略对接的问题与路径；用统计学方法分析成员国之间的经贸合作成果与趋势。

第三，问题意识比较强，突出对重点问题的研究。把上合组织发展面临的问题和挑战贯穿本书研究的主线之中。在对上合组织五大合作领域研究的基础上，重点加强了对成员国经济合作问题的研究，对"一带一路"框架下的上合组织成员国之间的贸易合作、境外合作区建设等产能合作以及务实合作领域问题进行深入探讨。利用统计学等定量研究方法，对上合组织各成员国之间20年的经济增长、成员国之间贸易合作数据等进行了系统分析。

第四，研究的结论具有创新性。笔者研究认为，上合组织的理论基础有三个来源，上合组织发展经历了五次理论创新，上合组织发挥了四大作用，上合组织未来发展壮大将取决于三个因素，对上合组织未来发展预测了三种可能的模式。首次以国际组织发展视角，对上合组织的扩员问题与东盟、欧盟扩员问题进行了系统的比较研究，并就如何化解问题和挑战提出了可操作的政策建议和思考。

第五，研究具有一定的学术价值、理论价值和应用价值。学术价值在于：对上合组织20年来在政治、安全、经济、人文合作和对外关系五大领域存在的主要问题进行了学术提炼、理论探讨和系统总结，并提出了一些新的学术观点和学术阐释。这些论述与学术观点对于新时代深化上合组织问题研究具有一定的借鉴意义。理论价值在于：从理论和实践视角分析了上合组织的发展历程，阐述了上合组织发展经历的五次理论创新，从理论和实践视野提出了上合组织扩员面临的挑战与机遇，对扩员后上合组织的功能定位以及政治、安全、经济、人文合作做了系统性的理论思考。这些理论性的系统思考以及形成的学术观点，对于未来上合组织深化理论研究具有意义。应用价值在于：2021年是上合组织成立20周年，上合组织第二十一次元首峰会将全面、系统地总结20年来上合组织的发展成就，本书提出的一些理论观点、学术概念、学术话语和工作建议等，将对我国外交部门发挥上合组织新时期外交平台作用具有重要的参考价值。对上合组织秘书处把握上合组织的发展问题、挑战与机遇，推动上合组织未来发展进入新阶段具有重要的借鉴价值。

第二章 上海合作组织发展历程与回顾

上合组织成立20年来不断推进理论创新和实践探索，已成为有威望和影响力的国际和地区组织，成为国际关系体系中保障安全、稳定和可持续发展的有效力量。当前，中俄政治互信不断加强，成员国地区命运共同体意识增强，中国提出"一带一路"倡议，2017年上合组织实现首次扩员，这些为上合组织发展带来新机遇。同时，世界上贸易保护主义和单边主义抬头，逆全球化思潮兴起；美国针对中俄进行战略调整，并把中国视为主要战略对手；阿富汗局势持续动荡不定，"三股势力"及"伊斯兰国"等极端组织对上合组织发展带来新挑战。在此背景下，全面系统地梳理上合组织20年发展历程、问题与成就，吸取其他国际组织的经验与教训，探讨解决制约本组织发展问题的有效途径，对上合组织跨入新阶段后可持续发展具有重大意义。

20世纪80年代末90年代初，从东欧剧变到苏联解体，标志着冷战结束，长期以来的苏美两极对立消失。之后，形成了美国"一超独大"的国际格局，但随着经济全球化不断深入，发展中国家和新兴经济体集体崛起，大国力量对比不断演变，美国单一霸权地位受到挑战，世界从"一超独大"格局逐步向多极化格局演变，区域一体化明显加快，区域组织不断产生。在此背景下2001年上合组织成立。按照时间和重大事件发生的顺序，可以大致将上合组织从初创时期到当前（1996~2020）划分为五个发展阶段。

第一节 成立前"上海五国"机制阶段（1996~2000）

一 建立"上海五国"机制

从"五国两方"边境谈判到建立"上海五国"机制阶段。"上海五国"机制为上合组织的创立奠定了基础。1991年12月，苏联解体，苏联分裂为十五个国家，中苏边界变成了中俄、中哈、中吉、中塔边界。尽管中苏边界变为中俄、中哈、中吉、中塔边界，但是，俄、哈、吉、塔四国仍然作为共同的一方与中国进行边界谈判，即"五国两方"谈判。1995年前后，中亚周边相继出现了一些新的不稳定因素，如爆发车臣战争、纳卡冲突、阿富汗内战，以及"三股势力"冲击、塔吉克斯坦国内动乱等。新独立的中亚国家需要有稳定的周边环境，中国、俄罗斯和中亚国家都认识到建立稳定的边境至关重要。

1996年4月26日，"上海五国"机制正式成立，"上海五国"元首第一次会晤在上海举行，五国两方签署了《关于在边境地区加强军事领域信任的协定》（简称《信任协定》），这成为建立"上海五国"机制的重要基础文件之一。

1997年"上海五国"元首第二次会晤在莫斯科举行。五国两方签署《关于在边境地区相互裁减军事力量的协定》（简称《裁军协定》），这也成为建立"上海五国"机制的重要基础文件之一。《信任协定》和《裁军协定》又称"双协定"，成为"上海五国"之后建立新型区域合作组织的重要基础文件。1998年7月，"上海五国"元首举行第三次会晤，主要探讨了地区安全、经济合作等问题，这次会晤由前两次以中国为一方，俄、哈、吉、塔为另一方的双边会晤变为五国之间的多边会晤，即从"五国两方"，变成了"五国五方"会谈。谈判内容从边境问题扩展到促进地区和平稳定和加强地区经济合作，标志着"上海五国"机制进入一个新的层次。① 1999年，"上海五国"第四次元首会晤发表了《比什凯克声明》。2000年，"上海五国"第五次元首会晤在杜尚别举行。五国元首从世纪之交的高度总结了"上海五国"的发展历程，规划了五国面向21世纪的发展前景，在"上海五国"框架内建立了五国执法与安全、国际、外交部门领导人的会晤机制等。这次会晤与前四次会晤的重大区别是：第一，俄罗斯总统普京出席会晤。第二，中亚另一大国乌兹别克斯坦总统作为观察员国元首参加了会晤。第三，这次会晤不仅成员扩大，而且在安全、经济和国际稳定等方面的合作内容都有显著推进。会议期间五国元首做出"八项决定"，主要是为预防危险军事活动进行联合军事演习；反对以"人道主义"和"保护人权"为借口干涉别国内政等。其间，江泽民主席提出了"睦邻互信、平等互利、团结协作、共同发展"十六字"上海五国"精神，可以说"上海五国"精神，为国际社会寻求超越冷战思维，探索新型国家关系、新型安全观和新型区域合作模式提供了重要经验，为"上海精神"的形成奠定了基础。②

---

① 王海运：《上海合作组织与中国》，上海大学出版社，2015。
② 江泽民：《携手并进继续推动"上海五国"进程向前发展》，人民网，2000年7月6日，http://www.people.com.cn/GB/paper39/951/131919.html。

二 "上海五国"机制时期的主要任务

在"上海五国"机制时期,中国与俄、哈、吉、塔以加强边境军事互信为基础,成功解决了历史遗留的边境问题。之后,不断拓展互信与合作范围,各国一致表示要建立"上海五国"机制,共同打击"三股势力"。"上海五国"机制倡导和谐理念,维护中亚安全与稳定,并倡导以和平方式解决本地区各类纷争与冲突。在阿富汗问题、塔吉克斯坦国内和平进程问题、克什米尔问题、纳戈尔诺—卡拉巴赫冲突等问题上,坚持以和平方式,共同努力解决争端,推动区域合作发展。

这一阶段前期,"上海五国"机制主要是以建立边境"政治互信与军事互信"为主,形成定期的边境谈判对话机制。这一阶段后期,面临的主要任务是将"上海五国"机制提升为长期的多边合作机制。"上海五国"认为下一步主要合作方向是加强反恐中心建设,推动建立"中亚无核区",以及从战略高度促进邻国之间的经济合作。

2000年是"上海五国"机制成立5周年,成员国对5年来的工作进行了总结。五国元首共同认为,"上海五国"机制是当代国际关系中一次重要的外交实践和创新,它首倡了以相互信任、裁军与合作安全为主要内涵的新型安全观。从中俄签署边境《信任协定》和《裁军协定》开始,成功走向机制合作。"上海五国"精神是"上海精神"的基础,其可以与和平共处五项原则、与我国及多数成员国对21世纪国际政治经济新秩序的诉求接轨,与传统的冷战思维和对抗思维划清界限,简称"两接轨、一划清"。[①] "上海五国"机制探索和实践的5年,为上合组织的成立奠定了理论基础和实践基础。

第二节 上海合作组织初创阶段(2001~2006)

2001~2006年是上合组织成立和机制建设的初创阶段,创建了以"上海精神"为引领的区域合作新模式。1997年以后,由于俄罗斯的军事和经济实力无法与苏联时期相比,美国实际上已经没有实力相当的对手。同时,美国对中国的态度趋于冷淡,中美关系一度进入低谷。1999年,美国轰炸中国驻南斯拉夫联盟共和国大使馆,之后,中美在南海又发生"撞机"事件。1999年后,俄美之间的关系也趋于紧张,美国并没有顾及俄罗斯的反对声音,悍然发动了南斯

---

① 王海运:《上海合作组织与中国》,上海大学出版社,2015。

拉夫战争。2001年美国发生"9·11"恐怖袭击事件后，布什政府决定开始大规模反恐。以"反恐"之名先后发动了阿富汗战争和伊拉克战争。同时，美国围绕阿富汗周边国家开始部署军事基地，以"反恐"之名顺理成章地进入中亚，并在中亚国家建立了军事基地。中亚国家在1992年独立以后，逐步进入建国和建制的"双建"阶段，同时推进政治体制转型和经济体制转型，政治上按照"西方民主"体制建立新政权，经济上参照"华盛顿共识"推进经济体制转型，美国趁机向中亚国家输出其"西方民主"价值观，为日后美国在中亚国家渗透和策划"颜色革命"埋下了伏笔。

一 上海合作组织成立

随着经济全球化深入发展，世界主要地区的区域一体化进程逐步加快，中亚地区国家都有进一步加强区域合作的愿望和迫切需求，因为中亚地区国家都面临着维护安全稳定、促进经济发展和遏制"三股势力"蔓延的紧迫任务，在此背景下，在"上海五国"举行元首第六次会晤期间，乌兹别克斯坦以平等身份加入"上海五国"机制。2001年6月15日，六国元首签署《上海合作组织成立宣言》，向世界庄严宣告了上合组织正式成立，并将秉持"互信、互利、平等、协商、尊重多样文明、谋求共同发展"的"上海精神"。这是中俄两国首创的以结伴而不结盟为核心的新型国家关系，创建了以大小国家共同倡导、安全先行、互利协作为特征的新型区域合作模式。①

这一阶段是上合组织机制的"初创期"。元首峰会是上合组织的最高决策机构，元首峰会下设政府首脑（总理）理事会，主要讨论发展战略等经济领域问题；下设成员国外长理事会，议长、安全会议秘书和其他各部长会议等机制，讨论各部门对应的相关问题。2002年，成员国签署了《上海合作组织宪章》，从而奠定了组织的法律基础。2003年，制定《上海合作组织成员国多边经贸合作纲要》，2004年1月和6月，先后成立上海合作组织秘书处和地区反恐怖机构，之后，又相继成立了上合组织实业家委员会、上合组织银联体和上海合作组织论坛等机构。这一阶段，上合组织与联合国、独联体、东盟、欧盟等国际组织签署了谅解备忘录并建立了关系。

二 成立初期迎接挑战

成立初期的第一个5年，是国际风云变幻的5年，也是上合组织曲折发展

---

① 赵华胜：《"上海五国"机制的形成与特点》，《国际观察》2001年第2期。

的5年。其间，上合组织有效应对了2001年美国"9·11"事件和2005年中亚地区发生"颜色革命"的两次挑战。美国"9·11"事件对上合组织冲击可以说是巨大的，因为"9·11"事件引发的国际局势和中亚地区安全形势的新变化，直接提出了上合组织有没有必要继续存在的问题。当时美国成立了国际联合反恐机制，通过发动阿富汗战争打击恐怖主义，而出于本地区反恐的需求，俄罗斯和中亚国家都支持美国的国际反恐行动，这使新成立的上合组织面临挑战。实际上，借反恐之机，美国在吉尔吉斯斯坦和乌兹别克斯坦分别部署了军事基地，表面上看，美国反恐与上合组织打击"三股势力"的职能有些重合。此外，美国还借反恐之机在中亚国家推动"民主政治"和策划"颜色革命"，美国反恐执行的是"双重标准"。

2005年发生在中亚地区的"颜色革命"对上合组织是另一次重大挑战。2003年格鲁吉亚和乌克兰先后爆发"颜色革命"。2005年3月，吉尔吉斯斯坦发生"郁金香革命"，导致政权更迭；5月乌兹别克斯坦发生"安集延事件"。上合组织有效应对了这一挑战，经历"颜色革命"后，成员国对美国干涉中亚国家内政并导致中亚地区动荡的图谋有了认识，在2005年成员国元首峰会期间，上合组织要求美国撤出在中亚国家的军事基地。

这一阶段，上合组织面临的最大挑战是加强上合组织的行为能力建设。一些学者认为，发生"颜色革命"后中亚地区形势对上合组织提出了两大问题：第一，中亚国家发生的"颜色革命"有西方国家干预的背景，通过"颜色革命"上台的新政权会不会改变对上合组织的政策？① 第二，在中亚地区出现因内部政治问题引起政权和社会动荡时，上合组织在不干涉内政的原则下，应该如何积极斡旋和主动发挥作用？②

上合组织初创阶段的成就主要体现在"四个建设"上，即理念建设、机制建设、功能建设和形象建设。

第一，在理念建设方面，上合组织成立初期就提出了"上海精神"，明确上合组织创建的理论基础与西方的联盟理论有本质的区别，即上合组织是结伴而不结盟的区域组织，是坚持"不结盟、不对抗、不针对第三国"原则的区域组织，这是上合组织关于区域合作模式的第一次理论创新。上合组织既不是北约那样的"军事政治同盟"，也不是欧盟那样的"经济政治同盟"，上合组织不会

---

① 赵华胜：《美国与上海合作组织：从布什到奥巴马》，《国际问题研究》2010年第2期。
② 赵华胜：《上海合作组织：过去和未来的5年》，《国际观察》2006年第2期。

成为与北约对抗的军事集团。①

第二，在机制建设方面，上合组织设立了常设机构和常设机制，常设机构包括秘书处和地区反恐怖中心等。常设机制是国家元首、政府首脑（总理）、部长级等各层次的会晤机制，这些都是组织的核心机制。

第三，在功能建设方面，上合组织的功能不断拓展与深化，逐步承担起越来越多保障地区安全与稳定的责任，从成立初期以反恐为主，逐步扩展到打击恐怖势力、分裂势力和极端势力"三股势力"，打击跨国犯罪等，并且在阿富汗问题、中亚国家领导人选举、美国在中亚的军事基地等问题上积极表态。

第四，在形象建设方面，上合组织不断塑造自身在国际舞台上的形象，利用每年一度的上合组织元首峰会发表宣言，就成员国共同关心的地区和国际热点问题发出上合组织的一致声音，促进上合组织的国际地位和国际影响力不断提升，国际社会对上合组织的兴趣和关注明显增多。

三 构建安全与经济"双轮驱动"合作

冷战结束后，非传统安全问题逐渐成为影响中亚地区安全的重要因素，尤其是"三股势力"在中亚地区猖獗，不断滋生肇事，在此情况下，上合组织的安全合作逐渐向非传统安全领域转变。上合组织的安全合作以"上海五国"机制时期签署的《信任协定》和《裁军协定》等边境军事互信为起点，逐步完善安全合作体系，使中国与俄、哈、吉、塔之间边境先后实现安全与稳定。之后，成员国在打击恐怖主义、分裂主义和极端主义"三股势力"方面达成许多共识。2001年签署《打击恐怖主义、分裂主义和极端主义上海公约》，首次对"三股势力"进行了定义，2003年制定了对恐怖组织与恐怖分子的认定标准，这也是国际社会中首个制定恐怖分子认定标准的地区组织。这一阶段，展开了许多安全领域的密切合作，包括边境联防、双边和多边的军事演习等，主要任务是打击恐怖主义、分裂主义、极端主义和非法贩运毒品等，有效应对非传统威胁与挑战。随着安全合作不断拓展，安全机制化建设逐步建立和完善，提出新的安全观是上合组织的第二次理论创新，为深化区域安全合作以及拓展深化其他领域的合作奠定了基础。②

在安全合作基础上，成员国逐步增强了开展经济合作的共识。上合组织出

---

① 李兴：《论上海合作组织的发展前途：基于中俄战略构想比较分析的视角》，《东北亚论坛》2009年第1期。
② 李进峰：《上海合作组织15年：发展形势分析与展望》，社会科学文献出版社，2017。

台了一系列文件,建立经济合作协调机制,2003年,成员国签署《上海合作组织成员国多边经贸合作纲要》,明确了成员国多边经贸合作的优先方向和分"长期、中期、短期"三步走的战略目标。[①] 其中,长期目标是到2020年前实现上合组织区域内货物、资本、服务和技术的自由流动。2004年,成员国批准了《上海合作组织成员国多边经贸合作纲要(落实措施计划)》,涉及11个领域,127个项目。同年,中国向成员国提供了9亿美元的优惠出口买方信贷贷款。中国与俄罗斯、哈萨克斯坦、塔吉克斯坦、吉尔吉斯斯坦和白俄罗斯在莫斯科成立"欧亚反洗钱与反恐金融小组"(EAG)。2005年,成立了上合组织银联体和上合组织实业家委员会,逐步推进上合组织成员国的金融合作。在中俄总理定期会晤机制下建立了中俄银行合作分委员会定期工作机制,建立了中俄金融合作论坛定期举办会议机制等。2005年,中国人民银行与哈萨克斯坦中亚银行签署双边本币结算协议。

四 初创时期上海合作组织的主要任务

在初创时期,上合组织开展经济合作的主要原则是平等互利;遵循国际通用规则,实事求是,稳步推进;以双边合作推进多边合作。[②] 建立了成员国元首峰会、政府首脑(总理)会晤机制、各部长级会议机制等,还设立了海关、质检、电子商务、投资促进、发展过境潜力、能源、信息与电信七个重点合作领域的专业工作组。这一阶段,从纵向比较看,成员国的经贸合作增长较快,但是,从横向比较看,中国与俄罗斯的双边贸易额只相当于中国与马来西亚的贸易额,2005年中俄贸易额为302亿美元。[③] 在这个阶段,成员国的经济合作处于起步阶段,成员国的人文合作也刚开始启动。

这一阶段,中国对上合组织的主要目标和定位:一是维护西部安全,防范极端势力、恐怖势力等与"东突"勾结,在我国西部进行恐怖活动,破坏西部安全稳定,防范美国在中亚地区扩大军事存在和在我国西部构筑对华包围圈;二是经济发展资源依托,该区域是可靠的能源供给基地,是我国实施西部大开发和企业"走出去"战略的支撑基地,也是我国扩大国际市场份额的重要增长点;三是文明对话的桥梁,促进不同民族、不同宗教、不同文明之间的对话与交流,促进民间交流、人文合作,促进睦邻友好与地区和谐;四是扩大国际影

---

① 《上海合作组织成员国多边经贸合作纲要》,2003年9月23日,中俄法律网,http://www.chinaruslaw.com/cn/cnrutreaty/qnftngqx/2009113083120_975002.htm。
② 邢广程:《上海合作组织的新发展》,《求是》2003年第14期。
③ 赵常庆:《上海合作组织五年的回顾与展望》,《当代世界》2006年第6期。

响的舞台,通过上合组织逐步增强我国在地区和国际事务中的地位和影响力;五是加深中俄合作的平台,通过上合组织框架内的各项合作,不断深化中俄战略协作伙伴关系。①

这一阶段上合组织发展面临的主要问题如下。第一,上合组织自身功能与定位不明确。随着组织自身的发展变化、国际和地区形势的变化、成员国对"公共产品"需求的变化,上合组织应该进一步明确其功能和定位。比如,在功能定位上应坚持"合作组织"的定位,而不是"军事组织"或"联盟组织"。把上合组织打造成军事集团或联盟,既不符合21世纪的时代潮流,也可能会引发新的"两极对立",对地区安全有害无益。在地理范围上应坚持"中亚地区"的定位,未来上合组织扩员也应该接受本地区的那些有愿望加入的国家,而不是域外国家。

第二,安全合作与经济合作的关系问题。实际上,安全合作与经济合作并不矛盾,两者可以相互促进。从国际组织的实践看,同时具有安全与经济两个功能的国际组织在操作上比较困难,许多地区组织是以一个功能为主。比如,东盟和欧盟的主要功能是政治、经济合作联盟,北约是军事安全合作联盟,独联体集体安全条约组织是安全合作机制,而上合组织的功能是政治、经济与安全。上合组织在安全上以反恐为主要目标,而不介入成员国内部事务。但是,在中亚地区经历"颜色革命"冲击后,上合组织逐步扩大了安全观的内涵,从上合组织定位的原则上考虑,成员国国内的安全与稳定都应该与上合组织有关。

第三,上合组织对外关系面临的问题。一是处理好上合组织与中亚周边国家的关系,不断增加观察员国与对话伙伴国数量,为正式扩员做一些准备。二是处理好上合组织与独联体、集体安全条约组织的关系,这些组织都是与俄罗斯和中亚国家密切相关的区域组织,在中俄战略协作框架下应该协调好这些关系。实际上,在"9·11"事件以后,为避开美国的锋芒,俄罗斯实施了新一轮的战略收缩,在许多重大问题上对美国退让,对美国军事力量进入中亚也予以默许。但是,俄罗斯并不情愿放弃其中亚传统势力范围,在自身经济实力不足的情况下俄罗斯对上合组织充满期待,希望借助上合组织框架内的中俄战略协作应对来自美国的压力。中俄保持战略协作是化解上合组织与集体安全条约组织等竞争关系的关键因素。三是处理好上合组织与美国的关系。从2002年美国发动反恐战争以来,美、俄、中等大国间的战略博弈在上合组织地区体现得越

---

① 王海运:《上海合作组织与中国》,上海大学出版社,2015。

来越明显。① 中亚国家也加强了对美国的依靠，对上合组织的倚重明显减少，但是，尚不愿意完全倒向美国，仍然希望在大国相互制衡中获得利益。美国借"反恐"之机在中亚国家建立军事基地，不断扩大自己的政治和经济影响力，计划推出"大中亚战略"。美国进入中亚地区的目的，除打击恐怖主义和极端主义、挤压俄罗斯的战略空间、控制里海地区的石油资源的开发和运输、从西部围堵中国外，也有挖上合组织墙角的意图。② 2005 年上合组织元首峰会发布的宣言明确要求美国限期撤离在中亚的"两个军事基地"，③ 以此事件为分水岭，此后，美国开始对上合组织有所警惕，美国的一些媒体对上合组织的偏见和质疑也开始增多，④ 美国和欧洲的一些学者对上合组织的定位与功能也存在一些误解和质疑。⑤ 实际上，上合组织不会以反对西方国家为目标，搞军事对抗不是上合组织的宗旨和目标，相反，在这一时期，上合组织成员国都与美国等西方国家保持着良好的合作关系。⑥

上合组织初创时期的主要任务是安全合作，经济合作成果相对比较少。上合组织的行为能力还比较弱；成员国之间社会与民众相互了解还不够。学术界关于上合组织的功能定位是以安全为主，还是应该以经济为主也存在不同看法和争论。

本阶段上合组织面临的主要挑战是其功能作用发挥有限，行动力有待提高。学术界对上合组织在应对中亚"颜色革命"问题上发挥的作用有两种不同的评价和态度。一种观点认为，上合组织对在中亚国家突然发生的"颜色革命"基

---

① Alec Rasizade, "The Specter a New 'Great Game' in Central Asia", *Foreign Service Journal*, Vol. 79. No. 11, 2002, pp. 48 – 52; Subodh Atal, "The New Great Game", *The National Interest*, No. 81, Fall 2005, pp. 101 – 105; Pham J. peter, "Beijing's Great Game: Understanding Chinses Strategy in Central Eurasia", *American Foreign Policy Interests*, No. 28, 2006, pp. 53 – 67; Bobo Lo, Axis of Convenience: Moscow, Beijing, and the New Geopolitics, Washington, D. C.: Brookings Institution Press, 2008, pp. 91 – 115.

② 王海运：《上海合作组织与中国》，上海大学出版社，2015。

③ Matthew Crosston, "The Pluto of International Organization: Micro – Agendas, IO Theory, and Dismissing the Shanghai Cooperation Organization", *Comparative Strategy*, No. 9, 2013, pp. 283 – 294.

④ Thomas Ambrosio, "Catching the 'Shanghai Spirit': How the Shanghai Cooperation Organization Promotes Authoritarian Norms in Central Asia", *Europe-Asia Studtes* Vol. 60, No. 8, 2008, pp. 1321 – 1323.

⑤ 美国卡内基和平基金会主席 Jessica T. Mathews 认为："上合组织成立的目的之一是对抗北约东扩。" Jessica T. Mathews, "September 11, One Year Later: A Word of Change", Policy Brief, Special Edition 18, Camegie Endowment for Intenmational Peace, 2002.

⑥ 《成效显著前途光明：专访上海合作组织秘书长张德广》，《当代世界》2006 年第 6 期。

本上处于束手无策的局面和状态。① 另一种观点认为，上合组织在主动应对成员国"颜色革命"的威胁方面发挥了建设性作用。实际上，上合组织坚持不干涉内政原则，同时，反对从外部强加发展模式，反对以极端方式进行政权更迭，在中亚发生"颜色革命"的情况下，上合组织这些鲜明的立场为中亚国家当时稳定政权局势发挥了重要作用。② 正如《上海合作组织五周年宣言》强调的那样："历史形成的文化传统、政治社会体制、价值观和发展道路的差异不应被用于干涉他国内政的借口。""社会发展的具体模式不能成为'输出品'。"③ 成员国这些一致的态度是对美国新干涉主义的反对，也是对中亚国家应对"颜色革命"威胁的有力支持。从实践看，成立初期上合组织的主要关注点在于组织的内部事务，而对外部事务和问题关注明显不足。一些学者认为，上合组织应该从"内向性"特征向"内向性"和"外向性"特征兼顾的方向转型。今后，上合组织应该更加主动和积极地参与国际重大事务，对本地区和国际重大热点问题不仅要发声，还要有明确的政策、举措和行动。

2006年是上合组织成立5周年，成员国总结了上合组织成立5年来的主要成就与存在的问题，《上海合作组织五周年宣言》强调："五年前成立本组织是所有成员国基于21世纪的挑战和威胁，为实现本地区的持久和平与可持续发展而作出的战略抉择。……成立五年来，本组织已成为成员国深化睦邻友好合作和伙伴关系的重要机制，开展文明对话的典范，是推动国际关系民主化的积极力量。本组织顺利完成了机制和法律建设任务，确保本组织有效发挥职能。"

上合组织的成功归结一点就是秉持"上海精神"，面对机遇与挑战成员国全面加强合作，努力把本地区建设成为持久和平、共同繁荣的和谐地区。《上海合作组织五周年宣言》强调："上海精神"作为上合组织一个完整的基本理念和最重要的行为准则，它丰富了当代国际关系的理论和实践，体现了国际社会对实现国际关系民主化的普遍要求。"上海精神"体现的新型国家关系理念与中国倡导的"与邻为善、与邻为伴"，以及"睦邻、安邻、富邻"的周边外交方针一致。"上海精神"这一理念展示了一种新型安全观，即坚持所有成员国共同安全，反对为追求自身"绝对安全"而损害其他国家的安全，强调"不结盟、不对抗、不针对第三国"原则；展示了一种新型国家关系原则，即强调所有成员国不论大小都一律平等，成员国之间相互信任、相互尊重、协商解决彼此之间

---

① 〔俄〕丘弗林·根纳季：《上海合作组织任重道远》，《国际问题研究》2006年第3期。
② 《成效显著前途光明：专访上海合作组织秘书长张德广》，《当代世界》2006年第6期。
③ 《上海合作组织五周年宣言》，《人民日报》2006年6月15日。

的各种问题；展示了一种新型区域合作模式，即互利共赢、共同发展和共同繁荣。①"上海精神"对国际社会寻求新型的、非对抗性的国际关系模式具有非常重要的意义，这种模式摒弃了"零和博弈"的冷战思维，超越了意识形态差异。②"上海精神"是对国际关系理论的贡献，是对当代国家间合作理论的贡献。

第三节　上海合作组织合作领域拓展阶段（2006~2011）

2006~2011年为上合组织机制完善与合作领域拓展阶段，从"经济、安全"合作拓展到"政治、安全、经济和人文"四大领域合作。这一时期，西亚北非爆发"阿拉伯之春"，突尼斯和埃及先后发生政变，引发新一轮西方"民主"浪潮带来的动荡。同时，北约不断东扩，挤压俄罗斯的战略空间，2008年爆发俄格冲突。之后，美国金融危机和欧债危机相继爆发，导致世界经济发展放缓，对中亚地区经济发展与安全稳定构成威胁。2010年吉尔吉斯斯坦爆发民族冲突和骚乱"三股势力"在中亚地区活动日益猖獗。成员国有效应对西方霸权主义的"民主输出"和金融危机影响，针对地区新出现的复杂安全形势，2007年成员国签署了《上海合作组织成员国长期睦邻友好合作条约》，2008年中国提出构建"和谐地区"倡议。

为应对世界金融危机，成员国加强双边和多边合作，在推动经济合作和区域经济"一体化"方面共识明显增多。地区性国际组织作用不断提升，区域经济一体化成为世界经济发展的主要趋势。中亚国家处于政治经济体制转型期。经过"颜色革命"的考验，除吉尔吉斯斯坦外，中亚国家普遍加强了总统的权力，而议会权力相对削弱。在构建"和谐地区"理念推动下，上合组织努力发挥帮助成员国应对各种威胁的"防火墙"作用，同时，经济合作也取得一定成效。成员国GDP总量从2001年占世界GDP的4.8%提高到2011年占世界GDP的13.5%。③在普京总统倡议下，成立了上合组织大学，拓展了人文合作内容。这一阶段，上合组织从以安全、经济合作为主，拓展到政治、安全、经济、人文四大领域全面合作。

一　构建综合安全体系和新安全观

这一阶段，上合组织通过扩大安全合作领域逐步完善综合安全体系，并明

---

① 王海运：《上海合作组织与中国》，上海大学出版社，2015。
② 《上海合作组织五周年宣言》，《人民日报》2006年6月15日。
③ 国际货币基金组织（IFM）数据库（2017）。

确了安全合作、经济合作、人文合作三者的关系。成员国认为经济合作是开展多边安全合作的重要基础，文化合作也是多边安全合作的重要内容。2007年，成员国签署了《上海合作组织成员国长期睦邻友好合作条约》《上海合作组织成员国政府间文化合作协定》，营造成员国"大文化"合作的氛围。

上合组织不断完善"综合安全"体系，本阶段防务合作是安全合作的重要内容，包括反恐维稳、情报交流、军事训练、标准研发、军事技术合作、维和行动、边境管控等领域。成员国连续开展联合军事演习，军事安全领域机制建设不断完善。坚持持续打击"三股势力"，推动安全合作向多领域、纵深化方向发展。

上合组织综合安全体系理念创新在于，它从根本上不同于美欧等西方国家建立的以冷战思维为基础的军事同盟。上合组织安全合作的特点是坚持"共同安全、集体安全"，坚持"互利共赢"合作；安全合作的原则是坚持"多元开放"合作机制和"平等协商"合作关系，从而形成了上合组织全新的安全观。[①]这是上合组织的第二次理论创新。上合组织的新安全观与北约的集团对抗理念形成鲜明的对比，上合组织坚持"不结盟、不对抗、不针对第三国"原则，坚持"以互信求安全、以互利求合作"，是开放的安全合作；而北约是结盟性组织，有鲜明的针对性，北约坚持对外遏制战略，奉行"零和游戏"规则。

这一阶段，上合组织的安全合作机制为维护地区治理平衡、协调成员国安全利益、遏制北约东扩、维护地区安全稳定发挥了重要作用。上合组织形成了包括军队、警察、情报、检察院、法院等强力部门在内的多渠道、多层次、多领域和多功能的安全合作机制，有效打击了"三股势力"。

这一阶段安全合作面临的主要挑战是，中亚地区"恐怖暴力事件"频发。针对中国新疆2009年发生的"7·5"事件和吉尔吉斯斯坦2010年发生的民族冲突骚乱等事件，成员国重点加强安全防御的能力建设。一是强化成员国共识，将双边关系与多边关系进行科学划分，增强共同行动的决心；二是建立使用共同力量的机制，解决安全机制快速反应与合作问题；三是寻求成员国的利益共同点，明确安全合作的行动方向。

二 经济合作迈进务实阶段

实际上，从2003年签署《上海合作组织成员国多边经贸合作纲要》和2004年批准《〈上海合作组织成员国多边经贸合作纲要〉落实措施计划》后，成员

[①] 程国平：《上海合作组织：继往开来，前景广阔》，《国际问题研究》2012年第1期。

国之间多边经济合作进展基本仍处于缓慢、半停滞或停滞状态。一直到2008年美国发生金融危机后，成员国对多边经贸合作的重要性才达成了更多共识。2008年，成员国继续推动《〈上海合作组织成员国多边经贸合作纲要〉落实措施计划》。2011年，上合组织总理会议通过了《上海合作组织政府首脑（总理）关于世界和上海合作组织地区经济形势的联合声明》，要求主管部门制定《上海合作组织进一步推动项目合作的措施清单》。2012年上合组织总理会议又强调落实《〈上海合作组织成员国多边经贸合作纲要〉落实措施计划》，批准了《2011~2016年上海合作组织进一步推动项目合作的措施清单》。2013年，上合组织元首峰会继续强调落实"计划"和"清单"。这一阶段，上合组织加强对成员国经济合作的协调与管理，不断推进成员国经贸合作与发展。成员国在基础设施、经贸、金融、能源、交通、农业等领域开展务实合作，在抵御金融危机、应对全球挑战、实现贸易投资便利化、互联互通等方面取得阶段性成果。

第一，基础设施领域合作。在电信、交通、水利、电力、生产加工、工程承包等领域的基础设施建设合作扩大。如在中方优惠信贷和上合组织银联体等资金支持下，中国援助塔吉克斯坦的220千伏输变电工程项目、500千伏南北输变电线路项目、杜尚别—沁奈克公路项目、中哈两国第二条铁路、中哈马伊纳克水电站等项目陆续竣工。

第二，能源领域合作。成员国围绕《上海合作组织成员国多边经贸合作纲要》确立了19个项目。如哈萨克斯坦通往中国的"阿塔苏—阿拉山口"石油管线一期工程、中哈天然气管线一期工程、中国—中亚天然气管线工程、起自俄罗斯远东终点到中国大庆的"中俄原油管道"等工程陆续竣工，标志着中国与成员国经济合作取得重大进展。

第三，金融领域合作。2007年，中国向上合组织成员国提供12亿美元优惠出口买方信贷贷款。2009年，为帮助成员国度过金融危机，中国以"贷款换石油"方式分别向俄、哈、塔等国提供100亿美元信贷支持。2011年，中俄签订了《中国人民银行与俄罗斯联邦银行关于结算和支付的协议》，将中俄本币结算从边境贸易扩大到一般贸易；俄罗斯外贸银行在中国香港证交所成功发行了人民币债券，开辟了中俄资本市场合作新领域。上合组织成员国都在其他成员国设立了金融分支机构。2011年，中国人民银行先后与乌、哈中央银行签署双边本币互换协议。成员国经贸多边合作取得进展。

第四，贸易和投资便利化发展较快。一是成员国贸易联系更加紧密。根据世界贸易组织（WTO）报告显示，成员国2011年贸易额达46477.8亿美元，是

2001年6881.8亿美元的6.75倍。① 根据《中国统计年鉴》显示，中国对上合组织五个成员国的贸易额从2001年的121亿美元增加到2011年的1134亿美元，增加了8.37倍。② 2011年与2001年相比，成员国贸易额占各国对外贸易额的比重，除哈萨克斯坦外，其他国家均有不同程度的提高，中国为3.1%，俄罗斯为13.3%，吉尔吉斯斯坦最高，为57.8%。③ 二是成员国投资实现较快增长。根据《2011年度中国对外直接投资统计公报》显示，中国对其他五个成员国的投资总量从2003年的1.05亿美元增加到2011年的70.20亿美元。④ 三是成员国间投资领域逐步拓展。从区域内能源与基础设施投资，向农业、加工制造业、服务业拓展。其中，农、林、副、渔业投资占26.8%，房地产投资占17.1%，服务业占16.8%，制造业占11.6%，采矿业占9.9%，金融业占6.9%，批发零售业占3.9%，建筑业和其他服务业占2.9%。四是成员国贸易投资便利化进程加快。成员国在海关程序、商品检验检疫、国境运输、电子商务、通信等领域都不同程度地落实了各项便利化措施。2010年，除俄罗斯和乌兹别克斯坦外，其他成员国贸易便利化指数的世界排名都有所提升。⑤ 2011年，中哈霍尔果斯边境合作中心正式运营，这是上合组织贸易投资便利化的标志性事件。

三 拓展人文合作内涵

本阶段上合组织不断丰富和拓展人文合作的内涵，明确指出人文合作是经济合作的基础。创建了上合组织大学，深化教育合作，并开展具有上合组织各成员国特色的文化年、旅游年等活动。成员国认为，人文合作在上合组织定位中占有重要地位，人文合作不断加强，促进了成员国人民的心灵沟通和不同文化间的对话与相互理解。本阶段中国与其他成员国双边文化活动活跃，如在中国举办"俄罗斯油画展"，在俄罗斯举办"中国世界遗产图片展"，中俄剧院演出交流频繁；在哈萨克斯坦举办"中国文化知识竞赛活动"，在北京举办"阿斯塔纳文化节"活动等；在塔吉克斯坦举办"丝绸之路上的新疆"出版物展，在中国举办"塔吉克斯坦民族舞蹈演出"等；乌兹别克斯坦在北京举办"文化日"活动，在乌举办"中国饮食文化节"。

---

① 2012年世界贸易组织（WTO）报告，International Trade Statistics，2012。
② 《中国统计年鉴（2012）》，中国统计出版社，2012。
③ 上海合作组织官方统计数据（2012）。
④ 商务部、国家统计局、国家外汇管理局联合发布的《2011年度中国对外直接投资统计公报》。
⑤ 美国传统基金会"The Heritage Foundation"公布的数据（2012）。

教育合作成果增多。2006年签订《上海合作组织成员国政府间教育合作协定》，2008年签订《上海合作组织成员国教育部关于为成立上海合作组织大学采取进一步一致行动的意向书》，2010年签订《哈萨克斯坦共和国、中华人民共和国、吉尔吉斯共和国、俄罗斯联邦和塔吉克斯坦共和国高等学校关于成立上海合作组织大学的合作备忘录》，明确了上合组织大学的地位与功能。上合组织教育合作确立了多层次和多领域机制，如信息交流有两个层次：教育部长会议和教育专家工作组会议；民间的"教育无国界"教育周和大学校长论坛。上合组织大学建立了成员国"政府层面、政府教育主管层面和学校层面"三层次的协调机制。① 2011年，成员国签署《上海合作组织成员国政府间文化领域合作协定2012～2014执行计划》。中国文化部部长提出三点建议，强调坚持"上海精神"推进成员国文化合作关系长期、稳定、可持续发展；推动人文合作向全方位、宽领域、多层次方向发展；加强成员国在非物质文化遗产和民族传统文化保护方面的交流与合作。② 在举办上合组织艺术节基础上，2011年启动上合组织大学生艺术联欢节。欧亚经济论坛2011年首次设立文化合作分会，举办"和平之旅"等活动。2011年，召开第四届"教育无国界"教育周会议，62个项目学校代表讨论通过了《上海合作组织大学章程》。开展项目大学间的多边教育交流，为庆祝中吉建交20周年，双方联合举办了"中国文化日"活动，中乌双方为庆祝建交20周年举办了"中乌建交20周年迎新春音乐会"等活动。

四 合作领域拓展时期的主要任务

这一时期，面临的主要难题之一是成员国多边经济合作进展缓慢。成员国双边合作成果增多的同时，多边合作成果较少，尤其是以往确定的上合组织多边经贸合作项目执行缓慢，有些合作计划甚至落空，暴露出成员国在经济合作方面存在较大需求差异。成员国经济合作存在"四多四少"现象，即双边合作多，多边合作少；签订的合作协议多，建立的合作实体少；政策性项目开发多，商业性项目开发少；非约束型合作平台多，紧密型合作平台少。这些情况表明，上合组织的经济合作还没有进入"成熟阶段"。

经济合作推进缓慢的主要原因如下。一是成员国利益存在分歧，成员国互信不足，内部向心力和凝聚力不足，区域内也缺乏统一标准，多边合作沟通机

---

① 杨恕：《上海合作组织的教育合作》，邢广程主编《上海合作组织发展报告（2009）》，社会科学文献出版社，2009。
② 李自国：《上海合作组织文化合作继续深入推进》，李进峰、吴宏伟主编《上海合作组织发展报告（2012）》，社会科学文献出版社，2012。

制不畅。二是中俄战略性协调不力，导致上合组织行动力不足，主要体现在落实成员国经贸合作纲要、自贸区建设和能源俱乐部倡议等方面行动迟缓。行动力不足也与上合组织在贯彻"协商一致"和"不干涉内政"原则时存在绝对化倾向有关。① 三是成员国选择经济合作伙伴多元化，受到域外大国吸引难以专注合作。美国等域外大国对成员国施加影响、干预、渗透和分化。四是俄罗斯对经济合作比较消极，希望将上合组织变成"原苏联国家＋中国"模式。② 五是在中亚地区存在多个次区域经济组织，这也加大了上合组织在区域合作方面的协调难度。如2010年，俄白哈关税同盟启动，2011年，独联体八个国家又签订了自由贸易协定等。这一阶段文化合作也出现了一些过度产业化问题。一些学者呼吁文化合作应坚持政府支持与市场引导相结合，在逐步引入市场机制情况下，不能过分强调文化产业化。

这一阶段面临的第二个难题是扩员问题。成员国学术界对首次扩员关注较多，有学者认为，首次扩员应该以中亚或中亚周边国家为主，因为上合组织作为一个区域组织，若要形成一个比较完整的地区能源和交通系统，就需要突破中亚的地理范围，通过扩员使其地域扩大辐射到南亚、西亚地区。如果今后巴基斯坦、阿富汗、伊朗、土库曼斯坦等国家加入上合组织，对形成完整的地区交通系统非常重要。③ 也有学者认为，上合组织应坚持以中亚地区为中心，不能急于扩员，还需要进一步打牢基础和巩固机制建设。中国和俄罗斯学者对扩员问题研究和发表的看法较多，如中国学者从学理和政治学视角分析扩员，④ 从上合组织定位与功能以及发展战略角度探讨扩员问题等；俄罗斯学者从地缘政治角度，⑤ 从功能定位角度，⑥ 等方面讨论扩员问题；一些学者就印、巴加入上合组织面临的挑战与机遇进行分析和探讨⑦。

---

① 王海运：《上海合作组织与中国》，上海大学出版社，2015。
② 李新：《上海合作组织经济合作十年：成就、挑战与前景》，《现代国际关系》2011年第9期。
③ 赵华胜：《上海合作组织：过去和未来的5年》，《国际观察》2006年第1期。
④ 曾向红等：《上海合作组织扩员的学理与政治分析》，《当代亚太》2014年第3期；陈小鼎等：《东盟扩员对上海合作组织的启示与借鉴：兼论上海合作组织扩员的前景》，《当代亚太》2013年第2期。
⑤ 如莫斯科国际关系学院东亚及上合组织研究中心主任卢金，见《新华社记者专访卢金：上合组织国际影响力越来越大》，新华网，2015年7月8日。
⑥ 如俄罗斯科学院远东研究所副所长卢佳宁，见《专家谈上合组织乌法峰会扩员同时应注意应对新挑战》，《中国青年报》2015年4月18日。
⑦ 王海运：《上海合作组织与中国》，上海大学出版社，2015；李进峰：《上海合作组织扩员：挑战与机遇》，《俄罗斯东欧中亚研究》2015年第6期；李进峰：《上合组织扩员与东盟扩员比较借鉴》，《俄罗斯研究》2016年第3期。

2011年是上合组织成立10周年,成员国总结了上合组织10年发展的成就、问题与前景,发表《上海合作组织十周年阿斯塔纳宣言》并强调,10年来上合组织已成为公认的具有重要影响的多边组织,积极促进了本地区和平与发展,有效应对了当代各种威胁和挑战,上合组织走过了从建章立制到建立各领域有效合作机制的成功之路,已成为建设亚太地区多边组织伙伴网络的重要一员。①上合组织稳步推进区域经济合作和人文合作,坚持睦邻友好,努力构建"和谐地区"。②

第四节 上海合作组织稳步发展阶段(2011~2016)

2011~2016年为上合组织稳步发展阶段,规划中长期发展战略,发挥"一带一路"与欧亚经济联盟对接平台作用,推动区域"一体化"进程。这一阶段,世界经济复苏依然艰难,西方发达经济体发展速度明显放缓,世界经济持续深度调整,政治经济秩序不断演变。美国"亚太再平衡"战略调整,奥巴马积极推进跨太平洋伙伴关系协定(TPP)谈判,而特朗普上台后宣布退出跨太平洋伙伴关系协定(TPP),使亚太局势充满变数。2011年以来,西亚北非局势仍不稳定,地区安全挑战日趋严峻,突尼斯、埃及、也门、利比亚四国政权更迭,相继建立起"民选政权"。围绕北约东扩的问题,美俄关系紧张,爆发乌克兰危机。表面上看,是"阿拉伯之春"导致西亚北非国家政治动荡、社会混乱,但根源在于西方霸权主义的干预,美国"推广民主"的外交政策是冷战后国际关系重新被意识形态化的源头之一。③ 与中东、西亚、北非乱局形成鲜明对照,上合组织区域总体稳定,经济发展进入"快车道"。中国提出"一带一路"倡议,俄罗斯建立欧亚经济联盟。在乌克兰危机背景下,中俄战略协作伙伴关系不断深化,俄罗斯战略向东转移,中俄联手推进"一带一路"与欧亚经济联盟对接和上合组织扩员,为上合组织发展带来新的历史性机遇。中亚国家与中国经济合作意愿更加强烈,成员国之间"共商、共建、共享"合作意识增强,构建命运共同体意识增强。

2012年,成员国签署《上海合作组织中期发展战略规划》,规划了未来10

---

① 《上海合作组织十周年阿斯塔纳宣言》,《人民日报》2011年6月5日。
② 《胡锦涛主席在上合组织第十一次元首峰会上发表重要讲话》,新华网,2011年6月15日,http://www.ce.cn/xwzx/gnsz/szyw/201106/15/t20110615_22482286.shtml。
③ 冯绍雷:《十年后的展望——关于上海合作组织未来定位与空间的思考》,《俄罗斯研究》2011年第2期。

年发展方向,强调上合组织要推动构建更加公正合理的国际政治经济新秩序,强调上合组织要维护地区安全、发展区域经济和改善民生。① 2013年,元首峰会批准《上海合作组织成员国长期睦邻友好合作条约(实施纲要)》,为上合组织可持续发展奠定了法律基础。

2013年,乌克兰危机导致俄罗斯与西方关系降至冰点,美国与欧盟联合制裁俄罗斯。在乌克兰危机和国际油价持续走低"双重因素"的影响下,俄罗斯自2013年开始卢布贬值、经济下滑。受俄罗斯影响,中亚国家经济发展速度也明显放缓。2014年,中国经济发展进入新常态,发展速度也开始放缓。但是,总体上看,上合组织和金砖国家等新兴经济体发展速度仍保持较快发展,世界经济发展动力向东转移。

2014年,中亚国家一些城市发生多起恐怖袭击事件,上合组织秘书处发表声明,打击一切形式的恐怖主义和极端主义;2014年,美军开始撤离阿富汗,导致阿富汗局势出现新的动荡,同时,恐怖分子从阿富汗向周边国家的渗透加剧。"伊斯兰国"极端组织在中亚地区活动猖獗,宣称要在中亚开辟"新的战场",② 对成员国安全稳定威胁加大。其间,成员国多次组织联合军演,并开展边防合作,从网络管理等层面加强对恐怖分子的监控。成员国加大参与阿富汗问题的力度,在阿富汗重建方面积极发挥作用。2014年,成员国签署《上海合作组织成员国政府间国际道路运输便利化协定》,标志着多边经贸合作机制建设取得突破性进展。

2015年,欧洲爆发"难民危机",2016年,英国公投脱欧,使欧盟面临成立以来最严峻的挑战,欧盟内部分裂迹象标志着最先取得"区域一体化"成就的欧盟发展模式和理念受挫。上合组织2015年乌法元首峰会打开扩员大门,2016年印、巴签订了加入备忘录。2015年制定《上海合作组织至2025年发展战略》,明确未来10年发展方向和目标,这是继2012年制定中长期发展战略后,第二次制定中长期发展战略,显示上合组织自身建设已经成熟,组织发展的战略性、前瞻性和科学性增强。这一阶段,上合组织进一步理顺组织内部工作机制,提高工作效率,努力推动已经签署的法律文件和合作项目的执行和实施。2015年以"一带一路"建设为契机,中俄签署《中华人民共和国和俄罗斯联邦关于丝绸之路经济带建设与欧亚经济联盟建设对接合作的联合

---

① 上海合作组织秘书处提供《上海合作组织中期发展战略规划》,上海合作组织成员国元首理事会2012年6月7日第1号决议批准。

② 李进峰:《上海合作组织2016年形势分析与展望》,李进峰主编《上海合作组织发展报告(2016)》,社会科学文献出版社,2016。

声明》，明确上合组织为对接的主要平台。在此背景下，加快推进区域多边合作和探讨自贸区建设可行性。

一 加强政治互信，命运共同体意识增强

在中俄建立战略协作伙伴关系基础上，2013年以来，中国与中亚国家分别建立战略伙伴关系或全面战略伙伴关系，成员国之间保持高度政治默契。成员国秉承"上海精神"，坚持"合作对话求安全、互利共赢谋发展"理念。保持和加强高层往来，充分理解各自的政治发展道路，在重大国际和地区问题上加强沟通与协调，保持共同立场，做出一致决议，特别是在涉及成员国核心利益的重大问题上保持合作。上合组织公开声明本地区安全与稳定涉及本地区各国的核心利益，绝不允许外部势力插手。支持联合国在解决阿富汗问题和重建方面起中心协调作用。在成员国政治互信基础上，面对复杂的国际形势和地区安全形势，2013年，中国提出打造安全共同体和利益共同体的战略构想。

这一阶段，通过启动扩员程序强化宣传《上海合作组织章程》和"上海精神"，增强成员国的集体认同感。上合组织不断创新并提供成员国感兴趣的公共产品，如解决边界争端、共建基础设施、加强产能合作、打击"三股势力"、提高上合组织在国际政治经济体系中的话语权等，促进成员国政治互信不断增强。在双边、多边合作基础上，努力推动上合组织区域经济合作新机制建设，"丝绸之路经济带"和"21世纪海上丝绸之路"倡议正是在此背景下提出的。2015年，成员国签署了《上海合作组织成员国元首关于世界反法西斯战争暨第二次世界大战胜利70周年的声明》，强调成员国要共同维护二战胜利成果。金砖国家与上合组织会议套开，彰显中、俄、印新兴大国合作机制的影响力，实现了"金砖"与"上合"两大机制的无缝对接。在2008年世界金融危机后，上合组织提出关于构建区域共同体的理念是第三次理论创新，为构建人类命运共同体思想奠定了基础。

二 重视预防能力，深化安全合作

上合组织成员国签署边防合作协议，加强成员国反恐信息共享，继续推进联合军事演习；与阿富汗签署合作协议，成立阿富汗问题联络小组，支持阿富汗国家重建，防止西方"民主价值观"在中亚地区继续渗透，防止中亚国家发生"颜色革命"。

2012年，中国国防部部长提出深化防务安全合作、加强行动能力和快速反应能力建设、增进成员国人民的理解和支持、将防务作为成员国公民文明交流

交融的纽带等"四项原则"。2013年，西亚北非局势持续混乱，中亚地区仍然存在不确定因素，在美国军队即将撤离阿富汗的背景下，上合组织举行了联合反恐演习等实质性合作，对"三股势力"及毒品走私和跨国有组织犯罪保持高压态势。除了继续打击"三股势力"、跨国有组织犯罪、毒品走私外，上合组织首次把打击武器、弹药及爆炸物走私以及保障信息安全威胁和防止非法移民问题列入合作内容，丰富了安全合作内容。这一阶段，本地区"三股势力"依然活跃，不断有来自成员国的"三股势力"人员参加中东地区的"圣战"，这些人员陆续回流对地区稳定构成严重威胁。2014年，上合组织对发生在中国新疆、昆明和巴基斯坦白沙瓦等城市的恐怖袭击事件进行强烈谴责，指出"三股势力"威胁世界和平与安全，危害人类基本权利和自由；强调要加强收集和交流恐怖主义及其成员信息，完善和建立新的合作机制；开展"和平使命-2014"联合军事演习。中俄举行了"海上联合-2014"双边演习，在双边框架下扩大与观察员国的军事合作。联合反恐演习实现了机制化。

2015年，成员国签署《上海合作组织成员国边防合作协定》，强调安全合作、维护地区和世界和平是上合组织未来发展的优先方向。签署了《上海合作组织成员国国防部长会议联合公报》《上海合作组织成员国国防部长2016~2017年合作计划》等文件，明确了成员国的安全合作重点。中俄开展了"海上联合-2015"军事演习。成员国武装力量特种兵山地联合训练在吉尔吉斯斯坦的托克马克举行。成员国在中国举行"厦门-2015"首次网络反恐演习。这一阶段，成员国联合打击恐怖势力的能力得到进一步提升。

三 成员国发展战略对接促进经济合作进入"快车道"

2012年以后农业合作受到重视，上合组织成为成员国在能源、矿产、交通、通信、农业、高新技术、金融等领域合作的重要平台。成员国经济总量占世界经济总量的比例从2001年4.8%，提升到2016年17.1%。[①] 2013年，中国提出"一带一路"倡议，得到成员国积极响应，丝绸之路经济带与各成员国的发展战略实施对接，促进上合组织区域经济合作进入"快车道"，为上合组织全面合作与发展带来新机遇。

第一，2014年，成员国签署了《上海合作组织成员国政府间国际道路运输便利化协定》，标志着区域经济合作迈出关键的一步。2015年，中国三部委联合发布《推动共建丝绸之路经济带和21世纪海上丝绸之路的愿景与行动》文件，

---

① 数据来源：世界货币基金组织数据库（2017）。

明确了中国与"一带一路"沿线国家开展合作的重点方向和目标。在成为中俄战略对接的主要平台基础上,上合组织也成为丝绸之路经济带与共建国家发展战略对接的主要平台。例如,丝绸之路经济带与俄罗斯"远东开发计划"的对接,与哈萨克斯坦"光明之路"的对接,与乌兹别克斯坦"复兴古丝绸之路计划"的对接,与蒙古国"草原之路"的对接等。成员国之间的交通网、能源网与通信网建设取得明显成果,高新技术领域的合作成为新的亮点。[1]

第二,在"一带一路"倡议推动下,2015年上合组织政府首脑理事会签署《上海合作组织成员国政府首脑(总理)关于区域经济合作的声明》,标志着上合组织区域经济一体化取得重大进展。同时,提出"经济一体化"务实合作的三个重点领域:推进金融领域合作,成立上合组织开发银行及上合组织专门账户;推进区域能源合作,成立能源俱乐部,建立稳定的供求关系,确保区域能源安全;推进区域农业合作,建立本地区统一的"经贸、投资和物流"空间,推进区域经济一体化进程。

第三,在"一带一路"倡议推动下中俄达成更多合作共识,中俄实施"一带一路"与欧亚经济联盟对接,以上合组织为重要平台,将加速推进中国与欧亚经济联盟谈判和上合组织自贸区建设。上合组织经济合作明确了产能合作、互联互通、金融合作、经贸合作"四个重点"领域。"一带一路"倡议与欧亚经济联盟对接是上合组织又一次理论创新,为形成区域合作新模式以及区域内不同合作机制之间合作,奠定了理论基础。

这一时期,受国际经济形势总体低迷和乌克兰危机影响,上合组织成员国经济增长普遍下滑,对外贸易也有所下滑。2015年,成员国政府首脑理事会发表的有关区域经济合作的声明,强调要加强上合组织框架内多边经贸合作,推动"经济一体化",主要是利用上合组织现有成果和相关合作机制促进区域经济合作:以基础设施建设和产能合作为优先方向,扩大成员国双边和多边经贸合作,共同促进本地区的工业化和现代化进程;加强交通领域多边合作,建立国际运输走廊;加快落实已经签署的《上海合作组织成员国政府间国际道路运输便利化协定》,使其尽早在成员国生效。2015年,上合组织经济合作取得突破性进展,尤其是中国和哈萨克斯坦两国签署的产能合作项目,涉及总价值240亿美元,包括52个产能合作项目,已经成为上合组织经贸合作的样板和典范。[2]

---

[1]《李克强总理在上海合作组织成员国政府首脑(总理)第十二次会议上发表讲话》,http://news.xinhuanet.com/politics/2013-11/29/c_118357974.htm。
[2]《上合组织的中国新动力:产能合作破题上合组织发展》,《瞭望东方周刊》2015年第49期。

成员国总理一致表示要支持开展互利并符合所有成员国利益的地区和国际产能合作，认为这有助于实现资金、技术、资源的优化配置，有效对接供给与需求，释放市场容量，破解产业发展难题，实现产业升级转型。这一阶段，成员国都处于工业化、城镇化建设时期。中亚国家与中国开展产能合作，一方面，中国为中亚国家提供先进的技术装备，推进中亚国家产业结构优化和发展方式转变，加快工业化进程，提高人民生活水平；另一方面，也能促进中国工业产业结构的优化调整和转型升级。

四　以教育、科技为重点拓展人文合作

这一阶段人文合作主要成果是上合组织大学建设，成员国举办艺术节，开展文化产业交流、科技合作、环保合作，开展丝绸之路沿线国家的历史遗存考察和考古合作等。中国提出的"一带一路"倡议为文化合作注入了新动力。

2013年，为落实《上海合作组织成员国政府间文化领域合作协定2012～2014年执行计划》，成员国在公共文化服务、文化创意产业、传统文化与非物质遗产保护等领域开展合作交流，增进各国人民的相互了解，积极传播成员国人民的传统友谊和习俗文化。上合组织大学涉及各成员国项目院校达80多所，上合组织大学机制建设与学科建设等相关法律法规进一步完善。上合组织大学签署"教育学"和"生态学"专业研究生培养计划，强调发展和巩固大学在学术交流与学术研究领域的合作。2015年，成员国领导人共同参加了在莫斯科和北京举行的二战胜利纪念活动，促进政治互信，提升了上合组织的国际和地区影响力。中国"发展模式"，特别是中国"五大发展"理念在成员国得到关注，以创新驱动工业升级转型为目标，科技创新成为成员国加强科技合作的重点。这一阶段，持续加大人文交流与合作的资金投入，扩大合作范围，拓展合作层次，根据成员国的合作兴趣和需求，不断寻找新的合作机会，使人文合作持续和高效进行，夯实了地区合作的民意基础。

本阶段面临的主要挑战和问题是扩员的风险。上合组织首次扩员后将发生"三个转变"：第一，印、巴加入后，成员国人口占世界总人口的比例增加到44%，上合组织的影响力将从"区域性"转变为"全球性"影响。第二，成员国经济总量占全球GDP总量的比重将明显提高，从占全球GDP的16%提高到占25%以上。上合组织将从区域经济发展动力转变为全球经济发展重要动力之一。第三，上合组织将从以中亚为中心的区域组织转变成为以"欧亚大陆"为中心

的欧亚区域组织。① 组织扩员带来的这种转型升级既是组织发展壮大的历史性机遇，同时也是重大挑战，主要是扩员将带来上合组织地域范围的扩展、合作议题的增加和改变；新老成员国如何在组织中和睦相处；印、巴之间的既有矛盾和问题将带到上合组织中来，组织的成员结构将被打破，组织的决策方式和效率将面临一些挑战。

2016年是上合组织成立15周年，成员国元首总结了15年来的发展经验与成就，发表《上海合作组织成立十五周年塔什干宣言》，指出："成立15年来，上合组织已探索出顺应时代发展的新型国际组织模式，跻身具有威望和影响力的国际和地区组织之列，成为当代国际关系中保障安全、稳定和可持续发展的有效因素，树立了地区和国际合作的典范。""上海精神"是上合组织顺利发展的独特源泉，是发展国家间关系、应对全球威胁和挑战、解决国际分歧的重要指针。② 习近平主席在元首峰会上发表了重要讲话并提出五点建议，为上合组织发展指明方向。

五 稳步发展阶段的主要任务及问题

上合组织2012年制定《上海合作组织中期发展战略规划》具有标志性意义，这是上合组织第一次对组织的未来发展做出思考和计划，标志着上合组织从关心当前事务、解决眼前现实问题为主，向既能解决当前问题，又关注解决长期性、全局性和战略性问题转变。上合组织成员国具备了谋划未来发展的决心和一致性。之后，在2015年上合组织又制定了《上海合作组织至2025年发展战略》，对上合组织未来10年的发展进行了深度思考和总体规划，标志着成员国对上合组织未来充满期待。在此背景下，上合组织的发展方向基本明确，也为2017年上合组织首次扩员奠定了基础。

这一阶段的主要任务如下。

第一，成员国共同应对美国金融危机带来的挑战，签署了一系列旨在促进成员国经济发展与合作的文件，例如，2015年在第十四次成员国政府首脑理事会期间签署的有关成员国加强区域经济合作的声明。

第二，成员国共同应对乌克兰危机带来的挑战，成员国进一步加强了能源合作、农业合作、贸易合作等。

---

① 李进峰：《上海合作组织扩员：挑战与机遇》，《俄罗斯东欧中亚研究》2015年第6期。
② 《上海合作组织成立十五周年塔什干宣言（全文）》，新华网，2016年6月25日，www.xinhuanet.com/world/2016-06/25/c_129088765.htm。

第三，上合组织成为"一带一路"合作的主要平台，成员国积极参与"一带一路"建设，推动"一带一路"与成员国的发展战略对接，比如，中俄签署丝绸之路经济带与欧亚经济联盟对接协议；中哈签署"一带一路"与哈萨克斯坦"光明之路"新经济政策对接协议等。有效推动"一带一路"产能合作在中亚落地。

第四，成员国共同推动2014年签署的《上海合作组织成员国政府间国际道路运输便利化协定》生效，逐步提高区域内贸易投资便利化水平。

这一阶段，上合组织存在的主要问题如下。

第一，区域内贸易投资便利化水平总体提升比较缓慢。区域内多边经贸合作项目依然实施比较困难，成果不多，但是，双边合作成果相对较多。多边经贸合作成绩不佳，主要有以下几个因素。一是俄罗斯因素。上合组织成立以来，俄罗斯积极支持安全合作并发挥了重要作用，但对经济合作一直不太热心。俄罗斯的经济实力相对中国而言优势不足，出于对自身利益考虑，俄罗斯在多边经贸合作包括上合组织自贸区建设等方面都不持积极态度。另外，俄罗斯主导着欧亚经济联盟，俄罗斯认为在本区域内可以通过其主导的欧亚经济联盟推动地区一体化，而不希望上合组织在经济合作方面进一步深化。俄罗斯也不希望中国与中亚国家发展紧密关系，担心中国会取代其在中亚地区的主导地位。二是中亚国家因素。中亚国家对长期处在苏联控制下的历史记忆，使它们对国家主权问题非常敏感，中亚国家担心经济合作过快推动一体化，会使其失去经济上的独立性。因此，中亚国家对中国积极倡议的上合组织自贸区建设的态度不是很积极。由于在军事上中亚国家还需要依靠俄罗斯的支持，中亚国家也对中国推动的上合组织成员国间的经贸合作留有余地。三是中国因素。苏联解体后在俄罗斯的带动下，中亚国家与中国建立了"上海五国"机制，之后，又提升为上合组织。如果没有俄罗斯最初的支持，上合组织是不可能顺利成立的。鉴于此，中国在与中亚国家发展经贸合作时，也特别关注俄罗斯的核心利益，避免让俄罗斯感到担忧，中国认可俄罗斯在中亚地区的特殊利益，而中国与中亚地区国家有着广泛的合作，中俄相互支持对方的核心利益，才能使中国战略协作伙伴关系不断深化。

第二，"一带一路"产能合作在推进中出现了一些不协调的声音。比如，在美国等西方媒体煽动下，哈萨克斯坦、吉尔吉斯斯坦等成员国出现了新一轮的"中国威胁论"。

第三，成员国对印巴加入上合组织进行了广泛的讨论和论证，学术界和政界对此议题争议也比较大，多数学者认为，印巴加入上合组织是机遇与挑战并存。

第五节　上海合作组织扩员后发展新阶段（2017~2020）

2017~2021年为扩员后发展新阶段，扩员促进上合组织进入新的发展阶段，积极参与全球治理。

2017年上合组织成员国第十七次元首理事会批准印度和巴基斯坦加入上合组织，这具有历史性意义。这是上合组织成立17年来首次扩员，扩员改变了成员国的结构，扩大了区域范围，使成员国的国土面积从占世界的14%增加到占世界陆地面积的23%，人口从占世界的25%增加到占世界的44%，地理范围从中亚拓展到南亚。扩员后，上合组织成为当今世界人口最多、面积最大的综合性区域组织。应该说，2017年的上合组织首次扩员总体上是成功的，尽管学术界有不同的评论，甚至有一些批评和质疑的声音，但多数学者认为扩员是机遇与挑战并存，而且机遇大于挑战。不过，到目前为止，扩员后带来的印巴矛盾等新问题还在逐步消化和解决的过程中，最关键的是应在扩员后的"磨合期"解决好"三大任务"，即进一步增强成员国政治互信、提升成员国凝聚力、深化成员国合作。

扩员3年来，目前主要的问题如下。一是印度和巴基斯坦之间的边境纠纷等问题不解决，就会影响成员国之间的团结，进而会在本组织产生负能量；二是印度受美国等拉拢和吸引，加入了美国倡议的"印太战略"框架，印度旨在追求有声有色的大国地位，同时，印度还没有表态支持中国"一带一路"倡议，这对于在上合组织内形成"中、俄、印"良性互动架构不利；三是一些创始成员国，如中亚国家担心在上合组织的地位弱化；四是上合组织下一步的扩员思考，比如，俄罗斯有学者声称，中国与俄罗斯已经同意伊朗加入上合组织，显然，这种声音是不可靠的，因为从多数中国学者的视角看，在印巴问题和矛盾没有得到根本化解之前，让伊朗加入是一种不负责任的选择，更何况伊朗与美国现在正处于敌对之中。

2018年召开的上合组织青岛峰会，具有里程碑意义。成员国着眼于扩员后上合组织发展的新阶段，提出了上合组织发展的新任务。习近平主席在第十八次上合组织元首峰会上发表了重要讲话，强调面对全球治理存在的种种乱象，应弘扬"上海精神"，提出用五个"观"破解时代难题、化解风险挑战。这五个"观"是：促进共同繁荣的"创新、协调、绿色、开放、共享"发展观；实现普遍安全的"共同、综合、合作、可持续"安全观；构建开放型世界经济的"开放、融通、互利、共赢"合作观；树立"平等、互鉴、对话、包容"的文明观；坚持"共商、共建、共享"的全球治理观。① "上海精神"蕴含的上合组织理念实现了三个超越，即超越了文明冲突、超越了冷战思维、超越了"零和博弈"的陈旧观念，以此为起点，掀开了国际关系史上崭新的一页。习近平主席提出的"新五观"是对"上海精神"内涵的拓展与创新。② 中俄签署了《中华人民共和国商务部与俄罗斯联邦经济发展部关于完成欧亚经济伙伴关系协定联合可行性研究的联合声明》，表明了中俄将进一步挖掘经贸合作潜力共建"一带一路"的决心和信心。成员国共同加快落实《上海合作组织成员国元首关于贸易便利化的联合声明》，深化区域经济合作，携手将上合组织打造成人类命运共同体的示范区。

2019年，习近平主席在上合组织成员国第十九次元首理事会上发表题为《凝心聚力务实笃行共创上海合作组织美好明天》的重要讲话，倡议把上合组织打造成团结互信的典范、安危共担的典范、互利共赢的典范、包容互鉴的典范，即"四个典范"，并对上合组织未来发展提出了四点建议。③ 成员国一致认为，上合组织已经成为高效及建设性的多边合作机制，在维护地区稳定、促进成员国发展方面发挥着重要作用。上合组织已成为成员国深化政治互信、加强信任对话、建设平等伙伴关系的稳固平台，成员国在国际法基础上，努力建设新型国际关系和构建人类命运共同体。

2020年，上合组织成员国面临突发的新冠肺炎疫情，中国在做好自身防疫工作的同时，第一时间向俄罗斯、巴基斯坦、哈萨克斯坦、吉尔吉斯斯坦等成员国援助防疫物资。在2020年2月中国疫情最严重的时期，俄罗斯、巴基斯坦等成员国及时给予中国防疫物资援助和支持，充分体现了成员国命运共同体意识。在中俄战略协作指导下，成员国共同探讨应对新冠肺炎疫情的措施，加强成员国之间的信息交流与协作，共同努力并有效应对疫情的蔓延。

2020年11月10日，上合组织成员国元首理事会第二十次会议在莫斯科举行，因新冠肺炎疫情影响会议以视频方式举行。习近平主席在北京以视频方式出席会议并发表题为《弘扬"上海精神"深化团结协作构建更加紧密的命运共

---

① 《筑梦扬帆，携手创造更加光明的美好未来：习近平主席上合组织青岛峰会重要讲话解读》，新华网，2018年6月10日，http：//www.xinhuanet.com/2018～06/10/c_1122964980.htm。
② 李进峰：《【学习时刻】：将上合组织打造成人类命运共同体"示范区"》，光明网，https：//www.sohu.com/a/235494710_100114052。
③ 《习近平主席在上海合作组织成员国元首理事会第十九次会议上发表题为〈凝心聚力务实笃行共创上海合作组织美好明天〉的重要讲话》，人民网，2019年6月15日，http：//cpc.people.com.cn/n1/2019/0615/c64094-31153738.html。

同体》的重要讲话。会议通过并发表了《上海合作组织成员国元首理事会莫斯科宣言》以及关于共同应对新冠肺炎疫情，纪念第二次世界大战胜利75周年，保障国际信息安全，数字经济领域合作，打击利用互联网等渠道传播恐怖主义、分裂主义和极端主义思想，应对毒品威胁等一系列声明。①

面对逆全球化、保护主义和单边主义冲击，面对全球治理严重缺失的现状，面对新冠肺炎疫情蔓延"三大危机"，成员国坚定弘扬"上海精神"，共同抵制单边主义，以高质量共建"一带一路"为引领积极参与全球治理，共同应对来自地区和全球层面的各种风险和挑战。

这一阶段，上合组织的主要任务是化解扩员引发的新问题，释放扩员后的新动力，积极参与全球治理。第一，在中俄战略协作下，积极创造机会促进印度和巴基斯坦和平对话，有效缓解印巴之间的矛盾、问题和冲突。第二，支持中亚与南亚基础设施互联互通，以印巴加入为契机，扩大成员国的经贸市场等经济合作空间。第三，制定新版《上海合作组织成员国多边经贸合作纲要》，进一步推进区域内经贸合作和区域一体化进程。第四，印巴加入后，上合组织在国际社会的地位和影响力进一步提升，在上合组织框架内构建中、俄、印"三边机制"成为上合组织参与全球治理的重要机制和抓手。

这一阶段面临的主要问题如下。第一，首次扩员后带来的印巴矛盾，需要在上合组织框架内通过平等对话协商解决。短期内如果得不到解决，就会影响成员国长期以来形成的团结合作的氛围和局面。落实扩员后"磨合期"的三大任务，成为上合组织的首要任务。② 第二，扩员后美国对上合组织的干扰明显增多。近年来，在联合国有关会议上美国多次质疑"上海精神"，质疑上合组织反恐涉及"人权"问题。此外，美国拉拢印度加入其主导的"印太战略"框架。第三，阿富汗问题对本组织的安全环境影响以及"伊斯兰国"等基地组织的恐怖活动带来的安全威胁。

2021年是上合组织成立20周年，全面总结回顾上合组织20年来发展历程，梳理20年来上合组织在各领域合作发展取得的巨大成就与存在的问题，尤其是从理论创新方面，从重大实践成果方面，从面临的主要问题、重大机遇和挑战方面，进行系统总结梳理，针对本组织未来发展提出建议和对策，这对于上合组织未来发展具有重大现实意义。

---

① 《习近平在上海合作组织成员国元首理事会第二十次会议的讲话（全文）》，新华网，http://www.xinhuanet.com/politics/leaders/2020-11/10/c_1126723118.htm。
② 李进峰：《上海合作组织跨入发展新阶段：新形势与新任务》，李进峰主编《上海合作组织发展报告（2018）》，社会科学文献出版社，2018。

第三章 上海合作组织各领域合作

第一节 上海合作组织制度建设

上合组织自2001年成立以来，不断完善机制建设，为上合组织落实目标任务和功能拓展奠定了基础。在功能拓展中又逐步完善机制，以新的机制建设支撑新的功能拓展。2002年颁布《上海合作组织宪章》，2004年先后成立上合组织秘书处和地区反恐怖机构。成立初期的第一个5年是上合组织机制和制度建设相对集中的时期，之后，随着上合组织发展需要以及外部环境的变化，逐步完善和扩充机制建设的新内容。

一 上海合作组织机制建设

依据国际组织的一般原则和惯例，上合组织建立了比较完善的高层会晤机制，以保证上合组织运行的规范性、权威性和工作效率。第一层机制是上海合作组织成员国元首理事会（也称元首峰会），这也是上合组织最高决策机构，每年轮流在成员国举行，就上合组织重大事项做出决定，明确方向。从上海合作组织发展历程来看，元首峰会发挥着最重要的机制保障作用，历年最重要的议题决策均由元首峰会做出。上海合作组织元首理事会下设成员国政府首脑（总理）理事会（也称总理会议），与元首峰会一致，每年轮流在成员国举行一次，重点研究上合组织框架内多边合作的战略与优先方向，解决经济合作等领域的原则和迫切问题，并批准组织年度预算。第二层机制是上海合作组织框架内的成员国外长理事会，以及议长、安全会议秘书和其他各部长会议，这些都是在上合组织发展壮大过程中逐步丰富起来的，这些定期会议机制已经涵盖政府几乎所有职能部门。第三层机制是上合组织的专业工作组，现有十多个工作组，包括海关、质检、电子商务、投资促进、发展过境潜力、能源、信息和电信专业工作组等。

上合组织的机构建设不断取得突破，不断提高上合组织在关键领域的合作效率。上海合作组织成立至今，已经根据实际需要成立了上海合作组织秘书处、地区反恐怖机构、实业家委员会、银联体和上海合作组织论坛等机构，这些机构在内部建设上不断丰富和发展，并在各自领域高效地发挥着重要作用。

完善法律体系建设，上合组织至今已经制定了数百份具有法律效应的文件。上海合作组织之所以能够从最初边境谈判的单一功能机制逐渐发展到政治、安全、经济和人文等多领域、多功能、全方位的区域合作组织，法律建设是关键支撑。

2002年签署《上海合作组织宪章》，2003年签署《上海合作组织成员国多边合作纲要》，2004年成立上合组织秘书处和地区反恐怖机构，2005年成立上合组织实业家委员会、上合组织银联体等。2007年签署《上海合作组织成员国长期睦邻友好合作条约》，2012年制定《上海合作组织中期发展战略规划》，2012年确定为成员国"睦邻友好年"，体现了各成员国对上合组织发展的新期待，更是对以往上合组织面对复杂国际和地区局势取得成就的肯定。2014年签署《上海合作组织成员国政府间国际道路运输便利化协定》，此外，还批准《给予上海合作组织成员国地位程序》以及《关于申请国加入上海合作组织义务的备忘录范本》修订案等文件，为上合组织2017年首次扩员奠定法律基础。上合组织第十三次政府首脑（总理）会议批准《上海合作组织秘书处关于〈上海合作组织成员国多边经贸合作纲要〉实施情况的报告》，审议了《2012~2016年上海合作组织进一步推进项目合作的措施清单》的落实情况，在推动成员国多边经贸合作方面迈出了坚实的步伐。2015年制定《上海合作组织至2025年发展战略》，明确了上合组织未来10年的发展方向和目标。2019年制定了新版《上海合作组织成员国多边经贸合作纲要》，作为2020~2035年推动区域经济合作的指导性文件。

二 不断完善制度建设促进各领域合作

从"上海五国"边境地区信任和裁军谈判的会晤机制转型升级到区域合作机制，上合组织从2001年成立以来不断推进制度建设，现在已经成为本地区以及国际舞台上推动和平、维护稳定、促进建设与发展的一支重要力量。

（一）成员国不断加强政治合作

一是上合组织成员国多领域、多层次的合作机构和制度已经基本健全。设立了秘书处和地区反恐怖机构两个常设机构。建立了成员国元首理事会、政府首脑（总理）理事会、外长理事会和多个部门领导人会议机制，合作领域涵盖政治、安全、经济、文化、教育、科技、农业、紧急救灾等多个领域。在2012年上合组织第十二次元首峰会期间，中方提出建立睦邻友好委员会。二是上合组织的国际影响力和地位日益提高。自2004年启动观察员国机制以来，在2012年上合组织成员国元首峰会上，又批准阿富汗为观察员国，土耳其为对话伙伴国。上合组织是联合国大会的观察员，与独联体执委会、欧亚经济联盟、独联体集体安全条约组织、东盟秘书处、中西亚经济合作组织、联合国亚太经社理事会和联合国秘书处等机构建立了合作关系。三是上合组织积极参与地区及国际事务并发出一致声音。上合组织关注并参与重大国际地区热点问题的解决与协调，先后就本地区恐怖袭击事件、日本核泄漏事件、美国金融危机、乌克兰危机、西亚北非局势、朝核问题、钓鱼岛问题、阿富汗问题等一系列重大地区和国际问题表明上合组织一致的原则立场。

（二）上合组织是维护地区安全的推动力量

2001年上合组织成立之初，六国元首共同签署了《打击恐怖主义、分裂主义和极端主义上海公约》，为联合打击"三股势力"奠定了法律基础。2009年成员国签署的《上海合作组织反恐怖主义公约》和2017年成员国签署的《上海合作组织反极端主义公约》等文件，进一步强化了上合组织框架内反恐合作的法律基础和执行能力，促进安全领域合作提升到新水平。

2006年以来，上合组织成员国执法安全机构每年举行联合反恐演习。例如，2007年的"伊塞克湖反恐-2007"联合反恐演习、2008年的"伏尔加格勒反恐-2008"联合反恐演习，2009年的"诺拉克反恐-2009"联合反恐演习，2010年的"萨拉托夫反恐-2010"以及"2011新疆天山-2号"联合反恐演习等，成员国这些联合反恐演习有效震慑了本地区的"三股势力"。

上合组织成员国还创造性地开展了大型国际会议和大型国际活动的联合安保合作，先后成立了北京奥运会、上海世博会、俄罗斯反法西斯战争胜利65周年庆祝活动以及阿拉木图亚洲冬运会等活动的安保合作机制。上合组织成立以来，最显著的成就之一，首先体现在安全领域的合作。各成员国以加强互信与合作的方式而不是以加强各自军事实力的方式来实现国家安全，这是谋求国家安全的新思路、新方法和新模式，是一种新安全观。

（三）上合组织积极推动成员国的经济合作

2003年成员国签订《上海合作组织成员国多边经贸合作纲要》以来，涉及交通、能源、通信领域一批关系国计民生的大型经济合作项目陆续启动。贸易投资、农业、科技合作稳步推进。多边海关互助协定顺利签署，成员国政府间国际道路运输便利化协定商谈取得重大进展，电子商务逐步实施，区域经济合作面临更有利的条件。中俄原油管道项目、中哈天然气管道项目、中塔输变电项目、中吉乌公路项目等一批合作项目多数已经完成，一些项目正在顺利实施。

成立20年来，上合组织通过双边或多边等区域合作，促进了成员国经济发展与繁荣，上合组织成员国的GDP总量从2001年的22817.3亿美元，增加到2019年的192450.6亿美元，增加了7.43倍。2001年至2020年，上合组织成员国间贸易总额逐年递增，从2001年的188.04亿美元增加到2019年的3030.52亿美元。其中，2009年受美国金融危机影响同比下降了30.1%，2015年受乌克兰危机以及国际大宗商品价格下跌等因素影响，贸易额下降了29.1%。上合组织各成员国外贸总额占全球的份额由2001年的8%，增加到2019年的15.6%。[①]

（四）上合组织人文合作逐渐深化

2008年在俄罗斯总统普京倡议下，上合组织成员国提出组建上合组织大学的构想。之后，2010年上合组织大学正式启动，目前，该大学已经有成员国的80多所顶尖高校加入其中。上合组织成员国还多次成功举办了教育周、教育无国界活动以及展览、论坛、青年节、艺术节、音乐节等丰富多彩的人文交流活动，得到成员国人民的普遍欢迎。

从中国视角看，上合组织首先在稳定中国西部安全、促进新疆地区的稳定发展和打击"三股势力"方面，在促进中国与中亚国家的政治关系与经济合作方面，发挥了不可替代的作用。

（五）上合组织成为新型国际关系的理论创新和实践平台

上合组织作为一种新型国际组织的模式，至少在三个方面是创新之举。一是"尊重多样文明"。世界上许多区域性国际组织把所谓的"价值观一致"作为加入该组织的政治前提，对要求加入的候选国的政治制度和价值观提出种种要求和限制。而上合组织是唯一提出尊重多样文明、尊重成员国主权，在处理成员国关系时从不以意识形态划界或定亲疏的国际组织。二是提倡"协商一致"。上合组织各成员国按照平等协商一致的原则，也许会在一定程度上影响组织的决策效率，但最大限度地维护了上合组织各成员国的团结与协作。上合组织的决策机制不像联合国那样以票数多少论高低，不像欧盟那样按人口数量比例设定加权系数来表决，也不像世界银行或国际货币基金组织那样以出资多少决定表决权份额，而是完全协商一致，即各成员国不仅地位完全平等，意志上也完全平等，在上合组织内部从不以大压小、以强凌弱、以多欺少。三是树立"新安全观"。上合组织成员国寻求安全的办法不是建立军事联盟，而是增强成

---

① 上合组织成员国2001~2020年贸易数据来源：www.trademap.org，其中，2020年数据为预测值。

员国的互信与团结,即以深化合作谋求成员国的共同安全。面对当今世界仍有国家通过加强军事联盟来寻求安全,上合组织的新安全观摈弃了"零和博弈"的冷战思维,为国际安全理论和实践提供了可以借鉴的思路和案例。

第二节 上海合作组织政治合作

上合组织政治合作的内容和主要任务在《上海合作组织章程》第一条的"宗旨与任务"中有明确的表述:加强成员国的相互信任和睦邻友好;发展多领域合作,维护和加强地区和平、安全与稳定,推动建立民主、公正、合理的国际政治经济新秩序;在参与世界经济的进程中协调立场;在防止及和平解决国际冲突中相互协助;共同寻求21世纪出现的问题的解决办法。在《上海合作组织宪章》第三条的"合作方向"中指出,维护地区和平,加强地区安全与信任;就共同关心的国际问题,包括在国际组织和国际论坛上寻求共识。这些表述反映了成员国对政治合作的一致愿望和定位。①

中国的国家利益主要包括:(1)国家的发展与稳定,包括经济增长、政局稳定,重视可持续性,保证地区的均衡和社会关系的和睦;(2)国家的统一和安全,包括领土完整、有效的国防体系、抵御外部入侵的能力,特别是要逐步实现国家统一大业,解决台湾问题,消除分裂主义的现实威胁;(3)国家的影响与定位,包括在国际上发挥一个大国作用,稳步提高国际地位,真正成为全球性大国,在国际事务中扮演负责任大国的角色。中国在上合组织中的国家利益诉求主要体现在:借助上合组织,使国家的改革与发展步伐走得更稳更远;促进中国周边环境得到最大限度的改善;加强中国与俄罗斯、中亚国家、巴基斯坦和印度等睦邻友好伙伴关系;突破外部势力对中国发展的"遏制";促进中国成为国际事务中一个负责任的有影响力的大国。

一 上海合作组织政治合作:初创阶段(2001~2005)

上合组织的创立是一个逐渐演变和水到渠成的过程,从1996年到2000年的"上海五国"机制发展成为一个全新的区域性组织。成立于2001年上合组织作为新型区域组织,它的"新"首先体现在它摆脱了冷战思维,强调"互信、互利、平等、协商、尊重多样文明、谋求共同发展"的行动理念和精神,其次,

---

① 《上海合作组织宪章》,中国人大网,http://www.npc.gov.cn/wxzl/wxzl/2002-10/22/content_301223.htm。

上合组织的"新"体现在它的新安全观,即成员国强调和重视通过多边合作来共同维护地区安全,主张要特别关注安全的多面性,既要关注传统安全,又要关注非传统安全,从综合性、多方面制定维护地区安全的各项措施。2002年签署的《上海合作组织宪章》对"互信、互利、平等、协商、尊重多样文明、谋求共同发展"的上海精神和新安全观做了明确表述。可以说,"上海精神"是成员国政治合作的方向和指引,新安全观是成员国应对国际安全局势对外统一的政治表述。2003年,上合组织第三次元首峰会,成员国元首在加强协调、扩大合作、促进地区和平与发展等重大问题上达成广泛共识。2004年,上合组织第四次元首峰会,成员国决定建立上合组织地区反恐怖机构,签署批准了《塔什干宣言》、反毒合作协议等多份重要文件,批准给予蒙古国观察员国地位。2005年,上合组织第五次元首峰会,成员国签署了《上海合作组织成员国元首宣言》等重要文件,并决定给予巴基斯坦、伊朗、印度观察员国地位。因美国在中亚渗透与策划"颜色革命",引发2005年吉尔吉斯斯坦社会动乱和乌兹别克斯坦爆发"安集延事件",鉴于此,上合组织第五次元首峰会宣言中明确要求,美国应撤离在中亚国家的军事基地。① 这一时期政治合作的主要任务是落实"上海精神",促进成员国安全合作及相关机制建设,在经济合作方面成员国签署了《上海合作组织成员国多边经贸合作纲要》。

二 上海合作组织政治合作:机制建设阶段(2006~2010)

在安全合作与经济合作共同推进的过程中,成员国在加强经济合作、共同应对金融危机挑战方面达成更多的共识并制定了相应措施。2008年的国际金融危机使成员国坚定了共同发展经济合作、应对挑战的信心。对2009年中国新疆"7·5"事件、2010年吉尔吉斯斯坦骚乱事件等,成员国一致认为是极端势力策划的暴力恐怖活动,是西方国家参与渗透甚至策划的"颜色革命",成员国应该加强合作共同抵制。

2006年是上合组织成立5周年,成员国元首围绕弘扬"上海精神"、深化务实合作、促进和平发展的主题,深入地交换了意见,提出了上合组织发展的远景规划,签署了《上海合作组织五周年宣言》。2007年成员国元首签署了《上海合作组织成员国长期睦邻友好合作条约》。2008年成员国元首通过了《上海合作组织成员国元首杜尚别宣言》和《上海合作组织对话伙伴条例》等文件。

---

① 吴绮敏、孙力:《上合组织峰会签元首宣言 决定加强团结合作反恐》,中国新闻网,http://www.chinanews.com/news/2005/2005-07-05/26/595256.shtml。

2009年签署了《上海合作组织成员国元首叶卡捷琳堡宣言》和《上海合作组织反恐怖主义公约》等文件,会议给予斯里兰卡和白俄罗斯对话伙伴国地位。2010年元首峰会发表了《上海合作组织成员国元首理事会第十次会议宣言》,批准了《上海合作组织接收新成员条例》和《上海合作组织程序规则》。

三 上海合作组织政治合作:扩大合作阶段(2011~2015)

2011年是上合组织成立10周年,成员国发表了《上海合作组织十周年阿斯塔纳宣言》,元首峰会总结了10年发展成就,元首们指出,10年来,上合组织已经成为公认的具有重要影响力的多边组织,积极促进了本地区和平与发展,有效应对了当代各种威胁和挑战。① 元首们强调,上合组织发展顺应了和平发展的时代潮流,成员国奉行的"上海精神"是组织顺利发展、不断壮大的关键因素。在"上海精神"引领下形成的互利共赢、结伴不结盟的新型国家关系模式体现出共同诉求。上合组织是"开展文明对话的典范,是全球推动国际关系民主化的积极因素"。② 成员国元首一致认为,上合组织在维护地区安全、促进区域经济发展方面发挥了重要作用,重申了"上海精神"的重大意义,上合组织作为新型国家关系模式的典范对于推动建立国际政治经济新秩序意义重大。

2012年成员国政治互信达到新高度。通过了《上海合作组织成员国元首理事会莫斯科宣言》,上合组织首次制定了《上海合作组织中期发展战略规划》,元首峰会批准吸收阿富汗为观察员国、土耳其为对话伙伴国,这对提高组织凝聚力、加强区域合作、提高各成员国共同应对新挑战和新威胁的能力具有重要意义。上合组织成员国总理第十一次会议发表了"联合公报",一致通过了《2012~2016年上海合作组织进一步推动项目合作的措施清单》,并成立中国—上海合作组织环境保护合作中心。

成员国元首还对上海合作组织各领域合作提出了多项建议和倡议。特别是提出了开展上海合作组织专门账户和开发银行等融资保障机制的组建工作,提出了上合组织在铁路、公路、航空、电信、电网、能源管道互联互通等方面的发展目标。这些措施和目标有效地深化了上合组织经贸合作,为本组织经贸领域合作发展提供了更加广阔的空间和持久动力。

2012年元首峰会的另一个重大成果是提出成立上海合作组织睦邻友好合作

---

① 《上海合作组织十周年阿斯塔纳宣言(全文)》,新华网,https://news.qq.com/a/20110615/001233.htm。
② 《上海合作组织十周年成员国元首理事会会议新闻公报(全文)》,新华网,http://www.fmcoprc.gov.mo/chn/szyw/t831004.htm。

委员会的倡议。以"睦邻友好年"系列活动为基础,2012年度上海合作组织丰富多彩的人文交流合作进一步加强了各成员国之间友好关系的社会基础,推动不同文明间对话,夯实成员国合作的民意基础。本次峰会的成果,既彰显了本次会议作为上海合作组织第二个10年的开局之举,又体现了各成员国把上海合作组织合作全面推向新阶段的信心和决心。成员国一致宣示:(1)反对在西亚北非地区进行武力干预或强行推动"政权更迭";(2)任何以武力解决伊朗问题的企图都是不可接受的;(3)反对个别国家或国家集团单方面不受任何限制地加强反导系统;(4)倡导上合组织"互信、互利、平等、协作"的新安全观,进一步扩大上合组织的国际影响力,提升话语权。这些都对后冷战时期世界多极化和国际关系民主化进程产生深远影响。

2013年是上合组织政治合作发展历程中一个新的开端。在第十三次元首峰会后,习近平主席在9月访问了哈萨克斯斯坦,10月访问了印度尼西亚,先后提出建设"丝绸之路经济带"倡议和建设"21世纪海上丝绸之路"倡议,简称"一带一路"倡议,该倡议后来成为上合组织政治合作与经济合作的助推器。

2013年元首峰会规划了上合组织未来10年的合作重点。在2012年《上海合作组织中期发展战略规划》中明确了上合组织2020年前"七大合作方向",2013年9月比什凯克元首峰会和11月塔什干总理会议重点关注该战略规划的落实措施,进一步明确了未来务实合作的"六大重点"。第一,继续夯实成员国之间政治互信基础,保持和加强高层往来,在重大国际和地区问题上加强沟通与协调,保持共同立场,做出一致决议。特别是在涉及成员国核心利益的重大问题上保持合作,上合组织将发出更多共同一致的声音。第二,在安全领域,始终把打击"三股势力"、毒品走私和跨国有组织犯罪等作为头等大事来抓,2014年美国从阿富汗撤军之后的中亚地区可能出现安全形势反弹,应加强成员国包括与观察员国在本地区的安全执法合作,强化上合组织框架内"和平使命"联合军事演习等安全合作机制。第三,把丝绸之路经济带建设纳入上合组织经济合作的议题之中,在经济合作领域,加强"五通"建设,完善经贸合作机制,争取在能源、矿产、交通、通信、金融、农业、高新技术、基础设施等领域有所突破,不断寻求新的增长点和可能性,对一些合作重点和难点领域,加强深入研究,寻求解决方案,关切成员国的根本利益。第四,在人文领域,持续加大上合组织人文交流与合作的资金投入,扩大合作面,拓展合作层次,根据不同成员国的不同合作兴趣和需求,寻找新的合作机会,使人文合作能够持续和高效进行。第五,进一步理顺上海合作组织现有机构内部工作机制,提高工作效率,使各项已经签署的法律文件和合作项目得以严格执行和实施。第六,继续秉承"上海精神",坚持"合作对话求安全、互利共赢谋发展"理念。

此次峰会强调要构建成员国战略伙伴关系,各成员国发出一致声音。中国与中亚国家分别建立了战略伙伴关系或全面战略伙伴关系,上海合作组织成员国之间保持高度政治默契,充分理解和尊重成员国的政治发展道路,在重大事件上给予成员国明确支持。公开声明本地区政治安全与稳定涉及本地区各国的核心利益,绝不允许外部势力插手。上合组织成员国主张在阿富汗建立一个没有恐怖主义和毒品犯罪的独立、中立、和平繁荣的国家。呼吁国际社会为尽快在阿富汗实现和平创造条件。支持联合国在解决阿富汗问题和重建方面的中心协调作用。上合组织成员国一致表示,对伊朗核问题形势表示担忧,认为某些国家对伊朗使用武力和采取单边制裁措施是不能接受的,只能和平解决这个问题。本次元首峰会还批准了《上海合作组织成员国长期睦邻友好合作条约实施纲要》,标志着上合组织建设进入务实合作新阶段,是推动落实《上海合作组织成员国长期睦邻友好合作条约》和《上海合作组织中期发展战略规划》的具体文件,这一文件成为成员国之间提升政治互信、深入开展务实合作的纲领性文件,对促进上合组织健康稳定发展具有重要意义。

2014年,习近平主席在上合组织第十四次元首峰会上发表《凝心聚力 精诚协作 推动上海合作组织再上新台阶》的重要讲话,强调要本着对地区乃至世界和平、稳定、发展高度负责的态度,牢固树立同舟共济、荣辱与共的命运共同体、利益共同体意识,凝心聚力,精诚协作,为本地区人民造福。习近平主席提出"四个坚持"的主张:坚持以维护地区安全为己任;坚持以实现共同发展繁荣为目标;坚持以促进民心相通为宗旨;坚持以扩大对外合作交流为动力。① 上合组织经已经成为维护地区和平与稳定的重要力量。2014年,上合组织就有关国家和地区稳定形势,一致表态或发表联合声明,成为维护地区和平稳定的重要力量。2014年《上海合作组织成员国元首杜尚别宣言》指出,个别国家和国家集团单方面不受任何限制地加强反导系统将对国际安全和战略稳定造成危害。成员国一致认为,实现自身安全不能以损害其他国家的安全为代价,因此,有关问题必须由所有相关国家通过政治外交努力来解决。

上合组织就阿富汗、叙利亚、乌克兰等问题发表一致的声明。在缓解乌克兰危机方面,成员国表示欢迎乌克兰、俄罗斯、欧盟三方联合小组签订的关于

---

① 《习近平主席在上海合作组织成员国元首理事会第十四次会议上发表题为〈凝心聚力 精诚协作 推动上海合作组织再上新台阶〉的重要讲话》,新华网,http://www.china.com.cn/news/world/2013-09/13/content_30024638.htm。

落实乌克兰总统和平计划和俄罗斯总统倡议共同步骤的磋商纪要,支持通过谈判寻求政治解决乌克兰危机,尽快在乌克兰恢复和平。在叙利亚危机问题上,成员国一致呼吁落实《日内瓦公报》,继续推动叙利亚有关各方举行广泛的直接对话,通过政治外交途径解决叙利亚危机。在阿富汗重建问题上,成员国一致强调,要尊重阿富汗独立、主权、领土完整,支持阿富汗实现和解与重建进程,使阿富汗成为独立自主的国家。成员国一致认为,继续采取积极措施合力打击"三股势力",打击一切形式的恐怖主义和极端主义;在尊重国家主权、不干涉内政原则基础上,共同推动建立和平、安全、公正、开放的信息空间;支持并积极参与中方提出的共建丝绸之路经济带,促进贸易投资便利化和基础设施互联互通。①

上合组织国际影响力和吸引力不断增强,扩员大门已经打开。上合组织成员国就扩员问题达成一致意见。2014年的杜尚别元首峰会批准了两个与扩员有关的文件,完善了组织扩员的法律基础,标志着上合组织正式打开扩员的大门。已有印度、巴基斯坦、伊朗三个国家申请成为上合组织正式成员国,有亚美尼亚、阿塞拜疆、孟加拉国、尼泊尔、叙利亚五国申请成为观察员国。

2015年,上合组织第十五次元首峰会呈现四大亮点和两大成果。一是在2012年制定《上海合作组织中期发展战略规划》基础上,2015年又制定了《上海合作组织至2025年发展战略》,标志着上合组织成员国政治合作逐步成熟,在未来战略方向上成员国能够达成一致看法;二是上合组织首次启动扩员程序;三是强调地区安全合作;四是丝绸之路经济带与欧亚经济联盟达成对接合作意向。另外,还有两个成果。一是成员国隆重纪念世界反法西斯胜利70周年,显示维护世界和平的决心。乌法峰会签署了《上海合作组织成员国元首关于世界反法西斯战争暨第二次世界大战胜利70周年的声明》,强调成员国要共同维护二战胜利成果。二是金砖国家领导人第七次会晤和上合组织成员国元首理事会第十五次会议先后在乌法举行,实现了"金砖"与"上合"两大地区组织的无缝对接。

成员国就有关地区问题表达上合组织的一致立场,提升了上合组织的话语权。上合组织针对乌克兰危机、阿富汗问题、伊核问题和西亚北非形势表明了上合组织的立场。希望乌克兰在《明斯克协议》基础上尽快恢复和平;支持阿富汗政府和人民为实现和平、稳定,免受恐怖主义、极端主义和毒品威胁所付

---

① 《上海合作组织成员国元首理事会杜尚别峰会宣言》,新华网,https://www.thepaper.cn/newsDetail_forward_1266799。

出的努力,承认在解决阿富汗问题中联合国的核心作用;强调应该在外部力量不干涉的前提下,尊重相互利益,依照国际法准则解决西亚北非地区的政治危机;对伊朗与"六国"达成解决伊核问题的全面协议给予高度评价,认为这有利于地区和平与稳定,有利于维护国际核不扩散体系,反对未经联合国安理会授权就对一个国家进行经济制裁。

成员国高度评价在世界各国,尤其是中俄两国举行的纪念世界反法西斯战争胜利70周年的活动,重申上合组织愿在"上海精神"指引下,与国际社会全面加强合作,共同建立国际关系的有效模式。

在联合国地位、作用和改革等问题上,成员国一致表示,应在平等、共同安全以及兼顾相互利益和法治原则基础上,巩固第二次世界大战后形成的全球治理机制,特别是联合国体系。支持联合国安理会在国际和平与安全保障体系中的关键地位。成员国重申个别国家或国家集团无限制加强反导系统将破坏国际安全环境,强调一国安全不应该损害他国安全利益。同时,支持采取措施防止在太空出现军备竞赛。

四 上海合作组织政治合作:深化合作阶段(2016~2020)

(一) 2016年政治合作

2016年中俄两国签署了《中华人民共和国和俄罗斯联邦联合声明》《中华人民共和国和俄罗斯联邦关于加强全球战略稳定的联合声明》《中华人民共和国主席和俄罗斯联邦总统关于协作推进信息网络空间发展的联合声明》,系统阐述了中俄双方对国际形势和地区热点问题的一致立场和看法。中俄两国在南海问题、叙利亚等问题上的协调与配合有所突破。中俄两国军队首次举行联合反导计算机演习,举行了中俄"海上联合-2016"军演等,充分展现了中俄全面战略协作伙伴关系不断深化的新成果。此外,中国与欧亚经济联盟委员会签署了正式启动经贸合作协议谈判的联合声明,中俄政治互信不断加强,带动其他成员国之间政治互信增强。印、巴已经签署加入上合组织的备忘录,印巴之间的边界问题、中印之间的边界问题等正在积极协调。2016年,乌兹别克斯坦与吉尔吉斯斯坦因边界问题矛盾一度激化,个别成员国之间的水资源问题也成为矛盾的焦点,但在成员国元首的共同努力下这些问题逐步得到了解决或缓解。

2016年成员国元首峰会批准了《〈上海合作组织至2025年发展战略〉2016~2020年行动计划》,制定了各领域的具体举措。峰会就南海问题、乌克兰问题、阿富汗问题等重大地区及国际问题表达了上合组织的一致立场。强调南海问题所有有关争议应由当事方通过友好谈判和协商和平解决,反对把双边问题国际化和外部势力干涉；支持通过推动"阿人主导，阿人所有"的包容性民族和解进程解决阿富汗内部冲突，联合国应在阿富汗问题国际合作中发挥中心协调作用；认为在认真落实 2015 年 2 月 12 日达成的《明斯克协议》基础上政治解决乌克兰危机十分重要。这些一致的声明和国际话语权逐步提高是上合组织政治合作成果的重要体现。

2016 年是上合组织成立 15 周年，元首峰会全面总结了 15 年来上合组织的成就。成员国一致认为，上合组织历经 15 年发展已成为维护地区安全与稳定的重要力量，成为推动世界政治经济新秩序的国际力量之一。上合组织在政治、安全、经济、人文合作等领域都取得了显著成就。上合组织不断发展壮大体现了成员国的集体认同感，体现了中俄共同的价值观和中俄在宏观战略上的一致性，也体现了新时期中国大国外交的新特征。

习近平主席发表重要讲话，就上合组织发展提出五点建议。强调上合组织成立 15 年来，在成员国共同努力下，取得了令人瞩目的发展成就，实践证明，"上海精神"催生了强大凝聚力，激发了积极的合作意愿，是上合组织成功发展的重要思想基础和指导原则，"上海精神"具有超越时代和地域的生命力和价值，为所有致力于睦邻友好和共同繁荣的国家提供了有益借鉴，也为国际社会构建以合作共赢为核心的新型国际关系实践注入了强大动力。① 15 年来，上合组织完成了建章立制，确立了合作方向，已经形成了 30 多个合作机制，成立了常设机构，与地区国际组织和联合国建立了伙伴关系。上合组织内部不存在一家独大、恃强凌弱的现象，不存在赢者和输者，只有协商一致。上合组织的合作机制堪称不同国力、不同政治制度、不同文化的国家和谐共处的典范。②

（二）2017 年政治合作

2017 年上合组织元首峰会发布的《上海合作组织成员国元首阿斯塔纳宣言》显示了成员国政治互信和一致立场。2017 年 6 月 9 日发布的《上海合作组织成员国元首阿斯塔纳宣言》指出，维护各国所在地区的安全与稳定是上合组织的宗旨，成员国遵循《上海合作组织成立宣言》《上海合作组织宪章》《上海合作组织成员国长期睦邻友好合作条约》等，继续加大相互支持彼此维护国家独立、主权、领土完整等核心利益，为维护地区稳定和全球安全与稳定做出新贡献。

---

① 《习近平主席在上海合作组织成员国元首理事会第十六次会议上的讲话（全文）》，新华网，http：//www. 81. cn/2016xjpfwsg/2016－06/24/content_7118695. htm。
② 《上合组织秘书长：上合组织具有强大生命力》，新华网，http：//www. 81. cn/2016xjpfwsg/2016－06/16/content_7104592. htm。

2017年6月9日,习近平主席出席上合组织成员国元首理事会第十七次会议,发表题为《团结协作 开放包容 建设安全稳定、发展繁荣的共同家园》重要讲话,就上合组织发展提出巩固团结协作、携手应对挑战、深化务实合作、拉紧人文纽带、坚持开放包容五点建议。①2017年12月1日,李克强总理出席上合组织政府首脑(总理)理事会第十六次会议,发表重要讲话,就上合组织发展提出"塑造安全稳定的地区环境,加快发展战略对接合作,提升贸易自由化便利化水平,构建快捷便利的联通格局,推进产能与创新合作深入发展,系牢人文交流合作纽带"六点建议。②中国领导人讲话和提出的建议得到成员国赞成和支持,为上合组织发展指明了方向。

中俄两国元首和总理保持高频次会晤。2017年,中俄两国元首会晤5次,签署和批准4份重要政治文件。两国元首的密切交往和顶层设计,不仅展示出中俄持续高位运行的双边关系,还直接拉动中俄全面战略协作伙伴关系持续稳定地向前发展。

普京总统参加5月在北京召开的"一带一路"国际合作高峰论坛。两国元首再次强调"一带一路"与欧亚经济联盟对接的重要性和必要性。习近平主席与普京总统出席6月8日在阿斯塔纳举行的上合组织元首峰会。习近平主席在7月对俄罗斯进行国事访问。两国元首会晤期间,普京总统与习近平主席共同签署《俄罗斯联邦和中华人民共和国关于进一步深化全面战略协作伙伴关系的联合声明》与《俄罗斯联邦和中华人民共和国关于当前世界形势和重大国际问题的联合声明》。普京总统还向习近平主席授予俄罗斯国家最高勋章——"圣安德烈"勋章。双方签署100亿美元规模的投资基金协议,签署《中华人民共和国和俄罗斯联邦睦邻友好条约》以及未来4年规划等文件和各领域合作协议40多份。习近平主席与普京总统出席在德国汉堡举行的G20峰会,以及厦门"金砖国家峰会"和亚太经合组织第二十五次领导人非正式会议期间分别进行会晤。中俄总理会晤3次。俄罗斯总理梅德韦杰夫10月对中国举行国事访问,李克强总理与梅德韦杰夫总理举行了第22次中俄总理会晤。12月召开的上合组织政府首脑(总理)理事会第十六次会议期间中俄总理举行会晤。

成员国领导人保持经常性会晤,上合组织框架内成员国部长级会晤持续进

---

① 《习近平主席在上海合作组织成员国元首理事会第十七次会议上发表题为〈团结协作 开放包容 建设安全稳定、发展繁荣的共同家园〉重要讲话》,人民网,http://cpc.people.com.cn/n1/2017/0610/c64094-29330881.html。

② 《李克强总理在上海合作组织成员国政府首脑(总理)理事会第十六次会议上的重要讲话》,新华网,http://www.gov.cn/guowuyuan/2017-12/02/content_5243885.htm。

行，引领上合组织各领域合作务实开展。在涉及本地区和成员国利益问题上，上合组织坚持互信互利、平等协商原则，形成一致意见。在涉及地区和国际热点问题方面，成员国密切配合，及时沟通协商，发出一致声音。

（三）2018 年政治合作

2018 年 6 月 9~10 日，上合组织成员国元首理事会在青岛举行。习近平主席主持会议并发表重要讲话。① 各方共同回顾上海合作组织发展历程，就上合组织发展现状、任务、前景深入交换意见，就重大国际和地区问题协调立场，达成了广泛共识。发表了《上海合作组织成员国元首理事会会议新闻公报》《上海合作组织成员国元首关于贸易便利化的联合声明》《上海合作组织成员国元首致青年共同寄语》《上海合作组织成员国元首关于在上海合作组织地区共同应对流行病威胁的声明》《上海合作组织成员国长期睦邻友好合作条约实施纲要（2018~2022 年）》《上海合作组织成员国打击恐怖主义、分裂主义和极端主义 2019~2021 年合作纲要》等 23 份文件。

成员国就国际重大问题和热点问题一致发声。上合组织青岛元首峰会上，成员国就叙利亚危机、阿富汗问题、伊朗问题、朝核问题等发出了明确的一致的声音。一是强调坚持政治对话和"阿人主导、阿人所有"的和解进程是解决阿富汗问题的唯一出路，支持在联合国框架下加强合作，实现阿富汗稳定与发展。指出阿富汗实现和平稳定和经济复兴将有利于促进本地区安全和可持续发展。2018 年 5 月 28 日，在北京举行的"上海合作组织—阿富汗联络小组"会议富有成效。支持"莫斯科模式"等阿富汗问题调解对话与合作机制进一步开展工作。二是 2018 年 3 月 27 日在塔什干举行的"和平进程、安全合作与地区互联互通"阿富汗问题国际会议为阿富汗问题解决做出了积极贡献。三是强调根据联合国安理会第 2254 号决议精神，化解叙利亚危机的唯一出路是在维护叙利亚主权、独立和领土完整的基础上，推进"叙人主导、叙人所有"的政治进程。认为 2018 年 1 月，在索契举行的叙利亚全国对话大会，为推动叙利亚政治进程做出积极贡献。四是强调协议参与方应该恪守义务，持续履行伊朗核问题全面协议，确保全面协议得到完整、有效执行，促进地区和全球和平稳定。五是支持包括中国和俄罗斯在内的国际社会为缓和朝鲜半岛局势、促进半岛无核化、维护东北亚地区持久和平提出的倡议。主张只能通过对话协商方式解决朝鲜半岛

---

① 《习近平主席在上海合作组织成员国元首理事会第十八次会议上发表题为〈弘扬"上海精神" 构建命运共同体〉的讲话》，新华社，http://www.xinhuanet.com/world/2018-06/10/c_1122964013.htm。

问题。支持朝韩、朝美对话接触,支持所有相关方积极促进对话进程。六是重申应在全面执行 2015 年 2 月 12 日《明斯克协议》基础上,政治解决乌克兰危机。①

成员国政府首脑对全球政治经济形势做出一致的判断,对上合组织发展形势与任务做出一致判断。一是认为世界经济形势虽然有所好转,但仍不稳定,面临贸易保护主义、单边主义、地区冲突加剧、恐怖主义等"四大挑战",国际社会需要制定共同立场,应对全球挑战。二是上合组织成为当代国际关系体系中极具影响力的参与者。三是遵循《上海合作组织至 2025 年发展战略》,继续加强政策沟通、设施联通、贸易畅通、资金融通、民心相通。四是推动新型国际关系,确立构建人类命运共同体。五是印巴加入上合组织后将推动本组织各领域合作迈上新台阶,成员国将进一步挖掘上合组织扩员的巨大潜力,深化各领域合作。②

扩大与联合国等国际组织合作。一是肯定 2018 年 3 月 15 日在阿斯塔纳举行的首次中亚国家元首峰会的成果。二是成员国将深化同上合组织观察员国和对话伙伴国的合作,扩大上合组织与联合国及其专门机构和其他国际及地区组织的交流合作,加强与联合国等国际与地区组织合作与交流。6 月 9 日,上合组织秘书长在青岛主持召开独联体、集体安全条约组织和上合组织领导人三方会晤。就安全形势、欧亚地区经贸和人文领域的合作发展充分交流了意见。认为应进一步巩固和加强国际反恐合作,并强调在反恐合作过程中,应发挥联合国的中心协调作用,严格遵守《联合国宪章》,以国际法为基础和摒弃双重标准。7 月 12 日,上合组织秘书长阿利莫夫在莫斯科出席上合组织成员国副外长关于上合组织国际合作问题磋商,讨论了加强上合组织与其他国际和地区组织,特别是与联合国及其专门机构合作前景,以及发展与上合组织观察员国和对话伙伴国关系等问题。

促进成员国政治合作。上合组织派观察员监督成员国、观察员国等选举。3 月,上合组织观察员团在俄罗斯境内监督俄总统大选的筹备和举行情况。指出俄罗斯联邦总统选举符合《俄罗斯联邦选举法》及通行国际契约的要求。认为已结束的此次大选是透明、可信和民主的选举;已落幕的总统选举是俄罗斯联邦民主发展进程中的重要一步。4 月,上合组织观察员团监督阿塞拜疆总统选举投票过程。观察员团发布声明,并在其网站上公布了关于选举的详细信息。6

---

① 《上海合作组织成员国元首理事会第十八次会议发表〈上海合作组织成员国元首理事会青岛宣言〉》,新华网,http://baijiahao.baidu.com/s?id=1602936111318345829&wfr=spider&for=pc。
② 《上海合作组织成员国政府首脑(总理)理事会第十七次会议联合公报》,人民网,http://cpc.people.com.cn/n1/2018/1013/c64094-30338605.html。

月，应土耳其共和国外交部邀请，上合组织观察员团在土耳其境内开展工作，观察土耳其议会和总统提前选举准备和实施过程。7月，上合组织观察员团首次对柬埔寨王国国会议员选举的筹备及举行情况展开了监督工作。观察员团认为，已结束的此次选举是合法、透明、可信和民主的选举；本次柬埔寨国民议会选举是社会民主化和保障本国和平、稳定和繁荣过程中重要的一步。

召开加强政治合作的相关会议。一是举办上合组织论坛。5月，上合组织论坛在阿斯塔纳举行，来自上合组织的120名代表和专家，上合组织各成员国21个国家研究中心的代表团，上合组织观察员国、对话伙伴国研究中心和上合组织地区反恐怖机构执委会的代表团出席了会议。就上海合作组织在新的地缘政治现实中和上合组织进一步发展前景下的作用和意义广泛交换意见，会后各方签署《上海合作组织论坛会议纪要》。二是在俄罗斯召开东方论坛，习近平主席出席。9月11日，上合组织秘书长阿利莫夫率领秘书处代表团出席2018年东方经济论坛，重点探讨上合组织框架内包括交通运输、环境保护、粮食安全、青年合作等经贸领域的迫切问题。三是青岛峰会后落实情况。9月，召开成员国协调员会议，就青岛峰会期间各国元首提出倡议的落实工作交换了意见，探讨了《上海合作组织主要活动计划》和《2019年上海合作组织成员国外交部合作规划》。11月底，召开成员国国家协调员理事会会议，通过了《2019年上海合作组织成员国外交部合作计划》，审议了《上海合作组织2019年主要活动计划》草案以及上合组织秘书处与联合国人道主义事务协调厅、世界旅游组织间双边谅解备忘录草案。

（四）2019年政治合作

2019年6月13~14日，上合组织成员国元首理事会第十九次会议在比什凯克举行。会议通过《上海合作组织成员国元首比什凯克宣言》《上海合作组织成员国地方合作发展纲要》《上海合作组织成员国关于数字化和信息通信技术合作的构想》等22份重要文件。[①] 习近平主席在比什凯克元首峰会上发表题为《凝心聚力 务实笃行 共创上海合作组织美好明天》的重要讲话，对上合组织未来发展提出了四点建议，倡议把上合组织打造成团结互信的典范、安危共担的典范、互利共赢的典范、包容互鉴的典范，概括为"四个典范"，[②] 习近平主席

[①]《上海合作组织成员国元首比什凯克宣言》，新华网，http://www.xinhuanet.com/world/2019-06/15/c_1124625967.htm。

[②]《习近平主席在上海合作组织成员国元首理事会第十九次会议上发表题为〈凝心聚力 务实笃行 共创上海合作组织美好明天〉的重要讲话》，人民网，http://cpc.people.com.cn/n1/2019/0615/c64094-31153738.html。

的重要讲话为上合组织发展明确了方向。

成员国认为，上合组织已经成为高效及建设性的多边合作机制，在维护地区稳定、促进成员国发展方面发挥着重要作用。上合组织已成为成员国深化政治互信、加强信任对话、建设平等伙伴关系的稳固平台，成员国在国际法基础上，努力建设新型国际关系和构建人类命运共同体。成员国对许多问题达成共识和一致立场。

在维护全球政治安全与反恐方面，谴责任何形式的恐怖主义，呼吁国际社会依据《联合国宪章》及国际法原则，全面落实联合国安理会相关决议和《联合国全球反恐战略》，摒弃政治化和双重标准，并尊重各国主权和独立，不允许以打击恐怖主义和极端主义为借口干涉别国内政。在区域和全球经济治理方面，认为经济合作是促进上合组织稳定的重要方向。成员国具有多元化的经济优势和充分的资源，可以扩大投资贸易合作，共同努力构建开放型世界经济。成员国将深化在贸易、金融、投资、交通、能源、农业、创新、高科技"八大领域"的经济合作，解决扩大本币结算规模等相关问题。批准了新版《上海合作组织成员国多边经贸合作纲要》，努力简化成员国签证手续。落实《上海合作组织成员国政府间国际道路运输便利化协定》及实施计划，逐步实现地区的自由贸易目标，促进商品、人才、技术自由流动。期待上合组织不仅在地区，而且在世界经济发展中发挥"稳定器"作用。在维护全球公域治理方面，认为个别国家单方面不受限制地加强反导系统将危害国际安全和世界局势战略稳定。成员国要防止外空武器化、严格遵循和平利用外空的现行法律体系，主张严格遵守《禁止生物武器公约》，强调应启动《制止生化恐怖主义行为国际公约》多边谈判。在区域治理方面，就解决阿富汗问题、伊核问题和叙利亚内战等地区热点问题明确了上合组织的立场和行动路线。针对阿富汗问题，成员国通过了一个路线图，启动阿富汗和平对话，让美国军队撤出阿富汗。强调根据联合国安理会第 2231 号决议，在所有参与方无条件履行自身义务基础上落实伊朗核问题全面协议。认为在维护叙利亚主权、独立和领土完整基础上，开展对话是解决叙利亚问题的唯一途径。①

（五）2020 年政治合作

2020 年初全球突发新冠肺炎疫情，成员国守望相助、彼此支持，在中国遭受新冠肺炎疫情冲击最严重的 2~4 月，俄罗斯、哈萨克斯坦、巴基斯坦等成员

---

① 《上海合作组织成员国元首理事会比什凯克宣言》，新华网，http：//www.xinhuanet.com/world/2019-06/15/c_1124625967.htm.

国及时向中国提供物资援助。在中国疫情基本得到控制后，5月以来，俄罗斯、哈萨克斯坦、印度、巴基斯坦等成员国相继陷入受疫情冲击的困境，中国以最快速度以物资支援俄罗斯、哈萨克斯坦、巴基斯坦和印度等。由于新冠肺炎疫情影响，2020年上合组织政治、安全、经济、人文合作等各领域的各类会议活动多以视频方式召开，为应对地区和全球新冠肺炎疫情，为维护地区和全球稳定、和谐与发展贡献了"上合方案"，发出了"上合声音"。2月，召开成员国国家协调员理事会会议。讨论了将在俄罗斯举行的成员国元首理事会会议、安全会议秘书会议、外长理事会会议以及将在2020年秋季首次在印度举行的政府首脑（总理）理事会会议的筹备工作。批准了《上海合作组织2020年主要活动计划》和《上海合作组织成员国外交部2020年合作纲要》。4月，成员国常驻秘书处代表会议在北京举行。讨论了国家元首关于世界反法西斯战争暨第二次世界大战胜利75周年的联合声明草案，内容包括国际信息安全，防止极端主义思想蔓延，应对毒品威胁，以及在上合组织制定的至2025年发展战略五年计划等领域加强合作。5月，成员国外长会议以视频会议形式举行。会议强调了为克服新冠肺炎疫情带来的社会、贸易和经济后果而深化国际合作的重要性。重申继续推动阿富汗问题的政治解决。9月，举行成员国国家协调员理事会会议。各方对即将召开的上合组织第二十次元首峰会内容进行了深入研究。各方就数字时代促进边远地区和农村地区发展、改善公路运输状况等方面的文件草案交换了意见。通过了成员国元首就第二次世界大战胜利暨反法西斯胜利75周年的声明。9月，举行成员国外交部长理事会会议。研究了在全球新冠肺炎疫情持续蔓延背景下，上合组织合作现状和未来发展前景。9月，上合组织论坛第十五次会议以视频形式举行。专家们认为鉴于世界正处于战略十字路口，各种危机不断出现，因此，提高抗危机能力，建立有效合作机制，已成为上合组织的重要任务。此外，必须加强上合组织的地缘政治和经济潜力，以便及时充分地满足当前现实的需求，对全球和区域性危机做出快速反应，扩大上合组织对重要国际领域的影响，并提供建设性的发展模式。10月，成员国第七次司法部长会议通过视频会议形式举行。总结了第六次成员国司法部长会议以来的交流与合作成果。

11月10日，成员国元首理事会第二十次会议在莫斯科举行，会议由轮值主席国俄罗斯总统普京主持，因新冠肺炎疫情影响会议以视频方式举行。习近平主席在北京以视频方式出席会议并发表题为《弘扬"上海精神"深化团结协作构建更加紧密的命运共同体》的重要讲话。习近平强调，上合组织成立以来，树立了相互尊重、公平正义、合作共赢的新型国际关系典范。上海合作组织要弘扬"上海精神",加强抗疫合作,维护安全稳定,深化务实合作,促进民心相通,携手构建"卫生健康共同体""安全共同体""发展共同体""人文共同体",为推动构建人类命运共同体做出更多实践探索。① 会议发表了《上海合作组织成员国元首理事会莫斯科宣言》以及关于共同应对新冠肺炎疫情、纪念第二次世界大战胜利75周年、保障国际信息安全、加强数字经济领域合作,以及打击利用互联网等渠道传播恐怖主义、分裂主义和极端主义思想,应对毒品威胁等10多项声明。

成员国元首认为应利用本地区国家、国际组织和多边机制的潜力,根据国际法准则,特别是平等、相互尊重和考虑国家利益的原则,在欧亚地区构建广泛、开放、互利和平等的协作空间。支持俄罗斯提出的关于在上合组织、欧亚经济联盟、东盟国家及其他相关国家和多边机制参与下建立"大欧亚伙伴关系"的倡议。成员国元首重申,将通过上合组织在联合国及其专门机构、其他国际平台加强对外政策协调。强调2019年8月30日联合国大会一致通过的《联合国与上海合作组织的合作》决议体现了两个组织高水平的对话,表明国际社会承认上合组织在落实联合国目标、任务和议程方面所做的贡献。上合组织致力于维护欧亚地区和平、稳定与发展,将继续采取协同措施应对地区不断出现的威胁与挑战。成员国元首重申坚定支持以国际法至上和不干涉内政、和平解决争端原则为基础,巩固欧亚地区和平和稳定的安全进程。成员国将一如既往地加强上合组织框架内的合作,并将其提升至全新水平,致力于实现上合组织地区的持久和平、友好、繁荣与和谐。成员国将继续开展建设性对话,深化全方位伙伴合作,有效解决地区和全球问题,巩固政治、经济稳定,构建公平公正的国际政治经济秩序。②

第三节 上海合作组织安全合作

上海合作组织高度重视解决威胁本地区安全和稳定的不利因素,特别是对长期以来威胁各成员国安全的恐怖主义、极端主义、分离主义、毒品走私和跨国有组织犯罪更是保持高压态势,保持高度合作,予以坚决打击。各成员国积

---

① 《习近平主席在北京以视频方式出席上海合作组织成员国元首理事会第二十次会议并发表题为〈弘扬"上海精神"深化团结协作 构建更加紧密的命运共同体〉的重要讲话》,新华网,http://www.xinhuanet.com/politics/leaders/2020-11/10/c_1126723118.htm。

② 《上海合作组织成员国元首理事会莫斯科宣言》,新华网,https://baijiahao.baidu.com/s?id=1682999556659758202&wfr=spider&for=pc。

极参与上合组织框架内以"和平使命"命名的联合军事演习,使演习的规模和水平不断提高,有效震慑了威胁本地区稳定和安全的各种势力。

一 上海合作组织安全合作:"上海五国"阶段(1996~2000)

安全合作是上合组织成立的主要动力,安全合作可以追溯到"上海五国"机制时期。1996年4月,中国、俄罗斯、哈萨克斯坦、吉尔吉斯斯坦和塔吉克斯坦,五国两方签署了《关于在边境地区加强军事领域信任的协定》,顺利解决了五国的边境军事互信问题。1997年4月,五国两方又签署了《关于在边境地区相互裁减军事力量的协定》,从军事互信角度解决了五国边境的安全问题。这两份文件(简称"双协定")具有划时代意义,为五国进一步加强安全合作以及后来上合组织成立,推动地区安全合作奠定了信任基础。① 1998年7月,在"上海五国"第三次元首会晤发表的《阿拉木图声明》中,第一次明确了"上海五国"反对民族分裂主义、宗教极端主义的基本立场,各国"不允许利用本国领土从事损害五国中任何一方的国家主权、安全和社会秩序的活动"。这为五国共同打击国际恐怖主义和开展安全合作明确了基本原则。1999年8月,五国元首第四次会晤发表的《比什凯克声明》中指出,有效打击国际恐怖主义、非法贩卖毒品和麻醉品、走私武器、非法移民等,对遏制民族分裂主义、极端宗教主义具有重大意义。2000年7月,五国元首在第五次会晤时,重申了打击民族分裂主义和宗教极端主义的决心,同时,提出要制定相应的多边合作纲要,签署必要的多边合作条约和协定。

二 上海合作组织安全合作:机制形成阶段(2001~2005)

2001年6月15日,中国、俄罗斯、哈萨克斯坦、吉尔吉斯斯坦、塔吉克斯坦和乌兹别克斯坦六国元首签署了《上海合作组织成立宣言》,向世界宣告一个新型区域性合作组织——上海合作组织正式成立。同时,签署了上合组织成员国《打击恐怖主义、分裂主义和极端主义上海公约》,这个公约的签署标志着上合组织成员国对国际恐怖主义的危害达成共识,对地区越来越严重的安全形势高度重视。② 2001年,美国发生"9·11"恐怖袭击事件,随后美国发动国际反恐战争,这使中亚地区形势更加复杂,对刚刚成立的上合组织构成严峻挑战。

---

① 李凤林:《亲历中苏(俄)边界谈判》,新华网,http://news.cri.cn/gb/27824/2009/09/24/1965s2631518.htm。

② 《上合组织成员国签署〈打击恐怖主义、分裂主义和极端主义上海公约〉》,中国人大网,http://www.npc.gov.cn/wxzl/wxzl/2001-12/12/content_281315.htm。

2002年6月，第二次成员国元首峰会期间，六国元首一致同意要继续深化安全领域的合作，加大共同打击"三股势力"的力度，成员国元首签署了《关于地区反恐怖机构的协定》，为后来成立上合组织地区反恐怖机构奠定了制度基础。同年10月，中国与吉尔吉斯斯坦两国在边境地区举行了代号为"01"的双边反恐军事演习，这是上合组织框架内首次举行的双边军事演习，是落实上合组织军事领域合作的首次尝试。

2003年5月，在第三次成员国元首峰会期间，中国、俄罗斯、哈萨克斯坦、吉尔吉斯斯坦和塔吉克斯坦五国的国防部部长共同签署了《关于举行上海合作组织成员国武装力量联合反恐演习的备忘录》。同年8月，上合组织成员国举行了代号为"联合-2003"的联合反恐演习。除了乌兹别克斯坦外，其他五个成员国的武装力量都参加了联合演习，这是上合组织成立以来首次举行的多边安全反恐合作。

2004年6月，举办了上合组织地区反恐怖机构的成立仪式，标志着上合组织地区反恐怖机构委员会正式启动。之后，在上合组织塔什干元首峰会上，签署了《上海合作组织成员国关于合作打击非法贩运麻醉药品、精神药物及其前体的协议》，将反毒作为上合组织成员国反恐合作的重要内容。

2005年春天，发生在吉尔吉斯斯坦的政权更迭和乌兹别克斯坦的"安集延事件"，使中亚地区的政治局势和安全局势空前紧张，对上合组织的安全合作提出了新的任务和更多期待。对内要加强成员国安全合作维护地区稳定，对外要提高成员国应对地缘政治新挑战的统一行动能力。2005年7月，上合组织第六次元首峰会期间，通过了《上海合作组织成员国合作打击恐怖主义、分裂主义和极端主义构想》和《上海合作组织地区反恐怖机构代表条例》，进一步丰富了上合组织安全合作的内容和加强安全合作的力度。中国和俄罗斯举行了"和平使命-2005"中俄军事演习。

这一时期，上合组织成员国积极支持美国的国际反恐行动，中亚国家为美国开展国际反恐行动提供了军事基地，俄罗斯出于自身利益和地区反恐需求也支持美国的国际反恐行动。但是，后来发现美国借恐之机，在中亚加强军事存在的同时，也在中亚地区加强渗透和策划"颜色革命"，企图控制中亚地区并压缩俄罗斯的战略空间。2005年在吉尔吉斯斯坦和乌兹别克斯坦发生的社会动乱和暴乱事件，让中亚国家彻底认清了美国的企图，中亚国家纷纷采取远离美国的策略。美国开始反思其失败的中亚政策，从2006年开始实施比原来其中亚政策更具弹性的"大中亚计划"。

三 上海合作组织安全合作：拓展合作阶段（2006~2010）

2006年是上合组织成立5周年。3月，成员国举行了代号为"东方－反恐2006"的联合军演。6月，在第六次成员国元首峰会上通过了《上海合作组织成员国元首关于国际信息安全的声明》《上海合作组织成员国打击恐怖主义、分裂主义和极端主义2007~2009年合作纲要》《关于查明和切断在上海合作组织成员国境内参与恐怖主义、分裂主义和极端主义活动人员渗透渠道的协定》《上海合作组织成员国最高法院院长会议联合声明》等多份主要文件，促进成员国的司法合作与协调，使上合组织的安全合作继续深化和扩大。[1] 8月，在哈萨克斯坦阿拉木图和中国新疆维吾尔自治区伊宁市举行了"天山－1号（2006）"联合反恐演习，这是上合组织框架内，中哈两国执法安全部门首次进行联合反恐演习。

2007年5月，上合组织成员国的特种部队在吉尔吉斯斯坦的伊塞克湖畔进行了代号为"伊塞克湖－反恐（2007）"的首长参谋部反恐联合军事演习。演习的目的是训练成员国安全部门和特种部队在发现、控制和消灭恐怖分子等方面的合作能力。6月，在吉尔吉斯斯坦召开的国防部长会议上成员国签署了《上海合作组织关于举行联合军事演习的协定》。8月，成员国在上合组织框架内举行了"和平使命－2007"联合军事演习。此次演习是较高水平的多兵种联合军事演习，目的是提升成员国武装力量在战略磋商、远程投放、联合指挥和联合行动四个方面的能力。这些演习显示了上合组织在维护地区及和平与稳定、推动建设和谐地区及和谐世界的重要作用。

2008年，在第八次成员国元首峰会上签署了《上海合作组织成员国组织和举行联合军事演习的程序协定》和《上海合作组织成员国政府间合作打击非法贩运武器、弹药和爆炸物的协定》，表明上合组织成员国加强安全合作的愿望和能力进一步得到加强。在俄罗斯的伏尔加格勒举行了"伏尔加格勒－反恐2008"联合反恐演习。[2]

2009年，第九次成员国元首峰会签署《上海合作组织反恐怖主义公约》，在俄罗斯哈巴罗夫斯克举行了"和平使命－2009"中俄联合反恐军事演习。

2010年，第十次成员国元首峰会签署《上海合作组织成员国政府间合作打

---

[1] 《上海合作组织成员国元首关于国际信息安全的声明》，外交部网站，https://www.mfa.gov.cn/web/ziliao_674904/1179_674909/t346576.shtm。

[2] 肖斌：《国际组织志·上海合作组织》，社会科学文献出版社，2019。

击犯罪协定》,在哈萨克斯坦的阿拉木图市和奥塔尔市举行了"和平使命-2010"联合反恐军事演习。

这一阶段,成员国安全合作机制逐步形成,持续打击"三股势力",多次消除了"东突"等分裂势力活动图谋,成员国对可能发生的"颜色革命"高度警惕。同时,2005年后美国调整了其中亚战略,从2006年开始实施更具弹性的"大中亚计划"。美国"大中亚计划"的核心目标是对中亚国家进行"民主改造",政治改造、经济合作和安全合作是其三大支柱。在政治改造方面,2006年美国提出"中亚民主和人权决议法案",规定美国政府每年拨款1.88亿美元,用于推进中亚国家的民主化进程,要求将援助的资金数额与民主事业的成效挂钩,重点开展教育合作、文化交流,在中亚地区传播"民主价值观",以培养中亚国家未来的社会精英。在经济方面,加强对中亚的经济合作和经济援助,增加对中亚地区的基础设施投入,促进该地区贸易和投资增长,推动该地区能源项目落实。2006年,美国援助中亚的预算达1.7亿美元。在安全合作方面,美国加强对中亚国家的安全合作,服务于中亚国家的反恐、反毒品和反核扩散需求,以挤压俄罗斯的战略空间。美国想发挥阿富汗在中亚、南亚合作中的支柱作用,推动中亚地区一体化建设从俄罗斯关注的北方和中国关注的东方转为重视南方一体化,以削弱上合组织的经济合作。① 为此,美国拉拢哈萨克斯坦与北约签署了"单独伙伴关系计划",拉拢日本成为其"大中亚计划"的盟友。实际上,美国的"大中亚计划"并不符合中亚和南亚国家的国情,与俄罗斯和中国等地区国家存在利益冲突,中亚国家对美国这一计划也持怀疑态度,阿富汗更是难以发挥联结中亚与南亚的战略支点作用,因此,美国的"大中亚计划"收效甚微。

四 上海合作组织安全合作:深化合作阶段(2011~2015)

2011年是上合组织成立10周年,10年来,安全合作始终是上合组织的核心任务,安全合作的法律化、机制化和体系化逐步完善。成员国元首峰会通过的《上海合作组织十周年阿斯塔纳宣言》明确了安全合作的重点方向,打击"三股势力"仍然是上合组织安全合作的优先方向,成员国将继续落实《打击恐怖主义、分裂主义和极端主义上海公约》和《上海合作组织反恐怖主义公约》的规定。② 围绕落实《2011~2016年上海合作组织成员国禁毒战略》加强务实

---

① 王海运:《上海合作组织与中国》,上海大学出版社,2015。
② 《上海合作组织十周年阿斯塔纳宣言》,《人民日报》2011年6月16日。

合作，共同防范毒品威胁对本地区的消极影响。5月，在中国新疆喀什举行了"天山-2号（2011）"联合反恐演习。

2012年，上合组织安全合作拓展了新领域。成员国制定了未来3年的安全合作规划，签署了《上海合作组织关于打击恐怖主义、分裂主义和极端主义2013~2015年合作纲要》；通过了《上海合作组织关于应对威胁本地区和平、安全与稳定事态的政治外交措施及机制条例》，签署了《上海合作组织成员国元首关于构建持久和平共同繁荣地区的宣言》，确定了保障能源安全、网络安全和切断"三股势力"渗透渠道等新的工作重点；提出成立上合组织睦邻友好合作委员会，拓展了合作与安全的内涵，以合作促安全，以发展促安全，将经济问题与安全问题结合起来，找准了发展与稳定的内在关系。在塔吉克斯坦的胡占德市举行了"和平使命-2012"联合演习。在成员国安全机关合作方面，通过了《上海合作组织成员国主管机关合作打击成员国境内可能新生恐怖主义、分裂主义和极端主义活动的决议》和《上海合作组织成员国大型活动安保合作常设协调机制》。

2013年，上合组织安全合作首次把武器、弹药走私以及信息安全威胁等列入重点合作内容。上合组织执法安全部门举行了2013年联合反恐演习等实质性合作，对长期以来威胁各成员国安全的恐怖主义、极端主义、分裂主义、毒品走私和跨国有组织犯罪保持高压态势。第十三次成员国元首峰会丰富了安全合作内容，除了打击传统的"三股势力"、跨国有组织犯罪、毒品走私合作内容之外，首次把武器、弹药及爆炸物走私以及信息安全威胁和非法移民等问题列入重点合作内容。在哈萨克斯坦阿拉木图举行了"卡兹古尔特-反恐（2013）"军事演习。

2014年，上合组织加强安全和军事领域合作，联合反恐演习机制化。2014年，安全领域合作不断深化，维护地区安全稳定能力得到增强。2014年上合组织秘书处连续三次发表声明，强烈谴责在中国新疆发生的多起恐怖袭击暴力事件。上合组织地区反恐怖机构发表声明，对发生在中国新疆、昆明和巴基斯坦白沙瓦等城市的恐怖袭击事件进行强烈谴责。地区反恐怖机构认为，"三股势力"活动猖獗，威胁世界和平与安全，危害人类基本权利和自由。对犯罪分子应追究罪责，强力打击"三股势力"。成员国召开第二届反恐怖主义研讨会，一致认为，成员国及观察员国境内的"三股势力"依然活跃，不断有来自上合组织成员国的"三股势力"人员参加中东地区的"圣战"，他们的陆续回流将是本地区稳定的重大威胁。强调要加强收集和交流恐怖主义及其成员的信息，积极完善和建立新的合作机制。

第十四次成员国元首峰会就地区和国际重大安全问题发出了一致声音。强调成员国应树立安全共同体意识，加强重大问题的国际合作，密切关注非传统安全领域的现实挑战。成员国开展了"和平使命-2014"联合军事演习。中俄举行"海上联合-2014"双边演习。在双边框架下扩大与观察员国的军事合作。例如，中巴两国空军在巴境内举行了"雄鹰-3"空军联合演习，中印两国陆军在印度境内举行第四次双边联演联训。

2015年，恐怖主义进入新一轮活跃期。"伊斯兰国"不断做大，阿富汗形势复杂严峻，地区面临的安全风险上升。中亚地区的反恐形势呈现进一步复杂化的态势。2015年，上合组织安全合作持续深入推进，高层会晤机制不断完善，联合军事演习和训练、反恐合作等方面取得突破性进展，成员国军事互信增强，打击"三股势力"的能力和维护地区稳定的能力得到增强。成员国隆重纪念二战胜利70周年，彰显上合组织维护世界和地区稳定的决心。

一是高层会晤成果丰硕，为成员国安全合作指明方向。2015年乌法峰会通过的《上海合作组织至2025年发展战略》强调安全合作、维护地区和世界和平是上合组织未来发展的优先方向。6月，成员国国防部长会议签署了《上海组织成员国国防部长会议联合公报》《上海合作组织成员国国防部2016~2017年合作计划》等文件，明确了成员国安全合作的重点。

二是深入推进反恐合作，首次举行网络反恐演习。2015年成员国元首乌法峰会签署《上海合作组织成员国元首关于应对毒品问题的声明》《上海合作组织成员国边防合作协定》等重要文件。地区反恐怖机构理事会会议对反恐合作做出多项重大安排，成员国第三届反恐合作研讨会达成多项共识。其一，中俄开展"海上联合-2015"军事演习。其中，"海上联合-2015（Ⅰ）"阶段演习在5月，在地中海东部海域进行；"海上联合-2015（Ⅱ）"阶段演习在8月，在彼得大帝湾、克列尔卡角沿岸地区以及日本海进行。这是中俄海军首次在日本海空域举行联合演习。其二，4月，成员国武装力量特种兵山地联合训练在吉尔吉斯斯坦首都附近的托克马克举行，这是成员国武装力量首次联合训练，旨在深化成员国军事训练领域的交流与合作，提高特战分队联合反恐战斗能力。其三，成员国首次举行网络反恐演习。针对恐怖势力呈现"恐怖活动网络化，恐怖分子年轻化"等特点，10月，成员国在中国福建省厦门举行了"厦门-2015"网络反恐演习，这是上合组织首次举行针对互联网上恐怖主义活动的联合演习。此外，还举行了"中亚-反恐（2015）"联合反恐演习。[①]

---

① 肖斌：《国际组织志·上海合作组织》，社会科学文献出版社，2019，第159页。

五 上海合作组织安全合作：巩固合作阶段（2016~2020）

（一）2016年安全合作

2016年是上合组织成立15周年。中亚地区由于遭到全球金融危机、乌克兰危机以及国际恐怖主义扩张等因素的冲击，"三股势力"在中亚进入了新一轮活跃期，中亚地区安全形势趋于复杂。此外，中亚国家内部的一些问题也逐渐暴露出来，成员国面临的安全挑战更加突出。成员国于2016年有针对性地开展了一系列安全合作行动。

第一，举行"和平使命-2016"联合反恐军事演习。成员国军队共举行了10多次双边多边联合反恐军演，形成了定期举行反恐演习的机制化安排，联合反恐军演已成为防务安全合作的重要内容。成员国军队于2016年11月在吉尔吉斯斯坦举行"和平使命-2016"上合组织联合反恐军事演习。此次联合军演是成员国武装力量举行的一次例行性多边反恐军事演习，中国、哈萨克斯坦、吉尔吉斯斯坦、俄罗斯和塔吉克斯坦分别派出陆军、空军力量参演，参演总兵力达1100人，其中，中方派出参演兵力约270人。

第二，举行"团结协作-2016"成员国边防联合行动。10月3日，中吉边防部门"团结协作-2016"联合执法行动在中国国庆节时启动。联合执法期间，中吉双方的边防部门成立了5个联合行动小组。中吉"团结协作-2016"联合执法行动是上合组织框架下的第二次中吉边防联合执法。10月13日，中哈两国边防部门举行"团结协作-2016"联合执法启动仪式。中哈两国边防部门定期会晤，建立和完善了新的警务联络机制，并组织两国边防官兵进行联合执法巡逻。

第三，成员国2016年在中国新疆举行反恐作战演练。12月，上合组织山地步兵联合训练在新疆库尔勒市某训练基地举行。这是继"和平使命-2016"联合反恐军事演习之后，各成员国武装力量联合军事训练的又一次有益实践。成员国官兵通过同台竞技、相互借鉴，促进训法战法创新，各方开展了互学训练方法等交流活动，提升了部队实战化训练水平，拓展了各成员国之间军事交流合作的渠道，提高了各成员国军队之间的指挥协同和实战能力。这些军事演习为加深成员国相互了解、促进合作共赢、凝聚上合共识、维护区域和平发挥了重要作用。

（二）2017年安全合作

2017年安全合作取得新的成就。一是召开重要安全会议。2017年，上合组织阿斯塔纳峰会签署了《上海合作组织成员国元首关于共同打击国际恐怖主义的声明》《上海合作组织反极端主义公约》，明确了安全合作的主要任务。4月，成员国第十二次安全会议秘书会议在阿斯塔纳举行。会议就成员国共同打击恐怖主义、分裂主义、极端主义、跨国有组织犯罪、非法移民等问题加强合作进行了研讨。会议签署了对国际和地区当前问题立场一致的议定书，确定了未来的工作目标。上合组织代表团出席了第六届莫斯科国际安全会议。本次会议重点关注维护全球及地区安全与稳定，打击传统的和新的威胁与挑战，以及研讨全球安全合作现状问题。5月，上合组织地区反恐怖机构框架下主管机构技术专家会议在北京举行。会议讨论了建立成员国主管机构间保密信息与通信联系的系统问题，以及涉及上合组织框架下技术合作等问题。6月，召开上合组织第十四次国防部长会议，签署《上海合作组织成员国国防部长联合公报》。9月，上海合作组织地区反恐怖机构理事会第三十一次会议召开，会议决定上合组织成员国将继续就打击恐怖主义、分裂主义和极端主义加强合作。

二是成员国联合军演。2017年6月，代号为"天山-3号（2017）"的上海合作组织成员国中吉主管机关边防部门联合反恐演习在新疆克孜勒苏柯尔克孜自治州阿图什市地区举行。来自哈萨克斯坦、中国、吉尔吉斯斯坦、俄罗斯、塔吉克斯坦、乌兹别克斯坦六个成员国的边防部门代表，上合组织地区反恐怖机构执委会代表，中国公安部、新疆维吾尔自治区相关领导以及中国驻相关国家和机构的警务联络官和常驻代表现场观摩了演习。

三是10月"上海合作组织—阿富汗联络小组"外交部副部长级会议在莫斯科举行，会上各方就地区安全所面临的挑战和威胁、协助阿富汗恢复和平稳定、重振经济等问题交换了意见。

四是10月成员国主管机关边防部门"团结协作-2017"联合边防行动联合协调小组总结会议在山东青岛举行。成员国主管机关边防部门代表，上合组织地区反恐怖机构执委会代表等共20余人参加会议。

五是12月上合组织"厦门-2017"网络反恐联合演习在福建省厦门市举行，八个成员国主管机关代表团及地区反恐怖机构执委会代表团参加了此次演习。另外，中国武警部队与俄罗斯国民卫队"合作-2017"联合反恐演习在宁夏银川某训练基地举行。中俄双方举行反导问题联合吹风会，阐述维护国际战略平衡与稳定的一致立场。

（三）2018年安全合作

2018年在加强网络安全与信息安全合作方面有所加强。强调所有国家应平等参与互联网的发展和治理。互联网核心资源的管理架构应当国际化，应当更具代表性和更加民主。加强成员国政治层面和情报部门间的国际合作。1月，上合组织代表出席在维也纳召开的国际网络安全会议。会上各方就网络安全等一系列重要问题展开了热烈讨论。同月，召开成员国国际信息安全专家组例行会议，强调国际信息安全作为国际安全体系的重要组成部分，其重要性日益凸显。2月，成员国安全会议秘书会议的专家会在北京举行。针对上合组织青岛峰会上拟签署的文件交换了意见。4月，第七届莫斯科国际安全会议在莫斯科召开，上合组织秘书长阿利莫夫在"多极世界中的全球安全问题"专题全体会议上发表讲话。来自九十五个国家的850多位来宾参加了第七届莫斯科国际安全会议。5月，上合组织安全会议秘书第十三次会议在北京召开，讨论了成员国进一步开展合作打击恐怖主义、分裂主义、极端主义、非法贩运武器、毒品走私、跨国有组织犯罪及保障国际信息安全等问题。

在开展反恐演习方面。8月，成员国军队总参谋长会议在莫斯科举行。就国际和地区安全以及在上合组织空间内打击国际恐怖主义等热点问题交换了意见。举行"和平使命-2018"联合反恐军演，首次由八个成员国参加，参演军力超过3000人，动用各种武器500多件。

在防务安全合作方面。4月，成员国国防部长会议在北京举行。部长们就当前国际和地区安全形势、进一步加强上合组织成员国在防务安全领域的务实合作，以及其他共同关心的问题深入交换了意见。通过《2018~2023年上海合作组织成员国禁毒战略实施行动计划》和《上海合作组织预防麻醉药品和精神药品滥用构想》。5月，召开"上海合作组织—阿富汗联络小组"会议，讨论了上合组织和阿富汗未来的合作方式。

在法院立法机构合作方面强调开展立法机关、政党间交流与合作，以及开展治国理政和发展经验交流十分重要。强调开展反腐败领域全面国际合作，消除腐败对经济社会发展的威胁。5月，成员国最高法院院长会议在北京举行。围绕"深化上合组织框架内司法合作"主题，就法院信息化与智慧法院建设，打击暴恐、毒品、洗钱等犯罪涉及的法律适用问题和跨国司法合作等具体议题进行了交流和探讨，达成共识，并在会后发表声明。8月，成员国司法部长会议在吉尔吉斯斯坦乔尔蓬阿塔举行，讨论了为企业和公民提供法律服务的议题，强调借助信息技术提供法律服务是成员国司法部的一项重要任务。9月，成员国总检察长会议在塔吉克斯坦杜尚别召开，就加强打击极端主义和恐怖主义力度、消除促使国际恐怖主义和极端主义蔓延的因素、禁止利用互联网实施极端主义和恐怖主义活动等问题召开讨论。

（四）2019年安全合作

2019年上合组织元首峰会批准了《〈2018~2023年上海合作组织成员国禁

毒战略〉2019~2020年工作计划》《上海合作组织成员国主管机关边防部门"团结协作-2019~2021"联合边防行动2019年第一阶段实施计划》等文件。国防部长会议批准《上海合作组织成员国国防部2020~2021年合作计划》，并签署《上海合作组织成员国联合军事演习协定的修正补充议定书》。

上合组织地区反恐怖机构工作方面。9月，举行上合组织地区反恐怖机构理事会第三十五次会议，批准了地区反恐怖机构执委会及有关专家组工作计划，决定进一步加强成员国务实合作，共同打击"三股势力"等组织和犯罪团伙，加强对实施或涉嫌实施"三股势力"的犯罪人员的国际通缉工作。同月，举行成员国边境地区紧急救灾部门领导人第七次会议，研究了当前上合组织在跨境紧急情况预防领域合作的重点问题。11月，召开第七届上合组织地区反恐怖机构科学实践会议，强调成员国应在遵守国际法和拒绝"双重标准"的基础上与恐怖主义和极端主义做斗争。

在与联合国反恐合作方面。4月，召开"上海合作组织—阿富汗联络小组"第三次会议，讨论上合组织成员国与阿富汗合作以及"上海合作组织—阿富汗联络小组"采取进一步行动的路线图草案等问题。7月，上合组织秘书处和联合国反恐怖办公室代表举行会谈。双方表示愿意进一步加强两机构间关系，以切实执行《联合国全球反恐战略》和联合国安全理事会的建议。11月，上合组织秘书处在联合国总部举行主题为"上合组织与联合国：以合作促进和平、安全与稳定，防止恐怖主义与有组织犯罪相勾结并通过贩毒为恐怖主义融资"的高级别特别联合活动。

在成员国联合反恐合作方面。7月，成员国境内开展了"蛛网"国际禁毒行动。成员国和观察员国阿富汗的禁毒主管部门、内政机构、国家安全机构、海关和边防局代表，以及集体安全条约组织、中亚区域信息和协调中心等国际组织的代表参加了这一行动。12月，举行上合组织"厦门-2019"网络反恐联合演习，演习采取模拟实战和推演相结合的方式开展，各成员国主管机关在演习中联合行动，演习包括信息发现、落查、定位抓捕发布恐怖信息人员在内的全流程。

（五）2020年安全合作

由于受新冠肺炎疫情影响，原计划的成员国联合军演等活动推迟或取消，安全领域会议多采用视频方式举行。1月，阿富汗问题圆桌会议在上合组织秘书处举行。与会人员就阿富汗当前局势、阿富汗内部对话发展前景等问题交换了意见，并讨论了上合组织的作用以及"上海合作组织—阿富汗联络小组"在促进阿富汗实现和平与稳定方面的能力。3月，上合组织成员国禁毒部门负责人会议在莫斯科举行。各方对《上海合作组织预防麻醉药品和精神药品滥用构想》的落实问题进行了研究,对《〈2018~2023年上海合作组织成员国禁毒战略实施行动计划〉2019~2020年工作计划》内的各项行动成果进行了分析。9月,成员国安全会议秘书第十五次会议以视频形式举行。强调当前需要关注的焦点仍然是共同打击恐怖主义、分裂主义、极端主义、毒品和武器非法贩运、跨境有组织犯罪、现代信息通信技术犯罪及非法移民等问题。主张继续推进阿富汗军事政治局势正常化;商谈上合组织在抗击新冠肺炎疫情方面应发挥的重要作用,指出为了保障人类健康生存,必须加强合作,共同遏制危险疾病的传播,消除生化武器威胁。

第四节　上海合作组织经济合作

上合组织的经济合作是从"上海五国"机制时期就开始关注的领域,如1998年7月,"上海五国"机制元首第三次会晤期间,五国元首在探讨地区安全问题的同时,也开始探讨经济合作的相关问题,之后,加强地区经济合作成为"上海五国"元首会晤的主要议题之一。上合组织成立时就明确经济合作是安全合作的基础,在此基础上逐步形成了"安全+经济"双轮驱动。2003年,成员国制定了《上海合作组织成员国多边经贸合作纲要》(简称《纲要》),尽管后来这个《纲要》执行得并不理想,但也充分显示了成员国当时对经济合作的期待和高度重视。①

一　上海合作组织经济合作:合作初期(2001~2006)

在"上海五国"时期,经济合作已经成为五国元首讨论的重要议题,上合组织成立时,在《上海合作组织成立宣言》中指出了经济合作的原则:"加强成员国之间的相互信任与睦邻友好;鼓励各成员国在政治、经贸、科技、文化、教育、能源、环保及其他领域的有效合作;共同致力于维护和保障地区的和平、安全与稳定;建立民主、公正、合理的国际政治经济新秩序。"② 2002年的《上海合作组织宪章》将经济合作的原则进一步明确为:"鼓励开展政治、经贸、国防、执法、环保、文化、科技、教育、能源、交通、金融信贷及其他共同感兴趣领域的有效区域合作……"在2001年9月成员国首次总理会议时,正式建立

---

① 李进峰:《上海合作组织15年发展历程回顾与评价》,《俄罗斯学刊》2017年第6期。
② 《上海合作组织成立宣言》,《人民日报》2016年6月15日。

了上合组织框架内每年一次的总理会晤机制。时任中国总理朱镕基提出了经济合作的四项原则：平等互利，考虑和兼顾各方利益；尊重市场经济规律，与国际通行规则接轨；循序渐进，注重实效，从易到难积极稳步推进，同时坚持"一事一清"的做法，建立健全协议执行与监督机制，避免出现"议而不决、决而不行"现象；多边与双边结合的原则，争取双边与多边并行发展，相互补充，相互促进。① 朱镕基总理的讲话得到了成员国的一致赞成，并将这四项原则写进了上合组织相关文件中，成为上合组织开展经济合作的主要原则。成员国总理还签署了《上海合作组织成员国政府间关于区域经济合作的基本目标和方向及启动贸易和投资便利化进程的备忘录》，该备忘录明确了各成员国开展经济合作的基本目标、实现贸易便利化的途径以及合作的重点领域。

2002年5月，成员国举行了首次经贸部长会议，宣布正式启动成员国经贸部长和交通部长会晤机制以及贸易投资便利化谈判，签署了《〈上海合作组织成员国政府间关于区域经济合作的基本目标和方向及启动贸易和投资便利化进程的备忘录〉的议定书》，明确了成员国经贸部长会议以及专业工作组的工作程序与制度。2002年签署的《上海合作组织宪章》指出："政府首脑（总理）会议通过组织预算，研究并明确组织框架内发展各具体领域，特别是经济领域相互协调的重要问题。"

2003年9月，上合组织成员国政府首脑（总理）举行第二次会晤并签署了《上海合作组织成员国多边经贸合作纲要》。《纲要》明确了上合组织未来发展的基本目标、任务、合作重点领域以及实施保障机制。明确了上合组织经济合作"三步走"的战略思路。第一，开展成员国政府间国际道路运输便利化机制建设。第二，深化成员国在工业、农业等领域的经贸合作，使各方互利共赢。第三，实现区域内货物、资本、服务和技术自由流动。《纲要》规定了成员国多边经贸合作的近期、中期和长期目标。近期目标是：积极推进成员国贸易投资便利化进程。成员国将共同制定落实《纲要》所必需的多边协议和各国法律措施清单，确定其制定程序和办法；在现代化的组织和技术水平上建立和发展成员国经贸投资的信息空间；确定成员国共同感兴趣的经贸合作优先领域和示范合作项目并付诸实施。中期目标（2010年前）是：成员国共同努力制定稳定的、可预见和透明的规则和程序，在上合组织框架内实施贸易投资便利化，并以此为基础在《上海合作组织宪章》和《上海合作组织成员国政府间关于区域

---

① 外交部欧亚司：《顺应时代潮流 弘扬"上海精神"：上海合作组织文件选编》，世界知识出版社，2002。

经济合作的基本目标和方向及启动贸易投资和便利化进程的备忘录》规定的领域内开展大规模的多边经贸合作；成员国将制定共同规划和方案并建立优先发展方向支持体系以加强区经济合作。长期目标（2020年前）是：成员国共同致力于在互利基础上最大效益地利用区域资源，为贸易投资创造有利条件，以逐步实现本区域内货物、资本、服务和技术的自由流动。为落实好《纲要》，总理会晤期间宣布成立了成员国经贸合作高官委员会和5个专业工作组。

2004年6月，第四次成员国元首峰会期间，胡锦涛主席发表题为《加强务实合作、共谋和平发展》的重要讲话，明确中国愿意提供9亿美元的优惠出口买方信贷，支持上合组织其他成员国发展，以推动经济合作。[1] 2004年9月，成员国总理第三次会晤，签署了《〈上海合作组织成员国多边经贸合作纲要〉落实措施计划》，这个计划涵盖11个领域合作，涉及127个具体项目。

2005年10月，在成员国总理第四次会晤期间，签署了《〈上海合作组织成员国多边经贸合作纲要〉落实措施计划实施机制》，规定将通过高官委员会和专家工作组落实，为此，在原来5个经贸合作工作组基础上，2005年又成立了俄罗斯牵头的能源工作组和吉尔吉斯斯坦牵头的现代信息和电信技术工作组。共组成了海关组、标准和资格评审程序组、投资促进组、电子商务组、发展过境潜力组、现代信息和电信组、能源组七个专业工作组。同时，为了解决成员国企业融资问题，上合组织成立了实业家委员会和银行联合体，鼓励成员国企业在上合组织框架内开展直接合作。

二 上海合作组织经济合作：完善机制时期（2006~2010）

2006年6月，在第六次成员国元首峰会期间，签署了《上海合作组织银行联合体理事会工作条例》《上海合作组织银行联合体项目库建立和管理的总原则》《关于上海合作组织银行联合体成员国间授信的框架原则》三份文件。同时，在银联体框架下，上海合作组织银联体成员行签署了《关于支持上海合作组织区域经济合作的行动纲要》，并结合政府工作目标确定了银联体未来合作重点。此外，成员国一致同意推动区域内网络型基础设施建设，形成连接本地区各成员国的油气、电力、交通以及电信网络等，并明确了能源、技术信息和交通领域为上合组织经济合作的优先方向。8月，上合组织能源工作组成立，成员国就《〈上海合作组织成员国多边经贸合作纲要〉落实措施计划》中的能源合

---

[1] 《上合组织第四次元首峰会胡锦涛发表〈加强务实合作、共谋和平发展〉的重要讲话》，人民网，http://news.sina.com.cn/c/2004-06-18/06313448475.shtml。

作项目及各成员国建议交换了意见。

2006年，举行了首届"上海合作组织论坛"。9月，在上合组织第五次总理会议期间，批准了上合组织秘书处提交的《〈上海合作组织成员国多边经贸合作纲要〉落实情况报告》，并在制定便利化方案、贸易投资环境报告、商签投资保护协定方面达成共识。时任中国总理温家宝提出了中国与上合组织其他成员国贸易发展的新目标，即到2010年贸易金额达到800亿～1000亿美元。在银行联合体促进下，各成员国企业以及银行间签署了总金额为20亿美元的一批大中型经贸合作项目的商务合同及贷款协议，支持企业开展经济合作。2006年是上合组织成立5周年，尽管上合组织制定了多边经贸合作纲要等文件，但是，由于各成员国的诉求不同、需求差异较大，客观上也存在一些利益分歧，有俄罗斯对自身利益的考虑，也有美国借反恐加大对中亚国家政治经济渗透等因素，以多边经贸合作为重点的区域经济合作进展缓慢。

2007年，成员国签署了《上海合作组织成员国长期睦邻友好合作条约》《上海合作组织成员国政府海关合作和互助协定》，为统一通关、办理行政和运输手续，以及互认海关单证创造条件。

2008年，上海合作组织银联体与欧亚开发银行签署了《上海合作组织银行联合体与欧亚开发银行伙伴关系基础备忘录》，加强了与区域内金融机构的合作。2008年各成员国的GDP总和达到65615.6亿美元，比2001年的17098.6亿美元增加了2.83倍，各成员国外贸进出口总额达到34343.6亿美元。2008年中国与上合组织成员国的贸易总额达到868.2亿美元。①

2009年4月，成员国发展过境潜力工作组第五次会议在北京举行。5月，成员国促进投资特别工作组第五次会议召开。8月，成员国召开了技术法规、标准和合格评定专业工作组会议。2009年，成员国总理会议签署相关文件，决定将逐步加强成员国间标准、计量、技术法规、合格评定和检验监管领域的合作。12月，世界上最长的天然气管道——"中国—中亚"天然气管道正式投入使用。成员国总理会晤期间，决定启动"上海合作组织信息高速公路"和"利用电子数字签名进行跨境电子合作"两个示范性项目。2009年以来，为帮助成员国摆脱金融危机影响，中国政府先后提供了数百亿美元的贷款，涉及基础设施、能源资源、重大产业及民生等多个领域。

2010年，成员国签署《上海合作组织成员国农业合作协定》，并批准了

---

① 刘华芹：《上海合作组织的区域经济合作》，邢广程主编《上海合作组织发展报告（2009）》，社会科学文献出版社，2009。

《上海合作组织成员国常设农业工作组工作条例》，为成员国间的农业合作建立了有效机制。同年，成员国决定将科技合作列为经济合作的新领域，成员国将开展联合科学研究。总理会晤期间，中方提出建立上合组织电子商务平台的倡议，同年8月，中方正式开通了中国（奎屯）—乌兹别克斯坦商品交易平台，为搭建上合组织电子商务平台开了先河。

三 上海合作组织经济合作：应对金融危机时期（2011~2015）

2011年3月，《上海合作组织成员国政府间国际道路运输便利化协定》起草专家组第二次会议在哈萨克斯坦举行，会议代表就过境路线和过境点清单制定方法等问题交换了意见。11月，成员国签署了《上海合作组织成员国政府海关合作与互助协定》，为深化多边海关合作奠定了基础。在能源合作方面，2011年初，中俄原油管道正式运行，全年通过俄罗斯管道运输向中国供油1500万吨。9月，中哈天然气管道南线工程正式开始建设。在金融合作方面，6月，俄罗斯央行与中国人民银行签订外贸本币结算协议。在2011年上合组织阿斯塔纳峰会期间，中方宣布将继续以人民币向成员国提供优惠贷款，标志着成员国经济未来将向本币结算方向发展。[①]

2012年，上合组织已经成为成员国之间进行能源、矿产、交通、通信、农业、高新技术、金融等各个领域合作的优势平台。上合组织框架内的经贸合作促进了本地区国家发展。中方先后承诺向其他成员国提供120多亿美元优惠贷款，用于支持成员国各领域的合作项目，上合组织经贸合作层次不断丰富，合作形式日趋多样化，成员国外贸总额占世界贸易总额的比例从成立初期不足8%提升到2012年的13%。2012年，继续推动贸易和投资便利化，加强以金融、能源、通信、农业等四大领域为重点的多边合作，开展上合组织专门账户和开发银行等融资保障机制的组建工作。2012年，中国为推动上合组织成员国发展加大资金支持。胡锦涛主席在2012年的元首峰会上宣布面向成员国提供100亿美元贷款和新一期的人力资源培训计划，目的是促进上合组织成员国的经贸合作，尤其是在大项目上的合作。

2013年，受世界金融危机影响，世界经济仍然处于深度调整期，上合组织区域经济合作也进入调整期。2013年，第十三成员国次元首峰会提出经济一体化合作三个重点合作领域，分别为：推进金融领域合作，成立上合组织开发银

---

① 刘华芹：《不断深化的上海合作组织区域经济合作》，李进峰、吴宏伟主编《上海合作组织发展报告（2012）》，社会科学文献出版社，2012。

行和上合组织专门账户;推进能源合作,成立能源俱乐部,建立稳定供求关系,确保能源安全;推进农业合作,构建粮食安全合作机制,加强农业生产、产品、贸易合作。另外,历经12年合作发展,上合组织成员国之间的交通网建设成就显著,能源网与通信网建设也已经取得明显成果,高新技术领域的合作正成为新的亮点。这些合作成就改变了本地区的经济面貌。[1]

2014年,上合组织成员国政治互信增强,中国与成员国领导人高层互访频繁,推动上合组织多边经贸合作实现新突破。第十四次成员国元首峰会强调,以实现共同发展繁荣为目标,构筑本地区统一经贸、投资、物流空间,推进区域经济一体化进程,就尽早就建立上合组织金融机构达成一致,制订"上合组织科技伙伴计划",中国—欧亚经济合作基金规模扩大到50亿美元。

上合组织多边经济合作取得突破性进展。6月,上合组织论坛第九次会议,以"上合组织区域经济发展面临的现状与挑战"为主题,对上合组织和新地缘经济的形成、成员国区域经济合作、金融和投资领域合作问题进行了研讨。在乌克兰危机背景下,俄罗斯对上合组织更加重视,对上合组织的多边经贸合作推动力也明显增强,上合组织在多边经贸合作方面达成了前所未有的共识。第十四次成员国元首峰会签署了《上海合作组织成员国政府间国际道路运输便利化协定》,这是对推动区域经济合作具有里程碑意义的合作成果。[2] 上合组织经贸部长第十三次会议,讨论了区域经济合作的现状与前景,成员国一致表示愿将上合组织经贸合作与丝绸之路经济带建设对接,不断提高区域经济合作水平,就进一步推进区域经贸投资便利化、加强投融资机制建设问题广泛交换意见,并修订了《2012~2016年上海合作组织进一步推动项目合作的措施清单》。

"一带一路"倡议推动多边经济合作。在积极推动成员国之间经济合作基础上,合作对象已经延伸到观察员国和对话伙伴国。第一,中国与白俄罗斯共建工业园。工业园区项目总投资约60亿美元,中方出资60%,白方出资40%。工业园区正式建成后,白俄罗斯每年将增加500亿美元的出口收入。第二,建立"中蒙俄经济走廊"。在丝绸之路经济带建设背景下,构建"中蒙俄经济走廊",以经济为纽带密切三国之间的合作关系,提升经济一体化水平,有望成为丝绸之路经济带区域合作的典范。第三,建立"中巴经济走廊",主要任务是加强中

---

[1] 《李克强出席上海合作组织成员国总理第十二次会议》,新华网,http://news.xinhuanet.com/politics/2013-11/29/c_118357974.htm。

[2] 《〈上海合作组织成员国政府间国际道路运输便利化协定〉正式签署》,中国交通网,http://zizhan.mot.gov.cn/zhuzhan/jiaotongxinwen/xinwenredian/201408xinwen/201409/t20140917_1692508.html。

国与巴基斯坦互联互通和海洋运输等领域的合作,促进两国共同发展。最初"中巴经济走廊"是在2013年5月李克强总理访问巴基斯坦时提出的,随着"一带一路"倡议的实施,"中巴经济走廊"将成为"一带一路"建设实施的样板项目。

2015年成员国发布的《上海合作组织至2025年发展战略》指出,面向未来要将上合组织打造成"现代国际关系体系中具有影响力的参与者""加大上合组织对地区事务和全球治理的参与力度",其重要途径之一是加强上合组织框架内的经济合作,推动区域经济一体化,上合组织在"一带一路"与欧亚经济联盟对接中将努力打造"统一经济空间"。

成员国达成共识将大力推动区域经济合作。受国际经济形势总体低迷和乌克兰危机以及大宗商品价格继续走低影响,2015年,成员国经济增长普遍下滑,对外贸易下滑,尤其是对资源出口依赖较大的成员国对外贸易下滑幅度较大。据世界银行数据显示,2015年中国GDP增速为6.9%,对外贸易增长为-7%;俄罗斯经济增长-3.7%,对外贸易增长-33.2%;哈萨克斯坦经济增长1.2%,对外贸易增长-37.1%;乌兹别克斯坦经济增长8%;塔吉克斯坦经济增长6%,对外贸易增长-18%;吉尔吉斯斯坦经济增长4.5%,对外贸易增长-24.6%。[①] 针对成员国经济发展普遍放缓的新形势,成员国政府首脑(总理)第十四次会议发表《上海合作组织成员国政府首脑(总理)关于区域经济合作的声明》(简称《声明》),《声明》强调要加强上合组织框架内多边经贸合作,推动经济一体化,通过深化区域经济合作提高成员国人民福祉,保障成员国经济社会持续发展。[②] 一是要充分利用上合组织现有成果和相关经济合作机制,以基础设施和产能合作为优先方向,扩大双边、多边经贸合作,共同促进本地区工业化和现代化进程。二是要加强交通领域的多边合作,建立国际运输走廊。三是加快已经签署的《上海合作组织成员国政府间国际道路运输便利化协定》生效,这是推动上合组织框架内经济一体化进程的关键环节,也是推动上合组织自贸区建设的基础。

产能合作开局良好。在2014年底中国提出"一带一路"产能合作方案后,得到了哈萨克斯坦的积极响应。2015年,中国与哈萨克斯坦在产能领域的合作取得了突破性进展,签署了《中国和哈萨克斯坦产能合作计划》,涉及总价值240亿美元,包括52个产能合作项目,中哈产能合作项目已经成为上合组织经

---

① 世界银行数据(2016)。
② 《上海合作组织成员国政府首脑(总理)理事会第十四次会议联合公报(全文)》,新华网,http://www.xinhuanet.com/world/2015-12/15/c_1117471017.htm。

贸合作的样板和典范。上海合作组织第十四次总理会议发表的联合公报指出："总理们支持开展互利的并符合所有成员国利益的地区和国际产能合作，认为这有助于实现资金、技术、资源的优化配置，有效对接供给与需求，释放市场容量，破解产业发展难题，实现产业升级转型。"中亚国家正处于工业化、城镇化阶段，中亚国家与中国开展"一带一路"产能合作，一方面，中国可以为中亚国家提供先进的装备，推进中亚国家工业化进程；另一方面，也可以促进中国工业产业转型升级。目前已经有十七个国家与中国开展了大规模的"一带一路"产能合作。

四 上海合作组织经济合作：深化合作阶段（2016~2020）

（一）2016年经济合作

在2016年元首峰会上，各成员国元首重申支持建设丝绸之路经济带，并将落实该倡议推动区域经济合作写入上合组织元首峰会宣言。中国提出的"共商、共建、共享"合作发展理念与成员国的发展战略高度契合，上合组织已经成为丝绸之路经济带与各成员国发展战略对接的主要平台，促进成员国经济合作进入新阶段。主要标志是共同打造成员国安全合作、产能合作、互联互通、金融合作、贸易合作和民间交流的"六大平台"。在产能合作上，重点开展优质产能、成熟技术、工业产品生产和工程承包服务等合作。主要措施是发展边境地区跨界合作区，建立境外合作区，在海外建立中国工业园区等。在互联互通上，主要以中亚地区为纽带，推动基础设施建设，其中，有四条交通运输通道通过中亚，为成员国打造新的经济增长点和改善民生奠定基础。在金融合作上，主要是扩大本币结算，为成员国扩大相互投资提供金融支持。以人民币区域化促进人民币国际化。在贸易合作上，主要是推进贸易便利化、自由化，建立上合组织电子商务联盟等。2016年，上合组织在促进贸易投资、互联互通建设等区域经济合作方面取得了明显进展。

第一，制订上合组织区域经济合作"五年计划"。成员国通过了《上海合作组织成员国贸易便利化专业工作组章程》。成员国政府首脑（总理）会议批准了《2017~2021年上海合作组织进一步推动项目合作的措施清单》，措施清单包括经贸、海关、质检、交通基础设施等7个领域共38项合作措施及项目。

第二，成员国相互贸易投资额逐步回升。2016年中国与成员国进出口贸易额达937亿美元，同比增长1.8%。成员国贸易结构得到优化，贸易方式不断创新，机电产品、高新技术产品和农产品成为新的贸易增长点。中国与成员国相互投资存量持续增长，一批产能合作和经济技术合作项目顺利实施。

第三，贸易投资便利化机制建设得到进一步推进。成员国积极推动《上海合作组织成员国政府间国际道路运输便利化协定》尽快生效，制定《上海合作组织公路协调发展规划》草案。成员国经贸部长会议完成了贸易便利化工作组建章立制工作，以此为平台加强成员国海关通关、检验检疫、物流运输和支付结算等全方位便利化措施，提升成员国营商环境和便利化水平。成员国积极推进跨境电子商务等创新贸易方式，各方就建立电子商务企业交流平台和不断完善区域融资机制达成重要共识。成员国继续推进成立上合组织开发银行和上合组织发展基金的工作。

第四，区域互联互通建设进展顺利。2016年，中欧班列统一品牌正式启用，途经中亚国家的中欧班列同比增长150%。中俄同江铁路桥工程两侧均已开工，计划2018年建成，中俄界河无跨江通道的历史正在改写。"中国西部—欧洲西部"国际运输走廊项目加快落实。中吉乌铁路前期可行性研究继续推进。中国企业在乌兹别克斯坦和塔吉克斯坦承建的隧道项目也相继完工，促进了区域内互联互通。

第五，上合组织自贸区可行性研究工作启动，积极推动上合组织区域一体化进程。中国商务部和欧亚经济联盟委员会签署了《关于正式启动中国与欧亚经济联盟经贸合作协议谈判的联合声明》，之后就中国与欧亚经济联盟经贸合作开始磋商。

2004~2012年，成员国在多边经贸合作问题上的认识存在较大分歧，因此导致上合组织开发银行成立、上合组织发展基金成立以及中吉乌铁路等多边合作项目进展缓慢。2013年以来，在"一带一路"倡议推动下，成员国在加强区域合作方面的共识增加。区域内已经设立了数个多边合作项目，如"中巴经济走廊""中蒙俄经济走廊""中国—中亚—西亚经济走廊""孟中印缅经济走廊"等。其中，"中巴经济走廊"已经贯通，中、蒙、俄三方已经签署《建设中蒙俄经济走廊规划纲要》。可以说，如果能够重新启动中吉乌铁路等多边合作项目，将标志着上合组织多边经贸合作真正"启航"。在开展多边经贸项目合作基础上，能有效促进上合组织一体化进程和自贸区建设。俄罗斯学者认为，丝绸之路经济带与欧亚经济联盟可以在上合组织内部进行对接，而其他成员国也能够参与对接进程。例如，在欧亚经济联盟和中国之间建立自贸区，就此问题谈判的第一批文件已经通过，其他成员国可以通过上合组织加入这个自贸区。[①] 此

---

① 《专访：上合组织在经济、安全领域合作不断深化——访莫斯科国际关系学院东亚及上合组织研究中心主任卢金》，新华社莫斯科电，2016年11月2日，http://www.gov.cn/xinwen/2016-11/02/content_5127540.htm。

外,成员国还可以商谈以其他方式建立上合组织自贸区。

(二) 2017 年经济合作

2017年习近平主席在上合组织元首理事会第十七次会议上的重要讲话精神被写进了峰会宣言。宣言中强调,面对新形势新挑战,要落实长期发展战略方针。成员国应共同推动经济全球化进程,广泛开展国际合作,为世界经济复苏注入活力,反对贸易保护主义。在深化务实合作方面强调"一带一路"与欧亚经济联盟等区域合作机制对接,与哈萨克斯坦"光明之路"新经济政策对接等,应发挥上合组织的平台作用;加快建立上合组织"区域合作制度性安排",从落实《上海合作组织成员国政府间国际道路运输便利化协定》生效做起。中国将按期开放2014年签署的《上海合作组织成员国政府间国际道路运输便利化协定》规定的跨境路线,欢迎本地区其他国家加入该协定。支持制定《上海合作组织公路协调发展规划》。支持建立成员国"地方合作机制",开展中小企业合作。支持成立上合组织经济智库联盟和电子商务工商联盟。

成员国支持"一带一路"倡议,高度评价中国2017年5月在北京举行的首届"一带一路"国际合作高峰论坛并愿意共同落实会议倡议。成员国支持促进可持续发展的各项国际、地区和国别倡议对接合作。支持推广经济高效、生态清洁型能源,提高能效,实现成员国可持续发展。切实落实2010年签署的《上海合作组织成员国政府间农业合作协定》。成员国将发展国家与私人伙伴关系机制,利用上合组织实业家委员会和银行联合体等机制,继续落实金融、基础设施及投资领域合作项目,继续采取措施保障企业活动,保护私有财产,切实改善成员国的营商环境。

在"一带一路"倡议下,"一带一路"与欧亚经济联盟对接、与中哈发展战略对接、"中巴经济走廊"建设等,对成员国经济发展促进作用明显提升。成员国经济增长整体上升,其中,中俄贸易额在俄罗斯对外贸易总额中的比重从2016年的14.1%提高到2017年的14.8%,超过俄罗斯与独联体国家总额的12.3%。[①] 中俄贸易额略低于中印贸易额。中俄、中哈贸易额增长较快说明"一带一路"与欧亚经济联盟对接、中俄战略对接、中哈战略对接促进了俄罗斯、哈萨克斯坦的经济增长。印度还没有加入"一带一路"合作,中印双边经贸合作有待进一步深化。

第一,"一带一路"与欧亚经济联盟对接取得进展。

[①] 《国家信息中心发布〈"一带一路"大数据报告(2017)〉》,中新社,http://www.ccpit.org/Contents/Channel_3974/2017/1016/894876/content_894876.htm。

一是政策支持更加明确。2017年5月,俄罗斯总统普京来华出席首届"一带一路"国际合作高峰论坛,对中国提出的"一带一路"倡议予以高度评价。中俄双方围绕"一带一路"建设与合作等精心规划部署,积极互动。2017年,习近平主席成功访俄,两国元首再次就"一带一路"建设同欧亚经济联盟建设对接合作深入交换意见,并做出全面规划。二是中俄经贸合作不断深化。"一带一路"和欧亚经济联盟的目标都是实现贸易双通、消除关税壁垒,同时在基础设施建设方面展开合作。普京总统下令从国家福利基金中拨款1500亿卢布(约合169亿元人民币),用于改造俄东部的贝阿铁路及西伯利亚大铁路。① 俄罗斯已经着手改造贝阿和西伯利亚这两条铁路,贝阿和西伯利亚这两条铁路有望成为"一带一路"建设的一部分,这一项目对带动俄罗斯远东等相关地区发展非常重要。俄罗斯境外投资存量巨大,但是,目前俄罗斯对"一带一路"与欧亚经济联盟对接合作项目的投资占比相对较少,中俄两国投资合作仍具有巨大潜力,两国将进一步加强本币结算合作。中俄两国经贸关系建立在互利合作、优势互补基础上,这是俄罗斯商界广泛支持"一带一路"倡议与欧亚经济联盟对接的重要原因。中俄在"一带一路"合作框架内建立了中俄区域合作发展投资基金,以促进中国东北地区与俄罗斯远东地区的合作。除了在能源领域、高铁建设合作以外,中国还在俄罗斯的钢铁、汽车、房地产、农业、信息技术和金融等行业不断加大投资力度。另外,俄铝公司在华发行两期15亿元人民币熊猫债券,成为首个在华发行人民币债券的"一带一路"共建国家企业。中俄在北极地区合作的首个全产业链项目——亚马尔液化气项目首条生产线投产。中俄联合研制远程宽体客机正式命名为CR929。中俄中小企业实业论坛连续3年成功举办,吸引越来越多的两国企业参与。中方企业开设的平台成为在俄最受欢迎的电子商务网络。三是项目对接有序进行:(1)中俄东线天然气管道、阿穆尔天然气加工厂和亚马尔液化气等项目进展顺利;(2)连接中国东北地区和俄远东地区的跨境铁路桥建设、"滨海1号""滨海2号"国际交通走廊建设稳步推进,中国联通(俄罗斯)运营有限公司在莫斯科开业,中俄两国地方之间的直达客运航班不断增加;(3)中俄远程宽体客机合资公司已正式注册成立;(4)中俄双方签署并推动《中华人民共和国国家航天局与俄罗斯联邦国家航天集团公司2018~2022年航天合作大纲》;(5)中国国家开发银行、进出口银行与俄多家金融机构确定了一批重大投资合作项目,俄央行在中国开设代表处,

---

① 《2017年"一带一路"上的俄罗斯》,光明网,http://news.gmw.cn/2017-12/28/content_27205848.htm。

俄罗斯人民币清算中心在莫斯科启动。

第二,"一带一路"与哈萨克斯坦"光明之路"新经济政策对接成果。2013年以来,中哈经济合作在"一带一路"框架下取得了许多新成果,油气项目合作继续扩大,非资源领域合作也日益扩大,促进两国互联互通基础设施不断完善。2016年中哈双边贸易额达130.93亿美元,其中,中方对哈出口82.89亿美元,中方从哈进口48.04亿美元。2017年中国对哈直接投资流量增加到20.7亿美元。中哈在"一带一路"框架下成功的合作领域主要是跨境运输和产能合作。中国过境哈萨克斯坦的国际运输走廊有三条:第一条是欧亚大陆桥,即从中国过境哈萨克斯坦,通往俄罗斯和欧洲其他国家;第二条是中国—哈萨克斯坦—土库曼斯坦,通往伊朗和波斯湾;第三条是中国—哈萨克斯坦—外高加索地区国家(格鲁吉亚、阿塞拜疆和亚美尼亚),通往欧洲国家。此外,近两年,多条从中国途径中亚通往欧洲的中欧班列陆续开通,哈萨克斯坦成为这些中欧班列过境运输的境外第一站。中哈霍尔果斯国际边境合作中心是中哈共建的自由贸易区(无水港),中方区已入驻项目投资超过300亿元人民币,商户4000余家,日均采购额超过500万元人民币。2017年6月,中哈两国已达成51个早期收获项目,合同金额达268亿美元。其中,阿斯塔纳(2019年3月更名为努尔苏丹)市首条城市轻轨和阿拉木图市大口径钢管厂等17个项目已经或即将启动建设,涉及项目金额约120亿美元。

第三,"一带一路"与其他成员国发展战略对接合作成果。一是2017年中乌贸易达到42.2亿美元,乌兹别克斯坦有中国企业651家。中国企业参与乌石油勘探和开发项目以及天然气深加工项目。中乌"鹏盛工业园"顺利运行,成为中乌产能合作的重要平台。安格连至帕普电气化铁路建成通车,成为地区重要交通枢纽。二是2016年11月,李克强总理访问吉尔吉斯斯坦,中吉两国领导人就推进共建"一带一路"合作,深化中吉两国在经济、安全、人文等领域合作深入交换意见。中吉两国总理签署《中华人民共和国和吉尔吉斯共和国政府间联合公报》,双方还签署了涉及经贸、产能、质检、知识产权等领域的多项合作文件。三是2017年9月,塔吉克斯坦总统拉赫蒙访问中国,两国元首签署《中华人民共和国和塔吉克斯坦共和国关于建立全面战略伙伴关系的联合声明》,实现中塔优势互补和发展繁荣。成立了中塔政府间经贸合作委员会,中国支持塔吉克斯坦境内工业园区建设。中塔签署战略合作协议,建设"塔吉克斯坦北部有色金属产业园区",进一步提升中塔双方在矿业合作领域的广度深度。四是以"中巴经济走廊"建设项目为代表,实施了多个重大建设项目,取得丰硕成果,"中巴经济走廊"项目已经成为"一带一路"建设的旗舰项目。2017年6

月,中巴签署具有里程碑意义的水利合作备忘录,涉及印度河流域的5个水库项目,项目总金额约500亿美元,电站建成后发电总量约占巴基斯坦全国水电发电总量的2/3。该项目是巴基斯坦大型水利项目首次接受海外直接投资,是前期"中巴经济走廊"项目已涉及的570亿美元之外的另一笔巨额投资。

(三) 2018年经济合作

成员国明确的经济合作"七大优先方向"分别是:扩大经贸和投资合作,发展高科技产业,促进工业产业现代化,实施过境和交通物流、能源、农业、信息和通信及其他基础设施项目,提升各成员国经济竞争力,克服各国技术差距,提高人民生活水平和质量。[①] 经济合作是上合组织区域经济社会发展与稳定的重要保障,成员国必须在经济领域采取共同有效措施并加强合作。10月,上合组织成员国政府首脑(总理)理事会第十七次会议在塔吉克斯坦共和国首都杜尚别举行。会议批准了《上海合作组织成员国2019~2020年科研机构合作落实措施计划(路线图)》,通过了《上海合作组织秘书处关于〈上海合作组织成员国多边经贸合作纲要〉落实情况的报告》。会议还批准了上合组织2019年度预算,并就上合组织常设机构的一系列财务和组织问题签署了相关决议。

在积极参与和支持全球治理及促进区域治理方面。一是成员国支持完善全球经济治理体系,发展经贸和投资合作。成员国一致认为,世界贸易组织是制定多边贸易规则的重要平台,支持开放型世界经济,巩固多边贸易体制,成员国共同维护世贸组织规则的权威性和有效性,反对国际贸易关系的碎片化和任何形式的贸易保护主义。二是强调遵守《上海合作组织宪章》,推动本地区贸易和投资便利化,以逐步实现区域内商品、资本、服务和技术的自由流通。上合组织青岛峰会签署了《上海合作组织成员国元首关于贸易便利化的联合声明》,就实现贸易投资便利化目标的相关路径开展工作。三是强调要进一步发展区域经济,明确了七项重点工作:落实上合组织成员国多边合作倡议,促进区域互利伙伴合作关系发展,加快经济发展,扩大交通和能源领域合作,提升投资规模,促进创新技术应用,保障居民就业。逐步落实《上海合作组织成员国多边经贸合作纲要》及其落实措施计划、《〈上海合作组织至2025年发展战略〉2016~2020年落实措施计划》和《2017~2021年上海合作组织进一步推动项目合作的措施清单》。制定新版《上海合作组织成员国多边经贸合作纲要》以指导成员国区域经济合作持续稳定发展。四是加强电子商务合作、发展服务业和服

---

① 《上海合作组织成员国政府首脑(总理)理事会第十七次会议联合公报》,人民网,http://cpc.people.com.cn/n1/2018/1013/c64094-30338605.html。

务贸易、支持中小微企业发展。深化电子商务领域合作，促进经济和贸易增长、产业升级。加强成员国服务业和服务贸易领域合作以深化各成员国经贸合作，挖掘成员国经济增长潜力。继续就落实《上海合作组织成员国服务贸易合作框架》开展工作，加快建立上合组织服务贸易合作的工作机制。五是支持联合国在推动落实全球可持续发展议程方面的核心作用，呼吁发达国家根据此前承担的相关义务，为发展中国家提供相关资金、技术和能力建设的支持。

在深化区域合作方面，强调利用联合国亚太经社理事会在交通、能源、信息通信和贸易等方面的潜能，促进成员国经济社会持续发展，应加快制定上合组织框架内的相关文件。召开了关于加强中亚、南亚交通互联的区域政策对话会议，重点讨论了中亚、南亚地区国家所面临的开通国际交通运输、启动新的和改建现有跨区域过境运输走廊的相关问题，并就未来发展提出了建议。各成员国对2018年在北京举行的上合组织工商论坛和2018年在上海举办的中国国际进口博览会加以肯定，并强调应该加强成员国经济智库间的合作。

在金融合作方面，强调深化金融领域务实合作，研究扩大本币在贸易和投资中使用的前景，力促在相互贸易中进一步扩大使用本币结算。加强在上合组织银联体、亚洲基础设施投资银行、丝路基金、金砖国家新开发银行、中国—欧亚经济合作基金等多边银行和金融机构框架下的合作，为成员国合作项目提供融资保障。强调将继续探寻关于建立上合组织项目融资保障机制的共同立场，包括研究建立上合组织开发银行和发展基金（专门账户）的问题。3月，召开关于成立上海合作组织开发银行和上海合作组织发展基金（专门账户）的专家会议，成员国专家就建立上海合作组织融资机制交换了意见，并决定继续在专家层面进行磋商。强调发挥上合组织实业家委员会和银行联合体的作用，推动落实成员国在金融、能源、高科技、基础设施互联互通以及投资等领域的合作项目。6月，召开成员国银联体理事会会议，中国国家开发银行在担任银联体主席行期间积极工作，扩大了成员国银行金融合作的影响力和工作效率，得到上合组织秘书长高度评价。成员国积极评价巴基斯坦哈比银行加入上合组织银行联合体以及银行联合体的扩员进程。

在交通运输便利化方面，强调要发展交通、扩大过境运输潜力和区域交通运输潜能等领域的多边合作。发展包括高铁在内的公路和铁路交通，建设多式联运物流中心，引进先进创新技术，简化和协调货物通关的边境、海关和检疫程序，提升自动化建设水平，落实基础设施合作项目。召开成员国国际道路运输便利化联合委员会会议，讨论了关于开发国际道路运输路线及投用、运输许可证分配、对道路和通行点的改革，以及在交通领域的合作项目等问题。为实现上述目标，下一步成员国将建立统一高效的过境系统，包括电子单据运转、担保机制和货物跟踪。召开首次成员国铁路部门负责人会议，决定建立铁路相关工作组。就有效利用及进一步开发成员国铁路运输潜力交换了意见，讨论了与交通运输机制和运输一体化管理办法相关的国际法律文件。要求继续研究制定《上海合作组织成员国政府间建立和运行交通运输一体化管理系统协定》和上合组织铁路合作构想草案。强调落实2014年签署的《上海合作组织成员国政府间国际道路运输便利化协定》，继续就制定《上海合作组织成员国公路发展规划》开展工作。

在贸易便利化方面。4月，召开成员国贸易便利化专门工作组会议，专家们就《简化上海合作组织成员国政府间贸易关系协定》草案和《上海合作组织成员国在服务贸易合作框架协议》草案交换了意见。4月，召开成员国发展过境运输潜力专门工作组会议，审议了《上海合作组织成员国公路发展规划》草案。5月，召开成员国对外经济贸易部门高官会议，讨论了《〈上海合作组织成员国多边经贸合作纲要〉落实措施计划》的执行情况、巩固和充实经贸合作的法律基础以及完善成员国合作机制等问题。9月，召开成员国经贸部长会议，举办了上合信息展。展览向观众介绍了上合组织经贸合作现状，以及上合组织成员国各类经济数据，会后，成员国签署了议定书文件。

在海关合作方面。4月，召开成员国海关合作专门工作组会议，通过了《上海合作组织成员国海关合作专门工作组海关合作条例》《使用CENCOMMILO－莫斯科操作平台开展全天候联络点信息合作章程》《臭氧层破坏物质及危险废物越境转移信息交流备忘录》草案。11月，召开成员国海关合作专门工作组会议，讨论了旨在形成统一过境制度以及在清关后监管和保护知识产权领域开展合作的问题，如《臭氧层破坏物质及危险废物越境转移信息交流备忘录》和《利用莫斯科地区情报联络中心案件数据库执法平台渠道全天候联络站开展信息互助的规程》等，会后签署了议定书。

在地方合作方面。支持建立上合组织地方领导人论坛，开展地区间合作。9月，召开第四届东方经济论坛"远东：更多机遇"，习近平主席与普京总统出席论坛。支持《上海合作组织成员国地方合作发展纲要》通过并生效。

在支持"一带一路"合作方面。俄、哈、吉、塔、乌、巴六国重申支持"一带一路"倡议，肯定各方为共同实施"一带一路"倡议，包括为促进"一带一路"和欧亚经济联盟对接所做的工作；强调加强成员国在数字经济领域深化互利合作，有利于成员国经济社会发展。

在能源与环保合作方面。成员国继续在能源领域开展全方位互利合作，包括利用可再生能源，支持更加广泛地使用各类经济效益高的清洁能源，减少对环境的不利影响，促进节能经济。加强本地区现有和在建的水电设施等能源基础设施的有效利用与合作，以促进本地区实现可持续发展。支持以"水促进可持续发展"为主题的高级别国际会议，促进水资源可持续发展。元首峰会通过了《上海合作组织成员国环保合作构想》，强调维护地区生态平衡，恢复生物多样性，为居民生活和可持续发展创造良好条件。

在创新领域合作方面。支持成员国加强创新领域合作，包括建立创新生态环境、技术合作平台、创新产业群、高科技公司以及落实创新合作项目。进一步深化在海关、农业、电信、中小微企业等领域的合作。成员国支持中小企业发展，必须采取措施落实在青岛签署的《上海合作组织成员国经贸部门间促进中小微企业合作的谅解备忘录》。

在农业合作方面。支持成员国在农产品加工和贸易、农业科研、落实各项联合项目方面开展合作。9月，召开成员国农业部长会议，促进落实《〈上海合作组织成员国政府间农业合作协定〉2018~2019年落实措施计划》。政府首脑（总理）理事会通过《上海合作组织成员国经授权的主管部门间跨境动物疫病联合防控和检疫技术合作备忘录》和《上海合作组织成员国粮食安全合作纲要》，支持上合组织与联合国粮农组织开展相关合作。将加强在预防和应对跨境动物疫病、优质农产品准入和卫生检疫等领域的交流与合作，以保障地区粮食安全。

（四）2019年经济合作

2019年11月，上合组织成员国政府首脑（总理）理事会第十八次会议在塔什干举行。李克强总理发表重要讲话并就推动上合组织高质量发展提出了五点建议：筑牢安全屏障，夯实发展根基；扩大开放融通，拓展发展空间；完善联通格局，畅通高质量发展路径；培育创新亮点，增强发展新动能；坚持以人为本，共享发展成果。成员国政府首脑一致认为，全球政治经济形势正在发生深刻演变，建立公正合理的多极世界格局的迫切性日益凸显。成员国将共同维护世界贸易组织规则的权威性和有效性，反对单边主义和保护主义，共同构建开放型区域经济和世界经济。①

受贸易保护主义、全球治理缺失、地缘政治博弈加剧、金融市场脆弱性增强等因素影响，2019年全球经济增长继续放缓。根据2020年1月世界银行发布的《全球经济展望》报告显示，2019年全球经济增速下降为2.4%。其

---

① 《李克强总理在上海合作组织成员国政府首脑（总理）理事会第十八次会议上的讲话（全文）》，新华网，http://www.xinhuanet.com/2019-11/03/c_1125185459.htm。

中，2019 年上合组织成员国经济增长情况是：中国经济增长率为 6.1%；俄罗斯经济增长率为 1.1%；印度经济增长率为 4.8%；哈萨克斯坦经济增长率为 4.5%；吉尔吉斯斯坦经济增长率为 4.5%；塔吉克斯坦经济增长率为 6.2%；乌兹别克斯坦经济增长率为 5.6%；巴基斯坦经济增长率为 3.3%。①上合组织成员国 2019 年经济增长总体有所放缓，但是，中国、印度在全球经济体中增长速度依然名列前茅。

成员国制定的 2019 年新版《上海合作组织成员国多边经贸合作纲要》涵盖了交通基础设施、能源、农业、科技、教育、数字经济、人工智能、金融等创新发展领域，明确了经贸合作的一些优先方向。随着高质量共建"一带一路"不断深入，成员国合作必然向高质量发展转变，这些优先方向将成为支持高质量发展的关键领域。为此，成员国在经济合作与共同发展方面达成多项共识：坚持多边主义，支持世贸组织改革；加强区域互联互通，以设施联通合作为引领，带动投资加大，争取在交通、能源、信息和通信网络领域合作取得新突破；改善民生，提高成员国民众生活水平；支持开展工业领域合作；深化区域合作，优化营商环境，为扩大相互投资创造良好条件；提高上合组织框架内部门会议和工作组会议工作效率，研究新建或改革现有专业工作组的问题等；俄、哈、吉、塔、乌、巴成员国，重申支持中国提出的"一带一路"倡议，共同推进"一带一路"建设同欧亚经济联盟对接。②

经贸合作方面。5 月，在中国山东省青岛召开首届上合组织地方经贸合作青岛论坛暨上合组织国际投资贸易博览会，围绕"共商、共建、共享：打造上合组织地方经贸合作示范样板"主题，推进落实"一带一路"倡议和青岛峰会成果。6 月，召开银行联合体理事会第十五次会议，签署了《上海合作组织银行联合体（合作）协议的议定书》，并正式授予印度基础设施金融公司上合组织银联体成员行地位。9 月，召开成员国经贸部长第十八次会议，审议通过了新版《上海合作组织成员国多边经贸合作纲要》草案、《成员国在数字化时代发展偏远和农村地区的合作构想》和《上海合作组织经济智库联盟章程》草案。9 月，召开首届上合组织国家法律服务国际论坛。围绕区域经贸发展与法律服务体系建设、成员国商务争端解决机制构建等议题进行研讨。

2019 年，除个别成员国之间贸易减少外，上合组织成员国贸易增长总体明

---

① The World Bank, *Global Economic Prospects*, 2020, https://www.worldbank.org/en/publication/global-economic-prospects.
② 《上海合作组织成员国政府首脑（总理）理事会第十八次会议联合公报》，新华网，http://www.xinhuanet.com//world/2019-11/03/c_1125185470.htm。

显增加，其中，中俄贸易额为1109.19亿美元，同比增长2.5%；中哈贸易额为220.7亿美元，同比增长10.9%；中乌贸易额为76.2亿美元，同比增长18.5%；中吉贸易额为63.5亿美元，同比增长13.1%；中塔贸易额为16.7亿美元，同比增长11.30%；中印贸易额为926.84亿美元，同比增长1.6%；中巴贸易额为179.7亿美元，同比下降5.9%。[①]

2019年10月25日，《中华人民共和国与欧亚经济联盟经贸合作协定》正式生效。中哈深化发展战略对接，明确了55个产能合作项目清单，涉及280亿美元。中乌发展战略对接深化。落实新版《上海合作组织成员国多边经贸合作纲要》并制订计划。为深化产能合作，已经成立中俄投资基金、中哈投资基金和50亿美元的中国—欧亚投资基金，中方为成员国提供了300亿美元的等值贷款。截至2019年底，中国共投资900亿美元支持成员国合作与发展，中国在上合组织成员国共有7个国家级境外合作区，带动了成员国产能合作。中俄、中哈地方合作论坛成果明显。

在交通运输便利化方面。7月，召开成员国关于扩大交通运输领域合作专家会议，研讨包括发展公路、建立综合运输管理系统以及开展成员国铁路管理部门间合作的若干文件草案。9月，举行成员国铁路部门负责人第二次会议，讨论有效利用和进一步发展成员国铁路部门合作机制相关问题，核准了《上海合作组织成员国铁路部门负责人会晤2020~2022年工作计划》《上海合作组织成员国在铁路领域的协作构想》草案等合作文件。中吉乌公路开通。

在农业合作方面。9月，召开成员国常设农业工作组例行会议。就进一步发展农业领域合作的问题展开讨论，落实《〈上海合作组织成员国粮食安全合作纲要〉落实措施计划》草案。听取了2019年10月（中国）杨凌农高会和2020年比什凯克粮食安全专题研讨会的筹备情况。

在国际合作方面。10月，在雅加达举行"东盟—上合组织：贸易和投资潜力"圆桌会议。主要议题包括上合组织成员国的经济潜力；东盟经济共同体在建设亚洲新的全球经济发展中心方面的最佳做法；在全面区域经济伙伴关系和自由贸易协定框架内取得的进展；上合组织和东盟成员国在贸易和投资领域的合作前景；电子商务、运输、信息技术和数字产业领域的合作等。11月，上合组织秘书处与联合国粮农组织签署了谅解备忘录，双方将共同努力在保障粮食安全、发展可持续粮食系统等领域深化合作。

---

① 数据来源：上合组织成员国2020年海关统计资料。

(五) 2020 年经济合作

2020 年 4 月,上合组织银行联合体在莫斯科以视频会议形式举行研讨会。共举行了四场会议,主题分别为"公私合营基础设施项目的质量准则""项目融资工厂""城市发展:俄罗斯对外经济银行的优先经营重点之一""扩大本国货币在上合组织经贸合作中的使用"。会议特别关注了银联体在帮助各成员国摆脱新冠肺炎疫情影响、恢复经济发展方面应起的作用。7 月,成员国"出口战略问题视频圆桌会议"召开,讨论了在本地区发展经贸合作和联合电子商务方面的相关问题。就"增加卫生、农业和区域合作领域的商业机会"交换了意见,讨论了"B2B"电子商务平台作为成员国经济增长的现代驱动力所具有的优势,分析了成员国出口指向型企业的政府扶持措施及成员国技术法规和标准化的问题。9 月,成员国对外经济贸易部委高级官员委员会会议举行。讨论了保护知识产权、支持中小企业和发展贸易关系等问题,并对新冠肺炎疫情应对措施和 2019 年通过的新版《〈上海合作组织成员国多边经贸合作纲要〉落实措施计划》草案进行了讨论。重点讨论了计划在印度召开的成员国政府首脑(总理)理事会第十九次会议的主要内容。10 月,上合组织第五次农业部长会议以视频方式召开。审议了《〈上海合作组织成员国政府间农业合作协定〉2021~2025 年落实措施计划》和《〈上海合作组织粮食安全合作纲要〉落实措施计划》。10 月,成员国交通部长第八次会议通过线上方式召开。就落实运输和物流领域多边经贸合作纲要的协调工作交换了意见。主张发展现有并创建新的多式联运走廊,包括跨西伯利亚铁路和贝加尔—阿穆尔铁路干线的现代化改造,以及中吉乌铁路的开工建设。交流了成员国为遏制运输过程中新冠肺炎疫情传播所采取的措施。

第五节 上海合作组织人文合作

上合组织成员国的人文合作,源自各成员国之间双边人文合作奠定的基础。例如,从 1992 年开始中俄两国就实现了文化部长定期互访,当年 12 月,中俄元首签署了《中华人民共和国政府和俄罗斯联邦政府文化合作协定》。人文合作也源自"上海五国"时期五国元首对人文多边合作的设想。例如,在五国元首 1998 年签署的《比什凯克声明》中指出,要"举行不定期的国家元首、政府首脑会晤,以及包括外长、国防部长、经济和文化部门负责人会晤在内的各个级别的经常接触与磋商"。2001 年上合组织成立时在《上海合作组织成员国元首理事会会议新闻公报》中首次提出,"要举行上海合作组织成员国文化部长会晤"，以此为标志拉开了上合组织机制化人文合作的序幕。2002年，召开了上合组织成员国文化部长第一次会议，2005年，首次成功举办了上合组织文化节，标志着上合组织人文合作已经形成文化部长会晤机制和文化节机制的人文合作双轨制。上合组织人文合作的实践证明，人文合作是对安全合作与经济合作的重要补充，也是成员国双边和多边合作的重要组成部分。

从理论视角看，人文合作属于文化范畴，而文化影响力属于与国家"硬权力"对应的"软权力"，也叫"软实力"。冷战结束后，国际秩序和国际局势发生了深刻变化，非传统安全比传统安全更加受到重视，同时，国际政治理论中的"软实力"也越来越受到重视。在一些西方国际理论专家看来："过去，对一个大国的考验是其在战争中的实力，而今天，实力的界定不再强调军事力量和征服，而技术、教育、经济增长等因素在国际权力中正在变得日益重要。"① 从实践看，上合组织的人文合作应该具有凝聚功能、协调功能和推动功能。②

一 人文合作：文化合作起步阶段（2001~2005）

2001年6月，《上海合作组织成员国元首理事会会议新闻公报》指出，支持中国提出的关于举行上合组织成员国文化部长会晤的建议。2002年初，召开了首次成员国文化部长会议，并发表文化部长联合声明，指出要举办各成员国参加的文化节，就举办文化节问题达成共识并拟定了文化节章程。在成员国签署的《上海合作组织宪章》中指出，开展环保、文化、科技、教育等领域合作是成员国合作的重要内容之一。2003年，成员国签署的《上海合作组织成员国多边经贸合作纲要》指出，将在卫生领域、科学和新技术领域、教育领域进行具体合作。在成员国政府首脑会议公报中强调，成员国扩大在人文领域的合作对促进各国人民之间的友谊意义重大。

2004年6月，胡锦涛主席在访问乌兹别克斯坦期间，中乌签署了《中华人民共和国教育部与乌兹别克斯坦共和国高等与中等专业教育部关于合作建设塔什干孔子学院的协议》，这是中国在中亚国家成立的第一家孔子学院。中国向塔什干孔子学院赠送了汉语教材和语言学习设备，协助乌方修建了汉语图书馆并向孔子学院派遣了汉语教师。

2004年9月，在比什凯克进行的上合组织政府首脑会议中，成员国领导人就进一步发展和深化包括人文等领域合作的问题达成一致意见，并强调要加强

---

① 〔美〕约瑟夫·奈：《软实力》，马娟娟译，中信出版集团，2013。
② 邢广程、孙壮志主编《上海合作组织研究》，长春出版社，2007。

文化、教育、卫生和体育合作。在《〈上海合作组织成员国多边经贸合作纲要〉落实措施计划》中，就上合组织人文合作领域的科技、信息、环保、卫生、教育和旅游等合作制定了具体目标和措施。例如，在科学和新技术合作方面，涉及光学新方法，地质运动与地震研究、人工降雨机械和农业灌溉技术等。在环保技术方面，涉及协调成员国在国际环保组织中的一致立场，深化在地质科学领域研究、矿产地产的共同开发、建立地质生态监测系统、防止跨界河流污染等方面的合作。在教育卫生方面，涉及通过交换大学生和教师开展教育领域合作，制定防止传染病的共同措施，合作生产药品、医疗器械，相互参与旅游基地建设，协调临时劳务移民签证，促进相互间旅游交流等。

2005年6月，召开成员国教育专家会议，讨论在教育领域开展合作事宜，会议审议了《上海合作组织成员国政府间教育合作协定》草案，并初步达成一致。2005年7月，召开成员国第二次文化部长会议，签署了《上海合作组织成员国2005~2006年多边文化合作计划》，对未来文化合作进行了设想和计划。10月，成员国签署了《上海合作组织成员国政府间救灾互助协定》，制定了《上海合作组织成员国2007~2008年救灾合作行动方案》。在人文合作双轨制促进下，成员国艺术节、文化节、文化日、文艺演出、艺术或展览等活动增多，丰富了文化交流活动。在此基础上，逐渐启动了教育合作。

二 人文合作：从文化合作拓展到教育合作（2006~2010）

2006年是上合组织成立5周年，4月，召开成员国文化部长第三次会议，通过了《上海合作组织成员国2007~2008年多边文化合作计划》。6月，上合组织成立5周年文艺晚会暨成员国第二届艺术节在上海举行，近900名来自上合组织成员国的演员和艺术家参加了演出。6月，成员国签署《上海合作组织成员国政府间教育合作协定》，这是上合组织第一个多边教育合作文件。10月，召开首次成员国教育部长会议，决定成立成员国教育常设专家工作组，这标志着上合组织教育合作建立了两个基本合作机制：一是官方的教育部长会议；二是民间的"教育无国界"教育周和大学校长论坛。在上合组织政府首脑（总理）第五次会议上，中国总理温家宝强调，要全力促进文化、教育、科技、卫生、旅游、体育等领域的交流与合作，把人文合作发展作为又一个重点合作领域。要抓紧落实元首峰会签署的《上海合作组织成员国政府间教育合作协定》，促进联合培养人才与合作交流。进一步完善上合组织文化部长会晤和成员国文化节的机制。落实莫斯科总理会议期间签署的《上海合作组织成员国救灾援助协定》，探讨建立成员国卫生合作机制。①

2007年8月，在第七次上合组织成员国元首峰会上，成员国签署了《上海合作组织成员国政府间文化合作协定》。俄罗斯总统普京发起成立"上海合作组织大学"的倡议，并得到成员国元首的一致赞成。

2008年初，俄罗斯正式提出成立上合组织大学的构想，目标是由上合组织各成员国的高等学校组成大学网络机制，以加强成员国之间的教育合作与交流，促进成员国学生与人才的流动。

2009年4月，召开成员国第六次文化部长会议，议题是"民族文化传统与青年"，通过了加强上合组织成员国青年在保存和发扬文化传统和民族遗产方面作用的宣言。成员国在俄罗斯喀山举办了装饰艺术展等一系列民间艺术展览。5月，举办了成员国第二届"教育无国界"教育周活动。对上合组织教育合作提出了建议。一是上合组织成员国和观察员国的教育管理部门和高等教育机构代表、议员、政治家，以及科学、教育、文化工作者等都应该参与具体的规划制定。二是应长期坚持提高教育质量的方向。三是承认教育是经济和社会发展不可分割的一部分等。② 6月，在成员国元首峰会举行期间，成员国和观察员国的知名艺术家举办了联合音乐会和艺术展。成员国还在俄罗斯、吉尔吉斯斯坦、乌兹别克斯坦、哈萨克斯坦举办音乐会和歌唱比赛等文艺活动。10月，举行成员国第八次政府首脑会议，重点讨论了加强成员国的经济与人文合作等议题。会议积极评价人文合作成果，强调要不断巩固和完善成员国合作机制，继续做好定期举办的高校校长论坛和成员国"教育无国界"教育周活动等工作。此外，2009年中国"俄语年"活动取得丰硕成果。孔子学院在哈萨克斯坦建设顺利。11月，上合组织大学中方项目院校工作会议和上合组织大学中俄双方研讨会在北京举行，来自北京大学、清华大学、华中科技大学等10所高等院校的26名校长、副校长参加会议，这次会议标志着上合组织大学创建工作进入实质性启动阶段。

2010年4月，召开成员国文化部长第七次会议，会议主题是"上合组织的文化产业合作"，讨论在全球化背景下如何更好地发展各成员国文化产业的问题。5月，召开成员国科技部长第一次会议，会议讨论了成员国开展多边科技合作及其发展前景问题，决定设立上合组织科技合作常设工作组。6月，在乌兹别

---

① 《温家宝总理在上海合作组织成员国政府首脑（总理）第五次会议大范围会谈上的讲话》，2006年9月16日，新华网，http://www.china.com.cn/international/zhuanti/wjbsgx/txt/2006-09/16/content_7165316.htm。

② 吴恩远、吴宏伟主编《上海合作组织发展报告（2010）》，社会科学文献出版社，2010。

克斯坦塔什干元首峰会期间，举办了"丝绸之路——和平之旅"艺术绘画展，再现了2000多年前丝绸之路的辉煌。11月，上合组织首届文化产业论坛在中国南京举办。

三 人文合作：合作扩大时期（2011~2015）

2011年是上合组织成立10周年，《上海合作组织十周年阿斯塔纳宣言》充分肯定了人文合作成果，认为人文合作促进了成员国人民之间的心灵沟通和不同文化间的对话。10年来人文合作经历了从无到有、从点到面、从低层次到高层次的变化。艺术节、大学生艺术联欢节、"和平之旅""欢乐春节"，以及带有上合组织特征的各成员国双边人文交流活动不断丰富，人文交流夯实了成员国之间友谊的社会基础。2011年5月，召开第八次成员国文化部长会议，各方回顾了10年来成员国人文合作成果，认为下一步应加强非物质文化遗产和民族传统文化保护，促进本地区人民的传统与习俗传播，在公共文化设施管理方面加强合作。9月，欧亚经济论坛在西安召开，会议决定设立文化合作分委会，首次把文化设为五个分会之一，显示上合组织对地区文化合作的重视。11月，在俄罗斯人民友谊大学举办了上合组织大学第四届"教育无国界"国际教育周活动。12月，在中国兰州举办了首届上合组织大学生艺术联欢节。

2012年上合组织框架内的教育合作协定促进了成员国之间教育一体化的建设，上合组织大学成员国之间的交流也逐渐增多。

2013年，召开成员国第十次文化部长会议，落实《上海合作组织成员国政府间文化合作协定2012~2014年执行计划》。各成员国在公共文化服务、文化创意产业、传统文化与非物质遗产保护等专业领域与其他成员国开展合作交流。中国提出共建"丝绸之路经济带"倡议，加强"政府沟通、设施联通、贸易畅通、资金融通、民心相通"的"五通"措施为文化合作带来活力。在教育方面，上合组织大学组建与学科建设等相关法律法规和机制建设进一步完善，上合组织大学涉及各成员国项目院校达80多所。

2014年6月，召开成员国文化部长第十一次会议，各方支持进一步发展上合组织框架内的多边和双边文化合作，增进各国人民的相互了解，保持文化多样性，传播本地区的人民传统友谊和习俗文化，继续发展与观察员国、对话伙伴国之间的文化合作。10月，举办第八届上合组织"教育无国界"教育周活动，上合组织大学院校代表签署了"教育学"和"生态学"专业研究生培养计划，强调发展和巩固大学在学术交流与学术研究领域的合作。召开第五届成员国教育部长会议，一致同意将继续在教育领域开展现代化建设。

2015年,成员国领导人共同参加了在莫斯科和北京举行的纪念二战胜利70周年活动,促进政治互信,提升了上合组织的国际和地区影响力。中国向中亚国家宣传中国的新发展理念,以创新推动工业升级转型为目标,科技创新项目成为成员国加强科技合作的重点。上合组织大学联盟成立激活了成员国的多边教育交流活动。上合组织大学是上合组织最成功的倡议之一,这所大学已经联合了80多所大学。① 2015年是中俄青年友好交流年,双方以庆祝二战胜利70周年为主题开展多场形式多样、内容丰富的交流活动,并启动媒体交流年。此外,中国电影周在哈萨克斯坦、乌兹别克斯坦圆满落幕,中国爱乐乐团在吉尔吉斯斯坦、塔吉克斯坦、哈萨克斯坦三国成功巡演。中国文化中心、孔子学院等举办了丰富多彩的人文交流活动。

四 人文合作:深化合作阶段(2016~2020)

(一)2016年人文合作

2016年是上合组织成立15周年,成员国元首理事会签署了《上海合作组织成立十五周年塔什干宣言》《〈上海合作组织至2025年发展战略〉2016~2020年行动计划》等文件,对人文合作提出了新目标。在成员国政府首脑(总理)理事会上,总理们指出,要加强在文化、教育、科技、环保、体育、卫生和旅游领域的双边和多边合作。在总结15年来成员国人文合作成就的基础上,各方认为人文合作的重点是文化、教育、科技和环保合作。文化合作方面。6月,召开成员国文化部长第十三次会议,主要讨论了上合组织框架下文化艺术领域合作的新进展,就成员国政府间文化合作协定和15年来历届文化部长会议达成的共识及执行情况交换了意见。教育合作方面。召开成员国教育合作专家会议,分析了《〈上海合作组织成员国政府间教育合作协定〉2015~2016年活动计划》的实施情况,审议了《上海合作组织大学远期构想(至2025年)》,讨论了《上海合作组织成员国政府间关于建立和运营上海合作组织大学的协定》文本。之后,召开成员国教育部长第六次会议,讨论了成员国国家教育系统发展和现代化进程、合作优先方向以及履行关于落实成员国政府间教育合作协定的措施清单等问题。审议了《上海合作组织成员国关于建立和运行上海合作组织大学的政府间协议》草案等。科技合作方面。9月,召开成员国科技合作工作组会议,讨论了发展上合组织框架内多边科技合作问题和第三次科技部长会议筹备

---

① 《梅德韦杰夫:上海合作组织大学是上合组织最为成功的倡议之一》,环球网,http://world.huanqiu.com/exclusive/2015-12/8184701.html。

事宜。讨论《〈上海合作组织成员国政府间科技合作协定〉落实措施计划》和《上海合作组织科技伙伴构想》草案。之后，召开成员国第三届科技部长会议，讨论了成员国科技领域多边合作的相关问题，并就《上海合作组织成员国政府间科技合作协定》和15年来历届科技部长会议上达成的共识及执行情况交换了意见。环保合作方面。习近平主席提出携手打造"绿色丝绸之路"，为上合组织环保合作明确了新方向、新目标。2016年初，中国制定了《绿色丝路使者计划框架文件（2016~2020）》，并在5月召开的"上合组织环保信息共享平台与绿色丝路使者计划研讨会"上与各成员国交流。10月，召开成员国环保部门第八次专家会议，讨论了《上海合作组织成员国环保合作构想》草案。

（二）2017年人文合作

教育合作方面。4月，举行第十一届上合组织"教育无国界"教育周活动，来自成员国教育部及高校代表70余人参会。8月，"童心共筑世界梦"——2017年上合组织成员国青少年艺术展演在中国宋庆龄青少年科技文化交流中心举行。8月，上合组织国家大学校长会议在俄罗斯召开，会议签署上合组织大学建立与运作协议。9月，上合组织大学"能源会议2017"在华北电力大学召开，来自成员国12所高校的代表参加了会议。11月，第四届上合组织大学中方项目院校工作会议暨校办工作会议在大连外国语大学召开。中俄首所联合大学——深圳北理莫斯科大学开学，中俄联合人才培养计划启动。12月，中国—上合组织青年交流中心揭牌仪式在昆明学院隆重举行。中国商务部援外培训项目——"2017年上合组织国家环境信息化建设研修班"在京开班。2017年上合组织培训基地小语种培训班开班仪式举行。两国留学和长短期交流人员规模已达近8万人。"汉语热"和"俄语热"持续升温，汉语已经成为俄罗斯统一招考试行科目。

科技合作方面。成员国积极落实科技伙伴关系合作内容，其中，中俄首届创新对话会在北京举行，中俄双方签署《首届中俄创新对话联合宣言》，确定了"2017~2020年中俄创新合作工作计划"，中俄签署"中俄高科技中心框架协议"。中哈签署共建"中哈矿业科技创新中心"协议，中哈实施深度科技合作项目。中乌政府间合作委员会科技合作分委会第三次会议在北京举行，中乌双方共同启动2017年度中乌政府间科技研发合作项目的征集工作。中吉矿产资源勘探开发技术及装备推介会9月在中吉科技合作站举行，标志着中吉两国矿业领域合作进入实质性阶段。中塔签署《中国科学院和塔吉克斯坦科学院关于成立中塔科技合作委员会的谅解备忘录》，建立并完善双边科技合作常设机制。

文化合作方面。3月，上合组织媒体俱乐部在北京举行例行会议，就俱乐部活动组织和实质性问题进行了讨论。6月，召开成员国第十四次文化部长会议，就《上海合作组织成员国政府间文化合作协定》的执行情况交换了意见。其中，中乌双方在互派留学生、汉语教学、地方合作、联合考古、互译文学作品等方面的合作取得积极进展。

环保合作方面。3月，召开成员国第九次环保部门专家会议，讨论了《上海合作组织成员国环保合作构想》草案，并就《2017~2021年上海合作组织进一步推动项目合作的措施清单》交换意见。其中，中俄环保合作成果增多，合作机制不断完善。2017年，中俄正式启动了固废处理合作计划，积极推动绿色技术、绿色金融与环保产业合作。中俄共同构建了"省—市—县"三级立体式环保合作网络，并建立中俄生态理事会民间合作机制，促进企业间合作。召开中哈环保合作委员会第六次会议，讨论并通过了环保委员会2017年工作计划，并对未来环保合作进行了建设性的探讨。

旅游合作方面。4月，召开成员国旅游合作专家会议，制订了《2017~2018年落实〈上海合作组织成员国旅游合作发展纲要〉联合行动计划》草案。5月，成员国签署《上海合作组织秘书处与世界旅游城市联合会秘书处合作框架协议》。中俄两国曾相继成功举办"国家年""语言年""旅游年""青年友好交流年"等大型国家主题年度活动，进一步增进了中俄两国人民的相互了解和友谊。中俄媒体交流年期间，双方共举办了250多场丰富多彩的活动。促进中俄旅游合作不断升温，赴对方国家旅游已经成为中俄两国人民的优先旅游选项。

卫生救灾及其他合作方面。8月，召开成员国第九次紧急救灾部门领导人会议，会议批准了《2018~2019年落实〈上海合作组织成员国政府间救灾互助协定〉行动计划》。10月，召开成员国第五次卫生防疫部门领导人会议，就上合组织框架内保障卫生安全等热点问题、联合预防传染病蔓延等工作达成一致意见。

（三）2018年人文合作

文化合作方面。5月，召开成员国文化部长会议，批准了《上海合作组织成员国政府间文化合作协定2018~2020年执行计划》。支持乌兹别克斯坦设立乌兹别克斯坦上合组织民间外交中心。6月，举办了上合组织首届媒体峰会。教育合作方面，继续落实《上海合作组织成员国政府间教育合作协定》，扩大教学科研人员交流规模，联合培养高素质人才。积极推动在师生交流、联合科研、学术访问、语言教学、职业教育、青少年交流等方面开展务实合作。10月，召开成员国教育部长会议，就发展教育、各国教育现代化等问题交换了意见，通过了《上海合作组织优秀教育工作者评选条例》。11月，举行了上合组织"教育无国界"教育周活动。支持在撒马尔罕市成立丝绸之路旅游大学,支持该大学与上合组织成员国相关高校和机构开展合作。切实落实在青岛签署的《上海合作组织秘书处与联合国教科文组织合作谅解备忘录》。上合组织秘书处与联合国教科文组织签署合作谅解备忘录,反映了两组织在人文领域发展建设性合作的愿望,将在宣传文化以及成员国历史遗产方面开展工作。

科技与环保合作方面。4月,举行成员国科技部长会议成果,批准了《上海合作组织成员国2019~2020年科研机构合作落实措施计划(路线图)》,加强科技和创新合作。科技合作支撑成员国经济发展方式转变,推动成员国工业化进程,改善民生。成员国第十次环保部门专家会议在北京举行,与会代表就环保领域的合作问题交换了意见,并就成员国环保合作构想草案达成一致意见。

旅游与民间合作方面。4月,首届上合组织人民论坛在西安举行,论坛以"推动地区和平与合作,共建人类命运共同体:民间组织的使命"为主题,通过了《首届上海合作组织人民论坛西安宣言》。5月,成员国旅游合作专家会议在武汉举行,制订了《2019~2020年落实〈上海合作组织成员国旅游合作发展纲要〉联合行动计划》草案。5月,成员国旅游部门领导人会议在武汉举行,各成员国代表团团长高度评价了近年来在上合组织框架下旅游领域合作交流取得的新进展和新成就,成员国就进一步挖掘旅游合作潜力,拓宽合作领域,深化务实合作交换了意见。

卫生医疗合作方面。5月,成员国跨境动物疫病联合防控合作会议在西安召开,使世界动物卫生组织开展的跨境动物疫病联合防控工作具有连续性。制订了《上海合作组织成员国卫生领域合作主要活动计划(2019~2021年)》。10月,举行区域医疗合作会议,切实落实青岛峰会发表的《上海合作组织成员国元首关于在上海合作组织地区共同应对流行病威胁的声明》。

青年合作方面。上合组织秘书处举办了有青年参与的开放日活动、研讨会和圆桌会议等,落实在青岛峰会发表的《上海合作组织成员国元首致青年共同寄语》及其实施纲要。上合组织青委会举办了包括面向中学生和大学生的"上合组织开放日""模拟上合组织""21世纪领袖"等在内的活动。11月,成员国举行主题为"上合组织青年反对恐怖主义和极端主义"的青年代表大会。

其他合作方面。年初,在俄罗斯举办国际足联世界杯足球赛。5月,在重庆举办了上合组织武术散打比赛。9月,在乔蓬阿塔市成功举办第三届世界游牧民族运动会。定期举办上合组织马拉松赛,每年举办国际瑜伽日,促进成员国间的友谊、和平、包容与和谐。

（四）2019年人文合作

文化教育等方面。5月，召开成员国文化部长第十六次会议，讨论了文化和艺术领域的合作发展情况，并就成员国文化合作协议等问题进行了交流。召开第二届上合组织妇女论坛，就妇女参与区域经济、均衡发展、提高妇女儿童地位面临的机遇与挑战等问题进行研讨。召开主题为"媒体在发展上合组织合作中的作用"的上合组织媒体论坛，来自十二个国家的100多位媒体代表和政府相关机构代表参加了论坛。11月，举行成员国紧急救灾部门领导人第十次会议，通过《2020~2021年落实〈上海合作组织成员国政府间救灾互助协定〉行动计划》。12月，举行第四届上合组织马拉松赛，来自33个国家的19927名选手参加了比赛。举办"'途·象'成员国肖像画"艺术展，展出了来自成员国70余位艺术家的100余件绘画和雕塑作品，反映成员国的人文历史和视觉文化，展现了上合组织成立以来的新气象。

科技环保合作方面。9月，召开首届成员国环境部长会议，围绕"上合组织城市生态福祉发展规划"主题，通过了《首届上海合作组织成员国环境部长会议联合公报》和《上海合作组织城市生态福祉发展规划》，会议对《上海合作组织成员国环保合作构想》及其3年落实措施计划的实施情况进行了探讨。11月，召开成员国第五届科技部长会议，强调各国在科技发展优先方向和机制上具有一致性，将进一步深化和密切科技合作。召开成员国现代信息和电信技术专业工作组第七次会议，就落实《上海合作组织成员国关于数字化和信息通信技术领域合作的构想》交换了意见，深化合作并明确优先实施领域为信息安全、机器人技术、互联网、人工智能等。

（五）2020年人文合作

2020年4月，成员国卫生部长会议专家筹备会以视频形式举办。结合新冠肺炎疫情在地区和全球扩散情况，讨论了确保成员国生物安全的任务，各成员国代表介绍了本国疫情发展情况，强调要加强对新冠肺炎疫情发展情况的控制，寻求治疗确诊患者的有效方案。5月，成员国旅游部门负责人召开了视频会议。各方就本国旅游市场现状以及为激发旅游业发展潜力所采取的措施交流了信息，各方商定将互相提供帮助和支持，抵御新冠肺炎疫情对成员国旅游业带来的影响。会议通过了《2021~2022年落实〈上海合作组织成员国旅游合作发展纲要〉联合行动计划》草案，并提交元首峰会签署。7月，成员国第三次卫生部长会议以视频会议形式召开。讨论了成员国国内新冠肺炎疫情的现状。通过了《上海合作组织成员国应对新冠肺炎传播的有效措施综述》。在通过的会议声明中，强调成员国应同舟共济、团结协作，共同抗击新冠肺炎疫情，采取协调措施应对上合组织空间内流行病的威胁。8月,上合组织传统医学论坛以视频会议形式举办,主题为"发挥传统医学独特优势,团结合作抗击新冠肺炎疫情"。9月,成员国文化部长第十七次会晤通过视频连线形式举行。讨论了在新冠肺炎疫情期间对文化机构提供支持的问题。将继续落实《〈上海合作组织成员国政府间文化合作协定2018~2020年执行计划〉》。

第六节　上海合作组织对外关系

上合组织成立20年来,先后与联合国及其下属机构、独联体、东盟、集体安全条约组织、欧亚经济联盟、亚信会议、金砖国家等国际与地区组织及多边机制建立了正式联系。成员国在打击"三股势力"和预防毒品犯罪等安全领域与联合国密切合作,在经济领域与东盟、独联体、欧亚经济联盟等地区组织加强合作,有效促进地区安全稳定与经济繁荣。目前,上合组织对外交往的法律条约基础由以下相关合作文件组成:《上海合作组织秘书处与独联体执行委员会谅解备忘录》(2005年4月12日),《上海合作组织秘书处与东南亚国家联盟秘书处谅解备忘录》(2005年4月21日),《上海合作组织秘书处与集体安全条约组织秘书处谅解备忘录》(2007年10月5日),《上海合作组织秘书处与经济合作与发展组织秘书处谅解备忘录》(2007年12月11日),《上海合作组织秘书处与联合国秘书处相互合作的联合声明》(2010年4月5日),《上海合作组织秘书处与联合国毒品和犯罪问题办公室谅解备忘录》(2011年6月14日),《上海合作组织秘书处与联合国亚洲及太平洋经济社会委员会秘书处谅解备忘录》(2015年12月15日),《上海合作组织秘书处与亚洲相互协作与信任措施会议秘书处谅解备忘录》(2014年5月20日)。

一　上海合作组织与联合国关系

2004年12月2日,在联合国第58届大会第65次全体会议上,通过了A/RES/59/48决议《给予上海合作组织联合国大会观察员的地位》(议程第151条),根据该决议,上合组织获得了作为观察员参与联大会议和工作的权利,并可与联合国秘书处、联合国系统在京代表机构保持定期信息交流。按照惯例,应主席国方面的邀请联合国高级代表出席上合组织年度峰会。2009年12月18日,在第64届联大第65次全体会议上,首次通过了A/RES/64/183决议《联合国与上海合作组织之间的合作》(议程第124条)。决议强调了在联合国和上合组织之间加强对话、合作与协调的重要性。2010年4月5日,上合组织秘书长和联合国秘书长在塔什干签署了《上海合作组织秘书处与联合国秘书处相互合作的联合声明》，声明中明确了双方在通信和信息交流领域合作的意向。2010年12月13日，在第65届联大第64次全体会议上，通过了A/RES/65/124决议《联合国与上海合作组织之间的合作》（议程第122v条），决定将联合国与上合组织之间的合作列入第67届联大初步议程的分议题中。2012年9月，上合组织副秘书长率秘书处代表团出席了在纽约举行的第67届联大开幕式。2012年11月19日，在第67届联大第40次全体会议上，通过了A/RES/67/15决议《联合国与上海合作组织合作》（议程第121u条），决定将联合国与上海合作组织合作问题列为即将召开的第69届联大初步议程中"联合国与地区及其他组织合作"议题下的分议题。根据联合国要求，上合组织秘书处会同成员国及地区反恐怖机构执委会，定期准备关于落实联大决议的情况报告。上合组织同联合国及其下属机构——联合国毒品和犯罪问题办公室、联合国亚洲及太平洋经济社会委员会，建立了密切合作。2011年6月，上合组织秘书长与联合国毒品和犯罪问题办公室执行主任在阿斯塔纳签署了《上海合作组织秘书处与联合国毒品和犯罪问题办公室谅解备忘录》。2012年8月21日，签署了《上海合作组织秘书处与联合国亚洲及太平洋经济社会委员会秘书处谅解备忘录》。

《上海合作组织成立宣言》和《上海合作组织章程》都分别表示了上合组织奉行"不结盟、不对抗、不针对第三国"以及对外开放的原则，"上海精神"同《联合国宪章》的宗旨和原则是一致的，加强上合组织同联合国的合作有助于实现维护世界和平，促进共同发展和推进国际合作的目标。2002年11月发布的《上海合作组织与其他国际组织及国家相关关系临时方案》明确了上合组织对外交往的原则和依据。2004年，上合组织获得联合国大会观察员地位，2010年，双方签署上合组织秘书处与联合国秘书处合作的共同宣言；2011年，签署了上合组织秘书处与联合国毒品和犯罪问题办公室谅解备忘录；2012年，签署了上合组织秘书处与联合国亚太经社委员会秘书处谅解备忘录。成员国共同努力，积极落实领导人达成的共识，更好发挥上合组织优势，共同化解风险和挑战，使上合组织成为各成员国共筑安全、共谋发展的有效平台。中方支持上合组织广泛开展国际交往，继续扩大与联合国等国际和地区组织的沟通和对话，弘扬《联合国宪章》的宗旨和原则，共同构建以合作共赢为核心的新型国际关系，携手构建人类命运共同体。

2006年6月12日，联合国秘书长安南向即将举行的第六次上合组织成员国元首峰会致辞，高度评价了上合组织在维护地区和平与安全方面所发挥的重要作用。安南秘书长指出，上合组织已经成为一个重要的地区组织，并且与联合国之间建立了紧密的合作关系。上合组织成员国之间不仅通过有效的机制和机构实现了加强对话、合作和相互理解的承诺,而且通过扩大合作范围深化了成员国之间的伙伴关系,巩固了成员国对上合组织的信任。安南表示,上合组织对当前的许多重大地区和国际问题都积极参与,上合组织一直致力于打击恐怖主义、极端主义和分裂主义,并在为更好地保护环境、促进发展和实现公平贸易而努力,这些工作显示了上合组织成员国之间的相互联系在不断加强,也表明成员国之间通过不断加深的务实合作实现互惠互利、共同发展的潜力巨大。

2011年6月14日,上合组织秘书处与联合国毒品和犯罪问题办公室签署了谅解备忘录,表示双方将在打击跨国有组织犯罪领域加强合作。联合国毒品和犯罪问题办公室发布的新闻公报表示,上合组织秘书处与联合国毒品和犯罪问题办公室将在打击贩运和使用毒品、有组织犯罪、国际恐怖主义、贩卖人口和其他跨国有组织犯罪等领域加强合作。面对跨国有组织犯罪的威胁,仅靠一个国家的力量很难应对,必须加强地区与国际合作

2016年11月22日,上合组织历史上首次在联合国总部举办有关上合组织议题的高级别会议,主题为"联合国与上海合作组织:共同应对挑战和威胁"。会议之前,第71届联大会议通过了《联合国同上海合作组织的合作》决议。联合国秘书长潘基文指出,上合组织成立以来,在促进地区合作应对欧亚大陆最紧迫问题方面起到越来越重要的作用,潘基文秘书长支持联合国与包括上合组织在内的地区组织紧密合作。期待加强联合国与上合组织之间的联系,以应对共同面临的挑战,推进防御性外交,努力构建一个和平、发展、人人享有人权的区域。2018年11月27日,联合国与上合组织高级别会议在纽约联合国总部举行。联合国秘书长古特雷斯在会上指出,联合国致力于与上合组织开展密切合作,以建设一个稳定繁荣的欧亚地区。当前的气候变化、暴力极端主义、非法毒品走私和人口贩运等挑战都要求各国进行跨境合作,需要制定创造性的协调解决方案。联合国同上合组织在预防性外交等方面可以互相补充、加强合作。

联合国与上合组织的密切合作并不仅仅局限于和平与安全领域。联合国亚太区域委员会、联合国亚太经社会以及联合国粮食及农业组织和世界旅游组织等联合国系统的其他机构,也都与上合组织在经济和社会事务上有着密切合作与联系。2017年扩员后,上合组织已成为全球人口最多、幅员最辽阔、发展潜力巨大的综合性区域组织,将在地区和国际事务中发挥越来越重要的作用。与联合国及其所属机构保持密切合作,在阿富汗等地区热点问题、反恐、禁毒和教科文等领域开展了不同形式的合作,取得了许多显著成果。

二 上海合作组织与东盟关系

2005年4月21日，在雅加达签署了《上海合作组织秘书处与东南亚国家联盟秘书处谅解备忘录》，该文件确定的优先合作领域包括反恐、打击毒品和武器走私、反洗钱和打击非法移民，并指明了其他可能的合作领域——经济与金融、能源（包括水电和生物燃料）、旅游、环保及自然资源利用、社会发展。此后，东盟代表应邀参加了上合组织2006年和2010年的元首峰会，双方共同举行了多次专家会谈。双方表示愿意在已经签署的备忘录基础上，加强在经济、贸易、能源、通信、环保、可持续发展、信息技术等方面的磋商与合作。

上合组织和东盟发展合作的前景首先可以解释为：这两个组织在许多地区和全球问题上秉持一致的立场。反恐是上合组织活动中的一个优先方向，与东盟具有某些相似性。除在政治、经济、生态和人文领域的目标和任务相似之外，这两个组织还有其他一致性：国际组织的法律地位、具有已签订的宪法性文件和其他基本法规。上合组织和东盟成员国的共同点是：地理上接近，在亚太地区有共同目标，有共同巩固活动空间内和平与稳定的意愿，希望在经济、交通、文化和旅游领域开展互利合作。双方开展投资和金融合作，其中包括就克服全球经济衰退问题开展信息交流，实业界代表进行接触，实施共同项目，这一切都有助于上合组织与东盟的协作发展。

上合组织和东盟协作的一个关键方向是保障地区安全。东盟已成为讨论并解决打击东南亚现代安全挑战及威胁的高效机制，而上合组织对打造亚太地区集体安全体系意义重大。上合组织与其他一体化联盟一起被视为多边合作体系中的重要一环。目前，上合组织和东盟通过各自秘书处交流信息和经验、举行专家磋商的途径来开展协作。2008年11月，上合组织秘书长和东盟秘书长在中国北京举行会晤，重申双方在此前所通过备忘录的基础上保持定期接触的意向。

2015年12月30日，上合组织秘书长和东盟秘书长在雅加达东盟总部举行会谈，双方明确将在2016年进一步强化以经济领域为重点的全方位合作。东盟秘书长黎良明指出，东盟与上合组织通过成员国、对话伙伴国等渠道相互支持十分重要，东盟与上合组织双方共同利益广泛，尤其是在经济领域合作前景光明。上合组织代表梅津采夫指出，上合组织期望进一步与东盟强化各领域的关系与合作，并邀请东盟成员国和秘书处官员参加2016年上合组织的元首峰会和相关论坛。

2018年3月30日，上合组织地区反恐怖机构与东盟国家警察首长会议联合举行会议，双方表示愿意联合起来打击恐怖主义。上合组织地区反恐怖机构执委会主任瑟索耶夫在塔什干与东盟国家警察首长会议执行主任 Kenechanh Phommachak 举行会谈。双方就主要合作形式和领域交换意见，并就机制化的问题达成共识。

未来上合组织与东盟将开展全方位合作以共同应对来自全球经济和安全领域的挑战。继续深化安全合作，组建亚太地区伙伴关系网，筑牢安全稳定带；加强禁毒合作，合力打击来自"金新月""金三角"的毒品威胁；加强能源领域合作，东南亚和中亚地区能源资源丰富，开展能源合作有利于促进上合组织与东盟的能源交通和能源安全；加强人文交流，包括建立防灾救灾机制、加强新冠肺炎疫情防控等传染病防控合作和互派留学生等教育合作。

三 上海合作组织与独联体、集体安全条约组织的关系

2005 年 4 月 12 日，上合组织与独联体签署了《上海合作组织秘书处与独联体执行委员会谅解备忘录》。该文件确定的优先合作领域包括安全领域（保障地区和国际安全，打击恐怖主义、极端主义、分裂主义、非法贩卖毒品和武器、跨国有组织犯罪）、经济领域（贸易、商品流通便利、服务与金融、鼓励和保护投资、交通与通信领域、环境保护、信息、旅游）和人文领域（文化、教育、科学、卫生）。执行机构负责人保持定期联系。上合组织秘书处和独联体执委会专家经常就上合组织和独联体框架内经济、人文和信息领域合作，以及应对现代安全挑战和威胁等问题，从不同角度进行磋商。

2007 年 10 月 5 日，上合组织与集体安全条约组织代表在杜尚别签署了《上海合作组织秘书处与集体安全条约组织秘书处谅解备忘录》，这份备忘录明确了双方将以下问题作为建立并发展平等与建设性合作的"切入点"，这些问题包括保障地区和国际安全与稳定，打击恐怖主义，打击非法贩卖毒品，杜绝非法贩运武器，打击跨国有组织犯罪和其他共同关心的问题。

集体安全条约组织和欧亚经济联盟被公认由俄罗斯主导，是俄罗斯在独联体地区保持传统优势的主要工具和手段，由于这两个组织同上合组织的成员国有重叠，而在功能定位上也十分相近，因此，这两个组织与上合组织的关系实质上形成中俄两国在中亚地区合作与竞争的关系。增加二者间的合作与互信，减少冲突与猜疑，对中俄及中亚国家都是考验。比如，上合组织框架内的中吉乌铁路项目（横穿吉尔吉斯斯坦东部和西部），同欧亚经济共同体框架内的中亚南北铁路项目（从哈萨克斯坦出发，横贯吉尔吉斯斯坦北部和南部，进入塔吉克斯坦），有学者认为，在一定程度上这两个项目因选择的走向不同存在竞争关系。关于铁路走向这一因素也成为影响中吉乌铁路项目长期得不到落实的重要

原因之一。

2013年习近平主席在哈萨克斯坦纳扎尔巴耶夫大学演讲时指出:"中国不谋求地区事务主导权,不经营势力范围。……欧亚地区已经建立起多个区域合作组织。欧亚经济共同体和上海合作组织成员国、观察员国地跨欧亚、南亚、西亚,通过加强上海合作组织同欧亚经济共同体合作,我们可以获得更大发展空间。"① 中国在中亚不谋求势力范围,表明中国不会把中亚作为"控制区域"去思考问题,同时,中国也注意顾及俄罗斯在中亚地区传统的"特殊利益";中国不谋求主导权,表明中国与中亚国家开展互利共赢合作,是致力于发展平等的伙伴关系。

四 上海合作组织与欧亚经济联盟、"大欧亚伙伴关系"的关系

在俄白哈建立关税同盟的基础上,2014年5月,俄白哈三国签订了《欧亚经济联盟条约》,其发展目标是到2025年前实现联盟区域内商品、服务、资本和劳动力的自由流动。2015年1月1日,欧亚经济联盟正式成立。亚美尼亚和吉尔吉斯斯坦先后加入。欧亚经济联盟拥有1.7亿人口、4.5万亿美元国内生产总值(GDP)的共同市场。根据《欧亚经济联盟条约》的规定,联盟为区域一体化国际组织,拥有国际法主体地位。联盟预算由各成员国承担,并以卢布形式结算。欧亚经济联盟将建立统一药品市场、共同电力市场、统一油气和石油产品市场,创立调节联盟金融市场的超国家机构。

在欧亚经济联盟不断加快发展的基础上,2015年12月,俄罗斯总统普京在国情咨文中提议在欧亚经济联盟、上合组织和东盟之间应该开展有关经贸合作问题的对话,2015年5月,瓦尔代国际辩论俱乐部推出分析报告《走向大洋(之三)》,重申"欧亚大陆中部地区"的概念。报告认为,重要的是避免"欧亚大陆中部地区"出现俄罗斯和西方在苏联时期形成的关系模式,即一方企图占优势,结果导致"零和博弈"。在"欧亚大陆中部地区"应打造"大欧亚"合作、稳定发展与安全共同体。欧亚经济联盟为此奠定了框架性法律基础,提供了防止和调解国家间争端的有效工具,可成为迈向建立"大欧亚"的初步基石。报告特别提到,上海合作组织在得到大力发展的情况下,可能成为落实"大欧亚"共同体项目的核心机构,不要将欧亚经济联盟成员国和中国的协作与对话变为双边形式。

2016年5月,在索契举行的俄罗斯—东盟峰会上,与会各方讨论了有关欧

---

① 《习近平谈治国理政》,外文出版社,2014,第288~289页。

亚经济联盟—上合组织—东盟经济合作的各种提议，包括欧亚经济联盟与东盟签署自贸区协议的前景。之后，在阿斯塔纳召开的欧亚经济委员会最高理事会会议上又讨论了这一问题。2016年6月17日，普京在圣彼得堡国际经济论坛上发表讲话时，提到了"大欧亚伙伴关系"内的经济一体化议题。他表示，欧亚经济联盟可以成为构建更广阔一体化格局的中心之一。这个格局指的是俄罗斯与中国、印度、巴基斯坦、伊朗和一系列未加入欧亚经济联盟的独联体国家以及诸如欧盟及其成员国等其他相关组织和国家发展伙伴关系的平台。2016年6月25日，俄罗斯总统普京访华期间，中俄两国元首签署《中华人民共和国和俄罗斯联邦联合声明》。其中，明确提出，中俄主张在开放、透明和考虑彼此利益的基础上建立"欧亚全面伙伴关系"，包括可能吸纳欧亚经济联盟、上海合作组织和东盟成员国加入。中国从维护中俄全面战略协作伙伴关系的角度出发支持俄方的这一倡议。该项声明中"欧亚全面伙伴关系"的提法与普京2016年6月关于"大欧亚伙伴关系"的公开声明有内在联系。"大欧亚伙伴关系"本质上依然是苏联解体以来俄罗斯精英阶层欧亚战略理念的延续和体现。

俄罗斯学者卡拉加诺夫认为，中俄正在构建新型联合体——"大欧亚"。中俄新型伙伴关系的内涵表现在中国的丝绸之路经济带与以俄罗斯为主导的欧亚经济联盟进行一体化和对接。这个对接意味着在欧亚大陆的腹地，一个能令所有参与者受益的经济发展新区域正在形成当中，它可能成为新的"大欧亚联合体"的中心。"大欧亚联合体"的重点内容包括：首先，俄罗斯应当摆脱经济停滞局面，需要坚定地改变经济政策，实现经济增长，尤其是在确实具备竞争力的领域，并将经济转向东方。其次，印度、伊朗以及其他地区大国，未来还会有越南或是其他国家加入"大欧亚"。中国将是大欧亚联合体中的大国，但是，中国不可能占据像美国在欧洲大西洋体系中那样的位置。再次，上合组织将成为"大欧亚"这一新共同体的中心力量之一。最后，在价值观上，俄罗斯依然坚持欧洲认同，脱离欧洲无论是从经济还是从政治角度而言对俄都没有好处。可以在更具建设性和更为宽泛的欧亚大背景下与欧洲展开对话。

2015年6月，卡拉加诺夫在《俄罗斯报》发表文章诠释"大欧亚"理念产生的国际背景。第一，冷战结束以来，西方形成"后欧洲价值观"，而俄罗斯则回归传统的欧洲价值观，即主权、强盛国家及基督教伦理价值。第二，冷战后曾经出现单极世界的国际格局，但随后非西方崛起的多极世界逐渐产生。多极世界的概括也不准确，当今世界的特点是从全球通史的角度看，欧洲和美国的统治地位正在消失，西方全球霸权的缓慢终结和非西方的崛起是这一发展阶段最重要的特点。它既有西方各层面危机的表现，也有非西方发展起来的现实。

这一判断，与苏联解体后美国学者弗朗西斯·福山"历史终结论"的观点完全相反。第三，当今世界国际局势的变化都是建立在核威慑前提下的外交博弈。俄罗斯正是在苏联解体后保住了核实力才没有在20世纪90年代国力衰落的时候遭遇打击。①

五 上海合作组织与南亚联盟关系的思考

中亚是俄罗斯的传统势力范围，也有学者称其为俄罗斯的战略"后院"，因此，在中国与中亚国家开展经济合作时，中国特别注意并考虑俄罗斯在中亚的核心利益。尽管势力范围属于冷战思维，中国在中亚不谋求势力范围，但是，中国尊重俄罗斯在中亚传统的特殊利益，俄罗斯也尊重中国在中亚的利益诉求。与中俄在中亚相处的情况有点类似，中印在南亚的利益诉求也应该得到彼此尊重。首先，南亚是印度的传统势力范围，中国在与南亚国家经济合作与交往中，应该考虑和顾及印度在本地区的核心利益。同样，印度应该接受中国快速发展的现实，应该理解中国在南亚地区开展的旨在推动各国经济发展的各项务实合作等。这样才能使扩员后的上合组织在南亚区域形成成员国的共同利益融合，推动中亚区域与南亚区域互联互通，形成新的更大的上合组织睦邻友好区域或和谐地区。其次，中俄应共同与印度协调，支持上合组织框架内成员国与南亚联盟各成员国发展平等伙伴关系，促进两个机制彼此尊重与协调发展。最后，南亚地区是上合组织未来扩员的主要方向之一，发展好上合组织与南亚联盟的关系，对于上合组织未来发展具有重大现实意义。

六 上海合作组织与美国、欧盟关系的思考

美国发生"9·11"事件后，尽管在初期上合组织成员国共同支持美国的全球反恐战略，并与美国开展了相关合作，但是，实际上美国与上合组织在反对恐怖主义的定位和立场上有所不同。上合组织对此问题理解得要比美国宽泛，美国比较重视从军事上打击恐怖主义源头和打击支持恐怖主义的国家，而上合组织成员国直接将恐怖主义与分裂主义、极端主义联系在一起，把反恐斗争同反对分裂主义和极端主义挂钩，以确保成员国的领土完整和维护中亚国家的世俗政权稳定。

2005年以来，针对上合组织在欧亚地区迅速发展的情况，美国传统基金会学者科恩建议美国与上合组织接触并开展合作，他认为"上合组织是一个平衡

---

① 庞大鹏：《俄罗斯的"大欧亚伙伴关系"》，《俄罗斯学刊》2017年第2期。

美国地缘政治的力量，美国加入该组织的可能性几乎不存在"，① 但是，美国可以成为观察员国，为此，美国应该均衡推动"输出民主"，建议北约与上合组织合作，这种合作会超过现在的"北约—俄罗斯理事会"和北约和平伙伴关系的水平。美国卡内基国际基金会中亚问题专家奥尔科特认为："破坏中国与中亚国家的关系将有损于美国利益，因为中国并没有把上合组织作为推行帝国主义或新帝国主义的工具。"他认为美国应该重视俄罗斯、中国、中亚国家对恐怖主义来源的理解，尽管它们的理解与美国有所不同。

在上合组织成立5年后，有三个原因促使美国开始关注、警惕和质疑上合组织。2005年中国和俄罗斯在上合组织框架内首次举行军事演习后，美国等西方学者开始关注上合组织；中亚地区特殊的地缘政治地位、丰富的石油矿产等资源、不稳定的周边环境，尤其是"三股势力"比较猖獗；2005年上合组织要求美国撤离在中亚的军事基地。

西方学者认为，美国、欧盟与上合组织的未来关系主要会是三种模式。一是遏制。持"威胁论"西方学者认为，应该在上合组织没有发展壮大时，通过各种手段予以遏制。二是接触或合作。那些认为上合组织无威胁的学者，建议美国与上合组织接触或开展一定的合作。三是观望。那些主张还不确定上合组织是否对美国有威胁的学者，建议观察并视情况而定。艾利森·贝尔斯认为，随着欧盟参与中亚事务增多，欧盟首个"中亚战略"的实施，欧盟对上合组织越来越重视了。尽管欧洲学者对中俄在上合组织的合作存在不同看法，但是，他们都认为"中俄是该组织的两个设计者，它们对于欧洲集体外交非常重要"。②

---

① Martha Brill Olcott, The Shanghai Cooperation Orgainization Changing the "Playing Field" in Central Asia, Testimony before the Helsinki Commission, September 26, 2006.
② Alyson J. K. Bailes, "The Shanghai Cooperation Orgaization and Europe", *China and Eurasia Forum Quartery*, Vol. 5, No. 3, 2007, pp. 13–18.

第四章　上海合作组织发展问题与挑战

上合组织在发展过程中面临的挑战既有来自内部的，也有来自外部的。在成立初期来自内部的挑战较多，主要是加强自身制度建设，提高上合组织内部成员国凝聚力等挑战。自2005年上合组织要求美国撤出在中亚国家的军事基地后，尤其是2017年上合组织首次扩员以后，来自外部的压力和挑战逐步增多。从外部挑战看，在上合组织成立初期的前4年，正值美国组织国际联盟实施大规模反恐时期，成员国都与美国开展了相关的合作。但是，美国在格鲁吉亚和乌克兰策划"颜色革命"并达到目的后，企图把"颜色革命"引向中亚，导致2005年吉尔吉斯斯坦和乌兹别克斯坦分别爆发政权更迭或社会动乱事件。2005年前后，美国策划的"颜色革命"给中亚国家安全与稳定带来了严峻的挑战。2008年美国金融危机爆发以后，发达经济体经济增长持续下降，以中国为代表的新兴经济体和发展中国家的经济增长持续提升，到2010年中国经济总量已经超过日本成为全球第二大经济体，在此背景下遏制中国发展成为美国的重大战略目标。美国在奥巴马时期从2012年所实施的"重返亚太"战略转变为更具针对性的"亚太再平衡"战略，特朗普上任后又将其调整为"印太战略"。

2013年，习近平主席提出"一带一路"国际合作倡议，得到国际社会广泛认同和支持。2014年，乌克兰危机爆发后，美欧联合在经济上制裁俄罗斯，俄罗斯经济受挫，导致与俄罗斯经济联系密切的中亚国家经济发展放缓。同年，中国经济发展进入"新常态"，开始实施"创新、协调、绿色、开放、共享"新发展理念，推进"一带一路"合作成为中国促进经济可持续发展和带动共建国家实现互利共赢的重大举措。广大发展中国家对"一带一路"倡议积极响应并与中国开展战略对接；但美国坚持"美国优先"理念，相继退出《巴黎气候协定》、联合国教科文组织等多边机制，挑起中美贸易摩擦，2017～2018年，美国多份国家战略报告均把中国确定为主要战略对手。中国与俄罗斯均成为美国打压的对象。世界进入百年未有之大变局，国际格局正在发生深刻而复杂的演变，充满不确定性，必然引起欧亚地区地缘政治格局发生相应调整与变化，上合组织面临与过去相比更加复杂的局面和发展环境。主要是域外大国干预增多、恐怖势力依然活跃、阿富汗问题、乌克兰危机、全球治理缺失等在不同时期和阶段出现，这些因素对上合组织发展形成严峻的挑战。

第一节　上海合作组织自身建设问题

上合组织成立20年来，可以说是由问题推动，并通过解决问题而一路发展壮大起来的。苏联解体后，新成立的俄罗斯、哈萨克斯坦、吉尔吉斯斯坦、塔吉克斯坦都意识到保障与中国的边境安全和稳定是个重大的现实问题，"上海五国"机制得以建立。中、俄、哈、吉、塔边境问题顺利解决后，在共同合作打击"三股势力"的愿望和解决非传统安全问题的推动下，一个新的区域组织——上合组织应运而生。随着成员国不断将安全合作的成果向经济等其他领域扩展和延伸，形成了政治、安全、经济和人文等多领域、深层次的全面合作。上合组织逐步发展成为当今国际社会公认的有重大影响力的区域性组织。伴随着上合组织不断发展与壮大，始终有两个问题需要不断地解决和完善：一是因组织本身机制建设与其不断发展的功能不相适应而产生的相关矛盾和问题；二是在《上海合作组织宪章》中赋予组织的功能、任务与外部环境不相适应而产生的相关矛盾和问题。前者主要涉及上合组织自身的机制制度建设范畴，如会议机制、法律制度、决策机制、组织扩员、成员国关系、对外交往机制建设等；后者主要涉及成员国之间的政治、安全、经济和人文等领域合作的相关问题，以及维护地区安全稳定、繁荣与发展等重大问题。

一　机制制度建设问题

从2001年上合组织诞生到2011年的第一个10年，上合组织的机制制度建设可以说一直处于不断完善的过程中。2002年签署《上海合作组织宪章》，2003年签署《上海合作组织成员国多边经贸合作纲要》（以下简称《纲要》），2004年相继成立上合组织秘书处和地区反恐怖机构，之后，逐步建立和完善安全合作机制、经济合作机制以及人文合作机制等。2004年以后逐步建立成员国、观察员国和对话伙伴国相关制度。2011年制定《上海合作组织中期发展战略规划》，2015年制定《上海合作组织至2025年发展战略》，标志着上合组织的机制制度建设基本形成。2017年印度和巴基斯坦正式加入上合组织，首次实现扩员标志着上合组织逐步走向成熟和发展壮大阶段。同时，上合组织合作领域不断扩展和深化，成员国、观察员国和对话伙伴国不断增加，又对上合组织自身的机制制度建设提出了新的、更高的要求。

就机制制度建设看，上合组织在机制制度建设上依然存在一些缺陷，自2003年以来，上合组织成员国签署了许多文件和联合声明，客观上讲，成员国达成共识相对比较容易，但是，落实这些签署的共识性文件有时则非常困难，令人不解的是，有的文件、决定和协议甚至是长期被搁置而无法推动。这说明上合组织在达成共识的决策机制层面与制度执行落实层面存在一定的掣肘因素。另外，成员国之间存在的边界争议、飞地问题、跨界河流及水资源利用等问题也影响彼此之间的团结，削弱了成员国的合作效率，致使有些多边合作项目进展不顺，甚至长期得不到落实。

客观上讲，安全领域的合作机制制度建设是比较完善的。因为安全合作的一些计划和任务，几乎都得到了成员国的积极落实，无论在双边层面还是在多边层面，都落实得比较到位，各成员国对上合组织安全合作的成果都评价较高。

在经济合作领域，成员国学者批评最多的是上合组织的多边合作成果寥寥无几，可说乏善可陈。

其一，2003年成员国签署《纲要》，但在此后的10多年里，这份《纲要》一直没有落到实处，《纲要》中明确的11个合作领域、涉及的127个项目几乎都未有落实。①《纲要》中规划了近期、中期和远期的多边经贸合作目标。其中，远期目标是到2020年实现"货物、资本、技术和服务"的自由流动。《纲要》落空的实际情况说明了上合组织在经济合作领域存在机制制度不健全，在落实执行层面存在掣肘问题。

其二，中俄两国在2009年签订的《中国东北地区与俄罗斯远东及东西伯利亚地区合作规划纲要（2009～2018年）》（以下简称《中俄地区合作规划纲要》），包括设立205个重大项目以带动中俄双边地区的各领域合作。但《中俄地区合作规划纲要》落实的项目也是寥寥无几。《中俄地区合作规划纲要》推进受阻主要是因为俄罗斯联邦对地方合作的支持不足、投资环境较差及政策因素等。其中，俄罗斯部分人士对《中俄地区合作规划纲要》持反对立场，他们未从俄罗斯的国际政治、经济形势出发，而是片面强调地区合作的消极影响，与区域经济一体化趋势相悖。②俄罗斯方面对《中俄地区合作规划纲要》落实存在较大的不确定性，中俄双方落实项目的状况都不太理想，存在制度、机制及

---

① 《上海合作组织成员国多边经贸合作纲要》，中俄法律网，http://www.chinaruslaw.com/cn/cnrutreaty/qnftngqx/2009113083120_975002.htm。

② 于小琴：《俄方对〈中俄地区合作规划纲要〉的反应》，《俄罗斯学刊》2011年第6期。

资金不到位等问题。① 在 2009 年《中俄地区合作规划纲要》没有得到较好落实的背景下，2018 年，中俄双方根据现实情况，又签署了新的《中俄在俄罗斯远东地区合作发展规划（2018～2024 年）》[以下简称《中俄规划（2018～2024 年）》]。②《中俄规划（2018～2024 年）》与原来的《中俄地区合作规划纲要》相比具有四个特点：单向引导中国企业在俄远东地区投资；具体合作项目需经过严格筛选；地区合作突出强调远东地区在中俄经贸合作中的整体优势；针对中国投资者的政策措施更具建设性与包容性。中俄在《中俄规划（2018～2024 年）》框架下的地区合作有望取得积极进展。不过，俄罗斯促进远东地区发展的优惠政策尚难补足远东整个区域经济发展的短板，该框架下的地区合作还将受一些因素的制约，比如人口规模、产业结构、交通基础设施、电力系统等。③

其三，上合组织多边合作项目之一——中吉乌铁路项目，从论证到可行性研究长达 10 多年，至今仍没有实质性进展。主要影响因素是吉方的内部斗争，反对派利用该项目攻击现政府；俄罗斯期望在南北方向将俄、吉、乌铁路联通，以便与俄罗斯的规划方向相协调；同时，中吉乌铁路的轨距标准问题也是争议的关键问题。④ 2008～2010 年，成员国在交通领域合作中存在的主要问题是：区域内道路运输线路总体布局不合理，成员国之间的国际运输通道明显不足；基础设施质量较差，运输通道能力受限；成员国交通领域建设和运输管理标准不统一；国际运输通道衔接不畅；边境通道和口岸制约，口岸通关手续烦琐，非物理障碍严重；成员国的协调机制难以发挥作用，已签署的国际运输协议难以得到落实。⑤

其四，成员国贸易便利化措施落实缓慢。2008 年金融危机爆发后，成员国均面临经济下滑、市场萎缩的困境，成员国虽有合作意愿和动力，但合作能力有所下降，无力投资大项目，区域内依然存在贸易保护主义现象。比如，中国与其他成员国的规则和标准差异较大，中亚国家投资保护政策较多，营商环境

---

① 马友君：《东北地区加快落实〈中俄合作规划纲要〉对策研究》，《黑龙江社会科学》2013 年第 1 期；马友君、孙国生：《黑龙江省落实中俄两国地区合作〈规划纲要〉对策研究》，《东北亚论坛》2011 年第 4 期；潘广云：《中俄地区合作规划纲要框架内中俄科技园的绩效分析与启示》，《俄罗斯中亚东欧市场》2012 年第 7 期。
② 《中俄在俄罗斯远东地区合作发展规划（2018～2024 年）》，俄罗斯使馆网站，https://www.sohu.com/a/276294793_99931612。
③ 高际香：《〈中俄在俄罗斯远东地区合作发展规划（2018～2024 年）〉述评》，《俄罗斯学刊》2019 年第 1 期。
④ 廖成梅、王彩霞：《制约中吉乌铁路修建的原因探析》，《国际研究参考》2016 年第 5 期。
⑤ 高美真：《上海合作组织的交通合作》，邢广程主编《上海合作组织发展报告（2009）》，社会科学文献出版社，2009，第 116～117 页。

相对比较差，措施不完善，影响成员国之间投资意愿。除中国主要投资外，其他成员国间的相互投资及对华投资额度规模均不大。这些问题也说明上合组织机制建设有待完善。2011年上合组织政府首脑（总理）理事会第十次会议发表《上海合作组织成员国政府首脑（总理）关于世界和上海合作组织地区经济形势的联合声明》，要求建立开放、公正和惠及各成员国的国际经济金融秩序，指出如果没有新兴市场经济国家的参与，一些全球性问题就无法得到解决。① 2014年，成员国签署《上海合作组织成员国政府间国际道路运输便利化协定》，但个别成员国的确认和审批手续极为缓慢，② 直到2017年1月，六个成员国才全部完成国内审批，协定才开始正式生效。

其五，在2017年印度和巴基斯坦加入上合组织后，显示印度与巴基斯坦、印度与中国之间团结互信不足，甚至在扩员后不久就出现成员国之间边境冲突问题。这些矛盾和问题说明了上合组织内部在新老成员达成共识和解决成员国内部矛盾方面的机制和办法欠缺或不足，也说明上合组织的扩员机制和制度还存在一些问题。

二 合作功能存在的问题

上合组织成员国内部在合作领域还存在一些不和谐因素。有的国家之间还存在诸如领土争端以及跨界河流、水资源利用矛盾等，如果协调不力，会影响成员国之间的政治互信，对上合组织顺利推进各领域合作形成一定干扰。

第一，上合组织在安全、经济和人文合作的具体领域尚存在一些相互掣肘的问题，有的项目符合大多数成员国乃至地区的整体利益，却可能因为个别成员国认为不符合本国利益而达不成共识，在上合组织"协商一致"原则下，有些很好的项目就会停滞不前，难以推动和实施。

第二，由于上合组织坚持开放性原则，其成员国均参加甚至主导了多个地区性政治、安全、经济或军事合作组织，各国都根据自身的现实需要在不同时期、不同领域重点选择不同的合作对象，这也加大了上合组织在各领域深化合作的难度。

第三，上合组织作为重要平台在推动"一带一路"与欧亚经济联盟对接方

---

① 《上合组织成员国总理第十次会议发表〈上海合作组织成员国政府首脑（总理）关于世界和上海合作组织地区经济形势的联合声明〉》，新华网，https://world.huanqiu.com/article/9CaKrnJt1hx。

② 刘华芹：《区域经济合作进入调整期：评上海合作组织的区域经济合作》，李进峰等主编《上海合作组织发展报告（2014）》，社会科学文献出版社，2014。

面存在一些难以解决的问题和困境。其一，欧亚经济联盟本质上是一个紧密的贸易联盟组织，而丝绸之路经济带倡议并没有制定严谨的贸易规则，只是通过管线、交通运输网络将共建国家的基础设施进行连接。欧亚经济联盟实施的一些政策对丝绸之路经济带推进的贸易畅通可能存在一定的反作用。欧亚经济联盟在对外贸易方面存在贸易保护措施，而目前这些保护措施主要来自俄罗斯。其二，个别国家对中国"一带一路"倡议仍有疑虑。大国博弈因素导致中国与个别共建国家合作困难，一些域外大国出于担心中国"一带一路"倡议对本国影响力带来挑战，而设法阻止这个倡议的实施。例如，个别中亚学者对中国在"一带一路"建设进程中的作用仍有疑虑，认为"一带一路"是中国资本输出、过剩产能输出的一个渠道。实际上，中国在"一带一路"倡议下的项目和资本输出，不会走西方发达国家资本输出、产能输出的老路，而是走"绿色输出、可持续输出"道路。有中亚学者认为，中国出口的商品换取了中亚国家不可再生的油气资源，将对中亚国家的制造业形成冲击，影响中亚国家的工业化进程和产业转型升级。个别"一带一路"共建国家怀疑和担心中国"绿色合作、绿色建设、绿色生产"的理念，对中国在经济合作中重视保护中亚国家的生态环境持怀疑态度。其三，在"一带一路"倡议实施过程中，中国还需要体现合作、发展、共赢理念，保障"走出去"的中国企业在海外的资金和生产安全，有效应对恐怖主义等活动构成的严重威胁。①

俄罗斯对上合组织的经济合作不很积极，主要原因如下：一是俄罗斯在经济合作方面缺乏相对于中国的优势，难以掌控上合组织经济合作的主导权，因此，对经济合作缺乏动力和热情；二是俄罗斯有欧亚经济联盟，可以作为其实现区域一体化的战略依托，俄罗斯不希望上合组织经济合作的深化对其主导的欧亚经济联盟形成竞争；三是俄罗斯希望把上合组织经济合作的重点放到能源合作领域，而不是商贸领域，因为俄罗斯在能源领域具有竞争优势，对"超级能源大国"地位有强烈追求，而俄罗斯在商贸领域的优势相对不足。②

三 决策机制存在的问题

在上合组决策机制不完善，或者落实机制不严格的情况下，做好扩员以及扩员后的工作是一个严峻挑战，从东盟和欧盟的扩员经验和教训看，决策机

---

① 《中国社会科学院亚太院发布〈中国周边安全形势评估（2015）："一带一路"与周边战略〉》，新华网，http：//www.81.cn/byyd/2015-01/16/content_6311416.htm。
② 王海运：《上海合作组织与中国》，上海大学出版社，2015。

制不完善，可能导致扩员后新老成员国产生分歧，在组织内部形成亚集团，导致组织的决策效率降低；在事关成员国利益的国际和地区热点问题上不能快速达成一致意见，难以形成上合组织一致的立场对国际社会发声。鉴于上合组织扩员后面临的新问题和新情况，应该探讨适当修改现有决策机制或进行必要的改革。

第一，"协商一致"原则在扩员后面临挑战。上合组织成立20年来，一直坚持各成员国平等、互利和相互尊重，"协商一致"原则成为上合组织的一个主要特色，但是，在2017年印度和巴基斯坦加入上合组织后，印巴之间存在不和谐因素，中印之间互信不足，例如，在印度不支持中国"一带一路"倡议背景下，上合组织成员国内部的经济合作几乎难以得到印度的支持，因此，导致经济合作决策更加困难。

第二，在"不干涉内政"原则基础上，做适当调整，可以推进建设性介入政策。实际上，上合组织在执行"不干涉内政"原则时存在绝对化问题，这就使上合组织的行动力受限、作用发挥受限。比如，在2005年中亚国家遭受"颜色革命"困境时，上合组织因无所作为而饱受成员国的批评和质疑。另外，随着"一带一路"合作推进与深化，中国企业"走出去"在共建国家投资增多，中国的国有资产和民间资产需要保护，一旦共建国家发生动乱或战争，中国应该理直气壮地保护国有财产和中国公民在国外的财产及公民的人身安全。伊拉克战争、利比亚战争就是典型例子和教训，尽管中国政府和大使馆第一时间从利比亚撤离华侨和中国公民，保证了中国公民的人身安全，但是，中国的国有资产受到巨大损失。

第三，在"不论大小成员国一律平等"原则基础上，做适当调整，因为，就经济合作来讲，中国、俄罗斯、印度体量巨大，而吉尔吉斯斯坦、塔吉克斯坦体量很小，在做出经济合作等决策时，可以采取"权重"原则，即谁对上合组织贡献多，谁将在投票时拥有更大的权重比例。

四 成员国增强政治互信问题

上合组织自2001年成立以来，中国、俄罗斯、哈萨克斯坦、乌兹别克斯坦、吉尔吉斯斯坦和塔吉克斯坦六个成员国的政治互信不断加强，中国与其他成员国的伙伴关系，在2013年以后相继从战略伙伴关系提升为全面战略伙伴关系。2016年乌兹别克斯坦新任总统米尔济约夫上任后，逐步改善与其他中亚国家的关系，并在2018年首次召开中亚国家峰会，中亚国家的内部凝聚力增强。中俄关系从战略伙伴关系提升到全面战略协作伙伴关系，2019年又提升为新时代中俄全面战略协作伙伴关系。但是，从成员国各自的双边关系分析看并不平衡，有的成员国之间依然存在政治互信不足的现象，而中俄政治互信堪称成员国中双边关系的典范，成员国政治互信不断提升的历程可以分为"三个阶段"，即2001~2008年、2009~2016年和2017年扩员后阶段。

（一）2001~2008年：中俄政治互信不断增强，推动上合组织机制建设完善发展

中国和俄罗斯是上合组织中影响力最大、实力最强的两个成员国，这是毋庸置疑也无可回避的事实。从2001年到2008年，上合组织机制建设不断完善，从安全合作、经济合作的"双轮驱动"，扩大到政治、安全、经济、人文四大领域合作，其间中俄政治互信不断增强，从上合组织成立初期的面向21世纪的伙伴关系提升为全面战略协作伙伴关系。2007年，第七次上合组织成员国元首峰会签署《上海合作组织成员国长期睦邻友好合作条约》，促进成员国之间政治互信不断提升。

（二）2009~2016：中俄不断消除相互疑虑，保持在上合组织框架内的战略性合作，更好地维护地区和成员国利益

2008年美国金融危机爆发后，成员国经济发展都受到一定影响，尤其是2014年以来，乌克兰危机后美国与欧盟联合制裁俄罗斯，导致俄罗斯与中亚国家经济发展受到严重冲击，在此背景下，中俄战略互信进一步加强，俄罗斯与中亚成员国同中国开展经济合作的愿望越来越强。中国对其他成员国的经济支持也不断加大。2011年，中哈关系提升为全面战略伙伴关系；2013年，中塔关系和中吉关系提升为战略伙伴关系；2016年，中乌关系提升为战略伙伴关系。

2012年以来，一些西方媒体不断蓄意炒作中俄在中亚地区的"竞争"关系，这显然是西方媒体一种挑拨离间的行为。中国与俄罗斯在中亚地区的确存在某种程度的竞争关系，但是，这种竞争实际上也是一种相互补充的关系，是良性竞争关系，而不是"零和博弈"，总体上看，中俄在中亚地区是一种合作、互利、共赢的伙伴关系。

中国与俄罗斯正致力于建设"新时代全面战略协作伙伴关系"，双方政治上高度互信，在中亚地区，中国完全尊重俄罗斯的核心利益。正如习近平主席所讲的那样"中国在中亚不谋求势力范围"，这是十分明确的立场。这句话含义丰富，其核心是中国尊重和支持俄罗斯在中亚地区的特殊地位、利益和作用。中俄战略协作伙伴关系的实质是致力于双方共同发展。

事实上，中国在中亚的存在对俄罗斯也十分有益。首先，中俄是抵御西方东进中亚地区的重要战略伙伴。比如，在抵御中亚的"颜色革命"问题上，中俄的立场一致。其次，中国与中亚国家的合作也在一定程度上抵消了中亚国家与俄罗斯合作的疑虑，使其在战略上更加容易接受俄罗斯力量的存在。最后，俄罗斯在中亚安全及经济合作方面有时力不从心，需要中国这个最安全的合作伙伴助其发力，仅凭俄罗斯的经济实力，很难维护中亚地区安全并促进中亚国家经济发展，中国在中亚地区加大存在有利于俄罗斯弥补其在中亚的经济实力短板。

以2013年中国提出"一带一路"倡议为主要标志，中国作为奋发有为的大国外交形象已经显现。但是，中国首先要解决好自身的改革发展与稳定的问题，如深化经济改革推进经济转型，治理环境污染，不断进行制度创新，为改革增添新动力等。俄罗斯的外交战略也在调整，乌克兰危机以后，俄罗斯"向东看"政策更加明显，同时，俄罗斯复兴大国地位的战略也已经显现。但是，俄罗斯首先需要解决好自身发展的几个问题，如化解乌克兰危机、缓和俄美关系；推进经济结构调整和发展方式转变，摆脱单一经济模式等。在此基础上，中国与俄罗斯需要进一步深化全面战略协作伙伴关系，增强政治互信，共同推进上合组织扩员与未来发展，共同支持上合组织在"一带一路"合作中发挥主要平台作用。

中俄在对上合组织的功能与定位方面存在差异，中俄应在求同存异的基础上寻求利益共同点。如在扩员问题上，中俄应该减少互疑，防止美国等西方国家离间中俄关系，俄罗斯应支持中国妥善处理中印关系，促成中、俄、印良性三方互动机制。有中亚学者认为，中俄共同签署的"一带一路"与欧亚经济联盟对接联合声明，是中俄双方利益博弈的结果，是双方妥协的结果，"一带一路"与欧亚经济联盟对接能否真正落实，还有待观察和实践检验。鉴于此，在经济合作问题上，中俄应切实落实"一带一路"与欧亚经济联盟对接，深化务实合作，防止出现以往经济合作协议落空的尴尬情况。如2009年中俄元首批准的《中俄地区合作规划纲要》，涉及127个项目，最终实际落实的项目寥寥无几。上合组织也一直没有成立开发银行或基金，除了一些客观因素外，更多的是主观因素。一些学者认为，俄罗斯担心中国强大的经济实力，对上合组织开展多边经济合作态度并不积极，何况在本地区除了上合组织外，还有俄罗斯主导的欧亚经济联盟，俄罗斯更希望上合组织扮演一个地缘政治工具的角色，而不希望上合组织在经济上有更多的作为，以免影响俄罗斯在整个地区的一些战略布局。

随着扩员的推进，中俄之间的内部竞争，将会有所削弱或化解。扩员后上合组织区域扩大，市场空间扩大，更有利于中国和俄罗斯拓展经济合作。扩员后上合组织从以中亚为中心拓展为以欧亚大陆腹地为中心，可以减缓中俄在中亚地区的竞争压力。

（三）2017年扩员后，成员国之间政治互信仍须加强

上合组织实现首次扩员后，新老成员国所期待的互信与团结并没有顺其自然地得以增强，与此相反，在印巴加入上合组织不久，中印在洞朗地区发生边境军事对峙事件，凸显中印之间政治互信不足和军事互信不足。这一事件引发上合组织成员国高度关注，也引发国际社会对扩员后上合组织内部凝聚力的担忧。印巴、中印之间缓和矛盾与纠纷，增强互信和团结，减少疑虑和猜忌，成为上合组织扩员后面临的重大课题。上合组织扩员后成员国互信不足主要表现在以下几个方面。

第一，新成员国之间互信不足，即印巴互信不足问题。新成员国印度和巴基斯坦之间存在历史遗留的边界矛盾和纠纷等。扩员前，上合组织大部分成员国之间有相互合作与互信的历史，文化上也比较接近，而印度与巴基斯坦之间则没有这些有利的因素。印巴加入上合组织前后的一个时期曾经引发组织内外学者的热烈讨论，原因在于印巴两国数十年来一直处于对抗和冲突状态，印巴对恐怖分子的认定也存在分歧，多数学者担心印、巴加入后会把双边矛盾带到上合组织。印度学者认为，其国内的恐怖势力根源来自巴基斯坦，印巴对恐怖势力标准认定的分歧，使印度与巴基斯坦之间难以开展反恐合作。印度认为，"中巴经济走廊"穿过印巴有争议的克什米尔地区，是对"印度内政的干涉"。

第二，新老成员国互信不足，如印度与中国存在互信不足问题。印度领导人没有参加2017年中国主办的"一带一路"国际合作高峰论坛，印度警惕和担忧"中巴经济走廊"项目。莫迪政府执政后，中印关系有所改善，如中印两国经济合作、高层互访、民间交流明显增多，2016年印度在南海问题上也曾经对中国表示支持。但是，自从特朗普政府执政以来，美国调整了全球战略尤其是亚洲战略，导致印度在"一带一路"建设、"中巴经济走廊"、打击恐怖主义、南海问题上与中国的不和谐举动开始增多。2017年中印边界发生冲突就是在这样一个大背景下发生的。2018年以来，印度有意参与美国主张的美国、日本、印度和澳大利亚"四国安全机制"，以推进"印太战略"框架。

第三，老成员国互信有待加强。中俄两国政治上高度互信是解决成员国互信问题的重要前提和基础。实际上，中俄在宏观战略上高度一致，而在具体战略和战术问题上存在一些分歧，这是显而易见的。比如，中俄在上合组织发展定位、区域合作等问题上存在各自的期待和侧重方向，这可能会增加成员国之间化解矛盾的难度。由于俄罗斯还没有完全克服对中国快速发展和中亚一些事务的担忧，故通过扩员的方式，在上合组织内部稀释中国的主导作用，让上合组织变成一个"官僚机构"，导致上合组织的凝聚力下降，这可能更符合俄罗斯的期待。①

第二节 上海合作组织内部问题与挑战

一 上合组织发展功能与定位问题

上合组织在开展政治、安全、经济和人文领域合作时，其作为"一带一路"合作平台、国际战略支撑平台发挥的作用还不够突出，这与上合组织的功能与定位相关。

一是从安全合作视角看，上合组织主要限定在非传统安全领域的合作，目前成员国之间的军事合作也仅限于反恐领域，一般军事合作没有纳入成员国安全合作范围。但是，在霸权主义和强权政治依然存在，在全球化受阻、贸易保护主义抬头背景下，如何维护成员国企业在海外的投资利益？是否有必要建立上合组织成员国的区域安全稳定合作维和部队？这些问题值得商榷。

二是从经济合作视角看，成员国区域合作、多边合作推动十分缓慢，自贸区、区域"一体化"建设推动缓慢。是什么原因影响了上合组织区域"一体化"进程？这个问题应该分析透彻，以便有针对性地推进相关机制改革。例如，成员国的政治互信需要再提升吗？如何进一步提升？成员国伙伴关系需要再加强吗？如何进一步加强？

三是从人文合作视角看，在中亚国家的民间依然存在"中国威胁论"声音，比如，"中国低效产能输出论""中国资源掠夺论""中亚国家将沦为中国资源附属国"等负面声音。这说明成员国之间的民间交流依然不深、不实、不牢靠。成员国人民之间相互了解不足、理解不深。一旦有美国等域外大国拉拢和诱惑就会迷失方向。加强成员国之间的民间交流，在发挥成员国政府间作用的前提下，发挥民间组织的作用和力量来加强成员国政治互信是一个很值得重视的课题。

四是从教育和科技合作视角看，教育是基础，教育是先导，教育合作应该处于领先和优先发展的地位，但是，成员国教育合作的基础作用还没有充分发

---

① 莫斯科卡内基国际和平基金会中心项目负责人亚历山大·加布耶夫：《更大，不是更好，俄罗斯让上合变成无效的组织》（Bigger, Not Better: Russia Makes the SCO a Useless Club），http://carngle.ru/commentary/71350。

挥出来，尤其是成员国青年一代的培养，成员国的共同价值观需要引导青年、教育青年、培养青年来传承。科技是第一生产力，科技发展是成员国经济发展首要的可持续因素和动力。第四次工业革命来临，成员国需要以信息科技为引领，在人工智能、工业科技创新发展，在推动科技进步、重大问题研究合作、共建科学研究实验室等科技创新领域加强合作。教育和科技，这"两大支柱"是上合组织发展繁荣的必由之路，也是中俄提升全球产业链地位并带动成员国产业链完善与提升的必由之路。

在《上海合作组织宪章》中对"本组织、本地区"的范围并没有给予明确的界定，但是，从上合组织创立的过程看，创立初期的上合组织是以中亚问题、中亚议题为中心的，中亚地区是上合组织的核心地区。关于上合组织成立初期的定位，第一任上合组织秘书长张德广认为，上合组织的成立不仅仅是开创了继欧盟、东盟之后一种地区组织新模式，更重要的是它开创了地缘政治新纪元，使得长期以来深陷结盟或对抗怪圈的欧亚地区国家走上了一条结伴而不结盟的崭新道路。①

上合组织一个鲜明特点是它不反对任何其他地区和国际组织，并保持其独立性。它的发展定位是动态的，根据自身的发展、地区和国际形势变化以及成员国对其需求的变化，上合组织常常需要修改组织的功能。② 上合组织的核心价值建立在全新的"欧亚主义思想"基础之上，这一思想将欧亚大陆视为统一的地缘政治板块、统一的地缘经济网络和多元文化交流平台。未来，上合组织要从一个次区域组织逐步扩展，成为一个以"新欧亚主义"为核心价值的欧亚区域共同体。③

2005年以后，上合组织观察员国和对话伙伴国不断增加。2017年印度和巴基斯坦加入上合组织后，现已有八个成员国，四个观察员国，即蒙古国、阿富汗、伊朗和白俄罗斯，其中，伊朗属于中东地区国家，白俄罗斯属于欧洲国家，此外还有阿塞拜疆、亚美尼亚、柬埔寨、斯里兰卡、土耳其和尼泊尔六个对话伙伴国。印度和巴基斯坦加入后，上合组织的定位问题又引发了许多学者的新思考。印巴加入改变了上合组织以中亚为中心的地理范围；④ 印巴加入还有可能改变上合组织作为区域组织的功能，存在论坛化的风险；印巴加入导致上合组

---

① 张德广：《上海合作组织与欧亚地缘政治变迁》，《俄罗斯研究》2006年第2期。
② 赵华胜：《对上海合作组织发展前景的几点看法》，《国际问题研究》2006年第3期。
③ 冯玉军：《上海合作组织的战略定位与发展方向》，《现代国际关系》2006年第11期。
④ 赵华胜：《上海合作组织：评析和展望》，时事出版社，2012。

织的定位有"三个变与不变"①。

从目前来看,上合组织的发展范围已经从中亚延伸到南亚,未来可能向东南亚、中东、欧洲延伸,将成为地理上的"欧亚区域组织"。

在此背景下,有必要对上合组织的地理范围按照"四个层次"做出界定:一是现有"成员国"的地理范围;二是现有"成员国+观察员国"的地理范围;三是现有"成员国+观察员国+对话伙伴国"的地理范围;四是"未来预期"的地理范围。上合组织的区域范围定位应该顾及两方面因素:其一,成员国的一致认同;其二,保持与相关区域组织的和谐共存。现有成员国的地理范围是现阶段上合组织成员国决策本组织事务的主要依据,面向未来的区域范围是上合组织成员国制定未来发展战略规划等的主要依据,上合组织面向未来的战略性发展规划与现阶段的务实合作发展计划并不矛盾。

另一个需要讨论的问题是,上合组织到底是区域合作的一个"实体",还是区域合作的一个"平台"。从上合组织的理论和实践层面看,上合组织必须坚持"以实体为主",兼顾平台作用。上合组织的功能定位应坚持"虚实结合,以实为主";区域定位应坚持"亚欧结合,以亚为主"。

上合组织成员国的伙伴关系与传统的国际组织成员国之间的盟友关系有本质的区别,在美国把中俄视为战略竞争主要对手的大背景下,上合组织应考虑提升成员国之间的伙伴关系,建立具有命运共同体性质和特征的伙伴关系,以有效应对美国奉行的"美国优先""战略对手""保护主义"等新冷战的思维。

二 经济合作面临的问题

第一个问题是:自2013年中国提出"一带一路"倡议后,应该如何扩大成员国之间的贸易投资合作?特别是在基础设施互联互通水平较低、商品贸易结构较单一的情况下,应如何扩大成员国之间,尤其是中亚地区的贸易和投资规模?

中亚地区的交通运输以公路为主,铁路里程短,老化严重,而且费尔干纳地区的部分路段需要在两个国家间反复穿越。中亚地区的电信线路网络是单线链状系统,各流经国只管理本国的电信网络并且传输宽带规格不一,难以实现区域内全网的统一管理和调度,导致线路效率低下,安全性差。目前,中国与中亚国家仅有10个陆路口岸,其中,阿拉山口和霍尔果斯属公路、铁路和管道"三位一体"的一级口岸,其余均为公路口岸。中国从中亚国家进口的主要是原

---

① 李进峰主编《上海合作组织发展报告(2017)》,社会科学文献出版社,2017。

材料，例如，原油占中国从哈萨克斯坦进口总值的50%～60%，棉花约占中国从乌兹别克斯坦进口总值的70%，铝锭占中国从塔吉克斯坦进口总值的60%～70%，天然气占中国从土库曼斯坦进口商品总值的95%以上，中国从吉尔吉斯斯坦的进口额每年都不足1亿美元，主要是皮革、粗毛、铜铝等。要想扩大中国与中亚国家的贸易并改善贸易结构，需要以"一带一路"合作为契机。一是深化中国与中亚国家的务实合作。比如开展石油产品深加工合作，提高中亚国家的石油产品附加值；开展矿产品深加工合作，提高中亚国家的矿产品附加值；开展农业产品深加工合作，提高中亚国家的农产品附加值；开展轻工业产品深加工合作，提高纺织、皮革制造业的产品附加值等，以提高中亚国家产品出口创汇能力。二是深化科技合作。无论是石油产品、轻工产品还是农产品，要想提高产品的附加值，就必须利用高科技手段，利用制造业先进技术，改进工业生产设备，提高自动化、现代化生产技术的水平。三是加强科研机构与大学的实验室合作与交流。在高科技研发方面，可以创立成员国合作的联合实验室等，共同研发感兴趣的尖端工业制造技术，提高工业制造设备与装备水平。

第二个问题是上合组织融资机制缺失的问题。自身融资机制缺失制约组织发展。自2003年成员国签署多边经贸合作纲要以来，为服务于本地区经济合作，建立上合组织开发银行和上合组织发展基金的设想一直是成员国关心的问题。但是，对中国提出的设想，俄罗斯方面有不同的看法，导致融资机制一直没有建立起来。2013年，中国提出"一带一路"倡议，为上合组织经济合作增添新动力。2015年，亚洲基础设施投资银行和丝路基金成立，可以说，这为上合组织融资机制的建立树立了样板。

近年来，上合组织多边合作项目少，一个重要的因素是上合组织缺乏自身的融资机制。为了弥补这个缺陷，中国只能单方面为其他成员国提供优惠贷款来进行融资支持。在"一带一路"合作进入高质量发展的新阶段，丝绸之路经济带与沿线国家的发展战略对接已经进入务实推进的阶段，上合组织的融资机制——上合组织开发银行若不能尽快建立，对上合组织作为"一带一路"与欧亚经济联盟对接平台的作用发挥将是一个重大障碍。

2016年，成员国政府首脑（总理）理事会决定，启动上合组织融资机制建立的可行性研究工作。多数成员国坚信亚投行的成功运作，将对上合组织开发银行成立起到一定的启示和促进作用。在此背景下，可以说，成立上合组织开发银行和上合组织发展基金的事宜不应该再拖延、再犹豫了。

第三个问题是：2017年以后，特朗普抛出"美国优先"战略，导致全球贸易保护主义倾向加剧，对区域经济合作产生负面影响，成员国经济合作面临新的困境。

近年来,世界经济尽管有复苏迹象,但是,经济复苏动力依然不足,贸易保护主义倾向加剧,成员国经济发展仍然面临许多压力和困难。其一,尽管俄罗斯经济有所回升,但受乌克兰危机影响,经济增长依然缓慢和艰难。中亚国家还没有完全走出美国金融危机和乌克兰危机的"双重"影响,个别成员国经济增长动力不足。其二,区域经济合作推进依然艰难。区域内也依然存在一定程度的贸易保护主义倾向,成员国际道路运输便利化推进缓慢,区域内关税水平差异较大,非关税壁垒因素依然存在,这些因素制约着成员国共同的经济发展诉求。其三,"一带一路"与沿线成员国之间发展战略对接取得了一些务实成果,但是,在具体合作方面,无论是双边还是多边都存在一些制约因素。如乌兹别克斯坦、塔吉克斯坦等成员国在"一带一路"建设背景下,工业项目增多、但是,乌兹别克斯坦和塔吉克斯坦经济发展资金缺口仍然较大。巴基斯坦在"中巴经济走廊"带动下,工业项目增多、经济发展加快,但是国内复杂的安全环境对经济发展构成严重威胁。印度经济发展因货币供应收缩等因素也有所放缓。

三 上合组织平台作用发挥受限

(一)制约上合组织发挥平台作用的相关因素

作为丝绸之路经济带与欧亚经济联盟对接的主要平台,上合组织的平台作用并未能充分发挥,主要原因如下。

第一,丝绸之路经济带与欧亚经济联盟对接的各项务实工作落地缓慢和困难。尽管中俄战略互信不断增强,中俄元首外交成果丰硕,但若将政治互信转变为实实在在的经济合作成果,依然任重道远。2017年,中俄签署《关于实质性结束中国与欧亚经济联盟经贸合作协议谈判的联合声明》;2018年,中俄签署《中国与欧亚经济联盟经贸合作协定》;但是到目前为止,俄罗斯等成员国还没有提交丝绸之路经济带与欧亚经济联盟对接的具体文件。

第二,成员国之间贸易便利化水平依然较低。比如成员国在海关程序、市场准入、营商环境、标准一致化等方面仍然存在多种壁垒。在技术标准方面,俄罗斯与中亚国家依然沿用苏联的一些技术标准,与中国技术标准存在明显差距。在营商环境方面,尤其是在纳税、获得信贷、跨境贸易等关键性指标方面,中亚一些国家的国际排名依然靠后。以"跨境贸易"指标为例,2018年在全球190个国家排名中,中国是第65位,而俄罗斯和哈萨克斯坦分别为第99位和第

102 位,① 这表明欧亚经济联盟成员国与中国在营商环境方面仍有较大差距。

第三，经济合作存在短板，导致务实合作落实缓慢。短板主要表现为上合组织缺乏自身的金融机构，经济合作明显滞后于安全合作。中国提出的建立上合组织开发银行等建议长期得不到落实。尽管上合组织已经建立了一些金融合作协调机制，如财长和银行行长会晤机制、上合组织银联体等，但上合组织银联体是一个松散的机构，难以直接发挥对项目融资的作用。中国提出建立上合组织开发银行以来，中俄对上合组织定位和功能期待有所不同，尤其是俄罗斯担心建立上合组织开发银行会冲击其主导的欧亚开发银行，导致上合组织开发银行至今未能成立。

（二）在"一带一路"与"欧亚全面伙伴关系"对接方面发挥上合组织作用

"欧亚经济伙伴关系"倡议是俄罗斯提出的，是在俄学术界提出"大欧亚"和"大欧亚共同体"等概念的基础上逐步形成的。自乌克兰危机爆发后，美欧制裁使俄罗斯陷入外交困境，因此，俄学术界和智库加强了外交对策研究，提出一系列新思想和新举措，其中以俄罗斯外交与国防政策委员会、瓦尔代国际辩论俱乐部、俄罗斯国家研究型高等经济大学等机构和卡拉加诺夫等学者提出的"大欧亚""大欧亚共同体""大欧亚全面伙伴关系"等思想较为引人注目。这些观点和思想逐渐被俄罗斯决策层所采纳，成为俄罗斯国家外交政策的重要组成部分。2015年12月，普京在总统国情咨文中首次提出，俄罗斯可以与欧亚经济联盟其他成员国一道，同上合组织成员国和东盟成员国就建立经济伙伴关系问题进行磋商。2016年6月17日，在圣彼得堡国际经济论坛上，普京又提出建立"大欧亚伙伴关系"，这个伙伴关系包括欧亚经济联盟成员国和中国、印度、巴基斯坦、伊朗。一周之后，在普京访华期间，中俄两国元首共同提出建立"欧亚全面伙伴关系"的倡议。从全局看，俄罗斯提出"大欧亚伙伴关系"倡议，主要是基于应对以下国际国内形势的考虑。

第一，乌克兰危机发生后，俄罗斯被迫将国家外交重点和区域化取向转向东方，以应对乌克兰危机后俄罗斯与西方对抗的长期化。第二，应对来自美国主导的《跨太平洋伙伴关系协定》和《跨大西洋贸易投资伙伴关系协定》的重大挑战。第三，对冲中国在独联体地区推进的丝绸之路经济带合作倡议，以维护俄罗斯在该地区的主导地位。第四，为完成俄罗斯国内发展规划和任务创造

---

① 世界银行：《2019年营商环境报告》，http：/chinses. doingbusiness. org/content/dam/doingbusiness/media/Annual – Reports/English/DB2019 – report_ web – version. pdf。

新机遇。①

2016 年 6 月，中俄两国元首在北京发表联合声明，共同提出建立"欧亚全面伙伴关系"的倡议，包括可能吸纳欧亚经济联盟、上合组织和东盟成员国加入。② 同年 11 月，中俄两国总理在圣彼得堡举行第二十一次定期会晤时，责成中俄两国专家共同就构建"欧亚全面伙伴关系"问题开展可行性研究。③

就推动区域经济发展的功能看，"一带一路"倡议和"欧亚经济伙伴关系"倡议具有一定的共性，如果能够实现两者的对接，将是中俄战略协作在欧亚地区的重大标志性成果。但是，现在看来，上合组织在二者对接的过程中，难以发挥建设性作用。主要原因是上合组织内部对"一带一路"建设的立场还不一致，比如，印度不支持中国"一带一路"倡议，另外，俄罗斯似乎更关心欧亚经济联盟的发展，对上合组织倾注的心血和关注力度不够，俄罗斯一些学者认为，现在中俄建立自由贸易区的时机还不成熟，欧亚经济联盟内部的决策效率也比较低，这些因素导致上合组织在发挥经济合作平台作用方面大打折扣。

第三节　上海合作组织扩员及扩员后的挑战

上合组织首次扩员后的运行机制需要完善，对未来扩员应做出"更规范的、可考核的、可评价的"扩员制度规划，当前，应找到能妥善处理和化解印巴矛盾、中印矛盾的办法和措施。

一　2013 年以来关于扩员问题的讨论

《上海合作组织宪章》规定本组织是开放性组织，在该组织凝聚力和影响力不断扩大的情况下，要求加入上合组织的国家越来越多，扩员问题成为一个经常被提起的热点话题。自 2005 年印度、巴基斯坦、伊朗、蒙古国成为上合组织观察员国后，关于哪些观察员国今后可以转为正式成员国，成为学术界关注和研究的话题。自 2005 年起，上合组织关于扩员的有关制度和规定相继出台，为扩员打下了制度基础。2008 年金融危机后，尤其是 2013 年以来，扩员问题持续升温，既说明上合组织的国际影响力和内部凝聚力不断上升，也说明区域外部环境日益复杂，很多区域性问题的解决超出了现有正式成员国的议题范围，上

---

① 柳丰华：《欧亚伙伴关系：中俄合作新议程》，《东北亚论坛》2017 年第 4 期。
② 《中华人民共和国和俄罗斯联邦联合声明》，外交部网站，http：//www.fmprc.gov.cn/web/zyxw/t1375315.shtml。
③ 柳丰华：《欧亚伙伴关系：中俄合作新议程》，《东北亚论坛》2017 年第 4 期。

合组织需要寻求新的突破，才能在地缘经济、地缘政治和区域合作大格局中发挥更大作用。

在 2013 年前后，成员国内部关于扩员的立场主要有两种声音：赞成者认为，上合组织需要新成员补充新能量，扩展合作领域与合作空间，需要提高组织的影响力和国际声望；[①] 反对者认为，上合组织正处于发展初期阶段，宜先巩固内部合作，落实好既定规划措施，不宜急于吸收新成员，而且，上合组织以"上海五国"机制起家，如果新成员之间存在边界纠纷，将影响组织的团结互信和凝聚力。[②]

尽管学术界有不同声音，但从 2013 年以后，上合组织扩员事宜已被提上日程。2014 年 7 月，上合组织在塔吉克斯坦首都杜尚别举行成员国外交部长理事会，批准了《给予上海合作组织成员国地位程序（草案）》和《关于申请国加入上海合作组织义务的备忘录范本（修订案草案）》，待成员国元首理事会批准后生效。上合组织秘书长梅津采夫表示，目前最主要的候选国是印度和巴基斯坦，伊朗虽然提交了申请，但因其正受到国际制裁，暂时还无法接受。

尽管议案生效并不意味着印巴两国会马上成为上合组织的新成员，但上合组织仍要做好接收新成员的准备。如果印巴两国将来成为正式成员，则上合组织需要调整一些发展规划，应对可能出现的新问题。比如，上合组织目前的合作地域基本集中在中亚地区，未来需要做出调整。在当前阿富汗局势不稳定的情况下，新疆可能成为连接南亚和中亚的最重要通道。

2014 年，笔者在《上海合作组织发展报告（2015）》的主报告中指出：扩员是上合组织在"十字路口"的关键选择，扩员既是上合组织发展的重大机遇，也是重大挑战。处理得当，扩员后就会扩大区域合作范围，深化现有合作领域，提升上合组织在地区和全球的影响力，未来可以成为世界多极化体系中的重要一极。若处理不好，扩员后就可能矛盾增多，相互掣肘，形不成合力，从而成为一个决策低效、行动缓慢的庞然大物，一个没有凝聚力的松散组织。[③]

美国试图把印度打造为上合组织内部的"特洛伊木马"。印度不会轻易被美国所利用，但其有利用美国的心理，如果这种心理不改变，将有可能对上合组织的发展形成障碍。反之，如果印度认清形势，积极在上合组织框架下发挥正面作用，上合组织将迎来新的发展机遇。

---

① 王海运：《上海合作组织与中国》，上海大学出版社，2015。
② 赵华胜：《上海合作组织：评析和展望》，时事出版社，2012。
③ 李进峰主编《上海合作组织发展报告（2015）》，社会科学文献出版社，2015，第 16~18 页。

西方媒体对上合组织扩员的看法主要有两种。一是认为这些年来，上合组织得不到发展壮大，说明该组织是一个松散的组织，"一盘散沙"，缺乏凝聚力，还不是一个典型的国际组织。在内部各类矛盾严重阻碍组织发展壮大的情况下，上合组织"扩员"更像是一种"麻烦"而不是"机遇"。① 二是认为上合组织与美国、北约具有"对抗性"，甚至夸张地将其称为"亚洲的反美国、反西方联盟"。另外，让美国担心的是上合组织基本上排斥了美国在该组织插手的机会，因此，美国对印度、巴基斯坦、伊朗能否加入上合组织的问题非常关心。

从某种意义上讲，印度加入上合组织是一个机遇，同时也是一个新挑战。印度是一个发展中大国，是一个有着悠久文明历史的独立国家。印度与美国、日本等西方国家关系密切，印度在南亚有自己的势力范围，有自己的战略意图，对中国倡导的"一带一路"建设疑虑较多。印度的"季风计划"发展战略与中国的"一带一路"倡议既有一定的竞争也有合作的可能。印度加入上合组织后，如果不能在上合组织框架内与其他成员国达成战略性决策共识，上合组织就会成为一个"泥足巨人"。另一个关键在于新申请的国家是否愿意执行上合组织已经形成的法律制度和规定，新申请的国家能否与现有的成员国团结协作、共同遵守上合组织成员国已经签署的睦邻友好合作条约。

由于扩员与上合组织未来的发展方向及功能定位有一定的关联，上合组织扩员应该坚持大小国家一律平等原则，有学者提醒，中国和俄罗斯在推进上合组织经济一体化过程中，不能让中亚国家产生殖民主义扩张的顾虑和错觉。② 在上合组织扩员问题上中国学术界存在不同的观点，有支持扩员的，也有不主张现在扩员的。③ 对于一个区域组织而言，成员越多矛盾越多、凝聚力越小。经历多次扩员的欧盟内部矛盾越来越多就是一个例子。上合组织要吸取欧盟的教训，扩员不能操之过急。④ 上合组织扩员要谨慎，中俄在上合组织框架内共同推动的多边合作项目还不够理想，中俄两国的政治互信和友好关系才是上合组织的"发动机"，扩员是一个比较复杂的过程，但是从长远发展来看，扩员对上合组

---

① Matthew Crosston, "The Pluto of International Organization: Micro-Agendas, IO Theory, and Dismissing the Shanghai Cooperation Organization", *Comparative Strategy*, No. 9, 2013, pp. 283 – 294.

② Timur Dadabaev, "Shanghai Coperation Organization Regional Identity Formantion from the Perspective of Central Asia", *Journal of Contemporary China*, Vol. 23, No. 85, 2014, pp. 102 – 118.

③ 陈小鼎、王亚琪：《东盟扩员对上海合作组织的启示与借鉴——兼论上海合作组织扩员的前景》，《当代亚太》2013 年第 2 期。

④ 曾向红、李廷康：《上海合作组织扩员的学理与政治分析》，《当代亚太》2014 年第 3 期。

织的影响是正面的。① 上合组织不应该在没有解决现有成员国问题的情况下给自己带来新的"头疼"问题。上合组织发展进程复杂，因为每个成员国都有自己的利益关切点，所以，在扩员问题上哪怕在正确的道路上步子迈得慢一点，也比步子太快，而此后再加以修正要好。上合组织应根据中亚地区的区域性来扩员，如果模糊了组织的区域性，盲目扩员，将成为"论坛化"的组织，因此，不要急于扩员，这个问题应该随着国际形势发展变化情况而定，现阶段上合组织应该以中亚地区为核心，在没有足够能力消化扩员带来的冲击前，上合组织更明智的选择是应该不断加强自身机制和制度建设，练好内功。

在扩员问题上，俄罗斯学者也有不同的声音，有学者认为，在扩员问题上中俄需要做出战略选择：是上合组织自身发展和影响力重要，还是上合组织在世界政治中的地位重要？一些国际组织如东盟、欧盟、北约等扩员后确实带来了一些新问题，如官僚主义增长，决策或达成共识困难，组织效率低下，扩员改变了组织的内部权力平衡，损害创始国利益，等等。② 俄罗斯学者特洛伊茨吉认为，上合组织扩员，印巴加入对俄罗斯不利。原因是印巴都是核国家，没有加入1968年的《核不扩散条约》（NPT）；上合组织内部讨论涉及印巴的克什米尔地区问题可能会引发成员国分裂，对上合组织产生负面影响。俄罗斯通讯院士、俄罗斯世界政治经济研究所米赫耶夫认为，在上合组织成立初期，俄罗斯就有一个自负的任务是"让中国遵守纪律"，现在难以做到了。他指出，上合组织来自中国的威胁主要有四个方面：一是并非所有中国领导人都想与俄罗斯在上合组织框架内开展合作，中国可能从当前在上合组织框架内对俄罗斯的策略，即"进入俄罗斯无法开发的领域"，转向一种新的旨在把俄罗斯排挤出中亚的策略；二是中俄在上合组织发展及定位上存在战略分歧，这种分歧背后隐藏着中国利用优势把上合组织作为开发中亚市场并巩固其在中亚地位的战略意图；三是中国提供9亿美元贷款，3年内为成员国培训1500名专家的中亚计划令俄罗斯有所担忧；四是中国可能会利用俄罗斯与中亚国家的矛盾，借以开发中亚能源。③ 米赫耶夫认为，上合组织目前是"三级结构"：中俄是上合组织的主导国家；哈萨克斯坦是"中间国家"，在中俄主导下，对联系外部力量起着"中间桥梁作用"；吉、塔、乌可以利用成员国之间的一些矛盾谋取利益。一是主导国家

---

① 王海运：《上海合作组织与中国》，上海大学出版社，2015。
② 杨雷：《俄学者关于上海合作组织发展方向的观点评析》，《俄罗斯东欧中亚研究》2013年第4期。
③ 〔俄〕米赫耶夫：《中俄关系：问题与前景》，俞立中主编《全球化时代》，华东师范大学出版社，2008。

中俄之间的矛盾；二是主导国家与中间国家哈萨克斯坦之间的矛盾；三是主导国家和开发中亚的"域外唯利是图者"——欧、美、日等之间的矛盾。如果上合组织吸收印巴加入，就会改变现在的"三级结构"，可能成为"四级结构"，甚至形成更复杂的结构。但总体上看，俄罗斯支持上合组织扩员的学者占多数。

随着上合组织扩员的话题增多，西方学者从刚开始轻视上合组织逐步转变为重视和关注上合组织的发展，① 西方媒体对上合组织也有一些负面炒作，② 认为上合组织要与北约对抗，上合组织对西方国家的民主和人权观念构成了严峻挑战，③ 认为上合组织扩员是"居心叵测"，而北约不断东扩却有正当理由。上合组织的发展理念与冷战的遗产北约不同，北约是军事同盟，而上合组织的理念是坚持"三不原则"，即"不结盟、不对抗、不针对第三国"；坚持"互信、互利、平等、协商、尊重多样文明、谋求共同发展"的"上海精神"。上合组织的决策规则是"协商一致"的工作原则。上合组织在扩员问题上要增加积极宣传、正面宣传，化解美国等西方国家对上合组织扩员的误解与误判。

实际上，上合组织从制度建设上已经基本具备了扩员的条件，通过吸收新成员国可以扩大区域合作范围，使上合组织在地区与国际上的影响力进一步提升。历经10多年发展的上合组织，已经建立了比较完善的成员国对话机制和合作机制，在政治、安全、经济和人文等领域有了比较广泛和深入的合作基础。成员国之间的政治互信日益增强，在本地区的影响力不断扩大。上合组织与联合国等其他国际组织和机构建立了广泛的沟通与联系机制。扩员将是上合组织发展中一个重大的转折点，如果各方协调互动良好，可以使上合组织区域空间从中亚扩展到南亚，将形成围绕上合组织核心区域的睦邻友好带及和谐稳定的更大区域。

做好上合组织的扩员工作，关键在于三个方面。第一，进一步夯实成员国之间的政治互信，形成利益共同体和命运共同体。处理好成员国的内部分歧，夯实上合组织"大厦的基础"，在夯实基础的前提下，通过吸收新成员国，扩展区域面积，扩大合作的广度和深度，进一步增强维护地区乃至世界和平稳定的

---

① Ingmar Oidberg, *The Shanghai Cooperation Organization: Powerhouse or Paper Tiger?* Stockholm: Swedish Defence Research Agency, 2007.

② Thomas Ambrosio, "Catching the 'Shanghai Spirit': How the Shanghai Cooperation Organization Promotes Authoritarian Norms in Central Asia", *Europe Asia Stadies*, Vol. 60, No. 8, pp. 1321 - 1323.

③ Stephen Aris, *Eurasian Regionalism: the Shanghai Cooperation Organisation*, Hampshire: Palgrave Macmillan, 2011, pp. 155 - 170.

能力，推动国际格局向多极化转变。第二，做好组织扩员的各项协调工作，坚持尊重成员国平等协商原则，按照法律文件和程序推进工作。第三，扩员要重视平衡协调好与区域内其他组织的关系，如欧亚经济联盟等，处理好与美国等西方国家主导的国际组织的关系。

二 扩员后可能带来的新问题和新挑战

扩员是上合组织发展的一个转折点和重大机遇，同时，扩员也面临一些重大挑战。例如，扩员之前如何妥善解决成员国之间历史遗留的边界纠纷和矛盾，扩员后如何增强新成员国与老成员国之间的政治互信？如何克服域外大国的一些制约和干扰因素？如何增强对新成员国具有吸引力的本组织的软实力？

第一，印巴加入上合组织以后，最大的不确定因素和挑战是印巴之间遗留的边界矛盾，印、巴加入后必然会把既有的矛盾、纠纷和问题带到上合组织。解决印巴之间的矛盾纠纷，也可能会引发中俄之间产生一些分歧，比如说，俄罗斯支持印度，中国支持巴基斯坦，中亚四个成员国可能支持俄罗斯或中国，在中俄之间选边站队，中国和俄罗斯的作用和地位都会下降。在安全合作方面，由于印巴两国在认定恐怖分子的标准上还存在一定分歧，短期内印巴两国很难形成共识。印度是一个独立的民主国家，也是亲西方国家，印度对中国发展存有戒心，加入上合组织后，印度是否能够做到认同并严格遵守"上海精神"以及上合组织既有的制度，还有待今后的实践检验。

第二，印巴加入后，上合组织的"协调一致"原则等决策方式将会受到一定的挑战。由于印度的不同意见，成员国可能会在一些议题上无法达成一致意见，上合组织的决策效率可能会降低，今后，上合组织的元首峰会联合声明可能更难达成一致。增加新成员国，问题和矛盾也会增多，上合组织论坛化的可能性也会增大。鉴于此，可能需要适当调整或改进上合组织既有的决策机制和方式。上合组织现有决策机制是"协商一致"原则，是在中俄共同支持和协调运作下的机制。

第三，扩员后区域范围也会扩大，议题范围和责任也会扩大，需要上合组织有更大的掌控能力。"上海精神"是凝聚新老成员国形成共识的旗帜，上合组织宪章和睦邻友好合作条约等文件制度是新成员融入上合组织大家庭的法律基础。提前解决好印巴之间的矛盾、纠纷和问题，解决好印巴新成员国与老成员国的边境矛盾、纠纷和问题是建立新老成员国政治互信的基础。在此基础上，扩员后上合组织的内部治理和掌控能力才能保持稳定。如果新成员国印巴之间的矛盾和纠纷不能及时解决，新成员国与老成员国不能建立起真诚的睦邻友好合作关系，扩员后的上合组织必将会受到这些新矛盾、新问题和新的不确定因素的影响，上合组织的内部治理就会面临一些新的、更大的挑战。

第四，扩员后区域人口增多，需要更好地发展经济改善民生。印巴加入后，上合组织将成为世界人口最多的国际组织，加强经济合作，促进成员国发展经济改善民生，为成员国人民增加福祉将成为上合组织新的重要任务之一。比如，新成员国印度，尽管近年来经济发展速度持续在7%左右，但是，印度依然是农业大国，2017年印度城镇化率不足33%，贫困人口超过3亿人，占世界总贫困人口数量的30%以上，2017年巴基斯坦的城镇化率不到35%，贫困人口相对较多，中国还有6000多万人正在脱贫，这些数据表明，扩员后的上合组织成员国改善民生的任务艰巨。

第五，扩员后成员国增多，对世界政治经济秩序影响力增大，也需要承担更大的国际责任。前些年，一些欧美学者不断对上合组织定位和功能提出质疑和猜忌。比如，认为中俄在利用上合组织与西方建立的国际秩序抗衡，这是对上合组织作为一种新型国际组织定位的误解和曲解。可以预见，在首次扩员吸收印巴加入后，西方国家学者和媒体对上合组织的关注、警惕和猜忌会增多。实际上，上合组织是现有国际政治经济秩序的有益支持者、完善者和积极改革的推动者，而不是破坏者。扩员后，一方面，上合组织的国际话语权将逐步提升，对发展中国家有利，对新兴经济体发展有利；另一方面，随着上合组织的影响力逐步扩大，会受到西方媒体的更多关注，甚至出现一些负面评价。上合组织需要承担更多的国际责任，尤其是体现在保障地区安全、维护世界和平以及推动公正合理的世界政治经济新秩序构建方面。

印度和巴基斯坦加入上合组织后，消除印巴之间的矛盾，发挥它们的积极作用，将是检验扩员后上合组织决策效率的主要方面。新成员国的加入可能会出现以下三种情况。

第一种情况，在扩员后的前两三年，上合组织仍然沿袭中俄作为两个大国主导协调上合组织事务的惯例，印度只是作为一个新的成员国与其他成员国一样平等参与。

第二种情况，印度加入上合组织后，继续保持其地区大国独立自主的多边外交风格，甚至与美国等西方国家开展更密切的合作，中俄协调对印度的影响有限，印度有可能在上合组织框架内特立独行，并不配合中俄战略性的协调立场，这样可能导致上合组织决策效率降低。在这方面东盟扩员是有教训的，比如，在1995年东盟第二次扩员后，越南在加入东盟的进程中认为自己是特殊国家，对"东盟方式"的两个主要原则提出挑战，几年后才实现和解。①

第三种情况，在中俄战略协调的基础上，扩员后经过3~5年的磨合期，在上合组织框架内找到一种"中俄+印"三方良性互动的新合作机制，在"中俄+印"三方协调机制下，形成新的上合组织决策机制和原则。另外，哈萨克斯坦作为中亚地区大国的地位和作用也很重要，在组织中的作用不可低估。

以上所述的三种模式中，第三种模式是比较理想的情况。但要形成"中俄+印"三方良性互动机制，还面临许多机制改革的挑战。比如，对上合组织"协商一致"的原则进行微调，采取就重大战略决策问题采取"协商一致"的原则，而对一般决策问题采取"简单多数"的原则；对"平等票决"的原则微调，采取按照成员国缴纳会费比重确定成员国决策的权重等。

2016年，英国公投脱欧，意大利修宪失败，法国等反对欧盟的声音日渐高涨，欧盟"一体化"进程似乎已经走到了尽头。在这种逆区域"一体化"背景下，上合组织扩员进程应该更加谨慎与务实。必须坚持"上海精神"、《上海合作组织宪章》以及有关扩员的原则和法律制度等，推进上合组织扩员后磨合期的各项工作稳步开展。

在上合组织扩员问题上，成员国应适当借鉴东盟扩员和欧盟扩员的经验和教训。应该坚持只有真正认同并严格遵守"上海精神"的国家才能加入上合组织，新成员国还应严格遵守《上海合作组织成员国长期睦邻友好合作条约》，根据条约规定，一个成员国不得允许在本国领土上成立损害其他缔约国安全和领土完整的组织或团伙，并要禁止其活动。

在上合组织首次扩员后，在磨合期内如果不能妥善协调和处理好一些新问题和新矛盾，可能会导致上合组织出现两种情况：其一，上合组织一些重大战略性决策和制度安排难以达成一致意见，或做出决定，上合组织扩员后将不得已逐步变成一个松散的"俱乐部"；其二，上合组织扩员后依然能够就有关重大战略性问题达成一致的意见，但是，决策时间比较长，决策的效率变得低下，将导致上合组织的内部凝聚力和外部吸引力逐步降低，地区影响力也逐步下降。

三 扩员后"中俄+印"三边关系良性互动面临挑战

从一些国际和区域组织治理的经验和教训看，以东盟、欧盟为例，区域组织一般由一至两个大国主导协调和机制协调并行发挥作用，其中，大国协调发挥着至关重要作用。比如，欧盟是以德国和法国为核心，德国和法国主导协调

---

① 李进峰：《上合组织扩员与东盟扩员比较借鉴》，《俄罗斯学刊》2016年第3期。

欧盟事务。上合组织成立以来，中俄主导协调一直发挥着关键的作用。扩员后，上合组织将由中俄两国协调向"中俄+印"三边协调方向转变，这将是必然趋势。但从现实条件看，扩员后上合组织在短期内形成"中俄+印"三边良性互动机制存在一定难度。

第一，中俄政治互信是协调和解决上合组织发展方向、功能定位和扩员等重大问题的关键保障，中俄分歧则会成为阻碍上合组织区域合作与发展的因素。中俄高层政治上保持高度一致，两国领导人共同关注和重视上合组织发展。但是，在民间、在学术界，俄罗斯内部始终有一股势力担心中国影响力上升。有俄罗斯学者认为，中国影响力在上合组织区域不断加强，尤其是中国与中亚国家经济联系不断扩大，使中国逐步占有上合组织内非正式的"领导地位"，这给上合组织某些成员国造成了一定的政治和外交不安与忧虑。在上合组织框架内，在推进区域多边经贸合作及区域一体化方面，俄罗斯一直担心中国对中亚国家的经济影响力过大，导致上合组织成立初期制定的《纲要》搁浅，中国亦没有达到经济合作的预期规划目标。在上合组织金融合作机制建立上，俄罗斯也担心中国会主导上合组织开发银行和上合组织发展基金。从2010年以来，尽管中国持续推动建立上合组织开发银行和自贸区，但至今未达成目标，部分原因就在于俄罗斯担心中国扩大在本地区的经济优势。① 也有俄罗斯学者认为，在与中亚国家合作方面，俄罗斯应对中国在中亚经济优势的另一种方式是积极推动印度加入上合组织，以抵消中国在本区域的经济优势。从俄罗斯的视角看，中国的利益应当放在整个欧亚大陆的范围来体现，而不应该仅限于中亚区域并导致中俄在本地区的竞争。上合组织扩员可能导致本组织内部达成共识更加困难，但是对于俄罗斯来讲，最重要的是组建整个欧亚大陆的外交平台，淡化中国在本地区的优势。②

第二，中印之间依然存在边界纠纷和悬而未决的印度涉藏问题，印巴在克什米尔地区的矛盾和纠纷也在一定程度上影响着中印关系。印度对中国提出的"一带一路"倡议至今仍然心存疑虑和警惕。印度学术界对"一带一路"倡议持怀疑态度者依然不少。比如，有印度学者认为，中国在"一带一路"倡议下推动南亚区域的互联互通，对印度形成了包围圈；"一带一路"倡议与印度的南

---

① 莫斯科卡内基国际和平基金会中心项目负责人亚历山大·加布耶夫：《更大，不是更好，俄罗斯让上合变成无效的组织》（Bigger, NotBetter: Russia Makes the SCO a Useless Club），http://carngle.ru/commentary/71350。

② Dmitri Trenin, "Russia's Evolving Grand Eurasia Strategy: Will it Work?", http//carnegic.ru/2017/07/20/Russia‐s‐evolving‐grand‐eurasia‐strategy‐will‐it‐work‐pub‐71588。

亚战略、"季风计划"和"香料之路"等规划有冲突,将在一定程度上削弱印度在南亚区域的传统影响力;"一带一路"倡议下的"中巴经济走廊"项目穿过印巴有争议的克什米尔地区,是"对印度主权的干涉";"一带一路"建设在南亚若不考虑印度的利益,印度将联合南亚联盟国家与中国对立,在政治上中国可能要付出一定代价。①

还有印度学者认为,欧亚地区地缘政治格局、国际体系多极化追求等都是促使印度加入上合组织的重要因素,上合组织在处理印度的两个优先事项——反恐和互联互通方面存在一定的促进作用。但是,印度加入上合组织可能获得的利益有限。一是印度的恐怖主义根源在于巴基斯坦。上合组织可能成为印巴两国围绕克什米尔问题谈判的压力点,而不是协调印度发挥反恐的作用。也有印度学者认为,中巴关系密切主要是防范和针对印度的,实际上,这种认识仍带有冷战思维,属于对中巴关系的误解和偏见。二是在区域联通性方面,限制印度与亚洲内陆流通的重要因素是巴基斯坦不愿意为印度开放陆上过境通道并实现两国贸易正常化。因此,印度在加入上合组织后不仅选项有限,还可能同时面临来自中俄两国的压力。印度也担心中国与巴基斯坦在组织内部联手就克什米尔问题对印度施压。②

第三,实现"中俄+印"三边良性互动机制在短期内面临挑战。当前,中俄印互动机制有几个层次,如中俄印三国外长会晤机制,金砖国家元首会晤机制,上合组织元首峰会和政府首脑(总理)理事会,上合组织框架内各领域部长级会议等。在短期内,由于新老成员国在相互认知方面需要磨合,"中俄+印"三边互动达到良性效果面临一些挑战。但是,随着不断对话与平等协商,成员国政治互信将逐步增强,"中俄+印"三边良性互动机制在未来有望实现。

四 扩员后可能出现松散"论坛化"趋势

扩员后,随着问题领域增加、议题增加,组织内部的管理机制需要进行必要的改进与调整,以适应扩员后发展的新阶段、新形势和新任务。近两年,如果不能尽快解决新老成员国之间的矛盾和问题,不能解决组织内部的执行力和机制管理不足等缺陷,不能形成良性的"中俄+印"三边互动机制,就可能导致上合组织转变成一个松散的"论坛化"机制。

---

① 参见德国马歇尔基金会高级研究员安德鲁·斯莫尔《"一带一路"引发强烈反应》,载〔美〕《外交》双月刊网站,2018年2月16日。
② Raja Mohan, "Be Aware of Beijing, The India Exepress", June 8, 2017, http://indinaexpress.com/article/opinion/columns/beware – of – beijing – 4693739/.

第一，扩员后成员国在人口、经济实力、宗教、文化等方面的差距扩大，甚至超出东盟、欧盟成员国之间的差异性，导致上合组织内部的一致立场难以达成，上合组织的凝聚力和达成共识的能力面临挑战。① 印巴加入使得成员国之间在政治制度、经济体量、宗教信仰、文明文化等方面差异巨大，欧盟、北约、东盟或其他国际组织都不存在这样巨大的差异，这可能会影响成员国的相互认知、理解和磨合。扩员使上合组织区域从中亚扩大到南亚，会使议题增加并分散化。印巴加入使上合组织区域超出原来的中亚范围，在更广阔的地理空间内，成员国之间的地缘政治关系将更加复杂。②

第二，印巴加入后，中俄"双核心"协调上合组织的历史结束，由原来的中俄"双核心"协调，变成"中俄+印"三边协调运作机制，增加了上合组织协调一致的难度。印巴加入也带来一些新的矛盾和问题，如印巴边界纠纷等，中俄已经习惯了在一个友好的氛围内讨论议题，印巴加入后组织内部可能面临越来越多不同的意见甚至分裂。③ 印巴矛盾难以解决，扩员后上合组织发挥其制度性作用的难度将大大增加。

第三，有的学者认为，即使首次扩员后上合组织变成了一个"论坛化"机制也无可厚非，因为，虽然上合组织扩员后可能弱化了组织的决策效率，使其看起来更像一个国家首脑的会晤机制，但这并没有什么可怕之处，因为大部分国际组织都是在这种形式下进行运作的。④ 扩员后，应该把上合组织看作一个解决地区威胁和加强地区合作的重要论坛。印度可以与其他成员国合作，在应对气候变化、环境和粮食安全等相关地区问题方面发挥作用。⑤

五 印度和巴基斯坦之间矛盾带来的挑战

上合组织扩员后面临的最大内部变量是印巴关系。客观地讲，扩员初期，

---

① Paul Haenle, "Shanghai Cooperation Organization at Crossroad: Views From Moscow", http//carnegic. ru/commentary/71205.
② 〔俄〕克利夫·库普钱：《上合峰会：广阔空间的复杂地缘政治》，http：//ru. vaidaicub. com/a/highlights/sammit - shos - slozhnaya - geopplitika/? sphrase_ id =21804。
③ Derek Grossman, "China Will Regret India Entry Into the Shanghai Cooperation Organization", http://www. rand. org/blog/2017/07/china - will - reget - indias - entry - into - shangshai - cooperation - organization. html.
④ 上合组织前秘书长伊马纳利耶夫的观点，参见 http：//ru. vaidaicub. com/a/highlights/sammit - shos - slozhnaya - geopplitika/? sphrase_ id =21804。
⑤ 印度联合军种学会分析人士尼沃达·戴斯·库都（Nivedita Das Kundu）的观点，参见 "Fifteen Years of Shanghai Cooperation Organization: Initiating New Regionalism", http//valdaiclub. com/highlights/fifteen - years - of - shanghai - cooperation - organization/。

上合组织的磨合期工作总体比较顺利，内部凝聚力有所提高、外部影响力不断扩大。一方面，扩员前后中国与印度积极发展外交关系，中印关系逐步缓和，2018年以来，习近平主席与莫迪总理会晤多次，尤其是在武汉举行的中印元首非正式会晤开启了中印友好新局面，中印战略互信加强。另一方面，扩员后印巴在上合组织框架内对话协商机会增加，印巴之间关系也有所缓和。

尽管存在上述诸多向好因素，但由于印巴还没有完全融入上合组织大家庭，中印和印巴之间仍然存在一些矛盾和问题没有解决，需要进一步对话协商和凝聚共识，如果这些矛盾和问题不能在短期内得到解决，就会带来一些不确定因素，近来美国一直在拉拢印度，希望印度加入美国主导的西方阵营，印度也采取务实平衡外交政策，积极与美国开展合作。印美关系、印日关系有所升温，美国拉拢印度参与"印太战略"四方安全机制框架，显示美国希望印度成为其安全盟友。

第一，印度仍然不支持中国"一带一路"倡议。近年来，中国已经成为南亚多数国家的最大投资国和贸易伙伴国，中国大规模进入南亚让印度难以在短期内适应。印度对"一带一路"倡议仍然存在一些误解和误判，但学术界和政界也有支持的声音。

印度学术界和政界持反对意见的主要观点如下。一是认为上合组织文件中的一些概念，如"三股势力""新型国际关系"等具有不透明、含糊不清的特点；认为"一带一路"倡议具有更深层次的安全内涵，印度需要保持警惕与防范。二是认为中国在孟加拉国、缅甸、斯里兰卡等南亚国家投资基础设施项目，削弱了印度在南亚的传统影响力，认为"一带一路"框架下的大部分基础设施项目可以用于军事目的；中国近几年在马尔代夫、斯里兰卡、缅甸和巴基斯坦等国家建立港口设施，印度的一些精英认为印度在地理上和政治上都被中国包围了。三是认为中国提出的"孟中印缅经济走廊"项目使印度面临将其东北部暴露给中国的安全和地缘危险；中国提出的"海上丝绸之路"倡议过于谋求本国利益，没有考虑到印度的现实地位和利益关切，① 认为中国试图通过"海上丝绸之路"倡议在印度洋为自己开拓一席之地，试图挑战美国在印度洋的影响力，并削弱印度在本地区的天然地理优势②。四是认为"一带一路"倡议与印度的

---

① Kanwal Sibal, "China's Maritime 'Silk Road' Proposal: India Must Treat Cautionsly," February 26, 2014, http://www.scmp.com/news/china/diplomacydafence/artice.

② Brahma Chellaney, "What Are Chinese Submarines Doing in the India Ocean?", May 6, 2015, http://www.huffingtonpost.com/barhma-chellaney/Chinese-sub-in-india-ocean-b-7320500.

"季风计划"等发展战略形成竞争和对立，中国在有计划地塑造以自己为中心的亚洲秩序。

印度学术界和政界持中性态度的观点主要有：认为中国"一带一路"倡议没有提出更多的有关项目的具体细节，虽然"海上丝绸之路"倡议目的在于进一步促进区域经济一体化并且加强印度洋所有国家的联系，但是，"一带一路"合作项目的战略意图依然不清楚。"一带一路"倡议仍然被看作中国试图通过提升经济和文化影响力，来占据海洋主导地位，从而扩大中国在整个印度洋的影响力。[1]

印度学术界和政界支持印度加入"一带一路"的观点主要有：可以将中国的"海上丝绸之路"与印度的"季风计划"和"香料之路"等计划连接起来，这样可以大大增加中印之间的贸易联系；印度南部为大规模经贸合作提供了广阔平台，印度作为中国投资的一个新兴市场将确保两国一体化合作与发展；中国的电子商务公司在印度有很大发展潜力，印度政府应该抛开两国政治方面的分歧并批准中国公司进入印度，中国正在用大量的资金对印度周边国家进行投资，越来越多的南亚国家进入中国的影响力范围将导致印度在该地区的"权威"受到严重冲击，如果印度不参加"一带一路"倡议就可能被南亚国家孤立，实际上，印度最好的选择是接受中国的善意和邀请，积极参与"海上丝绸之路"项目。[2] 另外，"孟中印缅经济走廊"有利于促进中国加深与缅甸和东南亚国家的经济合作，同时，该项目也有利于促进印度东北部的经济发展，有利于印度实现"向东看战略"。对印度来说，"海上丝绸之路"为印度提供了一个完美的平台来加强与其他国家的双边及地区合作。[3]"海上丝绸之路"可以弥补印度在海上基础设施建设方面的短板，"一带一路"倡议同样有助于消除"岛链"战略这一概念，使瓜达尔港和"海上丝绸之路"沿线的其他海上基础设施项目合法化。[4] 印度应该考虑与中国开展大型跨境互联互通项目合作，印度可以借助中国的经济实力加快自身的经济发展，印度应该对中国在印度邻国进行大型基础

---

[1] Darshana M. Baruah, "India's Silk Route Dilemma", September 16, 2014, http：//www.orfonline.org/research/indias－silk－orute dilemma/.

[2] Samir Saran, "Seizing the one Belt one Road Opportunity", Feb. 2, 2016, http：//www.thenindu.com/opinion/op－ed/chinas－one－belt－one－road－promrame/article8178970.ece.

[3] Geethanjali Natara, "Why India Shouid Jion China's MSR," India Writes Network, April 1, 2018, http：//www.indiawrites.org/why－india－should－jion－chinas－msr/.

[4] Vijia Sakhuja, "The Maritime Silk Route and Chinese Charm Offensive," IPCS Article, Feburary 17, 2014, http：//www.ipcs.org/com_selecphp? article No＝4310.

设施建设停止抱怨。①

第二，印巴之间尽管仍能总体保持克制，但互信依然不足。印度认为其国内恐怖主义的根源来自巴基斯坦。印度一直试图将巴基斯坦境内的一些组织列为恐怖组织，但遭到巴方反对。例如，巴基斯坦的"穆罕默德军"已经被列入联合国制裁恐怖主义名单，但其首领马苏德未被列入制裁名单，引发印度不满。此外印巴之间边境问题也需要解决。2019年2月，因基地组织在印控克什米尔地区发动自杀式恐怖袭击，造成印方40多人死亡，之后，印空军越过克什米尔地区对巴方恐怖组织营地进行轰炸，使印巴冲突升级。印巴冲突以及仍未解决的印巴边境矛盾等在一定程度上增加了扩员后上合组织的不确定性。

第三，扩员后内部协调难度加大。一是扩员后成员国国情差异凸显，增加了身份认同和构建共同价值观的难度。中亚国家在苏联解体后独立，中亚各国曾经有类似的历史、道路和文化，中、俄、中亚国家曾经有相同的制度体系等，而印巴两国的历史道路、利益认同与其他成员国差异较大，文化与意识形态也各有特点，同时，印巴关系、中印关系存在的现实矛盾和问题，导致扩员后成员国身份认同和价值观认同的难度加大。二是内部利益协调难度加大、决策效率下降制约功能发挥。上合组织六个老成员国，可以说主要有"中、俄、中亚"三个维度，印巴加入后，至少又增加了印巴、中印、俄印、中亚与印巴四个维度，本来中亚国家内部也有一些分歧与矛盾，再加上印巴之间关系紧张，使上合组织内部利益协调的难度增加。② 这些新因素、新变化都增加了上合组织发展的不确定性。上合组织坚持"协商一致"原则，是结伴不结盟的新型国际组织，是强调"平等"前提下的"协商一致"。印巴加入后，只能在成员国利益相同的领域采取一致行动，而有分歧领域的合作推进必然缓慢，甚至会停止。三是域外大国意识形态渗透影响上合组织共同价值观的构建。苏联解体后，刚刚独立的中亚国家具有天然的亲西方观念和去俄化倾向，这对地区认同造成一定的冲击，美国一直没有放弃对中亚国家进行"民主输出"的战略，只是近年来转变了一些策略。印巴加入后，美国在试图分化上合组织成员国、积极拉拢印度加入其主导的"印太战略"框架的同时，还着力打击和压制巴基斯坦。在这样一个背景下，扩员后若成员国的利益协调不好，就会带来新挑战和引发新的不确定性。

---

① Raja Mohan, *Modi's World*, *Expanding India's Sphere of Influence*, Harperhollins Publishers, 2015.
② 徐立恒、袁凯鹏：《"上海精神"助推新型国际关系构建》，《理论视野》2018年第9期。

2020年初，印巴冲突达到1999年以来的新高，主要原因是2019年8月，印度宣布把印控克什米尔地区划归为印度的中央"直辖区"，宣布取消印控克什米尔地区"自治地位"的决定，激化了印巴矛盾。① 对此，巴基斯坦方面提出抗议并宣布降低与印度的外交关系，同时还中止了与印度的双边贸易。最初，巴方表示，该国"不考虑军事选择"。但此后不久，巴方突然改口，称若威胁到本国安全，不排除使用武力措施的可能性。而印度军方称，要对巴基斯坦开战。之后不久，印度在位于印度洋的安达曼和尼科巴群岛同时试射了两枚新型"布拉莫斯"远程超音速巡航导弹，印度试射这款新式导弹释放了危险信号，除了对巴基斯坦警告外，还威胁巴基斯坦的盟友不要擅自插手印巴冲突。② 2019年8月以来，因克什米尔的主权归属问题，印度和巴基斯坦冲突逐步升级。之前，在联合国协调下所达成的各种和解、停战协议也全都作废，印巴关系现处在历史上最艰难的时刻。印巴冲突升级，严重影响上合组织成员国的互信与合作。

印巴冲突可能会影响上合组织的短期合作成果，而中俄印能否形成良性的"战略三角"关系，直接关系到上合组织各领域的合作将是务实还是务虚，国际地位和影响力是提升还是削弱，未来发展是顺利还是艰难。上合组织要想成为参与全球治理的重要机制并取得巨大成绩，首先需要把自身机制建设好，把内部治理协调好，提高内部凝聚力和一致性，提高上合组织的决策效率，打铁还需自身硬。

第四节　上海合作组织面临的外部挑战

2001年美国发生"9·11"事件之后，美国开始加紧国际反恐行动，发动阿富汗战争，并围绕阿富汗周边国家部署军事基地，因此，美国也顺理成章地在中亚地区部署了军事基地，同时，美国借反恐之名，在中亚国家不断输出西方"民主"价值观。美国的人权理念与民主政治在中亚区域不断渗透并引发中亚国家"颜色革命"。自2005年开始，这些行为引起了中亚国家对美国中亚政策的警惕与反感。

---

① 《巴基斯坦外交部发表声明，强烈谴责和反对印度政府废除宪法赋予的印控克什米尔地区特殊地位》，http://www.81.cn/jfjbmap/content/2019-08/06/content_240122.htm。

② 《两枚新型导弹射向印度洋，大国释放危险信号》，俄罗斯卫星网，https://www.sohu.com/a/349249986_357495。

一 域外大国干预带来的挑战

(一) 美国在中亚策划 "颜色革命"

2003～2010年，美国多次策划 "颜色革命"。2003年，在美国等西方国家策划下，格鲁吉亚和乌克兰相继爆发 "颜色革命"，后又蔓延到中亚并引发中亚国家 "颜色革命"，如2005年吉尔吉斯斯坦爆发的社会骚乱事件和乌兹别克斯坦爆发的 "安集延事件"，2009年中国新疆发生的 "7·5" 事件，① 2010年吉尔吉斯斯坦又一次爆发民族冲突骚乱，同年，西方势力在北京策划的 "茉莉花事件" 未遂。②

2005年，在中亚国家的呼吁下，上合组织曾经针对美国在中亚部署的军事基地，提出限期让美国军队撤离的决定。③ 此后，美国对中亚施加的影响力有所减弱。2006年后，美国也对其中亚政策进行了反思，调整为所谓的 "大中亚计划"，旨在以更柔性的政策继续在中亚加大存在，构建美国与中亚国家合作的新机制④，而日本作为美国 "大中亚计划" 的支持者也跟进实施。2011年，美国前国务卿希拉里提出一个跨区域经济计划，即 "新丝绸之路计划"（New Silk Road Initiative），目的是通过重建各类基础设施，鼓励中亚国家和南亚地区的一体化而将中亚纳入新的政治、经济、安全框架，也帮助阿富汗融入中亚地区。

美国和日本加大对中亚国家的经济援助与渗透。2013年中国提出 "一带一路" 倡议后，从2014年开始美国为应对 "一带一路" 倡议也加大了在中亚地区的存在，2015年，美国国务卿克里访问中亚五国，此后，这种碰头会被确认为 "C5+1"（中亚五国+美国）机制。2016年3月，克里访问中亚五国并为中亚五国外长准备了许多议题，六国外长一起探讨了21世纪中亚发展等相关问题，美国试图以此机制削弱中国和俄罗斯以及上合组织在中亚区域的影响力。在美国加大对中亚国家援助和经济合作的同时，日本也加强了在中亚地区的经济存在。日本从2015年开始与中亚国家首次建立 "C5+1"（中亚五国+日本）机

---

① 李进峰：《援疆实践与思考》，中国书籍出版社，2011。
② 赵常庆主编《"颜色革命" 在中亚：兼论与执政能力的关系》，社会科学文献出版社，2011；孙壮志主编《独联体国家 "颜色革命" 研究》，中国社会科学出版社，2011。
③ Matthew Crosston, "The Pluto of International Organization: Micro - Agendas, IO Theory, and Dismissing the Shanghai Cooperation Organization", *Comparative Strategy*, Vol. 32, No. 3, pp. 283 - 294; Marcel de Haas, "Time for the EU and NATO to engage with the Shanghai Cooperation Organization", *Europe's World*, No. 10, 2008, pp. 43 - 46.
④ 郑羽：《美国对上海合作组织的看法与政策》，《和平与发展》2007年第1期；潘光、张屹峰：《"大中亚计划"：美国摆脱全球困境的重要战略步骤》，《外交评论》2008年第2期。

制合作，2016年召开了第二届日本与中亚五国合作会议。日本一直以来视己为西方阵营国家，紧跟美国的中亚战略，日美同盟的主要目标是遏制中俄发展。美国时常干涉中国西部新疆安全等问题，对俄罗斯在中亚的传统势力范围也不断干预，已经引起上合组织"双引擎"中俄的高度警惕。另外，尽管印度在2016年已经签订了加入上合组织的备忘录，但是，美国和日本仍然不断采取措施拉拢印度，美国奥巴马政府曾经试图阻止印度加入上合组织，试图削弱和离间中印关系、俄印关系。近年来，尽管美印也在扩展双边关系，但是，中印关系仍有信心会总体向好；主要因为印度奉行独立自主的外交政策，不会轻易对其他国家做出战略性承诺。印度向来谨慎处理与中美两国的分歧，如南海问题等。美国和日本在中亚地区不断加大的存在，以及美国对印度不断拉拢的行为，对上合组织扩员后的未来发展将构成新的挑战。

欧盟与中亚国家也加强了合作与经济联系。2019年6月，欧盟与中亚国家联合发布了《欧盟与中亚：更坚实伙伴关系的新机遇》联合声明，这份声明阐述了欧盟与中亚国家将构建更加紧密伙伴关系的新愿景和新计划，被外界视为欧盟与中亚国家在未来发展全方位伙伴关系的新战略。新版《欧盟中亚战略》以恢复中亚国家复原力和繁荣作为战略支点，以在十多个领域开展合作为重点，旨在提升区域合作的战略目标。①

（二）美国持续警惕上合组织发展

美国试图不断加大在中亚国家的政治存在与军事存在，同时，加大对上合组织成员国的意识形态渗透。自苏联解体后，美国等西方国家借经济援助之名持续向中亚国家输入和推销其人权与民主价值观。2013年中国提出"一带一路"倡议后，美国担心中国实力不断上升，加大在中亚的存在。中亚国家安全与稳定面临复杂形势，2015年是中亚国家选举年，其中，哈萨克斯坦和乌兹别克斯坦两国要举行总统大选，一些国家要举行议会选举。一些反对派认为，这是很好的夺权机会，企图利用各种集会、游行、恐怖袭击等破坏活动在中亚制造"颜色革命"。美国也借中亚国家总统选举的机会，加大对哈萨克斯坦和乌兹别克斯坦"民主"价值观的渗透活动。

在新形势下，中美新型大国关系中既有合作也有竞争。美国将中国视为全球最主要的对手，试图将中国纳入其战略轨道。为此，美国对华采取通过加强

---

① Susann Heinecke, "The Euopean Union and Central Asia: New Opportunities for a Stronger Patnership", European Commission, May 15, 2019, http://europa.eu/rapid/press-release_IP-19-2494_en.htm.

接触对中国的内政外交政策施加影响的策略。例如，试图说服中国按照西方标准进行改革和处理国际事务，通过构筑对华遏制带向中国施压。面对美国的对华政策，中国也采取相应的政策：一方面积极构筑"中美新型大国关系"，向美国宣传中国的价值观与和平发展理念，宣示走和平发展道路的决心；另一方面中国利用自身的地缘优势，通过推动"一带一路"国际合作倡议，加大向西开放力度，巩固和扩大陆权，并以此强化海权，增加应对美国在东部沿海地区挑战的能力。

第一，中国和俄罗斯面临美国的遏制与战略围堵。中国的快速发展以及中俄全面战略协作伙伴关系的不断深化，有力地推动了欧亚大陆整合进程和域内新秩序的形成，这被美国视为对其世界秩序主导权的挑战。2015年1月，奥巴马明确表示："必须由美国而非中国来制定亚洲贸易规则。"① 美国的欧亚战略以中国为主攻方向，对中俄同时进行战略遏制。奥巴马时期美国实施"亚太再平衡"，其倡导的TPP和TTIP，是企图将中国等新兴经济体排除在外的新的国际合作机制。中国南海领海边界不断遭到日本、菲律宾等国的挑衅，中国西部边疆不断遭到"三股势力"的威胁，这些问题都与美国及其盟友对中国实施战略围堵有关。

2015年以来，俄罗斯发展面临两大难题：一是乌克兰危机后美国与欧盟的联合制裁，导致俄罗斯经济发展陷入停滞或倒退；二是俄罗斯与以美国为首的西方国家软对抗不断升级。西方国家的战略是试图将俄罗斯控制在苏联解体之后的状态，而俄罗斯想实现在独联体范围内的"一体化"，尤其是三个斯拉夫国家——俄罗斯、乌克兰、白俄罗斯的重新一体化。由于利益诉求有本质区别，俄罗斯与西方的矛盾在战略与诉求上是对立的、是结构性的，短期内难以调和。乌克兰危机引发美国与欧盟对俄罗斯实施经济制裁，俄罗斯对上合组织的倚重在加强，中俄战略互信在深化，同时，俄罗斯在国际上广泛寻求各国的支持。

第二，2015年以来，美国等西方国家对上合组织的戒心和疑虑增多。美国对上合组织从成立初期的轻视到现在产生警惕和疑虑，担心上合组织不断扩大会削弱其主导世界的能力，导致美国在中亚的政治经济利益受损。实际上，美国对上合组织既有合作的愿望也有遏制的意图。从现实看，妥善处理好中美新型大国关系和俄美关系是推动上合组织顺利发展的关键外部因素。

中亚处于欧洲、俄罗斯、中国、南亚、中东形成的环带区域内，这个"核

---

① 《奥巴马称必须由美国而非中国来制定亚洲贸易规则》，环球网，https://world.huanqiu.com/article/9cakrnJGVOd。

心区域"对控制整个欧亚大陆非常重要。因此,苏联解体后美国一直关注中亚问题,把中亚地区看成美国的利益攸关之处,在2006年调整中亚政策后,于2011年提出"新丝绸之路计划"①,其目的是让中亚国家脱离独联体、集体安全组织和上合组织的框架。② 另外,上合组织倡导的新型国际关系理念与西方集团传统的冷战思维、集团对立型的国际关系理念截然不同。上合组织反对美国在中亚推行"民主人权"价值观,上合组织支持中亚国家的独立自主,在一定程度上降低了美国与中亚国家发展其所谓的亲密外交关系的可能性。③ 但是,美国推行的"民主人权"价值观,在中亚特定的社会环境下有可能引发"颜色革命"。

曾经有西方媒体认为上合组织是"纸老虎";也有西方学者认为,上合组织不是一个传统意义上的国际组织,它属于另类的国际组织,甚至应该将上合组织剔除国际组织行列,④ 西方学者和媒体对上合组织有不少负面宣传。⑤ 2005年是上合组织提升国际影响力的转折点。主要是当时乌兹别克斯坦和吉尔吉斯斯坦根据上合组织峰会决定,分别要求美国限期撤离和关闭在本国的军事基地,美国对此反应强烈,美国这才意识到上合组织的真正存在。⑥ 之后,美国开始重视审视上合组织,并逐步调整相关政策。⑦ 西方媒体对上合组织的观察并不全面,也不客观,认为上合组织是"反西方联盟"。随着上合组织的发展和"上海精神"不断深入成员国民心,西方媒体对上合组织的认识开始变得相对客观。⑧

---

① Frederick Starr and Adib Farhadj, "Finish the Job: Jump-Start Afghanistan's Economy", Central Asia Caucasus Institute & Silk Road Studies Program, 2012.
② 〔俄〕马赫穆特·加列耶夫:《不与西方对抗但要巩固独联体》,〔俄〕《独联体军事评论》2009年12月4日, http://www.cetin.net.
③ Stephen Aris, *Eurasian Regionalism: The Shanghai Cooperation Organisation*, Hampshire: Palgrave Macmillan, 2011, pp. 155 – 170.
④ Matthew Crosston, "The Pluto of International Organization: Micro-Agendas, IO Theory, and Dismissing the Shanghai Cooperation Organization", *Comparative Strategy*, Vol. 32, No. 3, Jul. 2013, pp. 283 – 290.
⑤ Thomas Ambrosio, "Catching the 'Shanghai Spirit': How the Shanghai Cooperation Organization Promotes Authoritarian Norms in Central Asia", *Europe Asia Studies*, Vol. 60, No. 8, 2008. pp. 1321 – 1323.
⑥ Matthew Crosston, "The Pluto of International Organization: Micro-Agendas, IO Theory, and Dismissing the Shanghai Cooperation Organization", *Comparative Strategy*, Vol. 32, No. 3, Jul. 2013, pp. 283 – 294.
⑦ 莫洪宪:《上海合作组织存在的问题及我国的对策》,《武汉大学学报》(哲学社会科学版) 2005年第6期。
⑧ Marcel de Haas, "Time for the EU and NATO to Engage with the Shanghai Cooperation Organization", *Europe's World*, No. 10, 2008, pp. 43 – 46.

但是，仍有一些西方学者持有偏见，总是戴着有色眼镜看待上合组织的发展。[1]

第三，美国对上合组织长期存在误解，并试图干预上合组织的扩员。上合组织是非西方国家发起和主导的地区组织，印度和巴基斯坦加入上合组织后，上合组织拥有的石油储量将占全球总量的20%，天然气占全球储量的50%，人口占全球人口的44%。从人口规模、经济规模、领土规模、资源规模等方面来讲，上合组织都将成为世界上最大的国际组织之一。因此，在西方媒体看来，上合组织的发展壮大以及扩员行动对美国的世界主导权将构成一定的挑战，在2017年上合组织扩员之前，美国总统奥巴马与印度总理莫迪会晤多次，并暗示或劝说印度不必加入上合组织而应该加入美国主导的"印太战略"安全框架，由此可见，美国试图阻止上合组织扩员。并且，美国作为现有世界秩序的主导力量，拥有给上合组织施加政治、经济压力的诸多杠杆。因此，上合组织应该通过媒体进一步加强宣传，要让美国及其盟友认识到上合组织不是"东方北约"，也不是"反西方联盟"。上合组织是一个具有全新理念的地区组织，是以新型国际关系理论为支撑构建的新型区域组织，"互信、互利、平等、协商、尊重多样文明、谋求共同发展"的"上海精神"是上合组织的灵魂。可以说，上合组织的成功发展是对当今世界国际关系领域的重大理论创新和实践突破。

（三）美国战略调整，从"亚太再平衡"战略转向"印太战略"

自特朗普当选美国总统以来，美国在国际多边合作机制中的责任义务不断缩水。一方面，特朗普政府坚持"美国优先"理念，引发全球贸易保护主义倾向加剧。近几年，美国在中东、阿富汗公共产品提供者的身份不断减弱，导致中东局势更加动荡复杂。美国不断实施全球战略调整、不断自主收缩国际义务和责任，导致中国等一些新兴经济体在全球的责任和压力加大。另一方面，美国在进行全球战略调整与收缩的同时，遏制中国发展的行动并没有减少，而且对中国的发展更加抱有敌意并实施打压政策。在宏观战略上试图阻止中国快速发展，美国从"亚太再平衡"战略逐步转向"印太战略"，其主要目的是从印度洋到太平洋建立美、日、印、澳四国安全机制框架，以阻止中国在海上的发展。近年来，美国不断在中国周边国家挑起事端和摩擦，阻止中国与周边国家发展友好合作。比如，在南海问题和朝核问题上美国不断制造事端和施压，怂恿越南、菲律宾等国家与中国对立或摩擦，在南亚地区拉拢和吸引印度加入其主导的"印太战略"框架，此外，在中国西部，美国积极与中亚国家建立"C5+1"对话机制等，以削弱中国和俄罗斯在该地区的影响力。

---

[1] 李进峰：《上海合作组织扩员：挑战与机遇》，《俄罗斯东欧中亚研究》2015年第6期。

2014年以来，随着中国在周边地区和国际上的影响力不断上升，在"一带一路"个别共建国家出现了新一轮"中国威胁论"炒作。有西方学者认为，中国正在用"锐实力"影响世界。① 美国也有一些政客和学者狭隘地认为，中国可能要取代美国在国际上的地位和作用，这是对中国的战略误判，在这些误判和误导等因素推动下，中美之间的竞争、冲突和互不信任可能会进一步加剧。

美国单边主义削弱区域合作动力。美国奉行的单边主义和保护主义与"上海精神"相对立，美国的冷战思维和"零和博弈"理念与上合组织成员国倡导的"不结盟、不对抗、不针对第三国"原则相对立，对地区治理和全球治理具有消极和破坏作用。在"美国优先"理念驱使下，为追求单边主义，特朗普政府治理下的美国不断挑拨离间中国与其他成员国的关系，在一定程度上破坏了上合组织成员国之间的团结合作，将削弱上合组织多边合作动力，对上合组织产生负面影响。

第一，从全球治理层面看，美国认为中俄战略协作伙伴关系对美国建立的多边体系和规则构成威胁。2018年，美国调整了对南亚政策、对印度政策，以及对阿富汗的政策；单方面挑起中美贸易摩擦，试图联合其更多盟友参与"印太战略"的框架围堵中国发展。美国对中国的战略对抗有可能从经济领域向政治、安全、文化等其他领域外溢。与此同时，自2014年乌克兰危机以来，美国联合其盟友，持续加大对俄罗斯的经济制裁，在叙利亚危机和乌克兰危机等问题上，继续与俄罗斯角力与对抗，总体上看，美与中俄的战略竞争在加剧。

第二，从地区秩序构建层面看，美国的单边主义和贸易保护主义对上合组织区域合作将产生消极影响。上合组织成员国之间的一些多边合作项目将更难以达成，包括货物贸易便利化等措施将受到一定的消极影响。

第三，从双边贸易和各成员国经济层面看，由中美贸易摩擦引起的负面作用，将导致世界经济复苏更加艰难，据国际货币基金组织测算，中美贸易摩擦可能导致中国GDP下降0.3~0.5个百分点。美国持续制裁俄罗斯，俄罗斯经济发展艰难也导致哈、乌、吉、塔成员国GDP增长面临更大的困难和阻力。

（四）美国制定新版中亚战略

在上合组织成立之初，美国学术界就出现了"上合组织威胁论"的观点，只是在2005年后，因上合组织要求美国撤离在中亚的军事基地，导致"上合组织威胁论"的声音明显增多。2017年上合组织首次扩员以来，可以说，从战略

---

① 白云怡等：《王毅反驳"中国威胁论"》，《环球时报》2018年3月9日。

层面到实际行动，美国都在加大对上合组织的打压与干扰。在战略上，美国坚持冷战思维、"零和博弈"，否认上合组织属于新型区域合作组织，在成立初期有些美国学者就武断地认为上合组织更像是华约组织的重现，必然会与北约发生对抗，上合组织正在被打造为反对美国的地缘政治工具等。美国学者认为中俄在上合组织框架下的战略合作远超过军事演习，中俄会用上合组织"形成一个军事集团来制约北约。①在实践上，美国通过阻止上合组织在联合国的议题以及离间成员国的关系来干扰和破坏该地区的团结和谐与稳定。

美国利用各种国际场合加大对上合组织的干扰。2019年11月，在联合国与上合组织高级别会议中，美方代表在发言中对上合组织提出的"三股势力"概念表示质疑，认为上合组织对"恐怖分子"的定义比较含糊或不具有国际法效力。在2019年联合国与上合组织区域合作会议上，美国代表提出，保护人权是打击恐怖主义的基础，要求上合组织应修改相关制度，不能把"反恐"与"人权"混淆，这些质疑显示了美国在反恐问题上的"双重标准"。另外，关于联合国与上合组织召开合作会议的报告，美国代表要求在报告中删除"上海精神"等具体表述，其目的是降低上合组织的国际影响力。此外，美国试图说服欧盟、日本、加拿大等国对中国施加压力。

近年来，美国对俄罗斯和中国在中亚的影响力感到担忧，美国不断在中亚加强存在感，美国一些媒体蓄意在中亚国家炒作中国的负面信息并伺机做反华宣传，这些蓄意炒作是中亚国家产生新一轮"中国威胁论"的主要根源。美国国务卿蓬佩奥于2020年1月底，先后到访乌克兰、白俄罗斯、哈萨克斯坦和乌兹别克斯坦。蓬佩奥这次欧亚之行的主要目的就是挑拨中国与中亚国家关系，贬低上合组织和"一带一路"倡议在促进地区国家经济发展方面的积极作用，充分暴露了美政客对中国的敌视和偏见。蓬佩奥在与乌兹别克斯坦外长卡米洛夫举行的记者招待会上公然表示将与中亚国家外长讨论中国内政问题。② 在美国急于从阿富汗和叙利亚撤军背景下，美国不断加大在中亚的投入，目的明显是针对中俄以及由中俄共同主导的上合组织。

美国制定了新版《美国中亚战略2019~2025：促进主权独立与经济繁荣》（简称"美国新版中亚战略"），该战略明确了美国在中亚的六大政策目标，明

---

① Fredrick W. Stakelbeck, "A New Bioc Emerges?", The American Thinker, August 5, 2005, http://www.americanthinker.com/2005/08/a_new_bloc_emerges.html。

② 《中国驻乌兹别克斯坦大使馆日前在官网发布声明称，美国国务卿蓬佩奥的欧亚之行充分暴露其对中国的敌视和偏见》，俄罗斯卫星通讯社，2010年2月5日，http://sputniknews.cn/politics/202002051030587087/。

确了实现这些目标的愿景和以"C5+1"机制参与中亚事务的七项承诺。① 其中,六大政策目标是:支持和加强中亚各国以及地区的主权和独立;减少该地区恐怖主义;扩大对阿富汗稳定的支持;鼓励中亚与阿富汗互联互通;推进法治改革与尊重人权;促进美国在该地区的投资与发展。"C5+I"机制参与中亚事务的七项承诺是:共同应对传统安全挑战;加强地区反恐和边境安全合作;打击该地区极端主义;支持2018年联合国大会决议,加强地区和国际合作,确保中亚和平、稳定和可持续发展;探讨加强合作模式;促进阿富汗稳定、和平与经济繁荣;探索其他合作领域,如信息共享等。

"美国新版中亚战略"的理念与"上海精神"的重大区别在于:美国过于强调地缘政治色彩,强调中亚国家摆脱对中俄的依赖,而上合组织则强调加强区域合作,巩固各国之间,包括中亚与周边大国的合作;美国强调尊重人权,通过加强合作促进传播美国价值观,同时,平衡该地区其他邻国对中亚各国的影响,计划对中亚国家记者提供网络和技术培训,通过媒体监督政府,这些所谓"民主"的行动可能导致中亚国家内部治理混乱,甚至引发分裂;美国所谓努力让中亚国家青年具备必要的技术、管理、英语能力和批判性思维,目的是培养中亚青年的西方价值观。

美国从中亚"C5+1"对话,上升到制定"美国新版中亚战略",表明美国在中亚的存在不断加强,将对上合组织成员国团结互信产生一定的干扰。美国主导制定的"印太战略"框架对印度有吸引力,印度也显示了积极参与的姿态。印度参与美国倡议的"自由航行计划",显然有对"一带一路"对冲的目的。自印度加入上合组织以后,印度成为受美国关注和拉拢的对象,美国的诱惑也使得印度在上合组织内难以"静下心来"。

二 西方炒作"中国威胁论"的挑战

从历史上看,所谓"中国威胁论"的版本比较多。首先,在19世纪末20世纪初,就有源自德国威廉二世的所谓"黄祸威胁论"。其次,在20世纪50年代新中国成立初期,美国也曾炒作过"中国威胁论",当时认为中国共产党领导的中国革命胜利有可能在东南亚引起多米诺骨牌的效应,从而对美国形成了所谓的"红色威胁"。1950年朝鲜战争爆发后,美国提出了要"遏制共产主义在

---

① "美国南亚和中亚事务局通过官方网站正式发布了《美国中亚战略2019~2025:促进主权独立与经济繁荣》报告,标志着美国中亚新战略正式进入实施阶段,这是美国自2015年后制定的第二份中亚战略。"中华网,https://military.china.com/retie/37488618.html。

亚洲蔓延"的口号，美国也曾经在联合国宣传"中国对邻国的威胁"等不实言论。最后，在中苏关系紧张的时期，苏联也曾经提出过"中国威胁论"。总之，从19世纪末期到20世纪中期，西方列强基于殖民主义和帝国主义扩张的需要不时宣扬"中国威胁论"。

（一）"中国威胁论"的声音由来已久

"中国威胁论"源于19世纪西方文化帝国主义，是殖民主义和帝国主义的产物。当时，已经完成工业革命的英国、美国等国家，在资本逐利的驱使下开始疯狂推行海外殖民的政策，对拥有资源或劳动力的贫困国家大肆掠夺，同时，蓄意制造出"西优东劣"的观念为其殖民主义行为进行辩护。在西方殖民掠夺的过程中，基于13世纪蒙古人西进欧洲以来形成的"黄祸"历史记忆，有关中国人具有一种东方式的"威胁"和"内在的残暴性"，成为当时西方国家表述中国主题中最为显著的一条。

"黄祸威胁论"的起源五花八门，西方国家或担心中国的强大和综合国力的增强，或恐惧中国人可能的"种族仇恨"，或担心中国人可能的"觉醒"，或担心中国快速发展会对西方国家商业带来冲击，等等。对来自中国的担心和恐惧，成为19世纪末20世纪初整个西方世界一种比较普遍的现象。

20世纪中期，中华民族历经百年抗争，最终在中国共产党的领导下，推翻了殖民主义和帝国主义的外部压迫，赢得了民族解放与国家独立并建立起社会主义新中国，西方国家基于意识形态方面的考量和担忧，开始大肆宣扬"中国威胁论"。当时，以美国为首的西方国家从冷战需要出发，极端仇视新建立的中国红色政权，对中国共产党领导的新生政权全力封堵包围。朝鲜战争爆发后，中国政府决定抗美援朝、保家卫国，中国人民志愿军赴朝参战，并与美国领导的"联合国军"展开了殊死较量。这一时期西方国家再次炒作"中国威胁论"，大谈新中国的军事威胁，并担心中国革命的胜利会在东南亚国家引发连锁反应。这一时期，西方国家对中国共产党领导的新中国政权进行了疯狂的"妖魔化"宣传，把新中国歪曲为"专制的、好战的红色恶魔"。

新时期的"中国威胁论"出现在冷战结束以后，其背景是苏联解体、苏美对抗和威胁消失以后。中国从1978年走上改革开放道路，中国经济持续高速增长、中国军事力量逐步壮大，这一时期，"中国威胁论"开始在美国、日本和菲律宾等国家炒作起来。第一次炒作是在1992~1993年，美国等西方国家学者从意识形态、社会制度以及文明角度展开了对"中国威胁论"的具体论证。比如，美国费城外交政策研究所亚洲项目部主任芒罗率先发出"中国威胁论"的声音，他发表了《正在觉醒的巨龙：亚洲真正的威胁来自中国》一文，一时间"中国威胁论"的说法风靡太平洋东岸,芒罗也因这篇炒作文章而声名显赫。哈佛大学教授亨廷顿撰写的《文明的冲突与世界秩序的重建》一书也在这个时期出版。

芒罗炒作的观点是中美军事冲突不可避免,而亨廷顿则断言如果儒教文明与伊斯兰教文明结合将成为西方文明的天敌,这些观点具有极强的意识形态色彩。此后,每隔一段时期,"中国威胁论"的炒作都会出现。

第二次炒作始于1995~1996年,主要与中国台湾地区领导人李登辉访问美国后导致两岸关系紧张,中美两国围绕台湾问题发生的军事对峙有关。

第三次炒作发生在1998~1999年,其背景是在应对亚洲经济危机中,中国经济快速摆脱危机影响并逆势发展,中国经济影响力迅速扩大。

第四次炒作是在进入21世纪以后,其特点是"中国威胁论"的内容已经扩大,不仅仅是炒作经济领域或意识形态领域的威胁论,而且往往涉及人们的日常生活,如中国计算机"黑客威胁论""食品安全威胁论""环境污染威胁论"等。

自2001年上合组织成立以来,伴随着美国等西方政客和媒体对上合组织的误解和警惕,又产生了"上合组织威胁论",当然也产生了新的"中国威胁论"。从2001年到2013年,"中国威胁论"的声音时有时无,时强时弱,但自2010年中国经济总量超过日本跃升为世界第二大经济体后,尤其是2013年中国提出"一带一路"倡议后,"中国威胁论"在中亚、东南亚等国家再次沉渣泛起。

西方炒作"中国威胁论":一是对中国发展理念和发展道路的误解和曲解,认为西方的民主价值观是普世价值,西方发展道路是唯一模式,在此背景下曾经出现美国学者弗朗西斯·福山关于"历史终结论"的误判;二是西方国家有意炒作,目的是离间中国与"一带一路"共建国家的友好合作关系;三是美国等西方国家,企图孤立中国并打压中国经济发展,根本目的是遏制中国的快速发展。

美国及其盟友近年来,炮制和炒作了不同版本的"中国威胁论",主要有"中国资源掠夺轮""中国污染输出论""中国债务陷阱论""中国人口扩张轮""中国新殖民主义论"。炒作不同形式的"中国威胁论"其实质只有一个,就是丑化歪曲中国的发展理念、发展道路、发展经验和发展模式,这从另一方面也显示了美国和一些西方政客对中国快速发展的不适应与恐慌。①

---

① 〔美〕亨利·基辛格:《论中国》,胡利平等译,中信出版社,2012。

（二）"一带一路"倡议提出后"中国威胁论"上升

2018年以来，在中亚和南亚区域出现新一轮"中国威胁论"。从表面看似乎是"一带一路"建设项目实施中涉及的债务、劳动力、环保等问题，但深入分析后发现，其根源来自以美国为首的西方蓄意炒作，其诱导和裹挟亚洲国家肆意宣传和扩大"中国威胁论"影响的目的，是阻挠"一带一路"建设的国际合作。

在南亚区域，美国利用现实的中印矛盾，有意挑拨中印关系，导致在南亚出现所谓中印势力范围竞争的现象。例如，2018年，尼泊尔、斯里兰卡、不丹、缅甸等大选后发生政府领导人调整，印度以是否产生亲印派政府而论输赢，一度造成南亚政局紧张。由于中国和印度存在的分歧，南亚国家有时面临在中印之间选边站队的尴尬局面。另外，印度担心中国在南亚的影响力不断壮大，进而采取了一定的阻止行为，也是引发南亚地区产生"中国威胁论"的因素之一。

以中国支持斯里兰卡建设港口为例，由于斯方贷款额度较高，经双方商议，同意采取中方在一定年限内经营港口的BOT国际通用合作方式，而这却被西方炒作为中国"债务陷阱"，进而演变为"中国威胁论"，这主要是西方媒体推波助澜炒作导致。实际上，以2017年数据为例，斯里兰卡欠中国的债务为28.7亿美元，占斯方总债务的10%，而斯方欠日本债务占其总债务的12%，比中国的占比要高。西方国家总是用双重标准和"有色眼镜"来看待中国对发展中国家的贷款情况。

在中亚地区，以吉尔吉斯斯坦为例，2008年以前，吉国外债主要来自美国、欧盟、中国等多个国家和地区。2008年美国金融危机后，西方国家自顾不暇，对吉方贷款支持逐年减少，而中国对吉方资金支持不降反升。随着吉方经济发展需求增加，2018年吉方外债总额占GDP的比重已达53%，其中吉方欠中国债务为17亿美元，占其总债务的45%，在此背景下，西方炒作引发了中亚国家所谓的中国"债务陷阱论"。

从上述区域出现的新一轮"中国威胁论"情况看，其产生的主要原因如下。

第一，2008年的美国金融危机显示了西方治理模式的缺失，西方的意识形态优越性已经被其制度上的不自信所取代，因此西方从心理上产生对中国快速发展的恐慌。

第二，西方炒作新的"中国威胁论"，源于西方对中国的定位已经从体系外或体系边缘的"挑战者"改变为体系内的"取代者"。

第三，在中国经济、军事实力与美国存在巨大差距背景下，西方战略家认为中国的"锐实力"急速上升，对西方的价值观和主导权形成全面挑战。

第四，美国加大对上合组织成员国实施分化战略，如美国调整对印度的政策，对印度和巴基斯坦是一拉一打，挑拨印巴矛盾、加剧两国对立；美国调整阿富汗政策，与阿富汗塔利班谈判；美国在中亚继续推行"C5+1"多边对话机制和中亚南亚合作项目。①

三 阿富汗问题带来的挑战

阿富汗一直是影响上合组织成员国安全和稳定的最大外部因素之一。多数中国学者在 2012~2013 年的中亚与上合组织学术讨论会上表达了对阿富汗问题的担忧，认为从美国撤军后伊拉克局势动荡、安全形势恶化这一事实可以预测，美国和北约从阿富汗撤军后，军事控制力量减弱，阿富汗局势可能更加动荡不定，"三股势力"、教派、民族和地方割据等问题和矛盾将进一步激化。

阿富汗局势对上合组织地区影响的重要性在于：美国从阿富汗撤军后，如果阿富汗局势一旦失控，极端思想和恐怖主义可能强化并向周边中亚国家扩散；毒品问题可能失控并扩大化，刺激甚至资助上合组织成员国境内的一些"三股势力"发展；中亚国家向南发展的主要通道将受阻或中断，中亚和南亚间的交通、通信、能源等基础设施难以形成网络化。鉴于中亚国家缺乏有效应对手段和力量，需要外部大国帮助，美国等西方国家便可利用中亚国家需求，提升其在中亚的存在和影响力，并希望乘机将原驻阿富汗的军事力量转移到中亚国家，以军事援助、联合军演、建立军事基地或反恐培训中心等形式，继续保持甚至加大在中亚的军事存在，美国这样做，表面上是为加强与中亚国家合作，实质目的是遏制中俄在这一地区的影响力。

上合组织在 2005 年接纳阿富汗作为观察员国，是关注阿富汗问题的具体体现。解决阿富汗问题，美国和北约有责任做出更多努力和付出更多的代价。上合组织不可能取代美国和北约目前发挥的作用，但需要协调对阿富汗塔利班的立场，并遏制毒品和武器流散等问题蔓延。

（一）美撤军后阿富汗形势严峻，对成员国安全带来威胁

自美国 2014 年开始从阿富汗撤军后，阿富汗经济和安全形势越来越糟糕。2015 年，阿富汗政府与反政府势力的冲突比上年明显增多，据联合国报告显示，2015 年是 2009 年以来阿富汗平民死伤人数最多的一年。由于安全局势仍然脆弱不堪，社会动荡和失业率加大，引发 20 万难民冒死逃亡欧洲。另外，"伊斯兰

---

① "Trump Set U. S. Strategy for Afghan War", http：//www.hytimes.com/2018/08/21/word/asia/afganistan-troop-trump.html.

国"在阿富汗活动日益猖獗,阿富汗已经陷入新的混乱。阿富汗的极端势力、毒品问题、难民问题等对上合组织成员国构成严重威胁。在不干涉内政原则基础上,上合组织加强与作为观察员国的阿富汗的沟通、协调,表明了上合组织的一致态度,即支持阿富汗国家重建与政治派别和解。在上合组织框架内,应美国驻阿富汗机构要求,开展与美国在阿富汗撤军后有关政策的沟通与协调,力争达成对阿富汗局势起积极作用的解决方案。在上合组织框架内,中国与塔利班代表进行接触,2015年塔利班代表曾多次访问中国,阿富汗政府与塔利班代表在中国举行了会谈。阿富汗、巴基斯坦、中国与美国的四国代表也举行了多次会晤,中心议题是阿富汗和平进程。各方期望通过政治谈判,能使阿富汗国内各种政治力量达成和解。

实际上,阿富汗问题是美国"新干涉主义"政策失败导致的,理应让美国承担更多的责任。但是,阿富汗周边国家或是上合组织成员国或是上合组织观察员国,作为上合组织核心国家的中国和俄罗斯必须协同应对阿富汗复杂安全局势带来的挑战。另外,阿富汗问题不应该仅仅从安全方面考虑,也需要从经济发展的角度来考虑,通过参与区域经济合作或者参与丝绸之路经济带项目建设,可以使塔利班及其支持者融入阿富汗经济发展中并从中获益,这有利于阿富汗的民族和解。

有学者认为,上合组织未来的重要性将取决于它能否有效解决邻国阿富汗长期存在的经济和安全问题。① 许多西方观察人士曾经担心,上合组织可能成为欧亚心脏地带的"新华约组织"。但是,如果上合组织能在推动阿富汗和平与繁荣方面做出贡献,则可能成为一个让西方国家重视并欣赏的区域组织。

(二)2016年阿富汗局势对上合组织的影响持续加深

阿富汗面临恐怖主义、毒品、内战以及国家和平重建"四大问题",阿富汗安全局势及国家和平重建一直是上合组织成员国共同关切的重大问题。2016年,阿富汗境内恐怖袭击和武装冲突造成的平民伤亡人数再创历年新高,达到了1.15万人。阿富汗的武装冲突和恐怖组织的活动不断外溢,成为引发周边上合组织成员国不安全和不稳定的重要因素。一些国际恐怖分子在阿富汗北部的影响力不断扩大,这些恐怖分子在阿富汗—塔吉克斯坦边界和阿富汗—土库曼斯坦边境不断集结,对中亚国家构成严重的边防压力和安全挑战,塔吉克斯坦和土库曼斯坦等国家的边防军与阿富汗武装分子的交火频率明显上升。

---

① 〔美〕理查德·韦茨:《决定上海合作组织重要性的是阿富汗而非新成员》,美国世界政治评论网站,http//m.haiwainet.cn/middle/345415/2015/0728/content_28989034_html。

2016年，上合组织成员国就阿富汗问题以及如何应对其面临的安全局势挑战进行了深入讨论。阿富汗作为上合组织的观察员国积极参与"一带一路"倡议，尽管中国与阿富汗之间的边境线并不长，但是，由于阿富汗地处要道，极端恐怖组织势力从阿富汗不断外溢，将直接威胁成员国安全以及"一带一路"的互联互通建设。近年来，随着北约大批军队撤离阿富汗，阿富汗境内一些叛乱分子曾改用"伊斯兰国"组织的旗帜，以表明他们是一支更致命的恐怖力量。同时，塔利班已经警告"伊斯兰国"领导人，在当前局势下不要再引发阿富汗新的叛乱，因为此前已经有不少塔利班人员叛逃加入了"伊斯兰国"组织。

（三）2017~2018年阿富汗局势动荡，地区安全面临新挑战

2017年以来，阿富汗经济发展乏力，内部政治斗争加剧，原本相对安全的北部地区安全形势也开始不断恶化。塔利班和一些国际恐怖分子在阿富汗北部的影响力不断扩大，"伊斯兰国"组织不断向阿富汗国内集结和渗透。2017~2018年，阿富汗局势持续动荡，进入了高危险期，其政治、经济和安全形势都不容乐观。

第一，在政治上，阿富汗的国家治理手段有限，又得不到美国的有力支持，塔利班武装分子在多地击败政府安全部队，加剧了部族和宗教分裂，使阿富汗国内政治斗争局势更加复杂。2019年是阿富汗总统大选之年，由于美国对阿富汗的政策调整，种种迹象表明，不排除塔利班有重回政权或参与联合政府组阁的可能性。

第二，在安全上，尽管"伊斯兰国"在中东地区的大势已去，但"伊斯兰国"在阿富汗政治经济的乱局中不断向阿富汗渗透，"基地"组织与"伊斯兰国"势力合流加快，中亚"三股势力"与"伊斯兰国"联系日益密切。另外，"基地组织""乌伊运""阿塔""巴塔"等宗教极端组织大量盘踞在塔吉克斯坦、阿富汗和土库曼斯坦边界地区，伺机扩散。中东、南亚交界处的极端势力已经呈现向中亚地区回流趋势，从种种迹象看，"伊斯兰国"有卷土重来的可能，对成员国安全构成新的威胁。

（四）2019年阿富汗问题带来的挑战

在美国实施从阿富汗和叙利亚撤军计划背景下，地区反恐形势更加严峻，"基地"组织死而不僵，恐怖事件增多。除了上合组织成员国本身存在的恐怖组织隐患外，阿富汗、叙利亚局势动荡不定是区域内恐怖活动的主要来源。"伊斯兰国"虽然失去了所谓的"国土"，但其在伊拉克的破坏能力在增强，并在叙利亚建立了新据点。"伊斯兰国"在伊拉克和叙利亚境内仍然有1.4万~1.8万人，其中包括3000名外国恐怖分子，① 在塔乌边界存在大量从中东返回的恐怖分子。

阿富汗和平进程曲折也影响了地区安全。自2018年特朗普宣布从阿富汗撤军以来，美国和塔利班代表多次谈判，2019年9月，美国与塔利班已经达成和平协议草案，但是，一场恐怖袭击打断了和谈进程，之后，美国宣布暂停与塔利班的和平谈判。2020年2月20日，美国《纽约时报》发表了塔利班副领导人希拉杰丁·哈卡尼的署名文章，阐明了与美国举行和谈的塔利班想要的到底是什么。塔利班认为：和谈是为了建立和平的新阿富汗。② 2020年2月29日，美国和塔利班签署和平协议。根据协议，美国将开始逐步减少在阿富汗的驻军，驻扎在阿富汗的外国军队有望在14个月内全部撤出。塔利班则承诺不再让阿富汗成为恐怖分子的庇护所。阿富汗的前途将由塔利班与喀布尔政府继续谈判来决定。③ 但是，就在和平协议签署的第四天，美军在阿富汗赫尔曼德省对塔利班武装分子发动了空袭。美国的理由是，此次空袭是对塔利班的"防御打击"，是为了回应塔利班此前对阿富汗军队的袭击，美国表示要致力于维护和平，但也有责任保护美国在阿富汗的伙伴。美国呼吁塔利班停止"不必要的攻击"，并坚持其承诺。据阿富汗国家安全委员会发言人介绍，自和平协议签署以来，塔利班数日内已在阿富汗国内24个省发动了至少76次袭击。④ 实际上，2020年2月29日和平协议签署后不久，阿富汗政府与塔利班就在释放在押人员问题上发生了分歧。塔利班表示："如果被关押在阿富汗不同地区的5000名塔利班人员获释，阿富汗内部谈判将于3月10日开始。如果这些人不能按时获释，阿富汗内部谈判将会推迟。"而实际上，美国已向塔利班承诺释放这些关押人员。美国大选在即，美国与塔利班达成协议是为美国总统大选营造氛围的权宜之计，还是真正想与塔利班彻底和解，国际社会对美国履行协议的诚意半信半疑，另外，关于释放塔利班在押人员问题阿富汗政府与塔利班能否达成一致，前景并不明朗，现在，阿富汗政府管控能力不断下降，只能控制70%左右的领土，一旦阿富汗政府与塔利班就有关问题达不成协议，可能使阿富汗再次陷入民族冲突，引发新动荡。

---

① 《五角大楼："伊斯兰国"在叙利亚地下组织的人数或达1.8万人》，中国新闻网，http://www.chinanews.com/gj/2019/08-07/8919289.shtml。
② 《破天荒！塔利班在美媒发文：和谈是为了建立和平的新阿富汗》，《环球时报》2020年2月21日，https://baijiahao.baidu.com/s?id=1659142765027019695&wfr=spider&for=pc。
③ 《美国与塔利班签署和平协定：数十年恩怨有望了结？》，《人民日报》2020年3月1日，https://baijiahao.baidu.com/s?id=1659914528552009702&wfr=spider&for=pc。
④ 《和平协议签署仅4天，美国为何对塔利班展开空袭？》，中国新闻网，https://world.huanqiu.com/article/3xIB6q4ofUy。

美国期望反恐战争尽快结束，美国以什么方式或能否从阿富汗和叙利亚顺利完成撤军，将对本地区安全局势、地缘政治和反恐形势产生较大影响。"伊斯兰国"虽然被击溃，但它死而不僵，其意识形态和旗帜招牌的作用仍然具有诱惑力。"伊斯兰国"通过网络空间继续向相关地区或周边渗透。另外，在美国、新西兰和欧洲发生的一系列由"白人至上"主义者制造的恐怖袭击，导致民众对极右恐怖主义的担忧在上升，未来或对本地区产生影响。

四 极端恐怖势力带来的挑战

上合组织成立初期就是以打击"三股势力"为重点目标，2001~2005年，成员国支持美国牵头组织的国际联盟反恐行动，有效打击了本地区的恐怖势力、分裂势力和极端势力。2005年以后，中亚国家连续发生社会动荡及"颜色革命"，成员国认识到美国一方面在相关地区实施反恐行动，另一方面又在本地区煽动或渗透"民主"价值观，对中亚国家的政权安全稳定构成威胁，美国的反恐行动实际上是"双重标准"。尤其是在中亚国家和我国新疆地区反恐以及对恐怖分子认定方面多次显示美国的"双重标准"。2006~2010年，由于"阿拉伯之春"导致突尼斯、埃及等政府垮台，西亚北非地区动荡，上合组织地区的恐怖分子及其活动与西亚北非动荡的社会安全形势密切关联。2008年以后，金融危机加剧了恐怖势力的活动与威胁。2011~2016年，受乌克兰危机和叙利亚内战影响，恐怖活动呈现新的特点，利用网络的恐怖活动增多，恐怖分子年轻化特点明显。尤其是2014年"伊斯兰国"宣布成立，对本地区安全带来新挑战，一直到2017年"伊斯兰国"才从地理空间上被取缔，但是其网络恐怖活动一直还在延续。

2020年，中国、美国及欧盟、非洲、中东等地区相继暴发新冠肺炎疫情，受新冠肺炎疫情冲击国际反恐行动暂停或减少军事打击等，伊拉克、伊朗等中东地区的恐怖分子加大了恐怖活动，同时，也刺激中亚地区恐怖分子活动增多。从整体来看，尽管每一个阶段有不同的特点，但是，"三股势力"在本地区的威胁依然存在，并给上合组织区域国家发展带来持续的不可忽视的挑战。

（一）"伊斯兰国"成立并迅速扩张对地区安全构成新挑战

"伊斯兰国"前身是约旦籍极端分子扎卡维2001~2003年在伊拉克组建的"统一与圣战组织"，名义上属于"基地"组织在伊拉克设立的分支。2011年之后，该组织利用叙利亚陷入内战的机会把控制范围从伊拉克北部扩大到叙利亚北部，2013年4月，该组织与叙利亚"胜利阵线"联合，改称为"伊拉克和黎凡特伊斯兰国"（简称"伊斯兰国"）。2014年6月29日，其领导人巴格达迪在互联网上发表声明,宣布其为"哈里发"。

2014年"伊斯兰国"宣布成立后,极端组织的宣传极富煽动性和迷惑性,引诱上合组织成员国一些宗教极端分子参加所谓的"圣战",这些人中的相当一部分人在国外接受培训和实战训练后再返回家乡制造暴恐事件。极端组织"伊斯兰国"还加紧向阿富汗塔利班渗透,阿富汗塔利班面临分化的倾向。如果更为激进的塔利班分子与极端组织"伊斯兰国"在阿富汗取得主导地位,上合组织成员国的安全将面临重大考验。

从有关恐怖事件频发和相关数据调查显示,阿富汗、伊拉克、叙利亚的极端主义势力在增多。中国新疆地区也有一些极端分子到国外参与叙利亚战争,接受武装培训,之后再返回新疆从事恐怖活动。新的动向表明,2014年以来,许多地区恐怖分子活动频繁,全球不同地区的恐怖组织正在加强联系,形成合流。在新的形势下,只有美国主导的西方联盟放弃反恐的"双重标准",联合世界各国力量共同打击任何形式的极端主义、分裂主义和恐怖主义,世界才可能得到真正的和平与安宁。但令人担忧的是,种种迹象表明,美国及其西方盟友并没有打算吸取过去的教训,仍然我行我素,继续推行其反恐的"双重标准"。

2015年,"伊斯兰国"鼎盛时期拥有约3万名武装人员,其控制范围覆盖了伊拉克和叙利亚大片地区,包括伊拉克第二大城市摩苏尔和伊拉克前总统萨达姆的老家提克里特、安巴尔省首府拉马迪以及叙利亚的巴尔米拉、东部重镇代尔祖尔和北部重镇拉卡。"伊斯兰国"通过在控制区域内向企业征税、走私石油和文物、抢劫公私财物、绑架勒索以及从捐助者那里获取资金等手段,成为世界上最有钱的恐怖组织。"伊斯兰国"不仅在伊拉克和叙利亚从事恐怖活动,而且很快把恐怖活动和网络延伸到西亚北非、中亚、南亚和东南亚等地区,并在世界其他地方不断发动恐怖袭击。

2015年8月,美国领导的国际反恐联盟开始对"伊斯兰国"在伊拉克和叙利亚境内多个目标发动空袭。同年9月,俄罗斯开始军事介入叙利亚反恐行动,对当地数个恐怖组织实施空中打击。叙利亚和伊拉克政府军以及其他武装力量在外部反恐军事力量支持下,对"伊斯兰国"占领区域展开地面攻击。在国际反恐联盟打击下,"伊斯兰国"在叙利亚境内的控制区域大约减少了20%,在伊拉克境内的控制区域大约减少了50%,控制人口从900万人下降到600万人,"伊斯兰国"武装人员也大幅减少。2016年,"伊斯兰国"又遭到国际反恐联军的沉重打击,地理空间的地盘几乎全部丧失。

第一,2015年"伊斯兰国"与其他恐怖势力勾连,对上合组织成员国构成安全威胁。

2014~2015年,"伊斯兰国"占据伊拉克和叙利亚部分领土,不断做大。极端组织"伊斯兰国"极端势力在伊拉克、阿富汗等中东地区及非洲一些国家的活动越来越猖獗。在欧洲、美国等地的暴恐活动也不断升级,"伊斯兰国"计划在中亚地区开辟"新战场"。2014年6月,"伊斯兰国"武装组织宣布成立"伊斯兰哈里发",按照该组织制订的计划,中亚和西南亚都在"伊斯兰国"企图建立的"伊斯兰哈里发"版图之内。上合组织的核心区域、中亚地区的安全形势更加错综复杂。面对恐怖势力的挑战与威胁,成员国及时采取针对本国安全问题的一些举措并积极参与上合组织框架内打击"三股势力"的相关行动。但是,2015年中亚地区的安全威胁仍然严峻。据有关报道显示,"伊斯兰国"极端势力不断将极端分子从哈萨克斯坦等中亚国家招募到伊拉克和叙利亚参加战争或接受培训。极端组织"伊斯兰国"还在中亚各国进行思想渗透,建立秘密组织,搞秘密活动,以吸引其他恐怖组织的成员加入,如"乌兹别克斯坦伊斯兰运动"(IUM)2015年宣布向极端组织"伊斯兰国"效忠。中亚国家已经有数千人到伊拉克、叙利亚参加"圣战",这些人主要是受伊吉拉特"迁徙圣战"的影响。现在,这些中亚和中国新疆的"圣战者"中有少数人希望能回归社会,而多数人则回到中亚和中国新疆,潜伏并寻找时机参加恐怖暴力活动。

"伊斯兰国"与"东突"分子勾结,造成了"东突"势力活动空间增大,成员国安全受到冲击。现在,"东突"已经形成以南亚、伊拉克、叙利亚为重要活动基地,以东南亚为主要偷逃通道,以中亚为跳板的跨境暴恐网络。"东突"势力在中亚、南亚的根基很深,随着"伊斯兰国"对中亚、南亚渗透加剧,"东突"势力与"伊斯兰国"勾结更加密切。前几年,一些"东突"分子越境到国外参加"基地"组织活动,现在,"东突"分子不断加入"伊斯兰国"极端势力的活动中。新疆地区的"三股势力"已经有与"伊斯兰国"合流的趋向。不同极端势力相互勾连、组织方式网络化、恐怖分子年轻化是当前恐怖活动的三大特点。

第二,2016年"伊斯兰国"等恐怖袭击对地区安全威胁加大。

2016年是美国发生"9·11"事件15周年,国际反恐联盟的行动也持续了10多年,但实际上恐怖主义并没有被彻底铲除,而依然在全球肆虐,尤其是恐怖分子在中东、阿富汗、巴基斯坦和尼日利亚及周边地区依然活动猖獗。由于国际社会的反恐联盟行动往往与大国博弈、地缘政治、宗教教派和民族冲突等问题纠缠在一起,在一定程度上削弱了国际反恐合作的实际作用。国际社会多个层面的反恐阵营界限分明,参与打击恐怖主义的国家也各怀心思,甚至有些国家在对恐怖分子认定上存在"双重标准",使多个反恐机制难以形成反恐合力，铲除"伊斯兰国"等极端势力的反恐目标仍然任重道远。

"伊斯兰国"和"努斯拉阵线"等恐怖组织在阿富汗、中东、西亚、北非，包括在叙利亚和伊拉克等国家境内占领或控制了一些城市和地区，他们不断招募其他国家公民参与武装冲突和恐怖袭击活动，导致大量平民伤亡。比如，比利时首都布鲁塞尔机场爆炸事件、德国火车上难民砍人事件、法国尼斯卡车冲撞人群恶性事件以及慕尼黑枪击事件等。从伊斯坦布尔到尼斯，从巴黎到布鲁塞尔，欧洲大陆已经成为恐怖分子袭击的新目标。多个地区和国际安全局势已经面临严重威胁。在各类恐怖组织中"伊斯兰国"和"基地"组织"博科圣地"的威胁比较突出，尤其是"伊斯兰国"在伊拉克和叙利亚渐成颓势之后，正在加速向其他战乱国家和地区渗透，阿富汗东部、利比亚有可能成为"伊斯兰国"的新根据地。

"伊斯兰国"通过加大宣传等手段吸引世界各地更多的极端分子加入其队伍，其中也包括来自上合组织成员国的极端分子，这些极端分子不仅在"伊斯兰国"接受了极端思想的培训，而且还在叙利亚和伊拉克参加过实战，如果这些极端分子返回本国将给上合组织地区安全构成严重威胁。根据中亚各国官方发布的数据显示，2016年中亚五国在中东参加"圣战"的人数在2000人以上。随着"伊斯兰国"在中东地区的生存空间受到挤压，恐怖分子向中亚国家回流的可能性增大。

2016年，已经发现一些从中东地区回流的恐怖分子企图在中亚国家制造恐怖事件。比如，5月，塔吉克斯坦政府抓获一批恐怖分子，他们策划在塔吉克斯坦发动恐怖袭击。6月，恐怖分子在哈萨克斯坦制造了令人震惊的"阿克托别事件"，据哈萨克斯坦安全部门证实，这些恐怖分子的行动得到来自外国的指令。8月，中国驻吉尔吉斯斯坦大使馆遭到恐怖袭击。12月，俄罗斯驻土耳其大使卡尔洛夫遭枪杀。来自"伊斯兰国"的极端主义思想也刺激中亚国家本土的恐怖分子跃跃欲试，伺机作案。中亚地区的恐怖势力以及极端组织"伊斯兰国"的渗透，严重威胁上合组织成员国的安全与社会稳定。2016年极端组织恐怖活动的新特点主要是：利用网络手段加强对青年人的洗脑和宣传，诱导青年人激情犯罪；恐怖主义与极端思想相互关联渗透，极端思想是产生恐怖主义的主要根源，恐怖分子的自杀式袭击事件增多。

第三，2017年"伊斯兰国"遭受重创但死而不僵。

2017年，在国际反恐联盟的打击下，"伊斯兰国"的地理生存空间几乎全部丧失，但其利用现代信息技术在网络空间依然活跃并不断扩大渗透。在"伊斯兰国"恐怖势力在中东地区溃败的形势下，一些恐怖分子开始向阿富汗和中亚国家回流，导致2017年恐怖分子在中亚国家串联渗透活动有所增加。如2017年4月在俄罗斯圣彼得堡发生的恐怖事件，策划者为吉尔吉斯斯坦公民，此人曾经在土耳其和中东接受"圣战"训练。在"伊斯兰国"控制区域不断丧失的情况下，恐怖分子加紧了在网络虚拟世界的恐怖活动。

（二）2018~2019年中亚恐怖活动形势依然严峻

近年来，中亚及周边恐怖活动依然形势严峻，中亚国家恐怖分子活动依然活跃。2019年2月3日，哈萨克斯坦国家安全委员会在卡拉干达和塔拉兹市抓获5名嫌犯，并经法院批准对他们予以逮捕。所有被抓人员均曾被判犯有重罪和特重罪行。[1] 2018年以来中亚国家的监狱多次出现暴乱与动乱。2019年5月19日，塔吉克斯坦一监狱发生骚乱，共有3名警卫和29名犯人在骚乱中死亡。在监狱暴动中，24名犯人持刀杀害了3名警卫以及另外5名犯人，骚乱由在狱中服刑的部分极端组织"伊斯兰国"成员引起。[2] 2020年2月18日，哈萨克斯坦国家安全委员会发布消息称，该委员会工作人员在阿拉木图拘捕了2名策划在人群中实施恐怖袭击行动的极端分子。[3]

在南亚，2019年4月21日，基督教复活节期间，斯里兰卡首都科伦坡先后发生八起连环炸弹袭击事件，包括三座教堂和三家五星级酒店，导致253人死亡，500多人受伤。"伊斯兰国"宣布对这次炸弹袭击事件负责。2019年5月，巴基斯坦瓜达尔港中国人常住的五星级酒店遭到恐怖袭击。

五 乌克兰危机带来的挑战

乌克兰危机是在苏联解体后，俄罗斯对西方国家不断推进的北约东扩进行反击背景下产生的，受乌克兰危机影响上合组织多数成员国经济增长放缓，除中国外，上合组织成员国哈萨克斯坦、乌兹别克斯坦、吉尔吉斯斯坦和塔吉克斯坦均因俄罗斯的经济恶化而面临经济下行压力。乌克兰危机导致卢布贬值，2014年哈萨克斯坦经常账户盈余收缩了82%。由于中亚地区的经济增速普遍放缓，成员国就业压力增大，控制社会稳定的难度加大，成员国的安全与稳定形势面临新的威胁。上合组织应该采取措施积极应对在中亚国家可能发生的安全、

---

[1] 《哈萨克斯坦逮捕5名嫌犯称其涉嫌组织实施恐袭》，中国新闻网，https://news.sina.cn/2020-02-03/detail-iimxyqvy9977488.d.html?vt=4&pos=3。
[2] 《塔吉克斯坦一监狱发生骚乱32人死亡》，新京报网，http://news.sina.com.cn/c/2019-05-20/doc-ihvhiqay0030061.shtml。
[3] 《2名策划实施恐袭的极端分子在哈萨克斯坦被捕》，中国新闻网，https://www.chinanews.com/gj/2020/02_18/9095573.shtml。

政治和社会等领域的重大突发事件,但是,实际上,鉴于"不干涉内政"原则的要求,上合组织有时在解决成员国安全稳定事宜时非常谨慎,也难以发挥建设性的作用。例如,2010年吉尔吉斯斯坦发生严重民族冲突和社会骚乱事件时,上合组织发挥的作用就很有限。①

尽管在内部事务处理上比较谨慎,但是,上合组织成员国在乌克兰危机问题上达成了共识,并发出了一致的"上合声音",上合组织明确表示反对美国及欧盟对俄罗斯实施经济制裁。与欧盟、北约谴责和施压制裁俄罗斯不同,2014年上合组织成员国元首峰会的声明对俄罗斯表示出一定程度的同情和理解,没有进行指责和批评。中国在乌克兰问题上采取独立自主的政策,主要包括中国尊重乌克兰主权和领土完整;中国认为乌克兰危机的爆发事出有因、形势复杂,各方应冷静克制才能加以妥善应对;中国希望以和平谈判而非暴力对抗的方式最终解决该问题。

2015年以来,俄罗斯经济确实出现一些困难,但是,还不至于严重到经济崩溃的程度。不过,乌克兰危机持续发酵,导致经济增长下滑,就业减少,容易引发中亚国家社会矛盾的激化,影响中亚国家的安全与稳定。一方面,乌克兰危机导致俄罗斯经济下滑,拖累中亚国家经济,使其经济增长放缓。另一方面,乌克兰危机导致俄罗斯与北约合作基本停止,也直接影响上合组织成员国安全与稳定。西方国家主观上是制裁俄罗斯,客观上也遏制了上合组织多数成员国的经济发展,因为中亚国家与俄罗斯经贸关系紧密,俄罗斯经济下滑,中亚国家经济也普遍下滑。

2015年,中亚国家内部政治斗争升级,存在伊斯兰政治化的风险。在外部恐怖势力刺激下,中亚国家内部极端势力变得十分活跃。虽然经过25年的政治社会转型,中亚国家发展仍不平衡,社会问题比较突出,腐败问题比较严重,成为滋生极端势力的温床。另外,成员国的多种文化以及宗教传承与现行体制还没有很好结合起来,一些中亚国家甚至还习惯用苏联模式来治理国家,民主、法治、经济规则的不健全和不完善积累了不少社会矛盾,因此,在一些中亚国家新老政权交接的时间节点上可能会面临政局不稳与社会动荡等风险。

在克里米亚已经"归属"俄罗斯的既定事实背景下,俄罗斯与美国及北约的最终和解或许需要一个历史机缘和合适的机会。实际上,俄罗斯近年来,一

---

① Weiqing Song, "Interests, Power and China's Difficult Game in the Shanghai Cooperation Organization", *Journal of Contemporary China*, Vol. 23, No. 85, 2014, pp. 85–101.

直在寻求与美国缓和矛盾的机会，俄美元首曾经几次会晤，特朗普也显示了与俄罗斯缓和的诚意，但是，美国民主党极力反对，几次拿俄罗斯参与美国大选说事并展开调查，导致俄美关系重启失败。从大的趋势看：一是俄罗斯希望与美国、欧盟和解并加强合作；二是欧盟迫于美国压力，一方面经济上制裁俄罗斯，另一方面与俄罗斯的合作从没有间断，而且还在逐步加强；三是俄罗斯化解制裁的关键方是美国，而制约特朗普支持与俄罗斯缓和关系的力量主要来自美国的反对派；四是全球新冠肺炎疫情持续蔓延，在美国与欧盟正在展开防控疫情的关键时期，俄罗斯加强与美国、欧盟的沟通，也许能够找到化解俄美矛盾的新机遇。

六 全球治理缺失带来的挑战

"全球治理"概念最早是在20世纪90年代提出的。1995年，联合国全球治理委员会发布的《天涯成比邻：全球治理委员会的报告》中给出了全球治理的定义：全球治理是"个人和机构、公共与私人管理一系列共同方式的总和，它是一种可以持续调和冲突或多样利益诉求并采取合作行为的过程，包括具有强制力的正式制度与机制，以及无论个人还是机构都在自身利益上同意或认可的各种非正式制度安排"①。在学术界，最早使用全球治理概念的学者是美国的詹姆斯·罗西瑙教授，他认为全球治理是由"人类活动所有层面的规则构成的体系，在这些体系中，通过运用控制权来实现具有跨国影响的目标"②。以奥兰·杨为代表的新自由主义国际机制论者认为，全球治理"实际上只是各种国际机制，包括政府间机制以及非政府组织参与的国际机制的总和"③，其中，民族国家依然是全球治理的主要行为体。④ 约瑟夫·奈等将全球治理定义为"正式和非正式的指导并限制一个团体集体行动的程序和机制，各国的集体行动受到全球治理机制的约束"⑤。安东尼·麦克格鲁强调全球治理实际上需要塑造一种新的

---

① The Commission on Global Governance, *Our Global Neighbourhood*: *The Report of the Commission on Global Governance*, Oxford: Oxford University Press, 1995, chapter 1.
② James N. Rosenau, "Governance in the Twenty-first Century," *Global Governance*: *A Review of Multilateralism and International Organizations*, Vol. 1, 1995, pp. 13–43.
③ Oran R. Young, *International Governance*: *Protecting the Environment in a Stateless Society*, Ithaca: Cornell University Press, 1994, pp. 1–22.
④ Oran R. Young, ed., *Global Governance*: *Drawing Insights from the Environmental Experience*, Cambridge: The MIT Press, 1997, pp. 283–284.
⑤ 〔美〕约瑟夫·奈、约翰·唐纳胡主编《全球化世界的治理》，王勇、门洪华等译，世界知识出版社，2003。

国际规范与权威。①

尽管学者从不同的视角解读全球治理概念,但从各自概念中都体现了治理的主客体、形式和目标,表明了全球治理是通过各种国际体系来实现的,而国际体系是在国际社会中各个国际行为主体之间相互影响与作用所形成的有机统一整体。国际体系主要包括国际行为主体、国际力量结构、国际互动规则和国际机制。这些不同视角的全球治理定义,共同表达了这样一种逻辑,即在全球治理缺位的情况下,各治理行为体为克服"治理失灵"现象,努力通过相关制度安排等,来实现全球公共产品的有效供给。近年来,中国学者从国际公共产品②、国际治理体系演变③、"一带一路"合作等视角来解读全球治理概念与实践④。多数学者认为,全球治理体系大致包括六个方面,即经济治理体系、政治安全治理体系、发展治理体系、环境治理体系、公域治理体系、区域治理体系,这些治理领域都与上合组织区域治理议题以及关注的全球议题高度关联。比如,公域治理体系的外空管理问题,政治安全治理体系的核不扩散条约问题,发展治理体系和经济治理体系的环保合作以及"一带一路"高质量发展问题等。国际治理最主要的途径是提供国际公共产品和管理,这些公共产品既包括有形的货币、资产,也包括无形的机制、制度等。

当前,全球治理主要面临"和平赤字、发展赤字和信任赤字"三大治理赤字。全球治理存在七大难题,即气候变化、难民危机、网络安全、军备控制、可持续发展、恐怖主义和地区冲突。三种因素是导致全球治理缺失、失衡与紊乱的重要原因,即美国"退出"多边机制,大国竞争加剧,民粹主义保护主义上升。由于全球治理的严重缺失与联合国的权威作用遭遇挑战,国际社会随时可能引发既有矛盾和问题的激化,包括军备竞赛、难民危机、恐怖主义和地区热点问题等。全球治理未来可能面临"四个对立"的新趋势、新困境,即单边主义与多边主义对立,国家中心主义与地区主义对立,主要大国与联合国对立,

---

① Anthony Mc Grew and David Held, *Governing Globalization: Power, Authority and Global Governance*, London: Polity Press, 2002.
② 曹德军:《论全球公共产品的中国供给模式》,《战略决策研究》2019年第3期。
③ 卫灵:《中国特色大国外交的理论构建与实践创新》,《学术前沿》2019年第5期;李巍:《国际秩序转型与现实制度主义理论的生成》,《外交评论》2016年第1期;周世俭:《对国际经济治理体系改革的几点思考》,《国际问题研究》2016年第4期。
④ 秦亚青、魏玲:《新型全球治理观与"一带一路"合作实践》,《外交评论》2018年第2期;门洪华:《应对全球治理危机与变革的中国方略》,《中国社会科学》2017年第10期;王文、刘英:《"一带一路"完善国际治理体系》,《东北亚论坛》2015年第6期;胡必亮:《"一带一路"与中国的全球治理观》,《中国发展观察》2018年第3期。

"本国至上"与"互利共赢"理念的对立。这些对立的主要根源来自"美国优先"理念以及美国不断"退出"多边机制的行为,从而导致世界大国提供国际公共产品严重不足。美国作为当今世界实力最强大的国家和国际体系的主导国,其大国责任担当意识和行动明显缺失。

全球治理缺失及由此引发的大国博弈等问题反映到上合组织,给上合组织带来的挑战主要体现在几个方面:成员国的地区主义理想和实践受到干扰甚至是破坏;美国坚持"美国优先"理念,单边主义逆流冲击"上海精神";上合组织有关议题在联合国受到美国的阻挠;美国挑拨上合组织成员国之间的团结,比如拉拢印度参与"印太战略"框架等;这些问题将给上合组织带来新的挑战。

第五章　上海合作组织的发展机遇

上合组织发展面临的主要机遇有内部和外部两部分。从内部机遇看，成立20年来，上合组织已经积累了丰富的内部治理经验、合作经验和合作成果，"上海精神"是其发展的一个独特源泉，中俄战略协作伙伴关系水平不断提升，成员国政治互信不断加强，高质量共建"一带一路"，首次扩员促进上合组织全面发展等。从外部机遇看，美国战略调整收缩并明确"美国优先"理念，不断退出"多边机制"，美国不愿意再承担更多的全球责任和义务，美国主导和控制全球政治经济秩序的影响力逐步下降，美国代表发达经济体对全球公共产品的供给能力明显下降或缺失，发展中国家和新兴经济体集体崛起并且发展动力强劲，改善民生等公共产品需求依然迫切。在全球化受阻和单边主义逆流兴起的背景下，区域合作的紧迫性和必要性增加，地区一体化倡议合作因素增多，上合组织作为新型区域组织迎来发展的新机遇。

第一节　成员国政治互信不断增强

一　中俄战略协作引领上合组织发展

中国与俄罗斯战略协作紧密，推动上合组织发展"双引擎"的一致性与协调性不断加强。上合组织成立后的一段时期，中国一直被外界视为该组织的主导国和"发动机"，上合组织成员国的大部分项目融资来自中国的优惠贷款或援助；也有一些学者认为，俄罗斯对上合组织的态度并不积极，甚至担心上合组织的快速发展会影响俄罗斯主导的独联体一体化的发展。但是，普京于2012年再次就任总统后，重新修订了《俄罗斯联邦对外政策构想》，认为就整个俄罗斯国家安全而言，最大的威胁来自美国和北约，如北约东扩、美国在俄罗斯周边部署反导系统、美国在亚太增强军事存在等；就局部地区而言，最大威胁是边境地区的非传统安全，尤其是来自高加索地区和阿富汗的恐怖势力和极端势力，以及走私、贩毒、非法移民等跨国有组织犯罪活动。

实际上，在苏联解体后，是俄罗斯首先提出成立区域组织的倡议，如果没有俄罗斯的主动姿态，在当时的背景下中亚国家不会与中国走到一起，至少建立边境与军事互信不会如此顺畅。在2005年吉尔吉斯斯坦和乌兹别克斯坦发生严重的社会动乱期间，俄罗斯在维护两国的政权安全与社会稳定方面给予及时支持，在防止美国策划"颜色革命"方面发挥了重要作用，俄罗斯可以利用其主导的独联体集体安全条约组织来维护中亚国家的稳定与安全，但俄罗斯仍建议上合组织建立预防成员国突发事件磋商机制。外界有这样的评论，认为在上合组织框架内是俄罗斯发挥维护地区安全的作用，中国发挥促进地区经济发展的作用，中俄成为引领上合组织发展的"双引擎"。俄罗斯还提出建立上合组织能源俱乐部、成立上合组织大学等重要的合作议题，为上合组织各领域合作及首次扩员提出了许多建设性意见和建议。中俄两国对地区和国际形势的基本判断以及对上合组织的战略定位和功能期待比较一致，两国的战略利益和需求比较接近，中俄两国领导人高层会晤越来越频繁，中俄两国政治互信不断增强。在地区和国际事务，以及上合组织双边与多边合作方面的协调性和一致性不断增强，为上合组织的发展注入了新动力，提供了新机遇。

中俄两国是上合组织成员国中两个重要的成员国，中俄是推动上合组织发展的"双引擎""双核心"，中俄战略性协调一致是上合组织顺利发展的基石，是扩员后推进"磨合期"各项工作顺利开展的基础，也是构建"中俄+印"三边良性互动关系的基础与前提。近年来，中俄关系不断深化发展。

第一，中俄关系提升，两国战略性协调一致。2019年6月5日，习近平主席访问俄罗斯，在出席第二十三届圣彼得堡国际经济论坛期间，中俄两国元首签署了《中华人民共和国和俄罗斯联邦关于发展新时代全面战略协作伙伴关系的联合声明》和《中华人民共和国和俄罗斯联邦关于加强当代全球战略稳定的联合声明》两个重要文件。关于新时代中俄关系的联合声明指出，中俄关系的重要特征是高度的政治互信，完备的高层交往和各领域的合作机制；以及内容丰富、具有战略意义的务实合作，坚实的世代友好民意基础和密切有效的国际协调。① 关于中俄全球战略稳定的联合声明指出，中俄双方认识到当前国际安全环境面临严峻挑战，决心深化战略互信，加强战略协作，坚定维护全球和地区

---

① 《中华人民共和国和俄罗斯联邦关于发展新时代全面战略协作伙伴关系的联合声明（全文）》，新华网，http://www.xinhuanet.com/2019-06/06/c_1124588552.htm。

战略稳定。① 这充分体现了中俄在重大国际和地区事务上战略协调一致的立场，中俄双方在各方的核心利益上坚定支持对方，联合抵制外部势力对中俄的遏制和打压。中俄关系是当今世界上最紧密、最成熟、最稳定的一组大国关系，中俄合作没有休止符，只有进行曲。②

第二，中俄务实合作实现新突破。"一带一路"建设与欧亚经济联盟对接顺利推进，中俄地方合作不断深化。在能源、航空航天、互联互通等领域的重大项目稳步推进，东线天然气管道已投产通气。中俄双边贸易额连续两年突破1000亿美元等。

第三，中俄友好交流成果丰硕。2019年4月，普京总统应邀出席第二届"一带一路"国际合作高峰论坛，其间，中俄两国元首一起活动的时间最多。清华大学授予普京荣誉博士学位。习近平主席在参加第二十三届圣彼得堡经济论坛期间，在俄罗斯出席了二十场活动，中俄元首一起出席外交活动二十多个小时，表明中俄元首互信达到新高度。

中俄关系提升到新水平，为丝绸之路经济带和欧亚经济联盟深化对接合作，为"一带一路"与"欧亚经济伙伴关系"协调发展奠定了基础，也为化解成员国矛盾、建立"中俄+印"良性互动"三边关系"注入新动力，为上合组织发展带来新机遇。

二 成员国政治互信增强带来新机遇

上合组织自成立之日起便是"问题推动"型的国际组织，即通过发现问题和解决问题，在成员国共同感兴趣的领域开展合作，带动组织发展。作为一个积极行动和快速发展的区域国际组织，上合组织的优势之一是勇于面对诸多挑战，从不回避问题和矛盾，努力将现有挑战转化为未来发展的机遇。2012年是上合组织发展承上启下的关键时期，既要总结组织成立后第一个10年（2001~2011年）的经验教训，又要为争取第二个10年的辉煌成果铺垫基础。如果说上合组织第一个10年的合作重点是建立合作机制与制度，并启动务实合作的话，那么第二个10年的合作重点是继续巩固和深化务实合作，借助成员国共同感兴趣的问题，在各领域寻求新突破，实现新发展。

客观地分析上合组织面对的国际新形势和面临的新挑战，尽管困难不少，

---

① 《中华人民共和国和俄罗斯联邦关于加强当代全球战略稳定的联合声明（全文）》，新华网，http://www.xinhuanet.com/world/2019-06/06/c_1124588509.htm。
② 《七十年岁月峥嵘 新时代接续奋斗：国务委员兼外交部部长王毅回顾2019年外交工作并展望明年工作》，人民网，http://world.people.com.cn/n1/2019/1224/c1002-31520888.html。

但上合组织完全能够实现既定目标,这主要得益于成员国政治互信、团结协作,具备良好的发展基础和条件。

第一,成员国政治互信基础牢固,彼此间多数已建立"战略伙伴"关系。2013年5月20日、9月11日,中国与塔吉克斯坦和吉尔吉斯斯坦两国的"伙伴关系"分别提升为"战略伙伴关系"。加上之前与哈萨克斯坦于2011年6月14日建立的"中哈全面战略伙伴关系"、与乌兹别克斯坦于2012年6月7日建立的"中乌战略伙伴关系",中亚五国已全部是中国的"战略伙伴"。俄罗斯与中亚国家也均是"战略伙伴",哈萨克斯坦与其他中亚国家也签署了"战略伙伴"关系协议。其中,中俄关系从上合组织成立初期的面向21世纪伙伴关系,到中俄战略伙伴关系、中俄全面战略协作伙伴关系,再到中俄新时代全面战略协作伙伴关系,历经20多年发展,中俄关系不断跃升到新台阶。

第二,成员国的发展战略目标和措施具有诸多共性。中共十八大提出"两个一百年"的奋斗目标,2013年中国又提出共建"丝绸之路经济带"和"21世纪海上丝绸之路"的合作倡议;俄罗斯《俄罗斯2020年前经济社会长期发展战略》提出,2020年前俄罗斯的经济总量要进入世界前五强,俄罗斯联邦国家长期经济政策确定,普京任期内的目标之一是在世界银行发布的"营商环境"指标中俄罗斯的排名由2011年的第120位上升至第20位;哈萨克斯坦总统纳扎尔巴耶夫在2013年国情咨文中提出"2050年前战略"(争取进入世界前30强国家行列);吉尔吉斯斯坦落实《2018~2040年国家发展战略》;2013年11月16日,塔吉克斯坦总统拉赫蒙在其总统就职仪式上宣布新一届任期内的任务目标之一,是到2020年将人均GDP增加到2012年的1.5~2倍,并实现国家能源独立;乌兹别克斯坦的国家整体发展战略是"进入发达民主国家行列";印度提出"印度制造""季风计划""香料之路"等发展规划;巴基斯坦提出国家基础设施振兴计划等。上述各成员国发展战略的共同之处在于:均将经济建设和改善民生作为国家发展的重中之重;均致力于调整经济结构,缩小地区发展差距,加强区域国际合作。在具体措施方面,均重视宏观经济稳定、控制通胀、减少失业、扩大基础设施建设、增加吸引外资等。

哈萨克斯坦于2015年11月30日正式成为世贸组织(WTO)成员。至此,上合组织八个正式成员国中,已有吉、中、俄、塔、哈、印、巴七国成为世界贸易组织成员。乌兹别克斯坦于2019年7月正式启动加入世贸组织谈判。这意味着,上合组织各成员国间的贸易和投资规则,以及各成员国与国际主流规则愈加接近,为未来贸易便利化和自由化合作打下良好基础。

第三,成员国凝聚力增强,周边环境总体稳定。2018年,美国把中国认定为"修正主义国家"和"战略竞争对手",美国试图联合其盟友遏制中国发展,但是,中国和平发展的趋势已经不可阻挡。中美贸易摩擦主要在经济领域,还没外溢到其他领域,尽管美国一些政客极力鼓动宣传"中国威胁论",试图推动中美经济"脱钩"和战略全面对立,但是,本区域安全环境总体稳定。

从上合组织内部看,中俄战略协作伙伴关系不断促进两国在政治上高度一致,共同应对美国等西方的单边主义和贸易保护主义。中亚国家内聚力也在增强。2018年3月,中亚五国峰会召开,标志着中亚国家的凝聚力提升和共同发展的愿望增强。乌兹别克斯坦与中亚邻国关系明显改善,中亚国家之间在边境问题、水资源问题等方面加强了对话与协调,中亚国家之间合作因素在增多。印度和巴基斯坦加入上合组织以来,积极参与有关会议及成员国活动,2018年以来中印关系稳定向好,印巴关系虽有波折但总体上也有所缓和。

从上合组织外部看,以英国脱欧、法国黄马甲抗议活动等事件为主要标志,显示西方传统的联盟理论与实践遭到重创,德国、法国主导的欧盟似乎已经失去往日的吸引力和凝聚力。特朗普固守"美国优先"理念,美国在国际社会中不断"退群"的行为,导致美欧之间分歧日趋加大,西方发达国家之间也出现严重分化的趋势。日本以中日邦交正常化40周年为契机,积极发展中日关系,推进中日韩合作向前发展。南海问题以"南海行为准则"为基础,局势基本稳定。

可以说,尽管在地区和全球层面还存在许多不确定因素,但是,上合组织面临的外部环境和内部掣肘因素都有所改善和缓和,在此背景下,有利于上合组织成员国进一步拓展新合作领域,深化既有的务实合作,尤其是深化产能等经济领域的合作,以促进成员国工业现代化发展进程,获得实实在在的经济增长,并改善民生。

三 制定《上海合作组织至2025年发展战略》,为未来发展规划蓝图

上合组织成员国在2012年首次制定本组织的中期发展规划后,2015年,成员国元首放眼地区与全球未来发展趋势,又高瞻远瞩地制定了《上海合作组织至2025年发展战略》(以下简称《2025战略》),明确了上合组织未来10年的发展方向和战略目标,《2025战略》提出了"八个目标"和"八项任务",对上合组织未来10年的政治、安全、经济、人文合作和国际合作等问题进行了方向性和战略性的规划。《2025战略》认为:"全球挑战和威胁层出不穷,不确定性和不可预测性因素增多,各种地区冲突和局部冲突此起彼伏,在本地区建立共

同、综合、包容、透明、不可分割与可靠的安全与稳定增长架构的必要性日益凸显，因此，上合组织的作用将不断提升。"① 上合组织作为一个高效完整的地区组织，"不追求建立军事政治联盟或带有超国家管理机构的经济一体化组织"，成员国认为，非集团的多边组织能够有效保障国际安全。上合组织未来发展的重点仍然是打击"三股势力"，打击非法走私毒品等活动。《2025 战略》指出："经济合作是保障上合组织稳定的重要因素，是该组织取得持续稳定发展的手段之一。"因此，要促进各成员国经济发展，改善人民的生活条件，将努力成立上合组织开发银行和上合组织发展基金。《2025 战略》还明确了上合组织未来在政治、安全、经济和人文合作等领域的发展方向，为上合组织的长远和可持续发展提供了新指导。

但是，《2025 战略》并没有涉及扩员后上合组织定位调整与发展方向问题，也没有明确未来 10 年上合组织经济一体化的具体目标。例如，今后上合组织发展空间是否向以欧亚大陆腹地为中心转变，在明确未来 10 年发展方向仍然以安全合作为主的情况下，对经济合作与政治合作的关系等问题没有表述。不过，区域经济一体化毕竟是一个自然的发展过程，不能揠苗助长，相对于成立 30 年后才完成经济一体化目标的东盟而言，上合组织的经济一体化仍然充满希望。②

第二节　"一带一路"与欧亚经济联盟对接促进区域发展

2014 年 5 月 29 日，俄罗斯、白俄罗斯、哈萨克斯坦三国签署成立欧亚经济联盟的协议。2015 年 1 月 1 日，欧亚经济联盟正式启动，随后亚美尼亚和吉尔吉斯斯坦加入，成为其正式成员国。上合组织成员国与欧亚经济联盟成员国多数重叠，两个区域经济合作组织将形成相互交织的局面，并且欧亚经济联盟相对于上合组织而言，前者属于更高层次的经济一体化组织，两种组织的运行规则有比较大的差异。

从表面看，欧亚经济联盟与上合组织存在竞争关系，但实际上，上合组织与欧亚经济联盟也可以成为合作关系。如果把欧亚一体化进程与上合组织发展及未来扩员结合起来，可能会发现这两个机制的共性会更多，两者合作的可能性会更大。一方面，与欧亚经济联盟不同，上合组织以落实各成员国共同感兴

---

① 上海合作组织秘书处：《上海合作组织至 2025 年发展战略》，2015。
② 王玉主：《东盟区域合作的动力（1967~1992）——基于利益交换的分析》，《当代亚太》2006 年第 7 期；思路：《论东盟的经验及其启示——纪念东盟成立三十周年》，《东南亚》1997 年第 1 期。

趣的项目为主，不以推进区域高层次的制度一体化为主，成员国希望经济合作能在上合组织的合作中占据主要位置。另一方面，欧亚经济联盟建立共同经济空间、超国家机构、共同的资本与劳动力市场，是比上合组织更高层次的经济一体化机制。因此，上合组织与欧亚经济联盟在一定时期内可以形成合作。

另外，从上合组织的理念分析，"上海精神"和"新安全观"的核心是不对抗、求和平、谋发展，这符合当前国际社会发展的大趋势与和平发展的潮流，符合各成员国的需求。各成员国都遇到各种各样的发展困难和问题，需要合作应对，上合组织框架内的合作是开放的，而不是封闭的，上合组织发展也不针对第三方，合作是开放的合作，是互利共赢的合作，这一点在上合组织与欧亚经济联盟二者间体现得比较明显。尽管在某些领域上合组织与欧亚经济联盟确实存在一定的竞争关系，但这些也属于良性的竞争。上合组织成员国加入欧亚经济联盟并不影响其在上合组织中的作用。[①] 从总体上分析，中亚国家在中俄之间不存在两难选择。

一 2015年启动"一带一路"与欧亚经济联盟对接

在2013年以前，由于成员国在经济实力、发展水平、地缘环境、资源禀赋等方面的差距巨大，上合组织一直没有找到让所有成员国都感兴趣并能参与的合作大项目。2013年，中国提出共建丝绸之路经济带的倡议，恰好满足了各成员国的现实需求。尽管一些西方学者认为，上合组织与欧亚经济联盟是针锋相对的，不可能形成合作，但是，中俄专家认为，这两者是可以协调整合与合作的。中俄学者都认可并看好"一带一路"倡议对欧亚大陆发展与稳定的重要意义。中俄两国学术界就"一带一路"理念、目标及意义从2013年开始开展对话与深入研讨，到2014年底初步达成了共识。2015年5月9日，中俄两国领导人签署《中华人民共和国和俄罗斯联邦关于丝绸之路经济带建设与欧亚经济联盟建设对接合作的联合声明》，明确上合组织是丝绸之路经济带与欧亚经济联盟的主要对接平台。[②]

实际上，丝绸之路经济带建设对上合组织的推动作用，不仅仅局限于丝绸之路经济带和欧亚经济联盟对接方面。上合组织还要与共建丝绸之路经济带沿线的成员国、观察员国和对话伙伴国三个层次的国家开展密切的合作，这是欧

---

① Joseph Y. S. Cheng, "The Shanghai Cooperation Organisation: China's Initiative in Regional Institutional Building", *Journal of Contemporary Asia*, Vol. 41, No. 4, 2011, pp. 632–656.

② 《中华人民共和国和俄罗斯联邦关于丝绸之路经济带建设与欧亚经济联盟建设对接合作的联合声明》，新华网，http://www.xinhuanet.com/world/2015-05/09/c_127780866.htm。

亚经济联盟的范围所不能覆盖的。但是，"一带一路"与欧亚经济联盟对接是中俄战略互信、共同推动上合组织框架内中俄合作的重要体现，也是中俄全面战略协作伙伴关系深化的具体体现。"一带一路"与欧亚经济联盟对接是在两种不同层次上的机制对接，丝绸之路经济带是合作倡议，而欧亚经济联盟是一体化机制，上合组织成员国的经济合作在具体项目推进中还会遇到一些具体的困难和障碍。在多边合作比较困难的情况下，上合组织推动成员国双边合作也是推进丝绸之路经济带建设的重要实现形式。在"一带一路"与欧亚经济联盟对接中，以产能合作、基础设施互联互通建设等大项目为重点。例如，建立中哈产能合作对接示范项目，为丝绸之路经济带沿线国家与上合组织成员国合作提供可借鉴的双边合作的经验和案例。

一些学者认为，上合组织将在未来构建欧亚统一经济空间中起到重要作用，中俄将充分利用上合组织现有的对话机制和平台，同时，在推动"一带一路"与欧亚经济联盟对接过程中，上合组织区域经济一体化合作也将不断得到加强。

二 "一带一路"与欧亚经济联盟对接深化，促进成员国务实合作

2016年是上合组织成立15周年，也是中俄签署睦邻友好条约15周年，中俄元首共同发表联合声明，全面总结了中俄睦邻友好合作条约签署15年来中俄关系的发展成果，强调中俄将深化战略合作，共同推动上合组织发展。① 2016年，中俄两国元首和总理多次会晤，及时就国际和地区一些重大问题加强协调与沟通，促进上合组织发出一致声音。中俄两国举办了海军等联合军演，中俄还签署了联合研制远程宽体客机等战略性合作的大项目。

在新的国际形势下，中俄政治互信进一步深化的重要标志是中国提出的丝绸之路经济带倡议与俄罗斯主导的欧亚经济联盟实施对接。在全球化逆流兴起、贸易保护主义抬头、区域合作"碎片化"、英国脱欧等背景下，中俄作为上合组织的"双引擎"共同推动印巴加入上合组织，实现上合组织首次扩员，这是中俄政治互信的又一个巨大成果。俄罗斯支持中国的"一带一路"倡议，中国支持俄罗斯提出的建立"大欧亚伙伴关系"倡议，将有力推动上合组织扩员后在"磨合期"实现和谐稳定发展，进而推动中俄印三国在上合组织和金砖国家框架下开展积极的战略合作和构建"中俄+印"三边良性互动机制，为上合组织未

---

① 《习近平主席与普京总统签署〈中华人民共和国和俄罗斯联邦联合声明〉》，新华网，2016年6月26日，http://www.xinhuanet.com/politics/2016-06/26/c_1119111908.htm。

来发展增添新的动力。

2017年，中俄全面战略协作伙伴关系更加深入务实，中俄两国在政治上高度互信，在经济上推动务实合作；在外交倡议上实现了紧密协调与合作，在联合国层面保持了密切沟通与协作。如面对朝鲜半岛局势和困局，中俄及时共同发声，在中方提出的"双暂停"倡议和"双规并行"思路以及俄方提出的"分步走"设想基础上，中俄提出解决朝鲜半岛问题的"路线图"，贡献了中俄方案。在叙利亚内战和中东等热点问题上，中俄坚持主张以和平方式解决双边分歧，推动政治解决进程。2015年中俄实施丝绸之路经济带与欧亚经济联盟对接以来，中俄在能源、科技、航空航天和基础设施建设等领域加强了战略合作。2017年中俄签署《关于欧亚经济伙伴关系协定联合可行性研究的联合声明》。[①] 2017年7月，中俄原油管道二线主体工程贯通，俄罗斯每年向中国输出的原油总量将达到1500万吨。中俄合作开发冰上"丝绸之路"等。中俄务实合作取得了更多的成果，促进两国不断深化和提升战略协作伙伴关系的新水平。中俄两国的双边战略合作具有超双边意义，对上合组织成员国双边和多边合作具有示范效应。在中俄战略对接引领下，上合组织成员国之间通过发展战略对接，深化了成员国在经济、安全和人文各领域的务实合作。

三 中俄签署"一带一路"与欧亚经济联盟对接的新成果

2015年5月，中俄两国元首签署了《中华人民共和国和俄罗斯联邦关于丝绸之路经济带建设与欧亚经济联盟建设对接合作的联合声明》，标志着中俄两国共同宣布中国与欧亚经济联盟经贸合作协定谈判正式启动。2016年10月开始首轮谈判，经双方五轮谈判、三次工作组会议和两次部长级磋商，于2017年10月1日结束实质性谈判。2018年5月17日，中国与欧亚经济联盟及其成员国签署了《中华人民共和国与欧亚经济联盟经贸合作协定》（以下简称《协定》）。《协定》已于2019年10月25日宣布正式生效。[②] 《协定》符合现阶段"一带一路"与欧亚经济联盟对接合作的实际，为今后实施更高水平的经济一体化奠定了基础。《协定》是中国与欧亚经济联盟在经贸方面首次达成的重要制度性安排，是推进"一带一路"与欧亚经济联盟对接的早期收获。《协定》虽未涉及取消或减免关税问题，但《协定》包含贸易安排的传统议题及电子商务、知识产权等

---

① 《中俄签署〈关于欧亚经济伙伴关系协定联合可行性研究的联合声明〉》，商务部网站，http//www.mofcom.gov.cn/article/ae/ai/201707/20170702604249.shtml。

② 《〈中华人民共和国与欧亚经济联盟经贸合作协定〉正式生效》，中国新闻网，http://www.chinanews.com/gn/2019/10-26/8990401.shtml。

新议题,对减少非关税壁垒、促进贸易便利化、解决现阶段对接合作中的问题有积极作用。总之,《协定》符合现阶段双方对接合作的实际,如果《协定》落实的成果显著,能为各方带来实实在在的利益,并将为下一步商谈更高水平的经济一体化安排奠定基础。

从目前情况看,建成真正意义上的自贸区仍然存在困难。一方面,欧亚经济联盟建设内在动力不足。俄罗斯作为主导国,受本身经济下行及欧美制裁的双重影响,对联盟建设的推动力不足;而联盟的成员国又对俄罗斯有所顾虑,担心国家主权的独立性会受到影响。联盟内部贸易投资发展不充分,法律法规尚不健全。另一方面,欧亚经济联盟成员国对与中国建立自贸区的疑虑与戒心也难以消除。俄罗斯始终对中国在中亚地区不断增长的影响力保持警惕。联盟成员国的经济结构及外贸结构均决定了其对外商签自贸区是弊大于利,因此在一体化议程中偏于保守和谨慎。联盟成员国担心与中国建立自贸区会冲击本国产业发展,形成对中国经济的过度依赖。①

各方应共同努力落实《协定》的要求,以实际成果彰显经贸合作符合各方利益。各方应注重发挥"联合委员会"作用,力促包括海关合作在内的一系列贸易便利化进程加快,加强各方在农业、能源、运输、金融等领域合作,促进中国东北地区与俄罗斯远东地区经贸合作,大力推动数字经济发展,促进科技领域创新合作。

借鉴其他区域一体化组织经验,谋求一体化程度的逐步升级。借鉴东盟和欧盟从低层次一体化制度安排起步,逐步升级经济一体化程度的经验,积极创造条件与欧亚经济联盟成员国就关税削减以及服务贸易、投资议题展开谈判,力争开启区域合作新进程,为未来在合适的时候建立自贸区奠定一定基础。

以"欧亚经济伙伴关系"为基础,促进更大范围的一体化制度安排。俄罗斯近年来非常重视"大欧亚伙伴关系"建设。中俄此前已经签署了《关于欧亚经济伙伴关系协定联合可行性研究的联合声明》,其中涉及服务贸易、投资等议题,因此,可以借助"欧亚经济伙伴关系",探索组建包含欧亚大陆其他大国在内的更大范围的自贸区或经济一体化安排。

---

① 张继荣等:《"一带一盟"对接合作新进展:〈中华人民共和国与欧亚经济联盟经贸合作协定〉展望》,中国社会科学网,http://cssn.cn/jjx_lljx_1/sjjjygjjjx/201811/t20181126_4781613.shtml;郭连成:《"一带一盟"对接合作:现状与前景》,《财经问题研究》2018年第10期。

第三节　金融危机后新兴经济体加快发展

一　金融危机后世界经济进入深度调整期

自2008年美国金融危机爆发后，西方发达经济体经济发展普遍持续低迷长达10年以上，尤其是美国国内社会矛盾和党派斗争日益激化，美国及西方国家主导的世界单极体系越来越难以为继，为世界多极化格局演变带来更多机会，世界经济发展动力向东转移，为上合组织发展壮大提供了新机遇。在世界经济危机背景下，尽管有一些发达经济体经济发展出现回暖，但是，美国经济复苏在短期内依然比较缓慢。奥巴马时期美国实施"亚太再平衡"战略，是对中国和平发展的遏制，希望建立由美国主导的新的经济秩序和规则。美国有一些从冷战时期遗留下来的同盟体系，如北约等，在奥巴马时期又努力推动一些新的同盟体系，如跨太平洋伙伴关系协定（TPP）和跨大西洋贸易与投资伙伴协定（TTIP）等，但特朗普上任后，宣布美国退出TPP体系。无论是美国主导的旧同盟体系，还是新同盟体系，都无法阻挡以发展中国家为主的新兴经济体的集体崛起，这为上合组织发展提供了战略机遇。

二　美国退出TPP，中俄共同推进上合组织扩员转型升级

奥巴马时期的美国政府实施"亚太再平衡"战略，全力打造TPP，并取得了阶段性成果，认为TPP是美国打造全球新经济秩序的重要抓手，特朗普任总统后不久宣布退出TPP，令国际社会感到惊讶。从特朗普的商业经历、总统竞选时的承诺到他入主白宫后的政策实施特点看，特朗普提出"美国优先"理念，表明他是一个专注于当下而并不顾及美国未来外交全局的现实主义者。从这个视角看，2016年美国宣布退出TPP，并不意味着美国将放弃领导全球的位置，恰恰相反，美国可能试图打造一个没有中国参与的政治经济新体系。

第一，迄今为止，美国仍然是当今世界经济实力、军事实力、科技实力和文化软实力最强大的国家，中国尽管经济总量已经位居世界第二，但是人均经济总量在全球排位还比较低。美国不可能在短期内把中国视为平等的战略伙伴关系来对待。

第二，近10多年来，美国之所以国际地位逐步下降，主要是由于美国坚持新干涉主义穷兵黩武，武力推翻别国政权并发动战争，尤其是自2001年美国发生"9·11"事件以后，一系列反恐战争消耗了美国的巨大财力。美国制造"阿

拉伯之春",在中亚推行西方民主并引发中亚地区"颜色革命",均不得人心。奥巴马政府时期实施"亚太再平衡"战略,以遏制中俄的发展,显示美国战略顾此失彼,其世界"霸主"地位逐步动摇,特朗普看到了这些问题和趋势,尤其是看到近年来美国制造业萎缩,失去了大量就业岗位等。这些因素导致美国不愿意在维护世界政治经济秩序的霸主地位上再承担更多的责任和义务。

第三,在美国全球战略收缩和务实主义理念指导下,特朗普针对世界主要大国展开经贸博弈,并把中国作为首要的竞争对手。特朗普当选总统后立即抛出否定一个中国原则的言论,几乎把中美关系业已形成的基础和前提都否定了。特朗普尽管对普京有好感,但是美国与俄罗斯之间的矛盾是结构性的,在短期内不可能有太多缓和。特朗普的政策充满不确定性,他甚至对其盟友欧盟的政策也进行批评。在俄美关系上,未来乌克兰危机如何化解将是检验俄美关系能否缓和的试金石。

在特朗普政府固守"美国优先"理念背景下,中国和俄罗斯必须深化合作与互信,努力打造共同的安全与经济空间,在以成员国周边为基础,巩固上合组织安全稳定的前提下,积极稳妥推进上合组织首次扩员以及扩员后的协调与发展,把安全稳定的区域从中亚扩展到南亚,围绕中、俄、印三国周边形成更大的"睦邻友好带、经济合作带和安全稳定带"。中俄共同推动"一带一路"与欧亚经济联盟对接合作,推进上合组织成员国深化务实合作,在此基础上,进而推动"一带一路"倡议与"欧亚经济伙伴关系"协调发展。在这个过程中必然会促进上合组织的不断发展壮大和升级转型。

三 新兴经济体发展加快带来新机遇

上合组织的成员国、观察员国和对话伙伴国都属于发展中国家和新兴经济体,实际上,扩员后的上合组织已经成为新兴经济体合作的平台。首先,中国、俄罗斯、印度是上合组织较大的经济体,近年来,中国、印度经济持续快速发展,成为亚洲的领头羊,俄罗斯是中亚国家传统的领头羊。其次,从观察员国看,蒙古国、白俄罗斯、伊朗、阿富汗也具有较大发展潜力。最后,从对话伙伴国看,土耳其、斯里兰卡、亚美尼亚、尼泊尔、柬埔寨和阿塞拜疆也都具有发展潜力。

第四节 "一带一路"倡议促进上海合作组织发展

"一带一路"倡议从2013年提出,到2015年中国三部委共同制定的发展愿景得到国际社会的广泛认同,再到现在,已经实施 8 年。在"五通"方面取得了一些重大成果并有力支持了中国国内深化经济改革和沿线国家的经济发展:一是有力支撑了中国国内推进的供给侧结构性改革;二是促进中国企业在新的改革开放格局下进一步"走出去",通过加强与沿线国家经济合作,促进中国经济发展方式转变、产业结构优化调整;三是"一带一路"产能合作等务实合作举措为沿线国家经济发展和改善民生起到推动作用。进入新阶段的"一带一路"建设,需要一步一个脚印走深走实,推进"一带一路"合作向高质量发展转变。

2014 年中国经济发展进入"新常态",这是一个重大的转折点,中国经济增长从中高速向高质量发展转变,经济发展更加注重质量和效益,经济发展进入全面、协调、可持续的正常轨道。中国推动"一带一路"倡议为上合组织及各成员国带来更多发展机遇。该倡议将中国自身发展同沿线国家发展战略紧密结合,致力于形成紧密合作的区域经济带和大市场。同时,中国提议成立的亚洲基础设施投资银行、丝绸之路基金等,可为上合组织框架内的合作项目提供融资保障。

中国坚持合作、发展、互利、共赢开放政策,中国实施"大周边外交"政策的理念是"亲诚惠容",摈弃历史上大国对周边国家"巧取豪夺"的传统做法,坚持走和平发展道路,中国与上合组织成员国是利益共同体和命运共同体。中国提出"一带一路"倡议后,得到上合组织成员国的欢迎和支持,成员国纷纷将具有共性的项目与此对接,并加快落实推进。"一带一路"建设需要制度性安排,而上合组织多边经济合作的一项重要任务是以互利共赢为原则制定相关制度。上合组织成员国之间的互信已达到较高水平,标志之一是"上海精神"和"新安全观"被各成员国所接受。印度和巴基斯坦加入上合组织,"上海精神"和"新安全观"得以在更大范围内推广。面对国际新形势,高质量共建"一带一路"为上合组织发展提供了新机遇。

一 发挥上海合作组织在"一带一路"合作中的平台作用

"一带一路"是推动世界经济与中国经济双赢的发展倡议,目的是让沿线国家分享中国发展的新机遇,实现共同繁荣。"一带一路"只有与沿线国家的发展战略对接,才能落地生根。2018 年,已经有三十多个国家与中国达成发展战略对接共识,如中俄"一带一路"与欧亚经济联盟对接,中哈丝绸之路经济带与"光明之路"新经济政策对接,"中蒙俄经济走廊""中巴经济走廊",中乌发展战略对接等,都是以上合组织为重要平台。欧亚区域共建"一带一路"沿线国家将利用上合组织的多边机制平台推动发展战略对接,使务实合作落地生根。

2015年12月，李克强总理在上合组织成员国政府首脑（总理）理事会第十四次会议上提出打造上合组织六大平台，即筑牢安全合作平台、搭建产能合作平台、加快建设互联互通合作平台、创新金融合作平台、构建区域贸易合作平台、打造社会民生合作平台，① 这是对成员国加快各领域全面合作重点工作的要求。同时，会议还发表了《上海合作组织成员国政府首脑（总理）关于区域经济合作的声明》，提出要加强交通领域多边合作，推动运输便利化，提升商品和服务贸易规模和质量，建立良好的投资环境，开展产能合作，推动高技术领域合作和金融合作等。② 从"一带一路"沿线国家战略对接平台作用看，上合组织推动"一带一路"建设，关键要发挥好"六大平台"的作用。

第一，筑牢安全合作平台。上合组织成立初期的主要目标之一，是共同打击地区"三股势力"。20年来，在中俄共同努力推动和成员国共同支持下，上合组织安全合作取得令人瞩目的成就，上合组织成为维护中亚地区安全和稳定的重要力量。自2001年美国发生"9·11"事件以来，在西亚北非地区相继发生动乱甚至局部战争，中亚个别国家也遭受到"颜色革命"的威胁，如2005年，吉尔吉斯斯坦爆发"街头政治"，最终导致政权更迭；同年，乌兹别克斯坦发生"安集延事件"等；但是，总体上中亚地区保持了基本稳定，中亚国家经济得到了快速发展。上合组织为维护中亚地区稳定与安全建立了相应的机构，并发挥了重要作用。一是持续落实成员国联合反恐合作协议，如两年一次的成员国反恐演习。加快落实成员国边防合作协定，加强上合组织区域禁毒职能，支持阿富汗民族和解进程。二是商签成员国反极端主义公约，落实成员国对恐怖分子的统一认定标准、统一打击行动计划等。三是为成员国维护国家政治安全和国家社会稳定提供坚实的保障，为上合组织地区发展营造可靠的安全环境。

第二，搭建产能合作平台。中国愿将自身成熟技术和优质产能同成员国的发展需求紧密结合，提供性价比高的装备产品和工程承包服务，也可以与成员国合作建厂，就地生产加工，帮助当地增加就业，实现互利共赢。其中，中国同哈萨克斯坦产能合作起步最早，已经在具体项目、融资机制建设以及早期收获清单方面取得重要阶段性成果，十多个项目已经启动。中国愿在上合组织框架内推广有关经验，结合成员国需要，坚持共商共建共享原则，精心筛选合作的重点项目。按照"政府引导、企业决策、市场运作"的原则，打造具有国际

---

① 《李克强总理主持上海合作组织成员国政府首脑（总理）第十四次会议 提出打造六大合作平台》，新华网，2015年12月15日，http://news.cntv.cn/2015/12/15/ARTI1450163469648169.shtml。

② 《上合组织总理会议关于区域经济合作的声明》，新华网，http://www.mnw.cn/news/view/1058836.html。

竞争力的区域产业合作链。实际上，产能合作是提升中国与成员国之间产业合作的重大举措，是中国经济实现可持续发展的重要途径，也是成员国实现工业化、现代化和改善民生发展的重要途径。

第三，加快建设互联互通合作平台。要有计划、分步骤实施公路、铁路等交通基础设施重点工程项目，探索构建以中亚地区为枢纽的亚欧大陆互联互通网络，提升中欧班列运营效率和质量。在连云港建设国际物流园，加强成员国卫星导航合作等。实际上，区域互联互通是成员国产能合作的基础，也是成员国贸易畅通的基础。

第四，创新金融合作平台。要继续用好上合组织银联体机制，稳步推进银联体扩员，重点支持成员国的大型项目实施。中国已经先后向上合组织成员国提供了271亿美元贷款额度，成立了面向成员国、观察员国和对话伙伴国的中国—欧亚经济合作基金。中国将遵循多边规则和程序原则，推动亚洲基础设施投资银行和金砖国家新开发银行等支持上合组织成员国的合作项目；继续考虑并推进成立上合组织开发银行；支持成员国进一步扩大本币结算范围，务实开展货币互换合作，共同抵御区域金融风险。实际上，金融合作是成员国贸易、产能合作的血脉，没有金融支持，企业的一切经营活动将不能落实。

第五，构建区域贸易合作平台。要结合成员国实际需求，兼顾各方利益和关切，采取有效措施，推进贸易、通关更加便利化和自由化。积极创新成员国贸易形式，建立上合组织区域电子商务联盟，为成员国企业开展跨境电子商务创造快捷便利的环境。实际上，落实区域通关便利化和自由化是贸易畅通的基础，成员国应该加强实体经济合作方面的通关便利化和虚拟经济网络方面的电子商务便利化。

从以上论述可以看出，产能合作、区域互联互通、贸易合作、金融合作这四方面是促进区域经济合作的重要前提。实际上，早在2003年，中国就提议推动上合组织区域经济一体化，并提出分"三步走"策略，最终目标是建设上合组织自贸区。20年来，成员国经贸合作水平有了显著提高。金融合作逐步深化，交通便利化程度不断提高。随着"一带一路"与欧亚经济联盟对接合作的不断深化及"一带一路"建设项目的实施，尤其是规则制定和技术标准制定等工作的推进，在上合组织框架下中国与欧亚经济联盟成员经过沟通与磋商，大大推进了区域贸易便利化进程。

上合组织是开放包容的地区组织，秉持"互信、互利、平等、协商、尊重多样文明、谋求共同发展"的"上海精神"。欧盟曾坚持的"消除国家个性、消减国家主权"的联盟模式，在近年来英国脱欧的坚定行动中逐渐丧失了凝聚力。与欧盟分裂现象形成鲜明对比的是，2017年6月，上合组织峰会批准印度和巴基斯坦加入，实现上合组织成立17年来的首次扩员。实现扩员标志着上合组织对外吸引力增加、凝聚力增强、地区和国际影响力上升，上合组织进入新的发展阶段。成员国增加将更有利于上合组织发挥多边经济合作的平台作用。

第六，打造社会民生合作平台，要积极扩大农林牧渔行业合作，提高成员国农业技术和粮食生产水平，携手保障成员国粮食安全，共同完善成员国环保合作构想，落实"绿色丝路使者计划"。中国在未来5年将向成员国提供每年2万人次的政府奖学金名额，落实3年内为成员国培训2000名人才的目标。推动成员国之间实施更加便利的签证政策，促进成员国旅游合作和人员往来。①

文化合作是"软合作"，却是地区安全与经济合作的"硬基础"。"一带一路"是推进沿线国家实现互利共赢的国际合作倡议，是超越博弈的合作，而不是"零和博弈"的竞争。当前，上合组织成员国、观察员国和对话伙伴国三个层次的朋友圈中至少有几种文明文化体，如东正教文化、儒家文化、佛教文化、藏传佛教文化、穆斯林文化、印度文化、波斯文化等。沿线国家不同文化交流互鉴，形成共同的文化认同和"多元一体"的"欧亚文化价值观"，这是"一带一路"建设成功的基础。

在打造好"六大平台"作用基础上，上合组织可以更好地发挥发展战略对接平台的作用，即深化"一带一路"与上合组织成员国以及沿线国家发展战略对接。中俄已经取得许多对接合作的成果。同时，丝绸之路经济带与哈萨克斯坦"光明之路"新经济政策的对接也发展迅速。中哈两国规划了对接"路线图"，制定了具体的任务和项目。上合组织是中亚、南亚地区最重要的地区合作组织，理应成为助推中亚、南亚等"一带一路"沿线国家战略对接合作的重要平台。②

当前，中俄正在从两个途径落实"一带一路"与欧亚经济联盟对接落地：一方面，欧亚经济联盟+中国；另一方面，在上合组织框架内，由中俄进一步协调共同推动区域经济合作。无论用哪种途径，都面临一些具体问题和困难，都需要沿线国家共同商议，达成共识并加以解决。

在对接机制上，要重视顶层设计，明确各国对接的目标和任务，由政府相关部门制定规划。建立完善的政府、民间学术交流机制，开展务实的、有针对

---

① 《李克强总理主持上海合作组织成员国政府首脑（总理）第十四次会议提出打造六大合作平台》，新华网，2015年12月15日，http：//news.cntv.cn/2015/12/15/ARTI1450163469648169.shtml。

② 王海运：《上海合作组织与中国》，上海大学出版社，2015。

性的学术交流,建立相应的政府金融支持机制等。

在对接方式上,充分利用官方和民间机构、智库等开展对话协商达成对接共识。明确专门为"一带一路"与沿线国家战略对接而设定的上合组织经济合作重点任务。比如,推进上合组织区域内基础设施互联互通,推进产能合作和产业合作区建设;规划制定区域内通关和道路运输统一的技术标准;推动投资和贸易便利化;成立上合组织开发银行和上合组织发展基金;推动上合组织框架内自贸区建设谈判;上合组织扩员后,新成员国也将逐步加入区域合作,使扩员后的上合组织与中国倡议的"一带一路"和俄罗斯倡议的"大欧亚伙伴关系"形成密切互动,共同打造"欧亚统一经济空间"。在产能合作上,各国彼此互有需求,要相互支持对方的需求,明确目标市场。支持中国企业到沿线国家,包括欧亚经济联盟国家投资建厂,也欢迎沿线国家企业到中国投资建厂。

发挥上合组织的平台作用,"一带一路"与沿线国家对接工作的评价标准可以从四个方面考虑。政治层面,国家之间应进一步增强政治互信,形成国家间战略务实对接的措施和方案;经济层面,促进上合组织成员国、观察员国、对话伙伴国与沿线国家之间开展双边和多边合作,促进贸易便利化,加强双边和多边金融合作;务实合作层面,推动双边产业和产能合作,主要是高科技产业合作和绿色产业合作,产能合作要促进沿线国家的经济发展方式转变、经济结构优化,促进沿线国家形成经济增长新动力;人文层面,进一步拓宽沿线国家的人文交流,增进民间友好和民心相通。为各领域务实合作奠定更加坚实的社会民意基础。

二 "一带一路"倡议促进上海合作组织全面发展

2016年,已有100多个国家和国际组织表示要积极支持和参与"一带一路"合作倡议,中国已同40个国家和国际组织签署共建"一带一路"合作协议。其中,在丝绸之路经济带的沿线区域,首批签署合作协议的国家都是上合组织的成员国或观察员国。现在,上合组织成员国和观察员国已经陆续启动本国发展战略与"一带一路"倡议对接,除上述中俄、中哈政策对接外,还有中乌两国实施丝绸之路经济带与"复兴古丝绸之路"对接;中蒙两国实施"一带一路"与"草原之路"对接;中白两国共同建设中白工业园等。沿线国家发展战略与"一带一路"倡议对接并实施一系列重大合作项目,标志着"一带一路"建设已经进入实质性阶段。成员国和观察员国重点推动中亚和南亚地区的互联互通以及贸易投资便利化,推进产能合作和产业科技园区建设,加强融资保障机制建设,推进自由贸易区谈判以及边境和境外合作区建设,上合组织有些成员国间经济合作的务实成果已经成为"一带一路"合作的样板和示范项目。如"中巴经济走廊"、中白工业园、中哈霍尔果斯口岸（无水港）等。在"一带一路"合作倡议推动下，上合组织成员国的经济合作从"项目合作"模式提升到全方位的"发展战略"对接模式，有效促进成员国从"双边合作"向"多边合作"转变。

随着"一带一路"合作倡议在沿线国家持续深入实施，沿线国家与"一带一路"建设务实合作的成果越来越多，将有效推动上合组织区域的一体化进程，也将促进上合组织与周边相关地区一体化机制的合作。比如，上合组织与东盟、与"区域全面经济伙伴关系"（RCEP），以及与欧盟等地区组织合作或发展战略（规划、计划）的对接。

当前，国际形势发生一系列复杂变化，全球化遭遇挫折，区域一体化与碎片化交织共生，全球经济有所复苏，但依然缺乏持续动力，贸易保护主义抬头。欧盟一体化遭遇挫折，先后出现希腊主权债务危机、英国脱欧等事件。与此形成明显反差的是上合组织的凝聚力和吸引力在不断提升。成立初期，上合组织也曾经面对各种唱衰和怀疑的声音，但上合组织自信而坚定地踏上了探索新型区域合作的创新之路。"上海精神"彻底抛弃了旧的冷战思维和"零和博弈"模式，核心是承认差异、尊重差异。坚持"互利、合作、共赢"理念，在成员国经济规模和发展状况相差悬殊的情况下，坚持国家不论大小一律平等，坚持协商一致原则，妥善处理彼此之间遇到的各种矛盾和问题，将成员国面临的挑战转化为机遇，创造出真正平等、互利、合作的环境，实现了成员国长期稳定和共同发展。上合组织成员国在"一带一路"框架下的务实合作为上合组织跨入新阶段的未来发展奠定了基础，推进上合组织区域经济合作进入"快车道"，"一带一路"促进上合组织经济合作与全面发展。成员国经济总量占世界经济总量的比例从2013年的18.77%提升到2020年的23.04%。

第一，2014年成员国签署了《上海合作组织成员国政府间国际道路运输便利化协定》，标志着区域经济合作迈出关键的一步。成员国之间的交通网、能源网与通信网建设已经取得明显成果，高新技术领域的合作成为新的亮点。第二，在"一带一路"倡议推动下，2014年上合组织政府首脑（总理）理事会签署关于加强区域合作的文件，标志着上合区域经济一体化取得重大进展。同时，提出上合组织区域经济一体化务实合作的三个重点领域：推进金融领域合作，尽早成立上合组织开发银行和上合组织专门账户；推进能源合作，成立能源俱乐部，建立稳定供求关系，确保能源安全；推进农业合作，构筑"本地区统一的经贸、投资、物流"空间，推进区域经济一体化进程。第三，"一带一路"倡议推动中俄合作达成更多共识，中俄实施"一带一路"与欧亚经济联盟对接，将加速推进中国与欧亚经济联盟谈判和上合组织自贸区建设。第四，上合组织成员国已经制定了新版的成员国多边经贸合作纲要，引领上合组织未来经贸合作深化发展。

三 高质量共建"一带一路"为上海合作组织发展增添新动力

"一带一路"合作倡议实施8年来，在促进沿线国家互联互通和产能合作方面取得了丰硕成果，有力促进了中国经济适应"新常态"和经济可持续发展，也促进了沿线国家的经济发展和民生改善。

习近平主席在第二届"一带一路"国际合作高峰论坛开幕式上的主旨演讲，为"一带一路"合作向高质量发展转变指明了方向。"一带一路"合作新阶段的重点工作如下。第一，秉持"共商、共建、共享"原则，倡导多边主义，深化与沿线国家战略对接和规划对接，制定双边经济发展合作规划，或建立双边自贸区，深化境外合作区、工业园区等产能合作，促进中国产业与沿线国家产业发展深度融合。第二，坚持"开放、绿色、廉洁"理念，推进"一带一路"走廊建设，如"中巴经济走廊""中蒙俄经济走廊"等，重点加强多边发展规划的对接，找出相关国家合作需求的最大"公约数"，推进互利多赢的务实发展计划和项目。第三，实现高标准、惠民、可持续发展目标，深化互联互通，以市场需求为导向，以企业运作为主导，以政府扶持为基础，推进现有的基础设施建设项目落地。

2020年6月18日，"一带一路"国际合作高级别视频会议在北京举行，习近平主席向会议发表书面致辞，他指出，新冠疫情给我们带来一系列深刻启示，各国命运紧密相连，人类是同舟共济的命运共同体，无论是应对疫情，还是恢复经济，都要走团结合作之路，都应坚持多边主义，促进互联互通、坚持开放包容，是应对全球性危机和实现长远发展的必由之路，高质量共建"一带一路"国际合作可以发挥重要作用。习近平强调，要把"一带一路"打造成团结应对挑战的合作之路、维护人民健康安全的健康之路、促进经济社会恢复的复苏之路、释放发展潜力的增长之路。

在此背景下，一方面，成员国将团结协作共同应对新冠肺炎疫情挑战，打造维护人民健康安全的健康之路。另一方面，上合组织将发挥平台作用促进高质量共建"一带一路"，打造促进经济社会恢复的复苏之路。处于"一带一路"倡议关键区域的上合组织将迎来发展新机遇。第一，基于"共商、共建、共享"原则的"一带一路"倡议与沿线国家发展战略的对接，将为推动成员国高质量经济发展和转型升级提供难得的历史性机遇。一大批互联互通项目在上合组织地区落地,为区域交通运输便利化奠定基础。第二,基于国际规则的"一带一路"合作多边规划对接磋商,以及具体技术、规则、标准等对接谈判将借助于上合组织现有的机制和平台进行。第三,倡导以绿色为底色的"一带一路"产能合作将为成员国推动工业化、城镇化发展和改善民生提供可持续发展的新机遇。第四,倡导廉洁理念的"一带一路"金融合作、产能合作等,将促进成员国政府与企业之间形成"亲""清"关系,改善政府服务质量与工作效率,促进成员国建设廉洁、惠民、高效的服务型政府。①

高质量共建"一带一路"将推进中国与上合组织其他成员国发展战略对接、规划对接以及产能合作项目深度对接融合,促进成员国经济发展。一是中国分别与俄罗斯、哈萨克斯坦、乌兹别克斯坦、吉尔吉斯斯坦、塔吉克斯坦和巴基斯坦六国签署了发展战略对接或产能合作对接等协议,将引领上合组织成员国经济高质量发展。二是下一步在总结经验与教训的基础上,将深化务实合作,落实产业对接、项目对接的具体措施。以产能合作为例,在投资、贸易、工程承包、工业园区建设等四个方面分别细化项目落实,将直接带动成员国的基础设施联通水平提升,推动工业化进程加快和城镇化进程加快,改善人民生活。

高质量共建"一带一路"将有力消除"中国威胁论"。之前,"中国威胁论"主要来自两个方面:一是美国等西方国家在中亚等地蓄意宣传或炒作中国负面信息,炒作环保、劳工等问题,导致中亚国家民众误解、曲解中国互利合作诚意;二是来自中国企业在海外经营的一些不规范行为,比如,个别中国企业以非市场化手段参与竞争;中国企业参与的个别项目涉及政府腐败,中国企业环保意识不强,社会责任落实不到位等,引发所谓的"中国输出污染论""中国输出腐败论"等。现在,在高质量发展的"共商、共建、共享"原则指导下,中国与成员国充分沟通,加深相互了解,就会有效抵御美国及西方媒体的恶意炒作和挑拨离间。

从近年来的实践看,"一带一路"合作向高质量发展转变的新理念,是我国经济可持续发展理念的延伸,是消除"中国威胁论"的有效举措,是中国与沿线国家共同推动绿色发展、可持续发展、区域协调发展的需要,也是打造人类命运共同体的需要。

"一带一路"高质量发展有"五个发展方向"值得关注。一是"一带一路"

---

① 李进峰:《中国在中亚地区"一带一路"产能合作评析:基于高质量发展视角》,《欧亚经济》2019年第6期。

境外合作区建设，目前，我国在国外共有 82 个境外合作区，而且还在继续完善、扩大和增加（除了资源型园区外，境外合作区多数由民营企业投资）。二是国有企业在"一带一路"倡议下，明确了新的"海外战略"，国有企业将增加在海外投资，增加在海外市场的比重。三是中国与共建"一带一路"国家的互联互通，扩大了基础设施建设，将增加中国企业在海外从事工程承包的新机遇。四是中国与沿线国家贸易增加，为商贸企业发展提供新机遇。五是民营经济在"一带一路"合作中将得到国家政策层面的更多关注、重视和支持。

第五节　上海合作组织首次扩员

2014 年以来，有关上合组织扩员的话题增多，西方学者从开始轻视上合组织逐步转变为重视和关注上合组织的发展，[①] 西方媒体也有一些炒作，[②] 认为上合组织要与北约对抗，上合组织对西方国家的普世价值和人权观念构成了严峻挑战，[③] 认为上合组织扩员是"居心叵测"，而北约不断东扩则在情理之中。上合组织的理念与冷战的遗产"北约"不同，北约是军事同盟，上合组织的理念则是坚持"三不原则"，即"不结盟、不对抗、不针对第三国"，坚持"互信、互利、平等、协商、尊重多样文明、谋求共同发展"的"上海精神"。上合组织扩员问题要积极宣传、正面宣传，化解美国等西方国家对上合组织扩员的误解与误判。

实际上，上合组织已经基本具备了扩员的条件，建立了比较完善的各层级对话机制和合作机制，在政治、安全、经济、人文等领域有了比较广泛的合作基础。成员国之间的政治互信不断增强，地区影响力不断提升。扩员将是上合组织发展的一个重大转折点和机遇。印、巴加入将使上合组织的地理范围从中亚扩展到南亚，与西亚连成一片，如果各方协调立场、达成一致，将形成围绕上合组织核心区域的更大范围的睦邻友好带、和谐稳定带、经济合作带。

一　扩员是上海合作组织发展壮大的机遇

扩员既是上合组织的重大任务，也是面向未来的重大选择。扩员必然涉及

[①] Ingmar Oidberg, The Shanghai Cooperation Organization : Powerhouse or Paper Tiger? Stockholm: Swedish Defence Research Agency, 2007.

[②] Thomas Ambrosio, "Catching the 'Shanghai Spirit': How the Shanghai Cooperation Organization Promotes Authoritarian Norms in Central Asia", Europe Asia Studies, Vol. 60, No. 8, pp. 1321 – 1323.

[③] Stephen Aris, Eurasian Regionalism: The Shanghai Cooperation Organisation, New York: Palgrave Macmillan, 2011, pp. 155 – 170.

组织功能定位和发展方向的问题，首次扩员对今后继续扩员和组织未来发展将产生重大影响。因此，对待首次扩员行动的态度应该是坚持"慎重、谨慎、稳步推进"原则，要积极稳妥，水到渠成，而不能急功近利，一蹴而就。上合组织《2025战略》指出，"未来10年将成为国际关系快速转变的时期"[①]，既是上合组织发展的关键时期，更是上合组织不断提升发展水平和提升地区和国际影响力的时期，首次扩员成功将会助推上合组织进入新的发展阶段，提升到新的发展水平。上合组织《2025战略》还强调："完善上合组织使其成为综合性地区组织，但不谋求建立拥有超国家管理机构的军事政治联盟或经济集团。"这是对上合组织扩员后发展方向的性质定位，即上合组织扩员仍坚持"不结盟、不对抗、不针对第三国"的原则。

第一，已经启动接受新成员的法律程序。扩员必须遵守"上海精神"以及上合组织宪章规定的理念原则，扩员要有利于打造欧亚地区安全共同体和命运共同体。通过扩员要建立更加坚实的中亚及周边安全稳定带。扩员程序应该是先教育，后培训，先认可"上海精神"，后履行法律程序，明确加入上合组织的成员国具体标准，严格执行扩员的各项程序。印度和巴基斯坦应主动加强与上合组织各成员国的交流与沟通，要提前解决好印巴与各成员国之间的分歧、矛盾和争端，并签订双边睦邻友好协议。同时，印巴两国应严格按照《上海合作组织宪章》《上海合作组织成员国长期睦邻友好合作条约》《上海合作组织接受新成员程序》《给予上海合作组织成员国地位程序》《申请加入新成员国上海合作组织义务责任范本》以及"上海精神"等原则和规定，全面履行相关义务。完成上述所有程序后才能被批准为上合组织正式成员国。

第二，扩员问题之所以复杂困难是这涉及上合组织的功能定位以及未来发展方向。首次扩员将涉及对上合组织定位的再思考、发展方向的再思考、成员国共同价值观的再思考。在扩员过程中应不断强化宣传"上海精神"、上合组织的理念原则和共同价值观，增强新老成员国的集体认同感，创造更多成员国认可的公共产品。扩员之后上合组织地域扩大，从中亚扩展到南亚，成员国从六个扩大为八个，上合组织未来发展的路径需要在新的起点重新思考。世界上现有几种区域组织发展模式，如东盟、欧盟模式可以借鉴。但是，上合组织毕竟是一个新型区域组织，应该不断自主创新自己的发展模式，引领区域治理新方向和潮流，这才是其唯一正确的选择。

第三，建立矛盾冲突管理机制为首次扩员铺平道路。一方面，中亚国家之

---

① 上海合作组织秘书处：《上海合作组织至2025年发展战略》，2015。

间存在边界纠纷、民族矛盾、跨界河流水资源争端等问题，不同程度地影响着中亚地区的安全稳定。因为边界、族际和水资源等纠纷，多年来中亚各国之间曾发生一些冲突，引起双边关系紧张。尽管在上合组织成立初期已经解决了成员国与中国的边境问题，但是，作为苏联的加盟共和国，中亚各国虽已经独立25年，但它们之间一些国家双边谈判解决争端的进展缓慢。另一方面，印巴两国的矛盾以及印巴与现有成员国之间的边界问题等都需要通过上合组织现有法律机制在扩员前得到解决。应该在上合组织框架内，加快建立专门管理冲突的机制以及时化解成员国之间的冲突。有学者认为，只有形成了某种能够维护印巴永久和平的机制，以上合组织为框架的更广泛的安全联盟才能够成功。

做好上合组织的扩员工作，关键有三个方面。第一，进一步夯实成员国之间的政治互信，形成利益和命运共同体。处理好成员国的内部分歧，夯实上合组织"大厦的基础"，在夯实基础的前提下，增加成员国，扩展区域面积，扩大合作广度和深度，进一步增强维护地区乃至世界和平稳定的能力，推动国际格局加速向多极化转变。第二，做好组织扩员的各项协调工作，坚持尊重成员国平等协商原则，按照法律文件和程序推进工作。第三，扩员要重视平衡协调与区域内其他组织的关系，如欧亚经济联盟等，处理好与美国等西方国家主导的国际组织的关系。

二 扩员促进上合组织全面发展与升级

印、巴加入上合组织，实现首次扩员不仅仅是增加两个成员国的问题，它对现有成员国结构和内部平衡带来实质性影响，改变了上合组织原有的地理特征。在上合组织原有的六个成员国中，除中国之外其他成员国都是苏联解体后新独立的国家，可以说，上合组织是苏联中亚国家与中国合作的平台。但是，随着印、巴加入上合组织，增加了两个非后苏联空间的国家，这不仅改变了上合组织成员国以中亚国家为主的既有结构特征，而且这种改变具有一定的经济和政治意义。印度和巴基斯坦是两个地区大国，特别是印度，其综合影响力仅次于中国和俄罗斯。这样两个大国的加入自然会影响上合组织业已形成的内部结构，印、巴加入后上合组织的内部结构需要进行新的平衡。印、巴的加入将改变人们对上合组织区域定位的传统印象，因为大半个南亚都将进入上合组织的区域，上合组织首次扩员后将向中亚、南亚以及欧亚大陆更大范围的方向发展，这将有利于推进上合组织的全面发展。

2016年，印、巴签署加入上合组织备忘录，进入法定程序；2017年，印、巴将正式成为上合组织成员国。至此，上合组织成员国从六个扩大为八个，这对于上合组织未来发展具有历史性意义。

第一，印、巴加入上合组织后，从地域上看，从中亚地区延伸到南亚、西亚地区，从内陆地区扩展到印度洋；从人口看，成员国人口从占世界人口的1/5，扩大到占世界人口的2/5以上；从经济总量看，成员国经济从占世界GDP的16%扩大到占世界GDP的20%以上；从区域安全看，将安全范围从中亚地区拓展到欧亚大陆腹地；从经贸合作前景看，扩员后上合组织可以在更大的空间内发挥成员国的各自优势，合作互补，挖掘潜力，加快区域资源整合，推动成员国和整个区域经济快速发展。比如，俄罗斯是重工业和军工生产大国，中国是工业生产大国，印度是农业大国，各有自己生产和发展的经济优势。俄罗斯和哈萨克斯坦能源资源丰富，而中国、印度是能源消费大国，成员国的能源合作具有地缘优势。成员国之间具有高度的市场互补性，未来合作发展潜力巨大。

第二，印、巴加入上合组织后，有利于在业已形成的金砖国家机制下，进一步整合资源，使中、俄、印三国利益有机协调，形成良性三边互动，促进现有成员国扩大合作基础、领域、范围和市场空间，形成更大的经济发展空间，形成更广阔的区域合作大市场。①

第三，印、巴加入上合组织后，上合组织将拥有四个核国家，对于国际社会推动核不扩散计划，确保全球核安全，维护世界和平与发展具有重大战略意义。

第四，印、巴加入上合组织后，"一带一路"合作倡议将有望得到印度的支持，使沿线国家发展战略对接所覆盖的区域更全面、更广泛，有利于形成一个整体，有利于推动整个欧亚大陆区域的经济一体化进程。

第五，印、巴加入上合组织后，无论是从人口还是从地域看，都有利于上合组织在地区和国际事务中发挥更大的建设性作用，有利于促进上合组织为建立公平、合理的世界政治经济新秩序做出更大的贡献。

三　扩员为成员国发展带来新机遇

2017年，第十七次上合组织成员国元首峰会批准给予印度和巴基斯坦成员国地位。上合组织成员国由六个增加到八个，实现上合组织成立以来实现首次扩员。扩员后，上合组织成为全球覆盖范围最辽阔、人口最多的综合性区域组织。在经济总量上，成员国经济占世界经济总量的20%以上，对世界经济增长的贡献率超过35%。

第一，扩员有利于促进地区和全球和平稳定。上合组织的八国中有四个核

---

① 李进峰：《上海合作组织扩员：挑战与机遇》，《俄罗斯东欧中亚研究》2015年第6期。

国家，有利于促进世界核不扩散条约的实施，为维护世界和平与稳定做出更大贡献。扩员不仅对上合组织发展具有重大意义，还对欧亚地区国际关系结构演变具有里程碑意义。扩员有利于地区和全球和平稳定，八个成员国共同应对来自地区和全球的新挑战和新威胁，共同解决经济增长问题，将为上合组织地区国家乃至整个国际社会的和谐稳定发展注入新动力。

第二，扩员后有利于成员国推动互联互通，加快经济合作与发展。印度和巴基斯坦都是发展中国家，印、巴都在致力于经济发展和改善民生，两国发展需求旺盛，发展愿望迫切。印、巴加入后，把中亚和南亚区域连接起来，互联互通，有利于形成更大的区域运输走廊。印、巴加入后将在上合组织框架内形成更大的人力资源市场、更大的区域消费市场，进而形成更大的区域合作市场。印、巴加入后有利于推进上合组织区域经济合作和区域经济一体化进程。扩员后也有利于印巴两个新成员国加强与中亚国家的能源、农业、工业合作。印、巴都是能源需求国家，在上合组织框架内有利于形成优势互补的区域能源合作新格局。印度对于上合组织感兴趣的合作领域是地区安全与能源合作。印度加入上合组织不仅会在打击恐怖主义方面贡献力量并做出努力，而且将进一步发展与俄罗斯和中亚国家的关系，增强与其在能源和天然气领域的合作，印度将加强与中国在农业、经贸、数字经济等方面的合作，上合组织成员国的身份将帮助印度深化与中亚国家的经济合作。

第三，扩员后有利于印、巴在上合组织框架内加强与成员国对话沟通，增进互信和深化合作。在俄罗斯看来，印度加入上合组织，有利于促进欧亚空间的一体化进程。中印两国可以在上合组织框架下，坐到谈判桌前讨论一些积极的、面向未来的合作议题，而不是被双边关系中的暂时困难所束缚。从中亚国家来看，中亚国家可以与印度和巴基斯坦分别加强合作并从中受益，有助于从政治上推动解决阿富汗问题。对于印巴两国来讲，加入上合组织后使得双方拥有一个固定的对话平台，而且印巴双方能共同参加讨论更加广泛的多边合作议题。扩员后，印巴两国处在一个新的多边机制中，可为印巴两国提供更多的非正式和正式的谈判沟通平台，像最初用"上海五国"机制化解中国与俄罗斯、中亚国家边界问题那样，期待最终可以解决印巴之间长期存在的边界争端等问题。上合组织的建立就是为了巩固成员国安全稳定与调解成员国潜在冲突，从这个角度看，印、巴加入具有积极意义。[①] 印度加入上合组织，可以推进印巴双

---

① 参见俄罗斯高等经济大学世界政治系欧洲与国际研究中心主任、瓦尔代国际辩论俱乐部项目主管季莫费·博尔达切夫在《印巴加入上合组织显示出这个平台的外交潜力》一文中的观点。

边利益的协作与合作共赢，推进整个欧亚地区一体化进程。巴基斯坦加入上合组织后可以扩大上合组织在阿富汗问题上的合作。①

第四，扩员后，上合组织可能成为世界多极化中的一极。有学者从全球视野看待上合组织扩员的积极意义，认为对于中俄来讲，上合组织可以视作非西方的一极。另外，上合组织可以通过与国际社会的合作来扩大区域合作，进而推进在全球层面的合作，这正是未来上合组织可以发挥重要作用的地方。印巴加入上合组织将逐渐对全球地缘政治产生影响，从英国地理学家哈尔福德·麦金德提出的"心脏地带"理论来看，上合组织扩员使得其对欧亚大陆"心脏地带"的控制能力加大，正在助力全球地缘政治发生"结构转变"②。

四 扩员后区域巨大潜力不断释放

2017 年印、巴加入实现上合组织首次扩员，2018 年青岛峰会八个成员国代表共同参加会议，标志着上合组织的内部凝聚力和国际影响力提升。扩员使上合组织成为世界上人口最多、面积最大的综合性地区组织，为上合组织未来发展提供了潜力巨大的地理和交通网络空间。

第一，印、巴加入上合组织后，成员国人口占世界人口总量比例从 25% 增加到占世界人口的 44%，成员国经济总量占世界 GDP 的比例从 18% 提升到 21%，成员国国土面积占世界陆地总面积的比例从 14% 增加到 23%，构成了巨大的消费市场和互联互通的空间。

第二，印度和巴基斯坦都是发展中国家，其工业化水平都处于初期或中期阶段。2018 年，印度和巴基斯坦的城镇化率分别为 33.6% 和 36.4%，它们的城镇化建设和工业化发展至少还需要 20～30 年，这将为上合组织区域工业化发展、产能合作乃至促进区域产业链转型升级带来新机遇。③

第三，印、巴加入上合组织后，有利于促进中亚与南亚区域联通，形成更大的区域交通网络、更大的区域合作市场，"一带一路"互联互通规划将支持上合组织区域的基础设施建设，扩大投资与项目合作。同时，也有利于促

---

① 莫斯科卡内基国际和平基金会中心主任德米特里·特列宁：《俄罗斯、中国和印度专家看上合组织》，Shanghai Cooperation Organization at Crossroad：Views From Moscow, Beijing and New Delhi, CARNEGIE MOSCOW CENTER, Russia in the Asia – pacific, http//carnegic. ru/commentary/71205.

② Rick Rowden, "The Shanghai Cooperation Organization：the Biggest International Organization You've Never Herad of", http//speri. dept. shef. ac. uk/2017/09/04/the – shanghai – cooperation – organization – the – biggest – interational – organization – youve – never – heard – of/.

③ 世界银行数据库，2018。

进成员国之间贸易畅通，促进上合组织区域贸易投资便利化并拓展区域一体化空间。

第四，印、巴加入上合组织后，成员国经济和安全议题增多，双边和多边合作空间扩大，总体来看，尽管扩员后上合组织在"磨合期"面临一些新问题、新矛盾和新挑战，但是，机遇大于挑战，扩员后上合组织将具有更大的发展空间，将进一步提升其在地区和国际中的影响力和话语权。

五　扩员后催生的新需求促进上海合作组织发展

印、巴加入上合组织，促进上合组织议题不断拓展，在安全与经济两大领域的合作议题和项目逐步增多，为上合组织区域合作扩展了新空间，开辟了新市场。能源是印度经济发展的资源基础，未来，印度城镇化率将从现在的34%增加到60%，需要15~20年，印度对能源的需求会大大提升。能源管道建设将带动基础设施建设和工程承包。实际上，印度成为上合组织观察员国以来，逐步加强了与中亚国家在能源和互联互通领域的合作，并对中亚国家提供了一些援助。[①] 印度是人口大国，消费市场潜力巨大，"印度制造"将促进本地区形成更大的工业体系和消费市场。印度对中亚国家扩大投资贸易合作，将促进中亚与南亚互联互通，带动基础设施和工程承包，促进中亚和印度相关成员国建材等工业领域发展。印度将加大与中亚国家的金融服务业合作，提升中亚等成员国的服务业发展。

巴基斯坦能源电力缺乏，可以与中亚国家开展水电站建设合作，解决电力供应问题。巴基斯坦城镇化率现为36.4%，未来15~20年城镇化发展大有潜力。巴基斯坦加入后，为中亚国家提供了出海口，将促进中亚与巴基斯坦等南亚国家的互联互通，促进成员国之间贸易投资合作。印度和巴基斯坦的安全合作，已经纳入上合组织的总体框架，有利于促进欧亚地区综合施策，共同打击"三股势力"，为成员国创造安全的投资合作环境，这些新需求都将成为促进上合组织发展的新机遇。

第六节　构建地区命运共同体和参与全球治理

在第十二次上合组织成员国元首峰会期间，胡锦涛主席发表重要讲话，强调各成员国要努力建成铁路、公路、航空、电信、电网、能源管道互联互通工

---

① 张杰、石泽：《透视莫迪政府的中亚政策》，《国际论坛》2019年第3期。

程，为古老的丝绸之路赋予新的内涵。① 在2013年上合组织成员国元首峰会前夕，在访问中亚四国期间，习近平主席提出共建"丝绸之路经济带"的倡议，赢得国际社会，尤其是上合组织成员国的广泛关注和支持。这个倡议是对区域合作模式的创新，这个倡议不是要建立一个新的多边合作机制，也不是一种固定的区域框架安排，而是一种地缘经济合作方式，旨在促进沿线各国共享发展成果，促进沿线国家的政治互信、互联互通、人文交流，全方位提升跨国交流。从历史的角度观察，承接东西两端的中亚地区曾经在古丝绸之路上发挥了重要作用，在未来的丝绸之路经济带建设中也将展现出巨大潜力。

一 构建地区命运共同体

（一）中国提出打造命运共同体和利益共同体倡议

面对国际和地区形势的最新发展变化，根据成员国维护稳定、发展经济、改善民生的共同诉求，第十三次上合组织成员国元首峰会把落实《上海合作组织成员国长期睦邻友好合作条约》作为主题，规划上合组织未来5年发展的宏伟蓝图。② 2013年，习近平主席在访问中亚四国期间提出打造上合组织命运共同体和利益共同体的倡议，赢得各成员国的高度赞扬。利益共同体说明相互合作的广泛性与内政外交的契合度，命运共同体强调成员国之间的命运休戚与共。两个共同体阐述了上合组织对各个成员国的重要性，体现了上合组织的新安全观和新合作观，为上合组织的务实合作注入新的精神动力和物质动力。

建设丝绸之路经济带和打造两个共同体的落实措施主要表现为"五通"，即"政策沟通、设施联通、贸易畅通、资金融通、民心相通"，这将为欧亚大陆各国提供更多商机，使上合组织各成员国受益，为成员国经济发展和上合组织框架内的多边合作奠定基础。同时，上合组织本身的一些发展理念及各领域的合作成果，也将为建设丝绸之路经济带提供良好条件，充实现代丝绸之路建设的合作内涵。

（二）成员国利益共同体和命运共同体意识增强

2008年金融危机后，成员国都为应对危机、尽快走出发展困境制定了符合

---

① 《胡锦涛主席在上海合作组织成员国元首理事会第十二次会议上发表题为〈维护持久和平 促进共同繁荣〉重要讲话》，中国国情－中国网，http：//guoqing.china.com.cn/2012~09/18/content_26748496.htm。

② 《习近平主席在上合组织成员国元首理事会第十三次会议上发表题为〈弘扬"上海精神" 促进共同发展〉的重要讲话》，新华网，http：//www.china.com.cn/news/world/2013-09/13/content_30024638.htm。

本国国情的发展战略。在推进"一带一路"倡议与沿线国家发展战略对接的过程中发现，上合组织成员国的发展战略规划具有许多共性，比如，各成员国均把发展经济和改善民生列为首要任务，各成员国的发展战略目标基本一致。中国提出要实现"两个百年"奋斗目标的"中国梦"，中国国内正在推进"四个全面"战略和深化改革，在国际上提出"一带一路"合作倡议。俄罗斯正在实施创新经济战略和远东开发战略，提出《俄罗斯联邦2020年前创新发展战略》和《俄罗斯联邦2020年前经济社会长期发展战略构想》等目标。中俄两国战略处境相似，战略利益相近，在美国制裁俄罗斯及美国反华战略围堵下，中俄全面战略协作伙伴关系不断得到深化，中俄两国都希望上合组织能够做大做强，在地区和全球范围发挥更大建设性作用。哈萨克斯坦正在实施《2050年前战略》和"光明之路"新经济政策。乌兹别克斯坦提出的发展目标是在2030年前进入发达国家行列。吉尔吉斯斯坦提出《2013~2017年国家可持续发展战略》和《2018~2040年国家发展战略》。塔吉克斯坦实施《2030年前国家发展战略》。土库曼斯坦推进《2011~2030年社会经济发展国家纲要》。从这些沿线国家的发展战略可以看出，各国均将经济建设作为国家发展的优先任务，努力促进国家经济发展和增进民众福祉，致力于调整经济结构，发展社会生产，维护社会稳定，努力改善民生和加强区域国际合作。在具体措施方面均重视基础设施建设，加强互联互通，促进就业和吸引外资。此外，在乌克兰危机的背景下，在应对共同的安全威胁和将发展经济作为第一要务方面，中亚国家与中国的发展战略基本一致，通过发展战略对接和务实合作，上合组织成员国利益共同体、命运共同体的意识和合作意识增强。

（三）构建人类命运共同体的新机遇

上合组织从2001年成立至今，始终是践行新型国际关系的典范。中俄作为上合组织的重要国家先后提出了许多不同于冷战思维的新理念、新思想，集中体现为"上海精神"。新型国际关系强调"合作共赢是目标，相互尊重是基础，公平正义是保障"。2013年3月，习近平主席在访问俄罗斯期间，首次提出命运共同体理念。[①] 之后，在博鳌亚洲论坛2013年年会上，习近平主席再次提到"人类只有一个地球，各国共处一个世界。……应该牢固树立命运共同体意识"[②]。

[①] 《国家主席习近平访问俄罗斯期间，在莫斯科国际关系学院发表题为〈顺应时代前进潮流 促进世界和平发展〉的重要演讲》，新华网，http://www.gov.cn/ldhd/2013-03/24/content_2360829.htm。

[②] 《习近平谈治国理政》，外文出版社，2014，第330页。

从 2016 年中国主办 G20 杭州峰会，到习近平主席参加达沃斯论坛，并就世界经济发展等议题提出中国方案和中国建议，中国领导人在上合组织峰会、金砖国家峰会等多个场合不断阐释中国和平发展的理念、"亲诚惠容"的周边外交政策以及"一带一路"倡议和"共商、共建、共享"的合作新理念等。中国倡议携手构建人类命运共同体，是对"上海精神"和"丝路精神"的深化拓展与创新，同时也为上合组织区域一体化未来发展明确了新方位。世界各国人民未来要实现宏大的人类命运共同体目标，这也为地处欧亚大陆区域的上合组织提供了新机遇。

第一，构建人类命运共同体将从上合组织区域命运共同体开始，将从上合组织区域内建立利益共同体和命运共同体起航，因为上合组织成员国的发展理念、发展战略和利益诉求更为接近。

第二，上合组织扩员以后，开拓了更加广阔的区域合作空间，共同打造欧亚大陆腹地更大区域的安全稳定和谐发展空间，形成新的区域合作大市场。进而有利于打造"一带一路"合作区域的利益共同体和命运共同体。

第三，扩员后的上合组织，正在积极深化与欧亚经济联盟成员国、东盟成员国的合作，同时继续探索与"区域全面经济伙伴关系""大欧亚伙伴关系"的协调发展新途径，参与打造欧亚经济统一空间和欧亚地区命运共同体，为共同打造人类命运共同体奠定基础。

二 参与全球治理带来新机遇

国际格局进入大发展大变革大调整时期，世界处于百年未有之大变局。一方面，和平与发展仍然是大势所趋，不可阻挡。另一方面，逆全球化、单边主义和贸易保护主义兴起，给国际社会带来诸多挑战。2008 年以来的世界金融危机和欧债危机表明，以美国为首的发达国家制定的国际治理体系出现了一些自身难以克服的困境。"西方之乱"与"中国之治"形成鲜明对照，以中国、俄罗斯、印度为代表的发展中国家和新兴经济体的发展动力依然具有韧性和刚需。以中国为代表的发展中国家集体崛起是大势所趋，发展中国家经济总量已经超过发达国家的经济总量。中国改革开放 40 年取得了举世瞩目的成就，中国经济增长对世界经济增长的贡献率已经超过 30%，上合组织成员国 2020 年的 GDP 占世界 GDP 的比重超过 23%，中国、俄罗斯、印度等发展中国家在地区和全球的影响力逐步提升。在此背景下上合组织积极参与全球治理，将为上合组织发展带来新的机遇。

(一) 以"新五观"破解全球治理难题

2018年上合组织青岛峰会成功召开并为"上海精神"注入新内涵,青岛峰会期间,习近平主席发表重要讲话指出,要进一步弘扬"上海精神",用"新五观"破解当前全球治理难题。①

第一,践行"共同、综合、合作、可持续"的安全观,上合组织摒弃了传统的冷战思维、结盟和集团对抗等陈旧观念和思想,积极促进本地区成为和谐地区和安全地区,有利于成员国实现安全与稳定目标,也将为国际社会树立安全典范,维护全球公共安全与稳定。

第二,提倡"创新、协调、绿色、开放、共享"的发展观,支持各成员国创新发展和协调发展并促进本地区的协调发展与社会进步,有利于促进成员国重视开放发展、绿色发展和可持续发展,也将促进周边地区国家共同发展,共享中国发展的成果,这种发展观与"零和博弈"的发展观形成了鲜明的对照。

第三,秉持"开放、融通、互利、共赢"的合作观,成员国坚持平等互利合作,拒绝自私自利、单边主义、贸易保护主义以及短视封闭等狭隘理念和政策,有利于成员国开展更深入的务实合作,促进成员国双边和多边务实合作,也将促进周边国家和区域的互利合作,这种合作观与逆全球化的单边主义、贸易保护主义理念形成了鲜明的对照。

第四,树立"平等、互鉴、对话、包容"的文明观,成员国坚持平等交流与互鉴,用文明交流取代文明隔阂,用文明互鉴取代文明冲突,用文明共存取代文明优越。促进成员国之间相互尊重差异,尊重各自发展特色和发展道路的选择,以包容心态开展不同文明的学习与交流。这种文明观与文明冲突、宗教冲突、意识形态冲突形成了鲜明对照。

第五,坚持"共商、共建、共享"的全球治理观,上合组织成员国在合作中坚持"共商、共建、共享"原则,不断提高本地区的治理能力和治理水平,有效促进"一带一路"合作倡议与沿线国家发展战略对接,不断改革完善全球治理体系。这种治理观有利于上合组织成员国加强自身治理,并积极参与其他地区治理和全球治理,为建立更加公平、合理的国际政治经济新秩序贡献力量。这种治理观与"美国优先"理念、单边主义和贸易保护主义形成了鲜明对照。

"新五观"是对当前国际关系和全球治理理论与实践的完善与创新,习近平

---

① 《习近平主席在上海合作组织成员国元首理事会第十八次会议上发表重要讲话,〈弘扬"上海精神 构建命运共同体"〉》,新华社,http://www.xinhuanet.com/world/2018-06/10/c_1122964013.htm.

主席重要讲话增加了"上海精神"的新内涵。未来上合组织将沿着这个新的方向，引领推动成员国扩大安全合作，构筑共同安全网；促进成员国共同安全、共同发展和实现可持续发展，造福本地区人民；推动成员国之间进一步优势互补，深化成员国务实合作，共同打造地区经济新增长点；推动成员国在尊重各自差异的基础上相互学习、交流与借鉴，构建安全稳定的和谐地区；在立足成员国自身发展特色和加强国家治理的基础上，积极参与全球治理，共同发出更多的"上合声音"，推出"上合方案"，推动构建更加公正合理的全球治理新秩序。

（二）参与全球治理为上合组织发展带来新机遇

从区域治理到参与全球治理，是上合组织不断发展壮大的必由之路。扩员后，上合组织地理范围扩大，人口增加，成为当今世界人口最多的区域组织，成为广大发展中国家凝聚共识和加强合作的平台。近年来，中国及上合组织参与全球治理的能力不断提升。

第一，参与全球治理是上合组织成立初期就确定的目标和夙愿，是当时六个创始成员国元首登高望远的一致愿望，"推动构建更加公正合理的国际政治经济新秩序"这一目标体现在《上海合作组织宪章》中。历经20年发展，上合组织已经成为中国实施国际合作、发展新型国际关系与展现外交政策的重要平台，已经成为中国发展伙伴关系、促进周边外交和促进区域治理的典范。上合组织是中俄战略互信与创新地区合作模式的典范。

第二，中国坚持多边主义为上合组织发展高举引领旗帜。中国通过金砖国家、上合组织、亚信会议和G20峰会等机制为全球治理贡献"中国智慧""中国方案"。中国在全球治理中发挥的作用越来越大，通过"一带一路"倡议与沿线国家发展战略对接，带动沿线国家共同发展，实现互利共赢和改善民生，"一带一路"合作已经成为中国参与地区和全球治理的有效途径。中国倡议构建新型国际关系，构建人类命运共同体，推动世界多极化，维护地区和全球和平稳定，成为推动国际格局演变与全球治理体系深度调整与转型的建设性力量。

第三，中俄关系提升为新时代全面战略协作伙伴关系，中俄签署关于加强全球战略稳定的联合声明，向世界宣示中俄在全球治理方面的一致立场，中俄认为美国退出《中导条约》将破坏全球战略稳定，中俄主张当事方应通过对话与磋商解决分歧，恢复条约活力。① 中俄就《核不扩散条约》、伊核问题、禁止

---

① 《中华人民共和国和俄罗斯联邦关于加强当代全球战略稳定的联合声明》，新华网，http://www.xinhuanet.com/world/2019-06/06/c_1124588509.htm。

核试验、军备控制以及外空管理等全球治理问题表达了双方一致立场。

第四，上合组织在全球治理中的广泛代表性不断增加。扩员后，从中俄印三国外长对话机制、金砖国家元首对话机制，提升为上合组织框架内的中俄印三个成员国合作与互动机制。

第五，国际格局演变与全球治理体系转型为上合组织发展提供发展机遇。在特朗普政府不断"退群"的背景下，以联合国为中心的国际体系遭到严重破坏，以世界贸易组织为代表的多边机制遭遇危机，全球治理陷入无序、失衡和失效状态。特朗普政府自私自利的行为，也遭到包括其盟友在内的国家的抨击。同时，中国与俄罗斯坚定地支持联合国在解决全球问题中的核心地位，支持世界贸易组织改革，共同倡导"上海精神"和"丝路精神"，共同抵制单边主义和贸易保护主义，努力推动区域合作，在维护地区与世界和平稳定发展方面发挥了积极作用，推动国际格局与全球治理体系转型，为上合组织合作发展开辟了新空间。

（三）参与全球治理将促进上合组织在各领域合作与发展

上合组织的合作理念与联合国倡导的治理理念基本一致，两者都关注地区与全球的安全与稳定，都关注全球的可持续发展等问题，通过参与全球治理，上合组织各领域的合作可以得到拓展和深化。

第一，在政治领域，成员国将更加关注全球战略稳定，更加关注全球外空军备控制、核不扩散和军控等议题，为上合组织发展营造和平外部环境。

第二，在安全领域，成员国将更加关注"共同、综合、合作、可持续"的新安全观，在打击"三股势力"等非传统安全领域进一步拓展合作的空间。

第三，在经济领域，更加关注绿色、惠民、可持续发展等高质量的发展，通过实施高质量共建"一带一路"合作与各国发展战略对接，落实各国发展与联合国《2030年可持续发展议程》协调，促进成员国经济发展和改善民生。

第四，在人文领域，更加关注本地区和全球民众的愿望，更加关注不同文明之间的互鉴与交流，用文明对话代替文明冲突，推动构建地区命运共同体。

第五，在国际合作方面，更加关注与欧亚经济联盟、集体安全条约组织、东盟和欧盟等地区和国际组织的沟通与合作，以务实的区域合作新成就推动成员国在全球治理层面的广泛合作。

第六章 东盟等国际组织扩员经验教训及启示

东南亚国家联盟自 1967 年成立，历经四次扩员，经过 50 多年逐步发展壮大，现已经成为众多小国家联合自强的地区组织典范，东盟发展不仅对本地区国家的政治经济产生了巨大影响，也对世界经济发展和政治稳定产生了重大影响。东盟在历次扩员中都较好地化解了相关矛盾和挑战，东盟一直重视联盟定位的大方向、调整内部机制建设和适应外部环境三者之间的平衡。在扩员进程中及时协调并达成共识，不断改进组织内部管理机制，积极适应外部环境变化。分析比较东盟扩员与上合组织扩员的条件、环境，借鉴东盟扩员的经验与教训，吸取欧盟历次扩员以及英国脱欧的一些教训，对上合组织扩员和未来发展具有重大现实意义。

第一节 东盟发展历程与特点

一 东盟坚持自身发展定位与特色

东盟是在苏美两大阵营对抗的冷战背景下成立的，属于小国的联合体。东盟成立初期的主要意图是依托美国和英国支持获得地区安全，以对抗当时苏联领导的社会主义阵营。东盟经历多次扩员，基本坚持了最初的功能定位及发展方向。但是，随着冷战结束，东盟也及时调整了发展战略，更加重视对内和对外的多边合作。

东盟历经 50 多年发展，主要可以概括为五个发展阶段和三个里程碑。自东盟成立以来，按照重大事件和时间划分，可以把东盟发展概括为以下五个阶段。

第一阶段：东盟成立初期的冷战阶段（1967~1991）。尽管处在冷战背景下，东盟却在成立初期就把组织的发展目标定位为推动地区安全，同时，也强调经济、社会和文化合作。这种定位与理念促使东盟在国际社会崭露头角。

第二阶段：新旧格局转换下实施"大东盟战略"阶段（1991~1996）。苏联解体、冷战结束后，世界新旧格局开始转换，东盟内部各成员国政治趋于稳定，发展经济成为各国共同的愿望。当时，大改组和大分化的国际新形势为东盟主导东南亚事务和跻身世界舞台提供了难得的历史性机遇。美国和俄罗斯在东南亚的军事力量撤退，印支国家与东盟和解以及东南亚经济快速发展，为东盟创造了良好的经济发展环境。在这样的背景下，东盟及时提出"大东盟战略"，以营造"大国需要东盟，东盟也离不开大国"的态势，东盟将工作重心从政治安全转向经济发展，推动东盟与各大国发展经济合作关系。

第三阶段：金融危机重创东盟国际政治力量阶段（1997～2001）。1997年爆发的东南亚经济危机重创了东盟各成员国，加之东盟原来的核心成员国印度尼西亚发生了政治动荡，无暇顾及东盟事务，导致成员国凝聚力减弱，东盟在国际事务中的影响力也明显下降。之后，马来西亚成为东盟新的核心成员国。这一阶段，在成员国遭受金融危机重创的同时，个别成员国的政府腐败等问题又引发政治动荡和社会危机。有些成员国的国内政治派别斗争、政党纷争和不同政治势力分裂与抗争分散了政府维护国家稳定的力量，有些成员国内部的复杂矛盾导致东盟一体化步履艰难。

第四阶段：东盟在亚太地区地位进一步提升阶段（2002～2008）。东南亚金融危机的教训和深刻影响促使东盟实施大国平衡战略的愿望增加，东盟在短短几年时间已经把周边大国都发展成为其对话国，并通过"10＋1"（东盟＋中国），"10＋3"（东盟＋中、日、韩），"10＋6"（东亚峰会，东盟＋中、日、韩、印、澳、新）等合作机制，把东盟发展成为亚洲合作的中心。在此基础上，东盟从2001年开始布局与周边大国签署自由贸易合作协定，2002年，东盟首先与中国签署《中国—东盟全面经济合作框架协议》，开始推动中国—东盟自贸区建设。之后，东盟又相继与日本、韩国、澳大利亚、印度签署自贸区合作协定。东盟在经历金融危机后，通过与中、日、韩等大国建立自贸区，逐步探索出了一条既能平衡大国关系，又能促进地区经济发展的新路径，大大提升了东盟在整个亚太地区的影响力。① 2007年，东盟出台了《东南亚国家联盟宪章》（简称《东盟宪章》），计划到2015年建成东盟共同体。

第五阶段：建立东盟共同体及稳定发展阶段（2009年至今）。成员国推动建立东盟共同体，同时，东盟与美国、日本、欧盟和中国分别建立了伙伴关系并签署自贸区协定，使东盟成为亚洲经济合作的中心，促进东盟在地区和国际上的影响力不断提升。2018年中国与东盟双边贸易额达到5878亿美元，同比增

---

① 唐文琳、郑丹丹：《〈东盟宪章〉生效之前东盟成员国政治格局演绎》，《广西大学学报》（哲学社会科学版）2014年第4期。

长14.1%，东盟已经超越美国成为中国第二大贸易伙伴。2020年东盟又超过欧盟成为中国第一大贸易伙伴。中国与东盟双方共同抵御贸易保护主义和单边主义，双方加快推动《区域全面经济伙伴关系协定》（RDEP）的谈判，共同维护基于规则的多边贸易体系。

东盟发展有三个里程碑。

第一，1967年东盟成立，东南亚的印度尼西亚、菲律宾、马来西亚、新加坡和泰国五个国家成为东盟的创始国，东盟成立标志着以前各自为政的东南亚国家开始形成整体。

第二，1993年成员国提出建立东盟自贸区，为东盟共同市场的建立铺平了道路，使东盟"一体化"程度又提高了一步。1991年冷战结束后，国际社会的意识形态和政治对立问题逐步淡化，东南亚各国开始认识到发展经济是国家的首要任务，东盟坚持不干涉别国内政原则，重视各成员国之间的国家利益平等，成员国在发展经济和逐步壮大本国经济实力基础上维护国家安全和地区安全。

第三，2003年成员国提出建立东盟共同体。2007年《东盟宪章》生效，同年，东盟成员国倡议建立东盟经济共同体，2007年成员国发表了《东盟经济共同体蓝图宣言》。之后，2009年成员国又倡议建立东盟政治安全共同体，[1] 制定了《东盟政治安全共同体蓝图》《东盟社会文化共同体蓝图》，明确了东盟共同体发展的"三个目标"。东盟共同体由"经济共同体、安全共同体和社会文化共同体"三部分组成，其中，将东盟经济共同体的建设框架设定为经济一体化的终极目标。[2] 东盟共同体将成为一个联盟和法人机构。东盟将健全组织机构，强化中央权力，并完善和健全决策程序和监督制约机制。[3]

二 东盟存在的主要问题

东盟意识是东盟成功的主要基础，在东盟意识推动下，东盟建立的各种制度和签署的各种协议构成了一套完整的东盟规范。东盟规范是凝聚成员国的力量，也是约束成员国行为的指南。但是，东盟也经历了一些挫折与挑战，比如，在东盟四次扩员以及应对东南亚金融危机中，东盟在解决成员国内部矛盾和问题时都曾经受到质疑和反对，之后，促进东盟规范更加完善并增加了"开放""包容""多边主义"等新元素，促进东盟在不断解决问题和化解矛盾中前行。

---

[1] 周玉渊：《东盟政治安全共同体进程反思》，《东南亚南亚研究》2014年第4期。
[2] 吴琳：《试析东盟经济一体化的限制因素》，《国际关系学院学报》2009年第5期。
[3] 张锡镇：《东盟的历史转折：走向共同体》，《国际政治研究》2007年第2期。

（一）在经济方面

由于成员国的政治经济社会制度不同、自然资源禀赋等不同，东盟五个创始成员国新加坡、马来西亚等国家的经济状况相对较好，而后加入的成员国柬埔寨、老挝、越南和缅甸经济状况相对较差。2006年，经济最发达的新加坡人均GDP为21576美元，而缅甸人均GDP只有136美元，后者是世界上最贫困的国家之一。为了照顾和帮扶贫困的成员国，东盟不得不在削减关税、区域贸易自由化、投资政策和知识产权保护等方面，实行两个时间表，这种做法导致一些经济较好的成员国的不满，转而寻求与区域外的国家合作。在经济结构方面，新加坡以高科技产业和金融服务为支柱产业，而其他成员国以农业、矿产品等原材料加工为支柱产业。在对外贸易方面，东盟六个老成员国的对外贸易额占东盟GDP的85%，而四个新成员国的对外贸易额占其GDP不足31%。

东盟成员国的经济贸易依存度较高，2004年东盟外贸依存度为135%，远高于世界平均水平46%。其中，新加坡和马来西亚的经贸对外依存度分别为334%和201%。东盟与美国、日本、欧盟和中国的贸易额占其总额的46.9%，东盟成员国内部贸易仅占总贸易的22.5%，而同期欧盟成员国内部贸易占其总贸易的46%。东盟成员国内部贸易比例低，一方面，说明东盟一体化程度还不高；另一方面，也说明成员经济发展模式趋同，竞争大于互补。①

（二）在政治方面

东盟成员国的政治制度不同，越南、老挝是社会主义国家，而缅甸长期是军人执政，印度尼西亚是伊斯兰国家。东盟六个老成员国（文莱于1984年加入）有君主立宪制、共和制、内阁议会制等不同的政体制度，民主化程度也不同。各成员国由于政治经济制度的差异和意识形态的差异，所追求的国家利益各不相同这些成员国就有关议题难以达成一致，更难以保持团结与合作。越南与菲律宾、泰国、印度尼西亚有领土或海域纠纷，泰国、柬埔寨等在越南加入东盟后仍对其保持戒心等，这些因素影响成员国的政治互信和经济合作。此外，东盟松散的制度机制也面临一些问题，东盟机制的核心缺陷是对有些成员国不执行已达成的东盟制度或协议无法进行有效约束和惩罚，而这一制度缺陷不仅会影响东盟一体化发展进程，也会影响东盟共同体的具体实施。东盟对成员国坚持采取不干涉内政的原则，这个原则，一方面促进了东盟的扩员与发展；另一方面，也导致东盟在处理成员国政治问题上难于发挥作用。例如，在如何对待缅甸的问题上成员国意见明显分歧，老挝、柬埔寨等主张不采取强硬态度，

---

① 王士录：《"东盟共同体"建设面临的挑战及前景》，《亚太经济》2008年第2期。

而新加坡、马来西亚和菲律宾则主张严厉批评缅甸。①

(三) 安全方面

各成员国的安全战略和对外关系不相同,尤其是各成员国与域外大国的关系也不一样。尽管东盟成员国都属于小国,但是,由于所处的战略地位重要,往往成为大国地缘战略争夺的对象,因此,各成员国不可能置身于国际政治经济博弈的旋涡之外,成员国在对待域外大国介入的问题上很难达成一致。比如,在维护马六甲海峡的安全问题上,新加坡主张让美国和日本的势力介入,而印度尼西亚和马来西亚则强烈反对。就美国在东南亚驻军的问题上,菲律宾和新加坡表示支持,而印度尼西亚和马来西亚等成员国则表示反对。

(四) 在政府治理方面

统治集团私利和内部政治问题严重影响东盟的凝聚力。在东盟成立的初期阶段,诸如金钱政治、裙带关系、政治庇护和官僚主义等弊端在东南亚国家普遍存在,一些成员国为了本国的利益没有很好地落实东盟的政策和制度要求,导致东盟"三大共同体"目标和一体化推进艰难。比如,印度尼西亚在石化领域关税问题上明显倒退,并对农产品实施保护政策,因为这些石化集团大企业和农产品销售企业都与苏哈托的朋友和家族密切相关。② 一些成员国的各种党派之争曾经导致东盟形势异常严峻。比如,1998年5月苏哈托下台后,印度尼西亚的政党数量剧增,各种政党竞争与斗争加剧,引发社会骚乱和动乱等不稳定因素增多。泰国政局与王室、军方关系密切,政党执政常常被军方政变打乱。据有关研究资料统计,1932~1992年,泰国共发生19次军事政变,其中有13次成功,6次未遂。③ 可见,军事政变成为影响泰国政党执政的重要因素。

(五) 在民族团结方面

民族矛盾和民族问题是东盟成员国推动一体化的重大障碍。东南亚国家在文化整合的过程中,因为经济发展不平衡和不公正问题,给国家内部的一些少数民族带来紧张和不安,甚至是不满和怨恨情绪,激发了少数民族捍卫本民族文化自主权和独特性的意识。在菲律宾、印度尼西亚、缅甸、马来西亚和泰国等国家,民族分裂主义时有抬头,民族矛盾问题依然是困扰这些国家执政者的敏感问题。此外,还有一些宗教和跨境民族矛盾等问题也比较棘手和复杂。

---

① 徐瑞、冯金丽:《东盟一体化的现状与未来展望》,《特区经济》2007年第1期。
② 韦红、邢来顺:《国内政治与东盟一体化进程》,《当代亚太》2010年第2期。
③ 王士录:《从人民力量党的胜出看当前泰国政党政治的特点》,《当代世界》2008年第2期。

三 东盟未来发展规划及特点

根据东盟的发展规划以及大国博弈的态势,东盟未来发展主要有以下几个特点。第一,东盟将成为多样性国家的联合体,而不太可能成为欧盟那样紧密的、一体化的、超国家的机构。第二,"东盟方式"的基本原则会继续坚持,但对东盟的"不干涉内政"和成员国"协商一致"的原则会做一些适当调整,以加强东盟对地区和国际重大事件的协调能力和应对能力。第三,东盟将加快提高区域"一体化"水平,进一步增强成员国对"东盟意识"的认同感,缩小成员国之间的经济发展差距。第四,继续推动大国平衡的外交政策,增加东盟在地区和国际事务中的影响力。

第二节 上海合作组织扩员条件与东盟扩员的比较

一 扩员条件与国际环境比较

(一)上合组织的扩员条件与内外部环境

2001年6月15日,上合组织宣布成立,之前,乌兹别克斯坦以平等身份加入"上海五国"机制。在"上海五国"机制5年实践的基础上,形成了"上海精神"并被写入上合组织宣言和宪章。上合组织的创始国由俄罗斯、中国、哈萨克斯坦、吉尔吉斯斯坦、塔吉克斯坦、乌兹别克斯坦六国组成。2017年,上合组织在成立17年后首次实现扩员,印度和巴基斯坦正式成为新成员国。

上合组织首次扩员时面临的国际环境有以下几个特点。第一,和平发展是时代的主题,但是,整个世界并不太平,地区局部冲突和战争时有发生。自2008年金融危机和中东战争以后,由于国家财力消耗巨大,美国一超独大、主导国际事务的能力在不断下降,同时,世界多极化进程在逐步加快。第二,美国曾经主导的世界贸易组织,受美国发起的贸易保护主义和单边主义影响步履艰难,美国从2019年初开始挑起中美贸易摩擦,同时,也与其盟友欧盟、日本打"贸易战",美国坚持本国优先理念,导致全球化逆流兴起,在此背景下,以地区合作为主要形式的新地区主义兴起,成为在全球主义和民族主义之间的现实选择。区域组织不断涌现,区域组织与国家之间的自由贸易协定不断达成,寻求合作安全、共同安全成为亚洲国家实现安全的现实选择。第三,虽然美、日、德、法、英等西方发达经济体的经济复苏迹象已经显现,但是英国脱欧、希腊债务危机、欧洲难民危机等一系列问题严重影响了欧盟的内部团结,欧盟一体化发展陷入新的困境，而金砖国家等新兴经济体发展势头持续强劲。2010年中国经济总量超过日本成为世界第二大经济体。中国实施新一轮的改革开放政策，2013年中国提出"一带一路"倡议。中国倡议成立亚洲基础设施投资银行和丝路基金，为世界发展中国家提供资金支持，推动世界贸易体系改革，这些举措成为中国实现中华民族伟大复兴中国梦的重要支撑。第四，上合组织在安全、经济、政治和文化等领域的合作都取得了显著成就。上合组织内部凝聚力和地区影响力不断增强，对外吸引力也不断增大。第五，俄罗斯的新保守主义政策面临新的国际形势，北约不断东扩挤压俄罗斯战略空间，俄罗斯逐步疏远西方的发展道路和发展理念，选择向东看，在乌克兰危机背景下，中俄全面战略协作伙伴关系不断深化，中俄政治互信不断增强。

（二）东盟首次扩员的条件与内外部环境

东盟于1967年8月8日成立，创始国由印度尼西亚、菲律宾、马来西亚、新加坡和泰国五国组成。在东盟成立16年后实现第一次扩员，1984年首次扩员文莱加入，1995年第二次扩员越南加入，此后，开始推动"大东盟"一体化进程。1997年第三次扩员老挝和缅甸加入，1999年第四次扩员柬埔寨加入。1967年东盟通过的《曼谷宣言》，也称《东南亚国家联盟宣言》第四条规定："联盟对赞成上述目的、原则和宗旨的所有东南亚国家开放。"明确该组织的地理范围是东南亚地区。

1984年前后"东盟"首次扩员时正是美苏两霸处于两极对立的时期，东南亚国家需要依附于美国求生存，但是政治局势并不稳定，东盟从各国利益出发也希望摆脱超级大国的控制，寻求生存和发展机遇。东盟实质上是在寻求政治合作发展，但以经济合作为形式做掩护，以化解美国对东盟发展意图的疑虑，并在一定程度上得到美国的支持。在东盟首次扩员时，美国控制的地区经济发展较快，东盟也获得了发展机遇。而苏联控制的地区经济则发展缓慢，陷入低增长期。[1] 美国是东盟的外部利益提供者和支持者。东盟对美国主要有两方面的依赖：其一，在出口市场和外资来源上的依赖，东盟国家一直依赖美国等西方国家提供区域外市场，东盟国家的工业化发展也是由美国等外国资本主导的；其二，安全上对以美国为首的西方国家依赖[2]，尤其是菲律宾、泰国和新加坡均与美国保持着密切的军事合作。

---

[1] 吴琳：《试析东盟经济一体化的限制因素》，《国际关系学院学报》2009年第5期。
[2] 王玉主：《东盟区域合作的动力（1967～1992）——基于利益交换的分析》，《当代亚太》2006年第7期。

东盟在四次扩员中都存在一些制约因素和面临的挑战。第一，东盟国家在政治体制、社会制度、民族文化、经济发展水平和安全政策取向等方面存在较大差异，如政治体制上有人民代表大会制、君主立宪制、议会共和制和议会总统制等。社会制度方面有社会主义制度，也有资本主义制度。经济上各成员国发展水平也不同，这些客观因素增加了成员国形成共识的难度。第二，美国、日本等大国从政治、经济和安全等多方面介入东南亚地区事务，以争夺对本地区事务的主导权，对东盟的大国平衡战略形成了挤压，在一定程度上加剧了东盟的内部分化。第三，东盟多数国家正处在政治经济转型期，执政当局面临一定的信任危机，如2006年前后，菲律宾政局动荡，泰国发生政变，老挝和越南领导人更迭，缅甸最高领导人移交军权等。第四，区域内多个跨国多边合作机制并存，在一定程度上削弱了东盟的影响力，制约了东盟作用的发挥。在东盟及周边地区，与东南亚国家有关联的机制有亚非会议（AAC）、亚太经济合作组织（APEC）、东亚—拉美合作论坛（FEALAC）等。亚太经济合作组织对东盟的影响和挑战最大。总体上看，东盟四次扩员的战略选择是正确的，东盟不断加强制度化和法制化建设，以体现东盟的整体性。在区域合作中坚持全方位、开放性并保持主导性。东盟在外交上一贯坚持战略合作与大国平衡相结合的策略。①

二 扩员坚持的原则与标准比较

（一）上合组织扩员坚持的原则和标准

上合组织成员国共同的价值观是"上海精神"，即"互信、互利、平等、协商、尊重多样文明、谋求共同发展"。上合组织制定了一系列扩员应坚持的标准与程序。比如，上合组织于2004年第四次元首峰会通过《上海合作组织观察员条例》，于2008年第八次元首峰会通过《上海合作组织对话伙伴条例》。上合组织分别于2010年和2011年批准和通过《上海合作组织接收新成员条例》和《关于申请国加入上海合作组织义务的备忘录范本》，2014年9月，上合组织成员国一致通过《给予上海合作组织成员国地位程序》和《关于申请国加入上海合作组织义务备忘录范本》的修订案。上述一系列文件明确了扩员的主要标准和法定程序，为上合组织首次扩员提供了法律依据。

此外，上合组织对吸收新成员国有八项规定条件，如《上海合作组织接收新成员条例》规定，上合组织的扩员对象必须具备以下条件。第一，只对承诺

---

① 张雪：《东盟发展面临的制约和策略选择》，《亚太经济》2007年第2期。

遵守《上海合作组织宪章》宗旨、原则以及上合组织内通过的国际条约和文件的本地区有关国家开放。第二，有意愿加入上合组织的国家应符合八项标准和条件：一是地属欧亚地区；二是与上合组织所有成员国建有外交关系；三是具有上合组织观察员国或对话伙伴国地位；四是与上合组织成员国保持积极的经贸和人文交往；五是所承担的国际安全义务不应与上合组织框架内通过的相关国际条约和其他文件冲突；六是不与一国或数国存在武装冲突；七是履行《联合国宪章》规定的义务，遵守公认的国际法准则；八是未受联合国安理会的制裁。①

根据当时中、俄和中亚四个成员国专家学者对上合组织扩员的综合意见和建议，扩员还应该遵从以下四个原则。第一，政治原则。新成员必须遵守"上海精神"和《上海合作组织宪章》。第二，经济原则。新成员应支持区域经济一体化，积极开展双边合作并积极参与多边合作，支持丝绸之路经济带建设与欧亚经济联盟对接。第三，地域原则。尽管条例规定凡属于欧亚地区的国家都可以加入，但是，首次扩员，应坚持以中亚及周边国家为主，新成员加入不应该改变上合组织以中亚及周边为核心议题的状况。第四，效能原则。新成员的加入，不应该增加新矛盾和争议，导致组织的决策效率降低，新成员的加入，不应该使上合组织在发展方向问题上产生重大分歧，甚至导致与西方国家的对立。

从上述分析看，与东盟、欧盟扩员的约束条件相比，上合组织扩员对新成员的要求相对比较宽松：上合组织比欧盟、东盟更具开放性，因为上合组织几乎没有什么严格的经济和政治标准要求；从区域范围上看，凡是地处欧亚地区的国家都可以加入。

（二）东盟扩员坚持的原则和标准

东盟扩员坚持"两个程序"和"一个意识"。两个程序包括原则性程序和技术性程序；一个意识是指"东盟意识"。东盟首次扩员的主要动力来自内部"地区一体化"的牵引，外部也有美国积极推动的因素。东盟吸收新成员坚持的原则性程序主要包括五项：非成员国需要正式申请成为成员国；东盟邀请申请国以观察员身份参加东盟部长会议；申请国申请成为正式成员国；签署《东盟友好与合作条约》和其他相关条约；东盟部长会议正式批准新成员的加盟。通过这些程序促使新成员国对东盟的规则与机制有一个理性和感性的认识过程。技术性程序包括四项：申请国建立与东盟有关机构相对应的分支机构；东盟常设委员会派出调查工作组到申请国，为其提供"如何成为正式成员的路线图"，

---

① 参见《上海合作组织接收新成员条例》。

并进行培训指导;东盟秘书处为申请国官员举行 3~5 周的项目培训;东盟秘书处向申请国集中介绍东盟和东盟自由贸易区的相关事务,就建立电子联系事宜进行技术讨论。① 通过技术性程序使申请国对东盟的项目合作和决策机制有更加深入细致的了解。新成员国要理解认可并承诺坚持"东盟意识",也称"东盟方式"。

第三节 东盟扩员的经验与教训

一 东盟扩员的复杂过程及典型案例分析

东盟在四次扩员过程中也曾面临许多困境与挑战。比如,有些申请国加入东盟的热情不够高,出于政治外交等复杂因素有观望心态;一些成员国加入后对"东盟方式"仍有担心和顾虑,甚至产生抵触情绪;个别新老成员国之间存在矛盾和冲突,社会制度和意识形态不同的国家加入东盟后相互有顾虑和怀疑,一些政治民主进程不同的国家加入东盟后产生了新矛盾,如缅甸曾经是军管政府,民主化程度与其他成员国不同。东盟经历四次扩员后逐步化解了这些问题和挑战,使东盟扩员获得成功。从 1984 年到 1999 年,东盟共扩员四次,吸收成员国五个。其中,越南、老挝和缅甸入盟过程相对比较曲折和复杂。

(一)越南入盟过程曲折复杂

东盟成立之时,恰逢美国与越南战争激烈时期,越南认为东盟是"美帝国主义"控制下的反共联盟,曾经公开宣布不会加入东盟。1978 年,越南入侵柬埔寨是公然违背了东盟不干涉内政和不使用武力的原则,对"东盟意识"是一个重大的打击。但是,东盟在强烈谴责越南侵略行为的同时,仍然表示,东盟从来没有把越南当成敌人,而是把越南看作一个犯有错误的朋友。然而,当时东盟的诚意并没有打动越南。真正促使越南加入东盟,迫使越南从柬埔寨撤军的主要因素是苏联解体和冷战结束。实际上,冷战结束后,越南突然失去苏联支持,已没有能力承担占领柬埔寨的经济军事开支,在这种背景下,越南开始寻求与东盟和解。在东盟成员中,首先是泰国对越南表达了善意,1988 年,泰国提出了"把印度支那战场变成市场"的新政策,然而,其他成员国并不赞成泰国的这项提议,认为这个政策破坏了东盟"协商一致"的原则,违背了东盟

---

① Sekiguchi Sueo and Noda Makito, eds., Road to ASEAN - 10: Japanese Perspectives on Economic Intergration, Singapore: Institute of Southeast Asian Studies, 1999, p. 20.

在反对越南入侵柬埔寨问题上的一致立场。后来,实践证明泰国提出的政策是正确的、明智的。越南在泰国提议的新政策推动下,于1989年9月开始从柬埔寨撤军,东盟开始考虑越南入盟的问题。马来西亚认为,只要越南同意东盟的主张,其国内的政治制度不应该成为越南入盟的障碍;而新加坡则认为,东南亚国家加入东盟,就需要改革其政治经济制度。但是,这些分歧并没有阻止越南与东盟关系的改善。随着1991年《巴黎协议》的签署,柬埔寨问题正式解决,东盟的影响力进一步提升,越南与东盟的关系大为改善并逐步和解。1992年,新加坡总理李光耀访问越南,并被聘为越南改革的设计顾问,随着越南与东盟各成员国的关系改善及和解,1995年越南正式加入东盟。在越南入盟的过程中,"东盟方式"的两个主要原则——协商一致原则和不干涉内政原则,都受到严重挑战。面对越南的国内改革与从柬埔寨撤军的行动,东盟成员国曾经出现了两次分歧。最后越南与东盟国家能够实现和解,主要原因是东盟有强烈的地区整体意识;同时,国际环境变化也推动了柬埔寨问题解决,苏联解体、冷战结束后,越南的扩张政策失去了最主要的支持者。另外,长期处于战争状态,越南国内出现政治经济危机,也需要外部支持,越南开始重视对外寻求和解,摆脱战争负担,这也促使越南与东盟关系改善。

(二) 老挝入盟受外部环境影响明显

东盟成立初期,老挝仍然处于国家内战时期,1975年老挝实现独立,建立社会主义制度,对外奉行独立自主、不结盟原则,因此,老挝当时对东盟采取一种敌视的态度,认为东盟是"美帝国主义的帮凶",从政治上看,这是当时老挝入盟的最大障碍。然而,随着苏美冷战结束、苏联解体,在摆脱越南的控制后,老挝逐步转变了对东盟的敌对态度,对东盟采取了开放的态度。但是,在老挝入盟以前,老挝也曾经担心东盟国家的多党制和自由主义思想会给其政治制度带来冲击。但实际上,东盟奉行不干涉内政原则,尊重老挝的政治体制和社会主义制度,并根据老挝当时的经济状况减免了老挝入盟后应当承担的部分义务和费用。

(三) 缅甸入盟矛盾较多

在越南入盟以后,缅甸入盟又使东盟的不干涉内政原则遭到重创。1988年9月,缅甸军人突然发动政变并掌握了国家政权,之后,缅甸新政权开始大规模镇压、逮捕反对派人士,以美国为首的西方国家宣布停止对缅甸的援助,并指责缅甸军人政权侵犯了人权,破坏了缅甸的民主进程。面对这一突变的复杂形势,东盟认为,缅甸问题属于东南亚问题,应该由东南亚国家自己解决,并提出了对缅甸军人政权采取"建设性接触"政策,即不孤立缅甸新政府,坚决反对外部势力介入和干预东盟事务,尤其是美国等西方大国的干涉,东盟应以积极和坦诚的姿态与缅甸新政府沟通。但是,东盟成员国对于"建设性接触"政策的意见并不一致而且分歧明显。比如,新加坡与印度尼西亚反对干涉缅甸内政,菲律宾与泰国则认为,缅甸内政问题是需要考虑的重要因素。正当东盟国家分歧扩大时,美国对缅甸的突然制裁促使东盟成员国减少了分歧。因为美国制裁缅甸的主要目的是阻止缅甸入盟,如果东盟再推迟缅甸入盟,就意味着东盟屈服于美国的压力,这不仅与东盟实现区域自治的目标相违背,更会严重损害东盟的整体形象。在此特殊背景下,成员国达成一致,缅甸才得以顺利加入东盟。

二 东盟扩员与发展的主要经验

东盟经历四次扩员并逐步发展壮大,既有内部各成员国的支持,也有外部环境的支持。善于利用好内部和外部的积极因素是东盟扩员成功的重要因素。从内部因素看,东盟扩员主要有六方面经验。第一,东盟成立于美苏两大阵营意识形态对立的冷战时期,但是,东盟当时就以经济合作为旗号,而不强调政治和安全合作,从而为东盟发展注入了强大的生命力。第二,抓住机遇,成功利用解决柬埔寨问题的机会,扩大东盟在地区和国际上的影响力。第三,东盟成功运用"制衡术",使区域外大国之间相互牵制,以保证东南亚地区的和平稳定。比如,为改善东盟地区环境,在20世纪70年代初提出建立东南亚和平自由中立区目标。[①] 1978年又提出建立东南亚无核区目标[②],这些倡议有效平衡了外部大国的关系,使东盟地区保持和平稳定。第四,坚持外向型经济发展战略,主动与周边国家和大国开展经济合作。第五,创立了东盟的决策方式,即"东盟方式",兼顾各成员国的利益,保证成员国持续合作的积极性。[③] 在东盟第二次、第三次扩员后,创始国与新成员越南、老挝和柬埔寨三国曾长期处于敌对状态,而东盟在扩员后最终促使新老成员逐步团结起来,成为拥有10个成员国的"大东盟",这主要得益于东盟具有特色的决策机制。第六,东盟重视及时化解成员国之间的矛盾与冲突。东盟在四次扩员中,不断解决新老成员国之间的

[①] 喻常森、方倩华:《东盟"和平、自由和中立区"战略构想探讨》,《南洋问题研究》2005年第2期。

[②] Bilveer Singn, ZOPFAN & the New Security Order in the Asia – Pacific Region, Malaysia Eagle Trading Sdn Bhd, 1992.

[③] Heiner Hanggi, ASEAN and The ZOPFAN Concept, Singapore: Chongmoh Offset Printing Pte Ltd, 1999, pp. 22 – 24.

新矛盾和新问题，进而达成新的共识，促进东盟扩员成功并发展壮大。例如，东盟及时解决成员国之间的矛盾、利益冲突问题，尤其是越南与柬埔寨的矛盾。解决新成员加入前其他成员国持敌对态度的问题，如越南、缅甸在加入前都受到个别成员国的质疑和反对。解决新加入的成员国对组织价值观的认同问题，如越南刚加入时对"东盟方式"不接受、有抵触。解决成员国面临的共同挑战问题，如缅甸加入时成员国都面对美国制裁缅甸的压力。

从外部因素看，东盟的经验主要体现在东盟抓住了三次重大发展的机遇。第一次是20世纪50~60年代，当时东南亚地区民族主义情绪普遍高涨，东南亚地区绝大多数国家刚刚摆脱殖民统治，获得国家独立。在这样的背景下"东盟"成立。第二次是20世纪70年代，"东盟"解决了柬埔寨问题，使东盟内部的凝聚力显著增强，国际地位也逐步提升。第三次是20世纪90年代末，苏联解体和冷战结束导致东南亚地区格局发生重大变化，失去苏联支持的越南向东盟靠拢，特别是越南主动要求加入东盟，为东盟扩员提供了难得的历史性机遇。

（一）东盟创立了富有特色的"东盟方式"

东盟的组织机制和决策机制构成了富有特色的"东盟方式"，这种方式是引领东盟不断取得扩员与发展成功的重要因素。学术界对"东盟方式"进行了许多研究和解读。阿米塔·阿查亚（Amitav Achaya）将"东盟方式"界定为"特定行为准则和一系列程序中的行为规范"。[①] 其中，特定行为准则是指国际法规定的行为准则，如尊重主权、不干涉内政、和平解决冲突等；一系列程序中的行为规范是指"东盟方式"的独特之处，即东盟决策程序遵循协商一致原则，同时，倾向于非正式性磋商和采取非对抗的行为。[②] 总体上讲，"东盟方式"主要有六个原则。第一，全体一致原则。任何议题只有在所有成员国都支持时才能被通过成为东盟的决议，同时，又规定只能依靠相互协商和寻求共同点来消除反对意见。第二，不干涉内政原则。对成员国的内政不指手画脚，不公开批评，更不能进行政治、经济或军事方面的干预，对于成员国的反对意见只能通过相互协商和寻求共同点来消除。第三，Y－X原则，这也是东盟决策机制中最具特色和灵活性的原则。如果少数成员国表示将暂不参加某项议题所规定的具体行动，但又不反对该议题，而其他成员国又都表示支持并愿意参加该议题所规定的具体行动时，则该议题可以作为东盟决议予以通过。第四，立场靠拢原

[①] 贾力楠：《东盟冲突管理方式：概念、挑战与变革》，《当代亚太》2014年第6期。
[②] Amitav Achaya, "Culture, Security, Multilateralism: The 'ASEAN Way' and Regional Order", in Keith R. Krause, Multilateralism, Arms Control and Security Building, London: Frank Cass, 1999.

则。在涉及同组织外国家或国家集团关系的重大问题上,各成员国通常向在该问题上利害关系最大的那个成员国所持的立场靠拢。① 第五,会前协商原则。在每次东盟首脑会议和东盟部长会议召开之前,各成员国都会频繁地进行双边和多边的非正式磋商,以便在正式会议开始前就一些议题达成一致意见。② 第六,冲突管理原则。东盟解决冲突管理主要有五项措施,即遵循东盟的声明及公报;成员国自我控制;成员国协商一致;借助第三方解决冲突;成员国之间承认分歧。东盟冲突管理方式主要是通过塑造组织规范,③ 创建开放性和弹性化的冲突管理机制,主要用"立足预防、促进合作和有限介入"三种方式发挥东盟解决冲突管理的作用。④

(二) 东盟扩员后持续推进"大东盟"和"共同体"建设

东盟成员国存在"共同利益",这是"大东盟"形成的主要基础。"大东盟"是建立在东南亚地区安全、经济和政治"三种共同利益"基础上的。⑤ 冷战时期,东盟实际上是以政治合作为主导,而经济合作成果相对比较少;冷战结束后,东盟成员国的经济合作逐步加强。1995 年之后越南等国加入东盟,使"大东盟"的经济合作方向更加突出,同时,也加强了成员国的安全合作。在当时背景下,"大东盟"崛起对国际社会产生了积极影响。第一,"大东盟"发展促进了亚太地区多极化格局的形成。第二,"大东盟"形成了有利于东南亚地区稳定,也有利于亚太地区和平发展的环境。第三,"大东盟"以经济合作为主导,在亚太次区域合作中发挥了显著作用,对推动建立公平合理的世界经济新秩序有积极作用。此外,东盟扩员后不断推动共同体建设。从形成"东盟意识"到建立东盟"政治安全共同体",使东盟不断发展壮大。2007 年,东盟通过了《东盟经济共同体蓝图宣言》,明确了东盟经济一体化目标。2009 年,东盟制定了《东盟政治安全共同体蓝图》,蓝图明确了政治安全共同体的三个目标:一是建立一个实行法治,拥有共同规范和价值观的共同体;二是建设团结、和平、稳定、有活力的地区,在综合安全上承担集体责任;三是在更加一体化和相互依赖的世界中,把东南亚建设成为更加开放的地区。

---

① 思路:《论东盟的经验及其启示——纪念东盟成立三十周年》,《东南亚》1997 年第 1 期。
② 王子昌:《东盟的文化特征意识——东盟意识与东盟制度》(Ⅰ),《东南亚研究》2003 年第 3 期。
③ The ASEAN Declaration (Bangkok Declaration of ASEAN), Bangkok, August 8, 1967.
④ Mely Caballero Anthong, "Mechanisms of Dispute Settlement: The ASEAN Experience", *Contemporary Southeast Asia*, Vol. 20, No. 1, 1998, pp. 38 - 66.
⑤ 陆建人:《"大东盟"及其影响之我见》,《当代亚太》1999 年第 6 期。

(三) 东盟应对东南亚金融危机的经验

1997年亚洲金融危机是东盟发展的分水岭,东盟成员国共同认识到,以前旧有的东盟原则已经不够用了、过时了,东南亚金融危机、毒品走私、环境危害等问题都属于地区性问题,需要各成员国合作才能解决。在2007年东盟成立40周年之际,东盟提出了推进发展的新措施:缩小新老成员国之间的发展差距,尽快实现东盟一体化;加强地区认同,增强东盟的凝聚力;提高工作效率,完善组织和运行机制;保持东盟在东南亚合作中的核心地位,促进东南亚共同体建设;增强经济竞争力,应对全球化挑战。①

(四) 建立解决内部冲突的管理机制

东盟解决成员国冲突管理的方式是在结合第一轨和第二轨外交以及其他正式和非正式协调手段基础上形成的,是一种以规避和预防为主的独特的冲突管理机制。东盟对国家间冲突管理的理念是预防为主,控制成员国国内冲突的核心目标是防止冲突问题国际化。② 东盟解决成员国内部冲突管理主要有"五项原则",即遵循东盟各有关声明及公报中提出的基本原则;强调成员国自我控制;成员国协商一致寻求问题的解决;借助第三方化解冲突与矛盾;成员国之间承认分歧并将分歧留待今后解决。

在不干涉、不介入以及非强制前提下,东盟解决成员国冲突的主要途径有三个方面。

第一,塑造规范。成立以来,东盟制定了许多制度和法律文件,如1967年东盟通过的《曼谷宣言》,1971年通过的《和平、自由和中立区宣言》,1976年通过的《东南亚友好合作条约》,2003年通过的《东盟第二协调宣言》,2004年通过的《东盟安全共同体行动》,2007年通过的《东盟宪章》等。通过这些法律文件和制度,东盟不断加强地区内以和平为导向的价值规范的引导和宣传。在解决冲突管理过程中,坚持"三个原则",如成员国不能违反不干涉内政原则;禁止为反对任何一个成员国中央政权的反叛者提供庇护和支持,为阻止国内冲突的国际化奠定基础;对成员国开展的反对颠覆性和破坏性行动提供政治支持和物质援助。③

第二,建立开放性和弹性化的冲突管理机制。东盟的《东南亚友好合作条约》的第十三条规定:"为了通过区域进程解决争端,各缔约国应派代表组成一

---

① 马嬰:《东盟成立四十周年回顾》,《当代亚太》2007年第8期。
② 贾力楠:《东盟冲突管理方式:概念、挑战与变革》,《当代亚太》2014年第6期。
③ Charter of the ASAN Preamble, Singapore, 2007.

个部长级高级理事会,以认定可能存在的、将扰乱区域和平与和谐的争端。"这个高级理事会是一个信息传递和压力释放的渠道,并不是强制性的机制,当事国有权利将冲突诉诸联合国解决,而东盟只是期望首先应该在本地区协商解决。

第三,冲突解决要"立足预防、促进合作、有限介入"。东盟冲突管理是一个以预防为主的机制,在解决过程中强调高级理事会的协商一致原则。东盟解决成员国冲突管理主要有"四个阶段":预防冲突阶段,主要是防止导致冲突的条件和环境形成;控制冲突阶段,主要是阻止成员国已经发生的冲突进一步恶化;化解冲突阶段,主要是通过各方认可的协议或决定,消除导致成员国冲突的有害条件和行为;冲突后的和平建设阶段,主要是采取各种必要的措施防止成员国冲突再次复发,并为实现长期和平创造条件。①

三 东盟扩员的主要教训

东盟在成立初期的10多年,经济合作一直未取得实质性进展,因为成立初期处于冷战时期,政治合作是东盟的主要内容。② 当时东盟的决策机制也不健全,成立初期是外长会议机制,从1970年开始向成员国首脑会议机制转变,但是首脑会议仍然是不定期召开,一直到1992年以后,才正式形成成员国首脑决策机制,明确每3年召开一次首脑会议。此后,尤其是在越南加入东盟后,开展经济合作才逐步成为成员国的共识。

(一)东盟扩员带来的新矛盾

东盟每次扩员后都会带来一些新问题和新矛盾。一是东盟经过四次扩员达到10个成员国,扩员期间"东盟意识"曾几次遇到严峻挑战。尽管东盟制定了明确的入盟规定和制度程序,但是,在扩员过程中,并没有完全解决新成员国对"东盟意识"和规则的认同问题。有些新成员国对"东盟意识"存在担心和疑虑。例如,越南在入盟初期对"东盟意识"和规则认同有限并提出了异议。1997年12月东盟首脑会晤期间,越南外交官发表声明称:"我们是个不同的国家,随着东盟的扩展,在集团内部重新组合是很自然的事。"③ 二是东盟扩员带来成员国之间经济水平的差距和意识形态的差异问题引发新的"南北矛盾"。这种经济发展水平和意识形态的差异,导致在东盟内部形成了两个亚集团。④ 三是

---

① Treaty of Amity and Cooperation in Southeast Asia, Chapter III.
② 曹云华:《东盟再认识》,《东南亚研究》2007年第4期。
③ Alan Collins, *The Security Dilemmas of Southeast Asia*, New York: ST. Marting's Press, LLC., 2000, pp. 120 – 121.
④ 思路:《论东盟的经验及其启示——纪念东盟成立三十周年》,《东南亚研究》1997年第1期。

东盟对一些地区问题的解决有时显得束手无策。比如，在不干涉内政原则下，东盟失去了在东帝汶问题上的领导权，在应对环境污染、跨国犯罪、人权、人口流动等问题上，由于坚持不干涉内政原则使东盟显得无能为力。随着新成员的加入，东盟内部的领土纠纷、资源争端等问题也更趋复杂。

实际上，经历四次扩员后，东盟的决策机制也暴露出一些突出问题，尤其是1997年东南亚爆发金融危机后东盟决策机制的内在缺陷逐步暴露出来。一是现有的决策机制无法为成员国之间进行有效沟通提供保证，在金融危机以前，印度尼西亚作为东盟实际上的核心国家，协调带动东盟成员国开展协商与合作。金融危机后，印度尼西亚陷入混乱，东盟一度出现核心国主导"权力真空"，导致成员国在许多重大问题上难以取得一致意见。① 二是不干涉内政原则，使东盟现有决策原则的运用面临进退两难的境地。三是扩员后东盟决策效率变得低下。全体一致原则使各成员国之间在许多问题上讨价还价，耗费大量的人力、物力、财力和时间，拖延了决策时间。四是东盟的一些会议决定有时无法保证得到全面贯彻执行，因为这些决定不是强制性规定。例如，东盟第六届首脑会议通过了"大胆措施声明"，提出加速实施东盟自由贸易区计划，进一步放宽服务业贸易限制等，但是，有些成员国担心本国的利益受损，并未付诸实施，导致东盟的经济一体化合作推进困难重重。②

（二）扩员后"东盟方式"面临困境，迫使东盟改革调整

东盟在几次扩员后面临的主要困境如下。第一，"东盟方式"在发挥积极作用的同时，对经济合作也产生一些制约，各成员国民族主义行为阻碍了东盟的工业合作计划。第二，东盟缺乏超国家权力，难以应对内部经济危机，导致亚洲金融危机时各成员国只能采取自救措施。第三，不干涉内政原则导致在成员国发生政治危机时东盟束手无策。例如，1975年印度尼西亚吞并东帝汶时，联合国发表声明进行谴责，而东盟却保持沉默，没有发出东盟声音。第四，东盟缺乏集体行动能力，使东盟对全球环境和安全等问题，难以做出协调决策。③

随着东盟扩员与发展，尤其是1997年亚洲金融危机后，东盟内部不断出现改革的呼声。第一，针对东盟的不干涉内政原则，提出"建设性干预""灵活接触""弹性介入"等概念。④ 第二，对于解决地区性问题，提出采用"东盟三驾

---

① 赵爱国：《东盟内部的离心力与向心力：东盟各国国家利益冲突与协调分析》，《国际论坛》2001年第6期。
② 朱显仁、何斌：《东盟决策机制与东盟一体化》，《南洋问题研究》2002年第4期。
③ 陈寒溪：《"东盟方式"与东盟地区一体化》，《当代亚太》2002年第12期。
④ 李伯军：《论东盟对不干涉原则的突破与发展》，《求索》2007年第12期。

马车"机制,比如,由东盟的前任、候任、现任轮值主席国的外长组成决策机制,① 类似于用超国家机构来解决地区问题,如对缅甸加入东盟前后的有关问题处理。② 第三,探索东盟使用一种货币机制的可行性。但是,这些问题争论很大。对"东盟方式"改革的两大争论焦点是:东盟是否要建立超国家机构和东盟应该从哪些机构开始进行改革。另外,东盟从第二次扩员后,1996 年首次制定《争端解决机制议定书》,2004 年制定了《东盟促进争议解决机制议定书》,到 2010 年又制定了《东盟限制争端解决议定书》,通过这三次解决争端制度的调整,对"东盟方式"存在的一些缺陷从机制上进行了完善。③

在各方改革呼声推动下,东盟决策机制在扩员过程中不断调整和完善。主要分三个阶段进行了调整。第一阶段从 1967 年成立到 1976 年巴厘岛会议召开,此阶段外长会议是东盟决策的主要机制,一年召开一次。第二阶段从 1976 年巴厘岛会议召开到 1992 年新加坡首脑会议召开,从外长会议机制向首脑会议机制转变,不定期召开首脑会议。第三阶段从 1992 年至今,新加坡首脑会议建立了首脑会议决策机制,每 3 年召开一次,外长会议每年召开一次。2007 年 11 月 19 日,东盟首脑会议签署《东盟宪章》,对"东盟方式"进行了一些调整与改革,并再次强调:"尊重各成员国的独立、主权、平等、领土完整和民族特性。坚持以和平手段解决纠纷;不干涉成员国内政;依照东盟条约和国际惯例解决纷争,棘手问题交由东盟首脑会议协商决定。"《东盟宪章》对东盟内部的结构和沟通机制进行了调整,使一些机制建设得到强化。强调"东盟成员国领导人在峰会上决定有关东盟一体化的关键问题,决定发生紧急事态时的措施"。同时决定成立四个理事会,其中一个由外长组成,负责协调主要事务;另外三个理事会分别负责经济安全、经济一体化和社会文化事务,每个理事会由一名副秘书长负责。

四　上海合作组织扩员与东盟扩员比较分析

东盟扩员及发展成功的主要经验是其发挥了民主和良治的推动者、地区机制和规范的塑造者、地区安全结构和理念的倡导者和地区国际合作的领导者四种功能作用。④ 东盟成员国认同"东盟方式",能够进行自我克制是东盟扩员及

---

① 马燕冰:《东盟的成就、问题与前景》,《和平与发展》2008 年第 1 期。
② 程晓勇:《东盟超越不干涉主义——基于缅甸问题的考察与分析》,《太平洋学报》2012 年第 11 期。
③ 孙志煜:《东盟争端解决机制的兴起、演进与启示》,《东南亚研究》2014 年第 6 期。
④ 周玉渊:《东盟政治安全共同体进程反思》,《东南亚南亚研究》2014 年第 4 期。

发展成功的主要因素。① 东盟是一个成功的地区组织，也是发展中国家团结合作的典范，其成功的实践证明，在全球化背景下，通过建立区域组织，小国与弱国也可以有所作为，其根本出路就是团结与合作。② 东盟扩员的经验与教训对上合组织扩员的重要启示是：尽管印度和巴基斯坦已经正式加入上合组织。但是，扩员仍然面临许多挑战，必须正确面对，应逐一解决所面临的问题、矛盾和挑战。上合组织未来扩员一定要循序渐进，严格程序，加强规范引导和程序监控，不能一蹴而就，更不能寄希望于扩员后再解决矛盾和问题，否则，新成员的加入可能使组织陷入困境。

第一，东盟坚持扩员的基本原则和宗旨，新成员必须接受组织的章程和入盟的制度、程序。东盟扩员有明确的原则程序和技术程序标准要求。另外，欧盟在接受中东欧国家加入时，强调必须坚持欧盟的经济标准和政治标准，即经济标准主要指新成员国要建立市场经济体制，政治标准是指新成员国要建立民主政治体制。在上合组织也应督促成员国就一系列问题达成一致立场，比如，印巴双方的矛盾和问题，中印之间的问题，印巴与上合组织成员国之间存在的双边问题都应该加以解决。一是中俄两个主导国家首先要达成一致，共同推动印巴承诺遵守上合组织章程和"上海精神"，共同敦促和帮助印巴之间消除矛盾和隔阂。二是印巴两国要加强政治对话和外交沟通，增强两国的政治互信，对存在的矛盾和问题要相互谅解，推进和解。三是中亚国家也要支持印巴和解以及其他有利于印巴双方增强政治互信的外交行动。

第二，培育组织的共同价值观是扩员后形成团结合作的、有凝聚力的区域组织的重要前提。东盟成立初期，各成员国也是互不信任，猜忌较多。但是，东盟坚持贯彻组织的共同价值观，东盟在扩员中始终坚持"东盟意识"，也称"东盟方式"，推动各成员国的经济均衡发展，逐步消除成员国的经济发展差距。同时，随着双边和多边合作的不断加深，各成员国之间逐步建立起政治上互信、经济上合作，并认识到东盟各国存在"共同利益"。安全、经济和政治这三种"共同利益"是东盟历经四次扩员后形成"大东盟"的基础。

第三，扩员可能引发组织功能、定位及发展方向的调整，扩员可能"倒逼"组织内部管理机制改革和机制化建设，推进各成员国共同发展、均衡发展。解决好新老成员国之间的经济发展差异、政治体制差异和文化差异，是国际组织扩员后面临的首要任务。比如，欧盟采取"区域政策"和"结构基金"等措

---

① 王子昌：《国外东盟研究：方法与观点》，《东南亚研究》2003年第1期。
② 曹云华：《东盟再认识》，《东南亚研究》2007年第4期。

施，在保证推动"统一大市场"的前提下，又不会扩大成员国的经济发展差距。扩员后，上合组织应加快机制化建设和法律化建设，以体现上合组织的整体性和一致性。通过法律化建设，促进新老成员国共同遵守《上海合作组织宪章》和"上海精神"；通过制度化建设，促进国家间国际道路交通便利化措施实施，推动双边与多边合作，推动区域经济一体化进程。上合组织扩员后，区域范围从中亚向大欧亚区域转变，应倡议各成员国共同推动构建安全、稳定、发展和繁荣的"欧亚"或"和谐欧亚"战略目标。只有更大范围的欧亚地区稳定，才能确保中亚作为欧亚大陆核心地带的安全与稳定。

第四，东盟的"灵活接触"倡议是对东盟不干涉内政原则的调整，有利于各成员国之间关系更紧密，接触更灵活，合作更融洽。上合组织扩员后应适当借鉴这种做法。[①] 在事关某一成员国安全与稳定的问题时，要求其他成员国共同向该国的利益靠拢，发出上合组织一致的声音或明确的行动方向。

第五，扩员后保证上合组织决策效率不降低是一个重大考验。东盟扩员后对原有的决策机制进行了一些微调。如从"全体一致通过"原则向"Y－X"原则转变；从不干涉内政原则向适度的"灵活接触"原则转变。这些做法值得上合组织扩员后学习和借鉴。

第四节　欧盟扩员的经验与教训

近年来，英国脱欧、希腊债务危机等给欧盟一体化带来诸多挑战，似乎欧洲的一体化正陷入穷途末路。欧盟（欧共体）自1957年成立以来历经七次扩员，地理区域不断扩大，形成了统一的欧洲，推动世界向多极化格局演变。尽管上合组织与欧盟不具有可比性，因为两者的发展理念不同，前者是结伴不结盟的新型区域组织，后者是结盟组织，但是，作为一般意义上的国际组织，分析比较上合组织扩员发展与欧盟扩员发展的特点，借鉴欧盟扩员与发展的经验和教训，对上合组织未来扩员以及首次扩员后化解困境、实现可持续发展具有重大现实意义。

一　欧盟扩员条件与外部环境

欧洲从煤钢联营起步，逐步发展到成立欧元区，其发展进程和一体化大致

[①] 王子昌：《东盟的文化特征意识——东盟意识与东盟的发展》（Ⅰ），《东南亚研究》2003年第3期。

经历了五个阶段。

第一阶段，煤钢联营共同市场时期。成立欧洲煤钢联营组织（亦称欧洲煤钢共同体），建立统一煤钢供应市场。

第二阶段，欧洲经济共同体时期。把欧洲煤钢联营和欧洲原子能联营合并组成欧洲经济共同体。1958年1月1日，正式成立欧洲经济共同体。

第三阶段，欧洲共同体时期。1967年7月1日正式成立欧洲共同体，建立欧洲统一大市场。1993年实现"货物、人员、服务、资金"四要素自由流动。

第四阶段，欧洲联盟时期。欧共体在成立欧盟统一大市场基础上，积极推进欧洲从经济合作向经济政治合作转变。1993年11月1日，欧洲共同体改称为欧洲联盟。①

第五阶段，经济货币联盟时期。成立欧元区，1999年欧元区启动，2002年欧元作为统一货币在欧盟进入现实的流通。

1951年4月，法国、联邦德国、意大利、荷兰、比利时、卢森堡六国在巴黎签订《欧洲煤钢联营条约》，建立煤钢共同市场，标志着"舒曼"计划变成现实。1957年3月，六国外长在罗马签订《欧洲经济共同体条约》与《欧洲原子能联营条约》（合称《罗马条约》）；之后，六国又于1967年7月，决定把欧洲煤钢联营组织、欧洲原子能联营组织并入欧洲经济共同体，统称为"欧洲共同体"。1991年12月，欧洲共同体马斯特里赫特首脑会议通过《欧洲联盟条约》，通称《马斯特里赫特条约》（简称《马约》）。1993年11月1日，《马约》正式生效，标志着欧洲联盟（简称欧盟）正式诞生。由此可见，欧盟是由欧洲共同体逐步发展演变而来的，它是一个集政治实体和经济实体于一身，在当今世界格局中具有重要影响力的区域一体化组织。

自欧盟成立以后，欧盟成员国多次协商，以有效推动欧盟成员国经济一体化发展。1999年1月1日，欧元开始在银行、外汇交易和公共债务等方面正式使用。2002年7月1日，欧元区国家的货币终止流通，欧元取代欧元区国货币，成为欧元区的单一法定货币。

从欧洲共同体开始，欧盟发展至今经历了七次扩员。

第一次扩员是在欧洲共同体成立6年后启动的，又称"北扩"。从1970年起，欧洲共同体开始与丹麦、爱尔兰、挪威和英国谈判，其中，英国曾经两次申请，两次被拒绝。1973年，丹麦、爱尔兰、英国加入欧共体，三个申请国在提交申请3年后加入。而挪威公民在公投中反对加入。

---

① 王雅梅：《东扩对欧盟区域政策的挑战》，《天府新论》2003年第3期。

第二次扩员是在地中海地区。1967 年，希腊政变导致军政权上台；1974 年，希腊恢复民主政体；1981 年，希腊在提出申请 6 年后加入欧洲共同体。

第三次扩员也是在地中海地区。从 1977 年开始，西班牙、葡萄牙申请加入，谈判了 8 年，主要涉及农业、渔业、纺织品和劳动力问题。1986 年，西班牙、葡萄牙加入欧共体，两国经过近 10 年的努力才加入欧盟。

第四次扩员，1989 年奥地利申请加入，1990 年德国统一后前东德加入，1991 年瑞典申请加入，1992 年芬兰申请加入，1992 年挪威再次申请加入，1994 年挪威公民投票再次否决入盟。1995 年，奥地利、芬兰、瑞典加入欧盟。

第五次扩员，有十个国家加入欧盟。2002 年，经过多年谈判和准备，欧洲理事会认可十国达到了入盟的政治标准，鼓励它们为达到经济标准和其他标准继续努力。2004 年 5 月，马耳他、塞浦路斯、波兰、匈牙利、捷克、斯洛伐克、斯洛文尼亚、爱沙尼亚、拉脱维亚、立陶宛在提交申请 10～14 年后正式加入欧盟。①

第六次扩员，2007 年 1 月 1 日，保加利亚和罗马尼亚加入欧盟。

第七次扩员，2013 年 7 月 1 日，克罗地亚加入欧盟，成为欧盟第 28 个成员国。此外，欧盟还启动了与冰岛的入盟谈判。已经将土耳其、马其顿、黑山、阿尔巴尼亚列为欧盟候选国。

二　欧盟扩员坚持的价值观与标准

欧盟 2004 年和 2007 年的两次大规模扩员，由于申请国政治和经济标准难以达到欧盟的标准，这两次扩员给欧盟带来了史无前例的挑战。实际上，在中东欧十个国家申请加入欧盟之前，欧盟的扩员标准是比较宽泛和笼统的，而 2004 年的第五次扩员使欧盟意识到，有必要制定更加严格的入盟标准以监控和保证申请国的质量，为此制定了"哥本哈根标准"，还配套制定了一些监督制度和援助制度。在监督方面，欧盟对候选国的定期评估制度就是监督的具体措施。在援助方面，包括法尔计划、入盟前援助结构政策计划、农业和农村发展特殊准备计划、入盟前援助工具和第二阶段的入盟前援助工具。

1991 年苏联解体后，中东欧大多数国家积极表示要加入欧盟，把欧盟治理模式作为样板，尽快"回归"欧洲成了当时中东欧国家最主要的政治议题。②

---

① 朱晓中主编《欧洲的分与合：中东欧与欧洲一体化》，中国社会科学出版社，2017。
② Wade Jacoby, "Tutors and pupils: International Organizations, Central European Elites, and Western Models", *Governance*, Vol. 14, No. 2, 2001, pp. 169–200.

在此背景下，欧盟在1993年的哥本哈根首脑会议上制定了一系列不仅仅是针对中东欧国家的入盟标准，即"哥本哈根标准"。其主要内容是：入盟国必须采用民主政体，建立法治尊重人权，保护少数民族；经济上要建立市场经济体制；此外，还要有履行成员国义务的能力等。[1] 1995年欧盟理事会马德里会议对这个标准做了进一步补充；1997年在卢森堡首脑会议上又制定了一些原则。例如，强调申请国入盟后能否遵守欧盟原则的态度和能力也将作为评估的标准。

（一）欧盟扩员坚持的标准

欧盟扩员坚持"三个标准"，即政治标准、经济标准和执行欧盟的既有法规。

关于政治标准，1999年5月1日生效的《阿姆斯特丹条约》规定，申请国必须具有一个民主的政治体制，如果在加入欧盟后发现有践踏民主和违反人权的行为，欧盟通过表决可以暂时停止该成员国在欧盟的一些权利。政治标准具体包括六个方面：一是选举标准，要求选举自由公正，符合国际标准以及该国对于民主选举的承诺；二是议会制度，要求议会能够持续良好运行，其权利受到尊重，反对派能够充分参与其活动；三是有效运行的行政机关，这个机关应该是由公务员组成的非军事化机构，并且为法治服务，[2] 作为入盟政治标准涵盖的重要内容之一，候选国在原有基础上调整的或新成立的行政机关运行情况需要接受欧盟相关机构的指导培训并最终要通过欧盟的评估；[3] 四是稳定的司法制度；五是反腐败，鉴于中东欧国家腐败现象比较严重，在欧盟的督促和要求下，一些中东欧申请国已经通过国内手段和国际手段来处理腐败问题，[4] 同时，作为入盟政治标准涵盖的重要内容之一，候选国治理腐败的成效情况需要接受欧盟相关机构的监督和评估；[5] 六是尊重和保障人权和少数族群，如欧盟坚持申请国必须批准联合国人权公约，并监督落实这一过程[6]。

关于经济标准，与政治标准相比，欧盟对候选国经济条件的评估更为严格。

---

[1] Heather Grabbe, *The EU's Transformative Power*, *Europeanization through Conditionality in Central and Eastern Europe*, New York: Palgrave Macmillan, 2006.

[2] 2002 Regular Report on Rumania's Progress towards Accession, 2002. SEC (2002) 1409 final, 9 Oct. 2002.

[3] Heather Grabbe, "How does Europeanistion Affect CEE governance? Conditionality, Diffusion and Diversity", *Journal of European Public Policy*, Vol. 8, No. 6, 2001, pp. 1013 – 1031.

[4] 参见欧盟理事会《反腐败刑法公约》(Criminal Law Convention on Corruption) 等。

[5] EU Accession Monitoring Programme, *Monitoring the EU Accession Porcess*: *Corruption and Anti - corruption Policy*, Budapest: Open Society Institute, 2002.

[6] Tanja Marktler, *The Power of the Copenhagen Criteria*, CYELP2, 2006, p. 352.

要求候选国建立市场经济体系，入盟标准为"实施一套可操作的市场经济体制，并且能够经得起欧盟单一市场的公平竞争并能够满足效率的需求"。经济标准具体有三个方面：一是推进私有化，明确私有化是由计划体制向市场经济过渡的重要途径，私有化过程应该是透明的，欧盟规定申请国必须要达到欧盟规定的竞争性市场经济标准；① 二是具有公平竞争的能力，有足够的人力资本和物资资本，其中包括基础设施建设；② 三是在建立市场经济体制条件下，候选国入盟后要融入欧盟的统一货币体系，加入欧元区③。

关于执行既有法规的要求。欧盟的既有法规共有31个章节，具体内容主要包括：货物自由流动、人员自由流动、提供服务的自由、资本的自由流动、公司法、竞争政策、税收政策、工业政策、中小企业、海关、对外关系等。

此外，值得关注的是，在十国加入欧盟过程中，欧盟针对这些国家提出了四项入盟的基本条件。第一，申请国必须是稳定的、多元化的民主国家，至少拥有独立的政党，定期进行选举，依法治国，尊重人权和保护少数民族权益。第二，申请国必须具备可以发挥国内市场经济体制作用的能力。包括私营部门在产出中占较大比重、价格自由化、实行竞争政策、限制国家补贴、一定程度上的资本自由流动等。第三，申请国必须能够面对欧盟内部特别是欧洲单一市场环境中的竞争压力和劳动力市场压力。第四，申请国必须认可欧盟的经济、货币和政治联盟的目标，能够确保承担成员国的义务，特别是执行共同法的规定。④ 其中，共同法包括界定四大自由（商品、服务、资本和人员的自由流动）的法律规范；共同农业政策、竞争政策；规则、财政协调一致；对欠发达国家的义务，愿意而且能够遵守1958年欧洲共同体成立以来确定的各种决定和法律条文。⑤

欧盟制定了"哥本哈根标准"，并在此基础上设计了一套评估标准，目的是在入盟前给候选国提供一个明确的、具有竞争性的环境，以促进候选国落实欧盟的要求。可以说，欧盟使用了"胡萝卜加大棒"的策略，来引导候选国推进

---

① 刘桂兰：《欧盟扩大的地缘政治影响及面临的困难》，《国际观察》2000年第5期。
② 管紫璇：《欧盟扩大制度研究》，外交学院2015年硕士学位论文。
③ European Councilin Copenhagean, Presidency Conclusions, June 1993.
④ Christophe Hillion, *The Copenhagen Criteria and Their Progeny: In EU Enlargement: A Legal Approach*, Oxford: Hart Publishing, 2004. https://www.consilium.europa.eu/ueDocs/coms_Data/docs/press Date/en/ec/72921.pdf.
⑤ 朱晓中主编《欧洲的分与合：中东欧与欧洲一体化》，中国社会科学出版社，2017，第128～129页。

经济和政治改革。① 在候选国入盟标准把关和落实方面有两个具体措施：一是建立对候选国的定期评估制度，评估标准主要是针对政治标准而设定的，审查和评估的内容主要包括宪法框架、制度和政党、非政府组织和传媒作用之间的关系，以便评估民主制度的实际运行情况；二是欧盟支持候选国达标的援助制度，包括法尔计划、入盟前援助结构政策计划、农业和农村发展特殊准备计划和入盟前援助工具等。

加入欧盟的过程是一个复杂的技术程序以及一系列评估程序，欧盟的扩员在很大程度上是一个政治进程，入盟进程中的许多步骤需要得到欧盟成员国的一致同意，因此，若候选国与成员国之间的关系存在冲突或矛盾将严重影响欧盟的扩员进程。入盟程序中使用的主要工具包括：其一，双边协定，是指以欧盟与入盟申请国之间签署的双边协定作为对话和谈判的双边框架；其二，政治和经济对话，是指欧盟和入盟申请国按照"哥本哈根标准"的要求，展开政治和经济对话以巩固入盟进程；其三，入盟伙伴关系，是指欧盟与申请国分别建立入盟伙伴关系，制定针对每一个申请国的谈判原则以协助申请国为入盟做准备，原则中包括欧盟应提供的支持清单、申请国必须加强的制度建设和基础设施建设以及改革的优先领域等清单；其四，吸收欧盟法规的国家计划，是指申请国制定吸收欧盟法规的本国计划，包括向欧盟标准靠拢的优先领域以及为此而配备的人力和财政资源计划等；其五，加入欧盟计划、机构和委员会，是指申请国可以参与欧盟机构制订计划的一些会议，或加入某些监督委员会，不过是以观察员的身份，只能参加涉及它们计划的监督委员会；其六，欧盟委员会的监督，是指欧盟对候选国的监督从申请国提交申请后开始，一直监督到该国正式加入欧盟之时，欧盟委员会的监督以年度报告的形式呈现。②

欧盟扩员制度也存在一些问题和局限性，主要是评估标准多数是定性而不是定量的。欧盟对候选国的评估也存在一定的差距。例如，欧盟评估认为保加利亚各项措施进展较大，而罗马尼亚在一些方面没有达到"哥本哈根标准"，最后，针对罗马尼亚的4项基准和保加利亚的6项基准要求，都没有达标；③ 但

---

① Viljar Veebel, "Relevance of Copenhagen Criteria in Actual Accession: Orinciples, Methods and Shortcomings of EU Pre–accession Evalation", *Studies of Transition States and Societies*, Vol. 3, No. 1, 2011, p. 3.

② "Treaty on Europtan Union – Joining the EU – the Accession Process", https://eur–lex.europa.eu/legal–content/EN/TXT/? uri = LEGISSUM：114536.

③ 〔奥〕马丁·迪赛克、米歇尔·施瓦青格：《欧盟扩大——背景、发展、史实》，卫延生译，中央编译出版社，2012，第281页。

是，2007年两国同时加入了欧盟，这说明在评估标准之外，政治因素和地缘因素也发挥了重要的作用。"哥本哈根标准"设定了候选国在政治、经济、行政权限和实现欧盟要求方面的标准，但同时也强调了欧盟吸收新成员国的能力，强调欧盟的活动能力不能因为吸收新成员而受到损伤和削弱。

苏联解体后，一些中东欧国家在1992年就与欧盟建立了正式的联系机制，并且在1995年正式提出加入欧盟的申请，为此，欧盟制订了一些援助计划。一是建立对东欧国家的财政援助机制，从2000年开始，每年援助东欧候选国超过30亿美元，如法尔计划就是中东欧国家享受欧盟结构性贷款的一种形式；二是入盟前援助结构政策计划，从2000年开始实行，每年向东欧候选国投资10亿美元用于改善环境和建设基础设施；三是农业与农村发展特殊准备计划，从2000年开始实行，每年向东欧候选国提供5亿美元的资金。[①] 由此可见，欧盟通过对候选国的资金援助对这些国家的政治经济体制改革起到巨大的塑造作用，在满足欧盟的政治经济标准后才允许这些候选国正式加入。这是一个严格的、前置的、把关成员国质量的方式，值得上合组织扩员时借鉴。

（二）欧盟扩员中的"两次例外"事件

欧盟在历次扩员中，大体都坚持了其扩员的政治、经济等相关标准和要求，但是有两次属于例外。第一次是在第二次扩员希腊加入时和第三次扩员西班牙加入时，希腊和西班牙的国家债务标准当时都没有到达欧盟规定的国家债务占国家GDP的比例不大于60%的要求。实际上，是美国高盛集团帮助这些国家做了债务"包装"后才过关。第二次是在第五次扩员时，保加利亚、罗马尼亚均没有达到加入欧盟的政治标准，为此，欧盟还专门设定了一个合作与确认机制。[②]

（三）欧洲战略文化及价值认同是"大欧洲"形成的基础

欧洲的战略文化决定了其自身定位及目标的价值认同，是"大欧洲"形成的基础，而不仅仅是欧洲国家在地理位置、语言、文化遗产、政治制度、国家性质等方面的相似性构成了欧洲的统一性。江忆恩（Jonstin）提出的"战略文化"理论解释了为什么相同条件的国家却采用不同的战略手段。[③] 他提出不同的国家具有不同的历史传统、文化沿袭，这影响和决定着一国的思考和行为方式，形成一国的战略文化。战略文化具有历史延续性，而正是不同的战略文化决定

---

① 马晴燕：《中东欧国家加入欧盟进展情况》，《国际资料信息》2002年第3期。
② 朱晓中主编《欧洲的分与合：中东欧与欧洲一体化》，中国社会科学出版社，2017，第249页。
③ Alastair Iain Jonston，*Cultural Realism：Strategic Cultural and Grand Strategy in Chinese History Princeton*，Princeton University Press，1995.

了各国对国际事务采用不同的处理方式。二战后，在美苏两极意识形态对立的环境下，是"舒曼计划"启动了欧洲一体化，法国是欧洲联合的创始者，它不愿意亦步亦趋地跟随美国，希望恢复民族国家的强大，怀有"大欧洲"的梦想。戴高乐积极促进西欧联盟，他的"欧洲观"具有几个特点：一是未来欧洲应该是摆脱美苏两个大国的独立的欧洲；二是未来的欧洲仍是民族国家联合起来的"多国家的欧洲""祖国的欧洲"；三是在"多国家的欧洲"当中，法国应该起到中流砥柱作用；四是将来的欧洲应该以法德联合为支柱。实际上，英国不甘心从19世纪的世界大国沦为"欧洲大国"，英国一直到1960年才申请加入欧洲经济共同体，①之后遭到两次拒绝。英国在1973年终于加入欧洲共同体，首次扩员吸收了英国、丹麦和爱尔兰，这是欧洲共同体第一次扩员的大背景。促进欧盟扩员的共同价值观是推进欧洲一体化，从煤钢联营组织、欧洲经济共同体，到欧洲共同体、欧洲联盟，再到欧元区成立。

欧盟的凝聚力和扩员的动力主要来自三个因素：成员国都有结束欧洲血腥战争历史的愿望；形成团结的欧洲以制约德国；成员国对欧洲一体化带来的经济利益有兴趣。历经五次扩员后，欧盟作为一个经济实体和政治实体的影响力不断提升，现已成为世界上一体化程度最高、经济实力最强的超国家联合体。②

三 欧盟扩员的主要教训

（一）欧盟历次扩员的主要教训

欧盟七次扩员后分别引发的相关问题是什么？其内在原因何在？这些值得我们深思和探索。总体上欧盟扩员是比较谨慎的，在政治和经济方面都有可以评估的标准。尽管有比较严格的吸收新成员国标准，但在几次具体吸收新成员时，或多或少都埋下了一些隐患和潜在的风险与问题，有些问题在10多年后，甚至更长时期后才因意外事件被发现。比如，美国金融危机诱发了欧债危机，从中才发现了欧盟在扩员时一些政府埋下的债务隐患。英国脱欧、希腊债务危机等事件，都与欧盟扩员时把关不严格以及一些成员国有意或无意地掩盖一些经济问题有关。

欧盟第一次扩员引发的问题。英国在1973年加入欧盟，43年后的2016年英国又提出退出欧盟，开了欧盟成立以来成员国退出该组织的先河，也树立了一个不好的离心离德的样板。这与刚开始英国加入欧盟的决心不够坚定有关。

---

① 黎阳：《大欧洲：欧洲一体化价值认同》，广东外语外贸大学2007年硕士学位论文。
② 戴启秀、王志强：《东扩后的欧盟：机遇与挑战并存》，《德国研究》2004年第2期。

英国加入欧盟后，迟迟不加入欧元区，也为英国脱欧留了一条后路。

欧盟第二次扩员引发的问题。希腊在 1981 年加入欧盟，28 年后的 2009 年出现债务危机，这似乎是偶然中的必然事件。美国高盛集团利用所谓的"金融创新"之术，瞒天过海，在短时间内隐瞒了希腊国家高债务的实际风险，让希腊满足了欧盟规定成员国政府负债不能超过该国 GDP60% 的比例限制。这与美国次贷的套路基本一致。实际上，分析希腊债务危机案例后，也发现了一些类似的问题，如当年爱尔兰加入欧盟时其国家债务比例也超出了欧盟规定的比例限制，爱尔兰通过与希腊同样的办法，让美国高盛集团违规贷款，隐瞒过关，解决了进入门槛的问题。

欧盟第三次扩员引发的问题。1986 年，西班牙和葡萄牙加入欧盟，在 2009 年的欧债危机中这两个国家的债务状况虽然没有像希腊那么严重，但是，实际上政府负债也非常大。如果不是欧元区及时采取救助措施，也会与希腊一样危机重重。实际上，在欧盟吸收希腊、西班牙和葡萄牙以后，欧盟的人均产值一度下降 6%，失业率增加到 30%。通过 1986~1996 年 10 年间欧盟政策的支持，希腊、葡萄牙、西班牙和爱尔兰的人均收入才由欧盟平均水平的 2/3 增加到 3/4，其中，爱尔兰增长最快，其人均国内生产总值占平均水平的比例，从 1983 年 64% 增加到 1993 年的 80%，再到 1995 年的 90% 以上。这说明欧洲共同体的政策工具是有效的。

欧盟第四次扩员的三个成员国到目前为止没有发现任何问题。1995 年加入的奥地利、芬兰、瑞典情况相对好一些，可以说欧盟第四次扩员是比较成功的。

欧盟第五次扩员（东扩）对欧盟带来的主要挑战表现在机制改革、机制磨合、经济发展和移民压力四个方面。一是欧盟机制改革和宪法制定。欧盟扩大为 25 个成员国后，其行为能力受到限制，成员国在参与欧盟决策时过分地维护本国利益，例如，波兰与西班牙在欧盟改革和农业补贴及社会基金方面的不合作态度，导致欧盟宪法未能通过，使得欧盟政治一体化进程受阻。二是机制融合问题。新成员国加入将面临比较长时间的机制磨合和主权让渡的适应过程。三是新成员国将最终完成与长达 8 万字的欧盟宪法法律对接，建立相应的法律机制和行政机制，实施欧盟法。四是经济和移民压力。[①] 老成员国担心扩员后导致就业岗位减少，因为东欧地区纳税少、工资低的优势将吸引大批西欧企业向东欧移民。另外，对于新成员国来讲，它们面临经济改革和适应欧盟市场经济竞争的压力。

---

① 戴启秀、王志强：《东扩后的欧盟：机遇与挑战并存》，《德国研究》2004 年第 2 期。

中东欧十国申请加入欧盟后，欧盟在 1997 年进行了评估，发现没有一个申请国的经济现状能完全符合欧盟提出的竞争性市场经济的标准。经济情况相对比较好的是匈牙利和波兰，其次是捷克和斯洛文尼亚。欧盟统计局 2000 年公布的数据显示，多数申请国的人均国内生产总值不到欧盟成员国的 50%，中东欧国家与欧盟老成员国在经济上存在巨大的差距，这导致欧盟扩员后经济发展缓慢。第五次扩员有两个方面谈判非常艰难：一是中东欧国家希望在农业领域得到欧盟更多的补贴实惠，但是，欧盟对扩员持谨慎态度，希望中东欧国家加快政治和经济改革，尽快达到加入欧盟的标准；二是原来欧盟的核心国家，在中东欧国家加入后在地理位置上变成边缘国家，例如、意大利、法国、比利时。因此，法国担心原有的优势会随着扩员而消失，希望欧盟能采取必要措施弥补这种失衡的现象。①

2004 年十个国家加入欧盟后，欧盟内部形成贫富两大集团，原发达成员国不愿意支付更多的欧盟预算费用，这既是引发英国脱欧的因素之一，也是导致目前欧盟经济发展步履维艰的重要因素之一。

（二）东扩后倒逼欧盟推进机制改革

实际上，在中东欧十国加入欧盟之前，有许多欧洲人明确表示反对欧盟东扩，主要理由有：一是工作流出，贫困流入；二是新成员国赚了，老成员国亏了；三是没有边界的限制，暴徒会增多；四是带来东方的污染；五是身份特征消失。②实践证明这些曾经的担心是多余的。但是，在历次扩员中欧盟第五次扩员带来的挑战最大，主要是成员由十五个一下子增加到二十五个，涉及机制改革、机制磨合、经济发展和移民压力等诸多挑战。其一，"多数表决制"取代以前的"一票否决制"，推进欧盟改革与制宪；其二，机制融合和改革互动压力增大；其三，经济发展和移民压力增大；其四，欧盟扩员影响到欧盟的政策调整，主要涉及欧盟共同农业政策和结构基金政策；其五，欧盟预算问题；其六，东扩后欧盟将直接面对俄罗斯，与俄罗斯的关系会更加复杂。

（三）东扩后欧盟深陷问题困扰

第一，富国与穷国的矛盾增多。中东欧国家与原有的欧盟成员国在经济上存有比较大的差距，新老成员国之间的贫富悬殊成为欧盟东扩后发展的最大障碍之一。东扩后对贫困国家和落后地区进行经济援助和财政补贴成为欧盟预算

---

① 刘桂兰：《欧盟扩大的地缘政治影响及面临的困难》，《国际观察》2000 年第 5 期。
② 〔德〕约·弗里茨·凡纳姆：《欧盟：不扩大的代价要超过扩大的代价》，殷叙彝译，《国外理论动态》2004 年第 9 期。

中的第二大支出,并且金额在不断增加,其中,欧盟每年对中东欧国家无偿援助在东扩前已经占到欧盟预算的25%以上。一是中东欧国家一起加入后,使欧盟由原来的"富国俱乐部",变成了一个贫富差距明显的"大联盟",欧盟中一些富裕的国家已经为新成员国提供了不少经费,援助经费以及分摊方式成为引发富国与穷国、老成员国与新成员国争议和矛盾的焦点;① 二是新老成员国在对外关系和对美关系上存在重大分歧,如在伊拉克战争中,波兰、匈牙利和捷克等国坚决支持美国,不惜与法国、德国两个主导国背道而驰;三是中东欧国家尽管一心一意想加入欧盟,但是,作为小国,又不甘心成为欧盟内部的"二等公民",它们会坚决地为维护自己利益而斗争,波兰联合西班牙为改革欧盟决策机制中的计票方法而斗争,成为欧盟宪法草案未能通过的主要因素之一,这就是一个典型的例子。

第二,欧盟一体化目标出现分歧。在历经多次扩员后,欧盟的凝聚力和区域一体化动力不足,欧盟宪法被荷兰选民否决表明,欧盟"精英阶层"所关心的事情与"草根阶层"所关心的问题相互脱节。2000年,德国外长菲舍尔曾经在柏林洪堡大学演讲,表示将以"核心欧洲"的方式推动欧盟最终成为"联邦制国家",这在欧盟其他国家引起了轩然大波。法国、比利时表示欢迎,但是,英国、爱尔兰、芬兰等国家则表示忧虑。尤其是2005年成了欧盟的"问题年",《欧盟宪法条约》遭否决,使欧盟进入一体化建设的反思期、欧盟东扩后的消化期和经济社会发展模式的调整期,导致欧盟一体化的前景一度处于不确定状态。②

第三,内部机制改革艰难,欧盟东扩后决策效率低下。欧盟自2005年东扩以后患上了"扩员疲劳征",欧盟的主要大国深受各种矛盾和问题的困扰。十五个成员国时欧盟决策已经十分吃力,在二十七个成员国情况下,若不深化内部机制改革,欧盟就可能瘫痪。正如法国前总统密特朗所言,应当避免出现这样的情况,即"等到最后一个参加者进来的时候,这个组织已经不复存在了"③。从欧盟东扩后出现上述矛盾和困境看,其实质性问题可以概括为三个,即主权让渡、主权共享和利益分配的问题,如何平衡东扩后的利益得失是欧盟未来需要解决的重大现实课题。

(四) 欧盟东扩带来的挑战

第一,新老成员国之间要经过一段艰难的磨合期,因为新成员国与老成员

---

① 杨逢珉、张永安:《欧盟东扩进程及其困难》,《世界经济研究》2002年第1期。
② 冯仲平:《欧盟进入"后扩大时期"》,《世界知识》2006年第2期。
③ 方雷:《欧盟东扩的正负效应分析》,《欧洲研究》2003年第4期。

国存在巨大的经济发展差距。另外，新成员国是转型国家，在40多年不同的社会制度下，中东欧国家要全盘接受欧盟的现行政治经济制度需要经过一个痛苦的调整过程。

第二，新成员国的加入导致欧盟内部预算分配的重大调整。目前，欧盟预算规模达1000亿欧元。

第三，欧盟东扩对欧盟的共同外交和安全政策发出了挑战。土耳其申请加入欧盟就是一个例子。

第四，欧盟新老成员国的团结互信在短时间内难以达成。英国是西欧的三强之一，但是，英国一直对欧洲联合不热心，甚至有时成为掣肘力量，英国退出欧盟之后对欧盟相关政策的实施产生较大影响。波兰和西班牙为在欧盟中争取更多发言权，与欧盟的主导国之一德国产生矛盾，这导致欧盟宪法草案一度搁浅。大国与小国在权力分配上有矛盾，穷国与富国在经济利益分配上有矛盾，西方的盟主美国不愿意见到欧盟影响扩大，不时做出挑拨离间的事。扩员导致欧盟内部分化严重；欧盟东扩后，使本来就存在的"两级分化"问题发展成为"三级分化"问题，如德国、法国等处在一个经济集团，葡萄牙和希腊等处在另一个经济集团，而新加入的中东欧国家处在第三个经济集团，中东欧国家的经济水平普遍较低，个别国家的经济总量仅占原欧盟成员国平均总量的20%。因此，欧盟提出的使成员国经济均衡发展的目标是难以实现的，这是一个新问题。欧盟内部一体化的目标是实现"商品、人员、服务、资金"四大要素的自由流动。外部一体化目标是欧盟与其他非成员国之间实施双边合作或自由贸易。当前的主要问题是欧盟进一步一体化的动力不足。①

第五，欧盟东扩对其共同政策带来挑战。欧盟成立以来，深化一体化进程和扩员是其两大主题，两者交叉推进，互为促进，是一种辩证的互动与促进关系。扩员带来对欧盟共同政策的重新定位与思考，反之，扩员后的政策完善，将对一体化产生积极作用。中东欧十国加入后，对欧盟的共同财政、农业政策、结构政策带来新挑战。欧盟东扩后，欧盟的耕地面积扩大55%，农业人口增加一倍。新成员国加入加剧了欧盟农产品过剩的矛盾，同时，对农业直接补贴政策构成压力，并导致欧盟成员国之间的贫富差距拉大，结构政策的资金需求大幅增加。欧盟东扩后，对欧盟共同政策的相互协调提出了更高的要求，包括欧盟与各成员国在共同政策上的协调以及共同政策不同领域之间的协调。此外，

---

① 〔俄〕斯特罗夫斯基、蒋菁：《欧盟扩大产生的新问题》，《俄罗斯东欧中亚市场》2005年第3期。

成员国之间的利益纷争和立场的分化，对欧盟共同政策决策机制的效率和执行能力也提出了更严峻的考验。①

四 欧盟扩员对上合组织的启示

（一）坚持共同的价值理念是新老成员国团结的基础

成员国必须坚持遵守本组织的共同价值观，例如，欧盟扩员坚持"统一欧洲"战略，推动各成员国的经济均衡发展。上合组织新老成员国必须坚持遵守"上海精神"，凝聚团结力量。在新老成员国承认差距、尊重差异的情况下，开展互利合作，促进成员国经济发展和民生改善。

（二）必须严格坚持扩员的基本条件

新成员必须接受和加入本组织的法律制度、程序、规范等。欧盟在吸收新成员国时坚持的"经济标准"和"政治标准"非常明确，同时，又在执行的过程中针对申请加入的中东欧国家制定了相应的评估制度，这有力地推动了中东欧国家的政治经济体制改革，使其满足加入欧盟的要求。希腊发生债务危机的深刻教训是对成员国加入时的经济标准等不能轻易降低，否则会埋下隐患。

（三）扩员后应推动本组织机制体制改革，以适应新变化

扩员后由于成员变化、区域变化，必然推动组织内部管理机制调整和改革。上合组织应加快机制化建设和法律化建设，以体现上合组织的整体性和一致性。一是通过法律化、制度化建设，促进新老成员国共同遵守"上海精神"、《上海合作组织宪章》和《上海合作组织成员国长期睦邻友好合作条约》等法规；二是通过法律化建设，促进成员国政府间道路便利化措施生效，推动多边合作，推动区域经济一体化进程。

新老成员国之间的经济水平差异、政治体制差异和文化差异较大，扩员后消除新老成员国之间的差距是国际组织扩员的重大挑战。欧盟采取"区域政策"和"结构基金"措施，在保证推动"统一大市场"的前提下，又不会加大成员国的经济发展差距。上合组织应该以实施"一带一路"倡议的具体措施为契机，例如，通过贸易投资、工程承包、境外合作区建设等产能合作举措，促进成员国经济发展和改善民生。

（四）确定新的欧亚大陆区域发展目标

上合组织首次扩员后，区域合作范围从中亚扩展到更广泛的欧亚大陆，应倡议成员国共同推动构建安全、稳定、发展、合作的"欧亚大陆"或"和谐欧

---

① 王继平：《东扩对欧盟共同政策的影响》，《山东大学学报》（哲学社会科学版）2002年第2期。

亚"大战略目标。这个扩大的理念，类似于东盟的"大东盟"意识和欧盟的"大欧洲"战略。

（五）扩员后保证决策效率不降低是重大挑战

东盟扩员后对原有的决策机制进行了一些微调。如从"全体通过"原则向"Y-X"原则转变。欧盟扩员后，对组织决策方式也进行了调整，如从成员国民主协商到欧盟理事会决策。上合组织应该对"协商一致"原则做一些微调，以确保扩员后上合组织的决策效率不要下降太多。

第五节　东盟、欧盟扩员对上海合作组织的启示

上合组织扩员是重大机遇，也面临严峻挑战，印、巴加入后，如果不能根据组织内部存在的问题进行大胆改革，对外部环境没有正确的评估及应对措施，对新成员国与老成员国不能平等对待，扩员就有可能导致上合组织形式上扩大而实质上"一盘散沙"，也就是区域扩大却不能增强区域安全与稳定，成员国增加却不能相互团结信任，如此，扩员就会使上合组织成为泥足巨人，并很有可能成为一个松散的论坛会。

借鉴东盟、欧盟扩员的经验和教训，上合组织扩员后要防止和避免几种情况产生：一是组织决策效率低下，形不成一致的有效决策，不能完全落实"上海精神"的宗旨；二是新成员国与老成员国矛盾明显突出，长期得不到解决；三是组织的吸引力和凝聚力下降，成员国团结合作能力下降，离心力增加，甚至在组织内部出现亚集团，组织的一致性和协调性能力减弱；四是发展理念调整导致上合组织的发展理念与西方集团发展理念出现明显的对抗，形成"零和博弈"态势；五是区域经济一体化意愿长期得不到落实；六是不能形成一致的声音对外表达上合组织的立场，不能在国际上形成上合组织独特的有影响力的话语体系。

上合组织扩员后应关注几个问题：保证决策效率不降低，保证"上海精神"贯彻到位；解决新老成员国之间的矛盾和问题；使上合组织扩员后适应和实现"三个转变"，即上合组织区域范围从中亚向欧亚地区转变，从六国团结到八国团结转变，从关注中亚地区安全稳定向关注欧亚地区安全稳定转变。①

上合组织接受新成员国应遵循的思路如下。

第一，上合组织扩员要坚持开放性与有效性相统一。明确今后接受成员国、

---

① 李进峰：《上海合作组织扩员：挑战与机遇》，《俄罗斯东欧中亚研究》2015年第6期。

观察员国、对话伙伴国的区域范围,在首次扩员后应明确下一步扩员的对象。新成员国应该是位于中亚周边的国家,其他区域国家一般不应该成为成员国。同时,对接受观察员国和对话伙伴国的地域范围也应适当界定,防止域外不相关国家加入上合组织。

第二,上合组织扩员要进一步细化和明确申请加入的条件和标准,形成扩员的实施细则和具体规定。例如,加入欧盟的条件是申请国必须满足欧盟的政治标准和经济标准,而上合组织目前主要是以"上海精神"以及《上海合作组织章程》《上海合作组织成员国长期睦邻友好合作条约》《上海合作组织接受新成员条例》《关于申请国加入上海合作组织义务的备忘录范本》等加以要求。

第三,上合组织扩员必须坚持以维护成员国安全和地区安全为首要任务。经济合作是促进地区安全与稳定的重要手段,积极推动区域经济合作,包括双边和多边合作,为成员国人民增加福祉,不断提高人民的生活水平。

第四,以构建上合组织安全共同体为目标,凝聚成员国的共识。在扩员基础上,在"上海精神"的旗帜下,应该努力向欧亚安全共同体方向迈进。中、俄、印、哈大国相互协调,中亚、西亚、南亚周边形成安全和稳定的区域。在印、巴加入后,应更加明确上合组织安全共同体的意识,努力构建安全共同体,而经济共同体的目标可以根据未来发展情况再逐步明确。

第五,上合组织扩员后,中俄作为两个主导国要继续发挥建设性作用,在上合组织功能、定位及发展方向调整以及维护成员国团结合作等方面不断达成新共识,共同引领其他成员国推动上合组织发展壮大。另外,在中俄一致的基础上,努力构建"中俄印"或者"中俄印哈"大国协调机制,只有上合组织内部有影响力的大国达成共识,形成合作互利共赢局面,才能促进其他成员国达成共识,共同推动上合组织沿着"上海精神"的方向迈进,推动政治、安全、经济、人文等领域的合作与发展。

第六,吸取欧盟扩员的教训。其一,英国在美国与欧洲之间长期采取"骑墙"策略,对欧盟发展和解决纷争的信心不坚定,这是导致英国选择脱欧的原因。在上合组织扩员后,要防止未来印度出现类似的情况。因为在中俄主导下,印度属于第三大国,如果不能形成良性的"中俄+印"协作机制,那么印度在上合组织就会处于尴尬境地。其二,在未来扩员过程中要始终坚持扩员的标准,不能允许人为地伪造经济发展的事实,例如希腊、爱尔兰等国家加入欧盟时就做了手脚,让美国高盛公司为其做债务"包装",才通过了债务门槛,这也是希腊等国债务危机产生的根源,拖累了整个欧盟。上合组织应该吸取这些教训。

扩员失败的几个主要标志:在磨合期过后,本组织的决策效率依然明显低下，形不成一致的有效决策；新老成员国矛盾没有缓解、减少，甚至冲突对抗反而增加；组织的团结互信和凝聚力下降，成员国双边、多边合作意愿减少，合作能力下降和合作成果减少，离心力增加；组织的发展理念与西方集团发展理念产生明显的对抗；区域经济一体化的意识长期得不到认可；不能形成一致的声音对外表达上合组织的立场。

第七章　外国智库对上海合作组织的认知与评价

外国智库对上合组织的认识,大致经历了"三个阶段":第一阶段是成立初期对上合组织不了解的轻视阶段;第二阶段是初步了解后的质疑和警惕阶段;第三阶段是真正了解后的认识分化阶段。当前,西方学术界和政界对上合组织的认识总体上可以分为"三种情况"。其一,表示质疑和反对的"上合组织威胁论"。认为上合组织是东方版的"北约",是与西方对抗的国际组织。上合组织是中俄联合在欧亚地区打造地区新秩序的平台。一些西方学者和政客认为,上合组织属于另类的国际组织,不属于传统的国际组织,应该从国际组织行列中剔除。[1] 其二,表示赞成支持的"上合组织无威胁论",甚至还有"捧杀"意味。比如,认为上合组织是在中俄共同主导下推进区域经济发展的组织,美国应该给予积极的认可。上合组织是中国主导的国际组织,将是中国而不是俄罗斯会成为中亚的"经济主宰"。其三,表示谨慎观察的"上合组织未知论"。认为,上合组织与传统的国际组织不同,是结伴而不结盟的组织,是"一盘散沙"似的组织,不可能有什么大的作为。上合组织的合法性值得考虑,上合组织的有效性主要体现在安全合作领域。

鉴于外国智库、学术界对上合组织的认识见仁见智,中国学术界应该客观评价和正确宣传上合组织,应坚持本组织的理论自信、制度自信、文化自信和未来发展的战略自信。上合组织成员国应该做到既不妄自菲薄,在西方打压甚至是无端的指责下,绝不动摇我们的理论自信,也不在外国智库一些学者的赞许下沾沾自喜、妄自尊大,盲目扩张发展。上合组织发展的悲观论和盲目扩张论都可能贻误我们的重大发展机遇。应该看到,上合组织是苏联解体、冷战结束后,在国际格局深刻调整与变化和多极化进程中出现的一种新型的区域组织,它代表着一种新型国际关系模式。上合组织抛弃了冷战思维、"零和博弈"和文明冲突的思维定式。从理论视角看,上合组织的理念既有理想主义的成分,也

---

[1] Matthew Crosston, "The Pluto of International Organization: Micro-Agendas, IO Theory, and Dismissing the Shanghai Cooperation Organization", *Comparative Strategy*, Vol. 32, No. 3, 2013.

有现实主义的内涵，上合组织的诞生源自解决现实问题的需要，而上合组织的长远目标具有理想主义成分。例如，构建平等的伙伴关系和地区命运共同体，就有远大的理想主义成分；而解决成员国边境争端，加强军事互信，进而推动区域经济合作就是现实主义的写照。同时，上合组织也有建构主义的成分，打造地区安全共同体、利益共同体、责任共同体是其建构主义目标的重要组成部分。

上合组织的发展理念与西方传统的结盟组织发展理念截然不同，必然会在一定程度上遭到西方舆论的质疑、警惕或反对。在世界和平与发展潮流不可阻挡的大背景下，可以预见，上合组织未来前景必将是光明的，但发展道路也将是非常曲折的，因为上合组织面临的外部环境充满不确定性，丛林法则、强权政治和霸权主义依然存在，冷战思维和"零和博弈"依然存在，而且大有市场，文明冲突、局部战争还无法避免，在上合组织内部也依然存在冷战的思维和势力范围的思维等。

第一节　外国智库对上海合作组织的评价

一　外国智库对上海合作组织的负面评价

外国智库尤其是西方学者、政客对上合组织一直存有威胁论的观点，既有直接威胁论的观点，也有潜在威胁论的观点。

第一，持有直接威胁论的学者。美国学者弗雷德·施塔克尔贝克（Frederick W. StakelbeckJr），在上合组织成立初期就断言，上合组织更像是华约组织的重现，上合组织正在被打造成为"反对美国的地缘政治砝码"，该组织向中亚西部和中东地区扩张的战略是为了"减少美国在全球的影响并应对该组织感到的威胁"[1]。美国陆军军事学院战略研究所教授斯蒂芬·布兰克（Stephen Blank）指出，中俄在上合组织的合作远远超过军事演习的范畴，中俄会用上合组织"形成一个军事集团来制约北约"[2]。

第二，持有潜在威胁论的观点。认为上合组织对西方的威胁并非现实已经

---

[1] Frederick W. Stakelbeck, "A New Bloc Emerges"? The American Thinker, August 5, 2005, http://www.americanthinker.com/2005/08/a_new_bloc_emerges.html p. 7；〔白俄罗斯〕娜丝佳：《关于中俄欧美对上海合作组织评价的分析》，华东师范大学2009年硕士学位论文。

[2] Stephen Blank, "The central Asia Dimension of Russian–Chinese Exercises", Central Asia–Caucasus Analyst, Sept. 21, 2005, p. 10.

显现的威胁，它是一种潜在的或柔性的威胁。美国国防信息中心的学者蒂姆·墨菲（Tim Murphy）认为，虽然上合组织不是针对北约的，但是，伊朗、印度、阿富汗都希望加入上合组织，这就促使它逐步从一个着眼于安全与经济的组织转变成为一个引人注目的地区性国际组织，上合组织的一些政策往往与美国的政策对立，导致它对美国构成潜在的威胁。① 由于上合组织与美国的利益截然不同，它们的紧张关系还会持续。美国传统基金会的学者阿里尔·科恩（Ariel Cohen）也持相同的观点。科恩认为，上合组织是一个"外交联盟"，他认为中俄希望中亚国家与美国的交往需要被"北京和莫斯科控制或至少是批准"。② 由于中国和俄罗斯在军事战略和能源方面的考虑并不一致，上合组织还不是同质性的政治联盟组织，中俄主导上合组织的目标存在明显差别：俄罗斯借助该组织维持其在欧亚大陆的能源垄断地位；中国希望将上合组织构建成为一个贸易和投资的"推进器"，并在其中发挥关键作用。上合组织与美国在中亚的利益有重合，也有分歧，有学者对此进行了比较分析。③ 科恩指出，对美国而言一个重要的问题是伊朗会否成为上合组织的成员国，施塔克尔贝克也认为伊朗加入上合组织将对美国构成威胁。

美国智库米塞斯研究所2017年发表了金汇基金研究部主任阿拉斯代尔·麦克劳德（Alasdair Macleod）所撰《中国颠覆全球美元本位制的计划》一文，该论文指出，上合组织是中俄两国通过和平贸易走向亚洲大陆的平台。中国的做法与美国截然不同。在特朗普总统领导下，美国似乎对非美国人成功地为美国消费者生产商品并提供服务而心生嫉妒。上合组织可能必须提出在没有美元的情况下开展业务的计划，中俄将利用上合组织打造欧亚大陆的自贸区，世界上其他国家将成为其供给国。④

瑞士智库——苏黎世联邦理工学院安全研究中心研究员、外交信使亚当·卡斯蒂略（Adam C. Castillo）在《上合组织：东方版"北大西洋公约组织"的崛起》一文中指出，尽管上合组织在章程中使用的语言具有"非针对性"，但其限制美国在中亚存在的意图是不言而喻的，并可能对全球政治产生影响。从

---

① Tim Muphy, "East of the Middle East: The Shanghai Cooperation Organization and U. S. Sourity," Implication Center for Defense Information, 2006, http://www.sdi.org.
② Ariel Cohen. The Dragon Looks West: China and the Shanghai Cooperation Organization, The Heritage Foundation, 2007.
③ 邵育群：《美国与上海合作组织：认知、关系和未来》，《美国研究》2007年第3期。
④ 阿拉斯代尔·麦克劳德：《中国颠覆全球美元本位制的计划》，来源：米塞斯研究所（美国智库），2017年4月30日。

西方的角度看，上合组织是一个战略联盟，上合组织的成立标志着结束了美国对中亚这一地区的"侵占"，这个政治集团将有能力影响国际政治。但是，由于中俄之间的争端，上合组织也不可能在全球发挥巨大的影响力。因为中俄对能源问题的看法并不一致，美国与俄罗斯关系紧张，而中国的经济发展又无法疏远美国。①

二 对上合组织的积极评价

有的外国学者持上合组织无威胁论，他们的主要观点如下。

美国卡内基国际和平基金会副会长、亚洲事务资深专家道格拉斯·帕尔（Douglas Paal）认为，有见识的美国人士对上合组织持肯定的态度，从世界格局的演变情况来看，这在很大程度上是因为欧亚大陆地区在经历了多年来海上贸易超过陆上"丝绸之路"贸易的时代和冷战的孤立后，正在恢复其历史上的重要性。同时，他认为这个区域的天然气和石油储量正在变得越来越重要。因此，维持本地区的安全稳定以及打击恐怖主义成为上合组织的首要任务。在美国应如何评价和看待上合组织问题上，他认为上合组织为美国观察这一地区竞争与合作的多边角力关系提供了一个有价值的参考指标。比如，哪些国家可以加入上合组织，哪些国家被排除在上合组织之外，这些信息透露了根植于上合组织中的潜在价值观。而中亚国家如何在经济、社会和政治方面进行整合，以及上合组织在促进中亚地区整合进程中所扮演的角色将是另一个重要的参考指标。他认为，对于美国政府来说，最重要的是要有信心认为上合组织不会以一些预料之外的方式来损害美国利益，并在此前提下找到美国在观察上合组织运作时的角色定位。②

美国卡内基国际和平基金会的中亚问题专家玛莎·布里尔·奥尔科特（Martha Brill Olcoot）认为，上合组织的成功是"国家多边主义"的成功。上合组织目前只是为中亚国家提供发表对美国不满的一种会议机制，还没有对美国在中亚的利益构成威胁。③ 尽管上合组织承诺成员国共同应对安全威胁，但是，它们尚缺乏必要的安全合作手段。若上合组织成员国都加入 WTO，那么上合组

---

① 亚当·卡斯蒂略：《上合组织：东方版"北大西洋公约组织"的崛起》，来源：苏黎世联邦理工学院安全研究中心（瑞士智库），2017年9月3日。
② 道格拉斯·帕尔：《包道格：美国有识之士积极看待上合组织》，http://news.10jqka.com.cn/20110620/c522797427.shtml。
③ Martha Brill Olcott, The Shanghai Cooperation Organization on Changing the "Playing Field" in Central Asia. Testimony before the Helsinki Commission. Septermber 26, 2006. p. 14.

织作为地区贸易性组织的功能就会削弱。奥尔科特的主要观点是，尽管上合组织不会服务于美国利益，但也不至于阻碍美国。美国决策者应该注意到："中国、俄罗斯、中亚国家对恐怖分子的定义与美国不同，这应该是美国关注的重点，而非上合组织本身。"奥尔·科特认为，上合组织特殊的"协商一致"原则，制约其能力发挥。扩员会导致其内部矛盾增多，其能力减弱，合法性降低；上合组织国家的联合在于安全利益，它不会阻止各国的民主，但遗憾的是，上合组织对安全根源的理解方式阻碍着多数国家的民主进程。[1]

美国哈佛大学学者珍妮弗·巴尔克利（Jennifer Bulkeley）独辟蹊径地分析了中国在上合组织的作用，她认为，中国没有把上合组织建设成为既可以控制俄罗斯，也可以允许中国抗衡美国的正式性制度安排；相反，中国处处强调对俄罗斯在中亚传统影响力的尊重，因此，上合组织对美国是没有威胁的。[2]

欧洲学者吉恩·格尔马诺维奇（Gene Germanovich）也是持有上合组织无威胁论观点的学者，他认为中俄在能源方面的利益冲突，是上合组织最大的内部问题，这一问题将制约上合组织能力的发挥。美国常驻俄罗斯外交官波波罗也认为上合组织对美国没有威胁，主要理由是上合组织决策采用"协商一致"原则，很难让成员国在敏感的问题上达成一致，"即使开展军事和政策合作也很有限"，成员国身份认同、军事合作、一体化等棘手问题的搁置极大地阻碍了上合组织的作用发挥，成员国不仅不会成为集团或联盟政治，而且这个组织也没有能力来实施集团或联盟政治。他认为，随着扩员，上合组织的矛盾和冲突会更多，作为地区安全组织的作用会下降，其"合法性"也会下降。[3]

艾利森·贝尔斯（Alyson Bailes）指出，中俄在上合组织的协调，可以避免冷战时期出现的中俄对立，同时，他也指出，在欧洲学者看来，上合组织打击"三股势力"的活动是压制中亚国家合法反对派的掩饰。欧洲学者担心的一个问题是，上合组织正在或已经扮演俄罗斯向周边国家出售武器的合法性协调组织的角色。上合组织并没有改变本地区的安全状态，而"三股势力"问题可能会更严重。[4] 他认为上合组织的能源合作体系一旦建立，对欧洲能源来源多元化是

---

[1] Martha Brill Olcott, The Shanghai Cooperation Organization on Changing the "Playing Field" in Central Asia. Testimony before the Helsinki Commission. Septermber 26, 2006.

[2] Jennifer Bulkeley The Role of the Shanghai Cooperation Organization in Chinese Foreign Policy and Strategy, Research Gate/irex. net, 2011.

[3] Lo Bobo. Axis of Converience: Moscow, Beijing and the New Geopolitics. Brookings Institution Press, 2008. p. 109.

[4] Alyson Bailes "The Shanghai Cooperation Organization and Europe", *China and Eurasia Froum Quarterly*. Vol. 5, 2007, p. 13 – 18.

一个威胁，但现在上合组织的能源合作说得多，做得少，还不必担心。上合组织已经与联合国和东盟建立联系机制，但是，却吝啬与欧盟建立这样的联系。

美国威尔逊独立研究中心、印度外交政策分析专家尼韦迪塔·达斯·孔杜（Nivedita Das Kundu）在《上合组织成立15年之际：提出新区域主义》一文中指出，在相当长一段时间内，俄罗斯不会成为上合组织多边区域合作项目的积极参与者。尽管上合组织各成员国在这方面已经取得了一些成就，但是，各成员国在上合组织区域主义方面的意见并不一致，一些人认为上合组织可以为该区域带来稳定，也有一些人认为，上合组织是一个维护权威政权和鼓动反西方措施的机制。中国在上合组织的领导地位被认为是基于三大支柱：一是创造性地提出了"上海精神"；二是不断完善本组织制度化建设；三是推动多边合作与多边项目。① 澳大利亚国立大学国家安全学院副教授迈克尔·克拉克（Michael Clarke）在《严打新疆恐怖主义》一文中指出，上合组织的成功是"国家多边主义"架构的成功，即将"主权、国家边界不可破坏与主权安全"视为优先事项，以保护成员国的政治制度、国家地位和利益。②

曾经在国际货币基金组织工作、现任欧亚开发银行首席经济分析师的雅罗斯拉夫·利索沃利克（Yaroslav Lissovolik）在《联合区域主义：全球治理中缺失的一环》一文中指出，如果有人"企图"通过一种更加协调的方式将"地区主义"灌入机构和融资安排中，这似乎可以在欧亚大陆实现。上合组织的首要任务是协调欧亚大陆"三大发展中国家"（中、俄、印）的一体化和优先事项。当前，全球治理体系中缺少的是区域安排之间更大的协调，即通过一个"联合区域主义"（区域主义组织）系统来填补区域经济合作的空白。③

三 对上合组织的中性评价

外国智库学者认为上合组织"威胁未知论"的观点主要有：认为中俄在上合组织能否保持一致是上合组织能否发挥作用的关键因素，中俄不一致就会制约其能力发挥；认为上合组织是东盟、欧盟机制的模仿者，欧盟机制僵化，而上合组织有所创新，上合组织是在当前国际框架下避免地区冲突的一种"软平

---

① 尼韦迪塔·达斯·孔杜：《上合组织成立15周年之际：提出新区域主义》，来源：瓦尔代国际辩论俱乐部（俄罗斯智库），2017年6月7日。
② 迈克尔·克拉克：《严打新疆恐怖主义》，来源：洛伊国际政策研究所（澳大利亚智库），2017年2月22日。
③ 雅罗斯拉夫·利索沃利克：《联合区域主义：全球治理中缺失的一环》，来源：瓦尔代国际辩论俱乐部（俄罗斯智库），2018年1月12日。

衡",而中国成立亚洲基础设施投资银行也是"软平衡"的一个成功例子。

英国国防大学专家组在评价上合组织2007年军事演习时指出,无需担心上合组织,因为其发展前景还不明朗。美国国务院的官员也承认:"还没有完全理解上合组织到底是什么。"① 因此,应该保持"听其言、观其行、等等看"的立场。总之,从美国、欧洲学者的评价来看,中俄能否一致是影响上合组织功能发挥的关键因素之一,也是该组织能否对美国构成威胁的关键因素。另外,作为新型区域组织坚持的"上海精神",用现实主义理论视角来看缺乏解释力。

欧洲国际政治经济研究中心助理研究员斯蒂芬·兰杰（Stephen Ranger）在《欧洲可以通过亚洲基础设施投资银行塑造中国的和平崛起吗?》一文中指出,要了解亚洲基础设施投资银行作为一个"软平衡"背后的动机,应该在中美关系、中日关系背景下看待亚洲基础设施投资银行。美国"重返亚太"战略以及相关的政策可能被视为对中国的间接挑战。"软平衡"可以被看作一种短期的措施来表达对当前国际框架的不满,并避免冲突对未来国际框架造成负面影响。比如,上合组织被加拿大麦吉尔大学教授、著名安全问题专家保罗（T. V. Paul）称为"软平衡"的一个例子,上合组织2001年成立是回应美国对1999年科索沃危机的干预。但是,与上合组织不同,亚洲基础设施投资银行的未来可以被塑造并且可以效仿欧洲来发挥作用。② 实际上,正如古老的格言所说的,欧洲的过去就是亚洲的未来,然而,欧洲在上合组织地区未来的角色却很少被考虑。

莫斯科卡内基国际和平基金会中心防扩散项目研究员彼得·托皮奇卡诺夫（Petr Topychkanov）在《巴基斯坦不能影响俄罗斯与印度的战略伙伴关系》一文中指出,经过几十年的冷淡关系,俄罗斯终于向巴基斯坦伸出橄榄枝。上合组织不会试图帮助印巴找到解决克什米尔问题的办法,也不会推动印巴双方解决争端,因为这不是上合组织关心的问题。但是,上合组织为印巴提供了一个国际论坛,以表达它们对该地区国际问题和安全问题的立场。③ 上合组织还将为印巴提供一个双边论坛,不受来自第三方的任何干扰,并帮助印巴之间在军事力量和情报方面建立关系。上合组织最成功的事情之一就是成员国之间的防务和反恐合作。上合组织与亚投行都是现有国际机构的"模仿者",但是,中国又

---

① Gene Germanovich. "The Shanghai Cooperation Organization: A Threat to American Interests in Central Asia?" *China and Eurasia Quarterly*, Vol. 6, No. 1, 2008, p. 18.
② 斯蒂芬·兰杰:《欧洲可以通过亚洲基础设施投资银行塑造中国的和平崛起吗?》,来源:欧洲国际政治经济研究中心（比利时智库）,2016年3月15日。
③ 彼得·托皮奇卡诺夫:《巴基斯坦不能影响俄罗斯与印度的战略伙伴关系》,来源:莫斯科卡内基国际和平基金会中心（俄罗斯智库）,2016年5月25日。

有创新，而不仅是简单模仿。

德国国际与安全事务研究所研究员索菲·艾森特兰（Sophie Eisentrant）在《非西方外交文化与全球外交未来》一文中指出，仅仅 20 年，欧盟就失去了联合国 1/4 的成员国对欧盟人权声明的支持。欧盟制度僵化证明了传统的全球外交机构不足以应对新的挑战。但是，新成立的上合组织和亚洲基础设施投资银行等，都是现有国际机构（欧盟、东盟）的"模仿者"。① 实际上，上合组织并不是欧盟或东盟的简单"模仿者"，而是一个结伴不结盟的新型国际组织。

四　上海合作组织是区域性还是全球性组织的定位问题

2019 年 5 月，在比什凯克举行的上合组织成员国外长理事会例行会议上，各成员国外长指出，要坚持完善全球经济治理体系，继续发展经贸和投资合作。现在，世界贸易组织仍是讨论国际贸易议题的唯一重要平台，共同反对任何形式的单边主义和贸易保护主义，为构建开放型世界经济，为巩固开放、包容、透明、非歧视、以规则为基础的多边贸易体系开展密切协作。成员国外长同时强调，针对"三股势力"、大规模杀伤性武器扩散、毒品贩运、跨国有组织犯罪、网络犯罪、尚未解决的地区和局部冲突、发展不均衡、粮食市场波动、气候变化等全球性威胁与挑战，国际社会需要高度重视并加强合作。

这些涉及全球层面的议题内容，引起了美国学术界和政界的关注，认为上合组织始终存在是全球性组织还是区域性组织的定位问题，上合组织内关于扩员问题的讨论也可以归结为这一点。10 多年来，俄罗斯已明确声明：上合组织是新国际架构中的要素，是迅速形成的多极世界中心之一。②

然而在全球层面上，中国的目标不是建立新的国际体系，而是扩大在现有国际体系中的影响力，这些体系长期以来由西方国家主导。中国并不反对现有的国际秩序，在这种情况下，中国希望上合组织发挥的是一种区域性组织的功能。对于中国而言，上合组织不是未来国际体系的重要组成部分或与西方对抗的工具，其主要负责的区域是中亚。③ 目前，上合组织是一个仍在确立其特性的安全组织。这一点也体现在中国在保护俄罗斯利益的同时，也对俄罗斯后克里

---

① 索菲·艾森特兰：《非西方外交文化与全球外交未来》，来源：德国国际与安全事务研究所（德国智库），2017 年 10 月 21 日。
② I. E. Denisov and I. A. Safranchuk, "Four Problems of the SCO in Connection with Its Enlargement", *Russian Politics and Law*, vol. 54, No. 5, 2016, p. 507.
③ I. E. Denisov and I. A. Safranchuk, "Four Problems of the SCO in Connection with Its Enlargement", *Russian Politics and Law*, vol. 54, No. 5, 2016, p. 508.

米亚时代的欧亚战略政策保持谨慎的态度。①

第二节 外国智库对印巴加入上海合作组织的评价

一 对印巴加入的负面评价

伦敦政治经济学院国际关系名誉教授迈克尔·亚胡达（Michael Yahuda）在《日本与中俄友好协议》一文中指出，印巴加入和上合组织成员国日益多元化意味着上合组织成立的初衷已经不再清晰，更不用说实现其原来的目标和使命。②莫斯科卡内基国际和平基金会中心"俄国与亚太地区"项目负责人、高级研究员亚历山大·加布耶夫（Alexander Gabuev）在《上海合作组织处于十字路口：俄罗斯、中国和印度的观点》一文中指出，印巴加入上合组织对中国而言不是一个理想的结果，而是一个可以接受的妥协；印巴加入上合组织对俄罗斯有利。③

兰德公司高级防务分析师德里克·格罗斯曼（Derek Grossman）在《中国对印度加入上合组织感到后悔》一文中指出，随着印巴加入上合组织，中国可能会在一个习惯于礼让和合作讨论的区域经济和安全组织中面临越来越多的分歧。④

莫斯科卡内基国际和平基金会中心"俄国与亚太地区"项目负责人、高级研究员亚历山大·加布耶夫在《扩员并不意味着更好：俄罗斯使上海合作组织成为一个无用的俱乐部》一文中指出，印巴加入后，上合组织占全球陆地面积的23%，占全球人口的44%，占全球生产总值的25%，但规模扩大并不意味着影响力扩大。扩员使上合组织成为一个更正式的组织，但也是更不可行的组织。⑤ 中国最初认为，让印度加入上合组织不符合其"中俄共治中亚"的计划，

---

① Lanteigne, M., "Russia, China and the Shanghai Cooperation Organization: Diverging Security Interests and the 'Crimea Effect'", in Blakkisrud, H., Wilson, Rowe E. (eds), *Russia's Turn to the East*. Global Reordering. Palgrave Pivot, Cham, 2018, p. 8.
② 迈克尔·亚胡达：《日本与中俄友好协议》，来源：国家亚洲研究局（美国智库），2017年4月4日。
③ 亚历山大·加布耶夫：《上海合作组织处于十字路口：俄罗斯、中国和印度的观点》，来源：卡内基国际和平研究院（美国智库），2017年6月9日。
④ 德里克·格罗斯曼：《中国对印度加入上合组织感到后悔》，来源：美国兰德公司（美国智库），2017年6月24日。
⑤ 亚历山大·加布耶夫：《扩员并不意味着更好：俄罗斯使上海合作组织成为一个无用的俱乐部》，来源：卡内基国际和平研究院（美国智库），2017年6月23日。

中国在2013年后逐步改变立场，同意让印度加入，主要是基于三个方面的考虑：其一，中国认为俄罗斯不会同意成立上合组织开发银行和上合组织自贸区，但是，在2008年金融危机爆发后，中国承诺向中亚成员国提供100亿美元的优惠贷款，中国以双边合作方式支持各成员国经济发展，是以双边合作代替了多边合作；其二，自2013年中国提出"一带一路"倡议后，成员国都积极参与丝绸之路经济带建设合作，中俄签署了"一带一路"与欧亚经济联盟对接协议，中国与哈萨克斯坦、塔吉克斯坦、吉尔吉斯斯坦等分别签署了发展战略对接协议，开放的"一带一路"倡议远比制度上定义的上合组织更有效；其三，在2014年后，中国开始尝试建立能够补充或替代布雷顿森林体系重要实体的世界性金融机构，比如，成立了亚洲基础设施投资银行、丝路基金等，这些金融机构满足了中国政府的需求，并减轻了对上合组织开发银行的需求。

上合组织前任秘书长，吉尔吉斯斯坦公共政策研究所所长穆拉特别克·伊马纳利耶夫（Muratbek Imanaliev）在《上海合作组织的未来》一文中指出，上合组织面临两个极其重要的战略问题。第一，上合组织扩员后进入十字路口，需要进行全面和观念性的机构改革。上合组织现在的任务是监督印度和巴基斯坦的和谐，将两国内部和地区之间的所有疑难问题纳入上合组织的结构、程序、规则和政策之中。第二，利用上合组织对接欧亚经济联盟和丝绸之路经济带，并与欧盟发展伙伴关系。这两个问题今后都会变得复杂。总的来说，某些成员国正在逐渐但很确定地对上合组织失去兴趣，并且不愿意寻求新的方式为上合组织谋发展。①

新加坡智库——拉惹勒南国际研究院中国项目资深访问学者艾达尔·阿姆雷巴耶尔（Aidar Amrebayer）在《上合组织：冒险寻求新平衡》一文中指出，印巴加入上合组织是一个重大的转折点。一是因为印度可能代表"西方"的声音，印度的观点可能会破坏上合组织的一致性；二是上合组织可能因为印度和巴基斯坦"两个民主国家"的政治体制以及与美国持久的良好关系而发生变化。②

俄罗斯智库、瓦尔代国际辩论俱乐部高级研究员季莫费·博尔达切夫（Timofei Bordachev）在《一个没有霸权的体制？西方的教训以及欧亚合作》一文中指出，上合组织面临的主要问题是中国、俄罗斯、印度这三个成员国之间

---

① 穆拉特别克·伊马纳利耶夫：《上海合作组织的未来》，来源：瓦尔代国际辩论俱乐部（俄罗斯智库），2017年6月16日。
② 艾达尔·阿姆雷巴耶尔：《上合组织：冒险寻求新平衡》，来源：拉惹勒南国际研究院（新加坡智库），2016年9月29日。

冲突不断。① 在本组织框架内改善中国、俄罗斯以及周边国家关系的主要外交手段是确保它们之间不存在任何较大的分歧。

在上合组织吸收印度加入后，印度成为上合组织内唯一不认可"一带一路"倡议的成员国，中国对上合组织的重视程度似乎在逐渐下降，其发展经济的功能逐步转移到"一带一路"合作框架下。近年来，中国展现出一定变化，中国已经开始与中亚国家进行更密切的双边合作。同时，亚洲基础设施投资银行和"一带一路"倡议等项目使中国能够在上合组织之外的多边合作中与中亚国家进行接触。这种情况可以归结为"中俄两国之间的内部竞争限制了上合组织的合作范围"②。

上合组织未来几年的核心问题或许在于中国和俄罗斯是利用政治伙伴关系加强合作还是致力于区域竞争，某些决定可能会加深中俄双方的分歧，并阻碍上合组织的发展。③ 而上合组织内部中俄博弈的受益者无疑是美国，许多中亚国家也希望美国在该地区发挥更大作用，以平衡俄罗斯和中国的影响。扩员后的上合组织更像是"论坛机制"，而不是一个有效的区域组织。上合组织仅在领导人聚集在一起时才会成为头条新闻。如果没有明确的一致目标或凝聚力，上合组织难以取得具体的合作成就。成员国数量增加可能会影响组织效率，俄罗斯和中国在扩员问题上存在分歧，因为中俄对上合组织的未来看法并不完全一致，中国偏向区域性发展，而俄罗斯则希望上合组织走向世界。④ 未来，中国仍会利用上合组织来保障该地区的安全。在中国看来，上合组织未来的主要目标仍是确保区域安全与和平。⑤

二 对印巴加入的积极评价

印度本地治理大学南亚研究中心研究员素密·库马尔（Sumit Kumar）在《印度成为上海合作组织正式成员的意义》一文中指出，对于印度而言，加入上

---

① 〔俄〕季莫费·博尔达切夫：《一个没有霸权的体制？西方的教训以及欧亚合作》，来源：瓦尔代国际辩论俱乐部（俄罗斯智库），2017年8月29日。
② Felix K. Chang, "Organization of Rivals: Limits of the Shanghai Cooperation Organization", *Foreign Policy Research Institute*. https://www.fpri.org/article/2018/09/organization-of-rivals-limits-of-the-shanghai-cooperation-organization/.
③ Eleanor Albert, "The Shanghai Cooperation Organization: A Vehicle for Cooperation or Competition?", *The Diplomat*. https://thediplomat.com/2019/06/the-shanghai-cooperation-organization-a-vehicle-for-cooperation-or-competition/.
④ Xin Zhang, "Has 'Coordination' Started?", *Russian Analystical Digest*, No. 183, 2016, p. 4.
⑤ Ibrat Husain, "SCO: An Analysis of Securitization Process of Separatism, Extremism and Terrorism", *Our Heritage*, Vol 68, No. 1, 2020, p. 1751.

合组织可以获得如下利益。第一，印度可以在上合组织框架内就安全问题与成员国进行合作而受益。如分享成员国打击"三股势力"的情报信息，帮助印度处理海盗、网络安全、贩毒控制等问题。第二，印度石油消费80%依赖进口，加入上合组织后可以成为俄罗斯和哈萨克斯坦的石油出口目的国，满足印度的能源需求。第三，印度将有能力制定有效应对中国"一带一路"倡议和"中巴经济走廊"项目的政策。比如，印度更加重视国际南北运输走廊（INSTC）的建设，因为这将有利于印度、俄罗斯、伊朗、欧洲和中亚之间的海路、铁路和公路运输。第四，加入上合组织有助于提升印度作为全球多边秩序推动者的地位，提高印度21世纪大国的地位。同时，加入后，印度也可以给上合组织带来相关利益。

印度加入上合组织对其他成员国的利益在于，印度作为经济增长最快的发展中国家，可以促进中亚国家经济发展；印度加入后，俄罗斯将可成功地利用印度阻止中国在上合组织发展其自身利益；印度长期打击恐怖主义的经验可以与其他成员国共同分享；由于被西方制裁，俄罗斯面临大国地位不被承认的危机，印度加入将进一步提高俄罗斯在国际舞台上的地位；作为世界上最大的民主国家，印度加入后可以提高上合组织的合法性；印度能在金融业、商品加工和建筑业领域提供巨大的发展空间。①

美国战略与国际问题研究中心西蒙政治经济研究员乔纳森·希尔曼（Jonathan E. Hillman）在《印度和巴基斯坦加入上海俱乐部》一文中指出，从地理上看，上合组织是中亚地区大规模基础设施建设的中心，也是欧洲与亚洲之间的陆路贸易通道。随着成员国不断增加，上合组织的使命也不断增加。上合组织是可以将中俄合作计划转变为现实的一种机制。上合组织有机会帮助解决欧亚地区的一个关键挑战，即边境摩擦问题。欧亚经济合作仍然有很大空间，美国应该欢迎上合组织和其他组织为解决长期经济问题而做出的努力。② 金汇基金研究部主任阿拉斯代尔·麦克劳德在《英国脱欧后：德国和欧盟将目光投向亚洲》一文中指出，印巴两个仇敌成为上合组织的成员，这是全球地缘政治的一个重要里程碑。英国脱欧，实际上，法国也存在一定的反欧盟运动，但在法国总统

---

① 素密·库马尔：《印度成为上海合作组织正式成员的意义》，来源：地面战争研究中心（印度智库），2016年7月12日。
② 乔纳森·希尔曼：《印度和巴基斯坦加入上海俱乐部》，来源：美国战略与国际问题研究中心（美国智库），2017年6月8日。

选举时这种声音已经平息。① 法国战略研究基金会（FRS）研究员马克·朱利安娜（Marc Julienne）在《回归根本：反恐合作和上合组织》一文中指出，中俄对安全合作发展至关重要。反恐演习还为中俄两国加深相互了解、务实合作和军事交流提供机会。阿富汗北部为"伊斯兰国"在中亚的扩张提供了另一个"天堂"。吉尔吉斯斯坦是"伊斯兰国"在中亚的主要目标。中俄关系不应该受到上合组织扩员的影响。②

伦敦大学亚非学院政治与国际研究系高级讲师巴夫娜·戴夫（Bhavna Dave）在《重塑印度在中亚的参与：从象征到实践》一文中指出，印度加入上合组织有利于消除上合组织"反西方"的形象，或者成为中国外交政策工具的形象，因为印度是一个民主国家。③ 作为一个有抱负的全球参与者和一个已经确立的区域大国，印度还需要超越其对巴基斯坦的偏见和对中国的焦虑，同时与所有中亚国家开展深度战略合作。季莫费·博尔达切夫在《印度和巴基斯坦加入凸显了上合组织的外交潜力》一文中指出，印度和巴基斯坦两个敌对的国家同时加入上合组织，凸显了上合组织的外交潜力。④

三 对上海合作组织框架下的中俄关系认知

上合组织成立初期，在中国和俄罗斯的共同主导下，主要是以中亚地区为中心寻求促进各成员国之间的安全合作与经济合作，即打击本地区的"三股势力"，以保障地区安全，同时，致力于油气合作，建设石油和天然气管道，增加成员国之间的能源、贸易投资合作等。但是，随着国际环境、地区环境及中俄力量对比的变化，美国一些学者认为，中俄两个主导国在上合组织的未来发展方向上产生了分歧，这主要源于中国和俄罗斯"对自身在中亚地区的角色有不同的看法"⑤。俄罗斯倾向于将上合组织发展成为全球性的组织，而中国则更倾向将上合组织定位于区域性的组织。中俄在上合组织未来发展方向上的分歧，

---

① 阿拉斯代尔·麦克劳德：《英国脱欧后：德国和欧盟将目光投向亚洲》，来源：米塞斯研究所（美国智库），2017年4月30日。
② 马克·朱利安娜：《回归根本：反恐合作和上合组织》，来源：欧洲对外关系委员会（英国智库），2016年11月2日。
③ 巴夫娜·戴夫：《重塑印度在中亚的参与：从象征到实践》，来源：拉惹勒南国际研究院（新加坡智库），2016年1月15日。
④ 季莫费·博尔达切夫：《印度和巴基斯坦加入凸显了上合组织的外交潜力》，来源：瓦尔代国际辩论俱乐部（俄罗斯智库），2017年6月9日。
⑤ Alexander Frost, "The Collective Security Treaty Organization and the Shanghai Cooperation Organization, and Russia's Strategic Goals in Central Asia," The China and Eurasia Forum Quarterly, Vol. 7, No. 3, 2009, p. 98.

其实质是平衡中俄双方在欧亚大陆核心利益的问题。①

2015年，上合组织成员国首脑在乌法峰会宣言中再次强调，上合组织成员国将继续努力创建上合组织开发银行和上合组织发展基金（专门账户），以刺激贸易和促进区域投资。但实际上中俄对此并未达成太多共识。俄罗斯一直对建立上合组织开发银行的便利性表示怀疑，拒绝向可能成立的上合组织开发银行提供与其经济体量成比例的资本，俄罗斯希望中国加入欧亚开发银行，而俄罗斯和哈萨克斯坦几乎拥有该银行近100%的股份。俄罗斯提议将欧亚开发银行转变为上合组织开发银行，导致建立上合组织开发银行事宜至今悬而未决。② 自2015年以来，俄罗斯一直暗示中国，希望把"一带一路"倡议与俄罗斯的欧亚经济联盟合并。最后，中俄协商将丝绸之路经济带与欧亚经济联盟对接，现在，即便丝绸之路经济带与欧亚经济联盟对接成功并可能最后使中俄均从中受益，也不可能缓解俄罗斯和中亚国家在地区层面的担忧。因此，中俄双方在更深层次的地区合作中仍存在竞争。③

中国和俄罗斯拥有影响该地区的不同权力轨道，两国对地区和全球安全优先事项的看法也不一致。尽管中国已成为全球大国，但中国仍不寻求霸权，并反对大国干预其他国家（尤其是发展中国家）内政。

在中国"一带一路"倡议的指导下，中俄经贸合作的发展正在从生产投资型向效率需求型转变。作为世界上两个重要的经济体，有理由相信"一带一路"建设可以带动中俄两国的经济发展，加深两国的战略合作伙伴关系，实现双赢。④ 但从政治、经济和战略角度来看，中国将继续朝着全球大国地位迈进。与之相反，随着与西方之间关系的恶化，俄罗斯正在努力调整自己的国际地位。俄罗斯经济发展不尽如人意，使俄罗斯在国际体系中处于尴尬的地位。中国在国际舞台上的崛起与俄罗斯的衰落可能是中俄双方进行更深入合作的绊脚石。俄罗斯不愿意服从中国的领导，特别是在上合组织内部，或许因为该组织的成

---

① Robert Schafer, "Partnership Instead of Alliance: The Shanghai Cooperation Organization as a Mechanism For China's Growing Influence in Central Asia", *Small Wars Journal*, https://smallwarsjournal.com/jrnl/art/partnership-instead-of-alliance-the-shanghai-cooperation-organization-as-a-mechanism-for-ch.

② Anson Sidle, "Why the Shanghai Cooperation Organization Fails", https://nationalinterest.org/blog/buzz/why-shanghai-cooperation-organization-fails-30197.

③ I. E. Denisov and I. A. Safranchuk, "Four Problems of the SCO in Connection with Its Enlargement", *Russian Politics and Law*, Vol. 54, No. 5, 2016, p. 498.

④ Yanling Zhou, "Discussion on the Development of Sino-Russian Economic and Trade Cooperation Against the Background of 'the Belt and Road Initiative'", *Conference Paper*, ICCESE, 2019, p. 1729.

员国主要是后苏联空间的国家。①

随着中国的影响力超过俄罗斯,中国已对俄罗斯控制中亚形成了挑战,中国的强大影响力使俄罗斯感到紧张。俄罗斯在经济上受益并与中国合作对抗美国的同时,也在试图控制中国的崛起。因此,除遏制美国在中亚的影响外,上合组织的职责可能越来越多地局限于反恐层面。②

四 对扩员后中印关系的认知

印度加入上合组织后,中印协商会晤的机会增加。中印互信在增强,中印之间的关系总体向好。中印双方都希望加强经济合作,比如,加强5G网络建设合作。这与因安全问题与华为停止或暂停合作的美国不同,迄今为止,印度没有公开抵制中国科技公司在印度5G基础设施的建设。莫迪政府对投资印度的外国公司持开放态度。印度的外国直接投资额已从2014年的不到250亿美元增加到2019年初的约450亿美元。③

但是,印度对中国的"一带一路"倡议仍然有很多担忧,尤其是中国将"中巴经济走廊"项目打造成"一带一路"框架下旗舰项目和样板,使印度感到遗憾。因此,未来上合组织是否能在促进"一带一路"建设中发挥重要的作用,印度将是一个不确定因素。④

此外,印度和巴基斯坦加入后,上合组织的地理范围扩大到了南亚。关于南亚的一些重大安全与政治问题,如克什米尔冲突等,有可能被纳入上合组织的议题中,这可能引发中印之间分歧的增加。正如俄罗斯一些学者认为的那样,印度的加入将检验中国在上合组织中的影响力有多大。⑤

---

① Wolfgang Zank, "The Eurasian Economic Union: A Brittle Road Block on China's "One Belt – One Road" – A Liberal Perspective", *Journal of China and International Relations*, Vol. 5, No. 1, 2017, p. 67.

② Galiia Movkebaeva, "Energy Cooperation Among Kazakhstan, Russia, and China Within the Shanghai Cooperation Organization", *Russian Politics and Law*, Vol. 51, No. 1, 2013, p. 87.

③ Ben Westcott, "Weakened by the trade war, Xi returns to security conference ready to woo Modi and Putin", https://amp.cnn.com/cnn/2019/06/14/asia/xi – modi – putin – sco – intl – hnk/index.html?_twitter_impression = true.

④ Abdul Rab and Zhilong He, "China and Shanghai Cooperation Organization (SCO): Belt and Road Initiative (BRI) Perspectives", *International Journal of Humanities and Social Science*, Vol. 9, No. 2, 2019, p. 167.

⑤ Lanteigne, M., "Russia, China and the Shanghai Cooperation Organization: Diverging Security Interests and the 'Crimea Effect'", in Blakkisrud H., Wilson, Rowe E. (eds), *Russia's Turn to the East*. Global Reordering. Palgrave Pivot, Cham, 2018.

斯德哥尔摩国际和平研究所武装冲突与冲突管理项目主任理查德·吉亚西（Richard Ghiasy）认为，从本质上讲，印度对"中巴经济走廊"有着事实层面和概念层面上的反对，事实层面上的反对是印度不希望其与巴基斯坦的克什米尔争端国际化，在印度看来，中国只是一个不公平的利益相关者。在概念层面上反对的是，"中巴经济走廊"允许中国直接穿过阿拉伯海在印度洋占据一个立足点。人们仍然担心，这可能会在某一个阶段发展到军事层面，但是，这也有可能带来积极的进展，这可能使中国与印度在亚洲治理中更加紧密合作。

第三节 外国智库对上海合作组织未来可能的成员国评价

一 对伊朗未来加入上海合作组织的评价

加拿大智库——青年外交政策专家组织（YPFP）欧亚和东欧项目研究员丹尼尔·乌日庆克（Daniel Urchink）在《伊朗加入上合组织的意义》一文中指出，伊朗的加入，与印巴一样将是上合组织发展的转折点，对中国来讲有机遇也有挑战。伊朗的外交政策与上合组织许多成员国的价值观不一致或相抵触，主要区别在于是否干涉别国内政。因为神权国家伊朗一直在干涉中东较小国家的事务，包括支持反对派的活动、派遣伊朗部队到叙利亚作战等，这是上合组织长期以来所反对的。如果伊朗加入上合组织后继续采取单方面的行动，将影响上合组织安全使命的集体行动。还有最令人担心的是，伊朗有可能以某种不可预测的方式将上合组织拉入中东冲突的泥潭。从有利方面看，伊朗经验丰富的特种部队和准军事部队将是对上合组织地区反恐怖机构的一个良好补充。[1]

华盛顿独立智库中东学会客座研究员亚历克斯·瓦坦卡（Alex Vatanka）在《伊朗的俄罗斯难题》一文中指出，尽管自1991年以来，伊朗与俄罗斯的双边关系跌宕起伏，但伊朗认为俄罗斯至少在反对西方单方面提出的苛刻条件方面与其立场一致。加入上合组织与俄罗斯和中国保持良好关系为伊朗政府提供了一种可以避免被全球排斥的方式。这就是伊朗政府（一个声称执行真主意愿的伊斯兰政权）把无神论者即中国以及由普京（声称自己拥护基督教）领导的俄罗斯视为其最珍贵外国合作伙伴的原因。伊朗、俄罗斯与中国并不是因价值观趋同而聚集在一起，而是为了在国际舞台上保持自己的力量并避免被孤立。如

---

[1] 丹尼尔·乌日庆克：《伊朗加入上合组织的意义》，来源：地缘政治监控中心（加拿大智库），2016年6月22日。

果有一种简单的方式可以用来解释这种联盟的原因，那就是"民主遏制"学说。①

近东南亚战略研究院中亚研究学院院长罗贝尔·坎加斯（Rober Kangas）在《伊朗核协议对中亚的影响》文章中对伊朗加入上合组织的可能性进行了分析。他认为，上合组织具有"欧亚"特色，但是，在印巴加入后，使其更具"亚洲"的特色，并使上合组织的经济重心向南亚转移；如果伊朗加入上合组织，从经济实力考虑，扩员将使俄罗斯在上合组织的存在"削弱"，中亚国家的吉尔吉斯斯坦和塔吉克斯坦的存在就更加"削弱"了，乌兹别克斯坦也很难跟上新的更大的成员国，只有哈萨克斯坦的经济实力还可以独当一面。②

瓦尔代国际辩论俱乐部专家南丹·乌尼克里希南（Nandan Unnikrishnan）在《伊朗加入上合组织的前景》一文中指出，伊朗解除了联合国的制裁，为加入上合组织铺平了道路，但同时，美国不承认伊核协议，又增加了其加入的难度。另外，伊朗能否加入上合组织也取决于其与中东一些有影响力的国家的关系，如沙特阿拉伯与伊朗之间的对抗。③ 伊朗加入上合组织的好处是有利于阿富汗问题的解决，因为国际南北走廊的不同分支，可以将阿富汗和中东连接到从东南亚经过印度到圣彼得堡和欧洲的干线运输廊道上。

拉惹勒南国际研究院中国项目资深访问学者艾达尔·阿姆雷巴耶尔认为，伊朗加入上合组织将带来更大的复杂性。伊朗最近从制裁中解脱出来，并在地区事务中提升了自己的影响力，因此，伊朗不太可能遵循上合组织的"上海精神"。更重要的是伊朗在中亚拥有自己的直接利益，伊朗的加入会引发上合组织成员国的一些冲突。④

二 对上海合作组织与阿富汗关系的评价

美国智库——詹姆斯顿基金会的独立分析师福齐尔·马什拉布（Fozil Mashrab）在《乌兹别克斯坦改变对阿富汗态度》一文中指出，新任乌兹别克斯坦总统米尔济约耶夫正在中亚地区寻求更加积极和建设性的外交政策。乌兹别

---

① 亚历克斯·瓦坦卡：《伊朗的俄罗斯难题》，来源：詹姆斯顿基金会（美国智库），2017年10月5日。
② 罗贝尔·坎格斯：《伊朗核协议对中亚的影响》，来源：欧洲政策研究中心（欧盟智库），2016年5月25日。
③ 南丹·乌尼克里希南：《伊朗加入上合组织的前景》，来源：瓦尔代国际辩论俱乐部（俄罗斯智库），2017年9月7日。
④ 艾达尔·阿姆雷巴耶尔：《上海合作组织：冒险寻求新平衡》，来源：拉惹勒南国际研究院（新加坡智库），2016年9月29日。

克斯坦与阿富汗最高级别的官方交流活跃,乌兹别克斯坦积极参与阿富汗和平进程并支持阿富汗加入上合组织。①

莫斯科卡内基国际和平基金会中心负责人德米特里·特列宁（Dmitri Trenin）在《俄罗斯正在开展"大欧亚"战略：会奏效吗?》一文中指出,鉴于中俄关系的重要性,俄罗斯选择协调欧亚经济联盟与"一带一路"倡议,并建议将经济合作延伸至东盟。目前,俄罗斯似乎有一个可以接受的中俄关系的定律,即永远不要相互对抗,但也不能总是相互依存。尽管美国及其盟友在阿富汗存在和为其提供经济援助超过15年了,但仍然不能保证该地区的稳定局势,因此,管控阿富汗局势将成为俄罗斯的核心安全议题,为了最终实现"大欧亚"战略,俄罗斯的战略需要在短期内奏效。因此,俄罗斯也支持阿富汗加入上合组织。②

俄罗斯科学院国际安全问题研究所首席研究员阿列克谢·费南科（Alexei Fenenko）在《解决阿富汗问题在莫斯科举行六方会谈：没有美国和北约?》一文中指出,2016年2月15日,俄罗斯、阿富汗、巴基斯坦、中国、伊朗、印度六方举行会谈,会议的目的是确定阿富汗与上合组织、集体安全条约组织的合作战略。③

三 对土耳其未来加入上海合作组织的评价

自2013年土耳其成为上合组织的对话伙伴国后,尤其是2013年以来,土耳其一直利用各种机会表达其对获得上合组织观察员国地位或加入该组织的兴趣。土耳其总统埃尔多安曾于2016年11月公开提出正考虑加入上合组织。而2017年4月土耳其的公投结果导致其社会严重分裂,即从议会民主制转变为以个人统治为特征的总统制,这种情况严重影响了土耳其政府与西方的关系,进而导致土耳其加入欧盟的谈判被搁置。同时,土耳其与俄罗斯的关系则大为改善,在此背景下,土耳其将更加积极地向东方寻求欧洲大西洋一体化的替代方案,并将重点放在上合组织上。④ 土耳其暗示可通过放弃北约成员国的身份和不参与

---

① 福齐尔·马什拉布：《乌兹别克斯坦改变对阿富汗态度》,来源：詹姆斯顿基金会（美国智库）,2017年6月27日。
② 德米特里·特列宁：《俄罗斯正在开展"大欧亚"战略：会奏效吗?》,来源：莫斯科卡内基和平基金中心（俄罗斯智库）,2017年7月20日。
③ 阿列克谢·费南科：《解决阿富汗问题在莫斯科举行六方会谈：没有美国和北约?》,来源：瓦尔代国际辩论俱乐部（俄罗斯智库）,2017年2月16日。
④ 王灵桂主编《上海合作组织：新型国家关系的典范》,社会科学文献出版社,2018。

欧洲一体化作为交换以加入上合组织，这些举动给欧洲和美国敲了警钟。土耳其若今后能够成为上合组织的观察员国或加入上合组织，将有可能导致欧洲与美国进一步加深对上合组织"不针对第三国"原则的怀疑和警惕。

美国智库——德国马歇尔基金会研究员、欧洲对华政策研究室主任扬·加斯珀斯（Jan Gaspers）在《土耳其期待中国提供安全合作替代方案》一文中指出，西方安全分析人士倾向于反驳上合组织的地缘战略意义，并肯定地淡化其作为"北约"直接军事竞争对手的潜力。他认为上合组织是一个以共识为基础的区域组织，中国目前是最具影响力的成员国。大多数中国战略家对土耳其的承诺和成为上合组织成员国的前景持怀疑态度。中国将继续口头支持土耳其加入上合组织。土耳其与上合组织的和睦程度也可能改变欧洲安全合作组织（OSCE）内自由民主国家的权力及一系列的平衡。土耳其加入上合组织的雄心将挑战欧盟和美国。土耳其试图寻求以上合组织来代替"北约"，这对现有的跨大西洋安全架构构成了重大威胁。① 德国马歇尔基金会研究员、欧洲对华政策研究室主任扬·加斯珀斯（Jan Gaspers）在《土耳其加入上海合作组织的雄心挑战欧盟和美国》一文中指出，土耳其加入上合组织的态度更为活跃，从中国的视角看，土耳其总统埃尔多安在上合组织发表的言论主要是与北约、美国和欧盟进行谈判的筹码。考虑到中国的犹豫不决，土耳其依然决心寻求一个组织来替代北约，这对现有的跨大西洋安全框架构成了重大挑战。② 需要指出的是，对于土耳其加入上合组织究竟是其权宜之计，还是其成熟的考虑，必须谨慎观察，不要让欧盟误解为上合组织在挖其"墙角"。

第四节　外国智库对上海合作组织与
其他国际组织关系的评价

一　上海合作组织与欧亚经济联盟

中亚战略研究所联合创始人和项目主任安娜·古斯萨洛娃（Anna Gussarova）在《欧亚经济联盟与丝绸之路经济带》一文中指出，与欧亚经济联盟不同的是，丝绸之路经济带没有"实体机制"——创建区域共同能源市场和制定法

---

① 扬·加斯珀斯：《土耳其期待中国提供安全合作替代方案》，来源：德国马歇尔基金会（美国智库），2017年7月5日。
② 扬·加斯珀斯：《土耳其加入上海合作组织的雄心挑战欧盟和美国》，来源：德国马歇尔基金会（美国智库），2017年7月14日。

规的体制机制。目前，上合组织框架内的能源合作以及丝绸之路经济带建设并没有像中亚国家希望的那样发展。在"一带一路"合作中，中国通过建设基础设施和加强贸易往来促进互联互通，这也意味着要整合各国的发展战略。①

莫斯科国立关系学院后苏联研究中心历史学博士伊琳娜·博尔戈娃（Irina Bolgova）在《俄罗斯在后苏联时代的政治议程》一文中指出，在2016年的上合组织成员国元首峰会上，俄罗斯试图将上合组织纳入欧亚经济联盟的合作框架内，并将欧亚经济联盟与中国倡导的丝绸之路经济带结合起来。欧亚经济联盟从来都不是一个亲密的圈子，意识到这一点，俄罗斯在其外交政策议程上给予其他多边组织更大的优先权。俄罗斯继续将上合组织视为其发展与美国和欧洲关系的一个"形象支柱"，以便重申其全球大国的地位。②

俄罗斯智库——瓦尔代国际辩论俱乐部高级研究员、俄罗斯联邦经济发展部副部长斯坦尼斯拉夫·沃斯克列先斯基（Stanislav Voskresensky）在《欧亚经济联盟、上合组织以及东盟之间的经济伙伴关系》一文中指出，中俄两国的关系可以被描述为大规模、多层次的互动，这种互动基于中俄两国元首签署的联合声明以及欧亚经济联盟与"一带一路"倡议的协同发展。③ 上合组织在中俄互动中可以发挥重要的平台作用。

二 上海合作组织与独联体

独联体国家研究所欧亚一体化与上合组织高级研究员弗拉基米尔·叶夫谢耶夫（Vladimir Evseev）在《2017年独联体：成就、挑战、前景》一文中指出，独联体最初是为苏联国家和平解散而设计的机制，在独联体中"离心力"在某些时刻让位于"向心力"。独联体国家希望在其框架内进行互动，设法保持一个统一的经济空间，各国在统一的独联体市场内运作是非常有利的。独联体国家可以创造一个类似于上合组织地区反恐怖机构执行委员会的组织。④

---

① 安娜·古斯萨洛娃：《欧亚经济联盟与丝绸之路经济带》，来源：弗里德里希·艾伯特基金会（德国智库），2017年7月15日。
② 伊琳娜·博尔戈娃：《俄罗斯在后苏联时代的政治议程》，来源：俄罗斯国际事务理事会（俄罗斯智库），2017年3月21日。
③ 斯坦尼斯拉夫·沃斯克列先斯基：《欧亚经济联盟、上合组织以及东盟之间的经济伙伴关系》，来源：瓦尔代国际辩论俱乐部（俄罗斯智库），2016年3月22日。
④ 弗拉基米尔·叶夫谢耶夫：《2017年独联体：成就、挑战、前景》，来源：俄罗斯国际事务理事会（俄罗斯智库），2017年4月25日。

三 上海合作组织与"大欧亚"伙伴关系倡议

爱克赛特大学高级讲师大卫·刘易斯（David Lewis）在《进入欧亚大陆》一文中指出，除了在中亚地区进行基础设施互联互通投资之外，外部大国也在为国家建设和地区秩序重构实施本国的宏大计划：中国正在推进"一带一路"合作；俄罗斯正在实施以俄罗斯为中心的"更大的欧亚大陆"计划；而西方国家正在推动开放市场和政治改革。但是，中亚各国政府没有能力跟上这种快速的社会和政治变革，中亚国家一直受到来自内部的政权斗争、恐怖势力等威胁，哈萨克斯坦、乌兹别克斯坦都是总统长期执政的政权，只有吉尔吉斯斯坦保留了多元化的政治，但它一直受到政治不稳定因素的困扰。复杂的国内政治与同样复杂的地缘政治紧密相连，俄罗斯仍然"控制"着中亚地区的安全，在吉尔吉斯斯坦和塔吉克斯坦驻有军事基地。而中国与中亚国家的贸易不断提升，中国对中亚地区的基础设施投资不断加大，以支持中亚国家的经济发展。中国选择灵活的双边贸易以及跨境贸易和投资方式。中国希望上合组织发挥更大的经济作用，推动上合组织自由贸易区的建设，但是，俄罗斯阻止了中国这种举措，反而将上合组织视为"更大的欧亚大陆"计划的核心。[①] 因为俄罗斯正在推动构建"大欧亚伙伴关系"，其范围包括上合组织、欧亚经济联盟和东盟，期望上合组织发挥核心作用。另外，从长远来看，上合组织有可能被"一带一路"所覆盖。

瓦尔代国际辩论俱乐部高级研究员季莫费·博尔达切夫，在《欧亚大陆：是否注定要分裂？》一文中指出，在过去的两三年，世界对欧亚大陆的兴趣空前高涨。一些专家认为，将整个世界分为几个大区域可能会拯救全球化。[②] 欧亚大陆是世界上面积最大、人口最多的大陆。如果把欧亚大陆看作一个同心圆，那么这个大陆包含一个中心和三个外围地区。中心是以中亚国家、中国、俄罗斯和蒙古国为代表；第一个外围地区包括土耳其、印度、巴基斯坦、阿富汗、伊朗和韩国；其他外围地区分别是欧洲地区、东南亚和中东地区。规划欧亚大陆未来的一个主要任务是欧亚各国如何在开放和普适的前提下开展合作，但是，比较遗憾的是在这方面经验不足，上合组织就是一个例子，上合组织的开放导致了合作危机。中国与印度的军事和外交冲突将长期影响上合组织的运转。

---

① 大卫·刘易斯：《进入欧亚大陆》，来源：英国查塔姆研究所（英国智库），2016年9月28日。
② 季莫费·博尔达切夫：《欧亚大陆：是否注定要分裂？》，来源：瓦尔代国际辩论俱乐部（俄罗斯智库），2017年9月7日。

莫斯科卡内基国际和平基金会中心负责人德米特里·特列宁在《在不断变化的全球政治格局中应运而生的新的三角外交》一文中指出，在2017年的慕尼黑安全会议上，中国外交部部长王毅、美国副总统彭斯和俄罗斯外长拉夫罗夫分别发表演讲，显示21世纪初世界地缘政治格局包括三个实力不平等的大国，即美国、中国和俄罗斯，它们的行动以决定性的方式影响着全球体系，这是新三角外交关系。俄罗斯外长拉夫罗夫宣布，在全球开启了"后西方"时代。中俄现在面临的挑战是，在双边关系的基础上建立一个基于新原则的区域秩序。欧亚大陆不可能处于单一大国的统治之下，因此，一个持久的秩序只能是多边的，有主要大国的引领，但要考虑到所有国家的利益。基于上合组织的平台，在国家领导人之间建立一个共识可以成为构建这一秩序的支柱。上合组织扩员后，中国、俄罗斯和印度可以组建一个核心集团来领导秩序的建设过程。尽管美国在全球扮演着重要角色，但它不是这个地区的一部分，中国与俄罗斯应该联合起来，在全球秩序正在转变的时候建立一个新的区域体系。①

上海国际问题研究院俄罗斯中亚研究中心主任李新在《中国关于建立欧亚经济空间的观点》一文中指出，2016年3月，上合组织成员国经贸部长在莫斯科会晤，一致认为有必要研究在该组织内建立自贸区的可行性。因此，在不到一年的时间里，俄罗斯提出了"更大的欧亚大陆"这一概念，已经超出了苏联时期所提类似概念的范围，涵盖了整个欧亚大陆，并最终可能促使该地区建立一个共同的经济空间。② 上合组织致力于区域经济合作，尽管存在一些缺点，但是，上合组织自成立15年来，在促进区域经济合作方面发挥了重要作用。莫斯科卡内基国际和平基金会中心负责人德米特里·特列宁在《中国、俄罗斯需要共同的欧亚远景》中指出，中俄关系的重大问题是"一带一路"倡议与俄罗斯自身经济计划应该"协同发展"。③

布鲁金斯学会高级研究员约翰尼斯·林（Johannes Linn）在《中亚区域一体化合作：是现实还是幻想？》中指出，中亚国家一体化仍然艰难，因为俄罗斯担心中国在中亚的影响力提升，不希望中国主导中亚国家。主要有五方面原因。

---

① 德米特里·特列宁：《在不断变化的全球政治格局中应运而生的新的三角外交》，来源：卡内基国际和平研究院（美国智库），2017年2月22日。
② 李新：《中国关于建立欧亚经济空间的观点》，来源：瓦尔代国际辩论俱乐部（俄罗斯智库），2016年11月17日。
③ 德米特里·特列宁：《中国、俄罗斯需要共同的欧亚远景》，来源：瓦尔代国际辩论俱乐部（俄罗斯智库），2016年11月17日。

第一，中俄对上合组织区域发展所面临的挑战并不一定能达成共识，例如，能源问题和贸易发展问题。第二，在"协商一致"原则下，上合组织并不能很好地解决成员国之间的冲突问题，例如，边界纠纷、跨界河流、水资源问题等。第三，中国在上合组织区域大量投资基础设施建设，尽管理论上是上合组织框架下区域基础设施建设，但是，实际上是"双边的资金流动"，因为上合组织并没有专门的银行机构。第四，上合组织与其他任何地区组织都没有建立"密切"的关系，即使在有互补性的领域。第五，总部设在北京的上合组织秘书处，对制定执行和监督中亚经济合作战略有效性方面的权限和协调能力有限。①

俄罗斯国立高等经济研究大学欧洲和国际综合研究中心副主任德米特里·苏斯洛夫（Dmitry Suslov）2016年在《俄罗斯的区域平衡：转向亚洲、一体化与跨区域战略》中指出，俄罗斯在2016年的东盟首脑会议上率先提出最具突破性和最具战略性意义的举措是探讨在上合组织（SCO）和区域全面经济伙伴关系（RCEP）的框架支持下，协调欧亚经济联盟与"一带一路"倡议进行更加密切的合作。普京总统认为，欧亚经济联盟、东盟、上合组织间的发展与中国的丝绸之路经济带构想相契合。②

俄罗斯国际事务委员会项目协调员安娜·库兹涅佐娃（Anna Kuznetsova）2017年在《打造"大欧亚"：来自俄罗斯、欧盟和中国的看法》中指出，俄罗斯面临的主要问题是在21世纪的全球经济和全球价值观中寻找新的经济增长点和新的定位。普京总统在2016年圣彼得堡国际经济论坛期间提出了欧亚经济合作的新愿景——打造"大欧亚伙伴关系"，并明确这一项目对欧洲开放。2015年中俄两国签署《中华人民共和国和俄罗斯联邦关于丝绸之路经济带建设和欧亚经济联盟建设对接合作的联合声明》，有人认为这一声明对中俄都有好处，但是，也有人对中俄联合声明表达了不同的看法。例如，一些中国专家认为，欧亚经济联盟与丝绸之路经济带的功能相互重叠，可能会导致中俄利益的冲突。也有专家认为，"一带"与"一盟"对接是中俄妥协的结果，"一带"与"一盟"之间存在冲突的可能性是：当其中一个扩张时，另一个很可能被边缘化，甚至会出现一个被另一个所吸收。只有在中俄密切合作的条件下，"一带"与"一盟"的对接才有可能成功。否则，欧亚经济联盟有可能拖累上合组织的一体

---

① 约翰尼斯·林:《中亚区域一体化合作：是现实还是幻想？》，来源：美国布鲁金斯学会（美国智库），2016年6月8日。
② 德米特里·苏斯洛夫:《俄罗斯的区域平衡：转向亚洲、一体化与跨区域战略》，来源：瓦尔代国际辩论俱乐部（俄罗斯智库），2016年6月9日。

化进程。① 上合组织可以作为打造"大欧亚伙伴关系"的"黏合剂",因为该组织有着众多的观察员国和对话伙伴国,该组织还具有基于贸易自由化、协调技术标准以及依据经济、金融和安全政策的需要而创建的会议机制和协商机制。② 从地理上说,"大欧亚伙伴关系"倡议几乎涵盖了欧亚经济联盟、上合组织、东盟的国家,以及参与丝绸之路经济带建设的国家,包括土耳其、伊朗、以色列和埃及等。

第五节 外国智库对中俄印与上海合作组织关系的评价

一 中国与上海合作组织

美国外交关系学会亚洲研究高级研究员易明(伊丽莎白·伊科诺米,Elizabeth Economy),在《"一带一路"倡议对中国的区域安全战略意味着什么?》中指出,中国与中亚的贸易 70% 通过新疆维吾尔自治区,新疆的稳定对丝绸之路经济带建设的成功至关重要。③ 自 2001 年以来,中国是通过与上合组织成员国密切合作一起打击新疆及周边中亚国家的恐怖分子、分裂分子等"三股势力"。中国"一带一路"倡议实施也可能会暴露出一些关键的合作问题,比如缺乏"在处理复杂安全问题上的军事接触与经验"等。但是,中国政府已经采取了一些措施在弥补这些差距,以保护中国企业在海外的利益。《中华人民共和国反恐怖主义法》第 71 条规定,经与有关国家达成协议,并报国务院批准,国家公安部门可以派出人员出境执行反恐怖主义任务。由中央军委批准,中国人民解放军和武装警察部队可以派员出境执行反恐怖主义任务。

欧洲对外关系委员会亚洲与中国项目政策研究员安格拉·施坦策尔(Angela Stanzel)在《宏伟设计:中国是否有"大战略"?》中指出,邓小平认为作为一个发展中国家,中国需要把重点放在经济发展和国内事项上,从而实现对外开放并积极参与多边机构。改革开放以来,中国的国内发展也激发了实现更广泛战略的需要。在美国外交政策研究所国际问题研究员金骏远(Avery Goldstein)看来,中国的目标是在降低别国对中国快速发展的担忧,在可能引发别

---

① 安娜·库兹涅佐娃:《打造"大欧亚":来自俄罗斯、欧盟和中国的看法》,来源:俄罗斯国际事务理事会(俄罗斯智库),2017 年 9 月 1 日。
② 俄罗斯国立高等经济研究大学世界经济与国际关系学院院长谢尔盖·卡拉加诺夫的观点。
③ 易明:《"一带一路"倡议对中国的区域安全战略意味着什么?》,来源:美国外交关系学会(美国智库),2016 年 1 月 12 日。

国反华的情况下,实现一个"大战略",因此,中国支持多边主义,注重改善与邻国关系,包括加强与东盟成员国的关系,在2001年成立上合组织,2001年中国加入WTO,中国参与多边论坛,参与世界经济论坛,提出"一带一路"倡议等,这些都体现中国"大战略"的意图,而中国的这些行动都被一些观察家视作中国在获取战略价值。[1]

二 俄罗斯与上海合作组织

莫斯科卡内基国际和平基金会中心负责人德米特里·特列宁在《俄罗斯对外交政策及其驱动因素的需求:展望未来5年》一文中指出,俄罗斯未来几年的外交政策重点在于巩固其在后苏联时代的大国地位以及减少对其的政治孤立。俄罗斯逐渐在非西方国家之中安定下来,但这一过程并不容易。[2] 印巴加入上合组织是俄罗斯长期支持的结果,俄罗斯将继续支持上合组织扩员,希望把伊朗也纳入上合组织,但是,遭到塔吉克斯坦的反对。

美国海军学院东亚军事及海军历史学教授余茂春(Miles Maochun Yu)在《2030年的俄罗斯》中指出,2005年中国政府出资42亿美元,收购哈萨克斯坦石油公司,2009年中国再次向哈萨克斯坦投资100亿美元以获得该国最大的天然气公司曼格什套油气公司的大部分股权。中国是上合组织的主导国,事实上,是中国而不是俄罗斯已经成为哈萨克斯坦新的"经济主宰"国家,并且哈萨克斯坦也与中国一起在上合组织及其他场合抵消俄罗斯在这一地区的影响力。[3] 这显然是西方对中俄关系的挑拨。

詹姆斯顿基金会欧亚外交事务与国防政策专家约翰·戴利(John C. K. Daly)在《俄罗斯和乌兹别克斯坦12年来首次举行联合军演,计划进一步合作》一文中指出,苏联解体后,俄罗斯与乌兹别克斯坦首次举办联合军演发生在"安集延事件"后不久,但在之后的10年内两国并未举行任何进一步的双边联合军演。乌兹别克斯坦特别关注的是,阿富汗已经成为"乌伊运"大量"圣战"武装分子的庇护所。[4] 巴纳德学院政治学教授亚历山大·库利(Alexan-

---

[1] 安格拉·施坦策尔:《宏伟设计:中国是否有"大战略"?》,来源:欧洲对外关系委员会(英国智库),2017年10月18日。
[2] 德米特里·特列宁:《俄罗斯对外交政策及其驱动因素的需求:展望未来5年》,来源:卡内基莫斯科国际和平基金会中心(俄罗斯智库),2017年8月10日。
[3] 余茂春:《2030年的俄罗斯》,来源:胡佛研究所(美国智库),2017年1月24日。
[4] 约翰·戴利:《俄罗斯和乌兹别克斯坦12年来首次举行联合军演,计划进一步合作》,来源:詹姆斯顿基金会(美国智库),2017年10月3日。

der Cooley)在《谁的规则？谁的范围？俄罗斯在后苏联空间国家中的治理与影响》中指出，印巴加入上合组织后，俄罗斯通过对后苏联空间国家运用更多的"软实力"杠杆来补充其在区域组织中的"作用"。①

三 印度与上海合作组织

2019 年 6 月 13 日，印度总理莫迪在赴吉尔吉斯斯坦比什凯克出席上合组织成员国元首理事会第十九次会议前发表声明表示，印度高度重视上合组织在促进地区多边、政治、安全、经济和人文交流合作中发挥的作用，自成为上合组织正式成员以来，印度积极参与了上合组织的各种对话机制。② 印度与上合组织其他成员国的关系在不断深化。

印度国防研究与分析中心高级研究员斯托布丹（P. Stobdan）在《印度对上海合作组织有何期望》一文中指出，2016 年印度和巴基斯坦签署了加入上合组织所必需的 30 多份文件，中国官员已经警告印、巴这两个新成员国要"严格遵守"《上海合作组织宪章》第一条所规定的"睦邻"精神，关键是印巴双方要相互妥协。习近平主席和普京总统将在印度总理莫迪和巴基斯坦总理之间充当调停者角色。巴基斯坦总理谢里夫表示，只有"印度确保停止对克什米尔地区无辜群众的敌对行动时"，双方协商的决定才会发挥作用。实际上，印度的处境也比较迷茫，上合组织是中国推进"一带一路"倡议的关键平台，中国已经承诺为"一带一路"项目在欧亚大陆投资数十亿美元，巴基斯坦已经加入该倡议，上合组织完全符合中国的发展愿景。那么，印度如何才能参与其中呢？可以肯定的是，上合组织框架内，从区域和全球问题到打击恐怖主义存在多重利益冲突。印度的立场可能与同中国保持一致的其他成员国的立场相矛盾。比如，中国不会改变反对将马苏德·阿扎尔（Masood Azhar）列入联合国制裁名单的立场。另外，"上海精神"和上合组织"协商一致"的原则，可能会使印度加入核供应国集团（NSG）的诉求进一步复杂化。③

1995 年中国、吉尔吉斯斯坦、哈萨克斯坦和巴基斯坦签署的《四方过境运输协议》（QTTA），把通过巴基斯坦的喀喇昆仑公路作为过境走廊，尽管印度对

---

① 亚历山大·库利:《谁的规则？谁的范围？俄罗斯在后苏联空间国家中的治理与影响》，来源：卡内基国际和平研究院（美国智库），2017 年 6 月 30 日。
② 《印度总理莫迪表示高度重视上合组织作用》，新华网，http://www.xinhuanet.com/2019-06/13/c_1124618818.htm。
③ 斯托布丹:《印度对上海合作组织有何期望》，来源：印度国防研究与分析中心（印度智库），2017 年 6 月 5 日。

此提出异议，但在"一带一路"提出之前，这个协议早已使印度的反对无效。印度表示不参加"一带一路"倡议。哈萨克斯坦则表示有兴趣加入"中巴经济走廊"项目，发掘"中巴经济走廊"和《四方过境运输协议》的潜力将成为提升和保证巴基斯坦在上合组织地位的有效途径。①

对于印度而言，加入上合组织可以获得许多直接的或间接的利益。比如，有利于印度能源供应多元化，共同分享成员国打击"三股势力"的成果，深化与中亚国家的能源、互联互通合作，提升印度在地区与全球的影响力，等等。此外，在上合组织框架内，印度将有能力制定有效应对中国"一带一路"倡议和"中巴经济走廊"项目的政策。

2010年以后，上合组织扩员就成为一个激烈争论的话题，中国赞成以"过程维系"为基础进行扩员，注重新成员的地理位置、新成员与现有成员之间的友好关系、遵守联合国各项义务以及签署《不扩散核武器条约》等情况。受中国与俄罗斯深层次竞争的影响，印巴加入问题引发中俄等成员国学术界广泛关注，随着2015年中俄签署"一带一路"与欧亚经济联盟对接协议，中俄之间竞争有所缓和。充满矛盾的印巴关系似乎不再是一个问题，而成为一个提升上合组织地位和价值的机会。② 在此共识下，2017年印巴加入上合组织。中国主张通过上合组织打击"三股势力"，中国要求上合组织打击那些符合其定义的恐怖分子。

上合组织的未来发展依赖于当前和今后地区与全球的平衡博弈。上合组织将面临中美紧张、美俄对峙、中俄协调、印美互动等复杂的地缘政治局面。但是，上合组织的关键是达成中俄战略性协调。2015年以来，印美关系进一步深化，随着印美签署的军事技术合作协议范围扩大，两国军方在作战层面的协调将达到前所未有的高度。美国迫切期望印度与北约结盟，而此举对印度加入上合组织产生影响。坦率地说，巴基斯坦的"非北约主要盟国"的身份未曾对中巴军事关系造成影响。同样，印度与美国的紧密关系也不能阻止印度与其他国家的合作。印度加入了中国主导的亚洲基础设施投资银行，印度与中国的双边贸易在不断发展，印度与俄罗斯也致力于加强伙伴关系。但是，需要明确的是，印美协约可能会超出军事领域，进而推进美印两国共同的价值观和利益。这将导致印度在上合组织更具挑战性。实际上，除了美国诱导之外，印度本身也对

---

① 斯托布丹：《印度对上海合作组织有何期望？》，来源：印度国防研究与分析中心（印度智库），2017年6月5日。

② 斯托布丹：《上海合作组织：印度进入欧亚大陆》，来源：印度国防研究与分析中心（印度智库），2016年6月14日。

中印边界冲突以及中国实施包围印度的举措心存芥蒂。① 这些都是印度提升实力反击中国的充分理由。

印度国防研究与分析中心高级研究员斯托布丹在《印度准备进入欧亚一体化之路》中指出，普京总统提出的"大欧亚"互联互通总体规划，将进一步延长从贝加尔湖到黑龙江的主干线，加强西伯利亚大铁路和中国东北航道的运输能力。俄罗斯试图鼓励更多的中亚国家加入欧亚经济联盟以维护其自身的利益，为了限制中国产品进入其市场，欧亚经济联盟实施了新的进口限制措施，近年来严重影响了中国的贸易。国际南北运输走廊于2002年正式启动，这是一条长达7200公里的多式联运运输系统（包括船舶、铁路和公路），这一运输系统把印度洋和波斯湾到里海的路线连接起来，经由伊朗到达俄罗斯和北欧。除了阿富汗之外，印度还需要与一个（比如乌兹别克斯坦）或多个中亚国家建立联系，并努力将恰巴哈尔港规划为欧亚大陆和印度洋之间的门户。尽管印度已经进入欧亚一体化道路，但是，它也需要考虑中亚地区的政治动态，在乌兹别克斯坦领导层最近发生变化后，区域前景的性质正在改变，而这将有利于区域内的合作。如果这一区域合作趋势加强，中国将会面对更多的问题，而这些问题会关系到"一带一路"倡议的愿景。②

印度观察家基金会学者认为，地区主义的三个要素对理解上合组织本质、宗旨和目的至关重要。第一个要素是一种共同的历史经验和对一些地理上不同国家或社会群体之间共同问题的认知。第二个要素是这些国家和社会之间的联系，即对该区域边界的认知，在这一区域内相互作用将比外部作用更强烈。第三个要素是一个组织在法律和制度上给该地区带来的影响，并为该区域提供了游戏规则。人们普遍认为，就中国而言，上合组织现在已经不那么重要，现在，一个拥有自己融资机制（亚洲基础设施投资银行）的基础设施项目即"一带一路"倡议对中国更加重要。③

在印巴加入问题上，2015年上合组织乌法峰会后成员国进行了激烈的辩论，乌兹别克斯坦总统卡里莫夫认为，印巴加入会改变本组织现有的权力平衡，印度与巴基斯坦现在仍有许多未解决的问题，目前尚不清楚这些问题将如何影响

---

① 斯托布丹：《上海合作组织：印度进入欧亚大陆》，来源：印度国防研究与分析中心（印度智库），2016年6月14日。
② 斯托布丹：《印度准备进入欧亚一体化之路》，来源：印度国防研究与分析中心（印度智库），2017年6月5日。
③ 阿肖克·萨杰哈尔：《印度与中亚的关系：扩大合作前景》，来源：观察家基金会（印度智库），2016年6月22日。

上合组织。2015年,中国《环球时报》发表评论指出,印度需要证明它的加入可以为上合组织成员国的团结和上合组织的国际影响发挥建设性作用,并对印度加入提出了许多警告。其一,印度需要证明其加入旨在发挥建设性作用;其二,印度作为上合组织成员国的权力可能与其他创始成员国不一样;其三,印度政策需要与俄罗斯和中国保持一致;其四,印度与美国之间拟商议的物流协议让人不安。人们普遍认为,印度加入上合组织的目的:一是提高印度在中亚的利益;二是加强与资源丰富地区更广泛的互联互通;三是有机会就关心的问题开展合作。

印度国防研究与分析中心全球研究所所长阿肖克·萨杰哈尔(Ashok Sajjanhar)在《印度与中亚的关系:扩大合作前景》一文中指出,印度没有对其与中亚地区的文明与历史联系足够重视,这导致印度无法从这种联系中获益。印度与中亚地区国家关系发展不景气的另一个原因是印度与中亚任何一个国家都不接壤,这是推动印度与中亚之间经济、商业、能源、旅游等领域交流的巨大瓶颈。由于巴基斯坦不允许印度的货物、车辆、人员等通过其领土进入阿富汗,因此,印度与中亚国家的贸易是经过中国进行的,这既耗费时间,又增加了成本。或者,印度货物必须通过海运到达北欧,再通过铁路和公路经俄罗斯或其他国家到达中亚。印度在推动恰巴哈尔港建设项目,在发展国际南北运输走廊和成为国际交通运输过境走廊协议(阿什哈巴德协议)成员方面取得了重大进展。2015年7月,莫迪在参加上合组织成员国元首乌法峰会期间访问了中亚五国,表明印度决心扩大与中亚国家的关系,也为自己加入上合组织奠定基础。①

印度观察家基金会初级研究员马尼什·瓦伊德(Manish Vaid)在《印度在中亚的能源外交可能会挑战中国的主导地位》一文中指出,基于印度对中亚能源的重视,以及其经济、安全和能源的优势,中亚事务已经成为印度的优先事项。但是,长期以来,中国在中亚的地缘政治地位不容置疑,印度和中亚地区缺乏联系,导致2012年印度就提出的"连接中亚政策"多年没有进展。然而,最近的事态发展帮助印度超越了与中亚地区连接的一些障碍。一是印度总理莫迪2015年访问了中亚五国,显示了印度与中亚国家关系模式的转变。二是印度与伊朗签署的建设恰巴哈尔港的备忘录通过开辟绕过巴基斯坦的新的贸易路线,复兴了印度的"连接中亚政策"计划,这些协议除为印度提供通向内陆中亚国

---

① 阿肖克·萨杰哈尔:《印度与中亚的关系:扩大合作前景》,来源:观察家基金会(印度智库),2016年6月22日。

家的途径外,还向这些国家提供了通过恰巴哈尔港进入水域的渠道。① 许多观察家认为,印度是恰巴哈尔港项目的中心,印度仍然热衷于开辟一条绕过巴基斯坦通往阿富汗和中亚的贸易通道,认为恰巴哈尔港是与巴基斯坦瓜达尔港抗衡的港口,瓜达尔港由中国投资开发,距离恰巴哈尔港约 80 公里。2017 年 10 月,印度首次通过恰巴哈尔港将 1.5 万吨小麦运往阿富汗。②

印度最大的能源活动是建设通过中亚国家和中国的、起点为土库曼斯坦的、长达 1800 公里的天然气管道,这条管道已经于 2009 年 12 月投入使用。就像阿塞拜疆—格鲁吉亚—土耳其管道一样,成功地打破了俄罗斯的垄断局面。实际上,中国乐见印度与伊朗等国合作促进恰巴哈尔港建设及其周边基础设施建设互联互通,加强整个地区的经济合作。中国媒体称赞印度为"区域互联互通"做出了贡献。③

可能成立的上合组织开发银行被视为印度主导的金砖国家新开发银行的竞争对手,因为它可能削弱印度在本地区的经济实力。上合组织再次提醒印度,应该对中国在亚洲投资的战略目标后果保持警惕。印度可能不得不接受这样一个现实,即在某些基础设施项目的设计中,印度不会成为与中国平起平坐的合作伙伴,但除此之外,也别无选择。由于不参与中国主导的"一带一路"倡议,印度失去了一个确保其自身企业和项目在未来亚洲发展的关键机遇,从而也决定了印度未来的发展轨迹。④

四 中俄协调与上海合作组织

瑞士国防大学安全战略和领导系教授谢尔·恩格尔布雷克特(Kjell Engelbrekt)在《中俄战略协作向前发展》中指出,中国与俄罗斯在过去 20 年中逐步扩大和深化合作,俄罗斯坚定地支持中国的"一带一路"倡议。中俄两国通过将广泛的政策与具体措施相结合,将两国的战略合作向前推进。中俄 2015 年签署了丝绸之路经济带与欧亚经济联盟对接协议,2017 年中俄签署了 2017~2020 年中俄军事领域合作发展"路线图",同时,中俄高科技领域合作也在加强,比

---

① 马尼什·瓦伊德:《印度在中亚的能源外交可能会挑战中国的主导地位》,来源:观察家基金会(印度智库),2016 年 9 月 22 日。
② 阿肖克·萨杰哈尔:《恰巴哈尔港的地缘政治挑战》,来源:观察家基金会(印度智库),2017 年 12 月 13 日。
③ 斯托布丹:《印度在上海合作组织的利害关系》,来源:印度国防研究与分析中心(印度智库),2017 年 6 月 15 日。
④ 阿伦·莫汉·苏库马尔(Arun Mohan Sukumar):《上海合作组织开发银行应把印度从中国资本的战略后果中唤醒》,来源:观察家基金会(印度智库),2017 年 6 月 5 日。

如，2017年中俄成立了一家合资企业共同研发宽体商务客机。2018年签署了《中国与欧亚经济联盟经贸合作协定》，美国政府想通过一种出乎意料的方法来离间中俄两国的关系，种种迹象表明是行不通的。中俄两国合作的根本动机仍然是"瓦解"或至少"减弱"美国在世界上的领导地位。中俄两国紧密的双边关系将为亚洲带来重大利益。①

哈德森研究所政治与军事分析中心主任、高级研究员理查德·韦茨（Richard Weitz）在《不可能得到绝对安全》一文中指出，俄罗斯总统普京一直谴责美国以牺牲俄罗斯的利益为代价寻求"绝对安全"。在中俄合作最广泛的欧亚地区仍然存在冷战思维的安全局势。中俄良性互动的关系是上合组织发展的前提。俄罗斯促使印度加入上合组织稀释了中国在该组织的影响力。② 跨大西洋学会高级研究员安杰拉·斯腾特（Angela Stent）在《克里米亚危机之后的俄罗斯、中国和西方国家》中认为，乌克兰危机后，中俄关系具有重要的双边特征，中俄一直在努力管理其共同的"邻里关系"，到目前为止，中俄已经成功地管控了它们在中亚的竞争。其中，中俄战略协作运作上合组织就是一个例子。③

五　上海合作组织与"一带一路"关系

美国知识界认为，经贸合作是上合组织成员国的主要诉求与合作的重点领域。上合组织成员国大多资源丰富，上合组织成员国加上观察员国伊朗的天然气储备约占世界的50%，各成员国在发展水平、经济结构、资源储藏量、人口密度和消费习惯等方面有显著差异，因此，产业合作的空间很大，该组织内多边经贸合作的结构优势也比较突出，这使上合组织成为推动共建"一带一路"的重要平台。④

美国彼得森国际经济研究所访问学者、曾任保加利亚副总理兼财政部部长的西梅翁·江科夫（Simeon Djankov）在《中国"一带一路"倡议的动机、规模和挑战》一文中指出，中国的长期目标是成为亚洲的主导力量，为了实现这个

---

① 谢尔·恩格尔布雷克特：《中俄战略协作向前发展》，来源：麦克唐纳·劳里埃研究所（加拿大智库），2017年12月13日。
② 理查德·韦茨：《不可能得到绝对安全》，来源：哈德森研究所（美国智库），2017年7月11日。
③ 安杰拉·斯腾特：《克里米亚危机之后的俄罗斯、中国和西方国家》，来源：德国马歇尔基金会（美国智库），2016年5月3日。
④ Abdul Rab and Zhilong He, "China and Shanghai Cooperation Organization (SCO): Belt and Road Initiative (BRI) Perspectives", *International Journal of Humanities and Social Science*, 2019, Vol. 9, No. 2, p. 168.

目标,中国需要付出尽可能多的代价和努力。颇受俄罗斯影响的中亚地区日益成为中国亚洲计划的一部分,中国"一带一路"倡议也将"踏入"其他国家的领土,包括印度。中国必须把"一带一路"倡议的目标与上海合作组织的任务相结合。加强成员国之间的联系与交流将是中国进一步发展多边关系的关键。让印度加入上合组织并非易事,但使中国与印度之间的关系变得越来越紧密将是推行"一带一路"计划的明智之举。①

欧洲改革研究中心外交政策主任兰·邦德(Lan Bond)在《欧盟、欧亚经济联盟和"一带一路"倡议可以一起合作吗?》中指出,目前,"一带一路"倡议自身的组织结构非常小,中国的许多部门和机构负责带动其发展。中国正在努力赋予该倡议更多的国际性质,以摆脱其是中国一个单边倡议的认识。因为中国如果不谨慎行事,它将面临其他国家将其列为"新殖民主义国家"的风险。同时,中国并不希望创建一个由正式成员组成的新的国际组织,这样也会引起非正式成员国的担心。实际上,中国正在利用上合组织、东盟等机制作为其发展的平台。然而,上合组织对"一带一路"倡议的支持力度与实际效果相比是被夸大了。因为中亚国家不可能是"一带一路"项目的主要投资者,但它们中的一些国家却可能是主要受益者。外国投资者进入这些项目的方式可能是通过亚洲基础设施投资银行,除美国之外,许多西方大国都是亚洲基础设施投资银行的成员,然而,亚投行只资助了九个项目,其中只有两个项目(阿塞拜疆与塔吉克斯坦的项目)与上合组织有关。②

除印度外,几乎所有上合组织成员国、观察员国都积极参与并与中国签署了共建"一带一路"协议。"一带一路"倡议的主要目标是发展区域互联互通和促沿线进国家经济发展。而上合组织的宗旨和目标也是鼓励区域经济的发展与合作。上合组织框架下的多边经贸合作,促进了共建"一带一路"的发展。其中,中亚国家对于中国的"一带一路"倡议非常重要,中亚国家是连接中国通往欧洲的陆路交通枢纽,改善中亚地区的互联互通条件是首要任务。中国与中亚国家在上合组织框架下的经贸合作及中国的周边外交政策赢得了中亚国家的信任,使得中亚国家都积极参与中国提出的"一带一路"倡议。中国已成为中亚国家的主要经济贸易伙伴,尤其是随着"一带一路"框架下大规模互联互通基础设施项目的实施,中国与欧洲、中东和亚洲等地区间的铁路、公路和港

---

① 西梅翁·江科夫:《中国"一带一路"倡议的动机、规模和挑战》,来源:彼得森国际经济研究所(美国智库),2016年1月30日。
② 兰·邦德:《欧盟、欧亚经济联盟和"一带一路"倡议可以一起合作吗?》,来源:欧洲改革中心(英国智库),2017年3月16日。

口"贸易走廊"建设加强了中国与"一带一路"沿线国家的联系。[1]

斯德哥尔摩国际和平研究所武装冲突与冲突管理项目主任理查德·吉亚西，在《丝绸之路经济带：安全影响与中欧合作前景》一文中指出，在欧亚大陆的大部分地区存在巨大的关键基础设施空白，许多相关国家即使在现有多边发展银行的帮助下也无法填补这一空白，而"一带一路"倡议旨在填补这一空白。从短期看，欧盟应该检测"一带一路"倡议所带来的安全影响。从中期看，欧盟应该寻求与上合组织以及亚洲相互协作与信任会议达成合作或建立对话机制，这些机制会在有关"一带一路"安全态势的讨论时发挥越来越重要的作用。[2]

---

[1] Abdul Rab and Zhilong He, "China and Shanghai Cooperation Organization (SCO): Belt and Road Initiative (BRI) Perspectives", *International Journal of Humanities and Social Science*, Vol. 9, No. 2, 2019, p. 167.

[2] 理查德·吉亚西：《丝绸之路经济带：安全影响与中欧合作前景》，来源：斯德哥尔摩国际和平研究所（瑞典智库），2017年2月4日。

第八章 "一带一路"框架下成员国务实合作

在上合组织第十三次元首峰会召开后不久，习近平主席在访问中亚和南亚期间，先后提出共建"丝绸之路经济带"和共建"21世纪海上丝绸之路"的倡议，简称"一带一路"倡议。从某种意义上说，"一带一路"倡议提出与上合组织有一定的关联。第一，"丝路精神"与"上海精神"一脉相承，都强调和平、互利、合作、共赢。第二，上合组织和"一带一路"都有促进区域经济合作的任务，两者都重视区域合作，都属于促进区域合作的机制。第三，上合组织和"一带一路"都是中国首倡提出，是中国实施周边外交的重要组成部分，是中国进一步扩大对外开放的实践平台。但是，"一带一路"与上合组织也有明显的区别。上合组织是一个运行机构完善的区域性国际组织，而"一带一路"只是一个国际合作倡议，没有具体的机制。上合组织有明显的合作区域界定，而"一带一路"合作的范围更广泛，主要是沿线国家，也欢迎世界所有国家参与。上合组织由中国与俄罗斯"双引擎"共同主导，"一带一路"是中国倡议，但不是中国主导，需要相关国家共同参与，共同推动，共同合作与发展。由此可以看出，上合组织与"一带一路"有着密切的联系，8年来的实践也证明了几个无须争辩的事实："一带一路"倡议为上合组织发展增添了新的发展动力，提供了新的发展机遇；上合组织成为促进"一带一路"与沿线国家发展战略对接的主要平台；"一带一路"与上合组织相辅相成，相互促进，共同发展，有力推动了中国进一步对外开放和拓展国际合作，提升了中国在国际舞台上的影响力和话语权。

第一节 上海合作组织成员国20年经济总量分析

根据2020年《世界经济展望报告》提供的年度经济增长数据及2020年预测数据，上合组织八个成员国的GDP总量从2001年的22817.3亿美元增加到2020年的194344.3亿美元，增加了7.5倍。其中，中国GDP总量从2001年的13440.8亿美元，增加到2020年的148607.8亿美元，增加了10.1倍；俄罗斯

GDP 总量从 2001 年的 3294.1 亿美元,增加到 2020 年的 14640.8 亿美元,增加了 3.4 倍;哈萨克斯坦的 GDP 总量从 2001 年的 221.5 亿美元,增加到 2020 年的 1657.3 亿美元,增加了 6.5 倍;乌兹别克斯坦的 GDP 总量从 2001 年的 116.3 亿美元,增加到 2020 年的 597.7 亿美元,增加了 4.1 倍;吉尔吉斯斯坦的 GDP 总量从 2001 年的 15.3 亿美元增加到 2020 年的 74.8 亿美元,增加 3.9 倍;塔吉克斯坦的 GDP 总量从 2001 年的 10.6 亿美元增加到 2020 年的 78.2 亿美元,增加了 6.4 倍;另外,2017 年加入的新成员国,印度的 GDP 总量从 2001 年的 4939.3 亿美元,增加到 2020 年的 25925.8 亿美元,增加了 4.2 倍;巴基斯坦的 GDP 总量从 2001 年的 779.3 亿美元,增加到 2020 年的 2761.1 亿美元,增加了 2.5 倍。① 根据 2001~2020 年各成员国 GDP 数据计算,上合组织八个成员国 2001~2020 年的 GDP 占世界 GDP 的比例见表 8-1 所示。

表 8-1 2001~2020 年上合组织成员国 GDP 占世界 GDP 比例

单位:%

年份 国家	2001	2002	2003	2004	2005
中国大陆	4.02	4.28	4.30	4.50	4.88
俄罗斯	0.99	1.07	1.19	1.45	1.73
哈萨克斯坦	0.07	0.07	0.08	0.10	0.12
乌兹别克斯坦	0.03	0.03	0.03	0.03	0.03
吉尔吉斯斯坦	0.00	0.00	0.00	0.01	0.01
塔吉克斯坦	0.00	0.00	0.00	0.00	0.00
六国总计	5.12	5.46	5.61	6.09	6.77
印度	1.48	1.52	1.59	1.65	1.76
巴基斯坦	0.23	0.23	0.23	0.24	0.25
八国总计	6.83	7.20	7.43	7.98	8.79
	2006	2007	2008	2009	2010
中国大陆	5.41	6.17	7.2	8.53	9.24
俄罗斯	2.08	2.41	2.81	2.19	2.50
哈萨克斯坦	0.16	0.18	0.21	0.19	0.23

---

① 上合组织成员国 GDP 数据来自每年的《世界经济展望报告》,2020 年预测值依据 2020 年 10 月发布为《世界经济展望报告》提供的年度经济增长预测计算。

续表

年份 国家	2006	2007	2008	2009	2010
乌兹别克斯坦	0.03	0.04	0.05	0.06	0.06
吉尔吉斯斯坦	0.01	0.01	0.01	0.01	0.01
塔吉克斯坦	0.01	0.01	0.01	0.01	0.01
六国总计	7.69	8.82	10.35	10.98	12.04
印度	1.85	2.14	1.93	2.27	2.60
巴基斯坦	0.27	0.26	0.27	0.28	0.27
八国总计	9.81	11.22	12.55	13.53	14.91
	2011	2012	2013	2014	2015
中国大陆	10.34	11.57	12.67	13.53	15.19
俄罗斯	2.79	2.93	2.93	2.60	1.80
哈萨克斯坦	0.28	0.29	0.32	0.29	0.25
乌兹别克斯坦	0.06	0.07	0.08	0.08	0.09
吉尔吉斯斯坦	0.01	0.01	0.01	0.01	0.01
塔吉克斯坦	0.01	0.01	0.01	0.01	0.01
六国总计	13.48	14.88	16.01	16.52	17.35
印度	2.51	2.47	2.45	2.62	2.82
巴基斯坦	0.29	0.30	0.30	0.31	0.37
八国总计	16.28	17.65	18.77	19.45	20.54
	2016	2017	2018	2019	2020
中国大陆	15.15	15.04	15.82	16.45	17.72
俄罗斯	1.69	1.91	1.92	1.94	1.75
哈萨克斯坦	0.17	0.20	0.20	0.21	0.20
乌兹别克斯坦	0.09	0.06	0.05	0.07	0.07
吉尔吉斯斯坦	0.01	0.01	0.01	0.01	0.01
塔吉克斯坦	0.01	0.01	0.01	0.01	0.01
六国总计	17.11	17.24	18.01	18.68	19.76
印度	2.99	3.27	3.21	3.28	3.09
巴基斯坦	0.37	0.38	0.37	0.32	0.33
八国总计	20.47	20.89	21.59	22.28	23.18

资料来源：上合组织成员国 GDP 数据来自每年的《世界经济展望报告》，2020 年预测值依据 2020 年 10 月发布的《世界经济展望报告》提供的年度经济增长预测计算。

从表 8-1 可以看出，上合组织成员国八国 GDP 占世界 GDP 的比重从 2001

年的6.83%增加到2020年的23.18%，增加了16.35个百分点，平均每年递增0.82个百分点。其中，中国占世界GDP的比重从2001年的4.02%增加到2020年的17.72%，增加了13.7个百分点，平均每年增加0.69个百分点。俄罗斯占世界GDP的比重从2001年的0.99%增加到2020年的1.75%，增加了0.76个百分点，平均每年增加0.04个百分点。哈萨克斯坦占世界GDP的比重从2001年的0.07%增加到2020年的0.20%，增加了0.13个百分点。乌兹别克斯坦占世界GDP的比重从2001年的0.03%增加到2020年的0.07%，增加了0.04个百分点。吉尔吉斯斯坦占世界GDP的比重从2001年的0.0%增加到2020年的0.01%，增加了0.01个百分点。塔吉克斯坦占世界GDP的比重从2001年的0.0%增加到2020年的0.01%，增加了0.01个百分点。另外，2017年新加入的成员国，印度占世界GDP的比重从2001年的1.48%增加到2020年的3.09%，增加了1.61个百分点。巴基斯坦占世界GDP的比重从2001年的0.23%增加到2020年的0.33%，增加了0.1个百分点。2001~2020年上合组织成员国GDP占世界GDP的比例曲线见图8-1所示。

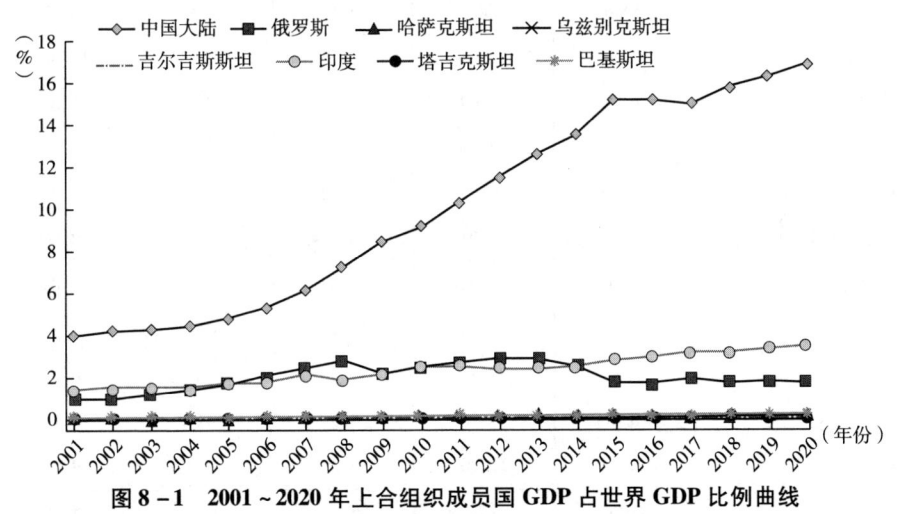

图8-1 2001~2020年上合组织成员国GDP占世界GDP比例曲线

资料来源：上合组织成员国GDP数据来自每年的《世界经济展望报告》，2020年预测值依据2020年10月发布的《世界经济展望报告》提供的年度经济增长预测计算。

根据2001~2020年上合组织成员国的GDP增量统计数据，测算2001年到2020年的20年间各成员国GDP增量占世界GDP增量的比例见表8-2所示。

表8-2 上合组织成员国GDP增量占世界GDP增量的比例统计

单位:%

国家\年份	2001	2002	2003	2004	2005
中国大陆	-54.42	11.72	4.53	6.05	9.47
俄罗斯	-21.23	3.67	2.13	3.54	5.13
哈萨克斯坦	-1.63	0.22	0.15	0.25	0.39
乌兹别克斯坦	0.88	-0.17	0.01	0.04	0.06
吉尔吉斯斯坦	-0.07	0.01	0.01	0.01	0.01
塔吉克斯坦	-0.03	0.01	0.01	0.01	0.01
六国总计	-76.49	15.46	6.83	9.89	15.06
印度	-7.29	2.62	2.21	2.12	3.11
巴基斯坦	0.75	0.00	0.28	0.33	0.36
八国总计	-83.03	18.08	9.33	12.33	18.53
	2006	2007	2008	2009	2010
中国大陆	11.84	12.08	18.57	-15.33	16.88
俄罗斯	6.18	5.04	6.97	13.96	5.80
哈萨克斯坦	0.61	0.36	0.51	0.54	0.59
乌兹别克斯坦	0.07	0.08	0.11	-0.15	0.09
吉尔吉斯斯坦	0.01	0.01	0.024	0.01	0.00
塔吉克斯坦	0.01	0.01	0.03	0.00	0.01
六国总计	18.73	17.59	26.22	-0.96	23.38
印度	2.92	4.39	-0.26	-4.19	6.13
巴基斯坦	0.48	0.23	0.33	0.09	0.17
八国总计	22.13	22.20	26.29	-5.06	29.68
	2011	2012	2013	2014	2015
中国大陆	20.43	79.22	53.72	46.89	-14.04
俄罗斯	5.52	10.46	3.05	-10.15	15.86
哈萨克斯坦	0.73	1.17	1.41	-0.83	0.97
乌兹别克斯坦	0.09	0.44	0.30	0.31%	-0.05
吉尔吉斯斯坦	0.02	0.03	0.04	0.01	0.02
塔吉克斯坦	0.01	0.08	0.05	0.04	0.03

续表

年份 国家	2011	2012	2013	2014	2015
六国总计	26.81	91.39	58.56	36.27	2.79
印度	1.61	0.45	1.72	9.12	-0.68
巴基斯坦	0.51	0.82	0.34	0.67	-0.60
八国总计	28.93	92.66	60.63	46.05	1.51
	2016	2017	2018	2019	2020
中国大陆	13.01	13.39	28.57	35.36	-12.38
俄罗斯	-3.61	5.58	2.12	2.55	6.43
哈萨克斯坦	-3.49	0.70	0.20	0.40	0.43
乌兹别克斯坦	0.08	-0.41	-0.14	0.59	-0.05
吉尔吉斯斯坦	-0.05	0.03	0.02	0.01	0.03
塔吉克斯坦	-0.07	0.01	0.00	0.02	0.01
六国总计	5.87	19.31	30.77	38.34	-5.53
印度	11.03	7.74	2.17	5.41	7.45
巴基斯坦	0.49	0.54	0.18	-1.29	0
八国总计	16.90	27.05	32.94	5.41	7.45

资料来源：上合组织成员国GDP数据来自每年的《世界经济展望报告》，2020年预测值依据2020年10月发布的《世界经济展望报告》提供的年度经济增长预测计算。

根据2001~2020年上合组织成员国年度GDP增量统计数据可以看到，除了2001年、2009年增加值占世界GDP增加值为负增长外，其他年份均为正增长。

在正增长年份中，上合组织八个成员国GDP增加值占世界增加值比重最高的是2012年的92.66%，其次为2013年的60.63%和2014年的46.05%。2012年上合组织成员国GDP增加值占世界比例达到最大值的主要原因是金融危机后成员国积极应对经济危机和促进经济复苏取得了结果。除2001年和2009年外，八个成员国增加值占比最低的年份是2015年的1.51%，这是因为，从2014年中国经济进入新常态，经济增长下行明显，导致2015年中国大陆GDP增加值占世界的比重为-14.04%，而同年俄罗斯和印度GDP增加值占世界的比重分别为15.86%和-0.68%。

2001年、2009年负增长的情况，主要是2001年中国大陆对世界GDP增长的贡献率为-54.42%，俄罗斯为-21.23%，而印度为-7.29%，八个成

员国总计贡献率为 -83.03%。2009 年中国大陆对世界 GDP 增长的贡献率为 -15.33%，俄罗斯为 13.96%，印度为 -4.19%，八国总计贡献率为 -5.06%。2015 年中国大陆对世界 GDP 增长的贡献率为 -14.04%，俄罗斯和印度分别为 15.86% 和 -0.68%。但八国对世界 GDP 增长的贡献仍为正值。2001~2020 年上合组织成员国 GDP 增量占世界 GDP 增量比例曲线见图 8-2 所示。

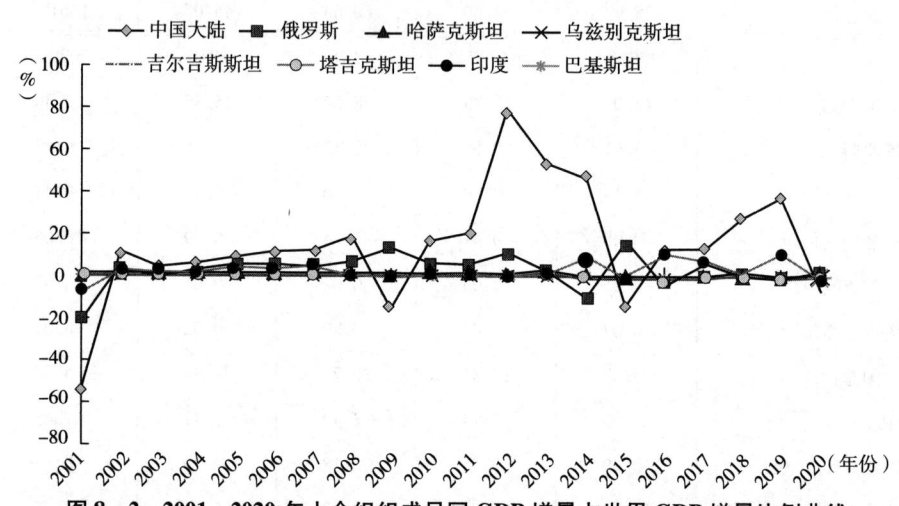

图 8-2　2001~2020 年上合组织成员国 GDP 增量占世界 GDP 增量比例曲线

注：世界经济在 2001 年、2009 年、2015 年和 2020 年为负增长，因此，这四个年份中增量为正数的国家对世界经济贡献率为负数。数据来源为国际货币基金组织（IMF）数据库。

第二节　中国与成员国"一带一路"产能合作分析

2013 年"一带一路"倡议提出以来，从理念到行动，从规划到实施，逐步走深走实，现已进入向高质量发展转变的新阶段。2015 年，中国国务院发布《国务院关于推进国际产能和装备制造合作的指导意见》，促进我国企业在"一带一路"框架下加快"走出去"步伐，实施产能合作已经成为推动"一带一路"务实合作的重要举措。近年来，中国与上合组织成员国产能合作取得了一批早期成果，上合组织区域已成为"一带一路"建设的关键区、产能合作的先行区，深入分析上合组织区域"一带一路"产能合作进展、问题和实现路径，对于推动"一带一路"合作向高质量发展具有重大现实意义。

2017 年 8 月 27 日，在"一带一路"建设五周年座谈会上习近平主席发表重要讲话,首次提出"一带一路"建设要走深走实,实现高质量发展。2019年4月26日,在第二届"一带一路"国际合作高峰论坛开幕式主旨演讲中习近平主席指出,在新阶段"一带一路"合作向高质量发展转变,要做到几个重点:秉持"共商、共建、共享"原则,倡导多边主义;坚持"开放、绿色、廉洁"理念,不搞封闭排他的小圈子;实现高标准、惠民、可持续发展的目标。① 实现高质量发展是"一带一路"建设进入新阶段的重要特征,是实现中国经济发展方式转变和产业结构优化调整的必然要求,是实现中国与"一带一路"国家共同发展、绿色发展、可持续发展的必然要求。

上合组织区域是"一带一路"建设的关键区域,上合组织国家发展与稳定对我国新疆和西部地区安全稳定至关重要。习近平主席首先在上合组织成员国哈萨克斯坦提出"一带一路"倡议,其他成员国积极响应中国倡议,中国与上合组织成员国分别签署了双边发展战略对接协议,上合组织成员国产能合作已经取得了一批重大成果,尤其是中哈产能合作、"中巴经济走廊"建设已经成为"一带一路"建设的样板。研究中国与上合组织成员国国际产能合作问题,对"一带一路"建设走深走实、行稳致远至关重要,对构建上合组织及周边命运共同体,乃至构建人类命运共同体意义重大。

一 "一带一路"国际产能合作的功能定位

按照党的十九大制定的一系列重大改革发展战略部署,中国发展的短期任务是通过供给侧结构性改革,解决和改善供给结构和质量问题;中期任务是建立长效机制,依靠各行业创新举措推动经济可持续增长;长期任务是以科技革命推动产业升级,占据全球产业发展的制高点。党的十九大报告对进一步发展开放型经济提出了明确要求,要推动传统产业迈向价值链中高端,以"一带一路"建设为重点,创新对外投资方式,促进国际产能合作。国际产能合作是推动中国经济"长期持续发展"的新理念,是新常态下促进我国经济"转型升级"的新举措。②

(一)国际产能合作功能定位

产能合作一般可以通过产品输出方式进行产能位移,也可以通过产业转移的方式进行产能位移,"一带一路"产能合作主要是指产业位移。本文研究的产

---

① 《习近平主席在第二届"一带一路"国际合作高峰论坛开幕式发表主旨演讲》,新华网,http://www.xinhuanet.com//world/2019-04/26/c_1124420909.htm。
② 宁吉喆:《群策群力 善作善成 推进国际产能合作》,《中国经贸导刊》2016年第2期。

能合作范围指国际产能和装备制造合作,简称国际产能合作。① 无论是从中国还是从"一带一路"沿线国家角度看,国际产能合作都是"一带一路"建设的重要内容,因为,一方面,国际产能合作是支撑中国经济由中高速增长转向高质量增长、实现经济发展方式转变和可持续发展的重大举措,是推动新一轮高水平对外开放、增强我国国际竞争优势的重要举措,是开展互利合作的重要领域,也是企业实施"走出去"战略的主要载体。另一方面,国际产能合作是推动"一带一路"共建国家完善工业体系,促进经济发展方式转变,促进经济结构优化和转型升级的重要途径,也是"一带一路"共建国家实现现代化、工业化、城镇化和改善民生的重要途径。

国际产能合作对中国经济发展的主要作用是:促进国内经济实现可持续发展,打造新的经济增长动力;把中国富余的优质产能输送出去,降低企业成本,促进供给侧结构性改革落地;促进国内产业转型升级,拓展产业发展新空间,开创对外开放新格局。我国开展国际产能合作的主要目标是:形成若干境外产能合作示范基地;推进产能合作机制体制完善,提升政策服务保障能力。国际产能合作的经济和社会效益提升,对我国经济发展和产业转型升级促进作用明显增强。

目前,中国在"一带一路"国际产能合作中主要推进的行业是:钢铁、有色金属、建材、铁路轨道交通、电力、化工、轻工、通信、工程机械、航空航天、船舶和海洋工程等。国际产能合作实施方式有多种形式,如基础设施建设项目、对外工程承包、创办境外经贸合作区和跨境工业园区等。国际产能合作坚持"企业主导、政府推动"原则。以"企业为主体、以市场为导向",按照国际惯例和商业原则开展国际产能和装备制造合作,参与"一带一路"建设企业应遵循"自主决策、自负盈亏、自担风险"原则。国际产能合作坚持突出重点、有序推进。主要选择"贸易合作,工程承包,对外投资建厂,建设各类园区、经济开发区、经济特区"等多种合作方式。

国际产能合作的主要任务是:将与中国装备和产能契合度高、合作愿望强烈、合作条件和基础好的发展中国家作为重点国别,并积极开拓发达国家市场,开展"第三方合作",以点带面,逐步扩展;不断拓展产业合作领域,实现中国与"一带一路"共建国家互利共赢,促进中国实现可持续发展,促进"一带一路"共建国家建立较为完善的工业体系,实现工业现代化;促进中国装备优势

---

① 《国务院关于推进国际产能和装备制造合作的指导意见》,国发〔2015〕30号,国务院,2015年5月13日,http://www.gov.cn/zhengce/content/2015-05/16/content_9771.htm。

产业"走出去",进一步开拓国际市场和资源,寻求中国与"一带一路"共建国家双边合作的基础和诉求,为双边产能合作创造更好的政策环境,为中国深化与这些国家双边战略协作伙伴关系奠定基础,为构建上合组织及周边命运共同体奠定坚实基础。

(二) 国际产能合作理论研究现状

国际产能合作是伴随发达资本主义生产过剩而产生的,产业转移是解决生产过剩的主要途径,也是发达国家跨国公司经营的主要驱动力。自工业革命以来,全球产业经历了五次转移:第一次是英国向美国和欧洲转移;第二次是二战后,由美国向欧洲和日本转移;第三次是从欧洲和日本向亚洲"四小龙"转移;第四次是从欧、美、日、亚洲"四小龙"向发展中国家转移,尤其是向中国转移;第五次是金融危机后出现的"双向转移",即高端制造业向发达国家转移,低端产业向成本更低的国家或地区转移。

国际产能合作涉及国际贸易、国际直接投资、国际产业转移、产业组织、产业结构调整、国际产业分工、国际开发区建设等问题,最早进行国际产业转移的国家是英国,之后是美国、日本等发达国家。因此,对于国际产业转移深入研究的学者主要集中在欧、美、日等发达国家。美国以跨国公司为主体推动具有比较优势的产业向海外转移,以保持美国在技术创新领域的绝对领先地位。日本以跨国公司和中小企业为主体,把具有比较劣势的产业向海外转移,形成贸易互补体系、产业垂直分工体系,进而形成了经济发展"双引擎"。

国际产能合作属于产业转移范畴,其理论基础包括垄断优势理论、雁行理论、边际产业理论、产品生命周期理论和国际生产折衷理论等。关于发达国家产业转移的动因,国外学者主要从国际贸易、国际直接投资等视角开展了有益的理论探索。

海默最早提出绝对优势理论,并对国际直接投资做了解释,该理论认为,相比外国企业,本地的企业更熟悉本国的市场特征、商业文化和地方法规等。因此,外国企业要进入该国市场,必须具有特殊的优势和资产来抵消本地企业的优势,如企业规模、范围经济、市场能力、技术优势等,跨国公司倾向于以对外直接投资的方式来利用其独特的垄断优势。[1] 在海默理论基础上,英国学者邓宁提出了生产折衷理论(OLI),该理论认为,所有权优势、区位优势、市

---

[1] Hymers H. The interinational operations of national firms: a study of direct foreign investment. Cambridge, Massachusetts: The MIT Press, 1976.

内部化优势,这三个基本要素决定了企业的国际直接投资行为。[①] 该理论在对跨国公司对外直接投资进行分析的同时,也对国际技术转移的成因进行了分析。之后是日本的雁行理论和边际产业理论,日本学者赤松要在1932年提出"雁行理论",即日本产业发展主要经历了进口、进口替代、出口和重新进口四个阶段,并呈现周期循环态势,形如飞行的雁阵。日本学者小岛清扩展了"雁行理论",并在此基础上提出了"边际产业理论"。其观点主要是对外投资应该从本国处于或趋于比较劣势的产业依次进行,这一理论较好地解释了日本20世纪六七十年代国际直接投资的实践,也是一种符合发展中国家对外直接投资的理论。产品生命周期理论是美国学者雷蒙德·弗农在其《产品周期中的国际投资与国际贸易》一文中首次提出的。费农的主要观点是,产品生命是指市场上的营销生命,产品和人的生命一样,要经历形成、成长、成熟和衰退的周期。而这个周期在不同技术水平的国家里,发生的时间和过程是不一样的,其间存在一个较大的差距和时差,正是这一时差,表现为不同国家在技术上的差距,它反映了同一产品在不同国家市场上竞争地位的差异,从而决定了国际贸易和国际投资的变化。

进入21世纪以来,尤其是2008年金融危机后,国外和国内学者在产业转移相关理论研究基础上,也做了一些产能合作的理论实践研究。外国学者凯特·凯利主要探讨产能合作中全球跨国公司在进行海外投资时对投资国的区位选择、影响国际投资的各类因素、投资驱动力以及对投资国的产业影响及效应等问题。[②] 英国诺丁汉大学姚书杰研究认为,中国企业海外投资区位选择主要考虑地理位置相近、文化相似、对外贸易来往密切、企业比较熟悉的海外市场。[③] 在国际产能合作的政府与企业关系研究方面,东西方学者存在争议,多数西方学者认为在国际产能合作中政府不应该过多干预企业。但是,关于发展中国家或欠发达国家是否应该以国家为主导加强国际投资问题上,比约瓦特和康尼里奥对20世纪八九十年代的81个发展中国家的政府干预和人均GDP增长做了相关研究,认为减少产业政策的发展中国家并不一定能带来更快的经济增长。这个理论模型研究表明,雄心勃勃的政府支持投资的政策对于刺激工业

[①] Dunning, J. C., *International Production and the Multinational Enterprise*. London: Allen & Unwin, 1981.

[②] Kate Kely, "Industry Location and Welfare when Transport Costs are Endogenous", *Journal of Urban Economics*, No. 2, 2008.

[③] Yao, S., Wang, P., "Has China Displaced the Outward Investments of OECD Countries?", *China Economic Reciew*, Vol. 28, No. 1, 2014, pp. 55 – 71.

化是需要的，这些政策在最不发达的国家可能更为成功。① 在产能合作的另一种模式——境外开发区建设方面，新加坡的理论与实践探索是成功的，新加坡在20世纪90年代初提出实施"区域化2000"战略计划，以推动企业"走出去"。② 新加坡先后在中国、印度尼西亚、越南、印度等国建立了10多个境外工业园区。③

国内学者从2015年开始关注并研究产能合作问题，主要从产能合作模式、机制和路径方面开展研究。如夏先良就产能合作分析了优势与劣势，提出产能合作体制机制的一些新思路。卓丽洪从产业转移角度研究了中外产能合作规律。④ 钟飞腾以"新结构主义经济学"为基础，分析了"一带一路"国家开展产能合作的经济理性以及目标国家与产业发展。⑤ 熊艾伦认为，应借助西部地区的独特区位优势与"一带一路"沿线国家开展产能合作。⑥ 有学者将中国产能合作模式与日本的"雁群模式"进行了比较研究，提出构筑中国主导的区域产业分工体系，即构筑新雁群模式，而这种模式要坚持互利共赢原则，需要与"一带一路"沿线国家企业合作，以共同开发的方式进行。⑦

有些学者也开展了一些案例研究，从基础设施建设、矿产资源分布、优化投资环境"三个方面"，分析了中国与上合组织国家的产能合作机遇，提出对策建议；⑧ 新疆学者对跨境合作区进行了一些研究。有学者以"共生理论"为基础，以中哈产能合作为案例，提出建立共生利益分配机制、协调机制和环境优化机制。⑨ 有学者认为，境外园区承担着产能合作重任，也赋予了绿色延伸的新

---

① Bjorvatn, K., Coniglio, N. D., "Big Push or Big Failure: On the Effectiveness of Industrialization Policies for Ecomomic Development", *Juornal of the Japanses International Economies*, Vol. 26, No. 1, 2012, pp. 129 – 141.
② Shaw, M. P., Yeoh C., "Singapore's Overseas Industrial Parks", *Regional Studies*, Vol. 17, No. 6, 2000, pp. 199 – 206.
③ Yeoh, C., Leong, A. L., "Created' Enclaves for Enterprise an Empirical Study of Singapore's Industrial Parks in Indonesia, Vietnam and China", *Entrepreneurship & Regional Development*, Vol. 17, No. 6, 2005, pp. 470 – 499.
④ 卓丽洪等：《"一带一路"战略下中外产能合作新格局研究》，《东岳论丛》2015年第10期。
⑤ 钟飞腾：《"一带一路"产能合作的国际政治经济学分析》，《山东社会科学》2015年第8期。
⑥ 熊艾伦：《"一带一路"与过剩产能转移》，《求索》2015年第12期。
⑦ 曲凤杰：《从群马模式中突围构筑新雁群模式》，《宏观经济管理》2016年第9期。
⑧ 李春梅、李晓敏：《"一带一路"倡议下的中国与中亚产能合作研究》，《兰州财经大学学报》2016年第3期。
⑨ 张洪、梁松：《共生理论视角下国际产能合作的模式探析与机制构建——以中哈产能合作为例》，《宏观经济研究》2015年第12期。

使命,并提出了境外合作区建设的新使命。①

(三) 美国、日本产业转移实践对中国的启示

1. 美国、日本产业转移的区别与特点

第一,选择的产业不同。美国的产业转移是从"比较优势产业"开始的,这种对外投资是"逆国际分工的",虽然存在一定的风险,但是,能确保本国具有持续的创新能力,能够占据产业创新和技术最前沿。日本是从比较劣势产业开始向海外转移的,在此过程中日本建立了国内生产与海外生产的互补型经济模式,不仅形成了母国与投资国之间的垂直分工,也形成了拉动制造业的"双引擎"。第二,产业转移主体不同。美国的产业转移主体包括大型跨国公司,将美国最先进的企业向海外输出,垄断企业发挥各种技术、资金、规模优势进行扩张,跨国公司是美国产业转移的主力军。日本产业转移的主体是大型跨国企业和广大中小企业。第三,对贸易影响不同。美国式产业转移是"逆贸易倾向型"投资,是贸易替代形式。对外投资、国际贸易、许可证安排是其"三种相互替代"的形式。② 日本的产业转移是"顺贸易倾向型"的投资,日本对外投资带来的不是替代贸易,而是互补贸易。

2. 美国、日本化解产能过剩的经验与教训

美国经过三次具有代表性的产业转移化解产能过剩,如"马歇尔计划"化解第二次世界大战后的产能过剩;"里根经济学"化解20世纪70~80年代的产能过剩;奥巴马经济刺激政策化解2008年金融危机后产能过剩。美国产业转移的主要教训是,在经济发生失衡需要政府宏观调控政策来调节市场秩序时,对政府调控的程度要加以限制,应该调控适度,尤其以政府为主体的对外投资支出,要避免政府过度投资推高通胀压力。例如,美国的"马歇尔计划"在短期内有效缓解了二战后的产能过剩危机,但政府过度投资的调控政策又推高了美国的通货膨胀压力,这个投资计划结束后,并没有延续经济持续增长。日本的产业转移属于自然资源导向和低成本导向。日本对外投资是为了开发海外资源,主张没有必要取得上游企业的所有权,采取产品分享方式或贷款买矿的

---

① 董千里:《境外园区在"一带一路"产能合作中的新使命及实现机制》,《中国流通经济》2018年第10期。

② 当企业只有"所有权优势"时,就会选择"许可证安排"的经营方式;当企业同时具有"所有权"和"内部化"优势时,就会选择在国内生产通过贸易来获得利益;当企业同时具备"所有权、内部化、区位"三种优势时,企业就会选择对外直接投资。"许可证安排"经营是指跨国公司将其拥有的专利、专有技术等无形资产的使用权,以许可证合同的方式向国外其他企业出售转让。

"开发进口、长期合作方式",克服了美国的弊端。把劳动密集型产业转移到劳动力成本低的国家,这种投资可以促进国际分工创新调整。

3. 美国、日本产业转移对中国的启示

美国的产业转移是"点对点",通过跨国公司以投资、贸易、并购为主,以保持其产业在全球垄断的绝对优势,并不关注东道国的经济发展和民生改善。日本的产业转移是"点面结合,以点为主",首先转移比较劣势的产业,符合东道国的产业发展需求,能形成贸易互补,提升东道国的经济发展能力。中国的产业转移是"点面并举",即贸易投资、园区建设、工程承包等综合产业转移,以中国与共建"一带一路"国家之间发展战略对接为前提,关注东道国的发展需求和民生需求,并以实现高质量发展为目标。

中国的产业转移与日本类似,既有比较劣势的产业转移,也有比较优势的产业转移,中国的产业转移是"顺贸易倾向型"。但是,中国产业转移的动力与美国比较接近,都来自产能过剩的压力。中国产能合作投资项目与美国、日本不同,中国不附加政治条件和经济条件,尤其是不附加政治条件。而美国实施"马歇尔计划"对欧洲国家进行援助时就附带政治条件。例如,由美国监督受援国的重工业,受援国放弃工业国有化以保障美国投资安全,实施有利于美国的外汇和外贸政策,"美援"物资的50%必须由美国船只运输等。①

中国的产业转移特点还体现在,由于中国处于世界顶级的跨国企业比较少,很难按照美国模式实施。但是,可以利用中国国有企业的优势,把高铁、核能等处于比较优势的产业向外输出转移,以保持竞争优势,也可以将一些优质的产业输出转移,创办工业园等,以大企业带动小企业,共同发展。一方面,为国内高新技术产业腾出发展空间;另一方面,在国外进一步扩大中国在中端产业的市场占有率,并支持中国制造业产业链不断提升。笔者认为,中国的产业转移比美国、日本要更困难,因为当时美国和日本进行产业转移时,处于不发达和发展中国家的人口更多,产业转移相对比较容易,而现在除了非洲劳动力成本较低,东南亚的劳动力成本也在提升,可以进行产业转移的国家和地区越来越少。另外,中国在产业转移时只能选择比中国还不发达的国家,如非洲、中亚、南亚等国家。中国与美国、日本产业转移区别与特点比较分析见表8-3所示。

---

① Price, H. R., *Marshall Plan and its Meaning*, Cornell University Press, 1955.

表8-3 中国与美国日本产业转移特点的比较分析

序号	比较项目	美国	日本	中国
1	选择转移的产业	从比较优势产业开始转移，确保在投资国的企业垄断地位	从比较劣势产业转移，形成贸易互补，母国与投资国产业垂直分工	从比较劣势产业转移和比较优势产业转移同时进行
2	产业转移的主体	大型跨国公司	大型跨国企业和中小型企业	大型国有企业为主，中小型民营企业参与
3	产业转移对贸易的影响	"逆贸易倾向型"投资，是贸易替代型投资	"顺贸易倾向型"投资，同时促进母国和投资国双方的贸易发展	投资推动贸易增加，不是替代型投资，产业转移方式多元化：贸易投资、工程承包、境外合作区等
4	产业转移主动或被动	出现产能过剩后被动产业转移	在产能过剩前主动产业转移	发生产能过剩后被动产业转移
5	产业转移导向	跨国公司营利导向	自然资源和低成本导向	能力建设导向、绿色导向、廉洁导向、惠民导向和包容性导向
6	附加条件	投资和贷款有政治附加条件	投资和贷款有政治附加条件	投资和贷款无政治附加条件

资料来源：笔者自制。

（四）"一带一路"产能合作高质量发展的主要特征

由表8-3分析可以看到，与美国、日本产能合作相比，中国"一带一路"框架下的产能合作向高质量发展转变的主要特征是具有"能力建设导向""绿色导向""廉洁导向""惠民导向""包容性导向"；"一带一路"产能合作原则是"国家推动、企业参与、合作广泛、合作目标多元"；产能合作以长期利益为着眼点，内外兼顾，远近结合，不急功近利。其"能力建设导向"特征体现在：通过"一带一路"基础设施建设等产能合作带动沿线国家提升自生能力建设。如改善沿线国家的交通通达性就是提高其自生能力建设，同时，也带动中国建材、机械产品出口。因基础设施项目投资大、周期长、见效慢、风险高，商业资本往往不愿意投资，于是一些发展中国家就可能被长期锁定在"低水平均衡陷阱"之中。实际上，发展中国家的基础设施建设需要的是"耐心资本"或

"长期愿景资本"的支持①，借助国家信用担保则可以使商业资本更具有"耐心"。但是，"能力建设导向"也面临一些挑战，以基础设施建设提升"一带一路"共建国家能力，中国长期项目投入就会加大；中国帮助"一带一路"共建国家互联互通便利化程度提高，其他国家不可避免会搭便车；提高沿线国家的工业化能力和产业发展，有可能对中国的中端制造产业形成竞争。其"包容性导向"特征体现在："一带一路"国际产能合作强调"机会平等，共同发展，共享发展成果"，关注短期与长期利益的平衡和经济的可持续发展。②"包容性"理念，将促进实现"开放、包容、普惠"的全球化。但是，包容性也面临一些困境与风险，"平等机会"意味着在合作中要相互尊重、协商一致，就可能会降低市场主体的决策效率，使商业机会丧失。在中国企业投资背景下，提倡"共同发展"，就意味着在一定程度上可能会超出市场原则，企业营利能力可能下降。

二 中国与上合组织成员国"一带一路"产能合作进展

截至2019年，中国与四十多个国家签署了产能合作协议，已同世界主要经济体签署100多份多双边经贸合作协定或协议，与七个国家签署了8个针对合作园区发展的政府间协定，与十个国家签署了针对合作园区建设的部门间合作备忘录或协议，上合组织国家率先签署这些合作协议有利推动了中国与上合组织国家"一带一路"产能合作深入开展。产能合作成果主要体现在"贸易投资、工程承包和园区建设"三个方面。

（一）贸易投资稳定增长不断拓展新领域

中国"一带一路"产能合作在上合组织国家的投资主体初期以国有企业为主，现在民营企业也比较活跃。2018年，中国企业在"一带一路"建设中对五十六个国家非金融类直接投资达156.4亿美元，同比增长8.9%，占同期总额的13%，主要投向上合组织、东盟、非洲等国家。总体来看，中国在"一带一路"框架下对上合组织国家的贸易投资，促进了中国企业进一步加大"走出去"的力度，企业在海外产业布局更加广泛，产业链更加完善，配合国内供给测结构性改革"去产能"和"产业转移"效果初步显现。同时，一批国际产能合作投资项目在上合组织国家落地，填补了上合组织国家多项产业空白，

---

① 林毅夫、王燕：《新结构经济学：将"耐心资本"作为一种比较优势》，《开放性金融研究》2017年第1期。
② 李晓华：《能力建设导向的包容性国际产能合作》，《经济与管理研究》2019年第5期。

优化了上合组织国家产业结构，促进上合组织国家完善现代化工业体系，降低上合组织国家进口依赖度。中国与上合组织国家的产能合作促进了中国企业不断推进技术创新，提升装备技术水平、产品质量和服务水平，有利于促进中国经济结构优化调整和制造业转型升级，推动中国从以往传统贸易的"以产品输出为主向产业输出转变"，有利于提升中国制造业在周边地区和全球产业链中的地位。

中国与上合组织成员国在 2001~2020 年进出口贸易总额的统计情况见表 8-4。① 从中可以看出以下几点。

第一，中国与俄罗斯贸易总额从 2001 年的 106.70 亿美元增加到 2019 年的 1109.19 亿美元，增加了 9.4 倍。总体上看，中俄贸易是不断递增的，但在 2009 年因美国金融危机影响贸易总额同比下滑了 31.83%，2015 年受乌克兰危机和国际大宗商品价格下跌等因素影响贸易总额同比下滑了 28.55%。中俄贸易 2018 年、2019 年连续两年突破 1000 亿美元大关。

第二，中国与哈萨克斯坦进出口贸易总额从 2001 年的 12.88 亿美元，增加到 2019 年的 220.66 亿美元，增加了 16.13 倍。自 2001 年到 2008 年一直是递增态势，2008 年美国金融危机后中国与哈萨克斯坦贸易总额在 2009 年同比下滑了 19.50%，之后又连续 4 年递增达到 2013 年的峰值。2013 年哈萨克斯坦受美国金融危机及国际油价等大宗商品价格下跌、本币大幅贬值等因素影响，从 2014 年中哈贸易开始下跌，2014~2016 年中国与哈萨克斯坦贸易增长率分别为 -21.49%、-36.35% 和 -8.77%。直到"一带一路"建设实施 3 年后，中哈产能合作、园区建设等项目开始运行，一大批中哈合作项目投产运营，从 2017 年起中哈贸易额开始回升。中国累计对哈投资存量超过 430 亿美元，各类贷款超过 500 亿美元。中国对哈投资主要包括油气开采、采矿业、交通仓储、工业、建材、农产品加工等行业。中国对哈出口主要产品是机电产品、金属及其制品和化工产品。中国从哈进口主要产品是金属及其制品、矿产品、化工产品、面粉、植物油、肉类、蜂蜜等。

第三，中国与吉尔吉斯斯坦进出口贸易总额，从 2001 年的 1.19 亿美元到 2019 年的 63.78 亿美元，增加了 52.6 倍。2001 年到 2008 年的 8 年间一直保持快速增长态势，2008 年中国与吉尔吉斯斯坦进出口贸易额达到峰值 93.33 亿美元，主要原因是当年中国对吉尔吉斯斯坦出口商品和从吉尔吉斯斯坦进口的商品同时增加。中国对吉投资主要涉及能源、橡胶塑料制品、非金属矿产生产、

---

① 国际贸易中心数据库，http://trademap.org/。

地质勘探类和矿产品开采类等领域。中国对吉出口主要商品为鞋类、服装、化纤、食品等,中国从吉进口主要商品为矿石、精矿、贵金属、蜂蜜、水果等农产品。

第四,中塔贸易总额,从 2001 年的 0.11 亿美元增加到 2019 年的 16.97 亿美元,增加了 153.27 倍。其中,在 2014 年达到峰值为 25.16 亿美元,主要原因是 2014 年中国从塔吉克斯坦进口商品大幅增加,同时,中国对塔出口商品也保持稳定状态。2020 年因新冠肺炎疫情影响中国与塔吉克斯坦贸易总额同比大幅度下降。中国对塔投资主要集中在金属加工、铝业等有色金属、建筑材料等领域。中国对塔出口商品主要是机械设备、纺织品、电机电器、建筑材料、鞋类、车辆及零配件等。中国从塔进口主要产品是矿产品、棉花、生皮及皮革等。

第五,中乌进出口贸易总额,从 2001 年的 0.58 亿美元增加到 2019 年的 72.25 亿美元,增加了 123.57 倍。2014 年中国与乌兹别克斯坦贸易额持续下滑,到 2015 年跌为 34.96 亿美元后开始回升。从曲线总体趋势看,中国与乌兹别克斯坦贸易是逐步上升的,在 2019 年达到最高值。中国对乌累计投资存量超过 80 亿美元。中国对乌兹别克斯坦投资主要涉及能源、交通、建材、农业等领域。中国对乌出口机械设备、电机和电气设备、化学产品及其制品等。中国从乌进口天然气、化工产品、黑色和有色金属。

第六,中国与印度进出口贸易总额从 2001 年的 35.95 亿美元增加到 2019 年的 928.94 亿美元,增加了 24.84 倍。2009 年受美国金融危机影响贸易同比下滑 16.32%,之后逐步递增到 2011 年的 739 亿美元后稍有下降,但 2012～2016 年也算在高位运行,从 2017 年开始又快速增长。印度自 2005 年成为上合组织观察员国后与中国的贸易合作有所加强。2017 年印度加入上合组织后,2018 年中印贸易额同比增加了 13.44%,2020 年因新冠肺炎疫情影响同比下降明显。

第七,中国与巴基斯坦贸易额从 2001 年的 13.97 亿美元增加到 2019 年的 179.91 亿美元,增加了 11.88 倍。2009 年受美国金融危机影响,中国与巴基斯坦贸易下滑了 3.99%,之后,快速递增到 2017 年的峰值。2005 年巴基斯坦成为上合组织观察员国后,中国与巴基斯坦贸易逐步增加,在 2017 年巴基斯坦正式加入上合组织后,2018 年中国与巴基斯坦贸易额有所下降。总体上看,中国与巴基斯坦贸易额是逐年递增的,在 2001～2008 年稳步增长,2009 年稍有下降,从 2010 年又开始连续递增,2017 年达到最高值 200.84 亿美元。2020 年因新冠肺炎疫情影响下降明显。

表8－4　中国与上合组织成员国2001～2020年进出口贸易总额统计

单位：万美元

国家/年份	2001	2002	2003	2004	2005
俄罗斯	1067025	1192743	1575800	2122553	2910122
哈萨克斯坦	128837	195475	329188	449809	680611
吉尔吉斯斯坦	11886	20188	31430	60229	97220
塔吉克斯坦	1076	1239	3882	6893	15794
乌兹别克斯坦	5830	13177	34703	57551	68056
印度	359492	494503	759460	1361403	1870049
巴基斯坦	139683	179961	242993	306054	426083
	2006	2007	2008	2009	2010
俄罗斯	3338682	4821848	5690861	3879672	5552606
哈萨克斯坦	835775	1387777	1755234	1412913	2044852
吉尔吉斯斯坦	222570	377923	933338	533028	419964
塔吉克斯坦	32378	52405	149993	140669	143256
乌兹别克斯坦	97209	112819	160670	192087	248327
印度	2485874	3866854	5184427	4338085	6176026
巴基斯坦	524657	693558	705787	677533	866874
	2011	2012	2013	2014	2015
俄罗斯	7926562	8819483	8925900	9526889	6806857
哈萨克斯坦	2496123	2568157	2859596	2245167	1429019
吉尔吉斯斯坦	497645	516232	513770	529794	434069
塔吉克斯坦	206901	185670	195812	251594	184742
乌兹别克斯坦	216661	287519	455145	427612	349583
印度	7390868	6647464	6540268	7057611	7159657
巴基斯坦	1055819	1241688	1421644	1599835	1891665
	2016	2017	2018	2019	2020
俄罗斯	6976621	8428774	10689227	11091858	8873486
哈萨克斯坦	1303691	1800055	1985613	2206579	1765263
吉尔吉斯斯坦	571078	544832	560136	637805	504967
塔吉克斯坦	174130	137092	150273	169687	135750
乌兹别克斯坦	364023	422443	626650	722520	578016
印度	7016188	8438762	9573068	9289436	7431549
巴基斯坦	1914524	2008401	1914697	1799137	1439310

资料来源：www.trademap.org，2020年为预测值。

2001～2020年，中国对上合组织成员国直接投资流量统计见表8-5。

表8-5 2001～2020年中国对上合组织成员国直接投资流量

单位：万美元

国家/年份	2001	2002	2003	2004	2005
俄罗斯	—	—	3062	7731	20333
哈萨克斯坦	—	—	294	231	9493
吉尔吉斯斯坦	—	—	244	533	1374
塔吉克斯坦	—	—	—	499	77
乌兹别克斯坦	—	—	72	108	9
印度	—	—	15	35	1116
巴基斯坦	—	—	963	142	434
	2006	2007	2008	2009	2010
俄罗斯	45221	47761	39522	34822	56772
哈萨克斯坦	4600	27992	49463	6681	3606
吉尔吉斯斯坦	2764	1499	706	13691	8247
塔吉克斯坦	698	6793	2658	1667	1542
乌兹别克斯坦	107	1315	3937	493	-463
印度	561	2202	10188	-2488	4761
巴基斯坦	-6207	91063	26537	7675	33135
	2011	2012	2013	2014	2015
俄罗斯	71581	78462	102225	63356	296086
哈萨克斯坦	58160	299599	81149	-4007	-251027
吉尔吉斯斯坦	14507	16140	20339	10783	15155
塔吉克斯坦	2210	23411	7233	10720	21931
乌兹别克斯坦	8825	-2679	4417	18059	12789
印度	18008	27681	14857	31718	70525
巴基斯坦	33328	8893	16357	101426	32074
	2016	2017	2018	2019	2020
俄罗斯	129307	154842	72524	-37932	—
哈萨克斯坦	48770	207047	11835	78649	—
吉尔吉斯斯坦	15874	12370	10016	21566	—
塔吉克斯坦	27241	9501	38824	6961	—
乌兹别克斯坦	17887	-7575	9901	-44583	—
印度	9293	28998	20620	53460	—
巴基斯坦	63294	67819	-19873	56216	—

资料来源：中国商务部数据中心，《中国对外直接投资统计公报》（2001～2021年）。

第一，中国对俄罗斯年度直接投资流量从2003年的3062万美元增加到2018年的72524万美元，增加了22.69倍，在2015年达到最高值296086万美元。2014~2018年投资流量分别为63356万美元、296086万美元、129307万美元、154842美元、72524万美元。

第二，中国对哈萨克斯坦年度直接投资流量从2003年的294万美元增加到2018年的11835万美元，在2012年达到最高值299599万美元，2014~2018年投资流量分别为-4007万美元、-251027万美元、48770万美元、207047万美元、11835万美元。近年来，中哈产能合作投资约275亿美元。

第三，中国对吉尔吉斯斯坦年度直接投资流量，从2003年的244万美元增加到2018年的10016万美元，增加了40.05倍，其中，2013年中国对吉尔吉斯斯坦直接投资流量达到最高值为20339万美元，之后有所下降。2014~2018年直接投资流量分别为10783万美元、15155万美元、15874万美元、12370万美元、10016万美元，每年度都保持在1亿美元以上。

第四，中国对塔吉克斯坦年度直接投资流量，从2004年的499万美元增加到2018年的38824万美元，增加了76.80倍。2014~2018年直接投资流量分别为10720万美元、21931万美元、27241万美元、9501万美元、38824万美元，除了2017年有下降外，其他4年均为递增态势。

第五，中国对乌兹别克斯坦年度直接投资流量从2003年的72万美元增加到2018年的9901万美元，增加了136.51倍，其中，在2014年达到最高值18059万美元，2014~2018年投资流量分别为18059万美元、12789万美元、17887万美元、-7575万美元、9901万美元。

第六，中国对印度年度直接投资流量从2003年的15万美元增加到2018年的20620万美元。2014~2018年，中国对印度直接投资流量分别为31718万美元、70525万美元、9293万美元、28998万美元、20620万美元。与中印之间的贸易额相比，中印之间相互投资明显不足，尤其是中国对印度投资较少。

第七，中国对巴基斯坦年度直接投资流量从2003年的963万美元增加到2017年的67819万美元，2013~2017年，分别为16357万美元、101426万美元、32074万美元、63294万美元、67819万美元。2019年后年度直接投资流量有所减少。

（二）对外工程承包促进上合组织国家互联互通

工程承包领域既包括传统的工业与民用建筑工程，也包括互联互通基础设施大型项目，还包括电力、水利设施、污水处理等重大民生工程等。2018年中国企业在共建"一带一路"国家新签对外承包工程项目合同 7721 份，合同总金额达 1257.8 亿美元，占同期我国对外承包工程新签合同额的 52%，同比下降 12.8%；完成营业额 893.3 亿美元，占同期总额的 52.8%，同比增长 4.4%。2013 年以来，一大批互联互通基础设施重点项目在上合组织成员国开工建设，带动工程承包业务扩大，一批境外合作区、产业园区成为中国企业集群式"走出去"到上合组织成员国的重要平台。

2001~2020 年中国在上合组织成员国完成工程承包额统计情况见表 8-6。

表 8-6 2001~2020 年中国对上合组织成员国工程承包完成额统计

单位：万美元

国家/年份	2001	2002	2003	2004	2005
俄罗斯	9018	9952	8671	19173	27341
哈萨克斯坦	14369	24072	21023	10914	36918
吉尔吉斯斯坦	2182	1265	10363	12485	15863
塔吉克斯坦	415	30	646	1329	739
乌兹别克斯坦	1274	2063	6068	4529	6834
印度	1360	5764	8485	23773	40100
巴基斯坦	42044	35455	61473	57423	66088
	2006	2007	2008	2009	2010
俄罗斯	41961	76151	99637	88382	143128
哈萨克斯坦	58315	104143	95943	140555	146447
吉尔吉斯斯坦	5511	7100	12344	8704	15611
塔吉克斯坦	3560	17829	44481	33537	26459
乌兹别克斯坦	6374	17402	18149	75826	50042
印度	110271	193955	420856	579396	525532
巴基斯坦	90063	135568	191586	173330	210848
	2011	2012	2013	2014	2015
俄罗斯	139797	164631	137161	115501	171440
哈萨克斯坦	124237	156766	291714	235768	234700
吉尔吉斯斯坦	20874	35089	71188	58736	54857
塔吉克斯坦	22792	25244	44656	40931	64377
乌兹别克斯坦	34916	54730	70579	49772	61241

续表

国家/年份	2011	2012	2013	2014	2015
印度	744166	669331	528189	253595	267458
巴基斯坦	237277	277832	370093	424619	516289
	2016	2017	2018	2019	2020
俄罗斯	148599	199234	234979	276681	—
哈萨克斯坦	275779	223838	221357	198174	—
吉尔吉斯斯坦	55663	47998	21049	26562	—
塔吉克斯坦	70787	19042	30848	23957	—
乌兹别克斯坦	49111	50320	105564	88881	—
印度	182435	246496	231541	253864	—
巴基斯坦	726809	1133799	1127117	967401	—

资料来源：根据中国国家统计局2001~2021年数据整理。

第一，中国对俄罗斯工程承包完成额从2001年的9018万美元增加到2018年的最大值234979万美元，增加了25.06倍，2014~2018年，中国对俄罗斯工程承包完成额分别为115501万美元、171440万美元、148599万美元、199234万美元、234979万美元。2013年以来，中国对俄罗斯的工程承包完成额每年保持在11亿美元以上，同比少于中国对哈萨克斯坦的工程承包额。

第二，中国对哈萨克斯坦工程承包完成额从2001年的14369万美元增加到2018年的221357万美元，增加了14.41倍，其中，2013年为最大值291714万美元。2014~2018年，中国对哈萨克斯坦工程承包完成额分别为235768万美元、234700万美元、275779万美元、223838万美元、221357万美元。2013年以来，中国对哈萨克斯坦的工程承包完成额每年保持在20亿美元以上。

第三，中国对吉尔吉斯斯坦工程承包完成额从2001年的2182万美元增加到2018年的21049万美元，增加了8.65倍，其中，2013年为最高值，达71188万美元，之后，逐年有所递减。2014~2018年，中国对吉尔吉斯斯坦工程承包完成额分别为58736万美元、54857万美元、55663万美元、47998万美元、21049万美元。

第四，中国对塔吉克斯坦工程承包完成额从2001年的415万美元增加到2018年的30848万美元，增加了73.33倍，其中，在2016年达到最大值，超过7亿美元。2014~2018年，中国对塔吉克斯坦工程承包完成额分别为40931万美元、64377万美元、70787万美元、19042万美元、30848万美元。

第五，中国对乌兹别克斯坦工程承包完成额从 2001 年的 1274 万美元增加到 2018 年的 105564 万美元，增加了 81.86 倍，其中，2018 年达到最大值，突破 10 亿美元。2014~2018 年，中国对与乌兹别克斯坦工程承包完成额分别为 49772 万美元、61241 万美元、49111 万美元、50320 万美元、105564 万美元。

第六，中国对印度工程承包完成额从 2001 年的 1360 万美元增加到到 2018 年的 231541 万美元，增加了 169.3 倍，2011~2018 年，中国对印度工程承包完成额分别为 744166 万美元、669331 万美元、528189 万美元、253595 万美元、267458 万美元、182435 万美元、246496 万美元、231541 万美元，近 5 年，中国对印度工程承包完成额有所下降，而在 2011~2013 年较高。

第七，中国对巴基斯坦工程承包完成额从 2001 年的 42044 万美元到 2018 年的 1127117 万美元，增加了 25.81 倍，在 2007 年突破 10 亿美元大关后，一直保持递增趋势。

（三）境外经贸合作区建设促进上合组织成员国工业化

国际产能合作的主要实现形式是基础设施建设、贸易投资和产业合作等，其中，产业合作主要以在境外建立各类经贸合作区为主。境外经贸合作区建设最早来自我国企业的自发行为，民营企业以市场原则选择对外投资的国别，在此背景下境外经贸合作区主要集中在与中国关系友好、市场发展环境相对较好、与中国近邻的国家，主要是在东南亚、中东欧国家，而在上合组织国家境外经贸合作区建设相对不足。从 2005 年境外经贸合作区纳入国家发展战略框架后，商务部等有关部门开始重视我国周边境外经贸合作区的区域性总体布局，例如，重视在上合组织成员国、东盟成员国境外经贸合作区建设的布局。2013 年"一带一路"倡议提出后，沿线国家也开始重视中国企业在其境内经贸合作区的建设问题，许多国家把境内合作经贸园区建设作为本国发展战略与"一带一路"建设对接和务实合作的重要载体。

中国在"一带一路"共建国家已经有 110 多个境外经贸合作区。其中，通过商务部批准认定的有 20 个国家级境外经贸合作区，包括加工制造型合作区 12 个、资源利用型合作区 4 个、农业产业型合作区 3 个、商贸物流型合作区 1 个。

中国商务部 2006 年发布了《境外中国经济贸易合作区的基本要求与申办程序》，宣布将建立 50 个"国家级境外经贸合作区"，支持中国企业在境外建设工业园、科技产业园等各类经济贸易合作区。商务部在有关文件中对境外经贸合作区给出了明确定义，即指在中国境内注册，具有独立法人资格的中资控股企业，通过在境外建立的中资控股独立法人机构，投资建设基础设施完备、主导产业明确、公共服务功能健全、具有聚集和辐射效应的产业园区。

在"一带一路"倡议提出前，上合组织国家已经有数十个经济开发区（园区），为开展国际产能合作奠定了一些基础，但是，由于资金缺乏、市场有限等因素制约，上合组织国家的各类园区发展比较缓慢。2014年以来，在"一带一路"建设推动下，中国与上合组织国家分别签署发展战略对接协议，启动产能合作计划，积极推动原有的一些规模较大、发展潜力较好的经济开发区参与国际产能合作并实施"转型升级"，并计划把一些定位比较准确、竞争力比较强、发展潜力大的开发区建设纳入"一带一路"建设范围。同时，近年来，在上合组织国家也新建了一些合作园区，如乌兹别克斯坦的"鹏盛"工业园，吉尔吉斯斯坦的"亚洲之星"农业产业合作区，中哈霍尔果斯口岸经济开发区（无水港）等。

从总体来看，各类工业园区、农业园区等境外经贸合作区建设稳步推进，使园区建设具有明显的产业聚集、产业链条相对集中和政策优惠相对集中等优势，促进产生规模效益，有效降低企业成本，从整体上提高了中国企业的国际竞争力和海外运营的抗风险能力。

三　制约产能合作向高质量发展转变的问题及对策路径

2013年中国"一带一路"倡议提出后，尽管上合组织国家较早与中国开展产能合作，但是，总体上看，产能合作模式还处于探索阶段，与高质量发展的要求相比，中国与上合组织国家产能合作在制度环境、贸易投资便利化，以及产能合作实现形式、组织方式、运行机制等方面还有比较大的差距。

（一）制约产能合作向高质量转变的主要问题

1. 投资贸易便利化水平相对较低

上合组织国家属于内陆国家，交通基础设施还不完善，物流等服务能力相对较低，跨境运输和海关通关手续烦琐，这些因素提高了贸易成本，降低了贸易便利化程度。在投资领域还存在所谓的中国"经济扩张论""资源掠夺论"等负面声音，认为"一带一路"建设是对上合组织国家的经济资源侵略。

第一，中国与上合组织国家贸易互补性有待提高。

中国与发达国家在上合组织区域存在贸易竞争，中国与上合组织国家贸易互补性有待提高。尽管多数学者研究认为，中国与上合组织国家贸易互补性较高，但实际上，近年来，中国与上合组织国家的贸易互补性处于中等靠后位置，上合组织一些国家与意大利、日本、韩国的进口互补性高于中国，与意大利、德国、荷兰、美国的出口互补性高于中国。因此，中国与上合组织国家要在"一带一路"框架下深化产能合作，应从产业结构调整入手增加双边商品贸易的互补性，否则，上合组织一些国家的对外贸易有可能向其他国家转移。①

第二，投资贸易便利化水平相对较低

上合组织成员国间交通便利化水平相对比较低，上合组织国家基础设施依然相对落后，这些短板制约国际产能合作。② 例如，哈萨克斯坦缺乏横贯东西的大铁路，现有铁路老化，技术落后。根据世界银行报告，哈萨克斯坦的运输成本高，货物价格是其他工业化国家的 2 倍多，导致哈萨克斯坦制造业的供应链严重低效。另外，新亚欧大陆桥存在运量不足问题，总运量占亚欧货物运量的份额不足 1%，主要是因为陆地运输相对于海运费用偏高，其中，哈境内的铁路单轨是一个主要制约因素。③

世界经济论坛：《2016 年全球贸易促进报告》对全球 136 个经济体的贸易便利化程度进行了评估。在"边境管理效率和透明度指数"排名中，中国、哈萨克斯坦、吉尔吉斯斯坦、塔吉克斯坦分别列第 52、88、77、103 位。表明上合组织国家在海关管理上仍缺乏效率和透明度，通关程序低效、烦琐，官僚作风和腐败等问题严重，影响通关效率。在"基础设施指数"排名中，中国、哈萨克斯坦、吉尔吉斯斯坦和塔吉克斯坦分别列第 27、54、115、119 位。④ 在"交通基础设施可用性及质量指数"排名中，中国、哈萨克斯坦、吉尔吉斯斯坦、塔吉克斯坦分别列第 12、67、132、89 位。上合组织国家的海关进出口时间相对比较长，例如，进口边境手续时间最长的是乌兹别克斯坦，平均需要 111 个小时，出口边境手续时间最长的是哈萨克斯坦，平均需要 133 个小时。⑤ 上合组织国家物流绩效指数相对较低，根据世界银行发布的 2018 年世界各国物流绩效指数（LPI）排名，在全球 160 个经济体中，中国和俄罗斯分别排名第 26 位和第 75 位，哈萨克斯坦、乌兹别克斯坦、吉尔吉斯斯坦、塔吉克斯坦物流绩效指数排名分别为第 71、99、108、134 位，印度和巴基斯坦分别为第 44 位和第 122 位。⑥

---

① 徐婧：《"一带一路"多边合作贸易互补性测度与贸易拓展研究——以中亚主要贸易伙伴国为例》，《上海经济研究》2019 年第 3 期。
② 初阔林、李洁：《"一带一路"视阈下中国与中亚交通互联的意涵、困境与策略》，《理论月刊》2018 年第 11 期。
③ 张乃丽、徐海涌：《我国西北五省区与中亚五国贸易潜力研究——基于丝绸之路经济带的视角》，《山东社会科学》2016 年第 4 期。
④ 世界经济论坛：《2016 年全球贸易促进报告》，http://www.199it.com/archives/546065.html。
⑤ 李思奇：《"一带一路"背景下中国与中亚五国贸易便利化的经贸效应研究》，《东北亚论坛》2018 年第 4 期。
⑥ LPI Global Rankings 2018，http://lpi.woridbank.org/international/global。

第三，经贸制度规范化的透明度相对较低。

在"透明国际"发布的2020年全球清廉指数排名中，中国列第80位，俄罗斯列第127位，哈萨克斯坦列第140位，乌兹别克斯坦列第168位。[①] 2016～2020年上合组织国家贸易便利化程度排名见表8-7所示。

表8-7 2016～2020年上合组织国家贸易便利化程度全球排名

单位：位

国家	清廉指数（2019）	营商环境指数（2019）	物流指数（2018）	基础设施指数（2016）
中国	80	31	26	27
俄罗斯	127	28	75	47
哈萨克斯坦	140	25	71	54
乌兹别克斯坦	168	69	99	—
吉尔吉斯斯坦	150	80	108	115
塔吉克斯坦	154	106	134	119
印度	94	63	44	60
巴基斯坦	127	108	122	99

资料来源：清廉指数来自2020年全球清廉指数；营商环境指数来自《2020年全球营商环境报告》；物流指数来自2018年世界各国物流绩效指数（LPI）；基础设施指数来自《2016年全球贸易促进报告》。

2. 投资环境相对落后

中国在上合组织地区的产业投资合作结构相对比较单一，一般性能源和工业产业项目相对较多，而高新技术产业投资缺乏。产业投资合作模式比较单一，边境投资贸易成果比较多，而深入腹地的合作力度不够。

第一，营商环境相对比较落后。

在2020年2月世界银行发布的《2020年全球营商环境报告》中，哈萨克斯坦排名第25位，吉尔吉斯斯坦排名第80位，塔吉克斯坦排名第106位。[②] 在全球化推动下各国传统关税壁垒普遍下降，而非关税壁垒造成的隐形贸易成本已经高于传统的关税成本，上合组织国家的非关税壁垒依然比较高，对上合组织

---

① 《2020年全球清廉指数排名》，大风车网，http://www.wljyyjy.com/HuaDangZiXun/455697-8.html。
② 世界银行：《2020年全球营商环境报告》，世界经济网站，http://www.199it.com/archives/955614.html。

国家开展国际贸易影响较大。①

第二,企业在上合组织国家投资受到的限制比较多。

例如,哈萨克斯坦的《海上石油项目产品分成协议法》规定,外国投资者在哈境内开发的海上石油项目投资回收期为 25~30 年。② 哈对工程承包业务的外籍劳动力配备制定了严格的限制,如 2014 年哈将外籍劳务人员的配额比例确定为经济自立人口的 0.7%。哈征收超额利润税的规定,如果外资企业档期会计年度净收入与可扣除支出的比例超过 25%,则按照 0~60% 征收超额利润税。

第三,对一些投资项目的负面宣传及其影响。

上合组织国家存在中国"污染输出论"的负面声音,认为中国在上合组织国家大量投资,搞项目建设,不顾环境污染等问题,指责中国将一些劣质产能转移,影响上合组织国家环境。有些中国企业还存在重视经济利益,而忽视环境保护等现象。例如,一些大型工程项目没有顾及建设与保护动植物生态环境平衡的关系,缺乏对动植物多样性的保护措施。中国企业在贯彻 ISO14000 国际环保标准方面落实得还不够到位。在投资方面,存在所谓的中国"债务陷阱论"。例如,2008 年金融危机以来,西方国家对吉贷款减少,近年来吉从中国获得贷款支持较多,2018 年底吉外债总额约占其 GDP 的 53%,其中,欠中国外债为 16.8 亿美元,占吉外债额的 44.7%,在此背景下,西方媒体蓄意炒作吉外债问题,在上合组织国家内引发了所谓的中国"债务陷阱论"。

3. 工程承包领域管理尚不规范

上合组织国家存在中国企业"项目不透明论"和"投资阴谋论",认为在"一带一路"项目建设环节,中国企业工程承包业务存在透明度不高、不公平竞争现象,甚至个别项目存在腐败现象。

第一,上合组织国家依然存在中国"项目不透明论"等现象,认为在工程承包过程中一些中国企业还存在暗箱操作问题,甚至在招标环节中国企业与当地政府间存在商业贿赂等腐败现象。例如,2018 年冬季供暖期,吉尔吉斯斯坦的热电厂改造项目出现供暖突发事件,经查实发现,中方企业与地方政府交往中,吉尔吉斯斯坦政府官员存在腐败现象,2018 年吉尔吉斯斯坦出现的三个腐败案件都与该项目有关,即伊萨科夫案、库尔马托夫案、阿尔特克巴耶夫案都与吉尔吉斯斯坦热电厂改造项目有关联。但实际上,不是中国企业在产能合作

---

① 李思奇:《"一带一路"背景下中国与中亚五国贸易便利化的经贸效应研究》,《东北亚论坛》2018 年第 4 期。
② 张栋、邵杨、董莉:《"一带一路"背景下中哈产能合作研究》,《欧亚经济》2019 年第 2 期。

中向上合组织国家输出腐败，而是个别上合组织国家政府本身存在比较严重的腐败现象。

第二，工程技术标准不一致。中国企业在上合组织国家开展产能合作项目，因上合组织国家多采用苏联时期的技术标准，在施工环节需要转换图纸标准和翻译，这些不一致的技术标准，增加了人力、物力的成本和时间。

第三，企业履行社会责任不足。一些中国企业在产能合作中关注企业经济效益较多、而履行相应社会责任不足。上合组织国家认为中国一些大型工业项目投入资金多，但是，没有给当地老百姓就业带来实实在在的好处，没有体现惠民的高质量发展理念。

第四，基础设施建设缺乏"耐心资本"。针对一些大型的基础设施工程承包项目，开发性金融在支持上合组织国家产能合作项目时，门槛相对比较高，过于追求投资回报①，在这方面还需要国家政策支持，由开放性金融形成更多的"耐心资本"，投入大型基础设施建设项目。

4. 境外合作区建设管理机制不完善

一些境外园区在定位和投资发展方向上与上合组织国家经济发展需求结合不足，园区产业合作配套基础设施缺乏，境外合作区建设存在制度机制还不完善等问题。② 第一，个别境外合作区建设没有充分体现中国与上合组织国家"共商、共建、共享"原则。尽管"一带一路"国际产能合作与西方国家传统的全球化与资本扩张有本质的区别，美欧推动产能合作以跨国公司的资本逐利为驱动力，而"一带一路"产能合作以互利共赢为驱动力，是推动中国与"一带一路"共建国家共同发展互利共赢的合作模式，但是，在实施过程中，市场主体之间在落实"共商、共建、共享"原则时并不到位，中国和上合组织国家的市场投资主体或使用方往往以自己的视角看待问题和做出规划或决策，在如何取得双方"最大公约数"方面协商不足。第二，境外合作区牵头企业常常只以市场原则考核短期发展指标，企业习惯于做"短视"规划，难以体现可持续的发展理念。这些短视的、不符合高质量发展的理念导致企业难以做到长期运营。在一些项目规划和建设中也缺乏以人民为中心的高质量发展合作理念，很难使"一带一路"共建国家人民有实实在在的获得感。第三，大多数境外合作区运营和营利能力不足。主要原因是我国有关政府部门和当地政府部门对境外合作区

---

① 史育龙、卢伟：《"一带一路"建设背景下我国对外援助和开发合作进展、问题及推进策略》，《经济研究参考》2018 年第 1 期。

② 张方慧：《"一带一路"背景下中国与中亚国家经贸合作：现状、机制与前景》，《现代管理科学》2018 年第 10 期。

的支持和激励力度还不够，一些政策和资金支持还不能有效支持园区的各项功能建设。同时，也与一些境外合作区发展定位不准、经营模式教条、缺乏创新、管理与服务效率缺失有关。第四，传统的境外合作区发展理念和发展模式遇到融资、境外营商环境限制等困境，表明现阶段我国境外合作区在商业运作模式、发展模式等方面创新不足。

（二）上合组织区域"一带一路"产能合作高质量发展的路径

上合组织地区是丝绸之路经济带建设的核心区，上合组织产能合作能否做到率先向高质量发展转变，对于"一带一路"建设总体上能否实现向高质量发展转变具有重大意义。鉴于上合组织国家经济体量、经济发展水平差异较大，在"一带一路"产能合作向高质量转变的过程中，中国与上合组织国家的产能合作应把握高质量发展的大方向，应遵循高质量发展的总体理念，但并不是事事处处都要建立高质量发展的具体指标，至少当前还不具备这一条件。为此，提出如下建议。

1. 深化对"一带一路"产能合作的理论研究和阐释

理论上清醒才能更好地指导产能合作的实践。在借鉴美国、日本产业转移理论基础上，应深化对中国特色"一带一路"产能合作的理论框架研究，比如，如何构建中国式的新"雁行模式"，使"一带一路"产能合作引领中国与上合组织国家共同的经济转型升级与发展；又如，如何开展"第三方合作"，在产能合作中向发达国家学习，不断推动提升我国制造业在全球产业链的地位，从中低端走向高端。发挥政府作用，处理好政府与企业主体的关系，构建中国式产业转移的理论框架。

2. 坚持"五个导向"推动高质量合作

准确宣传"一带一路"合作高质量发展的新理念和新要求。按照习近平主席在第二届"一带一路"国际合作高峰论坛主旨演讲的要求，正确宣传阐释"一带一路"合作向高质量发展转变的总体思路和要求。习近平主席关于"一带一路"合作向高质量发展转变的要求，落实在中国与上合组织国家产能合作中就是要体现"五个导向"，即能力建设导向、绿色导向、廉洁导向、惠民导向和包容性导向。鉴于上合组织国家对"一带一路"倡议依然存在战略上的一些疑虑，上合组织国家还存在"中国威胁论"等负面宣传，应进一步公开透明宣传"一带一路"合作向高质量发展转变的新理念新思路。解释清楚中国在政治、经济、外交等方面的新理念新思想，如我国在"一带一路"建设实施过程中坚持的"三不原则"，即不干涉共建国家内政、不谋求地区事务主导权、不谋求在本地区的势力范围，逐步消除上合组织国家对"一带一路"建设的疑虑和误解。

3. 突出企业主体，创新上合组织产能合作模式

在当前世界经济发展仍然缓慢、全球化受阻、贸易保护主义抬头的背景下，中国有能力也愿意提供基础设施建设等区域公共产品需要的巨额投资，以推动中国与上合组织国家共同发展。产能合作要结合上合组织国家发展实际需求，以"共商、共建、共享"为前提，在产能合作目标上要形成双方的最大"公约数"，在市场层面要推动形成由中国与上合组织国家企业共同参与的企业联盟，重点投资建设一批境外经贸合作区，在促进中国制造业产业链从中低端向高端迈进的同时，也促进上合组织地区形成比较完整的产业链，促进中国与上合组织国家现代化、工业化和城镇化发展。

加大对企业参与产能合作的政策支持力度，坚持高标准和惠民导向，持续深入推进"政府引导、企业主体、市场运作"模式，以高质量发展理念规范管理产能合作项目。在贸易投资方面应鼓励金融机构开展PPP项目贷款业务，鼓励国内金融机构提高对境外资产或权益的处置能力，鼓励企业以国外资产和股权、矿权等权益为抵押获得贷款。建立国内国际跨国"银团"机制解决企业融资困难，从担保、贷款利率优惠等方面入手培育更多的"耐心资本"投入长周期的大型产能合作项目。加强自身建设，提高企业"走出去"能力，支持民营企业参与上合组织"一带一路"共建国家产能合作。在园区建设方面应推动创办一批高新技术园区，引领园区高质量发展。在工程承包方面应调整和创新对外合作方式，积极探索实践"工程承包＋融资""工程承包＋融资＋运营"等多种合作模式。

4. 在统筹兼顾基础上突出重点

在中国与上合组织国家产能合作实施过程中，要特别关注绿色环保的要求。结合上合组织国家产业特点与实际，进一步明确重点产能合作领域。深化能源合作，重点是高新技术领域合作等，以确保能源供应安全。深化非能源领域合作，如加强在上合组织国家的各类园区建设，促进上合组织国家工业化和现代化发展，加强与上合组织国家纺织业产能合作和农业合作等，在农业合作中要切实落实保护水土、防止污染等高质量发展的新要求。

5. 积极推动"第三方合作"

中国与美国、日本进行产业转移的启动阶段不同，发达国家是在占有更多产业绝对优势背景下推进产业转移的，而中国是在中低端产能过剩、高端产能相对不足背景下开始产业转移的，因此，与发达国家合作共同开发"第三方市场"对中国实施产能合作尤为重要。"一带一路"产能合作的深入可能会带动周边发展中国家经济快速发展，在中端产业与中国形成竞争，而在高端产业上中

国又与美欧等发达国家形成竞争,从而受到"两面竞争"挤压的影响。

现在,西班牙、瑞士等欧洲国家已经与中国签署"一带一路"合作协议,应努力寻找中国与美欧日等发达国家合作的利益交汇点,在高新技术等领域积极开展"第三方合作",支持中国国有企业和民营企业与欧美发达国家企业合作,在上合组织区域共同开发"第三方市场",促进上合组织区域互联互通和中国制造业升级,推动中国与上合组织成员国产能合作向高质量发展转变。

第三节 中国与成员国"一带一路"境外经贸合作区建设

2015年国务院印发《国务院关于推进国际产能和装备制造合作的指导意见》,促进境外经贸合作区成为产能合作的重要载体和平台,这也是"一带一路"合作向高质量发展的重要环节。本章系统梳理中国与上合组织成员国境外经贸合作区建设的历程与进展,分析存在的问题与原因,以高质量发展视角提出境外经贸合作区未来建设的意见和建议。

一 境外经贸合作区建设历程

境外经贸合作区(园区)建设是我国开展国际产能合作的主要实现形式,是在新一轮改革开放背景下我国企业进一步"走出去"的重要载体和平台。2001年中国加入WTO后,中国企业"走出去"的步伐加快,最早在海外建立园区的是海尔集团,其在巴基斯坦建立了"鲁巴经济区"。我国从2006年将境外经贸合作区建设纳入企业"走出去"战略,并从政策上给予扶持和引导。但是,总体上看,10多年来的成效并不显著,2016年,商务部考核通过的20个境外经贸合作区大部分尚处在建设阶段,只有少部分园区开始盈利。截至2019年底,中国共有82个境外经贸合作区。党的十九大报告以及2018年政府工作报告对"一带一路"产能合作有了新的定位,之后,经贸合作区作为产能合作的主要实现形式之一,国内学者对其的研究与探索明显增多。

经贸园区建设的前身是世界开发区,世界开发区的建设可以追溯到16世纪中叶的1547年,意大利在1547年建立了世界上第一个自由港。而经济园区最早可以追溯到古罗马帝国时期,第一个现代经济园区是1959年建立的爱尔兰香农自由区。之后,经济园区建设逐步增多,1975年,全球有经济园区79个,到2015年全球经济园区达到4300个。可以说,20世纪50年代后,最早在西欧和东亚兴起的经济园区,经历半个多世纪演化后逐步扩散形成了全球性浪潮。世界经贸园区建设大致经历了三个阶段。①

第一阶段是以对外贸易和转口贸易为主要形式的开发区发展时期（1547～1958年）。意大利在1547年建立第一个自由港——离窝那港口，标志着开发区的诞生。外国货物可以不缴纳关税自由出入离窝那港口区域。之后，近400年间，全球在26个国家和地区，共建立了75个自由港和自由贸易区。

第二阶段是以出口加工区为主体的产业园区发展时期（1959～1980年）。1959年，爱尔兰成立了香农自由区，标志着"现代经济园区"这一阶段的开始。

第二次世界大战以后，世界生产力得到迅速发展，促进了国际产业分工与发展，国际间的商品交换、劳务输出、资金流动和技术转让等已经把各国生产与生活紧密联系在一起，市场开放已经成为世界大趋势。经贸园区都设有工业生产和出口贸易两大功能，经贸园区一般是在本国划出一块特定的区域，实施"对内隔离，对外开放"政策，园区内的企业享受特殊优惠的政策，以吸引外商直接投资，发展面向世界的制造业。

第三阶段进入多样化、综合化、高级化和高科技型的产业园区发展时期（1981年至至今）。20世纪70年代的石油危机和20世纪80年代初期爆发的世界经济危机，结束了战后资本主义发展的黄金时期，也导致经贸园区失去了其赖以发展的国际资本的支持，这促使园区的新变化，催生了综合性、高科技型产业园区发展的动力，如新加坡的裕廊工业园，在韩国的济州岛、埃及的开罗也建立了综合型产业园区。而高科技产业园区在20世纪80年代初才出现，例如，美国硅谷最早以生产硅矿石为主，是电子产品创新基地，后来，科技创新与大学的科研紧密结合，使硅谷成为美国的科技创新城。斯坦福大学、加州大学伯克利分校等美国知名大学位于硅谷，这里是产业创新与科技创新融合的典范。硅谷目前是美国乃至全球的电子工业和计算机王国，苹果、谷歌、雅虎、Facebook等世界著名的科技公司的总部都在硅谷。硅谷大部分公司都实行"三位一体"的经营模式，即集"科学研究、技术开发及生产营销"为一体。硅谷科技城的特点是以大学与科研单位为依托，把生产和科研、教育紧密结合在一起。

在亚洲，较早实践产业园区并取得成功的国家是新加坡和日本，为抓住亚洲新兴工业化国际发展投资机遇，将本土低附加值的生产环节转移出去，为知

---

① 李屹：《国际开发区发展的历程及对我国新时期开发区建设的启示》，《中国发展观察》2006年第8期。

识密集型产业和总部经济提供发展机遇,新加坡在20世纪90年代初提出实施"区域化2000"战略计划,推动企业"走出去"。① 新加坡先后在中国、印度尼西亚、越南、印度等国建立了10多个境外工业园区。② 为应对全球经济危机,2008年以来,英国、德国、意大利、日本和俄罗斯等国家也相继开始重视境外经贸合作区建设,以重振制造业。③

国际间经济合作正由过去的单纯引进项目、吸引外资,向共建产业合作区转变。2013年以来,境外经贸合作区成为新一轮全球化的主要趋势,成为中国与"一带一路"共建国家战略对接的务实选择,成为"一带一路"产能合作的重要平台和实现形式。越来越多的国家开始探索国际合作园区建设模式,并积累了一些发展经验。④

"一带一路"合作要走深走实向高质量发展转变,一是要秉持"共商、共建、共享"原则,以中国与共建国家的发展战略对接为引领,科学规划和实施境外经贸合作区,推动中国经济发展方式转变与共建国家工业化和城镇化发展;二是要坚持开放、绿色、廉洁理念,高效运营和管理境外经贸合作区,形成绿色产业链、建立高效廉洁的政府管理机制,在共建国家形成产品创新、技术创新、市场拓展的新基地;三是要实现高标准、惠民、可持续目标,建立科学的、可操作的评价体系,客观评价境外经贸合作区的工作质量,坚持适度超前原则,适当高标准规划与设计境外园区,体现以人民需求为中心的境外经贸合作区建设原则,实现项目的可持续发展。既解决中国国内优质产业转移问题,也解决共建国家产业发展相对不足问题。"一带一路"产能合作过程是产业集群与共建国家产业发展融合的互惠共赢的过程,需要在产业转移过程中实现产业创新和产业升级。在高质量建设"一带一路"的框架下,境外经贸合作区建设将成为促进实现中国产业转移和产业升级的重要载体。

---

① Shaw, M. P., Yeoh, C., "Singapore's Overseas Industrial Parks", *Regional Studies*, Vol. 34, No. 2, 2000, pp. 199 – 206.

② Yeoh C., Leong, A. L., "'Created' Enclaves for Enterprise an Empirical Study of Singapore's Industrial Parks in Indonesia, Vietnam and China", *Entrepreneurship & Regional Development*, Vol. 17, No. 6, 2005, pp. 470 – 499.

③ Liuhto, K., "Russia's Innovation Reform – the Current State of the Special Economic Zones", *Review of International Comparative Management*, Vol. 10, No. 10, 2009, pp. 85 – 94.

④ Wang, J., "The Economic Impact of Special Economic Zones: Evidence from Chinese Municipalities", *Journal of Development Economics*, Vol. 101, 2013, pp. 133 – 147; Brautigam, D., Tang, X., "Going Global in Groups: Structural Transformation and China's Economci Zones Overseas", *World Development*, Vol. 63, 2013, pp. 9 – 90.

二 "一带一路"境外经贸合作区建设进展

境外经贸合作区建设最早来自我国企业自发的市场行为，民营企业以市场原则选择对外投资的国别，在此背景下境外合作区主要集中在与中国关系友好、市场发展相对环境较好、与我国近邻的国家，主要在东南亚、非洲、中东欧国家，在中亚国家的境外经贸合作区建设相对不足。从2006年境外经贸合作区纳入国家发展框架后，国家主管部门开始重视中国在周边国家境外经贸合作区的总体布局，开始关注在上合组织成员国、东盟成员国的境外经贸合作区建设。2013年"一带一路"倡议提出后，"一带一路"共建国家开始重视中国企业在境外经贸合作区建设问题，许多国家把境外经贸合作区建设当成本国发展战略与"一带一路"建设对接合作的载体和平台。

（一）境外经贸合作区建设成为实施产能合作的重大举措

在"一带一路"倡议下，国际产能合作的主要任务是将与我国装备和产能契合度高、合作愿望强烈、合作条件和基础好的发展中国家作为重点国别，并积极开拓发达国家市场，以点带面，逐步扩展。不断拓展产业合作领域，实现中国与"一带一路"沿线国家互利共赢，促进中国实现可持续发展，促进沿线国家建立较为完善的工业体系，实现工业现代化。促进我国装备优势产业"走出去"，进一步开拓国际市场和资源。寻求中国与"一带一路"共建国家双边合作的基础和诉求，为双边产能合作创造更好的政策环境，为我国深化与"一带一路"共建国家双边战略协作伙伴关系奠定基础，为构建"一带一路"周边命运共同体奠定坚实基础。

国际产能合作的主要实现形式是投资、贸易、基础设施建设和产业合作等，其中，产业合作主要以在境外建立各类经贸合作区为主。现在，中国在"一带一路"共建国家已经有82个境外经贸合作区，其中，俄罗斯有中俄现代农业产业合作区等7个园区，中白俄罗斯有中白工业园区，印尼有中国印尼经贸合作区等10个园区，越南有龙江工业园等3个园区，柬埔寨有西哈努克港经济特区等5个园区，哈萨克斯坦有中哈工业园等2个园区。总体来看，在中亚国家的境外经贸合作区数量不多、规模不大，而中国与东南亚国家合作建立的境外经贸合作区相对较多。

（二）我国境外经贸合作区发展历程

商务部文件对境外经贸合作区给出了明确定义，即指在我国境内注册、具有独立法人资格的中资控股企业，通过在境外建立的中资控股独立法人机构投资建设的基础设施完备、主导产业明确、公共服务功能健全、具有聚集和辐射效应的产业园区。商务部在2006年公布了《境外中国经济贸易合作区的基本要求与申办程序》,包括开发区、工业园区、物流园区、自由贸易区、自由港、工业新城、经济特区等多种形式。

中国境外经贸合作区建设经历三个发展阶段。

第一阶段:1999~2005年,提出构想阶段。1999年,海尔集团在美国建立了中国第一个境外工业园区。2000年国家出台企业"走出去"战略。

第二阶段:2006~2013年,境外经贸合作区建设取得初步成效阶段。商务部出台境外园区申办程序等办法,2012年,对境外经贸合作区管理方式进行了调整,不再采用招标形式,政府由扶持企业变为服务企业,由政府主导转变为企业主导建设境外经贸合作区,达标后再经过商务部考核认定。其间,商务部考核认定了国家级境外经贸合作区20个。

第三阶段:2014年至今,以"一带一路"建设为契机稳步发展阶段。中国政府对"一带一路"共建国家的境外经贸合作区开始重视总体布局和加大投入。中国境外经贸合作区数量快速增加。大型国有企业以参与产能合作为重要途径实施新一轮对外开放和"走出去"战略。

(三)我国境外经贸合作区发展现状及特点

2018年底,通过商务部确认考核的境外经贸合作区入驻企业共计933家,累计投资209.6亿美元,上缴东道国税费22.8亿美元,创造就业岗位14.7万个,实现互利共赢。其中,2018年新增投资25亿美元,上缴东道国税费5.9亿美元。

现在,境外经贸合作区有多种类型,从功能上分,有"加工型、技术型、综合型"三类;从管理层次分,有"国家级、地方级、企业级"三类;从产业类别分,有"工业加工园区、农业园区、矿产资源加工园区"等;从主导部门分,有"政府主导型、国有企业主导型、民营企业主导型"。笔者从产业和功能综合角度把境外经贸合作区主要分为"四种类型",即专业制造型、技术研发型、资源开发型、综合经营型。如在巴基斯坦的"海尔鲁巴"经济区、在俄罗斯的乌苏里斯克经贸合作区、在埃及的苏伊士经贸合作区、在越南的中国龙江经贸合作区、在埃塞俄比亚的东方工业园属于典型的专业制造型园区;韩中国际产业园区、昭衍美国(旧金山)科技园区属于典型的技术研发型园区;在赞比亚的中国经济贸易合作区、中俄托木斯克木材工贸合作区属于典型的资源开发型园区;在泰国的泰中罗勇工业园、在柬埔寨的西哈努克港经济特区、尼日利亚莱基自由贸易区、老挝万象赛色塔综合开发区属于典型的综合经济型园区。

目前,我国境外园区建设主要有四个特点:园区建设主体总体实力比较强;

园区区位分布并不均衡但优势比较明显；园区内产业多元化的趋势明显；中国对"一带一路"共建国家政府支持力度相对比较大，而东道国相关部门协调支持经贸合作区的相关机制还不完善。境外经贸合作区建设与管理还处于探索阶段，可以说，境外经贸合作区向高质量发展转变已经具备了一些基础，但是总体上还存在不小的差距。

针对我国境外经贸合作区发展情况，商务部2019年就推动境外经贸合作区建设提出了五个方面的工作重点：推动合作区高质量发展；加强合作区建设，将促进服务、监督和保障纳入法治化轨道；加强营商环境，与东道国共同完善营商环境；加强服务保障，创新监管手段，提供公共服务产品；加强风险防范，强化企业境外安全主体责任。

三 上海合作组织区域中国境外经贸合作区建设存在的主要问题

（一）整体规划先天不足，缺乏系统性综合性科学性论证

有些园区缺乏整体规划，园区的区位优势不突出，产业与功能定位不明确，产业特色不突出，存在产业同质化竞争、重复建设现象。如一些园区定位不准，园区管理模式单一，管理与服务效率缺失。境外经贸合作区牵头企业往往以当前市场为主，过于重视短期考核指标，对长期规划不足，难以对经贸合作区进行大规模投入。有些产业园区定位雷同，同质化现象比较明显，容易引起同类园区的无序竞争。

（二）周围配套基础设施落后

园区与周边基础设施连接建设相对落后，周围配套设施建设滞后。有些境外经贸合作区选址先天不足，外部路网建设不完善，如受到中埃两国领导人关注的埃塞俄比亚东方工业园，距离最近的吉布提港也有800多公里，运输条件比较差、运输成本比较高，而目前中国援建的铁路和高铁都还没有建成，原计划招商80家企业，而目前只有10多家企业进驻。有些境外园区内部配套设施不全，如泰中罗勇工业园区，园区内部公共交通极为不便利，导致入驻的企业采购物资困难。尼日利亚的莱基自由贸易区因为水、电、气配套问题影响了企业入驻。

（三）国际化管理水平和本土化水平比较低，智慧化管理面临挑战

在重视基础设施建设的同时，对信息化基础设施重视不够，为入驻企业提供高速、高质量和廉价的网络服务不够。园区多数处于"招商＋管理"阶段，总体上没有形成以服务企业为中心的高质量发展理念。智慧管理要素体现不足，盲目照搬中国国内园区开发模式，境外园区本土化程度比较低，人才引进有难度,缺乏国际性经营人才。① 例如,圈地建设以期待周边地产升值来带动资本进入,这些地产开发捆绑式园区建设,不一定适应东道国的经济发展环境。企业管理层习惯用中国员工,对东道国人员雇佣不足,也导致一些东道国对园区支持当地就业不足的抱怨等。

(四) 园区技术创新能力不足,缺乏技术创新资源和动力

没有形成"科研机构、政府、企业"共建的模式,园区技术研发气氛明显不足,技术创新和研发经费投入不足。比如,一些境外经贸合作区入驻企业属于中低端产业,对我国优质产业转移支持作用不大,对我国制造业产业转型升级支持作用也有限。

(五) 园区企业产业关联性不强

有些境外经贸合作区,入驻的主要是同质性的中小企业,产业关联度不强,互补性不足,也缺乏可以带动大中小企业形成产业链的核心企业。园区在实现产业转移基础上,推动产业升级的各项资源和条件还比较缺乏,未能形成产业集群和带动效应。

(六) 园区投资风险较大

境外经贸合作区建设方式是前期需要一次性投入完成基础设施后再招商,对于投资企业来讲具有一定的投资风险。因为东道国多数是欠发达国家,法律制度不健全。有些境外经贸合作区定位也不明确。境外经贸合作区建设步伐较快,而"一带一路"建设的新支持政策还没有及时跟进。企业面临政治风险、法律风险和商业风险等多种风险,企业融资也较为困难。例如,吉尔吉斯斯坦的"亚洲之星"农业合作区,由于吉政府前期承诺的支持政策没有兑现,导致该合作区的投资方河南贵友集团的项目公司经营困难,难以再扩大投资。

总体上看,既有企业自身管理和经营问题,也有我国政府部门或当地国家政策支持不足、法律制度不完善的问题,这些综合因素导致境外经贸合作区的发展理念和发展模式遇到障碍与困境,现阶段需要创新境外经贸合作区发展模式,以突破瓶颈制约。

四 "一带一路"倡议下上海合作组织区域境外经贸合作区发展路径

(一) 坚持高质量发展的总体原则

按照"一带一路"向高质量发展转变的总体原则和要求,在新阶段推进高质量建设是总体的方向,而不是具体的指标。要把握总体思路和具体工作的区

---

① 朱妮娜、范丹:《中国境外经贸合作区研究》,《北方经贸》2017 年第 11 期。

别。在总体思路上，要体现高质量发展"四个方面"的原则和"五个导向"，但是，在具体实施和项目建设上要根据共建国家的国情和发展水平来确定，不能搞"一刀切"。因为共建国家经济发展水平参差不齐，有的发展比较好，有的发展还处在工业化的初级阶段，消除贫困仍然是一些落后的发展中国家的主要任务。"一带一路"合作向高质量发展转变的目标是根据当前国际发展趋势和中国发展阶段的特征而确定的。第一，符合全球治理公平、正义、合理等"包容性"理念的总体要求。第二，引导一些发展比较好的成员国积极向高质量发展转变，支持成员国基础设施互联互通，推动这些国家的自身"能力建设"。第三，从高起点推动和引导"一带一路"共建国家以高质量发展理念规划发展路径，坚持绿色导向，以避免走上"先发展后治理"的不可持续的粗放式发展的老路子。第四，在境外经贸合作区建设中体现"亲清"的政府与企业关系，坚持对腐败零容忍，促进东道国廉洁政府建设。第五，符合中国经济发展进入"新常态"的阶段性特征和要求，坚持以人民为中心的发展。以上可以概括为境外合作区建设要坚持包容性导向、能力建设导向、绿色导向、廉洁导向和惠民导向的"五个导向"。

（二）借鉴新加坡模式和中国经验

新加坡是最早推动园区建设的国家之一，苏州中新工业园区是中新合作的典范，有一些经验可以借鉴。在园区建设阶段和园区运行管理过程中，要按照开放、绿色、廉洁的理念，体现绿色设计、绿色建筑，廉洁高效管理与服务，以当地人民为中心，实现园区的可持续发展。园区建设坚持"企业主导、政府引导、企业经营、自负盈亏"原则。在"一带一路"共建国家建设经贸合作区时，要坚持"共商、共建、共享"原则，要最终让市场说了算，而不是依靠行政决断和拍板，要尊重市场规律，合作区规划要有严谨的、科学的可行性调研和论证。

（三）准确定位境外经贸合作区的功能

在实地调研发现，一些境外园区经营陷入困境，主要原因之一是园区的定位不准确，功能不突出，大而全，无特色，要结合当地国家的资源优势和政策情况确定境外经贸合作区的定位和功能。准确定位园区的功能是决定园区建设成功与否的重要因素之一。

（四）组成企业联盟打造优势产业链

境外经贸合作区与一般工业项目的区别在于，前者可以形成产业链，而后者只是生产单一的产品。通过在共建国家设立境外经贸合作区，既可以解决我国优质过剩产能转移的问题，又可以解决东道国工业产业链不齐全的问题，甚至解决其转型升级问题。打造具有比较优势的产业链或产业集群，促进我国产业链提升和促进沿线国家产业链完善，进而支撑沿线国家的工业化和城镇化发展。

（五）创新园区经营管理模式

在创新园区管理模式方面，要努力实现"四个转变"，即从政府主导向企业主导转变；从资本驱动向创新驱动转变；从中低端产业向高端产业转变；从综合管理向智慧管理转变。境外经贸合作区建设最大的问题是一次性投资大，项目经营周期长，一般商业贷款难以支持。可以采用多种融资模式解决资金问题。比如，BOT 模式、PPP 模式等。近年来，国家发改委积极推动 PPP 模式，在此基础上，通过国家担保等形式创新融资模式，让一些商业资本转变为"耐心资本"，投入周期长、见效慢的基础设施建设中，以支持境外经贸合作区建设。

（六）客观评价境外经贸合作区建设

境外经贸合作区建设是落实"一带一路"国际产能合作的重要举措，关系到产能合作是否成功。而国际产能合作又是中国与"一带一路"国家发展战略对接开展务实合作的主要内容，"一带一路"建设一头连着中国经济改革，一头连着国际合作，是"新常态"下中国经济实现可持续发展的重大措施，也是新一轮中国对外开放的重大举措。评价境外经贸合作区建设，首先要从政治层面考虑，要体现中央有关"一带一路"国际合作的总体思路。其次，从经济层面，主体企业要有可持续的营利能力。与之相应的要有市场经济的良好范围、有利于公平竞争的制度环境和培育市场主体创新动力的政策支持。最后，在社会层面，要给中国人民和当地国家人民带来实惠和利益。总之，在政治上要体现高质量发展的理念，体现廉洁的政府管理和服务理念；在经济上要体现营利能力，体现生产高质量产品和高水平管理理念，以及高素质人才队伍建设，可持续发展理念；在社会上要体现绿色产品满足人民需求，体现环境保护和惠民等理念。这些要求和理念导向是评价境外经贸合作区建设成功与否的重要标志。

第四节　上海合作组织成员国之间 20 年贸易分析

上合组织成立 20 年来，最初从安全合作起步，逐步扩展到政治、安全、经济和人文等多领域合作，尤其是成员国在优先开展安全领域合作的同时，对经济领域合作期望很高，也越来越重视，并在贸易投资、便利化、能源合作、交通基础设施工程承包、境外经贸合作区建设等方面取得了许多成果。其中，成员国之间的贸易合作，既是成员国政治互信不断提高推动的成果，也是进一步加深成员国政治互信和人文合作的基础和支撑。深入分析成员国贸易合作的现状、问题以及前景，对上合组织区域经济合作在未来实现可持续发展具有重要现实意义。

一　上海合作组织成员国之间20年贸易分析

由图8-3可以看出，2001~2020年上合组织成员国间贸易总额总体上是逐步递增的，从2001年的188.04亿美元增加到2019年的峰值3030.52亿美元，增加了15.12倍。其中，在2009年因美国金融危机影响成员国间贸易同比下降了30.14%，从2008年的1143.40亿美元下降到2009年的798.80亿美元。2015年因为乌克兰危机以及国际大宗商品价格下跌等因素影响成员国间贸易额下降了29.12%，从2014年的1592.63亿美元下降到2015年的1128.78亿美元。三次贸易峰值分别为2008年的1143.40亿美元、2014年的1592.63亿美元和2019年的3030.52亿美元。2020年受新冠肺炎疫情影响上合组织成员国间贸易总额下降明显。2001~2020年上合组织成员国之间贸易总额统计见表8-8所示。

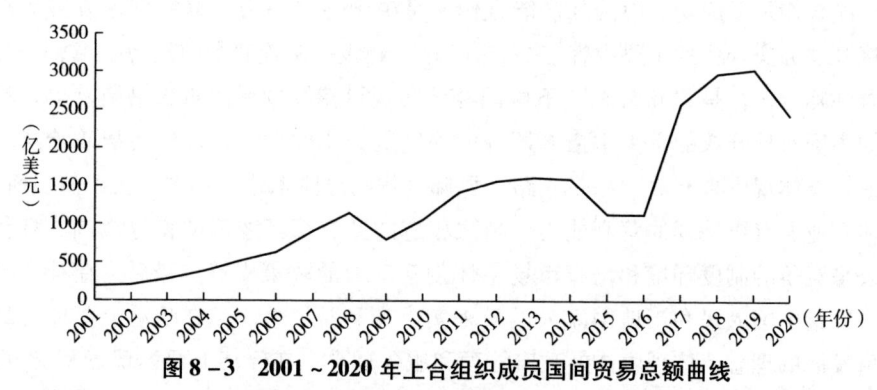

图8-3　2001~2020年上合组织成员国间贸易总额曲线

资料来源：www.trademap.org，鉴于新冠肺炎疫情影响，2020年成员国间贸易大幅度降低，预测数据按照2020年比2019年贸易同比下降20%计算。巴基斯坦2019年与部分上合组织成员国贸易数据尚未公布，暂用2018年的贸易数据代替。

表8-8　2001~2020年上合组织成员国之间贸易总额统计

单位：亿美元

年份	2001	2002	2003	2004	2005	2006	2007
数据	188.04	201.53	275.26	380.22	510.51	628.14	907.50
年份	2008	2009	2010	2011	2012	2013	2014
数据	1143.40	798.80	1058.22	1418.03	1566.26	1614.12	1592.63
年份	2015	2016	2017	2018	2019	2020	2021
数据	1128.78	1127.73	2578.51	2977.40	3030.52	2424.63	—

资料来源：www.trademap.org，2020年贸易总额为估算值。

在2001年上合组织成立初期，中国与各成员国商品贸易结构特点是中国的劳动密集型产品与其他成员国资源性商品的贸易，到2010年，这一局面有较大改变。其他成员国在主要以资源性商品与中国开展贸易的同时，加工制成品的贸易比重明显提升，比如，化工产品、塑料及橡胶产品成为俄罗斯与哈萨克斯坦对中国出口的大宗加工制成品。到2020年，中国与各成员国商品贸易结构又发生较大变化，主要是成员国之间贸易结构更加合理，互补性加强，中国与上合组织成员国贸易结构情况如下。

2019年中国对俄罗斯出口商品主要是：电机、电气、音像设备及其零附件类产品占27.6%，核反应堆设备、锅炉、机械器具及零件类科技产品占23.1%，车辆及零附件占3.6%，鞋靴、护腿及其类似产品占3.5%，塑料及其制品占3.4%，玩具、游戏或运动用品占2.9%，非针织、非钩编类服装及其附件占2.9%，钢铁制品占2.8%，有机化学品占2.7%。中国对俄出口以轻工业产品为主，因为俄罗斯以发展重工业为主，如能源航空等，轻工业比较薄弱。2018年中国从俄罗斯进口商品主要是矿物燃料、矿物油及其产品、沥青类等产品，其占俄罗斯对中国出口商品总额的73.5%，木及木制品、木炭占6.3%，核反应堆设备、锅炉，机械器具及零件占2.7%，鱼及其他水生无脊椎动物占2.7%，矿砂、矿渣及矿灰占2.7%，铜及其制品占2%，木浆等纤维素浆、废纸及纸板占1.9%，肥料占1.1%。

中国对哈萨克斯坦出口商品以鞋靴、服装等轻工产品、玩具、机电设备及零部件、钢铁及其制品等为主。中国从哈进口商品以天然气、石油原油、贱金属及其制品、化工产品等为主。

中国对吉尔吉斯斯坦出口商品以轻工纺织品、家居类商品为主。中国从吉进口商品以贵金属矿砂、动物皮毛、铅制品、烟煤及农畜产品等为主。

中国对塔尔吉斯斯坦出口商品以棉花、布鞋、陶瓷餐具、钢铁及其制品等为主。中国从塔进口商品是以锑矿沙及其精品、棉花（籽棉）、皮革及其制品为主。

中国对乌兹别克斯坦出口商品以钢铁及其制品、机电工程设备及其零件、轮胎、纺织品等为主。中国从乌进口商品以天然气、棉花、天然铀、铜及其制品等为主。2019年乌兹别克斯坦出口商品排名前9位的是黄金、服务贸易、能源产品、纺织品、农产品、有色金属、机械及机械制品、棉花、黑色金属。

中国对印度出口商品主要是机电产品、化工产品、纺织品、塑料及橡胶、陶瓷及玻璃制品等。中国从印度进口商品是铁矿石、铬矿石、宝石及贵金属、植物油、纺织品等。

中国对巴基斯坦出口商品主要是机械设备及其配件、化学元素及化合物、人造纤维纱线、钢铁机器制品、化工原料及制品、植物合成纤维、非铁类金属制品、化肥、机动车及其配件等。中国从巴基斯坦进口商品是棉花、棉纱、棉布、非铁类矿石/沙、鱼及其制品、化工原料及制品、原料矿物、水果、地毯和皮革制品等。2001年、2010年、2020年各成员国前五名贸易伙伴统计见表8-9所示。

表8-9 2001年、2010年、2020年各成员国前五名贸易伙伴统计

国别	2001年主要贸易伙伴国（地区）	2010年主要贸易伙伴国（地区）	2020年主要贸易伙伴国（地区）
中国	日本、美国、欧盟、中国香港、东盟	欧盟、美国、日本、东盟、中国香港	东盟、欧盟、美国、哈萨克斯坦、日本
俄罗斯	德国、白俄罗斯、乌克兰、意大利、美国	中国、荷兰、德国、意大利、乌克兰	中国、德国、荷兰、英国、乌克兰
哈萨克斯坦	俄罗斯、意大利、德国、瑞士、美国	俄罗斯、中国、意大利、法国、荷兰	俄罗斯、中国、乌兹别克斯坦、意大利
吉尔吉斯斯坦	俄罗斯、德国、乌兹别克斯坦、中国、哈萨克斯坦	俄罗斯、哈萨克斯坦、中国、瑞士、美国	中国、俄罗斯、哈萨克斯坦、英国、乌兹别克斯坦
塔吉克斯坦	乌兹别克斯坦、俄罗斯、荷兰、哈萨克斯坦、土耳其	俄罗斯、中国、哈萨克斯坦、瑞士、乌兹别克斯坦	俄罗斯、哈萨克斯坦、中国、土耳其、乌兹别克斯坦
乌兹别克斯坦	俄罗斯、韩国、乌克兰、哈萨克斯坦、美国	俄罗斯、中国、哈萨克斯坦、韩国、土耳其	中国、俄罗斯、哈萨克斯坦、韩国、土耳其
印度		中国、阿联酋、美国、沙特阿拉伯、瑞士	中国、阿联酋、美国、沙特阿拉伯、瑞士
巴基斯坦		中国、沙特阿拉伯、阿联酋、科威特、美国	中国、沙特阿拉伯、阿联酋、科威特、美国

资料来源：各成员国海关统计数据（2001~2020年）。

二 中国与俄罗斯贸易统计分析

（一）中国与俄罗斯贸易

由图8-4可以看出，中国与俄罗斯进出口贸易总额从2001年的106.70亿

美元增加到 2019 年的 1109.19 亿美元，增加了 9.4 倍。三次峰值分别为 2008 年的 569.09 亿美元、2014 年的 952.69 亿美元和 2019 年的 1109.19 亿美元。两次低点分别为 2009 年的 387.97 亿美元和 2015 年的 680.69 亿美元。总体上看，中俄贸易是不断递增的，2009 年因美国金融危机影响、2015 年受乌克兰危机和国际大宗商品价格下跌等因素影响贸易总额同比下滑。从 2016 年后开始回升，到 2019 年达到历史最高值，2020 年受新冠肺炎疫情影响，中国与俄罗斯进出口贸易总额明显下降。

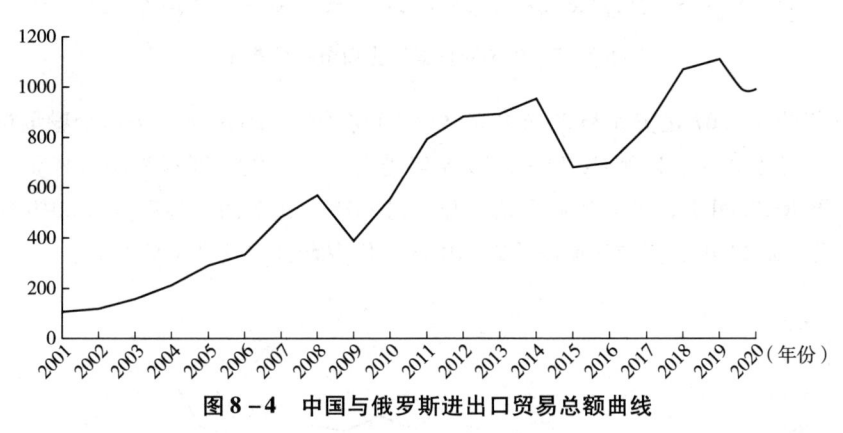

图 8-4 中国与俄罗斯进出口贸易总额曲线

资料来源：www.trademap。以下图的来源均如此，不再标注。

（二）中国对俄罗斯出口贸易

由图 8-5 可以看出，中国对俄罗斯出口贸易额从 2001 年的 27.10 亿美元增加到 2019 年的 541.27 亿美元，增加了 18.97 倍。三次峰值分别为 2008 年的 330.76 亿美元、2014 年的 536.75 亿美元和 2019 年的 541.27 亿美元。两次低点分别为 2009 年的 175.14 亿美元和 2015 年的 348.10 亿美元。中国对俄罗斯出口贸易额从 2001 年开始递增，2009 年受美国金融危机影响急速下滑，之后是稳步回升。在 2015 年受乌克兰危机等因素影响又有所下滑，到 2015 年低点后又开始回升，一直到 2019 年的新高峰值。2020 年受新冠肺炎疫情影响，中国对俄罗斯出口贸易额明显下降。

（三）中国从俄罗斯进口贸易

由图 8-6 可以看出，中国从俄罗斯进口贸易趋势是稳步上升的，从 2001 年的 79.59 亿美元增加到 2019 年的 567.92 亿美元，增加了 6.14 倍。四次明显的峰值是 2008 年的 238.32 亿美元、2012 年的 441.38 亿美元、2014 年的 415.93 亿美元和 2018 年的 588.87 亿美元。三次低点分别是 2009 年的 212.83 亿美元、

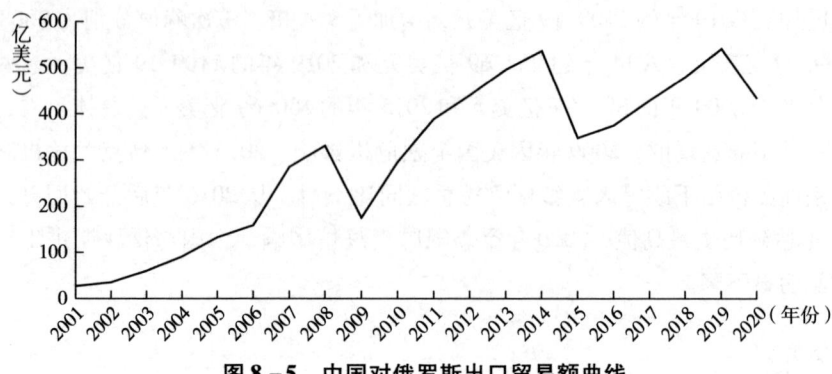

图 8-5　中国对俄罗斯出口贸易额曲线

2013 年的 396.67 亿美元和 2016 年的 322.60 亿美元。2009 年受美国金融危机影响进口贸易额同比下滑 10.70%，2015 年受乌克兰危机等因素影响进口贸易额同比下滑 20.04%。2016 年后开始回升，到 2018 年达到历史最高值后 2019 年稍有下降，2020 年受新冠肺炎疫情影响中国从俄罗斯进口贸易明显下降。

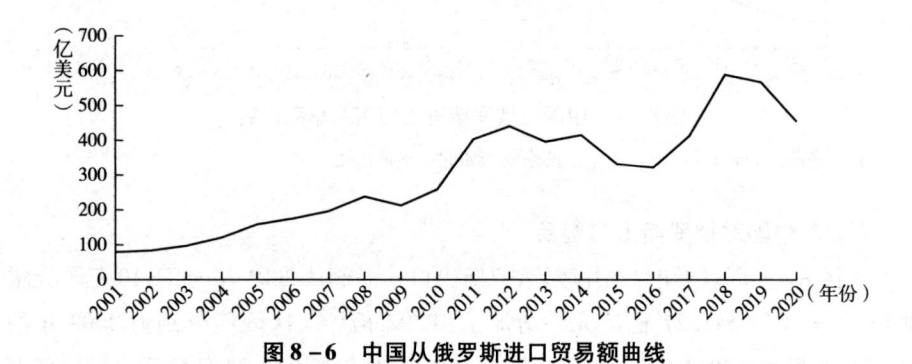

图 8-6　中国从俄罗斯进口贸易额曲线

（四）中国对俄罗斯贸易顺差

由图 8-7 可以看出，中国对俄罗斯贸易顺差曲线波动比较大，2008～2018 年，有过四次波动，其中，在 2008 年、2014 年达到相对较高的峰值，2010 年和 2016 年有两个相对次高的峰值，而从 2016 年后贸易顺差急速下降。四次峰值分别为 2008 年的 92.43 亿美元、2010 年的 36.98 亿美元、2014 年的 120.82 亿美元和 2016 年的 52.46 亿美元。四次低点分别为 2009 年的 -37.69 亿美元、2011 年的 -14.59 亿美元、2015 年的 15.51 亿美元和 2018 年的 -108.82 亿美元。总体上看，中国对俄罗斯出口贸易波动较大是引起贸易顺差波动的主要因素。

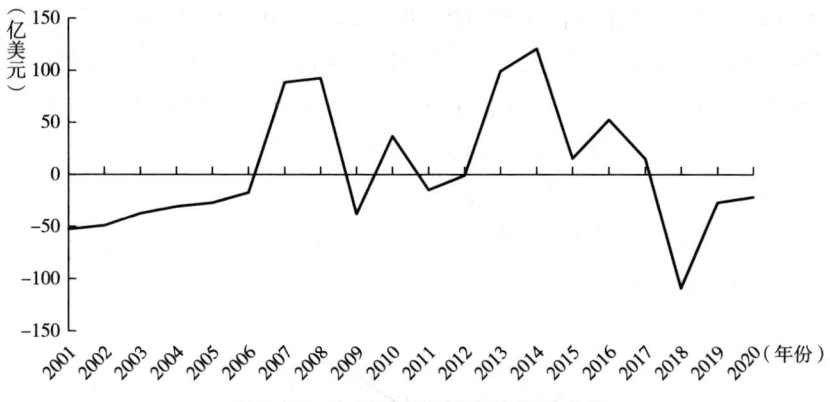

图 8-7　中国对俄罗斯贸易顺差曲线

三　中国与中亚四国贸易统计分析

（一）中国与哈萨克斯坦贸易

由图 8-8 可以看出，中国与哈萨克斯坦进出口贸易总额从 2001 年的 12.88 亿美元，增加到 2019 年的 220.66 亿美元，增加了 16.13 倍。自 2001 年到 2008 年一直是递增态势，2008 年美国金融危机后，2009 年中国与哈萨克斯坦贸易总额同比下滑了 19.50%，之后又连续递增达到 2013 年的峰值。中国与哈萨克斯坦贸易额三次峰值分别出现在 2008 年的 175.52 亿美元、2013 年的 285.96 亿美元和 2019 年的 220.66 亿美元。两次低点分别出现在 2009 年的 14.13 亿美元，2016 年的 130.37 亿美元，其中，2009 年的第一次低点是受到美国金融危机影响，2016 年的低点是受到乌克兰危机等因素影响。从 2014 年中哈贸易额开始下跌，直到"一带一路"建设实施 3 年后，中哈产能合作等项目、园区建设开始运行，从 2016 年起中哈贸易开始回升，到 2019 年达到新的峰值，2020 年受新冠肺炎疫情影响，中国与哈萨克斯坦进出口贸易总额明显下降。

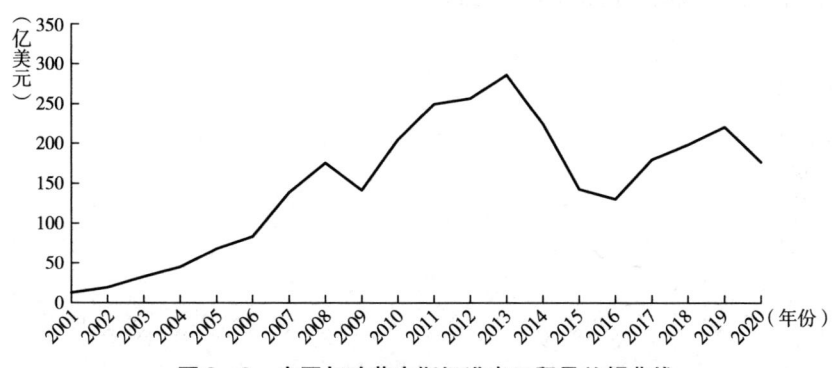

图 8-8　中国与哈萨克斯坦进出口贸易总额曲线

从图 8-9 可以看出，中国对哈萨克斯坦出口额从 2001 年的 3.28 亿美元增加到 2019 年的 128.07 亿美元，增加了 38.05 倍。三次峰值分别为 2008 年的 98.24 亿美元、2014 年的 127.09 亿美元和 2019 年的 128.07 亿美元。两次低点分别为 2009 年的 78.33 亿美元和 2016 年的 82.43 亿美元。2009 年受美国金融危机等因素影响中国对哈出口贸易同比下滑 20.27%，2015 年受乌克兰危机等因素影响出口贸易同比下滑了 33.58%。从总体曲线看，中国对哈萨克斯坦出口贸易额是在波动中稳步增长。

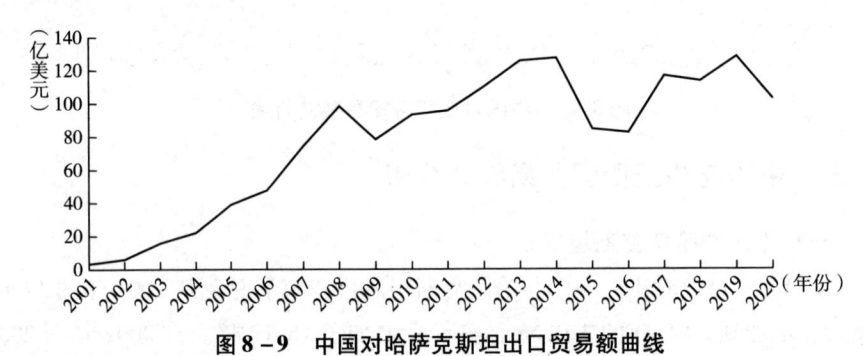

图 8-9 中国对哈萨克斯坦出口贸易额曲线

由图 8-10 可以看出，中国从哈萨克斯坦进口额从 2001 年的 9.61 亿美元增加到 2019 年的 92.59 亿美元，增加了 8.63 倍。其中，四次峰值分别为 2008 年的 77.27 亿美元、2011 年的 153.95 亿美元、2013 年的 160.51 亿美元和 2019 年的 92.59 亿美元。三次低点分别为 2009 年的 62.96 亿美元、2012 年的 146.81 亿美元和 2016 年的 47.94 亿美元。从曲线趋势看，从 2001 年到 2008 年一直是递增态势，2009 年受美国金融危机影响进口贸易额同比下滑了 18.54%，但在 2009 年后又连续两年递增，到 2013 年达到历史最高点，之后，受乌克兰危机等因素影响逐步下降，到 2016 年达到低点后开始增长，2020 年受新冠肺炎疫情影响，中国从哈萨克斯坦进口额明显下降。

图 8-10 中国从哈萨克斯坦进口贸易额曲线

由图 8-11 可以看出，中国对哈萨克斯坦 2001~2004 年为贸易逆差，到 2005 年转为贸易顺差 9.87 亿美元，顺差三次峰值分别为 2008 年的 20.97 亿美元、2014 年的 29.68 亿美元和 2017 年的最高值 52.86 亿美元。两次低点分别为 2011 年的 -58.28 亿美元和 2018 年的 25.92 亿美元。说明 2010~2013 年中国从哈萨克斯坦进口商品额超过中国对哈萨克斯坦的出口商品额。2013 年后中国对哈萨克斯坦贸易顺差稳步增加，到 2017 年后在波动中有所下降，但贸易顺差保持在 30 亿美元上下。

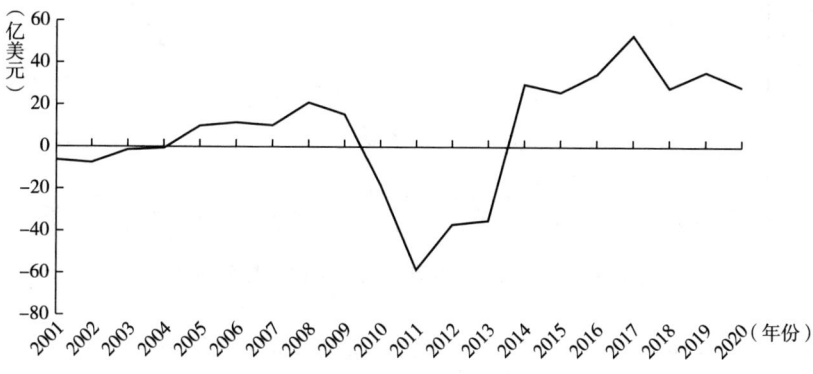

图 8-11 中国对哈萨克斯坦贸易顺差曲线

（二）中国与乌兹别克斯坦贸易

由图 8-12 可以看出，中乌进出口贸易总额从 2001 年的 0.58 亿美元增加到 2019 年的 72.25 亿美元，增加了 123.57 倍。三次峰值分别是 2010 年的 24.83 亿美元、2013 年的 45.51 亿美元和 2019 年的 72.25 亿美元。从 2014 年开始中国与乌兹别克斯坦贸易额明显持续下滑，到 2015 年跌为 34.96 亿美元后开始回升。从曲线总体趋势看，中国与乌兹别克斯坦贸易是逐步上升的，在 2019 年达到最高值，2020 年受新冠肺炎疫情影响，中乌进出口贸易额明显下降。

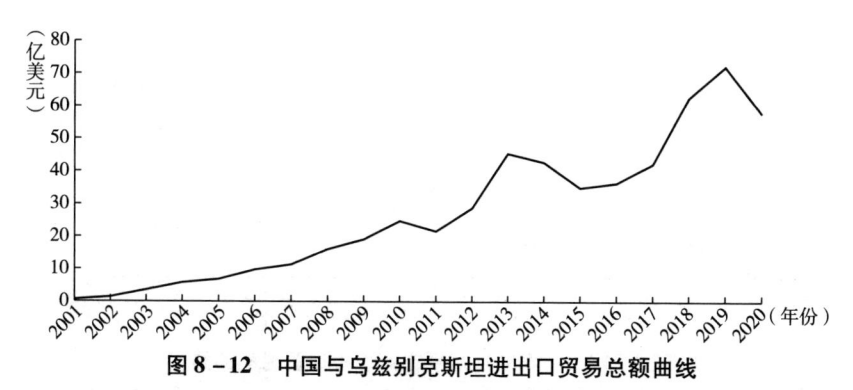

图 8-12 中国与乌兹别克斯坦进出口贸易总额曲线

由图 8-13 可以看出，中国对乌兹别克斯坦出口额从 2001 年的 0.51 亿美元到 2019 年的 50.45 亿美元，增加了 97.92 倍。三次峰值分别为 2009 年的 15.70 亿美元、2014 年的 26.78 亿美元和 2019 年的 50.45 亿美元。受 2008 年美国金融危机影响，2010 年出现第一个低点 11.81 亿美元。受乌克兰危机等因素影响，第二个低点值为 2016 年的 20.33 亿美元，在总体趋势上中国对乌兹别克斯坦出口额是逐步提升的，尤其是在 2016 年后大幅提升，一直到 2019 年达到最高值。

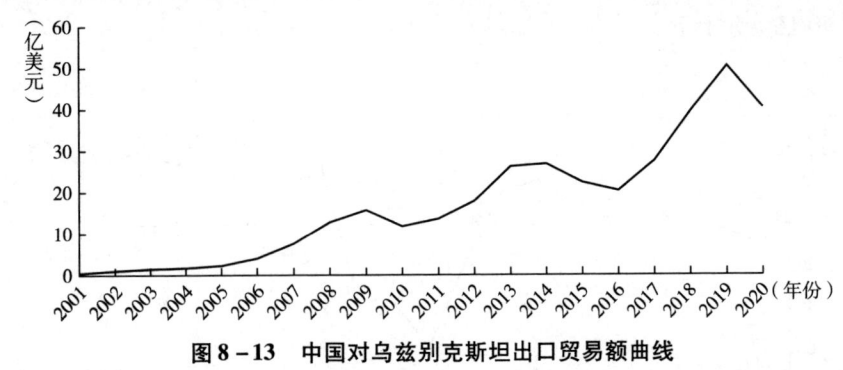

图 8-13 中国对乌兹别克斯坦出口贸易额曲线

由图 8-14 可以看出，中国从乌兹别克斯坦进口额从 2001 年的 0.07 亿美元增加到 2019 年的 21.81 亿美元，增加了 310.57 倍。四次峰值分别为 2006 年的 5.66 亿美元、2010 年的 13.02 亿美元、2013 年的 19.38 亿美元和 2018 年的 23.24 亿美元。四次低点分别为 2008 年的 3.29 亿美元、2011 年的 8.07 亿美元、2015 年的 12.67 亿美元和 2017 年的 14.71 亿美元。2009~2010 年受美国金融危机影响不太明显，2015 年受乌克兰危机等因素影响，中国从乌兹别克斯坦进口贸易额下滑。总体上看，中国从乌兹别克斯坦进口额是在不稳定的状态下逐步上升的，到 2018 年达到历史最高值，2020 年受新冠肺炎疫情影响，中国从乌兹别克斯坦进口额明显下降。

图 8-14 中国从乌兹别克斯坦进口贸易额曲线

由图 8-15 可以看出，中国对乌兹别克斯坦贸易顺差，2001~2002 年为顺差，2003~2006 年为贸易逆差，2007 年后一直保持顺差并在 2009 年达到峰值为 12.19 亿美元，2011 年后，受美国金融危机和乌克兰危机等因素影响，虽有较大波动，但一直保持贸易顺差态势。顺差贸易有两次峰值分别为 2009 年的 12.19 亿美元和 2019 年的 28.64 亿美元。有两次低点分别是 2010 年的 -1.21 亿美元和 2016 年的 4.26 亿美元。总体上看，中国对乌兹别克斯坦贸易顺差态势在较大波动中保持缓慢上升趋势，2017 年后贸易顺差大幅增加，在 2019 年达到最高值。

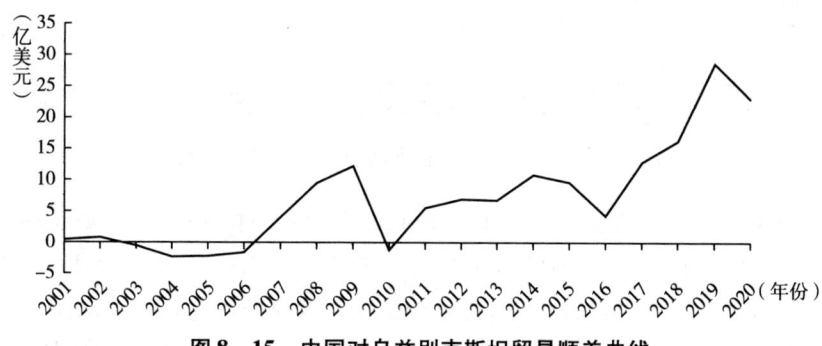

图 8-15　中国对乌兹别克斯坦贸易顺差曲线

（三）中国与吉尔吉斯斯坦贸易

由图 8-16 可以看出，中国与吉尔吉斯斯坦进出口贸易总额从 2001 年的 1.19 亿美元增加到 2019 年的 63.78 亿美元，增加了 52.6 倍。2005 年到 2008 年一直保持快速增长态势，2008 年中国与吉尔吉斯斯坦进出口贸易额达到峰值 93.33 亿美元，主要原因是当年中国对吉尔吉斯斯坦出口商品大幅增加和从吉尔吉斯斯坦进口的商品也同时增加。之后，受美国金融危机影响在 2009 年和 2010 年大幅下滑，之后，逐步趋于稳定态势，在 2019 年又出现第二个峰值为 63.78

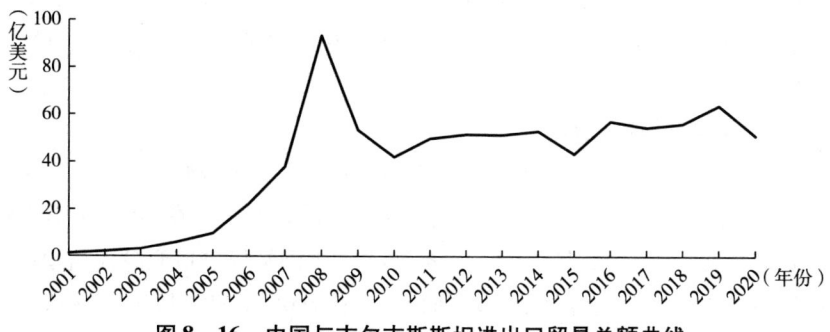

图 8-16　中国与吉尔吉斯斯坦进出口贸易总额曲线

亿美元。两次低点分别出现在2010年的41.99亿美元和2015年的43.41亿美元。2015年后开始回升，到2019年达到新峰值，2020年受新冠肺炎疫情影响，中国与吉尔吉斯斯坦进出口贸易额明显下降。

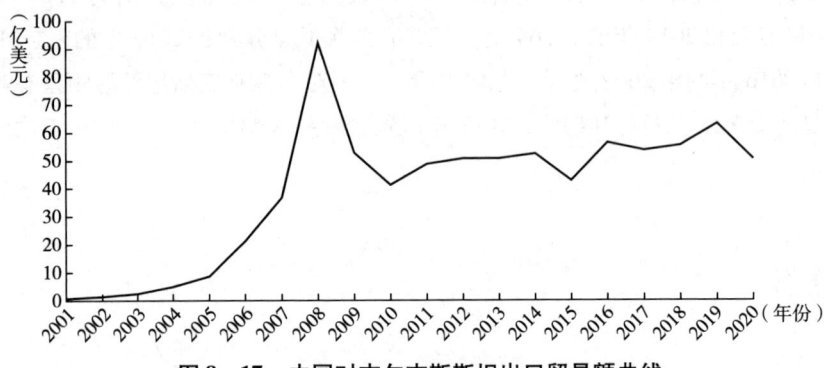

图8-17 中国对吉尔吉斯斯坦出口贸易额曲线

由图8-17可以看出，中国对吉出口额从2001年的0.77亿美元增加到2019年的63.12亿美元，增加了80.97倍。其中，在2008年达到峰值92.12亿美元，之后在2010年和2015年出现两个比较平缓的低谷拐点。从2010年后中国对吉尔吉斯斯坦出口额在40亿~60亿美元间波动，2019年中国对吉尔吉斯斯坦出口额达到新高63.12亿美元，2020年受新冠肺炎疫情影响，中国对吉尔吉斯斯坦出口贸易额明显下降。

由图8-18可以看出，中国从吉尔吉斯斯坦进口额从2002年的0.42亿美元增加到2019年的0.66亿美元，增加了0.57倍。进口贸易曲线有三次峰值分别为2008年的1.21亿美元、2011年的0.98亿美元和2017年的0.87亿美元。三次低点分别为2009年的0.49亿美元、2014年的0.55亿美元和2018年的0.54亿美元。2009年受美国金融危机影响明显，中国从吉尔吉斯斯坦进口贸易同比下滑59.50%。在2014年后中国从吉进口贸易额逐年回升，到2017年达到峰值后又逐步下降，2020年受新冠肺炎疫情影响，中国从吉尔吉斯斯坦进口贸易额明显下降。

（四）中国与塔吉克斯坦贸易

由图8-19可以看出，中国与塔吉克斯坦贸易总额从2001年的0.11亿美元增加到2019年的16.97亿美元，增加了153.27倍。其中，在2014年达到峰值为25.16亿美元，主要原因是2009年至2014年中国从塔进口商品大幅增加，同时，中国对塔出口商品也保持稳定增加状态。在2008年和2011年有两次小峰值分别14.99亿美元和20.69亿美元，递增到2014年峰值后逐步降低，但是到

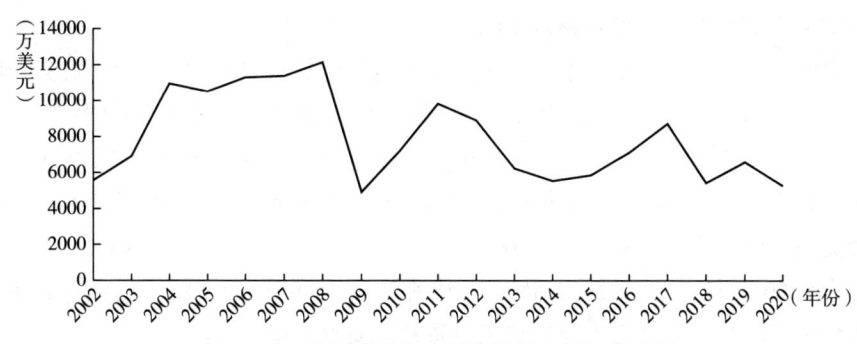

图 8-18　中国从吉尔吉斯斯坦进口贸易额曲线

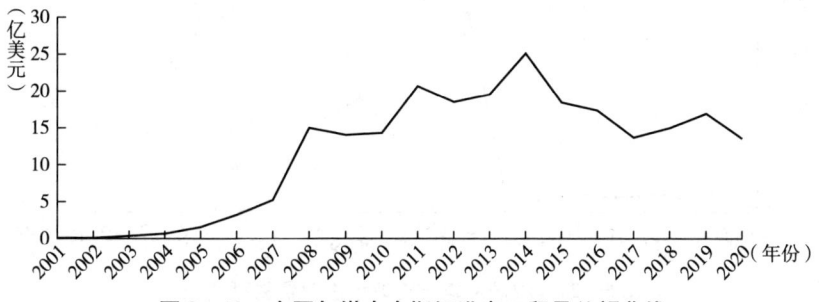

图 8-19　中国与塔吉克斯坦进出口贸易总额曲线

2017 年又开始回升，在 2019 年达到新高点 16.97 亿美元，2020 年受新冠肺炎疫情影响，中国与塔吉克斯坦贸易总额同比明显下降。

由图 8-20 可以看出，中国对塔吉克斯坦出口额从 2001 年的 0.05 亿美元增加到 2019 年的 16.12 亿美元，增加了 321.4 倍。其中，在 2014 年达到峰值为 24.68 亿美元。之前，两次小峰值分别为 2008 年的 14.79 亿美元和 2011 年的 19.97 亿美元，之后逐步递增，在 2014 年达到最大值。从 2014 年之后是缓慢下降态势，2017 年后又开始递增，在 2019 年达到新高点 16.12 亿美元，2020 年受

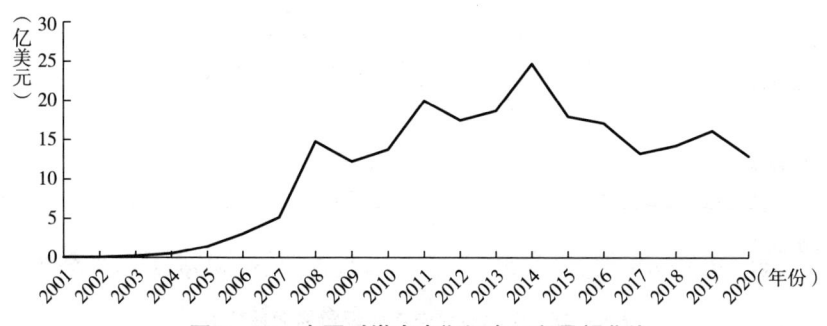

图 8-20　中国对塔吉克斯坦出口贸易额曲线

新冠肺炎疫情影响，中塔贸易额下降。

由图8-21可以看出，中国从塔吉克斯坦进口额从2001年的0.05亿美元增加到2019年的0.85亿美元，增加了16倍。有三个峰值分别为2009年的1.85亿美元、2012年的1.09亿美元和2019年的0.85亿美元，有三个低点分别为2010年的0.56亿美元、2014年的0.48亿美元和2016年的0.31亿美元。2008年受美国金融危机的影响滞后，2009年达到峰值为1.85亿美元，2010年则回到低谷为0.56亿美元，之后，又逐步回升到2012年的次高峰值。2020年受新冠肺炎疫情影响，中国从塔吉克斯坦进口贸易额明显下降。

图8-21 中国从塔吉克斯坦进口贸易额曲线

由图8-22可以看出中国对塔吉克斯坦贸易顺差变化曲线，2001年为贸易逆差，在2002年转变为贸易顺差，到2019年达到15.28亿美元。其中，有三个峰值分别是2008年的14.59亿美元、2011年的19.25亿美元和2014年的24.21亿美元。从2014年后贸易顺差逐步缩小，到2017年又开始增加。有三个低点分别为2009年的10.37亿美元、2012年的16.39亿美元和2017年的12.76亿美元。

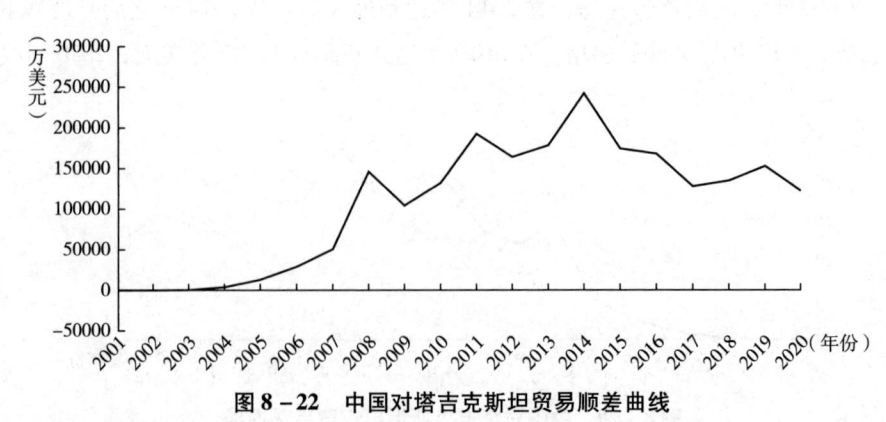

图8-22 中国对塔吉克斯坦贸易顺差曲线

（五）中国与中亚四国贸易

由图 8-23 可以看出，中国与中亚四国的贸易总额从 2001 年的 14.76 亿美元增加到 2019 年的 373.66 亿美元，增加了 24.3 倍。其中，有两次峰值分别为 2008 年的 299.92 亿美元和 2013 年最大峰值 402.43 亿美元。有两次低点分别为 2009 年的 227.87 亿美元和 2015 年的 239.74 亿美元。2009 年，受美国金融危机影响，中国与中亚四国贸易额同比下滑 19.99%，2015 年，受乌克兰危机等因素影响，中国与中亚四国贸易额明显下滑。2020 年受新冠肺炎疫情影响，中国与中亚四国的贸易额同比下降明显。

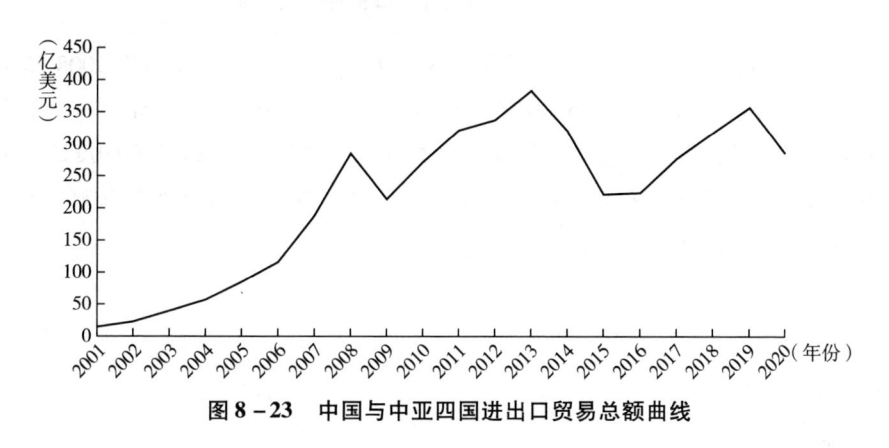

图 8-23 中国与中亚四国进出口贸易总额曲线

四 中国与印度、巴基斯坦贸易统计分析

（一）中国与印度贸易

由图 8-24 可以看出，中国与印度进出口贸易总额从 2001 年的 35.95 亿美元增加到 2019 年的 928.94 亿美元，增加了 24.84 倍。四次峰值分别为 2008 年的 518.44 亿美元、2011 年的 739.08 亿美元、2015 年的 715.97 亿美元和 2018 年的 957.31 亿美元。三次低点分别为 2009 年的 433.81 亿美元、2013 年的 654.03 亿美元和 2016 年的 701.62 亿美元。2009 年受美国金融危机影响贸易同比下滑 16.32%，之后逐步递增到 2011 年的峰值后稍有下降，2012~2016 年在高位运行，从 2016 年开始快速增长。印度自 2005 年后成为上合组织观察员国后与中国贸易合作开始加强，2017 年印度加入上合组织后，2018 年中印贸易额同比增加了 13.44%。2020 年受新冠肺炎疫情影响，中印进出口贸易总额同比下降明显。

由图 8-25 可以看出，中国对印度出口贸易额从 2001 年的 18.96 亿美元增

图 8-24　中国与印度进出口贸易总额曲线

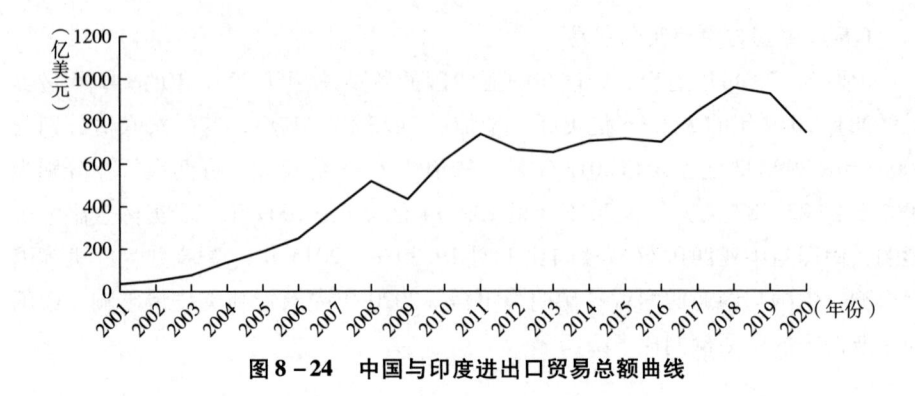

加到 2019 年的 749.24 亿美元,增加了 38.52 倍。三次峰值分别为 2008 年的 315.85 亿美元、2011 年的 505.36 亿美元和 2018 年的 768.81 亿美元,两次低点分别为 2009 年的 296.67 亿美元和 2012 年的 476.77 亿美元。2017 年印度加入上合组织后,2018 年中国对印出口明显增长。2020 年受新冠肺炎疫情影响,中国对印出口贸易额同比下降明显。

图 8-25　中国对印度出口贸易额曲线

由图 8-26 可以看出,中国从印度进口贸易额从 2001 年的 16.99 亿美元增加到 2019 年的 179.70 亿美元,增加了 9.58 倍,三次峰值分别为 2008 年的 202.59 亿美元、2011 年的 233.72 亿美元和 2018 年的 188.50 亿美元。两次低值分别为 2009 年的 137.14 亿美元和 2016 年的 117.64 亿美元。2009 年受美国金融危机影响比较明显,中国从印度进口贸易下滑了 32.31%,之后,快速递增到 2011 年的峰值,之后又开始下滑,直到 2016 年达到新的低点后开始回升。2005 年印度成为上合组织观察员国后,中国从印度进口贸易逐步增加,2017 年印度正式加入上合组织后,中国从印度进口贸易明显增加。2020 年受新冠肺炎疫情影响,中国从印度进口贸易额同比下降明显。

图 8-26　中国从印度进口贸易额曲线

(二) 中国与巴基斯坦贸易

由图 8-27 可以看出，中国与巴基斯坦贸易额从 2001 年的 13.97 亿美元增加到 2019 年的 179.91 亿美元，增加了 11.88 倍，两次峰值分别为 2008 年的 70.58 亿美元和 2017 年的 200.84 亿美元。只有一次比较明显的低值为 2009 年的 67.75 亿美元。之后，快速递增到 2017 年的峰值。2005 年巴基斯坦成为上合组织观察员国后，中国与巴基斯坦的贸易逐步增加，2017 年巴基斯坦正式加入上合组织后，中国与巴基斯坦的贸易额稍有下降。总体上看，中国与巴基斯坦的贸易额是逐年递增的，在 2001~2008 年稳步增长，2008 年后增速稍有下降，从 2009 年后又开始连续递增达到 2017 年的最高值 200.84 亿美元。2020 年受新冠肺炎疫情影响，中巴进出口贸易总额下降明显。

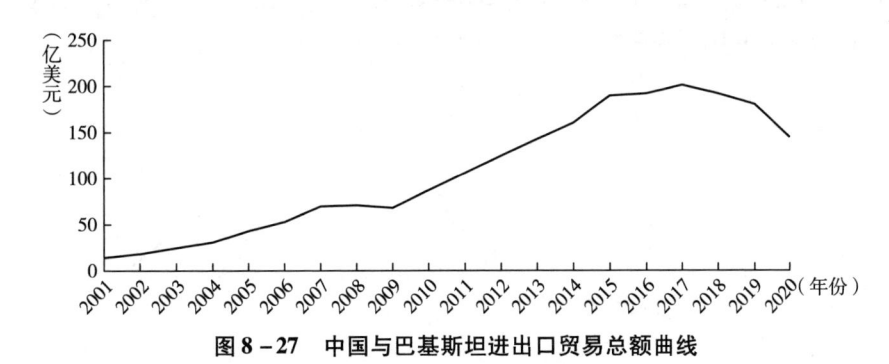

图 8-27　中国与巴基斯坦进出口贸易总额曲线

由图 8-28 可以看出，中国对巴基斯坦出口贸易额从 2001 年的 8.15 亿美元增加到 2019 年的 161.83 亿美元，增加了 18.86 倍，两次峰值分别为 2008 年的 60.51 亿美元和 2017 年的 182.51 亿美元。只有一次明显低值为 2009 年的 55.15 亿美元。2009 年受美国金融危机影响不太明显。2005 年巴基斯坦成为上合组织观察员国后，中国对巴基斯坦出口贸易逐步增加，2017年巴基斯坦正式加入上合组织后，中国对巴基斯坦出口贸易同比下降了7.04%。2020年受新冠肺炎疫情影响，中国对巴基斯坦出口贸易额同比下降明显。

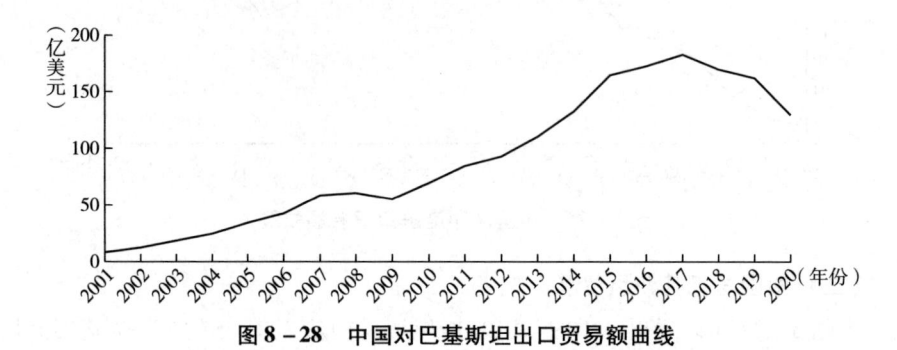

图8-28 中国对巴基斯坦出口贸易额曲线

由图8-29可以看出，中国从巴基斯坦进口贸易额从2001年的5.82亿美元增加到2019年的18.08亿美元，增加了2.11倍，三次峰值分别为2007年的11.04亿美元、2013年的31.97亿美元和2018年的21.79亿美元。两次低值分别为2008年的10.07亿美元和2017年的18.33亿美元。2009年后中国从巴基斯坦进口逐年递增，一直到2013年达到峰值，之后，又开始下滑，2017年达到新的低点后又开始回升。2005年巴基斯坦成为观察员国后，中国从巴基斯坦进口贸易逐年递增，2017年巴基斯坦正式加入上合组织后，2018年中国从巴基斯坦进口贸易额同比增加了18.88%。2020年受新冠肺炎疫情影响，中国从巴基斯坦进口贸易额同比下降明显。

图8-29 中国从巴基斯坦进口贸易额曲线

五 俄罗斯与中亚国家贸易统计分析

(一) 俄罗斯与哈萨克斯坦贸易

由图8-30可以看出，俄罗斯与哈萨克斯坦进出口贸易额从2001年47.96亿美元到2019年的196.22亿美元，增加了3.09倍。三次峰值分别为2008年的196.72亿美元、2012年的243.02亿美元和2019年的196.22亿美元。两次低点分别为2009年的128.32亿美元和2016年的130.39亿美元。从俄罗斯与哈萨克斯坦进出口贸易额总趋势看，在2012年达到最大值后连续四年下降，到2016年达到低点后又开始稳步增长。2009年受美国金融危机影响明显，俄罗斯与哈萨克斯坦进出口贸易总额同比下滑了34.77%，2015年受乌克兰危机等因素影响明显，贸易总额同比下滑30.67%。2020年受新冠肺炎疫情影响，俄哈进出口贸易总额同比下降明显。

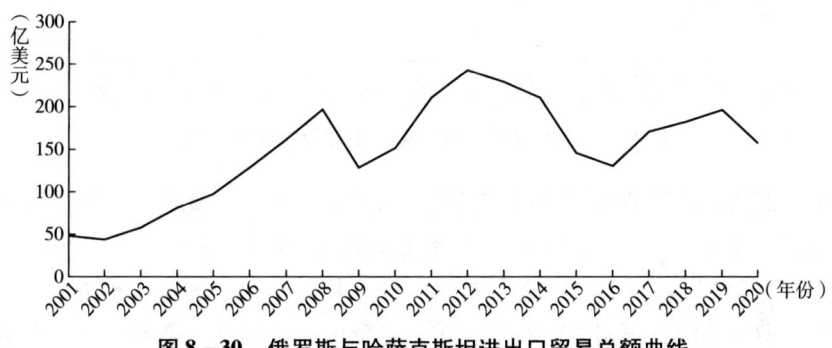

图8-30 俄罗斯与哈萨克斯坦进出口贸易总额曲线

由图8-31可以看出，俄罗斯对哈萨克斯坦出口贸易额从2001年的27.78亿美元增加到2019年的140.51亿美元，增长了4.06倍。两次峰值分别为2008年的133.00亿美元和2013年的172.18亿美元。两次低值分别为2009年的91.47亿美元和2016年的94.27亿美元。俄罗斯对哈萨克斯坦出口贸易额总体上是稳步增长的，但是，到2013年最高值后开始下降，一直到2016年后才开始恢复增长。2009年受美国金融危机影响明显，俄罗斯对哈萨克斯坦出口贸易额同比下滑31.23%，2015年受乌克兰危机影响明显，俄罗斯对哈萨克斯坦出口贸易额同比下滑25.68%。2020年受新冠肺炎疫情影响，俄罗斯对哈萨克斯坦出口贸易额同比下降明显。

由图8-32可以看出，俄罗斯从哈萨克斯坦进口贸易额从2001年的20.18亿美元增加到2019年的55.71亿美元，增加了1.76倍。三次峰值分别为2008年的63.71亿美元、2012年的94.09亿美元和2014年的71.72亿美元。俄罗斯

图 8-31　俄罗斯对哈萨克斯坦出口贸易额曲线

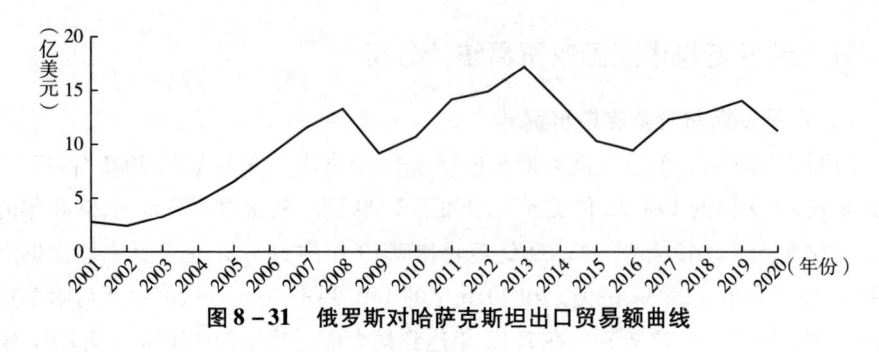

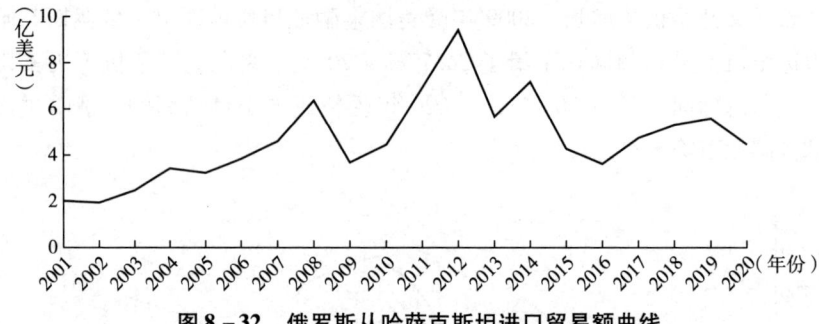

图 8-32　俄罗斯从哈萨克斯坦进口贸易额曲线

从哈萨克斯坦进口贸易额在 2012 年达到最大值后开始逐年递减，在 2016 年达到新低点后，又开始回升。三次低点分别为 2009 年的 36.85 亿美元、2013 年的 56.65 亿美元和 2016 年的 36.12 亿美元。2009 年受美国金融危机影响明显，俄从哈进口贸易额同比下滑 42.16%，2015 年受乌克兰危机和俄罗斯、中亚国家货币贬值等影响进口额同比下滑 40.39%。2020 年受新冠肺炎疫情影响，俄罗斯从哈萨克斯坦进口贸易额同比下降明显。

（二）俄罗斯与乌兹别克斯坦贸易

由图 8-33 可以看出，俄罗斯与乌兹别克斯坦进出口贸易额从 2001 年的 9.93 亿美元增加到 2019 年的 50.86 亿美元，增加了 4.12 倍。三次峰值分别为 2008 年的 33.65 亿美元、2013 年的 40.61 亿美元和 2019 年的 50.86 亿美元，三次低点分别为 2009 年的 25.43 亿美元、2012 年的 37.16 亿美元和 2016 年的 27.26 亿美元。俄罗斯与乌兹别克斯坦贸易总额曲线总体为上升趋势。2009 年受美国金融危机影响，贸易总额同比下滑 24.43%，2015 年受乌克兰危机等因素影响，贸易总额同比下滑 29.78%。2020 年受新冠肺炎疫情影响，俄罗斯与乌兹别克斯坦进出口贸易总额同比下降明显。

由图 8-34 可以看出，俄罗斯对乌兹别克斯坦出口额从 2001 年的 4.09 亿美

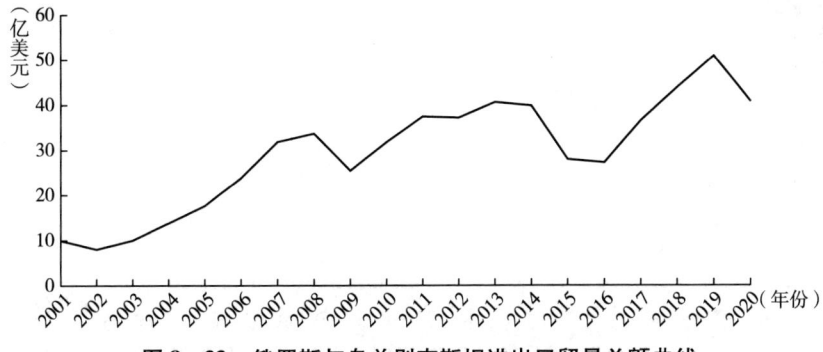

图 8-33 俄罗斯与乌兹别克斯坦进出口贸易总额曲线

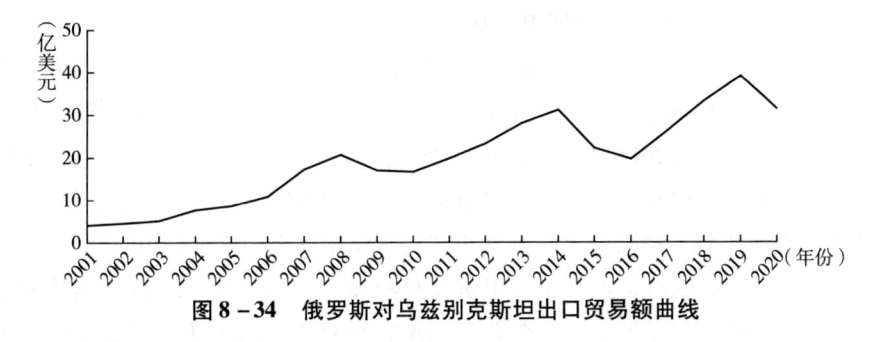

图 8-34 俄罗斯对乌兹别克斯坦出口贸易额曲线

元增加到 2019 年的 39.08 亿美元，增加了 8.56 倍。三次峰值分别为 2008 年的 20.67 亿美元、2014 年的 31.14 亿美元和 2019 年的 39.08 亿美元，在 2019 年达到最高值。两次低点分别为 2010 年的 16.64 亿美元，2016 年的 19.65 亿美元。从 2001 年开始俄罗斯对乌兹别克斯坦出口总体上是增长的，但有两次较大下滑，在 2009 年受美国金融危机影响和 2015 年受乌克兰危机等因素影响，俄罗斯对乌兹别克斯坦出口同比分别下降 17.9% 和 28.7%。2020 年受新冠肺炎疫情影响，俄罗斯对乌兹别克斯坦出口贸易额下降明显。

由图 8-35 可以看出，俄罗斯从乌兹别克斯坦进口贸易额从 2001 年的 5.84 亿美元增加到 2019 年的 11.78 亿美元，增长了 1.02 倍。三次峰值分别为 2007 年的 14.59 亿美元、2011 年的 17.56 亿美元和 2019 年的 11.78 亿美元。三次低点分别为 2002 年的 3.44 亿美元、2009 年的 8.46 亿美元和 2015 年的 5.76 亿美元。2009 年受美国金融危机影响，俄罗斯对乌兹别克斯坦进口额同比下滑了 34.82%，两年后回升到 2011 年的最大峰值，然后又开始连续四年急剧下降，一直到 2015 年后回升反弹，逐步递增到 2019 年的新高点，2020 年受新冠肺炎疫情影响，俄罗斯对乌兹别克斯坦进口贸易额下降明显。

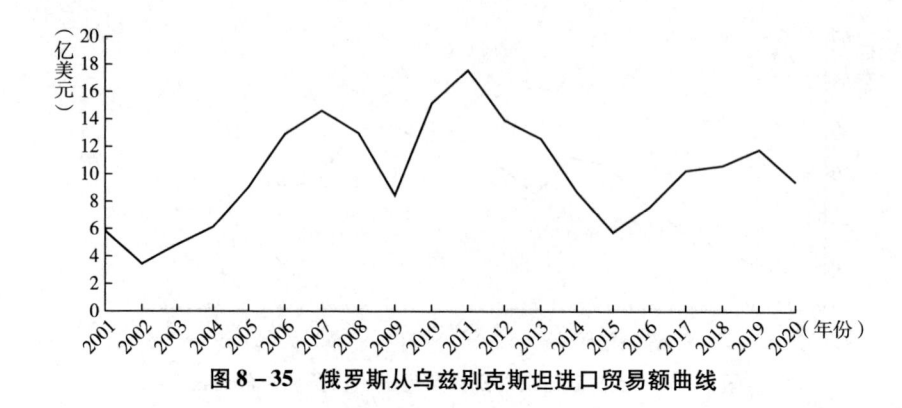

图 8-35　俄罗斯从乌兹别克斯坦进口贸易额曲线

(三) 俄罗斯与吉尔吉斯斯坦贸易

由图 8-36 可以看出，俄罗斯与吉尔吉斯斯坦进出口总额从 2001 年的 1.45 亿美元增加到 2019 年的 18.66 亿美元，增加了 11.87 倍。两次峰值分别为 2008 年的 18.02 亿美元和 2013 年的 21.39 亿美元，两个低点分别是 2009 年的 12.83 亿美元和 2016 年的 11.96 亿美元。总体来看，受 2008 年美国金融危机等因素影响明显，2009 年俄罗斯与吉尔吉斯斯坦贸易额同比下滑 29%，2014 年后受乌克兰危机影响，俄罗斯与吉尔吉斯斯坦贸易总额连续三年下滑，2016 年后才开始回升。2013~2015 年俄罗斯与吉尔吉斯斯坦贸易总额下滑的重要因素是俄罗斯从吉尔吉斯斯坦进口商品减少。2020 年受新冠肺炎疫情影响，俄罗斯与吉尔吉斯斯坦进出口贸易总额下降明显。

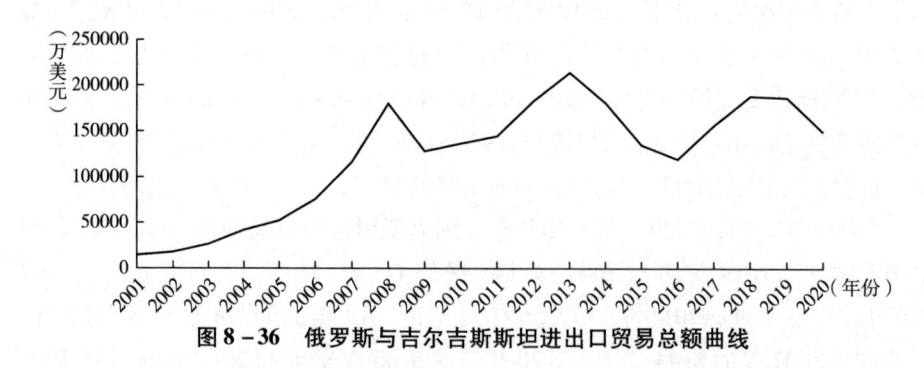

图 8-36　俄罗斯与吉尔吉斯斯坦进出口贸易总额曲线

由图 8-37 可以看出，俄罗斯对吉尔吉斯斯坦出口从 2001 年的 0.83 亿美元增加到 2019 年的 15.5 亿美元，增加了 17.67 倍。三次峰值分别为 2008 年的 13.11 亿美元、2013 年的 20.29 亿美元和 2018 年的 16.35 亿美元。两次低点分别是 2009 年的 9.16 亿美元和 2016 年的 10.26 亿美元。2009 年受美国金融危机影响俄对吉出口额同比下滑了 30.07%，2016 年受乌克兰危机等因素影响俄对吉出口额下滑了20.48%。2020年受新冠肺炎疫情影响，俄罗斯对吉尔吉斯斯坦出口贸易额下降明显。

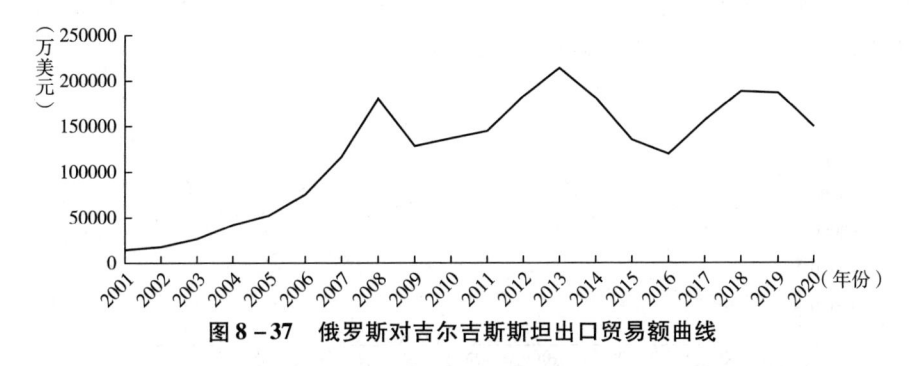

图8-37 俄罗斯对吉尔吉斯斯坦出口贸易额曲线

由图8-38可以看出，俄罗斯从吉尔吉斯斯坦进口额从2001年的0.62亿美元增加到2019年的3.16亿美元，增加了4.09倍。进口贸易数据曲线在2008年达到峰值为4.91亿美元，之后逐步下降，在2015年达到低点0.62亿美元后开始逐步回升。2008年后受美国金融危机等因素影响，俄罗斯从吉尔吉斯斯坦进口额逐步减少。2014年受乌克兰危机、国际大宗商品价格下滑以及俄罗斯与中亚国家货币贬值等因素影响，2015年俄罗斯从吉尔吉斯斯坦进口贸易额降低到低点，之后开始快速回升，2020年受新冠肺炎疫情影响，俄罗斯从吉尔吉斯斯坦进口贸易额下降明显。

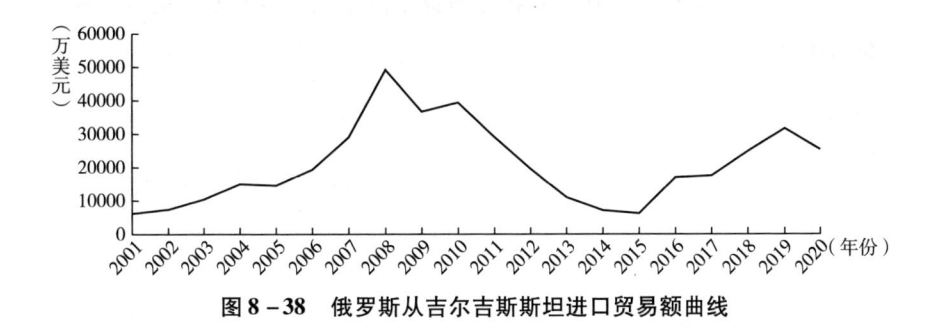

图8-38 俄罗斯从吉尔吉斯斯坦进口贸易额曲线

（四）俄罗斯与塔吉克斯坦贸易

由图8-39可以看出，俄罗斯与塔吉克斯坦贸易总额从2001年的1.99亿美元增加到2019年的9.9亿美元，增加了3.97倍。四次峰值分别为2008年的10.04亿美元、2010年的8.86亿美元、2014年的9.28亿美元和2019年的9.9亿美元。三次低点分别为2009年的7.87亿美元、2012年的7.46亿美元和2016年的6.88亿美元。俄罗斯与塔吉克斯坦贸易总额在2002年以后快速提升，到

2008年达到历史最高值,之后在高位徘徊波动,其中,2009年受美国金融危机影响同比下滑,在2010年快速回升后,2014年达到峰值,2014年后受乌克兰危机影响又连续两年下滑,到2017年又开始回升。2020年受新冠肺炎疫情影响,俄罗斯与塔吉克斯坦贸易总额同比下降明显。

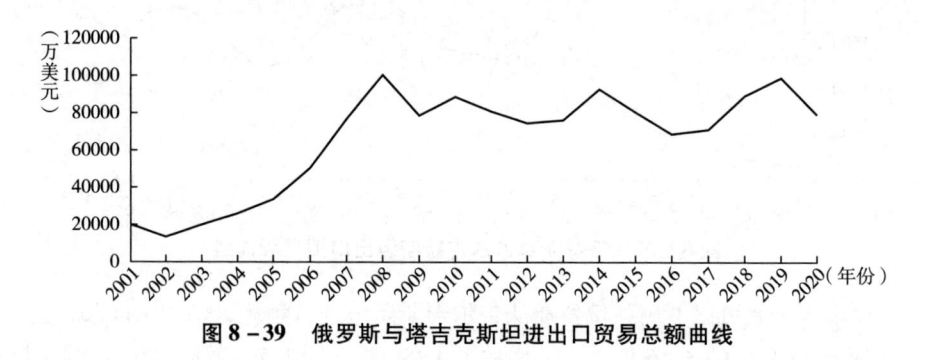

图8-39 俄罗斯与塔吉克斯坦进出口贸易总额曲线

由图8-40可以看出,俄罗斯对塔吉克斯坦出口额从2001年的0.69亿美元增加到2019年的9.53亿美元,增加了12.81倍。三次峰值分别为2008年的7.94亿美元、2014年的8.90亿美元和2019年的9.53亿美元。三次低点分别为2009年的5.72亿美元、2012年的6.79亿美元和2016年的6.61亿美元。俄罗斯对塔吉克斯坦出口额在2009年受美国金融危机影响明显,同比下滑了38.8%,2014年后受乌克兰危机的影响,俄罗斯对塔吉克斯坦出口贸易有所下滑,2019年又升到峰值。2020年受新冠肺炎疫情影响,俄罗斯对塔吉克斯坦出口贸易同比下降明显。

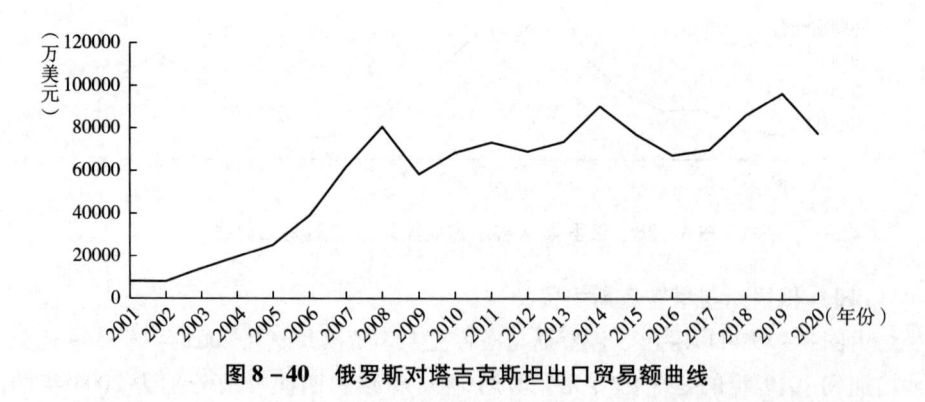

图8-40 俄罗斯对塔吉克斯坦出口贸易额曲线

由图8-41可以看出,俄罗斯从塔吉克斯坦进口额从2001年的1.29亿美元下滑到2019年的0.37亿美元,下滑了71.32%。但从2002年后连续递增到

2010年的最大值，为2.14亿美元，2011年同比大幅下滑58.9%，之后，开始缓慢下滑。主要是2008年金融危机以及2014年乌克兰危机后，受国际大宗商品价格下降、中亚国家本币货币贬值以及塔吉克斯坦对俄罗斯出口的产品减少等因素影响。2020年受新冠肺炎疫情影响，俄罗斯从塔吉克斯坦进口贸易额下降。

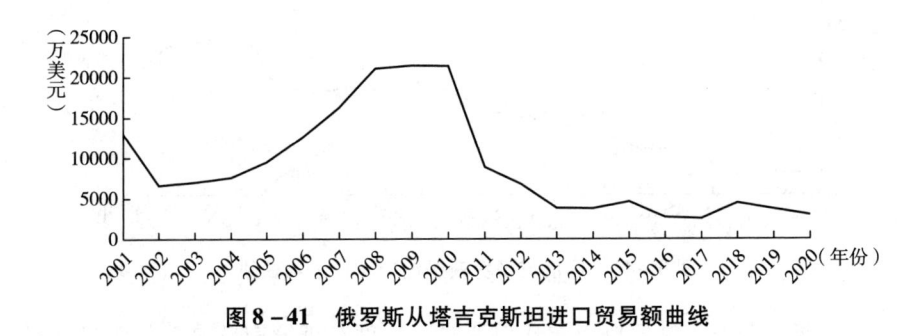

图8-41 俄罗斯从塔吉克斯坦进口贸易额曲线

（五）俄罗斯与中亚四国贸易

由图8-42可以看到，俄罗斯与中亚四国贸易总额从2001年的61.33亿美元增加到2019年的275.64亿美元，增加了3.49倍。三次峰值分别为2008年的258.43亿美元、2012年的305.94亿美元和2019年的275.64亿美元。两次低点分别为2009年的174.45亿美元和2016年的176.49亿美元。其中，受美国金融危机影响2009年俄与中亚四国贸易总额同比下滑，受乌克兰危机影响2014~2016年又连续三年下滑，到2016年后开始大幅度回升。2020年受新冠肺炎疫情影响，俄罗斯与中亚四国进出口贸易总额同比下降明显。

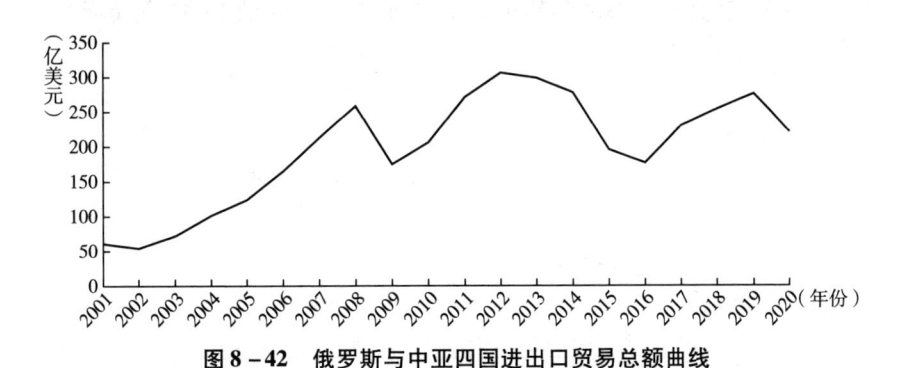

图8-42 俄罗斯与中亚四国进出口贸易总额曲线

六　印度与俄罗斯及中亚四国贸易统计分析

（一）印度与俄罗斯贸易

由图8-43可以看出，印度与俄罗斯贸易总额从2001年的13.18亿美元增加到 2019 年的 89.25 亿美元，增加了 5.77 倍。三次峰值分别为 2008 年的 55.42 亿美元、2012 年的 67.47 亿美元和 2017 的 101.29 亿美元。两次低值分别为 2009 年的 44.02 亿美元和 2015 年的 61.39 亿美元。

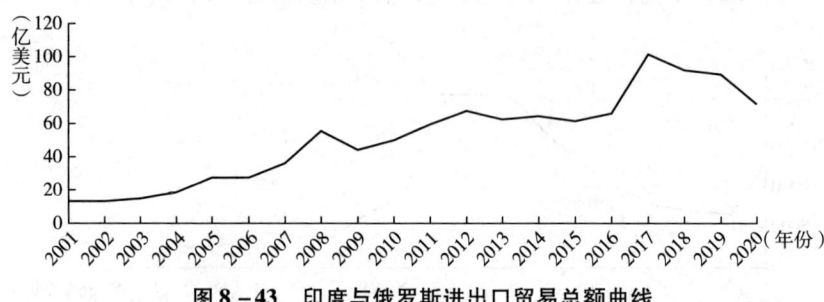

图 8-43　印度与俄罗斯进出口贸易总额曲线

2009 年受美国金融危机影响比较明显，印度与俄罗斯贸易总额明显下滑，之后，逐步递增到 2012 年的峰值后，在波动中缓慢增长，2017 年达到峰值，2018 年又稍有回落。2005 年印度成为上合组织观察员国后，与俄罗斯的贸易额逐步增加，2017 年印度正式加入上合组织后，印度与俄罗斯的贸易额降低了 9.38%，主要原因是印度从俄罗斯进口贸易额减少。2020 年受新冠肺炎疫情影响，印度对俄罗斯进出口贸易总额同比下降明显。

由图 8-44 可以看出，印度对俄罗斯出口贸易额从 2001 年的 8.40 亿美元增加到 2019 年的 28.04 亿美元，增加了 2.34 倍。三次峰值分别为 2008 年的 10.91 亿美元、2013 年的 24.19 亿美元和 2019 年的 28.04 亿美元。三次低值分别为 2004 年的 6.31 亿美元、2009 年的 9.64 亿美元和 2015 年的 16.12 亿美元。

图 8-44　印度对俄罗斯出口贸易额曲线

2009 年受美国金融危机影响，印度对俄罗斯出口额下滑了 11.58%，之后快速递增到2013年的峰值，之后又下滑到2015年新的低点，2019年回升到新的高点。2005年印度成为上合组织观察员国后，印度对俄罗斯出口贸易额逐步增加，在2017年正式加入上合组织后，印度2018年对俄罗斯出口贸易额增加了8.93%。2020年受新冠肺炎疫情影响，印度对俄罗斯出口贸易额同比下降明显。

由图8-45可以看出，印度从俄罗斯进口贸易额从2001年的4.79亿美元增加到2019年的61.20亿美元，增加了11.78倍。四次峰值分别为2005年的20.37亿美元，2008年的44.51亿美元，2012年的46.02亿美元和2017年的79.89亿美元。三次低值分别为2006年的19.01亿美元、2009年的34.38亿美元和2013年的38.14亿美元。

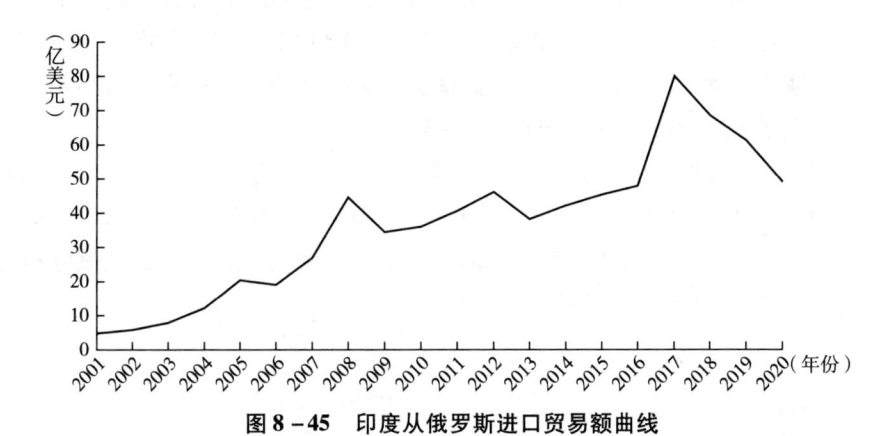

图8-45 印度从俄罗斯进口贸易额曲线

2009年受美国金融危机影响较大，印度对俄罗斯进口额下滑了22.76%，之后，缓慢递增到2012年的峰值后，次年下滑到新的低点，从2013年又开始回升。2005年印度成为上合组织观察员国后，对俄罗斯进口贸易逐步增加，2017年印度正式加入上合组织后，印度从俄罗斯进口贸易额有所减少。2020年受新冠肺炎疫情影响，印度从俄罗斯进口贸易额同比下降明显。

（二）印度与哈萨克斯坦贸易

由图8-46可以看出，印哈贸易总额从2001年的0.66亿美元增加到2019年的16.17亿美元，增加了23.5倍。三次峰值分别为2014年的11.63亿美元、2017年的11.59亿美元和2019年的16.17亿美元。两次低值分别为2016年的4.45亿美元和2018年的8.82亿美元。

2009年受美国金融危机影响不大，贸易总额提升了2.18%，之后快速递增到2014年的峰值后又开始下滑，2016年达到新的低点后又开始回升。2005年印

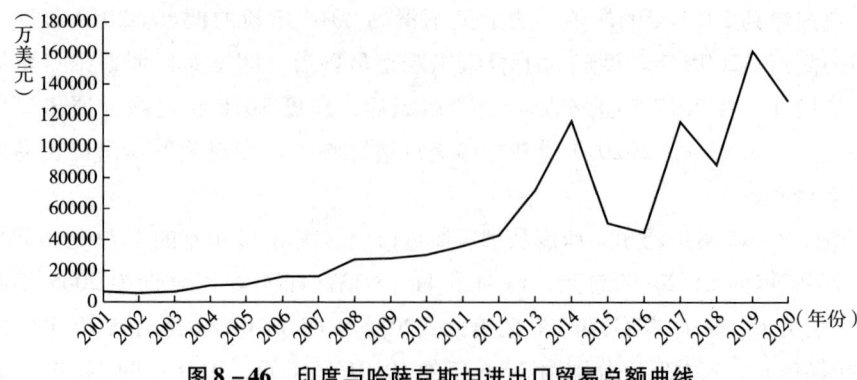

图 8-46　印度与哈萨克斯坦进出口贸易总额曲线

度成为上合组织观察员国后,与哈萨克斯坦的贸易总额逐步增加,2017年印度正式加入上合组织后,2018年印度与哈萨克斯坦的贸易总额降低了23.89%,原因是印度从哈萨克斯坦进口贸易明显减少。2020年受新冠肺炎疫情影响,印度与哈萨克斯坦进出口贸易总额同比下降明显。

由图8-47可以看出,印度对哈萨克斯坦出口贸易额从2001年的0.54亿美元增加到2019年的1.89亿美元,增加了2.5倍。三次峰值分别为2004年的0.91亿美元、2013年的2.76亿美元和2019年的1.89亿美元。两次低值分别为2002年的0.46亿美元和2017年的1.18亿美元。

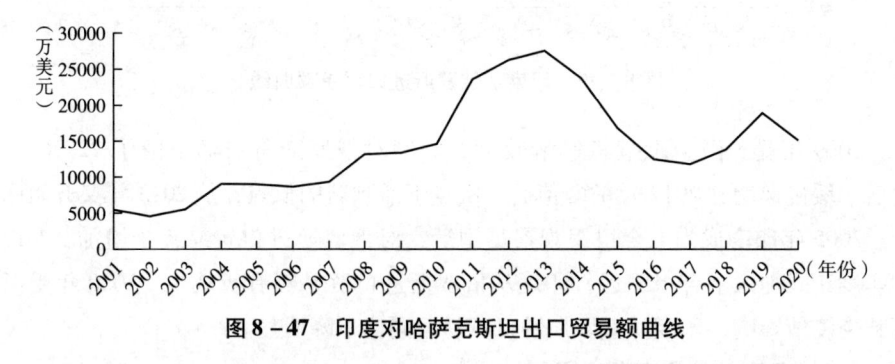

图 8-47　印度对哈萨克斯坦出口贸易额曲线

2009年受美国金融危机影响不大,印度对哈萨克斯坦出口贸易额增加了1.52%,之后,快速递增到2013年的峰值,之后下滑到2017年新的低点后又开始回升。2005年印度成为上合组织观察员国后,对哈萨克斯坦的出口贸易逐步增加,2017年印度正式加入上合组织后,2018年印度对哈萨克斯坦的出口贸易增加了17.79%。2020年受新冠肺炎疫情影响,印度对哈萨克斯坦出口贸易额同比下降明显。

由图8-48可以看出,印从哈进口贸易额从2001年的0.11亿美元增加到2019年的14.25亿美元,增加了128.55倍。三次峰值分别为2014年的9.25亿美元、2017年的10.40亿美元和2019年的14.25亿美元。三次低值分别在2011年的1.23亿美元、2016年的3.20亿美元和2018年的7.43亿美元。

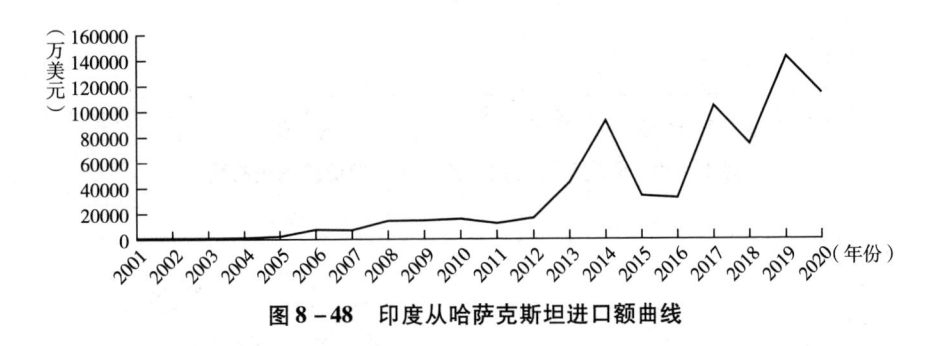

图8-48 印度从哈萨克斯坦进口额曲线

2009年受美国金融危机影响不大,印对哈进口贸易额增加了2.79%,之后,小幅波动递增到2014年的峰值,之后下滑到2016年新的低点后又开始回升。2005年印度成为上合组织观察员国后,与哈萨克斯坦的进口贸易额逐步增加,2017年印度正式加入上合组织后,2018年印度从哈萨克斯坦的进口贸易降低了28.56%。2020年受新冠肺炎疫情影响,印度从哈萨克斯坦进口贸易额同比下降明显。

(三) 印度与乌兹别克斯坦贸易

由图8-49可以看出,印度与乌兹别克斯坦进出口贸易总额从2001年的0.25亿美元增加到2019年的2.93亿美元,增加了10.72倍。四次峰值分别在2005年的0.59亿美元、2008年的1.24亿美元、2014年的2.01亿美元和2018年的3.00亿美元。三次低值分别为2007年的0.51亿美元、2009年的0.78亿美元和2016年的1.37亿美元。

2009年受美国金融危机影响明显,印度与乌兹别克斯坦贸易总额下滑了37.09%,之后,逐步递增到2014年的峰值,受乌克兰危机等因素影响又开始下滑,到2016年达到新的低点,又开始回升并在2018年达到新峰值。2005年印度成为上合组织观察员国后,与乌兹别克斯坦贸易总额逐步增加,2017年印度正式加入上合组织后,2018年印度与乌兹别克斯坦贸易总额增加了27.66%。2020年受新冠肺炎疫情影响,印度与乌兹别克斯坦进出口贸易总额同比下降明显。

由图8-50可以看出,印度对乌兹别克斯坦出口贸易额从2001年的0.07亿

图 8-49　印度与乌兹别克斯坦进出口贸易总额曲线

图 8-50　印度对乌兹别克斯坦出口贸易额曲线

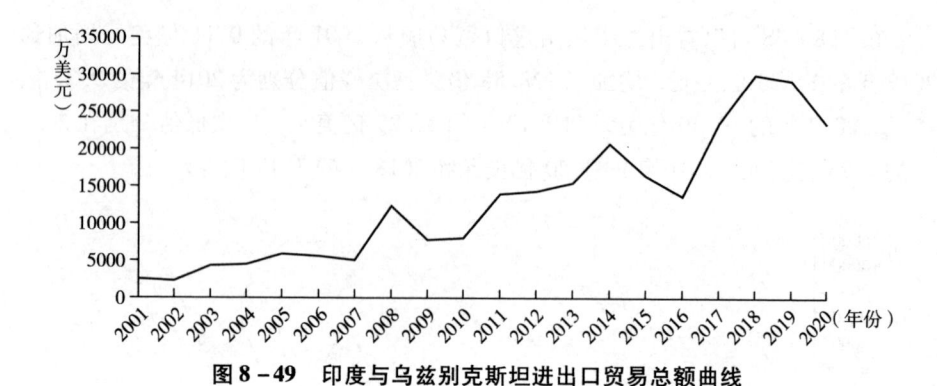

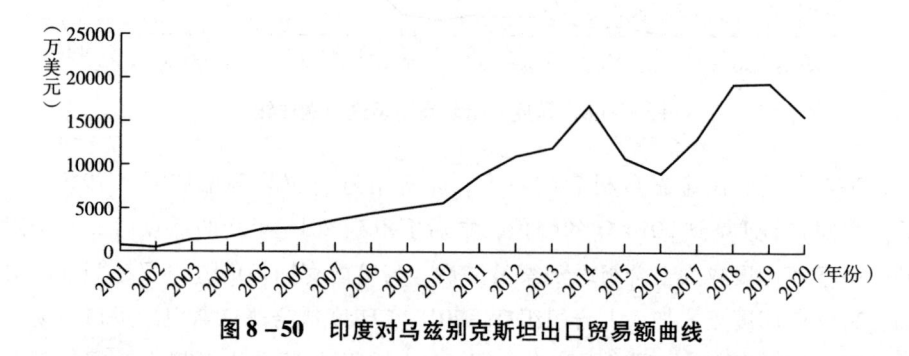

美元增加到2018年的1.94亿美元,增加了26.71倍。两次峰值分别为2014年的1.68亿美元和2019年的1.94亿美元。一次低值为2016年的0.91亿美元。

2009年受美国金融危机影响不大,印度对乌兹别克斯坦出口贸易额增加了15.91%,之后,快速递增到2014年的峰值,受乌克兰危机等因素影响又开始下滑,2016年达到新的低点后又开始回升并在2019年达到新的峰值。2005年印度成为上合组织观察员国后,对乌兹别克斯坦的出口贸易逐步增加,2017年印度正式加入上合组织后,2018年印度对乌兹别克斯坦的出口贸易额增加了47.33%。2020年受新冠肺炎疫情影响,印度对乌兹别克斯坦的出口贸易额下降明显。

由图8-51可以看出,印度从乌兹别克斯坦进口贸易额从2001年的0.18亿美元增加到2019年的0.98亿美元,增加了4.44倍。四次峰值分别为2008年的0.80亿美元、2011年的0.52亿美元、2015年的0.57亿美元和2018年的1.07亿美元。四次低值分别为2007年的0.14亿美元、2010年的0.24亿美元、2012年的0.34亿美元和2016年的0.46亿美元。

2009年受美国金融危机影响非常显著,印度从乌兹别克斯坦进口贸易下滑

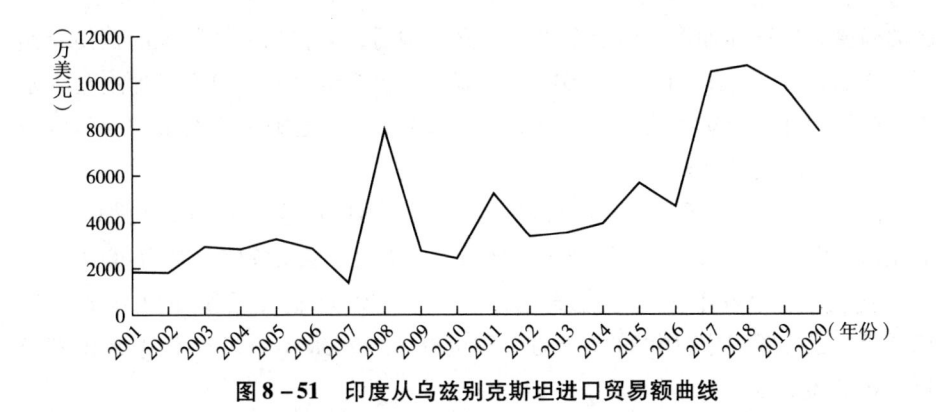

图 8-51　印度从乌兹别克斯坦进口贸易额曲线

了 66.25%，之后继续下滑至 2010 年的低值，次年提升之后再次下降到新的低点，随后波动上升，并在 2018 年达到新的峰值。2005 年印度成为上合组织观察员国后，与乌兹别克斯坦的进口贸易在波动中逐步增加，2017 年印度正式加入上合组织后，2018 年印度从乌兹别克斯坦的进口贸易增加了 2.88%。2020 年受新冠肺炎疫情影响，印度从乌兹别克斯坦进口贸易额同比下降明显。

（四）印度与吉尔吉斯斯坦贸易

由图 8-52 可以看出，印度与吉尔吉斯斯坦进出口贸易总额从 2001 年的 0.11 亿美元增加到 2019 年的 0.32 亿美元，增加了 1.91 倍。四次峰值分别为 2004 年的 0.53 亿美元，2006 年的 0.40 亿美元，2013 年的 0.38 亿美元和 2017 年的 0.62 亿美元。三次低值分别为 2005 年的 0.31 亿美元，2008 年的 0.23 亿美元和 2016 年的 0.28 亿美元。

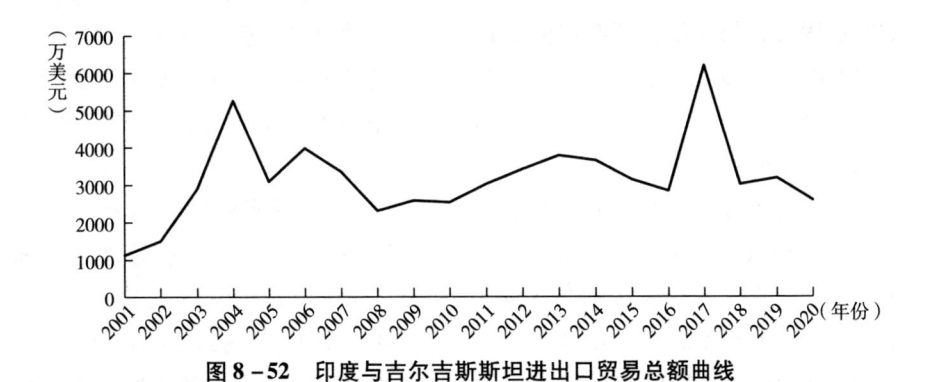

图 8-52　印度与吉尔吉斯斯坦进出口贸易总额曲线

2009 年受美国金融危机影响不大，印度与吉尔吉斯斯坦进出口贸易总额上升了 13.04%，之后，波动中逐步递增到 2013 年的峰值，2014 年后受乌克兰危机等因素影响，开始下滑，2016 年降到新的低点后开始回升，并在 2017 年达到新的峰值。2005年印度成为上合组织观察员国后，与吉尔吉斯斯坦的贸易总额明显增加，后又逐步下降，在2017年正式加入上合组织后，2018年印度与吉尔吉斯斯坦的进口贸易额减少了51.61%。2020年受新冠肺炎疫情影响，印度与吉尔吉斯斯坦贸易总额同比下降明显。

由图8-53可以看出，印度对吉尔吉斯斯坦出口贸易额从2001年的0.10亿美元增加到2019年的0.29亿美元，增加了1.9倍。四次峰值分别为2004年的0.52亿美元、2006年的0.38亿美元、2013年的0.37亿美元和2017年的0.31亿美元。三次低值分别为2005年的0.30亿美元、2008年的0.22亿美元和2016年的0.27亿美元。

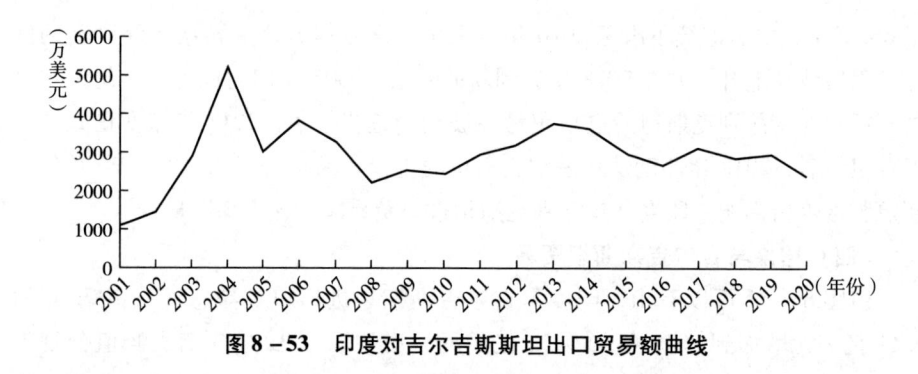

图8-53 印度对吉尔吉斯斯坦出口贸易额曲线

2009年受美国金融危机影响不大，印度对吉尔吉斯斯坦出口贸易额增加了13.64%，在波动中递增到2013年的峰值。之后受乌克兰危机等因素影响，下滑到2016年新的低点，又开始回升并在2017年达到新峰值点。2005年印度成为观察员国后，与吉尔吉斯斯坦的出口贸易额一直在0.3亿美元上下浮动。在2017年印度正式加入上合组织后，2018年印度与吉尔吉斯的出口贸易额变化不大，同比降低了9.68%。2020年受新冠肺炎疫情影响印度对吉尔吉斯斯坦出口贸易同比下降明显。

由图8-54可以看出，印度从吉尔吉斯斯坦进口贸易额从2001年的0.0056亿美元增加到2019年的0.023亿美元，增加了3.11倍。五次峰值分别为2006年的0.017亿美元、2008年的0.0096亿美元、2010年的0.0103亿美元、2012年的0.023亿美元和2017年的0.31亿美元。其中，2017年达到最高峰值。2017年形成高峰值的主要原因是印度从吉尔吉斯斯坦进口商品大幅度增加，从2016年的0.0181亿美元增加到2017年的0.3111亿美元，同比增加了16.19倍。四次低点分别为2007年的0.0084亿美元、2009年的0.0062亿美元、2011年的0.0073亿美元和2014年的0.0049亿美元。

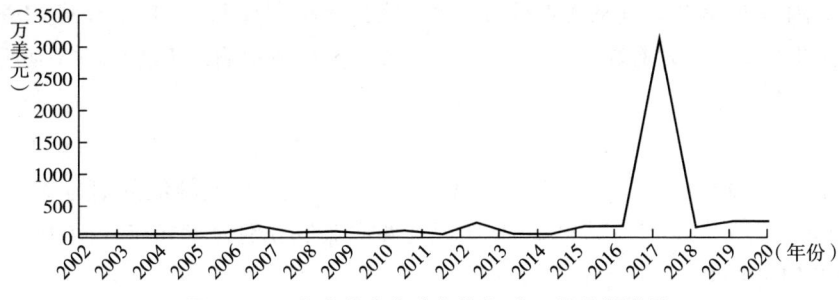

图 8–54　印度从吉尔吉斯斯坦进口贸易额曲线

印度从吉尔吉斯斯坦进口贸易额长期维持在较低水平，只在 2017 年快速递增到明显的峰值，之后又迅速回落到之前的水平。2005 年印度成为上合组织观察员国后，与吉尔吉斯斯坦的进口贸易额未发生较大波动，在 2017 年印度正式加入上合组织后，2018 年印度与吉尔吉斯斯坦的进口贸易额降低了 93.55%。2020 年印度从吉尔吉斯斯坦进口贸易额变化不明显。

（五）印度与塔吉克斯坦贸易

由图 8–55 可以看出，印度与塔吉克斯坦进出口贸易总额从 2001 年的 0.031 亿美元增加到 2019 年的 0.24 亿美元，增加了 6.74 倍。三次峰值分别为 2011 年的 0.89 亿美元、2014 年的 0.64 亿美元和 2017 年的 0.72 亿美元。两次低值分别为 2012 年的 0.45 亿美元和 2016 年的 0.34 亿美元。

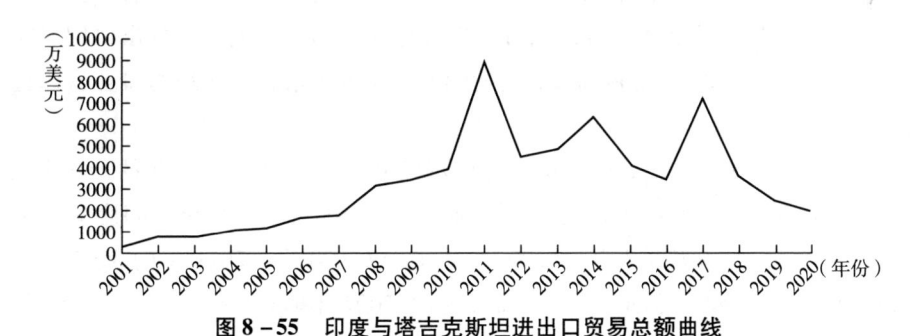

图 8–55　印度与塔吉克斯坦进出口贸易总额曲线

2009 年受美国金融危机影响不大，印度与塔吉克斯坦贸易总额增长了 9.68%，并快速递增到 2011 年的峰值，次年下滑至低值，随后又开始回升到 2014 年第二个峰值，之后在乌克兰危机等因素影响下，下滑到 2016 年新低后开始回升，并在 2017 年达到新高点。2010~2018 年总体呈现持续波动状态。2005 年印度成为上合组织观察员国后，与塔吉克斯坦的贸易总额逐步增加，2017 年印度正式加入上合组织后，2018 年印度与塔吉克斯坦的贸易总额减少了 50%，主要原因是2018年印度从塔吉克斯坦进口商品大幅度减少，同时，印度对塔吉克斯坦出口商品也略有减少。2020年受新冠肺炎疫情影响，印度与塔吉克斯坦贸易总额继续下降。

由图8-56可以看出，印度对塔吉克斯坦出口贸易额从2001年的0.017亿美元增加到2019年的0.24亿美元，增加了13.12倍。两次峰值分别为2014年的0.60亿美元和2017年的0.24亿美元。两次低值分别为2016年的0.19亿美元和2018年的0.21亿美元。

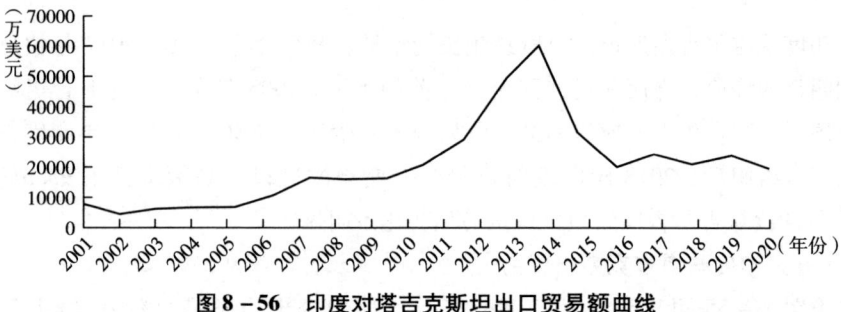

图8-56 印度对塔吉克斯坦出口贸易额曲线

2009年受美国金融危机影响不大，印度对塔吉克斯坦出口贸易只下滑了5.88%，之后快速递增到2014年的最高峰值，2016年降到新的低点后又开始回升。2005年印度成为上合组织观察员国后，与塔吉克斯坦的出口贸易额逐步增加，2017年印度正式加入上合组织后，2018年印度与塔吉克斯坦的出口贸易额减少了12.5%。2020年受新冠肺炎疫情影响，印度对塔吉克斯坦出口贸易同比有所下降。

由图8-57可以看出，印度从塔吉克斯坦进口贸易额从2001年的0.014亿美元增加到2018年的0.15亿美元，增加了9.71倍，而2019年大幅度减少为0.0029亿美元。三次峰值分别为2006年的0.096亿美元、2011年的0.67亿美元和2017年的0.48亿美元。三次低值分别为2007年的0.069亿美元、2013年的0.0056亿美元和2019年的0.029亿美元。

2009年受美国金融危机影响不大，印度从塔吉克斯坦进口贸易额反而增长了20%，并快速递增到2011年的峰值，之后开始下滑，2013年达到新的低点后开始大幅度回升。2005年印度成为上合组织观察员国后，与塔吉克斯坦的进口贸易额有所增加，但总体波动较大，2017年印度正式加入上合组织后，2018年印度与塔吉克斯坦的进口贸易额同比降低了68.75%。2020年受新冠肺炎疫情影响，印度从塔吉克斯坦进口贸易额有所下降。

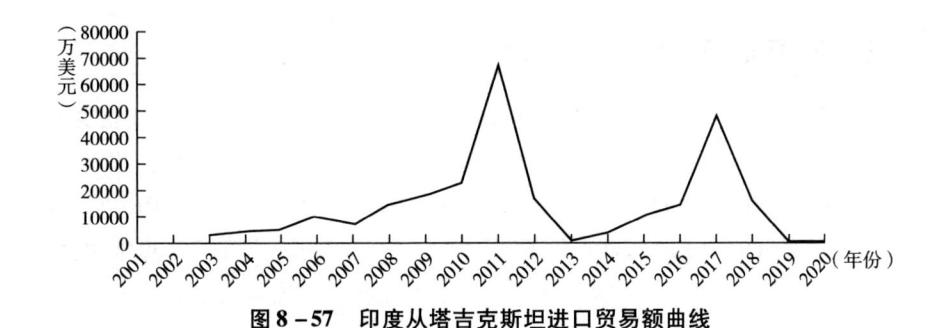

图 8-57　印度从塔吉克斯坦进口贸易额曲线

（六）印度与俄罗斯及中亚四国贸易

由图 8-58 可以看出，印度与俄罗斯及中亚四国贸易总额从 2001 年的 14.23 亿美元增加到 2019 年的 108.91 亿美元，增加了 6.65 倍。五次峰值分别为 2008 年的 59.95 亿美元、2012 年的 73.97 亿美元、2014 年的 78.96 亿美元、2017 年的 116.57 亿美元和 2019 年的 108.87 亿美元。四次低值分别为 2009 年的 48.20 亿美元、2013 年的 71.92 亿美元、2015 年的 68.82 亿美元和 2018 年的 104.27 亿美元。

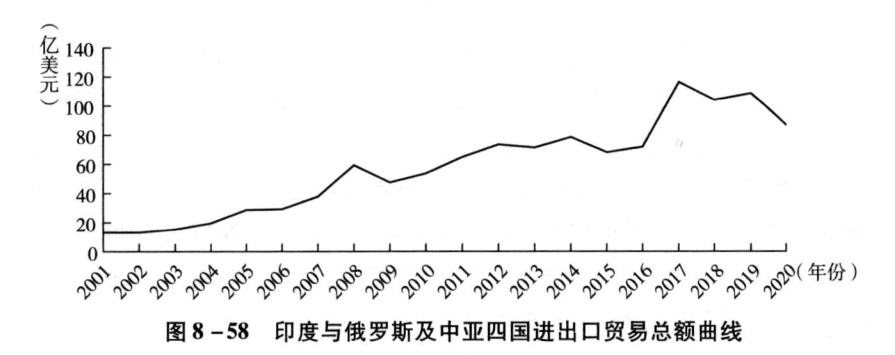

图 8-58　印度与俄罗斯及中亚四国进出口贸易总额曲线

受美国金融危机影响，2009 年印度与俄罗斯及中亚四国贸易总额下滑了 19.59%，之后逐步递增到 2014 年的峰值，次年受乌克兰危机等因素影响又下滑到新的低点，2016 年后又开始回升。2005 年印度成为上合组织观察员国后，与俄罗斯及中亚四国贸易总额逐步增加，2017 年印度正式加入上合组织后，2018 年印度与俄罗斯及中亚四国贸易总额下降了 10.55%。主要原因是 2018 年印度从俄罗斯进口贸易减少，印度从哈萨克斯坦、吉尔吉斯斯坦和塔吉克斯坦的进口贸易减少，只有从乌兹别克斯坦的进口贸易稍有增加。

七 巴基斯坦与印度贸易统计分析

由图 8-59 可以看出，巴基斯坦与印度贸易总额从 2001 年的 2.34 亿美元增加到 2018 年的 29.04 亿美元，增加了 11.41 倍。四次峰值分别为 2008 年的 21.45 亿美元、2010 年的 25.57 亿美元、2014 年的 26.99 亿美元和 2018 的 29.04 亿美元。三次低值分别为 2009 年的 17.28 亿美元、2011 年的 20.30 亿美元和 2016 年的 20.54 亿美元。2008～2018 年巴基斯坦与印度贸易总体保持在高位浮动。

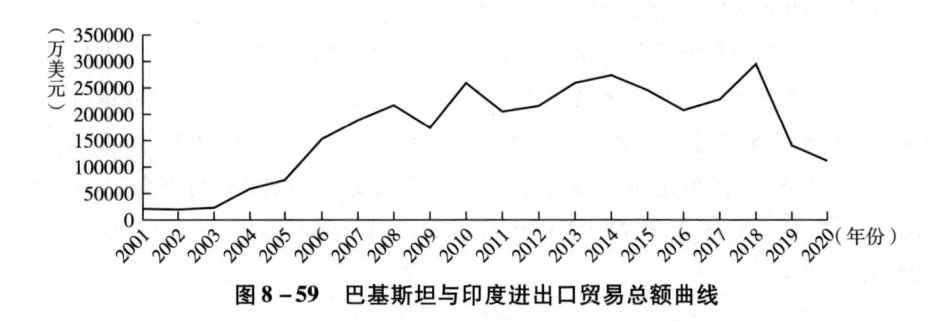

图 8-59 巴基斯坦与印度进出口贸易总额曲线

2009 年受美国金融危机影响不太明显，巴基斯坦与印度贸易总额同比下滑 19.44%，之后快速递增到 2010 年的峰值，又开始下滑，2011 年达到新的低点，之后回升到 2014 年新高点后因乌克兰危机等因素影响开始下滑，在 2016 年达到新低点后开始回升至 2018 年的最大峰值。2005 年印度和巴基斯坦同时成为上合组织的观察员国后，巴基斯坦与印度的贸易额逐步增加，2017 年印度和巴基斯坦同时加入上合组织后，2018 年巴基斯坦与印度的贸易额增加了 28.89%。2018 年以后，印度与巴基斯坦边境冲突爆发对两国贸易造成影响，双边贸易额减少，尤其是 2019 年巴基斯坦对印度出口贸易呈现断崖式下跌，下降到相当于 2004 年的出口贸易水平；而巴基斯坦从印度进口贸易也急速下滑，下滑到相当于 2006 年的进口贸易水平。2020 年受新冠肺炎疫情影响，巴基斯坦对印度进出口贸易额继续下降。

由图 8-60 可以看出，巴基斯坦对印度出口额从 2001 年的 0.69 亿美元增加到 2018 年的 5.43 亿美元，增加了 6.87 倍。四次峰值分别在 2008 年的 3.72 亿美元、2012 年的 5.01 亿美元、2014 年的 5.30 亿美元和 2018 年的 5.43 亿美元。四次低值分别为 2009 年的 2.72 亿美元、2013 年的 3.80 亿美元、2015 年的 4.56 亿美元和 2019 年的 0.98 亿美元。

2009 年受美国金融危机影响比较明显，巴基斯坦对印度出口贸易下滑了

图 8-60 巴基斯坦对印度出口贸易额曲线

26.88%，之后，逐步递增到 2012 年的峰值，次年下滑到新的低点后又开始回升。2005 年印度和巴基斯坦成为上合组织观察员国后，巴基斯坦对印度的出口贸易逐步增加，2017 年印度和巴基斯坦正式加入上合组织后，巴基斯坦对印度在出口贸易额增加了 15.53%。因巴基斯坦与印度在边境地区克什米尔冲突爆发，2019 年巴基斯坦对印度的出口贸易断崖式下跌到 0.98 亿美元，同比下滑了 81.95%。2020 年受新冠肺炎疫情影响，巴基斯坦对印度的出口贸易额继续下降。

由图 8-61 可以看出，巴基斯坦从印度进口贸易额从 2001 年的 1.65 亿美元增加到 2018 年的 23.61 亿美元，增加了 13.31 倍。四次峰值分别为 2008 年的 17.73 亿美元、2010 年的 22.36 亿美元、2013 年的 21.76 亿美元和 2018 年的 23.62 亿美元。四次低值分别为 2009 年的 14.56 亿美元、2012 年的 16.33 亿美元、2016 年的 15.93 亿美元和 2019 年的 13.01 亿美元。

图 8-61 巴基斯坦从印度进口贸易额曲线

2009 年受美国金融危机影响比较明显，巴基斯坦从印度进口贸易额下滑了 17.88%，之后快速递增到 2010 年的峰值，又开始下滑到 2012 年新的低点，再波动回升到 2013 年峰值后又下降，2016 年后开始回升一直到 2018 年的最大峰值。2005 年印度和巴基斯坦成为上合组织观察员国后，巴基斯坦与印度的进口贸易额逐步增加，在 2017 年印度和巴基斯坦同时正式加入上合组织后，2018 年巴基斯坦从印度的进口贸易额增加了32.47%。

2018年后因巴基斯坦与印度在边境地区克什米尔爆发冲突，2019年巴基斯坦从印度的进口贸易急速下跌到13.01亿美元，同比下滑了44.92%。2020年受新冠肺炎疫情影响，巴基斯坦从印度的进口贸易额继续下降。

八　巴基斯坦与俄罗斯及中亚四国贸易统计分析

（一）巴基斯坦与俄罗斯贸易

由图8-62可以看出，巴基斯坦与俄罗斯进出口贸易总额从2003年的0.92亿美元增加到2018年的5.32亿美元，增加了4.78倍。四次峰值分别为2006年的4.59亿美元、2008年的7.11亿美元、2013的4.93亿美元和2018年的5.32亿美元。三次低值分别为2007年的3.82亿美元、2010年的3.01亿美元和2015年的3.31亿美元。

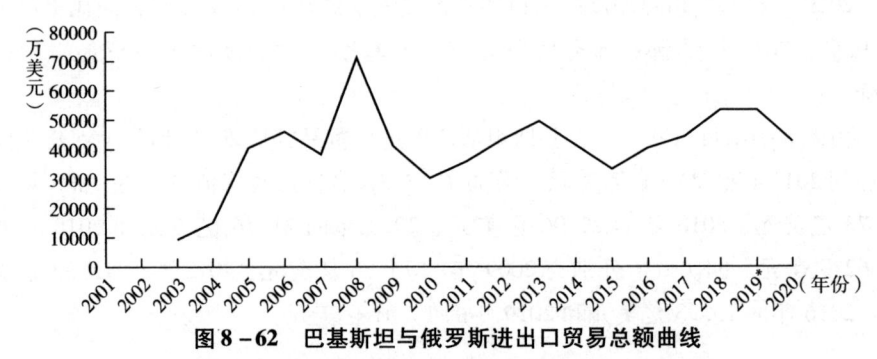

图8-62　巴基斯坦与俄罗斯进出口贸易总额曲线

注：因2019年巴基斯坦与俄罗斯贸易没有公布数据，暂用2018年数据替代。

受美国金融危机影响显著，2009年巴基斯坦与俄罗斯进出口贸易总额下滑了42.19%，之后持续下降至2010年的低值，然后逐步回升，在2013年达到峰值后，受乌克兰危机等因素影响又开始下滑到2015年新的低点，2015年后开始回升到2018年的新高点。2005年巴基斯坦成为上合组织观察员国后，与俄罗斯进出口贸易总额在波动中有小幅提升，2017年巴基斯坦正式加入上合组织后，2018年巴基斯坦与俄罗斯进出口贸易总额同比增加了20.36%。2020年受新冠肺炎疫情影响，巴基斯坦与俄罗斯进出口贸易总额同比下降明显。

由图8-63可以看出，巴基斯坦对俄罗斯出口贸易额从2003年的0.17亿美元增加到2018年的1.58亿美元，增加了8.29倍。四次峰值分别为2008年的1.27亿美元、2011年的1.92亿美元、2013的2.06亿美元和2018的1.58亿美元。三次低值分别为2009年的0.89亿美元、2012年的1.86亿美元和2017年的

1.31亿美元。

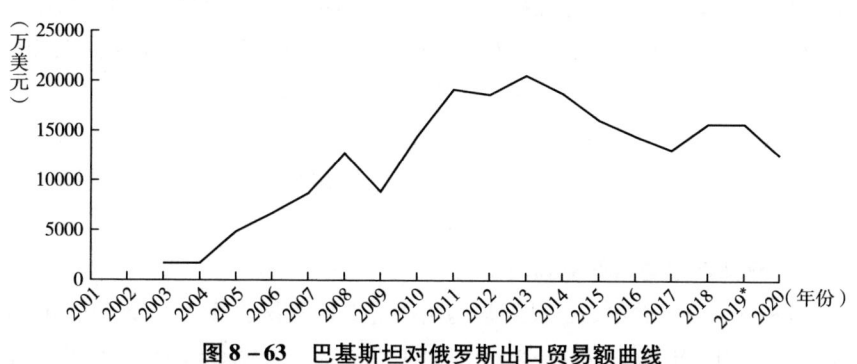

图8-63 巴基斯坦对俄罗斯出口贸易额曲线

注：因2019年巴基斯坦对俄罗斯出口贸易没有公布数据，暂用2018年数据替代。

受美国金融危机影响比较明显，2009年巴基斯坦对俄罗斯出口贸易额下滑了29.92%，之后在小幅波动中快速提升，2014年后受乌克兰危机等因素影响又开始下滑，2017年达到新的低点，2018年又开始回升。2005年巴基斯坦成为上合组织观察员国后，对俄罗斯贸易出口额快速递增，在2017年巴基斯坦正式加入上合组织后，2018年巴基斯坦对俄罗斯贸易出口额同比增加了19.85%。2020年受新冠肺炎疫情影响，巴基斯坦对俄罗斯出口贸易同比下降明显。

由图8-64可以看出，巴基斯坦从俄罗斯的进口贸易额从2003年的0.75亿美元增加到2018年的3.75亿美元，增加了4倍。四次峰值分别为2006年的3.92亿美元、2008年的5.84亿美元、2013的2.88亿美元和2018的3.75亿美元。三次低值分别为2007年的2.95亿美元、2010年的1.57亿美元和2015年的1.70亿美元。

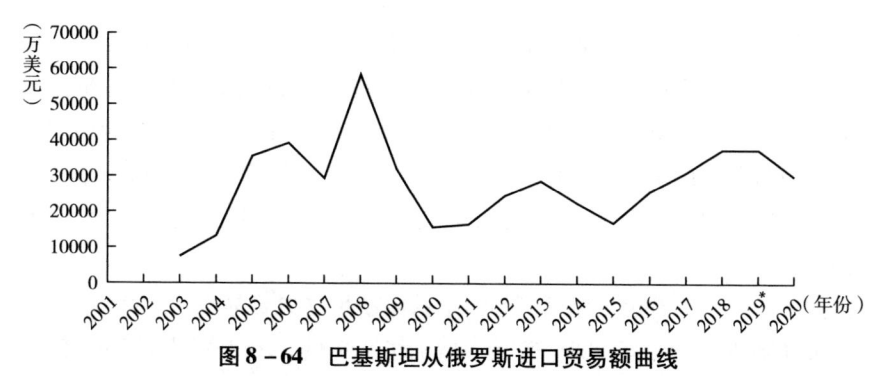

图8-64 巴基斯坦从俄罗斯进口贸易额曲线

注：因2019年巴基斯坦从俄罗斯进口贸易没有公布数据，暂用2018年数据替代。

受美国金融危机影响明显，2009年巴基斯坦从俄罗斯进口贸易额大幅下滑了44.86%，在2010年达到低值后，开始缓慢递增到2013年的峰值，之后，又开始下滑到2015年新的低点，2016年开始回升。2005年巴基斯坦成为上合组织观察员国后，从俄罗斯进口贸易额波动显著，但总体增量不大，在2017年巴基斯坦正式加入上合组织后，2018年巴基斯坦对俄罗斯的贸易进口额增加了20.58%。2020年受新冠肺炎疫情影响，巴基斯坦从俄罗斯进口贸易同比下降明显。

（二）巴基斯坦与哈萨克斯坦贸易

由图8-65可以看出，巴基斯坦与哈萨克斯坦贸易总额从2003年的0.10亿美元增加到2018年的0.90亿美元，增加了8倍。四次峰值分别为2008年的0.51亿美元、2010年的0.41亿美元、2012年的0.17亿美元和2018的0.90亿美元。三次低值分别为2009年的0.06亿美元、2011年的0.14亿美元和2013年的0.10亿美元。

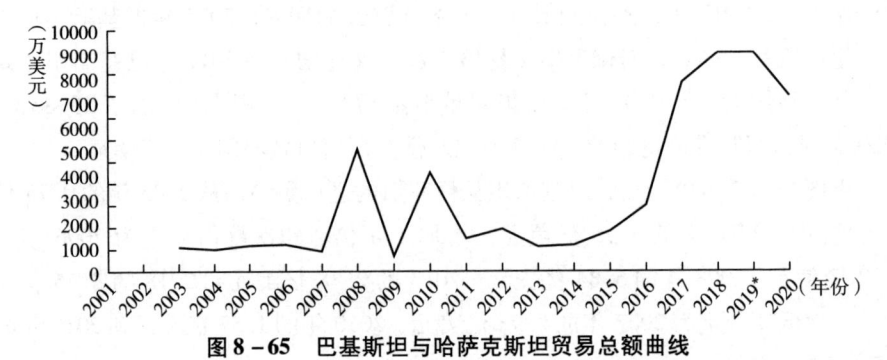

图8-65　巴基斯坦与哈萨克斯坦贸易总额曲线

注：因2019年巴基斯坦与哈萨克斯坦贸易没有公布数据，暂用2018年数据替代。

受美国金融危机影响非常明显，2009年巴基斯坦与哈萨克斯坦贸易总额下滑了88.24%，次年又快速递增到峰值，但在2011年再次下滑到新的低点，之后在波动中回升，从2015年开始快速回升。2005年巴基斯坦成为上合组织观察员国后，与哈萨克斯坦贸易总额在波动中有所增加，在2017年巴基斯坦正式加入上合组织后，2018年巴基斯坦与哈萨克斯坦贸易总额增加了15.38%。2020年为预测数据。

由图8-66可以看出，巴基斯坦对哈萨克斯坦出口贸易额从2003年的0.10亿美元增加到2018年的0.87亿美元，增加了7.7倍。2005年为0.099亿美元，2010年为0.059亿美元，2018年达到最大峰值，为0.87亿美元。两次低值分别为2009年的0.042亿美元和2012年的0.042亿美元。

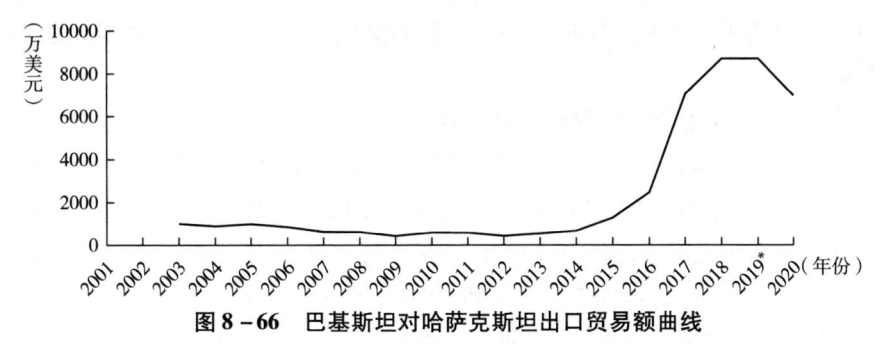

图 8-66　巴基斯坦对哈萨克斯坦出口贸易额曲线

注：因 2019 年巴基斯坦对哈萨克斯坦出口贸易没有公布数据，暂用 2018 年数据替代。

受美国金融危机影响比较明显，2009 年巴基斯坦对哈萨克斯坦出口贸易额同比下滑了 30.36%，之后依然保持较低值，2014 年之后出现较大幅度提升。2005 年巴基斯坦成为上合组织观察员国后，对哈萨克斯坦出口贸易额在低值徘徊，2014 年以后开始大幅提升，2017 年巴基斯坦正式加入上合组织后，2018 年巴基斯坦对哈萨克斯坦出口贸易额同比增加了 24.26%。2020 年为预测数据。

由图 8-67 可以看出，巴基斯坦从哈萨克斯坦进口贸易额从 2003 年的 0.0005 亿美元增加到 2018 年的 0.0331 亿美元，增加了 65.2 倍。四次峰值分别为 2008 年的 0.45 亿美元、2010 年的 0.35 亿美元、2012 年的 0.13 亿美元和 2017 的 0.076 亿美元。三次低值分别为 2009 年的 0.0216 亿美元、2011 年的 0.078 亿美元和 2016 年的 0.027 亿美元。

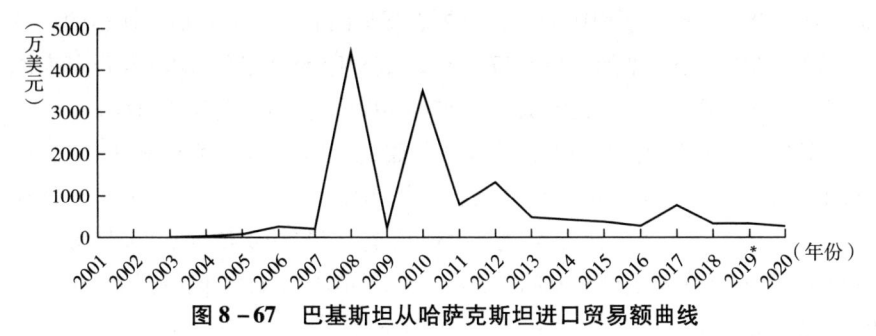

图 8-67　巴基斯坦从哈萨克斯坦进口贸易额曲线

注：因 2019 年巴基斯坦从哈萨克斯坦进口贸易没有公布数据，暂用 2018 年数据替代。

受美国金融危机影响较大，2009 年巴基斯坦从哈萨克斯坦进口贸易额同比下滑了 95.56%，次年又快速增到峰值，之后在波动中下滑到 2016 年新的低点，又开始小幅回升。2005 年巴基斯坦成为上合组织观察员国后，与哈萨克斯坦的进口贸易额在大幅波动中小幅递增，在 2017 年巴基斯坦正式加入上合组织后，

2018年巴基斯坦与哈萨克斯坦的进口贸易额降低了62.50%。2020年数据为预测数据。

（三）巴基斯坦与乌兹别克斯坦贸易

由图8-68可以看出，巴基斯坦与乌兹别克斯坦贸易总额从2003年的0.046亿美元增加到2018年的0.21亿美元，增加了3.57倍。三次峰值分别为2007年的0.028亿美元，2010年的0.22亿美元和2018年的0.21亿美元。两次低值分别为2009年的0.0315亿美元和2014年的0.0304亿美元。

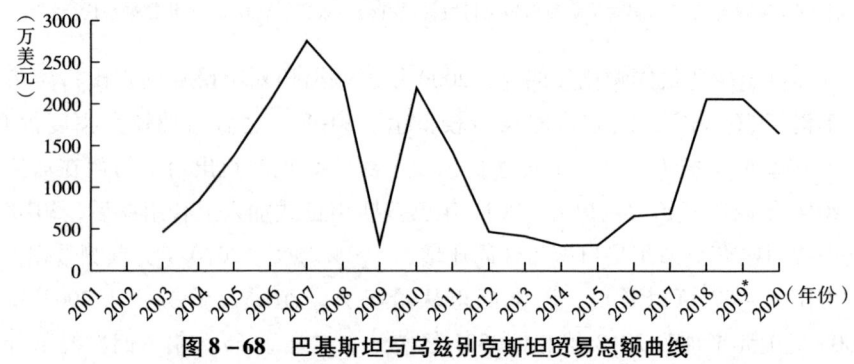

图8-68　巴基斯坦与乌兹别克斯坦贸易总额曲线

注：因2019年巴基斯坦与乌兹别克斯坦贸易没有公布数据，暂用2018年数据替代。

受美国金融危机影响显著，2009年巴基斯坦与乌兹别克斯坦贸易总额同比下滑了86.96%，之后快速递增到2010年的峰值，又开始下滑到2014年新的低点后开始回升。2005年巴基斯坦成为上合组织观察员国后，与乌兹别克斯坦的贸易总额在大幅波动中呈小幅增加，在2017年正式加入上合组织后，2018年巴基斯坦与乌兹别克斯坦的贸易总额同比增加了200%。2020年贸易数据为预测数据。

由图8-69可以看出，巴基斯坦对乌兹别克斯坦出口贸易额从2003年的0.033亿美元增加到2018年的0.17亿美元，增加了4.15倍。三次峰值分别为2007年的0.027亿美元、2012年的0.039亿美元和2018年的0.17亿美元。三次低值分别为2006年的0.0209亿美元、2009年的0.0211亿美元和2015年的0.0198亿美元。

受美国金融危机影响明显，2009年巴基斯坦对乌兹别克斯坦出口贸易额同比下滑了33.33%，之后，在波动中缓慢提升，2017年后急速提升。2005年巴基斯坦成为上合组织观察员国后，对乌兹别克斯坦的出口贸易额从2007年起在波动中有小幅增长，2017年巴基斯坦正式加入上合组织后，2018年巴基斯坦对乌兹别克斯坦的出口贸易额增加了3.25倍。2020年为预测贸易数据。

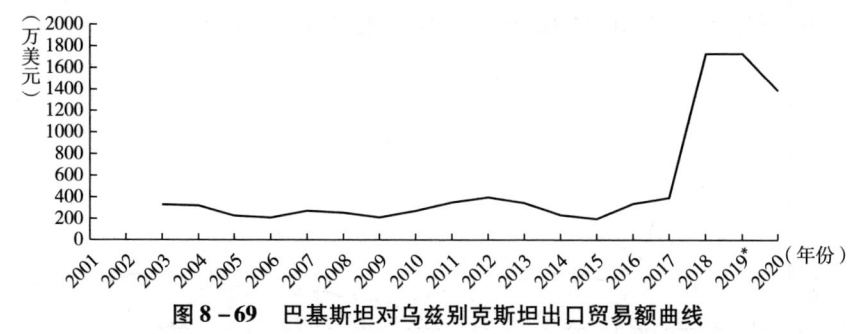

图 8-69　巴基斯坦对乌兹别克斯坦出口贸易额曲线

注：因 2019 年巴基斯坦对乌兹别克斯坦出口贸易没有公布数据，暂用 2018 年数据替代。

由图 8-70 可以看出，巴基斯坦从乌兹别克斯坦进口贸易额从 2003 年的 0.013 亿美元增加到 2018 年的 0.033 亿美元，增加了 1.5 倍。四次峰值分别为 2007 年的 0.25 亿美元、2010 年的 0.19 亿美元、2016 年的 0.032 亿美元和 2018 年的 0.033 亿美元。四次低值分别为 2009 年的 0.0104 亿美元、2012 年的 0.0069 亿美元、2014 年的 0.0069 亿美元和 2017 年的 0.029 亿美元。

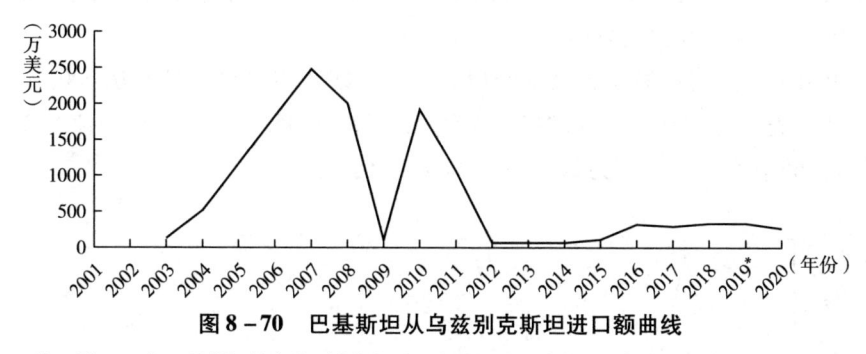

图 8-70　巴基斯坦从乌兹别克斯坦进口额曲线

注：因 2019 年巴基斯坦从乌兹别克斯坦进口贸易没有公布数据，暂用 2018 年数据替代。

受美国金融危机影响显著，2009 年巴基斯坦从乌兹别克斯坦进口贸易额同比下滑了 95%，之后快速递增到 2010 年的峰值，之后，又开始下滑直到 2012 年新的低点后开始缓慢回升。2005 年巴基斯坦成为上合组织观察员国后，与乌兹别克斯坦的进口贸易额在波动中下降，2017 年巴基斯坦正式加入上合组织后，2018 年巴基斯坦与乌兹别克斯坦的进口贸易额同比增加了 13.27%。2020 年数据为预测数据。

（四）巴基斯坦与吉尔吉斯斯坦贸易

由图 8-71 可以看出，巴基斯坦与吉尔吉斯斯坦贸易总额从 2003 年的 0.0278 亿美元到 2018 年的 0.0163 亿美元，下降了 41.37%。一次峰值为 2004

年的0.065亿美元。低值为2012年的0.0078亿美元。

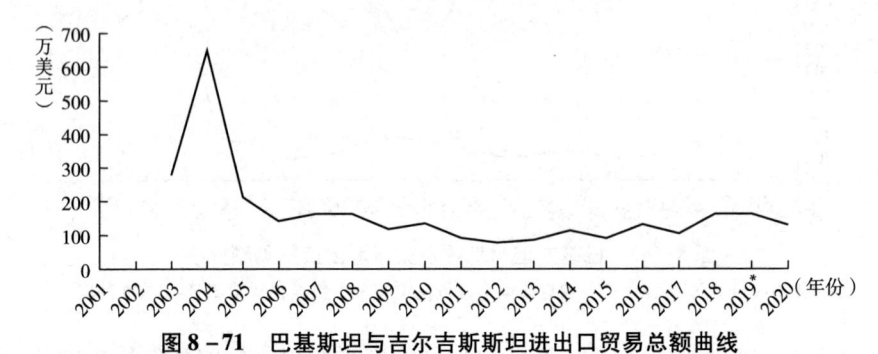

图8-71　巴基斯坦与吉尔吉斯斯坦进出口贸易总额曲线

注：2019年巴基斯坦与吉尔吉斯斯坦贸易没有公布数据，暂用2018年数据替代。

受美国金融危机影响，2009年巴基斯坦与吉尔吉斯斯坦贸易总额同比下滑了50%，但因基数较小，总体来看波动不大。2005年巴基斯坦成为上合组织观察员国后，与吉尔吉斯斯坦贸易总额在较低水平上小幅波动，2017年巴基斯坦正式加入上合组织后，2018年巴基斯坦与吉尔吉斯斯坦的贸易总额同比增加了55.24%。2020年为预测数据。

由图8-72可以看出，巴基斯坦对吉尔吉斯斯坦出口贸易额从2003年的0.0278亿美元到2018年的0.0151亿美元，下降了45.68%。一次峰值为2004年的0.065亿美元，低值为2013年的0.0077亿美元。

图8-72　巴基斯坦对吉尔吉斯斯坦出口贸易额曲线

注：2019年巴基斯坦与吉尔吉斯斯坦贸易没有公布数据，暂用2018年数据替代。

受美国金融危机影响，2009年巴基斯坦对吉尔吉斯斯坦出口贸易额同比下滑了16.31%，之后始终在低值范围小幅波动。2005年巴基斯坦成为上合组织观察员国后，与吉尔吉斯斯坦的出口贸易额未出现显著变化。2017年巴基斯坦正式加入上合组织后，2018年巴基斯坦与吉尔吉斯斯坦的出口贸易额同比增加了 62.37%。2020 年为预测数据。

由图 8-73 可以看出，巴基斯坦从吉尔吉斯斯坦进口贸易额从 2005 年的 0.0004 亿美元增加到 2018 年的 0.0012 亿美元，增长了 2 倍。三次峰值分别为 2007 年的 0.004 亿美元、2010 年的 0.001 亿美元和 2014 年的 0.0015 亿美元。

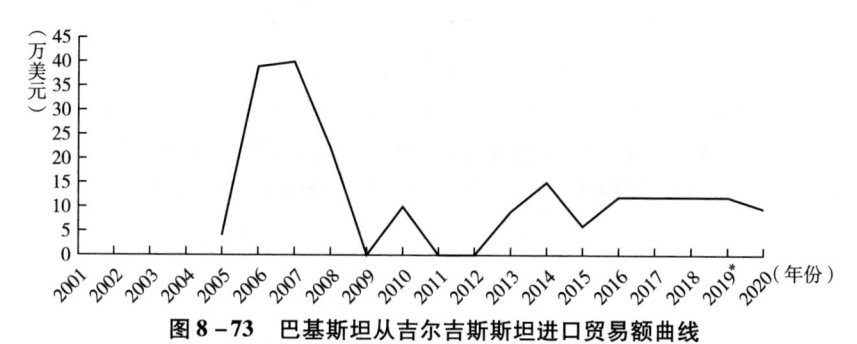

图 8-73　巴基斯坦从吉尔吉斯斯坦进口贸易额曲线

注：2019 年巴基斯坦与吉尔吉斯斯坦贸易没有公布数据，暂用 2018 年数据替代。

受美国金融危机影响较大，2009 年巴基斯坦从吉尔吉斯斯坦进口贸易几乎停滞，次年增长至峰值后再次停滞，2013 年开始回升。2005 年巴基斯坦成为上合组织观察员国后，与吉尔吉斯斯坦的进口贸易额在波动中增加，2017 年巴基斯坦正式加入上合组织后，2018 年巴基斯坦与吉尔吉斯斯坦的进口贸易额基本维持不变。2020 年为预测数据。

（五）巴基斯坦与塔吉克斯坦贸易

由图 8-74 可以看出，巴基斯坦与塔吉克斯坦进出口贸易总额从 2003 年的 0.0032 亿美元增加到 2018 年的 0.13 亿美元，增加了 39.6 倍。五次峰值分别为 2005 年的 0.089 亿美元、2008 年的 0.12 亿美元、2010 年的 0.067 亿美元，2013 年的 0.11 亿美元和 2016 年的 0.23 亿美元。五次低值分别为 2006 年的 0.040 亿美元、2009 年的 0.046 亿美元、2011 年的 0.0074 亿美元、2015 年的 0.041 亿美元和 2017 年的 0.096 亿美元。

受美国金融危机影响明显，2009 年巴基斯坦与塔吉克斯坦贸易总额同比下滑了 61.67%，次年增至峰值后又下滑到 2011 年新的低点，之后，开始波动回升。2005 年巴基斯坦成为上合组织观察员国后，与塔吉克斯坦的贸易总额在波动中递增，2017 年巴基斯坦正式加入上合组织后，2018 年巴基斯坦与塔吉克斯坦的贸易总额同比增加了 30%。2020 年为预测数据。

由图 8-75 可以看出，巴基斯坦对塔吉克斯坦出口贸易额从 2003 年的 0.0024 亿美元增加到 2018 年的 0.094 亿美元，增加了 38.17 倍。五次峰值分别

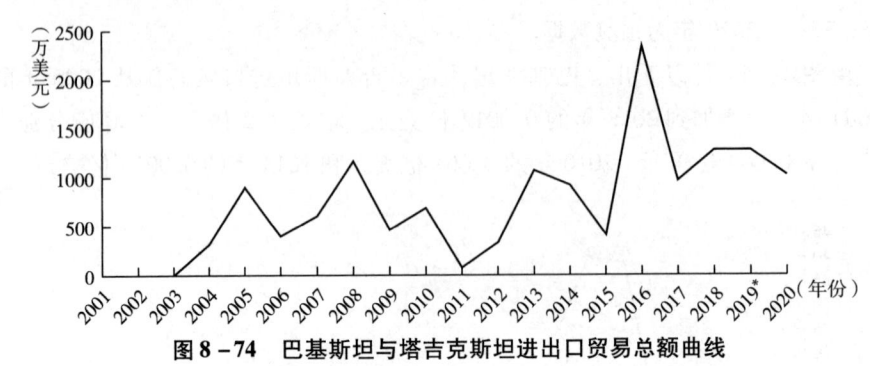

图 8-74　巴基斯坦与塔吉克斯坦进出口贸易总额曲线

注：2019 年巴基斯坦与塔吉克斯坦贸易没有公布数据，暂用 2018 年数据替代。

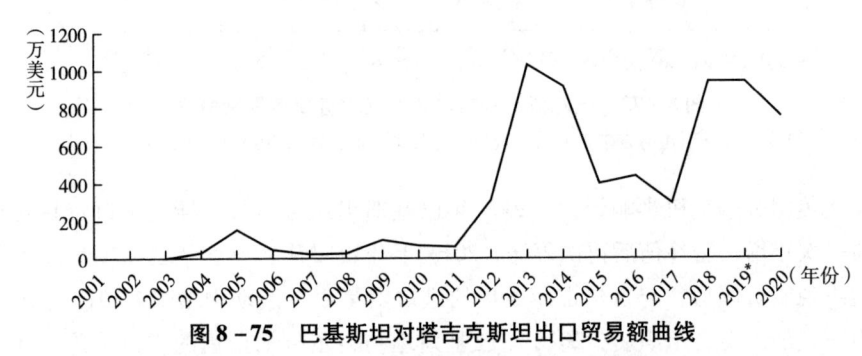

图 8-75　巴基斯坦对塔吉克斯坦出口贸易额曲线

注：2019 年巴基斯坦与塔吉克斯坦贸易没有公布数据，暂用 2018 年数据替代。

为 2005 年的 0.0152 亿美元、2009 年的 0.0098 亿美元、2013 年的 0.10 亿美元、2016 年的 0.044 亿美元和 2018 年的 0.094 亿美元。四次低值分别为 2007 年的 0.0024 亿美元、2011 年的 0.0062 亿美元、2015 年的 0.0398 亿美元和 2017 年的 0.0294 亿美元。

受美国金融危机影响不大，2009 年巴基斯坦对塔吉克斯坦出口贸易额同比增加，并在波动中递增到 2013 年的峰值，之后下滑到 2017 年新的低点，又开始回升。2005 年巴基斯坦成为上合组织观察员国后，与塔吉克斯坦的出口贸易额增加并不明显，2017 年巴基斯坦正式加入上合组织后，2018 年巴基斯坦与塔吉克斯坦的出口贸易额同比增加了 2.2 倍。2020 年为预测数据。

由图 8-76 可以看出，巴基斯坦从塔吉克斯坦进口贸易额从 2003 年的 0.0008 亿美元增加到 2018 年的 0.036 亿美元，增加了 44 倍。四次峰值分别为 2005 年的 0.075 亿美元、2008 年的 0.11 亿美元、2010 年的 0.062 亿美元和 2016 年的 0.19 亿美元。四次低值分别为 2006 年的 0.035 亿美元、2009 年的 0.036 亿美元、2011 年的 0.0012 亿美元和 2018 年的 0.036 亿美元。

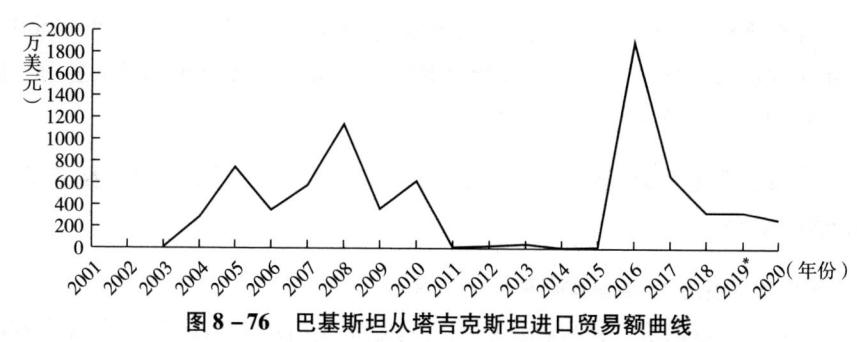

图 8-76　巴基斯坦从塔吉克斯坦进口贸易额曲线

注：2019 年巴基斯坦与塔吉克斯坦贸易没有公布数据，暂用 2018 年数据替代。

受美国金融危机影响显著，2009 年巴基斯坦从塔吉克斯坦进口贸易额同比明显下滑，次年返回峰值，之后又开始下滑。2011~2015 年稳定维持在低位，2015 年又开始回升。2005 年巴基斯坦成为上合组织观察员国后，巴基斯坦对塔吉克斯坦的进口贸易额波动较大，在 2017 年巴基斯坦正式加入上合组织后，2018 年巴基斯坦对塔吉克斯坦的进口贸易额同比下降了 57.14%。2020 年为预测数据。

（六）巴基斯坦与俄罗斯及中亚四国贸易

由图 8-77 可以看出，巴基斯坦与俄罗斯及中亚四国进出口贸易总额从 2003 年的 1.10 亿美元增加到 2018 年的 6.72 亿美元，增加了 6.1 倍。四次峰值分别为 2006 年的 4.96 亿美元、2008 年的 7.98 亿美元、2013 年的 5.19 亿美元和 2018 年的 6.57 亿美元。三次低值分别为 2007 年的 4.25 亿美元、2010 年的 3.72 亿美元和 2015 年的 3.56 亿美元。

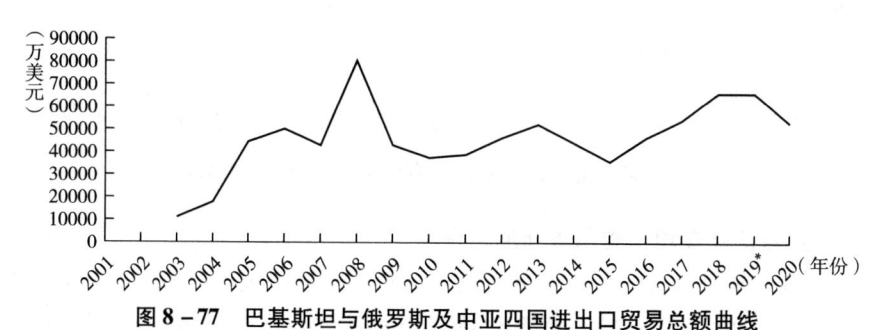

图 8-77　巴基斯坦与俄罗斯及中亚四国进出口贸易总额曲线

注：2019 年巴基斯坦与俄罗斯及中亚四国贸易没有公布数据，暂用 2018 年数据替代。

受美国金融危机影响显著，2009 年巴基斯坦与俄罗斯及中亚四国贸易总额同比下滑了 46.62%，并下滑到 2010 年的低点后逐步回升，在 2013 年达到峰值后又开始下滑，2015 年降到新的低点，之后，又开始回升。2005 年巴基斯坦成为上合组织观察员国后，与俄罗斯及中亚四国贸易总额在波动中小幅增加，2017年正式加入上合组织后，2018年巴基斯坦与俄罗斯及中亚四国贸易总额同比增加了22.35%。2020年为预测数据。

九 哈萨克斯坦与乌兹别克斯坦、吉尔吉斯斯坦、塔吉克斯坦贸易统计分析

（一）哈萨克斯坦与乌兹别克斯坦贸易

由图8-78可以看出，哈萨克斯坦与乌兹别克斯坦进出口贸易总额从2001年的2.31亿美元增加到2019年的27.48亿美元，增加了10.89倍。三次峰值分别为2008年的17.88亿美元，2012年的21.61亿美元和2019年的27.48亿美元。两次低点分别为2009年的11.96亿美元和2016年的16.68亿美元。哈萨克斯坦与乌兹别克斯坦的贸易额总体是上升趋势，尤其是2001~2012年上升趋势明显。但是，受美国金融危机影响，2009年哈乌贸易额同比下滑明显，之后又稳步递增，2012年到峰值后连续三年在高位运行，2015年受乌克兰危机等因素影响又急速下滑，2015年哈萨克斯坦与乌兹别克斯坦贸易额同比下滑了20.65%，2016年后双边贸易额又开始逐步回升到2019年峰值。2020年为预测数据。

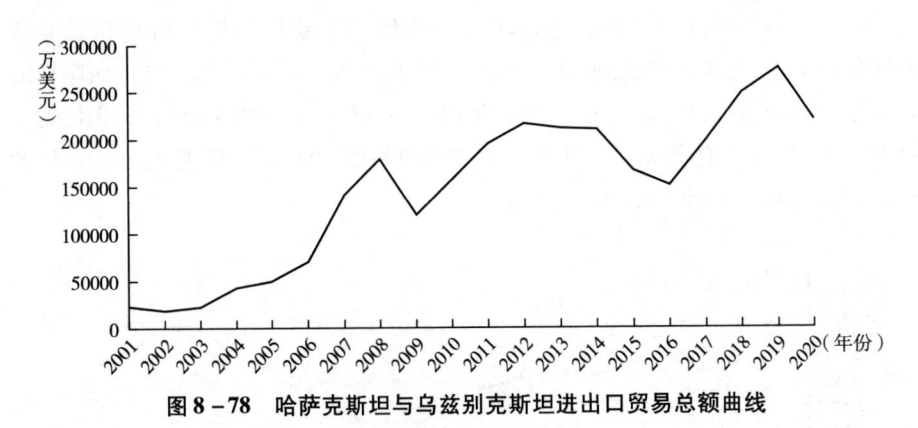

图8-78 哈萨克斯坦与乌兹别克斯坦进出口贸易总额曲线

（二）哈萨克斯坦与吉尔吉斯斯坦贸易

由图8-79可以看出，哈萨克斯坦与吉尔吉斯斯坦进出口贸易总额从2001年的1.17亿美元增加到2019年的8.56亿美元，增加了6.32倍。三次峰值分别为2008年的6.08亿美元、2012年的10.57亿美元和2018年的8.66亿美元。两次低点分别是2009年的5.08亿美元和2016年的5.76亿美元。受美国金融危机影响，2009年哈吉贸易额同比下滑16.45%，2015年受乌克兰危机等因素影响哈吉贸易额同比下滑33.74%。总体上看，哈吉贸易受美国金融危机和乌克兰危

机影响与哈乌贸易类似。从20年的数据趋势看，哈吉双边贸易额总体上是上升趋势。2020年为预测数据。

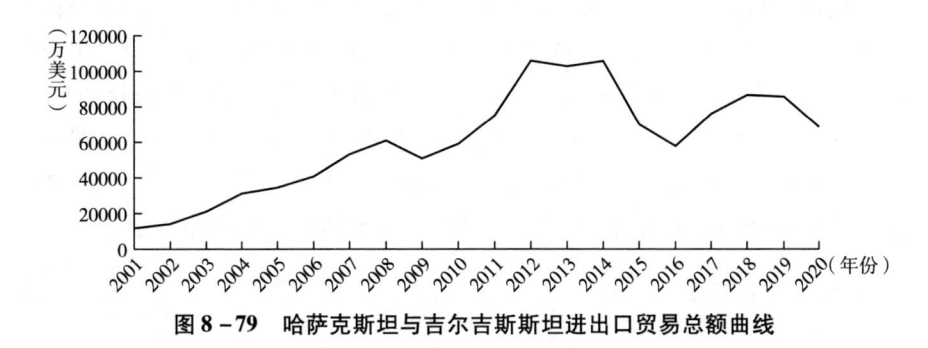

图8-79 哈萨克斯坦与吉尔吉斯斯坦进出口贸易总额曲线

（三）哈萨克斯坦与塔吉克斯坦贸易

由图8-80可以看出，哈萨克斯坦与塔吉克斯坦进出口贸易总额从2001年的0.63亿美元增加到2019年的7.56亿美元，增加了11倍。四次峰值分别为2007年的3.03亿美元、2012年的6.03亿美元、2014年的6.99亿美元和2018年的8.46亿美元。三次低点分别为2009年的2.55亿美元、2013年的5.69亿美元和2015年的5.83亿美元。与哈乌、哈吉贸易曲线不同，哈塔贸易曲线虽有微小波动，但是，总体上是递增的。2009年受美国金融危机影响哈塔贸易额同比下滑7.9%。2015年受乌克兰危机等因素影响，哈塔贸易额同比下滑16.59%。2020年为预测数据。

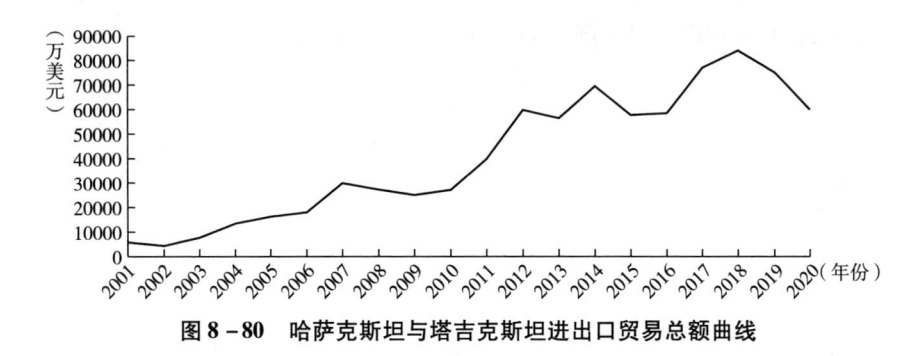

图8-80 哈萨克斯坦与塔吉克斯坦进出口贸易总额曲线

十 乌兹别克斯坦、吉尔吉斯斯坦、塔吉克斯坦之间的贸易统计分析

由图8-81可以看出，乌兹别克斯坦与吉尔吉斯斯坦进出口贸易总额从2001年的1.15亿美元增加到2019年的3.78亿美元，增加了2.29倍。三次峰值

分别为 2008 年的 3.92 亿美元、2014 年的 2.66 亿美元和 2019 年的 3.78 亿美元。两次低点分别为 2010 年的 1.34 亿美元和 2015 年的 1.54 亿美元。受 2008 年美国金融危机影响比较明显，2009 年乌兹别克斯坦与吉尔吉斯斯坦贸易额同比下降了 28.31%。乌克兰危机后，受国际大宗商品价格下跌以及中亚国家本币贬值等因素影响，2015 年乌兹别克斯坦与吉尔吉斯斯坦的贸易额同比下降了 42.11%。乌吉贸易在 2004 年后逐年递增，在 2008 年达到最高峰值，2010～2015 年伴随着波动略有下降，2016 年又开始回升，并一直持续增加到 2019 年的峰值。2020 年受新冠肺炎疫情影响，乌吉双边贸易额同比下降明显。

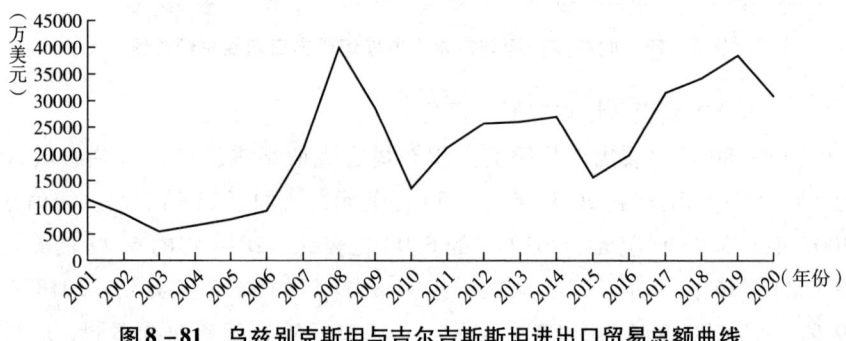

图 8-81　乌兹别克斯坦与吉尔吉斯斯坦进出口贸易总额曲线

由图 8-82 可以看出，2014 年至 2019 年乌兹别克斯坦与塔吉克斯坦进出口贸易额（2001 年至 2013 年缺数据）分别为 0.08 亿美元、0.15 亿美元、0.69 亿美元、1.26 亿美元、2.82 亿美元和 2.81 亿美元，六年增加了 35.16 倍。在连续五年递增后 2019 年略微有下降。2020 年为预测数据。

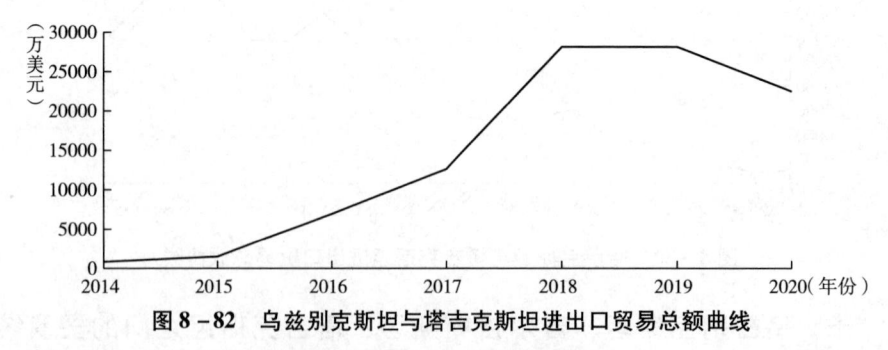

图 8-82　乌兹别克斯坦与塔吉克斯坦进出口贸易总额曲线

注：2001～2013 年乌兹别克斯坦与塔吉克斯坦贸易额数据缺失。

由图 8-83 可以看出，吉尔吉斯斯坦与塔吉克斯坦进出口贸易总额从 2001 年的 0.08 亿美元增加到 2019 年的 0.53 亿美元，增加了 5.63 倍。三次峰值分别为 2008 年的 0.30 亿美元、2014 年的 0.83 亿美元和 2018 年的 0.59 亿美元。两个低点分别为 2010 年的 0.18 亿美元和 2016 年的 0.28 亿美元。2009 年受美国金融危机影响，吉塔双边贸易额同比下滑了 38.94%，2015 年受乌克兰危机等因素影响，吉塔贸易额同比下滑了 60.24%，说明吉塔贸易总体上受乌克兰危机和国际大宗商品价格下跌影响比较大。2020 年为预测数据。

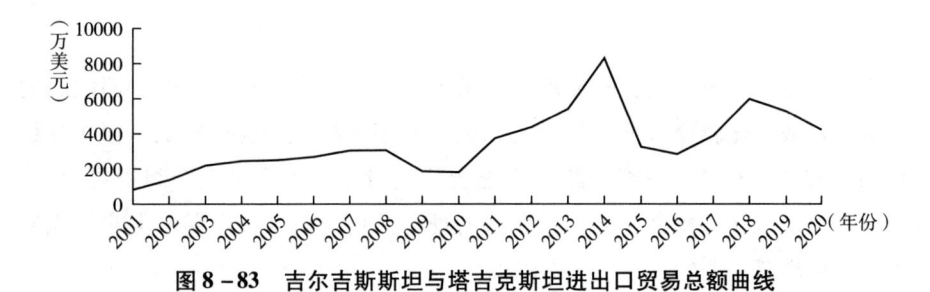

图 8-83　吉尔吉斯斯坦与塔吉克斯坦进出口贸易总额曲线

第九章　上海合作组织的发展前景

在前几章总结各领域合作成就、分析上合组织自身存在的问题、面临的内部和外部挑战，比较分析上合组织与东盟、欧盟等扩员经验与教训，深入分析中国与各成员国开展"一带一路"产能合作基础上，本章对上合组织在政治、安全、经济和人文领域合作进行了深入的理论分析与思考，以期对上合组织未来发展厘清思路、明确方向、找出路径。

第一节　上海合作组织各领域合作的理论思考

一　政治合作的理论思考

（一）政治合作的内涵

政治合作的内涵与本质是什么？是在成员国国家意志的统一性还是在多样性的前提下求同存异呢？政治合作的定位与功能是什么？政治合作的目标和主要任务又是什么？在《上海合作组织宪章》中关于本组织的基本宗旨和任务，除比较明确的安全合作、经济合作和人文合作的表述以外，下列条款可以视为政治合作的主要内涵：加强成员国间的相互信任和睦邻友好；发展多领域合作，维护和加强地区和平、安全与稳定，推动建立民主、公正、合理的国际政治经济新秩序；共同打击一切形式的恐怖主义、分裂主义和极端主义，打击非法贩卖毒品、武器和其他跨国犯罪活动以及非法移民；在参与世界经济的进程中协调立场，根据成员国的国际义务及国内法，促进保障人权及基本自由；保持和发展与其他国家和国际组织的关系；在防止并和平解决国际冲突中相互协助，共同寻求 21 世纪出现问题的解决办法。[①]

上合组织政治合作的主要原则包括：相互尊重国家主权、独立、领土完整

---

① 《上海合作组织宪章》，中国人大网，http://www.npc.gov.cn/wxzl/wxzl/2002-10/22/content_301223.htm。

及国家边界不可破坏,互不侵犯,互不干涉内政,在国际关系中不使用武力或以武力相威胁,不谋求在毗邻地区单方面的军事优势;所有成员国一律平等,在相互理解及尊重每一个成员国意见的基础上寻求共识;在利益一致的领域逐步采取联合行动;和平解决成员国间分歧;本组织不针对其他国家和国际组织;不采取有悖本组织利益的任何违法行为;认真履行在本宪章及本组织框架内通过的其他文件中所承担的义务。①

上合组织政治合作的不断深化和发展是否会导致与其他集团对抗?在不强调意识形态一致前提下,如何求同存异进一步深化上合组织成员国在政治领域的合作?在冷战结束后,传统与非传统的区域组织合作理念中政治合作的理念有什么区别?

(二)上合组织属于新型国际合作机制

从国际关系学者给出的国际机制定义看,国际机制是"那些被某个国家集团所接受的……一整套共同的预期、规则和调节、计划、协定及承诺"。也有学者认为,国际机制是"对不同领域之间相互依赖关系进行管理的一整套规范、规则和程序"②。虽然这两个概念有所区别,但是,隐含着一个共同的思想:尽管每个国家都有自己的利益,但它们能够在自己所制定的规则下进行合作,以便协调彼此在不同领域的关系。从这个概念出发,显然,上合组织既属于一般意义上的国际机制,也属于一种新型的国际机制。因为,上合组织是在冷战结束后产生的,国际社会普遍认为传统的安全威胁已经不存在了,和平与发展成为时代主题,战争威胁在减少。在没有共同敌人威胁的情况下,苏联解体后新成立的中亚国家、俄罗斯与它们的邻国中国在解决边境问题后,为达到相互信任而在边境地区实现裁军目标,建立了"上海五国"机制,并在此基础上成立了一种不同于传统联盟组织的新型区域合作机制——上合组织。③

上合组织作为新型国际组织的特点主要体现在以下几点。第一,尊重文明的多样性,强调不同民族、不同宗教、不同社会制度之间的国家应该相互尊重、交流与互鉴,可以和而不同。第二,发展平等的伙伴关系,各成员国不论经济实力大小、国土面积大小、军事实力大小等,一律平等对待。第三,组织决策

---

① 《上海合作组织宪章》,中国人大网,http://www.npc.gov.cn/wxzl/wxzl/2002-10/22/content_301223.htm。
② 〔法〕达里奥·巴蒂斯特拉:《国际关系理论》,潘革平译,社会科学文献出版社,2010,第276~277页。
③ 王海运:《上海合作组织与中国》,上海大学出版社,2015。

坚持"协商一致"原则，任何重大议题，只要有一个成员国提出异议，或者不同意，就不会通过该议题。第四，成员国之间的伙伴关系，是结伴而不结盟，上合组织成员国没有传统安全意义上的共同敌人，成员国一致坚持"不结盟、不对抗、不针对第三国"原则。第五，区域安全不是通过发展军事合作促进安全，而是通过军事互信、政治互信，加强合作促进共同安全，不追求某个成员国独自的绝对安全。第六，成员国一致反对霸权主义和强权政治，反对干涉别国内政。

上合组织政治合作的长远目标是构建地区命运共同体。成员国坚持"上海精神"，不断落实睦邻友好条约，不断深化平等、互利的伙伴关系，通过政治互信、经济合作、人文交流等途径，不断打造地区安全共同体、责任共同体和经济共同体，在此基础上，通过不断深化地区治理和参与全球治理，努力打造上合组织地区命运共同体，为构建人类命运共同体提供"试验区"。

二 安全合作特点及理论思考

苏联解体、冷战结束后，国家之间的安全威胁从战争等传统安全领域转向非传统安全领域，如恐怖主义、环境恶化、自然灾害以及全球公共卫生等事件。但是，霸权主义和强权政治依然对世界和平与发展构成威胁，例如，美国在20世纪80年代发动的海湾战争，2001年"9·11"事件之后美国发动的阿富汗战争、伊拉克战争和利比亚战争等，还有"颜色革命"引发的中亚国家政权更迭和政治动荡，"阿拉伯之春"等引发埃及、突尼斯等西亚北非国家的政权更迭与政治动荡等。上合组织面临的非传统安全领域的突出问题是国际恐怖势力以及中亚地区的极端宗教势力等"三股势力"。在此背景下，成立初期的上合组织把打击恐怖主义、分裂主义和极端主义，即"三股势力"作为首要目标和任务，以维护地区安全和稳定。安全合作包括成员国的防务合作、执法合作、司法合作、安全战略磋商等。

（一）上合组织安全合作的实践历程

第一，在苏联解体后，俄罗斯与新独立的三个中亚国家，哈萨克斯坦、吉尔吉斯斯坦和塔吉克斯坦与中国共同构成了长达7000多公里的边界，边境军事互信是开启国家间安全合作的"钥匙"。中国、俄罗斯、哈萨克斯坦、吉尔吉斯斯坦和塔吉克斯坦在1996年和1997年分别签署《关于在边境地区加强军事领域信任的协定》和《关于在边境地区相互裁减军事力量的协定》，这是后来建立"上海五国"机制的重要基石。第二，在苏联解体后中亚地区曾经成为国际战略的"真空"地带①,西方民主体制在中亚受到追捧,中亚国家去俄化明显,同时,泛伊斯兰主义在中亚兴起,随后,极端主义、恐怖主义活动和分裂势力在中亚地区不断蔓延。美国借反恐之机,在格鲁吉亚和乌克兰搞"颜色革命"得手后,又伺机在中亚渗透"民主人权",并策划"颜色革命",导致2005~2010年中亚地区发生了一些社会动荡和政权更迭事件,比如,2005年吉尔吉斯斯坦发生的政权更迭和乌兹别克斯坦的"安集延事件",2010年吉尔吉斯斯坦发生的社会动乱和民族冲突,中国新疆2009年发生"7·5"事件等。第三,在上合组织框架内打击"三股势力"的实践不断丰富安全合作内涵,从建立地区反恐怖机构,到明确安全合作重点,再到扩大安全合作的内容。比如,成员国开展联合执法,共同阻击跨国犯罪和恐怖分子流动,定期开展成员国联合军事演习等,军事演习既有双边合作也有多边合作。上合组织成员国经历了20年的安全合作实践,不断深化与创新安全合作的理念内涵和外延,现在成员国对安全观的理解已经扩展为合作安全、共同安全、综合安全和可持续安全,而不是追求某一成员国自身的绝对安全,逐步形成了上合组织的"新安全观"。

(二)上合组织安全合作特点

上合组织的安全内涵不同于冷战思维的安全定义,以美国为代表的冷战思维是强调自身的绝对安全。例如,美国执意研发导弹防御系统,不一定能确保自身安全,却引发了国际社会的普遍关注和部分国家军事力量的扩张。② 上合组织的新安全观强调以对话协商促进相互信任与了解,通过双边、多边协商寻求和平与安全,不以任何借口干涉别国内政。③ 上合组织的新安全观是指成员国的共同安全,坚持"不结盟、不对抗、不针对第三国"原则。

第一,在1992年以后,中国政府认为,国家的安全,归根结底要靠增强国家的综合国力。在此背景下,"综合安全观"成为国家安全的共识。在1997年的《中华人民共和国和俄罗斯联邦关于世界多极化和建立国际新秩序的联合声明》中指出,中俄双方主张确立新的具有普遍意义的安全观,必须摒弃冷战思维。第二,合作安全观的形成。通过成员国的合作,促进各国经济共同发展和繁荣,创造各成员国更好的安全发展环境,以互利共赢合作促安全,形成合作安全观。第三,可持续安全观的形成。安全要考虑自身安全,也要为国际社会创造共同发展的安全环境,有效防止威胁国际公共安全的各种因素发生和扩散。

---

① 王海运:《中国与上海合作组织》,上海大学出版社,2015。
② 邢广程、孙壮志主编《上海合作组织发展报告(2009)》,社会科学文献出版社,2009,第82~84页。
③ 常言:《"上海精神"的灵魂——超越冷战思维的新安全观》,《世界知识》2001年第13期。

比如，共同维护防止核扩散，共同维护外太空安全等理念，都属于可持续发展安全观范畴。

上合组织的新安全观强调，要秉持共同、综合、合作、可持续安全观，推行综合施策、标本兼治的安全治理模式，推动上合组织安全合作迈上新台阶。"共同"是要保障上合组织每一个成员国的安全和发展。"综合"是指维护传统领域和非传统领域的安全。"合作"是通过对话合作促进各国和本地区安全。"可持续"是要落实发展和安全并重，以实现持久安全。

（三）上合组织安全合作的理论思考

1. 关于安全内涵的理论思考

在国际关系领域，安全这个概念存在许多争议，但也有一些共识，沃尔弗斯对安全的定义是："安全，从客观上讲，表明对所获得的核心价值观不存在威胁；从主观上讲，表明不存在此类核心价值观受到攻击的恐惧。"① 长期以来，关于安全的研究尽管是多方面、多视角和五花八门的，但是，传统的安全研究一直把"国家和军事威胁"作为中心议题，现在，这种研究的中心议题已经被越来越受到重视的非传统安全问题所取代。因为一种扩大了的"安全观"不仅承认军事威胁以外的其他威胁的存在，而且还区分出了国家以外的其他参照单元。②

关于安全问题的深化研究与国家的"安全困境"概念密切相关。所谓"安全困境"的定义是指：由于国家间关系是在一个没有中央权威机构的环境中开展起来的，因此，各国都始终面临着或者说各国都自认为始终面临着另一个国家对它动武的危险。每个国家都想避免遭受其他国家的威胁，因而就必须提高自己的军事实力，然而，这些备战的举动又会使其他国家担心这一切都是冲着自己而来，因为它们无法确定这些提高军事实力的举动是否是纯粹防御性的。正是这样一种战略互动产生了巴特菲尔德所说的"霍布斯式恐惧"，以及赫茨所说的"安全困境"。在这种理论语境下，国际社会是由一个个相互竞争的国家组成的，任何国家都不会感觉到自己处于绝对安全的状态，追逐实力的竞争将不断上演，安全与实力的恶性循环由此出现。③

如何走出"安全困境"的怪圈呢？罗伯特·杰维斯在理论上提出了"进攻

---

① 〔美〕阿诺德·沃尔弗斯：《纷争与协作——国际政治论集》，于铁军译，世界知识出版社，2006。
② 〔法〕达里奥·巴蒂斯特拉：《国际关系理论》，潘革平译，社会科学文献出版社，2010。
③ John Herz, "Idealist Internationalism and the Security Dilemma", *World Politics*, Vol. 2, No. 2, 1950.

与防御的平衡"的概念。① 之后,卡尔·多伊奇提出了安全共同体的概念。② 这一观点认为,安全要更多地依靠跨国关系而并非国家间关系来维持,这是一种安全非国家中心主义的观点,近年来,非国家中心主义也成了安全研究的重要领域之一,这个领域一直受到现实主义思想的影响。卡尔·多伊奇的研究发现,一些被称为安全共同体的机构是指那些已经实行一体化的政治实体,这些实体内部的成员都坚信:"它们所面临的共同社会问题都能够,而且必须通过和平变化的机制、制度化程序、非暴力的方式解决。"③ 安全共同体又分为合并型安全共同体和多元型安全共同体。"合并型安全共同体"是指两个或多个单元,合并成一个较大的独立的单元,合并后存在某种形式上的共同政府。"多元型安全共同体"是指共同体由两个或多个独立单元组成,不存在一个共同的政府。卡尔·多伊奇认为,多元型安全共同体比合并型安全共同体更容易出现,也更容易生存下来,这种多元型的安全共同体只需要满足三个条件:相关单元政治精英阶层的基本价值观和谐相融;相关单元普通民众之间相互同情、相互信任;能够预测对方的行为并按照这一预测来调整自己的行为。④ 从这个分析看,上合组织的安全模式更接近于"多元型安全共同体"的构架。

从国际关系实践看,安全并不能依靠国家间脆弱的平衡来实现,而要依靠国家之间民众的相互学习与交流,例如,贸易往来、旅游、文化交流等,民众的这些交往会增加集体身份认同感,促进共同体意识产生,进而促进形成共同的价值观。在多伊奇理论的基础上,布赞基于国家安全与邻国的关系思考,提出了"安全复合体"的概念,这是一个微型无政府模式,这个概念是指"由一些国家组成的集团中,各国最基本的安全忧虑之间存在着紧密联系,以至于没有一个国家能够抛开他人的安全而自保"。国家安全不仅是军事安全,还有政治安全、经济安全、环境安全、社会安全四个领域。政治安全是指各国制度的稳定和政府体系及其意识形态的合法性;经济安全是指市场、金融及资源的获取能使福利和国家权力维持在可持续的水平上;社会安全是指在人们能够接受的条件下,使一切传统的语言和文化架构、身份认同感以及民族与宗教实践都保

---

① Robert Jevis, "Cooperation Under the Security Dilemma", *World Politics*, Vol. 30, No. 2, 1978, pp. 167 – 214.
② 卡尔·多伊奇认为,安全共同体是在现实主义思想一统天下的时候出现的,参见卡尔·多伊奇《政治共同体与北大西洋区域》的论述。
③ "安全共同体"概念最早由理查德·瓦根伦(R. Van Wagenen)在 20 世纪 50 年代早期提出,参见多伊奇所著《政治共同体与北大西洋区域》一书。
④ 〔法〕达里奥·巴蒂斯特拉:《国际关系理论》,潘革平译,社会科学文献出版社,2010,第 330~331 页。

持一个永续状态。与政治安全和经济安全不同，社会安全观念突破了国家的范围，即不再把国家作为安全的参照对象，而是涉及更广的范围。例如，上合组织区域内的"三股势力"问题就属于社会安全范畴。英国学者巴里·布赞给社会安全的定义是："在当代国际体系下，社会安全所指的在不断变化的条件下，面对现实或潜在的威胁，一个社会保持其自身特性的能力。确切地说，它是指在能够让人接受的条件下，一切语言、文化和联盟的传统架构以及民族和宗教的认同感和实践都保持一个可持续发展状态。"① 按照这个定义，一个社会安全是否受到威胁实际上很难做出客观的判断，最好的办法是对某个自认为有身份认同感的集体受到威胁的进程进行研究，并关注其采取的应对行动。这个进程就是"安全化"。一个社会问题之所以会变成事关安全的大问题，是某些社会行为体语言行为的结果，这些行为体借助那些不当行为的语言，成功地将一个社会问题"安全化"后就成了一个事关安全的大问题。例如，移民问题以前属于经济问题范畴，而在20世纪80年代，移民问题被"安全化"。

另外，环境安全涉及的全球性生态问题也与各国对资源的需求有矛盾，这也被纳入了一些传统的安全研究范畴。例如，霍马·迪克逊开展的"匮乏冲突"研究，② 又如，上合组织区域内中亚国家的水资源冲突，就属于环境安全问题。

2. 关于安全内涵的扩展与新安全观

围绕安全困境的讨论与思考，使安全的内涵和外延不断扩展，在此基础上，形成了新的安全观念。布思认为，必须扩展"安全"这个概念的内容，一方面，由"安全困境"引发的军备竞赛使破坏能力进一步提升，与此同时安全感却没有得到任何增加，经济负担反而日益沉重；另一方面，大部分民众和国家所感受到的威胁，很少来自邻国的军队，而是来自经济衰退、政治镇压、资源匮乏、族群对立、对自然的破坏、恐怖主义、犯罪以及疾病等。③ 布思的这一理论逻辑在某种程度上可以解释上合组织的新安全观。

在此条件下，随着对安全概念范畴研究的不断扩大，就会把全人类——而不是国家或社会——作为安全的最终参照物。布思进一步指出：真正的安全只有在人人享有安全的情况下才算实现，也就是说，想要达到这一点，每个国家都不应把其他国家当作对手，而应当作朋友来看待；对于一个人而言，只有在他人安全不被剥夺的情况下，他自身的安全才能持久。在此基础上，安全研究

---

① 〔英〕布赞等：《认同、移民和欧洲新安全议程》，伦敦平特出版社，1993，第17~40页。
② 邓宁华：《环境匮乏、社会适应性和紧急冲突：霍马—迪克逊环境安全研究述评》，《湖南工程学院学报》（社会科学版）2007年第2期。
③ Ken Booth, *Theory of World Security*, Cambridge: Cambridge University Press, 2009.

学者得出的结论是：只有出现一个超民族国家的、普世的、全球性的政治和道德共同体，才能确保"解放式安全"。"解放式安全"的概念很快被联合国提出的"人类安全"概念所取代。① 人类安全的概念已经从"没有恐怖"扩展到了"没有贫穷"乃至保障子孙后代的自由——既包括经济安全，也包括粮食安全、环境安全、个人安全、共同体安全以及政治安全。布思这一理论逻辑可以在某种程度上解释人类命运共同体理念。

在美国继续推行霸权主义、强权政治，并试图解构现有国际政治和经济秩序背景下，美国将加速西方体系的"瓦解"，多极化世界和无政府状态将成为未来世界的"前景"。在此背景下，也许肯尼思·华尔兹的结构现实主义理论（假设世界是无政府状态）对国际关系更具解释力。② 在此大背景下，为适应国际环境，可以预测上合组织的未来发展也将具有结构现实主义的某些特征。

习近平主席在上合组织第十八次元首峰会上提出"上海精神"的"新五观"，即发展观、安全观、合作观、文明观和全球治理观。其中，"共同、综合、合作和可持续"的安全观的核心是"共同"与"合作"，这是对上合组织安全合作的理论创新与发展。

三　经济合作困境与理论分析

在政治、安全、经济和人文四大领域合作中，无论是域内国家还是域外国家学者，对上合组织成员国合作效果质疑或批评最多的是经济合作领域，尤其是区域内的多边合作，到目前为止，可以说，几乎没有什么实质性的多边合作成果。那么，上合组织成员国的经济合作为什么如此艰难呢？

（一）从区域"一体化"理论视角解读

要从理论层面分析上合组织经济合作或多边合作的困境，或多边经贸合作纲要执行失效的原因，一个重要的分析视角是从区域一体化的观念入手。在冷战背景下，"一体化"观念往往与"和平"观念联系在一起。多伊奇将"一体化"定义为：在一定领土范围内，形成足够强大的和广泛传播的共同体意识和机构，以便能够长时期确保生活在其中的居民对和平变化的期待能够实现。也有学者认为，一体化是"一种自愿建立一些范围更广泛的政治单元的趋势，在

---

① "人类安全"的概念首次出现在联合国开发计划署制定的《1994年人类发展报告》中，之后，这一概念被加拿大外交部部长阿克斯沃西逐步完善。
② 〔美〕肯尼思·华尔兹:《国际政治理论》，信强译，苏长和校，上海人民出版社，2008。

此过程中每个政治单元都会避免与参与该进程的其他单元武力相向"。① 这些定义都是在冷战背景下对一体化的探索和思考，是在战争与和平的框架下对一体化的解读。

这一时期对一体化解读的主要理论有三个，即新现实主义理论、新功能主义理论和政府间主义理论。例如，新功能主义理论认为，国家领导人的首要任务不是保持各国分离状态，而是促进各国联合起来，这是防止人类社会从政治分离演变成武力相向的唯一方式，要依靠"功能安排体系"来实现这一目标，仅靠联合国是不够的。而功能安排体系存在的逻辑前提是各国之间存在"公共需求"，只要存在"公共需求"，这种跨国联合的一致行动就会存在，否则，就不可能形成"功能安排体系"。而这种"公共需求"是建立在与"政治无关"的"中性需求"之上，即关注社会问题和经济问题，而不是关注让人们割裂开来的政治问题。② 米特兰尼和哈斯都认为，在欧洲一体化的进程中发挥"决定性推动作用"的是"那些与现代化欧洲官僚、多元化及工业化生活密切相关的共同经济利益"，而不是那些夸赞西方文明的政治口号，也不是"对苏联的担心或是对美国的羡慕"。

从欧洲一体化的实践看，社会行为体精英共同的需求和超国家机构欧盟的建议两者形成合力，使一体化得以向越来越多的领域扩展：运输、农业、渔业以及其他行业，这种连锁反应，就是"溢出效应"。而一体化的"溢出效应"观念最早是由林德伯格提出的，"溢出效应"是指"这样一种状态——要想达到最初的目标，就必须采取一些新行动，而这又会为其他行动创造新的条件和需求"。③ 这种状态促进一体化不断升级，最终可能迈向政治统一。

一体化的"溢出效应"理念提醒我们：在上合组织推动经贸多边合作进程中，要先推动那些有共同利益的领域，例如，贸易、投资、能源合作等，若在某一领域合作成功了，必然会向更多的领域传递。

分析2003年成员国签署的《上海合作组织成员国多边经贸合作纲要》在实施中为什么会陷入困境，认为主要有以下几个原因。一是操之过急。在2003年签署该多边合作纲要时，计划分三步走，就是期望在2020年实现"货物、资

---

① Haas, "The Study of Regional Integration: Reflections on the Jog and Anguish of Pretheoring." *Regional Integration*, *Theory and Research*, *International Organization*, Vol. 24, No. 4, 1970.

② 〔法〕达里奥·巴蒂斯特拉：《国际关系理论》，潘革平译，社会科学文献出版社，2010，第259~260页。

③ Leon N. Lindberg, *The Political Dgnamics of European Economic Intergration*, Standford University Press, 1963.

本、技术、劳动力"的自由流动,推进速度和期望太快了,超过了俄罗斯和中亚国家的心理承受能力和预期。二是在经济领域找到的"共同利益"不多。三是上合组织的两个主导国俄罗斯和中国之间对多边经济合作的理念存在分歧。有一个与上合组织多边经贸合作纲要受阻类似的例子。1965年初,在欧洲一体化的进程中,法国担心自己的利益受损,戴高乐实施的"空椅政策"曾经导致欧洲的一体化进程停滞不前。① 后来又是什么因素推动欧洲的一体化成功了呢?霍夫曼认为,一体化的实现应该归功于各国政府愿意将一部分主权拿出来共享。而莫劳夫奇克认为,一体化是各方互动的结果,一方面,各国社会行为体向各自政府施加压力;另一方面,政府也会受到自身利益驱动,推动欧盟创建这样的核心机构,因为这些机构能使政府在与国内社会行为体的角力中获得更大的活动余地。例如,欧盟能够为各国政府控制其内部行动的安排提供合法性,从而能够提高其行动能力和影响力。② 莫劳夫奇克的自由政府间主义理论是新功能主义与原始的政府主义的合成品,其理念的中心是以"对大宗交易进行讨价还价"的观念来解释一体化。

关于一体化最终结果的可能性,霍夫曼认为,经济一体化并不一定必然会走向政治一体化,一体化的外部因素,即面对的国际环境也很重要。一体化本身也会造成新的紧张关系,因为,一体化迟早会涉及国家主权的问题。从经济一体化到政治一体化的"溢出效应"并不容易,这涉及各个国家的核心利益,因为各个成员国"宁可接受国家独立,也不愿意接受融合而导致国家无法控制的不稳定性"③。

从国际组织一体化的理论角度来看,区域组织的一体化有多种不同的途径,比如地理相邻的一体化,产业发展的一体化,政治意志的一体化,等等。④ 显然,上合组织属于地理相邻国家的一体化思路,而不是政治和意识形态高度一

---

① "空椅政策"是指1965年4~6月,法国与欧洲共同体其他成员国在农业和共同体超国家组织的扩权问题上发生了严重的分歧。德国和意大利等国提出建议,把共同体内部的决策机制从"一致通过"改变为"多数赞成"。戴高乐坚决反对这项提议,认为引入多数赞成机制将损害大国的独立性。之后,戴高乐召回了法国在共同体的代表,开始全面实施缺席抵制政策,由此引发了持续半年之久的"空椅危机"。参见〔法〕达里奥·巴蒂斯特拉《国际关系理论》,潘革平译,社会科学文献出版社,2010,第256~257页。
② 参见〔美〕安德鲁·莫劳夫奇克《欧洲的抉择——社会目标和政府权力》,社会科学文献出版社,2008。
③ S. Hoffmann, "Obstinatie or Obsolete? The Fate of the Nation-State and the Case of Western Europe", in S. Hoffmann, *The European Sisyphus*, *Eassy on Europe*, Boulder: Westway Press, 1995.
④ 关于国际或区域组织的一体化理论,参见〔法〕达里奥·巴蒂斯特拉《国际关系理论》,潘革平译,社会科学文献出版社,2010。

致的"思想"引领的一体化,也不是产业化发展的一体化思路。上合组织的经济合作是从安全合作成功后,外溢到经济领域的,是安全合作的"溢出效应"。一是从俄罗斯视角看,俄罗斯一直把上合组织看成一个安全合作机制,并不希望其转化为经济合作组织,尤其是担心中国在经济合作中将具有更大的掌控能力。二是从中亚国家看,中亚国家处于矛盾心理,既希望与中国发展经济合作,推动本国自身的基础设施建设,实现工业化和改善民生,又担心强大的中国经济体量会使中亚国家成为中国经济的原料输出国。三是从中国视角看,中国希望通过上合组织推动经济合作从双边合作到多边合作,在国际道路运输、过境能力、海关通关、技术标准等方面促进一体化,以提高中国与成员国的贸易投资、产能合作等效率,促进中国与中亚国家的共同可持续发展,提高中亚国家自身能力的建设,促进中亚国家经济转型和改善民生,走上现代化发展之路。

从国际组织一体化的实践角度来看,欧盟的经济一体化也是一个循序渐进的过程,从欧洲煤钢联营到建立欧洲统一大市场,经历了40多年时间。因此,上合组织在推动经济一体化过程中,体验了"欲速则不达"的经典过程,品尝了协议上同意而行动上不落实的教训,2003年成员国共同签署的《上海合作组织成员国多边经贸合作纲要》就是一个例子。经济一体化需要内生动力,那么上合组织经济合作的内生动力是什么呢?2008年国际金融危机后,俄罗斯、中亚国家的经济都受到重创,再加上2014年乌克兰危机的影响,俄罗斯和中亚国家都有加强区域合作的迫切愿望,因此,2009年上合组织成员国总理签署了《上海合作组织成员国关于加强多边经济合作、应对全球金融危机、保障经济共同发展的共同倡议》,2014年,成员国签署了关于加强区域合作的联合声明,显示了成员国对经济多边合作的内生动力。在20年的发展历程中出现这样的内生动力显然是弥足珍贵的。比如,东盟一体化的内生动力来自"大东盟"的共同意志,① 而上合组织成员国目前还没有形成与一体化紧密联系的共同"愿望"和"诉求",目前,依然是"上海精神"这个旗帜在引领成员国在平等、互利的前提下合作、共赢与发展。

从欧盟一体化进程和促使各国团结的因素看,首先,西欧各国当时面临苏联的共同威胁,这是促使欧洲各国团结的重要因素,英国、德国、法国之间由此不再彼此猜忌。其次,在苏联解体、冷战结束后,欧洲依然能完成持续的一体化进程。基辛格曾经预判,随着冷战结束,欧盟机构将无力在德国和其他合

---

① 王玉主:《东盟区域合作的动力(1967~1992)——基于利益交换的分析》,《当代亚太》2006年第7期。

作伙伴之间保持这种均势。① 实际上，冷战结束为欧盟提供了一种新的公共产品——统一的货币组织——产生的机遇。根据赫希曼提出的"退出、呼声与忠诚"三部曲理论，任何国家加入某个机构既是为了从中获得更多的好处，也是为了促进与其他伙伴的合作。②

（二）从各成员国对经济合作的利益诉求角度解读

上合组织成立初期有俄罗斯、中国和哈、乌、吉、塔四个中亚国家，六个成员国对经济合作需求利益不同的综合因素决定了经济合作的方向以及在此方向上能走多远。

1. 俄罗斯对经济合作的态度和期待

一是俄罗斯有比较强烈的势力范围情结。苏联解体后，俄罗斯视中亚为其势力范围或战略"后院"，希望确保其对中亚地区的控制性和排他性。俄罗斯倡议建立上合组织，认同中国进入中亚，是在其国家实力严重衰退背景下不得已的选择，以便借助中国，共同抵御美国对中亚的觊觎和对俄罗斯的战略挤压。由于长期持有势力范围情结，俄罗斯将主要精力放到运作欧亚经济联盟上，而对上合组织的经济合作比较消极。二是俄罗斯对经济合作顾虑较多。俄罗斯部分学者认为，与俄罗斯相比，中国的经济体量太大，俄罗斯在上合组织的经济合作中难以取得平等的地位。俄罗斯财政部门也认为，经济合作不应成为上合组织的基础和重点，俄罗斯不应为上合组织的经济的合作有所投资。俄罗斯也担心上合组织的经济合作会对其主导的欧亚经济联盟产生冲击或形成竞争。因此，主张经济合作主要在欧亚经济联盟框架内进行。三是俄罗斯对推动上合组织自贸区也比较敏感，担心过快的自贸区建设会带来商品、资金、人员、服务的自由流动，会导致中国对俄罗斯和中亚国家的"经济扩张"和"人口扩张"，担心成员国海关开放可能带来安全问题等。四是尽管2008年世界金融危机后，俄罗斯开始对上合组织的经济合作有所关注，但是，俄罗斯关注的方向与中国及中亚国家关注的方向有差异。比如，俄罗斯希望把能源合作作为上合组织经济合作的重要方向，而中亚国家对此并不支持。丝绸之路经济带与欧亚经济联盟对接在大方向上思路一致，但是在具体合作领域，中俄还存在一些分歧。

---

① 〔美〕基辛格：《大外交》，顾淑馨等译，人民出版社，2010。在该书的最后一章，基辛格在预测欧洲的未来时出现了犹豫，甚至是矛盾。他认为欧盟能成为20世纪国际体系中的六强之一，同时，他认为美国和欧洲应当联手阻止俄罗斯和德国争夺对欧洲大陆的主导权，这似乎又没有考虑欧盟的存在。

② 〔法〕达里奥·巴蒂斯特拉：《国际关系理论》，潘革平译，社会科学文献出版社，2010。

2. 中国对经济合作的期待

上合组织是唯一以中国城市命名的区域组织,是中国实现周边外交的重要平台,是维护中国西部安全与稳定的重要战略依托,也是提升中国参与国际事务能力的重要平台。中国认为经济合作是做好安全合作的基础,通过中国经济发展的优势,带动成员国经济共同发展才能更好地维护地区安全与发展繁荣。鉴于此,中国在2003年就倡议推动成员国多边经贸合作,推动建设上合组织自贸区,以促进本地区人员、资金、技术、服务自由流动,形成区域一体化格局。

3. 中亚国家对经济合作的利益诉求和期待

在上合组织成立初期,美国从国际反恐角度考量,在中亚国家加强军事存在的同时也加大了对中亚国家的经济援助和帮助改造其基础设施的力度。在此背景下,乌兹别克斯坦对上合组织的经济合作并不积极,例如,俄罗斯倡议建立上合组织能源俱乐部就因为乌方反对未能落实。哈萨克斯坦与乌兹别克斯坦竞争,都希望自己成为中亚地区大国,在上合组织经济合作中哈方的态度也比较消极,或者是另有想法。此外,上合组织坚持"协商一致"原则,对于经济合作的一些重大议题只要有一个成员国提出异议或明确反对就难以落实。[①] 2008年金融危机后,俄罗斯和中亚国家对经济合作的态度变得较为积极。俄罗斯因为对能源经济长期严重依赖,在金融危机和国际油价下跌双重压力下,俄罗斯的许多企业处境艰难,在此情况下,中国积极投资俄罗斯和中亚国家的资源性项目,支持和帮助中亚国家发展经济,签署中哈能源管道建设协议,签署中俄"贷款换石油"一揽子协议等。

(三) 推动经济合作的主要方向

上合组织成员国应总结2003年签署的多边经贸合作纲要落实不利的教训,稳步推进新版多边经贸合作纲要。坚持"共商、共建、共享"原则,落实"一带一路"倡议与成员国发展战略的对接,坚持高质量共建"一带一路"产能合作的新目标。在产能合作中促进中国企业进一步"走出去",促进各成员国经济发展方式转变,以及工业化发展和改善民生。

选择合适的主攻合作方向。工业化高新技术、农业深加工、新能源等领域是未来经济合作的重点方向。以科技创新为引领,推动成员国的工业化、城镇化发展,发展实体经济,增加中亚国家的就业岗位。

继续推动和深化地区能源合作。推动建立上合组织能源俱乐部,发挥本地区既有石油产油大国,又有石油消费大国,还有石油运输过境国的优势。中国

---

① 王海运:《上海合作组织与中国》,上海大学出版社,2015。

发挥资本运作优势，俄罗斯发挥机制运作优势，其他成员国发挥各自的优势，形成成员国优势互补的互利共赢的能源合作大格局，必将对世界能源战略结构产生重大影响，并将进一步提升上合组织在国际事务中的影响力和话语权，这也可以有效地支持上合组织参与全球经济治理。

四 人文合作的理论与实践思考

上合组织人文合作定位主要有四个方面：增加成员国之间的相互了解和互信；促进成员国不同文化的共同发展；为成员国经济合作奠定基础；形成上合组织区域的特殊文化理念。① 人文交流合作是成员国之间发展和深化伙伴关系的重要基础。人文合作属于思想交流、文化交流层面，属于"软合作"，文化合作的深化可以成为成员国之间经济合作、安全合作等务实合作的"硬基础"。人文合作具有历史传承特点、互鉴交流特点，促进人文合作不能急功近利，更不会一蹴而就，需要长远规划，点滴积累，日常坚持，久久为功。当前，成员国人文合作面临的主要问题和困境是：人文合作范围有待拓宽，合作模式应进一步多元化、多样化；防范极端思想渗透以及恐怖分子活动对人文合作的负面影响；成员国人文交流以官方推动为主，民间机构参与相对不足。②

在环保合作方面，党的十九大报告指出，中国特色社会主义进入新时代，中国成为全球生态文明建设的重要参与者、贡献者、引领者，同时，环保合作也日益成为各成员国实现经济社会可持续发展的内在要求。扩员后，上合组织应扩大环保合作的范围和深度，解决制约环保合作的问题和障碍。比如，上合组织区域的跨界水资源协调问题、环保合作的机制完善问题等，未来应该在成员国环保政策对话与交流、环境污染防治经验交流、生态恢复和生物多样性保护、环保技术交流与产业合作等方面加大推进力度，形成一致政策，促进绿色"一带一路"建设，进而推动地区命运共同体建设。

在科技合作方面，成员国应高度重视"科技外交"，2017年在首届"一带一路"国际合作高峰论坛会上，习近平主席提出"一带一路"科技创新行动计划，成员国的发展战略与"一带一路"倡议的对接首先应该重视科技发展战略的对接，成员国之间的科技合作是缩小成员国经济发展差距、实现经济可持续发展的重要途径。未来应该以共建研究基地和交流中心、举办国际研讨会、开

---

① 吴恩远等主编《上海合作组织发展报告（2011）》，社会科学文献出版社，2011，第78~79页。
② 邢广程、孙壮志：《上海合作组织研究》，长春出版社，2007，第140~141页。

展跨境科技研究、共同培养科技人才为重点和抓手,促进成员国生态环境与自然资源的开发利用,促进传统和可再生能源的创新应用,促进农业技术的创新与推广,提升成员国的科技水平,助力成员国工业化、现代化发展与改善民生。

在教育合作方面,教育合作是成员国合作的基础性工作,见效慢,不能急功近利。应该以深化上海合作组织大学,推动成员国高校间交流合作为契机,深入开展"教育无国界"教育周等活动,重点落实成员国青少年的交流项目,促进上合组织区域的教育国际化和一体化发展水平,促进区域教育的产业化和市场化协同发展,形成具有上合组织特色的教育合作品牌,为成员国经济发展培养各类高等人才。

在旅游合作方面,尽管上合组织成立已经20年,但成员国的旅游合作还处于初级阶段,虽然各成员国旅游资源丰富,合作积极性较高,但是受交通和旅游配套设施不发达、旅游便利化程度较低、专业人才缺乏等因素制约,区域内旅游合作潜力还没有充分发挥出来。在未来,上合组织应把旅游合作放在务实合作的突出位置,落实交通便利化措施,调动地方的积极性,吸引民间力量积极参与,促进区域旅游经济发展。

第二节 各领域未来合作重点

2020年11月10日,上合组织成员国元首理事会第二十次会议在莫斯科以视频方式召开。在单边主义兴起、新冠肺炎疫情蔓延的背景下,成员国继续弘扬"上海精神",深入探讨成员国在共同应对新冠肺炎疫情以及地区和全球面对共同挑战方面合作的新理念、新思路和新途径,深化地区合作,积极推动欧亚地区治理并积极参与全球治理,在地区与全球层面就涉及成员国核心利益等有关问题发出"上合声音",提供"上合方案"。习近平主席以视频方式在北京参加了元首峰会并发表《弘扬"上海精神" 深化团结协作 推动构建更加紧密的命运共同体》的重要讲话,习近平主席倡议成员国共同构建上合组织卫生健康共同体、安全共同体、发展共同体、人文共同体,为构建人类命运共同体进行更多实践和探索。①

2021年是上合组织成立20周年,成员国将共同总结20年来本组织取得的巨大成就,客观分析本组织内部和外部面临的问题、风险、挑战和机遇,顺势

---

① 《习近平主席出席上海合作组织成员国元首理事会第二十次会议并发表重要讲话》,新华网,http://www.xinhuanet.com/politics/leaders/2020-11/10/c_1126723118.ht。

而为,迎难而上。2021年为上合组织的"文化年",成员国将按照第二十次元首峰会提出的战略安排,开展一系列重大纪念活动,大力弘扬"上海精神"和《上海合作组织宪章》确定的合作理念,促进上合组织在各领域深化合作,为未来长远发展奠定更加坚实的基础。上合组织将持续引领地区与国际合作新模式,为国际社会化解全球治理难题贡献"上合智慧"和"上合方案"。成员国应继续弘扬"上海精神",深化务实合作,增强政治互信,努力打造上合组织的卫生健康共同体、安全共同体、发展共同体和人文共同体,为构建人类命运共同体作出新贡献。

一 政治合作重点工作

习近平主席倡导共同打造上合组织卫生健康共同体、安全共同体、发展共同体、人文共同体的理念,得到了成员国、观察员国和对话伙伴国的普遍响应和支持。2021年,中国将继续支持上合组织、金砖国家等平台的机制化建设,加快落实联合国2030年可持续发展议程,积极参与应对气候变化的国际合作,为解决各种全球性问题及全球治理体系构建贡献"中国方案"和中国力量。面对单边主义和霸权主义的挑战,成员国将为构建人类命运共同体凝聚更多国际共识,中俄将引领和团结成员国一道,站在绝大多数国家的共同利益一边,推动构建更加公正合理的国际政治经济治理新秩序。在上合组织内部,继续弘扬"上海精神",坚持团结互信、互利合作,共同构建上合组织卫生健康共同体、安全共同体、发展共同体、人文共同体,为构建人类命运共同体进行更多实践和探索。在地区层面,针对叙利亚问题、阿富汗问题和伊核问题等及时发出上合组织的一致声音。在全球层面,积极参与全球治理,针对外空管理、核不扩散、气候变化、反恐、世贸组织改革以及新冠肺炎疫情防控等问题及时发出成员国的一致声音,为全球治理提供"上合方案"。

在具体工作方面,成员国应利用地区国家、国际组织和多边机制的潜力,根据国际法准则,特别是平等、相互尊重和考虑国家利益的原则,在欧亚地区构建广泛、开放、互利和平等的协作空间;① 成员国将通过上合组织在联合国及其专门机构、其他国际平台加强对外政策协调;上合组织是国际社会负责任和有影响力的参与者,将继续致力于维护欧亚地区和平、稳定与发展,将继续采取协同措施应对地区不断出现的威胁与挑战。坚定支持以国际法至上和不干涉

---

① 《上海合作组织成员国元首理事会莫斯科宣言》,2020年11月10日,新华网,https://baijiahao.baidu.com/s?id=1682999556659758202&wfr=spider&for=pc。

内政、和平解决争端原则为基础，巩固欧亚地区平等和不可分割的安全进程；将继续开展建设性对话，深化全方位伙伴关系，有效解决地区和全球问题，巩固政治、经济稳定，构建公平公正的国际政治经济秩序。

二 安全合作重点工作

在上合组织第二十次元首峰会上习近平主席提出打造上合组织安全共同体的倡议，得到成员国一致支持。成员国将深化团结互信，坚持通过对话和协商化解矛盾和分歧，巩固上合组织政治合作的基础；要严防"三股势力"借疫生乱，遏制毒品泛滥趋势，打击极端主义思想通过互联网传播，提升成员国执法安全合作水平；要重视维护生物安全、数据安全、外空安全，积极开展沟通和对话；中国发起"全球数据安全倡议"，倡议成员国共同构建和平、安全、开放、合作、有序的网络空间；阿富汗局势事关上合组织地区的安全和稳定，要用好"上海合作组织—阿富汗联络组"平台，帮助阿富汗实现和平重建。

安全合作是成员国合作的优先方向，和平稳定的地区环境是成员国经济合作的重要保障，在具体合作方面：一是落实《上海合作组织反极端主义公约》，成员国要采取一致的措施去极端化，要从青年教育、媒体宣传、减少贫困等源头上杜绝极端思想产生和传播的途径，努力消除恐怖主义赖以生存的土壤环境，成员国应在遵守国际法和拒绝"双重标准"的基础上形成合力与"三股势力"做斗争；二是深化成员国网络安全合作，运用高新技术提升打击恐怖活动的能力，落实《2020～2021年上海合作组织国防部合作计划》，落实成员国《"团结协作·2019～2021"联合边防行动计划》等；三是开展成员国联合禁毒行动，落实《〈2018～2023年上海合作组织成员国禁毒战略〉2019～2020年落实措施计划》，在成员国境内开展"蛛网"国际禁毒行动。与世界卫生组织密切合作，促进成员国在地区和全球层面就新冠肺炎疫情防控加强合作；四是执行《联合国全球反恐战略》和联合国安全理事会的建议，同时深化两机构之间的合作，包括开展联合活动；五是充分发挥"上海合作组织—阿富汗联络组"作用，及时关注美国与塔利班和平协议落实情况，按照既定的路线图参与多边会谈，促进阿富汗和平进程。

三 经济合作重点工作

在上合组织第二十次元首峰会上习近平主席提出构建上合组织发展共同体的倡议，得到成员国一致支持。在新冠肺炎疫情背景下，成员国要通过人员往来"快捷通道"和货物运输"绿色通道"，加快实现复工复产；要为各成员国企业营造开放、公平、非歧视的营商环境，扩大相互投资规模；要抓住新一轮科技革命和产业变革机遇，加强成员国在数字经济、电子商务、人工智能、智慧城市等领域的合作；中国将于2021年在重庆举行中国—上海合作组织数字经济产业论坛，为各成员国开展创新合作搭建平台；成员国在经济合作中应坚持以人为本，共同实施更多的民生工程；中国支持设立本组织减贫联合工作组，愿同各成员国分享减贫方面的成功经验。

  在经济合作方面重点落实八个领域的工作，积极开拓扩员后成员国合作的新市场，深化经贸等各领域务实合作，充分挖掘各成员国的经济增长点，激发区域经济合作活力。深化并拓展交通、能源、工业和金融等领域合作，扩大成员国相互投资规模，促进技术创新和现代技术应用。第一，在交通运输领域。积极开拓扩员后成员国合作的新市场，深化经贸等各领域务实合作，充分挖掘各成员国的经济增长点，激发区域经济合作活力。深化并拓展交通、能源、工业和金融等领域合作，扩大成员国相互投资规模，促进技术创新和现代技术应用。一是深化互联互通合作，在重视道路设施联通基础上，更加重视上合组织区域的"软联通"建设。以简化成员国之间海关手续、消除高税率等行政壁垒等为重点，加快协商解决影响互联互通的制度、规则和标准等"软联通"问题，推动海关领域等标准互认。加强中亚与南亚的互联互通，加大在该领域的项目建设，探索与"北南国际运输走廊"项目协调共建的可行性。二是深化交通领域合作，包括新建和改造现有国际公路和铁路交通线路及多式联运走廊，建立国际多式联运物流、贸易、旅游中心等，制定相应规划。三是加快商谈《上海合作组织成员国政府间关于建立和运行交通运输一体化管理系统框架协定》草案。推动商签《上海合作组织成员国公路发展规划》，制定《上海合作组织成员国铁路规划》，要继续加紧成员国协商，促进中吉乌铁路规划实施。推动区域内贸易和投资便利化，促进区域内生产要素自由流动，通过制定相关规划措施优化各成员国的产业分工布局，促进区域内产业链、供应链和价值链的协调互补与融合。四是支持乌兹别克斯坦提出的在联合国主导下"在中亚建立发展互联互通地区中心"的倡议。落实2019年通过的《上海合作组织成员国铁路部门协作构想》，加强铁路部门合作。支持乌兹别克斯坦关于制定《上海合作组织成员国发展交通领域互联互通合作战略》草案的倡议。五是在海关合作工作组框架内积极推动海关领域合作，落实2019年签署的《上海合作组织成员国海关关于过境系统一体化合作的备忘录》。

  第二，在经贸与产能合作领域。成员国要深化务实合作，在互联互通基础设施建设、工程承包、贸易投资和境外合作区建设方面重点发力，创新模式，深化合作。一是深化"一带一路"倡议与"欧亚经济联盟""大欧亚伙伴关系""印度制造"等区域及各国发展战略对接，以高质量共建"一带一路"为契机，促进成员国合作向高质量发展转变。二是落实新版《上海合作组织成员国多边经贸合作纲要》及其落实措施计划，分析前期"一带一路"产能合作的经验与教训，完善相关制度措施，持续深入推进产能合作，实现双边和多边合作共赢。落实《〈上海合作组织至2025年发展战略〉2016~2020年行动计划》和《2017~2021年上海合作组织进一步推动项目合作的措施清单》。三是开拓中俄高质量经贸合作的新思路，实施产、供、销对接。深化中俄地方合作、中小企业合作、农业合作等。以中俄合作为例，在此模式下，深化中哈、中乌、中印等双边投资贸易潜力。中国将与相关成员国签订新的贸易投资协议，共同打造良好的区域营商环境。四是发挥中国进口博览会的作用，首先对成员国扩大开放。落实《上海合作组织成员国地方合作发展纲要》，支持中国在青岛建设中国—上海合作组织地方经贸合作示范区的倡议，为深化成员国地方经贸合作搭建新平台。五是支持乌兹别克斯坦关于建立上合组织成员国信息技术发展主管部门负责人定期会晤机制的倡议。支持继续商谈建立上合组织开发银行和发展基金（专门账户）问题。六是要研究分析影响上合组织经济合作的各种因素，扩大成员国经济智库间的合作。在印度主办上合组织经济智库联盟首次会议的基础上加强智库合作。支持乌兹别克斯坦制定《上海合作组织经济论坛构想》草案。

第三，在能源领域。加强区域能源和工业领域合作。一是加快本地区能源基础设施建设。采取措施提高能效，采用先进技术实现传统、可再生等能源的清洁使用。二是建设连接中亚与南亚的能源通道，支持新成员国印度、巴基斯坦能源基础设施建设项目，将其纳入区域互联互通整体框架。完善区域能源供应体系，提升成员国区域能源合作水平。三是支持塔吉克斯坦关于建立上合组织成员国能源部长会议机制和工业部长会议机制的倡议。

第四，在金融领域。完善区域内金融服务体系，继续探讨建立上合组织开发银行的可行方案。一是支持成员国在贸易中扩大使用本币结算，落实《上海合作组织成员国扩大本币结算份额路线图》草案意见。支持印度基础设施发展金融公司加入上合组织银行联合体并发挥作用。二是支持实业家委员会和银行联合体发挥潜力，积极推进上合组织地区金融、高科技、基础设施互联互通、能源、投资等领域的合作项目。三是支持俄罗斯提出的银行联合体《关于克服新冠肺炎疫情对上海合作组织成员国经济影响的路线图》和《关于扩大上海合作组织区域本币使用的共同立场》的倡议。四是完善投资风险控制机制，创新多元化的金融模式，如PPP模式等，形成更多"耐心资本"，并将其投入务实合作项目。五是中国将以援助性资金为引导,推进由发达国家参与的"第三方合作",探讨与欧盟、日本在本地区开展"第三方合作"的有效途径。

第五,在农业领域。一是落实2018年签署的《上海合作组织成员国粮食安全合作纲要》,应制定完善粮食安全领域合作的一揽子措施,要首先完善合作的法律基础,制订《上海合作组织成员国粮食安全合作纲要》的落实行动计划。二是支持乌兹别克斯坦关于制定《上海合作组织成员国智慧农业与推广农业创新合作构想》的倡议。三是支持中国关于在陕西省杨凌设立上合组织农业技术交流培训示范基地的倡议。

第六,在数字经济领域。在成员国现代电信和通信技术工作组框架内进一步加强合作,落实2020年签署的关于成员国加强数字经济领域合作的声明。落实2019年通过的《上海合作组织成员国关于数字化和信息通信技术领域合作的构想》及落实行动计划。制订《上海合作组织成员国关于在数字化时代发展偏远和农村地区的合作构想》的落实行动计划。

第七,在科技领域。科技创新是中长期经济增长和全球可持续发展的关键因素。成员国将深化本组织科技创新合作,开展联合科研,加强科学家和科研机构之间的经验交流,寻求新的经济增长点,解决共同面临的社会挑战。重点在科技和创新领域深化合作,加大对地区科技研发和创新领域的投入,加强成员国在创新领域合作和成果共享。紧盯第四次工业革命前沿科技,激发科技与工业融合、互联网与工业融合。一是提高成员国合作效率,寻求新的经济增长点,包括积极采取措施,推动人工智能等科技创新研究领域的具体项目合作;发展技术园区和创业孵化器,落实"上合组织青年创业国际孵化器"等青年创业项目;开展成员国经济问题智库合作,落实《上海合作组织经济智库联盟章程》并制定措施。二是为新技术运用营造良好的环境,推动区域"数字化、网络化、智能化"发展,利用"互联网+"平台,使区域内产品、服务更完善,促进成员国经济转型与升级。三是中国与各成员国共建"上合组织成员国技术转移中心",推动科技信息共享和创新成果转化应用。支持中国关于加强高新技术领域和技术成果产业化合作的倡议,支持印度关于建立创新创业工作组的倡议,支持哈萨克斯坦关于建立上合组织成员国科技园区库的倡议。

第八,在环保领域。一是落实《2019~2021年〈上海合作组织成员国环保合作构想〉落实措施计划》和《上海合作组织城市生态福祉发展规划》。二是落实第73届联合国大会通过的《"水促进可持续发展2018~2028"国际行动十年决议》中期全面报告要求,推动实现水资源领域的可持续发展目标。三是关注可持续发展和水资源综合管理问题,支持塔吉克斯坦在联合国框架内落实

《"水促进可持续发展（2018~2028）"国际行动十年决议》的倡议。四是以高质量共建"一带一路"为契机，引导成员国共同坚持绿色发展理念，倡导低碳、循环、可持续的生产生活方式。成员国加强环保和节能减排领域合作，共同促进区域绿色发展，以此带动和促进成员国的经济高质量发展。五是支持乌兹别克斯坦提出的制定推广使用节能环保清洁技术标准的倡议。

四　人文合作重点工作

2020年上合组织成员国元首峰会期间，习近平主席提出构建上合组织人文共同体的倡议，得到成员国的一致支持。成员国将持续倡导文明对话，深化教育、科技、人文、旅游等领域合作，进一步巩固睦邻友好合作关系。鼓励开展文化对话，保护文化多样性，开展本地区文化和自然遗产研究及保护领域合作。一是各成员国在2021年将热烈庆祝上合组织成立20周年，2021年为上合组织"文化年"，成员国将举办各类国际艺术节和比赛，深化在音乐、戏剧、造型艺术、电影、广播电视、媒体领域的合作，促进旅游合作，加强人员往来，重点开展青年交流。成员国将积极利用各种媒介，共同广泛宣传上合组织的发展成就，使"上海精神"与合作理念更加深入人心。二是支持成员国在教育、文化、旅游、体育、媒体、妇女等领域加强交流合作，形成全方位、深层次、多渠道的人文合作架构。三是加强民间外交，增进互信、促进相互理解和扩大人文交流，支持中国上合组织睦邻友好合作委员会和乌兹别克斯坦上合组织民间外交中心的工作，支持吉尔吉斯斯坦关于建立"上合组织文化一体化中心"的倡议。

人文合作主要有六个领域的具体工作。

第一，在卫生及新冠肺炎疫情防控合作方面。加强对突发性卫生灾害事件的应对，在生物安全、传染和非传染性疾病防控、公共卫生、医疗康复等领域开展合作。加强成员国在新冠肺炎疫情防控领域的合作。落实《上海合作组织成员国卫生领域合作主要措施计划（2019~2021）》。一是成员国反对将新冠肺炎疫情污名化。强调应进一步加强国际合作，共同抗击疫情蔓延，合力应对疫情对世界政治、经济和社会的影响。落实2020年上合组织成员国元首峰会通过的《关于共同应对新冠肺炎疫情的声明》。二是加强传染性疾病防控领域合作，应对卫生防疫领域突发事件，尽可能消除传染病对地区国家公共卫生、经济、社会和人文领域的消极影响。继续加强合作并采取综合措施，应对传染病威胁，对突发流行病情况及时做出反应。强调有必要研究建立上合组织地区"多边交流机制"，分享疫情信息和根据世界卫生组织《国际卫生条例（2005）》采取应对措施等。支持乌兹别克斯坦关于建立上合组织"快速应对、防范和抗击危险传染病跨境传播常设平台"的倡议。三是强调应努力降低灾害风险，提升应急处置能力，在信息交流、人才培养、组织救灾联合演习、预防及消除边境地区紧急情况等领域加强合作，推动上合组织与其他多边机制开展应急管理国际合作。四是落实《2020～2021年落实〈上海合作组织成员国政府间救灾互助协定〉行动计划》。中国将面向各成员国开展减贫培训，分享中国的扶贫经验，与各成员国携手减少或消除贫困。

第二，在教育合作方面。落实《上海合作组织成员国政府间教育合作协定》。举办"教育无国界"等相关的活动。开展成员国高校与科研机构的学术交流活动，联合培养高端人才，开展共同研发合作等。通过吸收相关国家加入《关于上海合作组织大学设立和运行的协定》，发展上合组织大学。支持撒马尔罕市丝绸之路旅游大学与成员国相关高校和机构加强合作。

第三，在文化合作方面。落实《上海合作组织成员国政府间文化合作协定》，保护本地区特别是丝绸之路沿线文化和自然遗产。促进中国上合组织睦邻友好合作委员会和乌兹别克斯坦上合组织民间外交中心开展合作交流，支持吉尔吉斯斯坦关于建立上合组织国家和丝绸之路文化一体化中心的倡议。

第四，在体育合作方面。一是强调体育是促进和平与社会融合、实现可持续发展的重要手段之一，不允许利用运动员和体育活动来实现政治目的。落实2019年签署的《上海合作组织成员国主管部门间体育领域合作协议》。二是支持塔吉克斯坦关于建立上合组织成员国体育部门负责人会议机制的倡议。继续定期举办"上合组织昆明国际马拉松赛"和"上合组织伊塞克湖马拉松赛"。三是支持2022年北京冬季奥林匹克运动会和冬残奥会，增进各国人民之间的友谊、相互理解与和谐。

第五，在青年交流方面。一是落实《上海合作组织成员国元首致青年寄语》及其实施纲要，扶持青年初创项目，落实发展技术园区和创业孵化器的计划。支持乌兹别克斯坦提出的制定《联合国青年权利公约》的倡议，支持青年创业，启动专门加速器计划，提升地区青年企业家营商能力，支持青委会"上合组织青年创业国际孵化器"项目。举办面向中学生和大学生的"模拟上合组织"智力竞赛等青年活动。二是中国在2021年将继续举办上合组织民间友好论坛，持续办好上合组织青年交流营活动，在未来3年为各成员国提供600名青年交流名额，培养成员国相知相亲的青年一代。三是促进女性更广泛地参与政治、经济、社会及其他领域活动，定期举办上合组织妇女论坛、大会、会议。

第六，在旅游合作等方面。一是落实《上海合作组织秘书处同世界旅游组织谅解备忘录》和《2019～2020年落实〈上海合作组织成员国旅游合作发展纲要〉联合行动计划》，继续举办"上合组织八大奇迹"系列活动，打造统一旅游区域，促进成员国旅游合作。二是落实《上海合作组织成员国政府间媒体合作协议》，深化成员国媒体合作。应推动媒体间的交流，包括数字媒体、国家机关新闻部门间的交流。

第三节　促进上海合作组织治理能力建设的思考

从实践层面看，上合组织首次扩员的新成员国并没有严格执行《上海合作组织宪章》《上海合作组织成员国长期睦邻友好合作条约》等，例如，在印度加入上合组织前后一段时期内，中印之间、印巴之间曾发生数次摩擦。2019年8月以来，印巴围绕印控"克什米尔"地区改变现状问题发生多次激烈冲突。实际上，上合组织成员国的身份并没有让印度在印巴边界和中印边界问题上有所克制。在中印关系需要维护与加强的背景下，如果印、巴关系持续恶化，有学者甚至担心会在上合组织内部形成印俄与中巴两个阵营，战略互疑和非理性选择也可能成为各方的决策动力，这是上合组织将陷入混乱或"停止"的先兆。鉴于这种情况，本组织在磨合期应继续加强五个方面的工作。

一　督促新成员内化本组织现有的原则和制度

国际规范的内化是指"国际社会化的主体——国家——接受国际社会教化，将价值、规范和行为方式等转化为其自身稳定行为的反应模式的过程"①。印巴加入上合组织前已经签署38份本组织框架内文件，保证印巴切实执行这些文件要求是关键环节。尽管上合组织不是结盟的区域组织，不具有超国家的权力，但是，也不能随意降低新成员国对本组织原则和制度遵守执行的程度。参考其他国际组织的做法，对于国际规范的内化，有的学者建议把"工具理性"和"社会构建"结合起来，以便形成"战略性社会构建"来达到国际规范内化的目的。② 按照上合组织的构建特性，可以采用"规范化培训、物质性支持和心理激励"三个手段加以落实，使规范内化逐步从外部影响转向自发性接受并遵从的过程。③ 就上合组织成员国的国际规范内化而言，一是在规范化培训方面，新

---

① 钟龙彪：《国际规范内化：涵义、机制及意义》，《天津行政学院学报》2010年第6期。
② 〔美〕彼得·卡赞斯坦、罗伯特·基欧汉等：《世界政治理论的探索与争鸣》，秦亚青等译，上海人民出版社，2006。
③ G. John Ikenberry, Charles A. Kupchan, "Socialization and Hegemonic Power", *International Orgaization*, Vol. 44, No. 3, 1990; Jeffrey T. Checkel, "International Institutions and Socialization in Europe: Introduction and Framework", *International Orgaization*. Vol. 59, No. 4, 2005.

成员国要学习并深刻理解和遵守"上海精神"以及《上海合作组织宪章》《上海合作组织成员国长期睦邻友好合作条约》等倡导的理念、制度和原则，明确上合组织坚持"不结盟、不对抗、不针对第三国"等原则的特点。二是在物质性支持方面，将成员国遵守上合组织理念和制度的情况分类评估并区别对待，对于完全遵守本组织制度的成员国给予更多项目优惠贷款等支持激励措施，使其有更多机会共享上合组织的发展成果。三是在心理激励方面，每年度盘点各成员国对上合组织提交合作倡议及建议情况，对积极参与并为上合组织合作与发展做出较多贡献的成员国给予表彰或在元首峰会期间对外发布相关公告。

二 增加上合组织成员国的集体认同感

继续培育成员国的身份认同和共同意识。按照相关国际关系理论的逻辑，一个组织的认同感主要来自四个方面，即相互依存、共同命运、同质性和自我约束。上合组织扩员后的"磨合期"，应该从四个方面坚持不懈地培育成员国的集体认同感。一是从地理上认同，应该以"欧亚"地区概念代替"中亚"地区，逐渐淡化上合组织属于后苏联空间、俄罗斯传统势力范围等陈旧思维和观念。以"欧亚"地理概念在空间上明确上合组织的新地理位置，以培育和强化"欧亚地区"的地理观念。二是深化经济合作，提高成员国的相互依赖度。以双边和多边的安全与经济合作为基础，培育成员国的相互依存度，促进贸易、投资、金融、教育、科技合作与交流，让成员国民众认识到成员国间存在唇齿相依的经济互利关系。三是在"欧亚"地区认同和经济、安全相互依赖基础上，宣传成员国的共同处境和团结一致应对外部干涉的重要性，以成员国的"共同安全""共同责任""共同命运""反对新干涉主义"等理念为基础构建地区命运共同体和集体认同感，将成员国的国家利益与地区的整体利益捆绑在一起。四是明确成员国在上合组织中的义务和责任，对不顾本组织的团结意识，执意挑起双边矛盾的成员国应该制定相关的警告和处罚措施，以确保成员国对本组织的认同和忠诚，不认同上合组织基本原则和制度的成员国可以自动退出或由本组织解除其成员国的资格。

三 结伴而不结盟的组织也应该建立法律等"硬约束"

上合组织作为新型国际合作模式，特点之一是结伴而不结盟，与结盟相比，结伴到底应该如何落实呢？对此上合组织已经实践了20年，可以说，有成功经验，也有失败的教训。有几个问题应该进一步探索清楚。其一，结伴型组织是否就不应该有自身的法律体系？换句话说，这样的区域组织有没有必要设立各成员国必须遵守的法律约束？其二，现有的《上海合作组织宪章》《上海合作组织成员国长期睦邻友好合作条约》具有法律约束性吗？成员国是否可以执行也可以不执行呢？其三，从区域组织的制度建设一般规律看，任何一个区域组织都应该设立其成员国必须遵守的基本制度，否则这个组织就无法与其他组织区别开来。没有自身特殊制度要求的区域组织还能被称为一个区域组织吗？其四，上合组织"协商一致"的原则，并不能理解为其制度执行也具有"协商性"，而不具约束性，如果是这样，上合组织还需要建立具有约束性的制度体系吗？

对上述问题的回答，可以帮助我们澄清几个问题。其一，即便是结伴不结盟型的组织，也必须建立成员国必须遵守的法律制度。其二，建立制度就必须执行制度，因为，制度的生命力就在于执行。其三，为了监督和保证制度的执行情况，就必须建立对不执行制度者的追究或惩罚机制，比如，建立上合组织法院或法律执行委员会等。鉴于长期以来，上合组织成员国坚持"互信、互利、平等、协商"等原则的立场非常明确，而成员国遵守本组织基本制度的法律意识并不明确，在上合组织即将迎来成立20周年之际，建议将2021年设定为上合组织的"法律年"。

尽管上合组织不同于冷战思维的联盟组织，但是，关于制度完善程度可以参考罗伯特·基欧汉提出的衡量国际机制制度化水平的三个维度：一是共同性，即体系中行为体对适当行为的预期以及对行为解释的共同程度；二是明确性，即这些预期以规则形式得以明确的程度；三是自主性，即国际组织更新自身规则而无须依赖外部力量推动的程度。① 如果按照这个标准评价上合组织20年来的制度化建设水平，可以说，上合组织的制度化、法律化建设水平还处在初级和需要完善提升的阶段。在共同性方面，上合组织成员国具有不同的社会政治制度、经济制度、宗教文化，成员国间的共同性较少。在明确性方面，上合组织有些合作领域尚缺乏制度或法律依据，而有些制度尽管要求很明确，具有可操作性，但是，并没有得到落实或执行。总体来看，在制度是否必须执行方面明确性严重不足，因为对于不执行制度的成员国还没有任何可进行惩罚的规定。在自主性方面，除安全领域的制度化以及执行水平比较高外，其他领域的制度尚在不断推动和完善的过程中，上合组织自身要求更新制度的可能性和积极性是存在的，但是，有些成员国执行制度的自主性、自觉性严重不足。

---

① 惠耕田：《制度、制度化与国际合作的再解释》，《国际论坛》2009年第7期。

四 由"协商一致"改为"四种"不同类型的决策原则

鉴于扩员后成员国增加、议题增多、多元化因素增加以及外部干扰增多等因素,上合组织的决策机制也应做一些调整和改革。一是"协商一致"原则,适用于针对所有成员国都有重要影响的议题决策,例如,上合组织扩员、制定发展战略、反恐等重大议题。二是"多数一致"原则,这适用于对成员国影响不一致的议题决策,例如,关于阿富汗援助问题政策、开发银行融资等议题,只要达到一定比例的多数成员国赞成,就应该通过该议题。三是"加权平均"原则,适用于某些成员国要承担重大责任和义务的议题,例如,中吉乌铁路项目,这种议题的通过与否,不是取决于成员国赞成的数量,而应取决于支持和反对的成员国各自的权重。四是"小多边"模式,适用于具体项目的决策议题,由两个以上成员国参与的项目,都可以按照这个模式推进,即"2+X"模式。

五 成立预防冲突管理协调与监督机制

上合组织成立以来,当成员国内部发生冲突或双边发生冲突时上合组织均采取不介入的姿态,例如,对2005年乌兹别克斯坦的"安集延事件"、吉尔吉斯斯坦2010年的种族冲突事件等,根据当前内外环境变化,应当改变上合组织这种被动的、不能够积极作为的状况,要积极介入成员国的矛盾与协调。建议在成员国协调员会议机制基础上,成立部长级或更高级别的预防冲突与矛盾仲裁协调专门机制,以便利用上合组织的优势,解决成员国之间的纠纷与矛盾,加强成员国之间的相互信任和团结协作,以保证上合组织的工作正常开展。

这一机制应该具有四方面职能。一是协调成员国之间的矛盾与冲突;二是协助处理成员国内部突发事件,包括类似"颜色革命"的事件等;三是成员国提交需要本组织帮助协调的问题;四是监督成员国落实制度、规划、计划的情况,对落实不力的成员国提出意见、警告,甚至处罚等。

第四节 上海合作组织的发展前景

自二战结束以来,国际社会相继成立了许多区域或国际组织,欧盟、北大西洋公约组织、东盟,还有联合国、国际货币基金组织、世界贸易组织、世界银行等,为维护二战后形成的区域合作和国际秩序奠定了基础。欧盟是在二战的废墟上建立起来的，与此类似，上合组织是在苏联解体后，在中亚地区建立起来的。由此可以看出，国际格局的重大变革是催生区域组织产生的重要动力和因素。上合组织20年的发展历程并不是一帆风顺的，经历了许多国际重大事件的考验，但是，上合组织以其全新的理念和独特的国际关系实践，从小到大一直走到今天，其地区凝聚力和国际影响力不断提升。上合组织在理论创新和实践探索中独自前行，也特立独行，并没有同类的伙伴可以作为参考和依靠。中国和俄罗斯是支持上合组织发展的重要国家，上合组织发展从某种意义上说是中俄全面战略协作伙伴关系不断深化的重要标志性成果。上合组织不断克服和解决内部自身问题，同时，不断应对来自外部的影响和干扰。在当前国际形势风云变幻，世界处于百年未有之大变局背景下，全球化受阻，贸易保护主义抬头，上合组织要行稳致远，要实现《上海合作组织宪章》赋予的职能——"发展多领域合作，维护和加强地区和平、安全与稳定，推动建立民主、公正、公平、合理的国际政治经济新秩序"——还面临较大的挑战。

一 从宏观上把握，上海合作组织未来发展主要面临五大挑战

第一，中美贸易摩擦影响。从2018年开始的中美贸易摩擦，从现象上看是由美国对中美贸易之间中方贸易顺差较大不满引起，实际上是美国对中国快速发展的担忧，美国对中国有关商品征收高额关税，不是市场经济行为的逻辑，其目的就是打乱中国发展的步伐，从贸易上搅局，从高新技术上封锁，从知识产权上打击，试图阻断中国与美国的合作，迫使中国与美国之间"脱钩"，尤其是在高科技领域孤立中国。美国单方面挑起的中美贸易摩擦，从宏观层面看，将阻止WTO等世界贸易规则的正常实施，影响既有的国际贸易秩序和国际产业分工格局；从地区层面看，将影响区域一体化进程；从双边关系看，美国在贸易问题上与中国、日本、欧盟等都有激烈的贸易摩擦和不符合市场经济行为逻辑的征收高额关税的诉求。

第二，印度因素。印度加入上合组织引发西方社会的高度关注，一方面，一些西方学者认为，印度加入可以增加上合组织的民主因素，可以使上合组织更接近于西方的思维和行事原则，因为他们认为印度是亚洲的民主国家。基于这种逻辑，西方学者对印度加入上合组织持乐观态度。另一方面，美国从"重返亚太"到促成美日印澳四国安全机制，即"亚太战略"框架，实际上是希望印度全面加入西方俱乐部，成为美国的安全盟友，但是，印度拒绝了美国的邀请，因为印度是外交独立的国家，是不结盟组织的首倡者，这也让美国感到失

望。印度与美国的关系、印度与巴基斯坦之间的矛盾与冲突、印度与中国的关系，是未来可能对上合组织发展带来的最大不确定因素。

第三，印巴矛盾因素。上合组织扩员后，印巴之间依然存在严重的分歧和政治互信不足，这种情况将导致上合组织内部一贯团结和谐的氛围受到影响，也将影响上合组织内部的决策效率和决策效果，使上合组织的国际形象受损。对印巴长期对抗的情况，上合组织有义务帮助双方协调解决，同时，中俄要在化解印巴矛盾问题上高度一致互信，加强战略性协调，才能共同做好印巴矛盾的化解工作。要防止在印巴冲突问题上成员国选边战队的情形出现，否则将影响上合组织整体团结和谐的局面。

第四，阿富汗问题。阿富汗问题是影响上合组织发展的重要外部因素之一。如果处理不好，就会产生几个外溢性威胁：一是可能导致大量阿富汗难民外溢，对周边国家社会稳定和民生构成威胁；二是阿富汗的毒品会泛滥到周边国家，影响成员国的社会稳定；三是阿富汗的"三股势力"会向周边国家扩散，影响成员国的安全与发展。

第五，中俄之间在上合组织发展方向与功能定位方面的分歧。中国希望上合组织的经济合作取得务实性成果和发展，以经济合作提升上合组织在地区和全球的影响力。但是，俄罗斯担心中国提升在中亚国家的经济影响力，对俄罗斯在该地区传统的控制力产生影响，因此，俄罗斯对上合组织的经济合作一直持有消极状态，比如，2003年成员国签署的经贸合作纲要实施困难，中国在10多年前就建议成立的上合组织开发银行长期无法推进，上合组织多边合作的项目，如中吉乌铁路等无法落实，这些多边经济计划难以落实都与俄罗斯的消极态度有一定的关系。俄罗斯希望上合组织在安全合作基础上向军事合作领域拓展，成为应对北约等西方挑战的地缘战略工具。中国坚持上合组织发展的"三不原则"，尤其是上合组织的发展不针对第三方。在此背景下，中国提出"一带一路"倡议，俄罗斯提出"大欧亚伙伴"，尽管在一些发展方向上中俄存在分歧，但是，这两个宏大的战略性倡议可以对接，中俄学术界、政界都认为，中俄将相互支持、协调发展，共同推动形成欧亚统一经济空间，推动在欧亚区域建立新秩序，共同应对世界百年未有之大变局。

如果做一个简单的概括，上合组织成立后第一个10年（2001~2010年）存在的主要问题有五个方面：资源相对不足；经济合作进展缓慢；国际地位有待提高；发展模式不明确；成员国间的民间与社会交往不足。上合组织成立后第二个10年（2011~2020年）存在的主要问题也有五个方面：成员国多边合作进展缓慢；扩员后外部制约因素增多；成员国凝聚力有待提高；本组织的执行力有待提高；参与全球治理的能力有待提升。①

印巴加入后，上合组织具备了一些独特的、前所未有的特点。打造共同经济空间可能成为成员国未来凝聚共识的重要因素。首先，上合组织是由不同政治制度国家组成的共同体，所有成员国都处于不同的发展水平。其次，各成员国具有不同的信仰。最后，各成员国存在文化差异，当然，还存在其他一些不同之处。上合组织在过去可以将各国不同的特点结合在一起，但是，扩员后有些成员国明显是"水火不容"，互信不足，关系紧张。所有这一切必然影响上合组织的地位和作用。这些特点到底是好还是不好，并不是关键问题，真正起作用的是各成员国之间的和谐共处。未来什么因素能够让各成员国和谐共处地凝聚在一起呢？不太可能是反美主义，也许是为了打击"三股势力"，最可能的还是为了创造一个共同的经济空间。② 为此，扩员后的上合组织需要一个与现在发展理念截然不同的全新的发展理念，上合组织需要在现有的基础上继续推进理论创新和大胆地进行实践探索。

上合组织如果在未来能够化解印巴加入后的不利因素，形成八个成员国的和谐集体，那么它将成为国际秩序新的平衡力量。上合组织在与东盟建立伙伴关系的基础上，应该寻找机会，并与欧盟建立一种伙伴关系，促进从亚洲到欧洲的贸易繁荣，形成对"一带一路"合作的长期支持，并在共建"一带一路"的合作中发挥上合组织的作用，同时也促进上合组织自身发展壮大。扩员后，上合组织的首要任务之一是协调欧亚大陆"三大发展中国家"即中国、俄罗斯和印度的一体化合作。当前，全球治理体系中缺少的是区域安排之间的更大协调，即通过一个"联合区域主义"或区域主义组织系统来填补区域经济合作的空白。这是上合组织未来发挥作用并扩大国际影响力的重要方向。

当前，上合组织自身治理面临新的困境和几个"悖论"。比如，坚持"协商一致"原则，能够体现成员国的平等，不论各成员国的经济体量大小，国土面积大小，都具有平等的决策权，但同时，"协商一致"的原则，也制约了上合组织在处理重大和急迫问题方面的效率，决策效率低下就会挫伤部分成员国的积极性。另外，上合组织制定了许多制度、协议等，这些制度、协议是成员国集体智慧的结晶，但是，在制度执行层面没有硬性的约束机制，导致一些好的制度无法贯彻落实下去。上合组织"柔性"和"松散"的管理机制，创造了良好

---

① 李进峰主编《上海合作组织发展报告（2020）》，社会科学文献出版社，2020。
② 上合组织前任秘书长、吉尔吉斯斯坦公共政策研究所所长伊玛纳利耶夫：《上海合作组织的未来》，来源：瓦尔代国际辩论俱乐部（俄罗斯智库），2017年6月16日。

的和谐、协商氛围，但是，由于缺乏"硬性"约束，一些好的制度，尤其是多边合作制度不能落地，就会挫伤一些成员国的积极性，多边合作成果少，长此以往就会影响上合组织的公信力、凝聚力和向心力。上合组织需要考虑在坚持"协商一致"的原则下，提高组织的决策效率；在坚持友好、和谐、协商氛围的基础上，提高组织的执行力，从而破解上合组织的发展"悖论"。笔者坚信，上合组织只要努力克服自身存在的问题，并积极应对好内、外部各种风险与挑战，就一定会以其独特的区域合作模式不断发展壮大。

面对中华民族伟大复兴战略的全局和世界百年未有之大变局这"两个大局"，上合组织的未来发展，首先，取决于其内部治理能力，包括上合组织成员国的凝聚力、对组织制定的制度文件的执行力、对本区域以及国际事务的影响力。其次，取决于外部世界对上合组织的认知，包括美国、欧盟等发达国家（这些国家可能成为上合组织潜在的反对者），也包括一些发展中国家（这些国家可能成为上合组织的追随者）。最后，取决于上合组织与世界大国以及国际组织的互动关系，包括上合组织与美国和北约的关系，与欧盟的关系，与东盟、欧亚经济联盟等国际组织的关系以及与这些国际组织合作互动的效果。上合组织未来发展模式有三种可能性。

第一，发展成为立足欧亚大陆的新型"欧亚区域组织"。范围包括中亚、南亚、东南亚、东亚，欧洲东部部分区域和中东部分区域。这个理想模式形成有三个前提。一是坚持"上海精神"并不断发展和创新"上海精神"；二是坚持"不结盟、不对抗、不针对第三国"的原则，但是，根据未来国际格局的重大变化与重塑情况，要不断创新与发展"三不原则"；三是对扩员机制和制度规定进行改革，坚持严格的扩员法律规则，把今后每次扩员可能带来的不利因素，在扩员前最大限度地加以解决和排除。

第二，发展成为具有对抗性的紧密型的"欧亚区域组织"，以应对来自美国单边主义的威胁和压力。形成这种模式需要有几个假设前提：一是冷战思维复活，以美国为首的霸权主义和强权政治不顾国际社会的共同期待，执意坚持"零和博弈"，坚持"树立对立面"即打击所谓美国的"敌人"；二是在英国脱欧背景下，欧盟的独立性减弱，成为美国的"小伙伴"；三是国际社会重新回到发达资本主义与发展中国家阵营对立的状态。

第三，发展成为一个松散的以对话功能为主的"泛欧亚区域组织"。这种模式的形成主要来自几个因素：一是扩员成为主要任务，把成员国增多看成上合组织发展的重要成果，而不重视务实合作的成果；二是始终坚持"协商一致"原则，无论什么议题都坚持平等协商一致，在本组织效率低下的情况下，经济合作等务实合作推进困难；三是扩员没有严格的标准与规范约束，多次扩员后新老成员国之间的矛盾和问题不断叠加，导致上合组织在国际事务中难以形成一致的声音。若如此，上合组织将成为类似于亚信机制那样的"论坛型"组织。

二 努力将上海合作组织打造成地区命运共同体"示范区"

人类命运共同体的基本内涵是人类应该共同关注人类生存环境，共同谋划人类发展问题，共同享用人类发展成果，共同推动人类文明进步。构建人类命运共同体的"三大支柱"是共同利益、共同责任和共同安全。有了共同的利益之后，为了维护共同利益就会承担共同的责任；有了共同的利益和责任之后，就会产生构建共同安全环境的意识。构建人类命运共同体的五大理念是"持久和平，普遍安全，共同繁荣，开放包容，清洁美丽"。"上海精神"与"丝路精神"与人类命运共同体理念一脉相承。上合组织经过20年发展，在组织理念、安全合作、经济合作、人文合作等方面已经取得了巨大成果，为打造地区命运共同体夯实了精神基础和物质基础。

打造上合组织地区命运共同体"示范区"，在理念共同体方面，"上海精神"是成员国的共同理想和追求，《上海合作组织宪章》是成员国共同的法律遵循；在利益共同体方面，成员国在区域产业发展上具有梯度效应，区域能源经济结构等方面具有互补性，在发展现代化工业方面有互惠互利为基础的共同合作愿望；在责任共同体方面，维护成员国政权稳定和社会安定、维护本地区安全与稳定是成员国长期以来一直高度认可的重大目标，发展经济改善民生、增加人民福祉是成员国执政党和政府的共同责任；在安全共同体方面，共同打击"三股势力"，共同应对非传统安全威胁，坚持合作安全、综合安全、可持续安全，而不追求自身绝对安全的"新安全观"是成员国共同的安全理念。

三 坚持理论自信和理论创新，上海合作组织发展前景光明

当前，国际社会如何正确认识和客观评价上合组织是一个重要的学术问题，涉及国际关系领域的理论创新与发展。需要指出的是，上合组织属于新型国际合作模式，以西方国际关系理论视野下的"联盟或欧亚地区主义"等理论来评价上合组织的功能与成效，难免会得出一些令人惊讶和费解的结论。比如，有的西方学者用有关地区安全合作机制等分析框架，评价上合组织的功能与作用时，认为上合组织在"良性治理和民主建设方面相对滞后，上合组织容易被成员国用作镇压本国民众的工具"；认为由于上合组织的成员国关系不具有强制性，合作模式也不是霸权模式，因此，很难判断组织的合法性和有效性。这是

典型的套用西方国际关系理论来评价非西方的新型区域合作模式，必然产生"不适应"。另外，美国学者弗朗西斯·福山把"一带一路"倡议称为21世纪最大的地缘战略创新，它不但激发了欧亚国家的兴趣，也引起了美国的恐慌。美国等西方国家的多数战略家总是习惯用"麦金德理论"来审视"一带一路"倡议。上合组织的发展理念和理论基础不同于传统的西方"联盟"组织，它强调成员国结伴而不结盟。因此，其成长与发展过程中不能简单照搬传统"联盟"组织的经验和做法。上合组织不断创新自己的发展模式、理念和理论，坚持理论自信、模式自信，敢于实践，就一定能够不断完善自身可持续发展的理论基础，就一定会引领国际社会走出"零和博弈"和冷战的误区，坚持"不结盟、不对抗、不针对第三国"原则，走向和平、合作、共赢的康庄大道，为构建人类命运共同体提供更多的实践探索成果。

参考文献

(一) 主要中文专著及研究报告

1. 中国现代国际关系研究所民族与宗教研究中心：《上海合作组织：新安全观与新机制》，时事出版社，2002。
2. 外交部欧亚司编著《上海合作组织文件选编》，世界知识出版社，2002。
3. 李静杰编著《上海合作组织发展战略构想》，中国社会科学院俄罗斯东欧中亚研究所、中国社会科学院上海合作组织研究中心，研究报告，2003。
4. 中华人民共和国检察院编《上海合作组织成员国总检察长首次会议论文集》，中国检察出版社，2003。
5. 李钢主编《上海合作组织：加速推进的区域经济合作》，中国海关出版社，2004。
6. 马振岗主编《稳步向前的上海合作组织：专家学者纵论 SCO》，世界知识出版社，2006。
7. 潘光、胡键：《21 世纪的第一个新型区域合作组织：对上海合作组织的综合研究》，中共中央党校出版社，2006。
8. 张宁：《上海合作组织的经济职能》，吉林文史出版社，2006。
9. 郑雪平：《上海合作组织区域经济合作研究》，东北财经大学出版社，2007。
10. 中国社会科学院俄罗斯东欧中亚研究所中亚研究室编《俄罗斯学者论上海合作组织》，研究报告，2007。
11. 崔颖：《上海合作组织区域经济合作：共同发展的新实践》，经济科学出版社，2007。
12. 邢广程、孙壮志主编《上海合作组织研究》，长春出版社，2007。
13. 邢广程主编《上海合作组织发展报告（2009）》，社会科学文献出版社，2009。
14. 余建华等：《上海合作组织非传统安全研究》，上海社会科学院出版社，2009。
15. 肖德：《上海合作组织区域经济合作问题研究》，人民出版社，2009。

16. 吴恩远、吴宏伟主编《上海合作组织发展报告（2010）》，社会科学文献出版社，2010。
17. 须同凯：《上海合作组织区域经济合作——发展历程与前景展望》，人民出版社，2010。
18. 赵常庆主编《"颜色革命"在中亚：兼论与执政能力的关系》，社会科学文献出版社，2011。
19. 李葆珍：《上海合作组织与中国的和平发展》，新华出版社，2011。
20. 吴恩远、吴宏伟主编《上海合作组织发展报告（2011）》，社会科学文献出版社，2011。
21. 赵华胜：《上海合作组织评析和展望》，时事出版社，2012。
22. 李进峰、吴宏伟主编《上海合作组织发展报告（2012）》，社会科学文献出版社，2012。
23. 李进峰、吴宏伟主编《上海合作组织发展报告（2013）》，社会科学文献出版社，2013。
24. 冯绍雷主编《上海合作组织发展报告（2013）》，上海人民出版社，2013。
25. 张杰：《反恐国际警务合作：以上海合作组织地区合作为视角》，中国政法大学出版社，2013。
26. 段秀芳：《中国对上海合作组织成员国直接投资研究》，社会科学文献出版社，2013。
27. 阿不都热合曼·卡德尔：《上海合作组织经济合作法律机制研究》，社会科学文献出版社，2013。
28. 潘光主编《稳步前进的上海合作组织》，时事出版社，2014。
29. 李进峰、吴宏伟、李伟主编《上海合作组织发展报告（2014）》，社会科学文献出版社，2014。
30. 李进峰、吴宏伟、李伟主编《上海合作组织发展报告（2015）》，社会科学文献出版社，2015。
31. 张宁等：《上海合作组织农业合作与中国粮食安全》，社会科学文献出版社，2015。
32. 李进峰、吴宏伟、李少捷主编《上海合作组织发展报告（2016）》，社会科学文献出版社，2016。
33. 王海运：《上海合作组织与中国》，上海大学出版社，2015。
34. 国冬梅等编著《上海合作组织区域和国别环境保护研究（2016）》，社会科学文献出版社，2017。

35. 李进峰:《上海合作组织15年:发展形势分析与展望》,社会科学文献出版社,2017。
36. 李进峰主编《上海合作组织发展报告(2017)》,社会科学文献出版社,2017。
37. 李进峰主编《上海合作组织发展报告(2018)》,社会科学文献出版社,2018。
38. 〔塔〕拉希德·阿利莫夫:《上海合作组织的创建、发展和前景》,王宪举、胡昊、许涛译,人民出版社,2018。
39. 中国上海合作组织研究中心编撰《上海合作组织:回眸与前瞻(2001~2018)》,世界知识出版社,2018。
40. 王灵桂主编《上海合作组织:新型国家关系的典范》,社会科学文献出版社,2018。
41. 戚振宏主编、邓浩执行主编《新时期上海合作组织:形势与任务(2018~2019)》,世界知识出版社,2019。
42. 李进峰主编《上海合作组织发展报告(2019)》,社会科学文献出版社,2019。
43. 李建民:《上海合作组织基础设施互联互通及法律保障研究》,社会科学文献出版社,2019。
44. 肖斌:《国际组织志:上海合作组织》,社会科学文献出版社,2019
45. 周国梅、李菲、谢静、王语懿编著《上海合作组织:环保合作构想与展望》,社会科学文献出版社,2020。
46. 李进峰主编《上海合作组织发展报告(2020)》,社会科学文献出版社,2020。
47. 〔法〕达里奥·巴蒂斯特拉:《国际关系理论》,潘革平译,社会科学文献出版社,2010。
48. 〔美〕肯尼思·华尔兹:《国际政治理论》,信强译、苏长和校,上海人民出版社,2008。
49. 倪世雄等:《当代西方国际关系理论》,复旦大学出版社,2004。
50. 林毅夫、王燕:《超越发展援助:在一个多极世界中重构发展合作新理念》,宋琛译,北京大学出版社,2016。
51. 朱晓中主编《欧洲的分与合:中东欧与欧洲一体化》,中国社会科学出版社,2017。
52. 李永全主编《"一带一路"建设发展报告(2018)》,社会科学文献出版社，2018。

53. 李永全主编《"一带一路"建设发展报告（2019）》，社会科学文献出版社，2019。

54. 李永全主编《丝绸之路经济带和欧亚经济联盟对接研究》，社会科学文献出版社，2017。

55. 孙壮志：《中亚安全与阿富汗问题》，世界知识出版社，2003。

56. 孙壮志主编《独联体国家"颜色革命"研究》，中国社会科学出版社，2011。

57. 孙力主编《中亚国家发展报告（2019）》，社会科学文献出版社，2019。

58. 孙力主编《中亚国家发展报告（2020）》，社会科学文献出版社，2020。

59. 李进峰：《援疆实践与思考》，中国书籍出版社，2011。

60. 吴宏伟主编《中亚地区发展与国际合作机制》，社会科学文献出版社，2011。

61. 吴宏伟主编《新丝路与中亚：中亚民族传统社会结构与传统文化》，社会科学文献出版社，2015。

62. 吴宏伟主编《中亚安全与稳定研究》，社会科学文献出版社，2017。

63. 潘志平主编《"颜色革命"袭击下的中亚》，新疆人民出版社，2006。

64. 厉以宁、林毅夫、郑永年等：《读懂"一带一路"》，中信出版集团，2015。

65. 葛剑雄、胡鞍钢、林毅夫等：《改变世界经济地理的"一带一路"》，上海交通大学出版社，2015。

66. 王义桅：《"一带一路"：机遇与挑战》，人民出版社，2015。

67. 邹磊：《中国"一带一路"战略的政治经济学》，上海人民出版社，2015。

68. 梁海明：《"一带一路"经济学》，西南财经大学出版社，2016。

69. 〔美〕威廉·恩道尔：《"一带一路"共创欧亚新世纪》，戴健译，中国出版集团·中国民主法制出版社，2016。

70. 刘卫东、田锦尘、欧晓理等：《"一带一路"战略研究》，商务印书馆，2017。

71. 赵可金：《大国方略"一带一路"在行动》，人民出版社，2017。

72. 第一财经编著《"一带一路"引领全球化新时代》，上海交通大学出版社，2017。

73. 〔美〕约翰·奈斯比特、〔奥〕多丽丝·奈斯比特、〔美〕龙安志：《世界新趋势："一带一路"重塑全球化新格局》，张岩译，中华工商联合出版社，2017。

74. 〔美〕彼得·卡赞斯坦、罗伯特·基欧汉等：《世界政治理论的探索与争鸣》，秦亚青等译，上海人民出版社，2006。

75. 国家开发银行、联合国开发计划署、北京大学编《"一带一路"经济发展报告》，中国社会科学出版社，2017。

（二）主要期刊论文

1. 赵华胜：《"上海五国"机制的形成及特点》，《国际观察》2001年第2期。
2. 赵华胜：《上海合作组织：评估与发展问题》，《现代国际关系》2005年第5期。
3. 赵华胜：《上海合作组织：过去和未来的5年》，《国际观察》2006年第2期。
4. 赵华胜：《上海合作组织的机遇和挑战》，《国际问题研究》2007年第6期。
5. 赵华胜：《美国与上海合作组织：从布什到奥巴马》，《国际问题研究》2010年第2期。
6. 赵华胜：《不干涉内政与建设性介入》，《新疆师范大学学报》（哲学社会科学版）2011年第1期。
7. 赵华胜：《上海合作组织发展的可能性和限度》，《国际观察》2011年第3期。
8. 赵华胜：《上海合作组织的发展路径》，《新疆师范大学学报》（哲学社会科学版）2012年第2期。
9. 张德广：《上海合作组织与欧亚地缘政治变迁》，《俄罗斯研究》2006年第2期。
10. 程国平：《上海合作组织：继往开来，前景广阔》，《国际问题研究》2012年第1期。
11. 邢广程：《上海合作组织的新发展》，《求是》2003年第14期。
12. 赵常庆：《上海合作组织的经济职能》，《国际观察》2003年第4期。
13. 赵常庆：《上海合作组织五年的回顾与展望》，《当代世界》2006年第6期。
14. 王海运：《上海合作组织能源俱乐部：中国的立场选择》，《国际石油经济》2007年第6期。
15. 王海运：《中亚地区安全形势及强化上合组织维稳合作的思考》，《俄罗斯中亚东欧研究》2011年第1期。
16. 邓浩：《新时期上海合作组织与全球治理》，《国际问题研究》2020年3期。
17. 冯玉军：《上海合作组织的战略定位与发展方向》，《现代国际关系》2006年第11期。
18. 孙壮志：《上海合作组织：任重而道远》，《当代世界》2002年第7期。
19. 孙壮志、张宁：《上海合作组织的经济合作：成就与前景》，《国际观察》2011年第3期。
20. 冯绍雷：《"上海五国"：新型合作范例》，《世界知识》2001年第10期。
21. 冯绍雷：《十年后的展望——关于上海合作组织未来定位与空间的思考》，

《俄罗斯研究》2011 年第 2 期。

22. 苗华寿：《从"上海五国"机制到"上海合作组织"》，《和平与发展》2001 年第 3 期。

23. 赵鸣文：《上海合作组织未来十年发展前景》，《国际问题研究》2011 年第 6 期。

24. 王晓玉、许涛：《论上海合作进程中的综合安全理念》，《俄罗斯中亚东欧研究》2003 年第 5 期。

25. 许涛：《上合组织建立预防地区冲突机制的实践意义》，《现代国际关系》2006 年第 12 期。

26. 李兴：《论上海合作组织的发展前途：基于中俄战略构想比较分析的视角》，《东北亚论坛》2009 年第 1 期。

27. 李兴、牛义臣：《上合组织为何不足以支撑中国西北周边安全战略》，《国际安全研究》2013 年第 4 期。

28. 刘华芹：《扩员后上海合作组织区域经济合作前景展望》，《欧亚经济》2017 年第 5 期。

29. 李进峰：《上海合作组织扩员：挑战与机遇》，《俄罗斯东欧中亚研究》2015 年第 6 期。

30. 李进峰：《上合组织扩员与东盟扩员比较借鉴》，《俄罗斯学刊》2016 年第 3 期。

31. 李进峰：《上合组织 15 年发展历程回顾与评价》，《俄罗斯学刊》2017 年第 6 期。

32. 李进峰：《上海合作组织扩员：机遇和挑战并存》，《欧亚经济》2017 年第 5 期。

33. 李新：《"上合"组织经济合作十年：成就、挑战与前景》，《现代国际关系》2011 年第 9 期。

34. 李新：《上海合作组织：共建丝绸之路经济带的重要平台》，《俄罗斯学刊》2016 年第 2 期。

35. 张恒龙：《上海合作组织区域经济一体化的条件与挑战——基于二元响应模型的计量分析》，《俄罗斯研究》2014 年第 2 期。

36. 李海军：《浅析东盟与上合组织的合作》，《经营管理者》2011 年第 21 期。

37. 俞正梁：《上海合作组织：时代的召唤——国家共同治理的范例》，《国际观察》2001 年第 4 期。

38. 陈之骅：《上海合作组织迎来发展的新阶段》，《当代世界》2002 年第 7 期。

39. 孙力：《当前中亚形势主要特点及发展前景》，《新疆师范大学学报》（哲学社会科学版）2013年第1期。
40. 吴宏伟：《"一带一路"视域下中国与中亚国家的经贸合作》，《新疆师范大学学报》（哲学社会科学版）2017年第12期。
41. 张宁：《上海合作组织面临的几个发展方向问题》，《亚非纵横》2009年第2期。
42. 张宁：《关于上海合作组织扩员的战略方向的分析》，《辽宁大学学报》（哲学社会科学版）2016年第4期。
43. 张宁：《上海合作组织自贸区的可能性分析》，《辽宁大学学报》（哲学社会科学版）2017年第4期。
44. 王晓泉：《俄罗斯对上海合作组织的政策演变》，《俄罗斯中亚东欧研究》2007年第3期。
45. 王晓泉：《大国博弈下，上海合作组织走向何方》，《经济导刊》2015年第3期。
46. 陈舟、张建平：《上海合作组织十年发展回顾及思考》，《和平与发展》2011年第5期。
47. 潘光等：《上海合作组织的机遇与挑战：第十一届中亚与上海合作组织国际学术研讨会综述》，《新疆师范大学学报》（哲学社会科学版）2014年第1期。
48. 朱永彪：《上海合作组织的发展阶段及前景分析：基于组织生命周期理论的视角》，《当代亚太》2017年第3期。
49. 李立凡：《论上海合作组织经济与贸易合作——兼论中国对推动上合组织经贸一体化的设想》，《世界经济研究》2007年第4期。
50. 陈小鼎、王亚琪：《东盟扩员对上海合作组织的启示与借鉴——兼论上海合作组织扩员的前景》，《当代亚太》2013年第2期。
51. 曾向红、李廷康：《上海合作组织扩员的学理与政治分析》，《当代亚太》2014年第3期。
52. 曾向红、李孝天：《中亚成员国对上海合作组织发展的影响：基于国家主义的小国分析路径》，《新疆师范大学学报》（哲学社会科学版）2017年第2期。
53. 郑雪平、孙莹：《上海合作组织区域经济合作的现状、问题及发展路径》，《俄罗斯中亚东欧市场》2006年第3期。
54. 尹继武、田野：《上海合作组织的制度形式选择：一种交易成本分析》，《国际政治研究》2007 年第 2 期。

55. 狄湛、任飞：《上海合作组织区域经济一体化初探》，《俄罗斯中亚东欧市场》2005 年第 1 期。

56. 陆刚：《"和谐地区"与上海合作组织自由贸易区的建设》，《毛泽东邓小平理论研究》2007 年第 1 期。

57. 贾俐贞：《构建上海合作组织自由贸易区的战略思考》，《俄罗斯中亚东欧研究》2007 年第 1 期。

58. 唐朱昌、陆剑：《上海合作组织区域经济合作模式论析》，《俄罗斯研究》2006 年第 2 期。

59. 何妍、石松：《安全合作中的东盟和上海合作组织的比较分析》，《东南亚纵横》2006 年第 8 期。

60. 王树春、朱震：《上合组织与集安组织为何合作大于竞争?》，《国际政治科学》2010 年第 2 期。

61. 刘思伟：《中印非传统安全领域合作初探》，《南亚研究季刊》2013 年第 3 期。

62. 李湛军：《"上海合作组织"与中亚安全合作发展评估》，《太平洋学报》2006 年第 1 期。

63. 陈琨：《论中俄上海合作组织政策相异的原因》，《改革与开放》2011 年第 4 期。

64. 郑羽：《美国对上海合作组织的看法及政策》，《和平与发展》2007 年第 1 期。

65. 邵育群：《美国与上海合作组织：认知、关系和未来》，《美国研究》2007 年第 3 期。

66. 薛志华：《巴基斯坦加入上海合作组织的原因、挑战及前景分析》，《东南亚南亚研究》2015 年第 4 期。

67. 薛志华：《权力转移与中等大国：印度加入上海合作组织评析》，《南亚研究季刊》2016 年第 2 期。

68. 张淑兰、康静：《中印两国在中亚地区的存在与互动》，《山东大学学报》（哲学社会科学版）2016 年 1 期。

69. 常言：《"上海精神"的灵魂——超越冷战思维的新安全观》，《世界知识》2001 年第 13 期。

70. 廖成梅、王彩霞：《制约中吉乌铁路修建的原因探析》，《国际研究参考》2016 年 5 期。

71. 杨雷：《俄学者关于上海合作组织发展方向的观点评析》，《俄罗斯东欧中亚研究》2013 年第 4 期。
72. 庞大鹏：《俄罗斯的"大欧亚伙伴关系"》，《俄罗斯学刊》2017 年第 2 期。
73. 莫洪宪：《上海合作组织存在的问题及我国的对策》，《武汉大学学报》（哲学社会科学版）2005 年第 6 期。
74. 柳丰华：《欧亚伙伴关系：中俄合作新议程》，《东北亚论坛》2017 年第 4 期。
75. 曹德军：《论全球公共产品的中国供给模式》，《战略决策研究》2019 年第 3 期。
76. 宋效峰：《全球治理变革背景下中国特色国际公共产品供给范式》，《北华大学学报》（社会科学版）2019 年第 1 期。
77. 卫灵：《中国特色大国外交的理论构建与实践创新》，《人民论坛·学术前沿》2019 年第 10 期。
78. 李巍：《国际秩序转型与现实制度主义理论的生成》，《外交评论（外交学院学报）》2016 年第 1 期。
79. 周世俭：《对国际经济治理体系改革的几点思考》，《国际问题研究》2016 年第 4 期。
80. 秦亚青、魏玲：《新型全球治理观与"一带一路"合作实践》，《外交评论（外交学院学报）》2018 年第 2 期。
81. 林毅夫、王燕：《新结构经济学：将"耐心资本"作为一种比较优势》，《开放性金融研究》2017 年第 1 期。
82. 门洪华：《应对全球治理危机与变革的中国方略》，《中国社会科学》2017 年第 10 期。
83. 王文、刘英：《"一带一路"完善国际治理体系》，《东北亚论坛》2015 年第 6 期。
84. 王博君：《"一带一路"完善国际治理体系》，《现代经济信息》2018 年第 12 期。
85. 胡必亮：《"一带一路"与中国的全球治理观》，《中国发展观察》2018 年第 2 期。
86. 钟龙彪：《国际规范内化：涵义、机制及意义》，《天津行政学院学报》2010 年第 6 期。
87. 惠耕田：《制度、制度化与国际合作的再解释》，《国际论坛》2009 年第 4 期。

88. 李进峰:《中国在中亚地区"一带一路"产能合作评析:基于高质量发展视角》,《欧亚经济》2019 年第 6 期。

89. 张杰、石泽:《莫迪政府的中亚政策》,《国际论坛》2019 年第 4 期。

90. 周玉渊:《东盟政治安全共同体进程反思》,《东南亚南亚研究》2014 年第 4 期。

91. 吴琳:《试析东盟经济一体化的限制因素》,《国际关系学院学报》2009 年第 5 期。

92. 张锡镇:《东盟的历史转折:走向共同体》,《国际政治研究》2007 年第 2 期。

93. 唐文琳、郑丹丹:《〈东盟宪章〉生效之前东盟成员国政治格局演绎》,《广西大学学报》(哲学社会科学版)2014 年第 4 期。

94. 韦红、邢来顺:《国内政治与东盟一体化进程》,《当代亚太》2010 年第 2 期。

95. 赵银亮:《地区主义与东盟的制度变迁相关性分析》,《亚太经济》2006 年第 5 期。

96. 王士录:《东盟合作机制与原则改革的争论及前景》,《当代亚太》2007 年第 8 期。

97. 王玉主:《东盟区域合作的动力(1967~1992)——基于利益交换的分析》,《当代亚太》2006 年第 7 期。

98. 张雪:《东盟发展面临的制约和策略选择》,《亚太经济》2007 年第 2 期。

99. 喻常森、方倩华:《东盟"和平、自由和中立区"战略构想探讨》,《南洋问题研究》2005 年第 2 期。

100. 贾力楠:《东盟冲突管理方式:概念、挑战与变革》,《当代亚太》2014 年第 6 期。

101. 思路:《论东盟的经验及其启示——纪念东盟成立三十周年》,《东南亚》1997 年第 1 期。

102. 陆建人:《"大东盟"及其影响之我见》,《当代亚太》1999 年第 6 期。

103. 马嫚:《东盟成立四十周年回顾》,《当代亚太》2007 年第 8 期。

104. 曹云华:《东盟再认识》,《东南亚研究》2007 年第 4 期。

105. 赵爱国:《东盟内部的离心力与向心力——东盟各国国家利益冲突与协调分析》,《国际论坛》2001 年第 6 期。

106. 朱仁显、何斌:《东盟决策机制与东盟一体化》,《南洋问题研究》2002 第 4 期。

107. 陈寒溪：《"东盟方式"与东盟地区一体化》，《当代亚太》2002年第12期。
108. 李伯军：《论东盟对不干涉原则的突破与发展》，《求索》2007年第12期。
109. 马燕冰：《东盟的成就、问题与前景》，《和平与发展》2008年第1期。
110. 程晓勇：《东盟超越不干涉主义——基于缅甸问题的考察与分析》，《太平洋学报》2012年第11期。
111. 孙志煜：《东盟争端解决机制的兴起、演进与启示》，《东南亚研究》2014年第6期。
112. 王子昌：《国外东盟研究：方法与观点》，《东南亚研究》2003年第1期。
113. 王子昌：《东盟的文化特征意识——东盟意识与东盟的发展（Ⅰ）》，《东南亚研究》2003年第3期。
114. 刘桂兰：《欧盟扩大的地缘政治影响及面临的困难》，《国际观察》2000年第5期。
115. 戴启秀、王志强：《东扩后的欧盟——机遇与挑战并存》，《德国研究》2004年第2期。
116. 白永秀、王泽润：《"一带一路"经济学的学科定位与研究体系》，《改革》2017年2期。
117. 欧阳向英：《构建新型国际关系研究——以中国与吉尔吉斯斯坦关系的地缘政治经济学分析为视角》，《俄罗斯学刊》2018年第3期。
118. 李金叶、随书婉：《"丝绸之路经济带"背景下中塔产能合作研究》，《经济纵横》2016年第7期。
119. 张维维：《中国与塔吉克斯坦共建丝绸之路经济带研究》，《开发研究》2018年第1期。
120. 杨恕、王婷婷：《中亚水资源争议及其对国家关系的影响》，《兰州大学学报》（社会科学版）2015年第5期。
121. 张洪、梁松：《共生理论视角下国际产能合作的模式探析与机制构建——以中哈产能合作为例》，《宏观经济研究》2015年第12期。
122. 徐强：《基础设施项目建营一体化全球态势与中国策略》，《国际经济合作》2015年第10期。
123. 王天津：《"中巴经济走廊"和"中塔自由贸易区"建设刍议——塔什库尔干塔吉克自治县发展的新历史机遇与面临的挑战》，《黑龙江民族丛刊》2015年第2期。
124. 刘旸：《"一带一路"背景下中印贸易合作问题研究》，《产业与科技论坛》

2019 年第 4 期。

125. 金钢：《"一带一路"背景下深化中印经贸合作的动力基础与障碍分析》，《对外经贸实务》2018 年第 6 期。

126. 孙喜勤、代丽：《周边环境与孟中印缅经济走廊建设——第二届"中国—南亚智库论坛"高端访谈》，《东南亚南亚研究》2014 年第 3 期。

127. 陈金英：《莫迪执政以来印度的政治经济改革》，《国际观察》2016 年第 2 期。

128. 代俊：《中国对印度投资现状分析》，《现代商业》2019 年第 26 期。

129. 王金强、王瑞领：《中印两国融入全球价值链的利益诉求差异及影响分析》，《亚太经济》2019 年第 5 期。

130. 刘媛媛、钟敏：《"一带一路"背景下中印贸易发展现状及对策研究》，《物流科技》2017 年第 4 期。

131. 丁红卫：《"一带一路"与"印太战略"在东盟地区的竞争格局》，《区域与全球发展》2018 年第 5 期。

132. 段渝：《南方丝绸之路：中—印交通与文化走廊》，《思想战线》2015 年第 6 期。

133. 宋志辉等：《南方丝绸之路经济带建设及其与"一带一路"的关系》，《南亚研究季刊》2016 年第 4 期。

134. 丁菱、黄凤志：《南亚"一带一路"建设的地缘政治第三方掣肘因素》，《国际研究参考》2019 年第 1 期。

135. 王志民：《西南周边地缘态势与"南方丝绸之路"新战略》，《东北亚论坛》2014 年第 1 期。

136. 夏先良：《构筑"一带一路"国际产能合作体制机制与政策体系》，《国际贸易》2015 年第 11 期。

137. 钟飞腾：《"一带一路"产能合作的国际政治经济学分析》，《山东社会科学》2015 年第 8 期。

138. 熊艾伦等：《"一带一路"与过剩产能转移》，《求索》2015 年第 12 期。

139. 曲凤杰：《从群马模式中突围，构筑新雁群模式——通过国际产能合作建立中国主导的区域产业分工体系》，《国际贸易》2017 年第 2 期。

140. 董千里：《境外园区在"一带一路"产能合作中的新使命及实现机制》，《中国流通经济》2018 年第 10 期。

141. 李晓华：《能力建设导向的包容性国际产能合作》，《经济与管理研究》2019 年第 5 期。

142. 徐婧：《"一带一路"多边合作贸易互补性测度与贸易拓展研究——以中亚主要贸易伙伴国为例》，《上海经济研究》2019年第3期。

143. 初阔林、李洁：《"一带一路"视阈下中国与中亚交通互联的意涵、困境与策略》，《理论月刊》2018年第11期。

144. 李思奇：《"一带一路"背景下中国与中亚五国贸易便利化的经贸效应研究》，《东北亚论坛》2018年第4期。

145. 霍伟东、李萍：《上海合作组织区域经济一体化研究》，《高校理论战线》2013年第3期。

146. 张猛：《上海合作组织自由贸易区：构想及其意义》，《国际经贸探索》2013年第2期。

147. 王维然、陈彤：《关于建立上海合作组织自由贸易区的回顾与反思：2003~2013》，《俄罗斯东欧中亚研究》2014年第6期。

148. 〔俄〕马特维耶夫、钟建平、朱坤华：《上海合作组织战略发展的主要趋势》，《西伯利亚研究》2015年第1期。

149. 李子先等：《推动"上合组织"区域经济一体化，夯实"丝绸之路经济带"基础》，《开发研究》2014年第1期。

150. 张维维、陆珊：《"丝绸之路经济带"建设与吉尔吉斯斯坦的政治和安全形势》，《战略决策研究》2017年第4期。

151. 潘光、张屹峰：《"大中亚计划"：美国摆脱全球困境的重要战略步骤》，《外交评论（外交学院学报）》2008年第2期。

（三）英文参考文献

1. The Commission on Global Governance, *Our Global Neighbourhood*: The Report of the Commission on Global Governance, Oxford: Oxford University Press, 1995.

2. Oran R. Young, *Global Governance*: Drawing Insights from the Environmental Experience, Cambridge: The MIT Press, 1997.

3. Alexander Cooly, *Great Games and Local Rules*: The New Great Power Context in Central Asia, London: Oxford University Press, 2012.

4. Bobo Lo, *Axis of Convenience*: Moscow, Beijing, and the New Geopolitics, Washington, D. C.: Brookings Institution Press, 2008.

5. Oran R. Young, *International Governance*: Protecting the Environment in a Stateless Society, Ithaca: Cornell University Press, 1994.

6. Marc Lanteigne, "Russia, China and the Shanghai Cooperation Organization: Diverging Security Interests and the 'Crimea Effect'", in Blakkisrud, H., Wilson,

Rowe E., *Russia's Turn to the East Global Reordering*, Palgrave Pivot, Cham, 2018.

7. Anthony Mc Grew and David Held, *Governing Globalization: Power, Authority and Global Governance*, London: Polity Press, 2002.

8. Stephen Aris, *Eurasian Regionalism: the Shanghai Cooperation Organisation*, New York: Palgrave Macmillan, 2011.

9. Harry Bayard Price, *The Marshall Plan and its Meaning*, Ithaca: Cornell University Press, 1955.

10. Alyson J. K. Bailes and Andrew Cottey, *Regional Security Cooperation in the Early Twenty-First Century*, SIPRI Yearbook, 2006.

11. Alastair Iain Johnston, *Cultural Realism: Strategic Cultural and Grand Strategy in Chinese History*, Princeton: Princeton University Press, 1995.

12. Raja Mohan, *Modi's World: Expanding India's Sphere of Influence*, Harperhollins Publishers, 2015.

13. Ekaterina Koldunova, Nivedita Das Kundu, *Russian's Role in the SCO and Central Asia: Challenges and Opportunities*, Valdai Discussion Club, December 2014.

14. Stambulov Bredibaevich, "The Main Problems of SCO Enlargement at the Present Stage", *Asian Social Science*, Vol. 11, No. 13, 2015.

15. Galiya Ibragimova, "After 15 years, the SCO Is Ready to Expand", *Russia Direct*, June 30, 2016.

16. Alyson J. K. Bailes, Pang uang, "The Shanghai Cooperation Orgaization", SIPRI Policy Paper, No. 17, 2001.

17. Derek Grossman, "China Will Regret India's Entry into the Shanghai Cooperation Organization", Rand, July 2017.

18. William Piekos and Elizabeth C. Economy. "The Risks and Rewards of SCO Expansion", CFR, July 2015.

19. Rouben Azizian, "China and India in Central Asia: A New 'Great Game'", *Asian Politics & Policy*, Vol. 3, No. 4, 2011.

20. Emilian Kavalski, *India and Central Asia: The Mythmaking and International Relations of a Rising Power*, New York: I. B. Tauris, 2009.

21. Eugene Rumer, "The U. S. Interests and Rules in Central Asia after K2", *The Washington Quarterly*, Vol. 29, No. 3, 2006.

22. Alec Rasizade, "The Specter a New 'Great Game' in Central Asia", *Foreign Service Journal*, Vol. 79. No. 11, Nov. 2002.

23. Subodh Atal, "The New Great Game", *The National Interest*, No. 81, 2005.
24. Pham J. Peter, "Beijing's Great Game: Understanding Chinese Strategy in Central Eurasia", *American Foreign Policy Interests*, No. 28, 2006.
25. Matthew Crosston, "The Pluto of International Organization: Micro – Agendas, IO Theory, and Dismissing the Shanghai Cooperation Organization", *Comparative Strategy*, Vol. 32, No. 3, 2013.
26. Stephen Aris, *Eurasian Regionalism: The Shanghai Cooperation Organisation*, Hampshire: Palgrave Macmillan, 2011.
27. Marcel de Haas, "Time for the EU and NATO to engage with the Shanghai Cooperation Organization", *Europe's World*, No. 10, 2008.
28. Thomas Ambrosio, "Catching the 'Shanghai Spirit': How the Shanghai Cooperation Organization Promotes Authoritarian Norms in Central Asia", *Europe – Asia Studies*, Vol. 60, No. 8, 2008.
29. Jessica T. Mathews, "September 11, One Year Later: A Word of Change", *Policy Brief*, Special Edition 18, Camegie Endowment for International Peace, 2002.
30. Timur Dadabaev, "Shanghai Cooperation Organization Regional Identity Formation from the Perspective of Central Asia", *Journal of Contemporary China*, Vol. 23, No. 85, 2014.
31. Ingmar Oidberg, *The Shanghai Cooperation Organization: Powerhouse or Paper Tiger?* Stockholm: Swedish Defence Research Agency, 2007.
32. Raja Mohan, "Be Aware of Beijing", *The Indian Express*, June 8, 2017.
33. Paul Haenle and Dmitri Trenin, "Shanghai Cooperation Organization at Crossroad: Views From Moscow", Beijing and NewDeli, Carnegie Moscow Center, Russia in the Asia – Pacific, Sep. 6, 2017, http//carnegic.ru/commentary/71205.
34. Alyson K. J. Bailes, "The Shanghai Cooperation Orgaization and Europe", *China and Eurasia Forum Quartely*, Vol. 5, No. 3, 2007.
35. Frederick Starr and Adib Farhadj, "Finish the Job: Jump-Start Afghanistan's Economy", Central Asia Caucasus Institute & Silk Road Studies Program, 2012.
36. Fredrick W. Stakelbeck, "A New Bioc Emerges", The American Thinker, August 5, 2005.
37. Weiqing Song, "Interests, Power and China's Difficult Game in the Shanghai Cooperation Organization", *Journal of Contemporary China*, Vol. 23, No. 85, 2014.
38. Darshana M. Baruah, "India's Silk Route Dilemma", *Asia Policy*, September

16, 2014.

39. Samir Saran, "Seizing the one Belt one Road Opportunity", The Hindu, Feb. 2, 2016.

40. Geethanjali Natara, "Why India Should Jion China's MSR", India Writes Network, April 1, 2018.

41. Vijia Sakhuja, "The Maritime Silk Route and Chinese Charm Offensive", IPCS Article, Feb. 17, 2014.

42. James N. Rosenau, "Governance in the Twenty – first Century", Global Governance: A Review of Multilateralism and International Organizations, Vol. 1, 1995.

43. Blank Stephen, "The Central Asia Dimension of Russian – Chinese Exercises", Central Asia – Caucasus Analyst, Sept. 21, 2005.

44. Muphy Tim, East of the Middle East: The Shanghai Cooperation Organization and U. S. Security Imlpications, Center for Defense Information, 2006.

45. Ariel Cohen, The Dragon Looks West: China and the Shanghai Cooperation Organization, The Heritage Foundation, 2007.

46. Martha Brill Olcott, The Shanghai Cooperation Organization on Changing the "Playing Field" in Central Asia, Testimony before the Helsinki Commission, Septermber 26, 2006.

47. Lo Bobo, Axis of Convenience: Moscow, Beijing and the New Geopolitics, Washington D. C. : Brookings Institution Press, 2008.

48. Germanovich Gene, "The Shanghai Cooperation Organization: A Threat to American Interests in Central Asia?", China and Eurasia Quarterly, Vol. 6, No. 1, 2008.

49. I. E. Denisov and I. A. Safranchuk, "Four Problems of the SCO in Connection with Its Enlargement", Russian Politics and Law, Vol. 54, 2016. .

50. Ibrat Husain, "SCO: An Analysis of Securitization Process of Separatism, Extremism and Terrorism", Our Heritage, Vol. 68, No. 1, 2020.

51. Alexander Frost, "The Collective Security Treaty Organization and the Shanghai Cooperation Organization, and Russia's Strategic Goals in Central Asia", The China and Eurasia Forum Quarterly, Vol. 7, No. 3, 2009.

52. Yanling Zhou, "Discussion on the Development of Sino – Russian Economic and Trade Cooperation Against the Background of 'the Belt and Road Initiative'", Advances in Social Science, Education and Humanities Research, ICCESE,

Vol. 310, 2019.

53. Wolfgang Zank, "The Eurasian Economic Union: A Brittle Road Block on China's "One Belt – One Road" – A Liberal Perspective", *Journal of China and International Relations*, Vol. 5, No. 1, 2017.

54. Galiia Movkebaeva, "Energy Cooperation Among Kazakhstan, Russia, and China within the Shanghai Cooperation Organization", *Russian Politics and Law*, Vol. 51, No. 1, 2013.

55. Abdul Rab and Zhilong He, "China and Shanghai Cooperation Organization (SCO): Belt and Road Initiative (BRI) Perspectives", *International Journal of Humanities and Social Science*, Vol. 9, No. 2, 2019.

56. Charter of the ASAN, Preamble, Singapore, November 20, 2007.

57. Tanja Marktler, "The Power of the Copenhagen Criteria", *Croatian Yearbook of European Law and Policy*, 2006.

58. Alan Collins, *The Security Dilemmas of Southeast Asia*, St. Martin's Press, LLC., 2000.

59. Viljar Veebel, "Relevance of Copenhagen Criteria in Actual Accession: Principles, Methods and Shortcomings of EU Pre – accession Evaluation", *Studies of Transition States and Societies*, Vol. 3, No. 1, 2011.

60. Wade Jacoby, "Tutors and Pupils: International Organizations, Central European Elites, and Western Models", *Governance*, Vol. 14, No. 2, 2001.

61. Heather Grabbe, *The EU's Transformative Power, Europeanization through Conditionality in Central and Eeastern Europe*, New York: Palgrave Macmillan, 2006.

62. Barbara Sloan, *Regular Report on Romania's Progress towards Accession*, 9 Oct. 2002.

63. Heather Grabbe, "How does Europeanisation Affect CEE Governance? Conditionality, Diffusion and diversity", *Journal of European Public Policy*, Vol. 8, No. 6, 2001.

64. EU Accession Monitoring Programme, *Monitoring the EU Accession Porcess: Corruption and Anti – corruption Policy*, Budapest: Open Society Institute, 2002.

65. G. John Ikenberry and Charles A. Kupchan, "Socialization and Hegemonic Power", *International Orgaization*, Vol. 44, No. 3, 1990.

66. Jeffrey T. Checkel, "International Institutions and Socialization in Europe: Introduction and Framework", *International Orgaization*. Vol. 59, No. 4, 2005.

67. Joseph Y. S. Cheng, "The Shanghai Cooperation Organisation: China's Initiative in Regional Institutional Building", *Journal of Contemporary Asia*, Vol. 41, No. 4, Novermber 2011.

68. Thomas Ambrosio, "Catching the 'Shanghai Spirit': How the Shanghai Cooperation Organization Promotes Authoritarian Norms in Central Asia", *Europe Asia Studies*, Vol. 60, No. , 2008.

69. Joseph. Nye, *International Regionalism*, Boston: Little Brown & Co. , 1968.

70. Sekiguchi Sueo and Noda Makito, *Road to ASEAN – 10: Japanese Perspectives on Economic Intergration*, Singapore: Institute of Southeast Asian Studies, 1999.

71. Bilveer Singn, *ZOPFAN & the New Security Order in the Asia – Pacific Region*, Malaysia Eagle Trading Sdn Bhd, 1992.

72. Heiner Hanggi, *ASEAN and The ZOPFAN Concept*, Singapore: Chongmoh Offset Printing Pte Ltd, 1999.

73. Amitav Achaya, "Culture, Security, Multilateralism: The 'ASEAN Way' and Regional Order ", in Keith R. Krause, *Multilateralism*, *Arms Control and Security Building*, London: Frank Cass, 1999.

74. The ASEAN Declaration (Bangkok Declaration of ASEAN), Bangkok, August 8, 1967.

75. Mely Caballero Anthong, "Mechanisms of Dispute Settlement: The ASEAN Experience", *Contermporary Southeast Asia*, Vol. 20, No. 1, 1998.

76. Hymers, H. , *The International Operations of National Firms: A Study of Direct Foreign Investment*, Cambridge, Massachusetts: The MIT Press, 1976.

77. Dunning, J. C. , *International Production and the Multinational Enterprise*, London: Allen & Unwin, 1981.

78. Kate Kely, "Industry Location and Welfare hen Transport Costs are Endogenous", *Journal of Urban Economics*, Vol. 65, No. 2, 2009.

79. Yao, S. and Wang, P. , "Has China Displaced the Outward Investments of OECD Countries?", *China Economic Review*, Vol. 28, No. 1, 2014.

80. Bjorvatn, K. and Coniglio, N. D. , "Big Push or Big Failure? On the Effectiveness of Industrialization Policies for Economic Development", *Journal of the Japanese International Economies*, Vol. 26, No. 1, 2012.

81. Shaw, M. P. and Yeoh, C. , "Singapore's Overseas Industrial Parks", *Regional Studies*, Vol. 34, No. 2, 2000.

82. Yeoh, C. and Leong, A. L. , " 'Created' Enclaves for Enterprise an Empirical Study of Singapore's Industrial Parks in Indonesia, Vietnam and China", *Entrepreneurship & Regional Development*, Vol. 17, No. 6, 2005.

后 记

2011年秋，圆满完成援疆任务后，我被调任中国社会科学院俄罗斯东欧中亚研究所党委书记、副所长，2012年开始担任上海合作组织黄皮书——《上海合作组织发展报告》的主编，光阴似箭，一晃10年即将过去。我对上合组织的持续研究可用一个短语来描述，即"十年磨一剑"。实际上，我对上合组织的关注和思考是从2009年开始的，2009年，我作为中央组织部第六批援疆干部，赴新疆生产建设兵团担任第十一师党委常委、副师长，2009年新疆发生"7·5"事件，2010年中央召开第一次新疆工作座谈会，会上明确提出，新疆要实现跨越式发展和长治久安。3年后，2014年中央第二次新疆工作座谈会明确提出，新疆要保持社会稳定和长治久安。新疆和西部地区的安全成为党中央的首要关切，新疆生产建设兵团作为特殊的社会组织，长期以来在维护新疆社会稳定方面发挥了不可替代的作用。

从国际视角看，苏联解体后，2001年成立的上海合作组织在促进中国与其他成员国共同打击"三股势力"方面发挥了重大作用。对于中国而言，上合组织的首要任务是维护中国西部安全与稳定，构建中国与中亚国家和俄罗斯的睦邻友好带、安全稳定带和经济合作带。在援疆期间，新疆地区如何与中亚国家加强经贸合作，中国如何与上合组织其他成员国加强安全合作，如何巩固我国西部安全与稳定，成为我思考的主要问题。作为对新疆生产建设兵团经济社会发展问题的系统思考，促使我在2011年首先出版了《援疆实践与思考》一书，该书主要侧重对新疆生产建设兵团经济社会发展问题的理论思考和实践探索。

出于对我国新疆和西部安全持续研究的兴趣，在此之后，我开始深入思考上合组织的安全合作与经济合作问题，尤其是在上合组织框架下如何促进中国西部安全和地区安全，如何促进中国与周边中亚国家的经济贸易合作，如何促进新疆地区与中亚国家的经济社会共同繁荣与发展等问题。我以中国与上合组织的关系为关注的重点对象，逐步向外延伸思考。比如，第一层次是中国与中亚国家哈萨克斯坦、吉尔吉斯斯坦、塔吉克斯坦和乌兹别克斯坦的关系，中国与俄罗斯的关系；第二层次是上合组织成员国之间的合作与互动关系；第三层

后 记

次是上合组织与其他国际组织的关系以及外部区域环境与国际形势对上合组织的影响。在这样三个层次问题分析的基础上，每年我在撰写上合组织发展报告的总报告时，一般也按照从宏观到微观三个层次来进行阐述与分析。首先，对上合组织区域与国际形势进行综合的判断与分析；其次，对上合组织面临的内外部问题与挑战以及面临的发展新机遇进行深入分析，包括成员国内部互动与外部互动涉及的热点问题等；最后，就如何解决上合组织内部问题或化解面临的风险和挑战提出对策与建议。这样的思考与写作范式我坚持了近10年，因此，对上合组织的自身发展问题、面临的挑战和发展机遇已经有了多年思考和积累。从2015年开始，我对上合组织的发展历程进行了系统梳理，对扩员问题进行深入探讨与思考，对上合组织如何吸取东盟扩员的经验与教训进行了深入思考，并陆续在《俄罗斯东欧中亚研究》《俄罗斯学刊》《欧亚经济》等期刊发表了几篇论文。2017年我出版了《上海合作组织15年：发展形势分析与展望》专题智库报告，在此基础上，我在2017年又给自己确定了一个学术研究目标，即在上合组织成立20年之际应该对上合组织进行全面的总结与思考，争取出版一本对上合组织问题思考比较系统和比较全面的专著。在接下来的3年时间里，我不断收集查阅相关资料，持续思考和写作，我夜以继日，利用周末和节假日，尤其是充分利用2018年秋天在中央党校学习的2个月和2020年初新冠肺炎疫情暴发后在家防疫的4个月，终于完成了既定的学术研究目标。现在呈现在各位读者面前的这本书正是我3年前期望的学术成果。

在本书稿写作与资料收集的过程中，得到中国社会科学院俄罗斯东欧中亚研究所中亚研究室主任张宁研究员的大力支持。全国政协委员、中联部原副部长、中国人民争取和平与裁军协会副会长于洪君先生对本书稿提出了宝贵的修改意见并专门作序，在此深表谢意。在书稿的评审期间，国务院发展中心欧亚研究所副所长赵常庆研究员，中国上合组织研究中心顾问、国际问题战略专家王海运将军，中国现代国际关系研究院、国务院发展研究中心欧亚社会发展研究所上合组织研究室主任许涛研究员，中国社会科学院俄罗斯东欧中亚研究所中亚研究室原主任吴宏伟研究员等对本书稿提出了许多建设性的修改意见和建议。中国上海合作组织研究中心秘书长邓浩研究员，中国社会科学院俄罗斯东欧中亚研究所所长孙壮志研究员、副所长孙力研究员，中国人民大学－圣彼得堡国立大学俄罗斯研究中心副主任王宪举研究员，中国社会科学院学部委员、中国社会科学院世界政治与经济研究所所长张宇燕研究员，中国社会科学院学部委员、中国社会科学院边疆研究所所长邢广程研究员也对本书稿提出了宝贵的修改意见，在此深表谢意。本书修改的过程是与同行学者进行学术交流与争鸣的过程，也是向同行学者专家学习的过程，在此一并表示感谢。在书稿的数据统计和图表整理方面，博士研究生顾楠轩投入了大量的时间和精力，在此表示衷心感谢。本书出版得到社会科学文献出版社祝得彬、张苏琴、葛军等诸位编辑的大力支持，在此深表谢意。

最后，需要指出的是，由于本人的学术积累、学术研究水平有限，书中难免存在一些不足之处，敬请各位同行学者、专家批评指正，希望该书出版能够带动更多的学者、专家投入上合组织的学术研究之中，谨以此书献给上合组织成立20周年。

作者于北京海淀逸成东苑

2021年3月18日

图书在版编目(CIP)数据

上海合作组织 20 年：成就、挑战与前景 / 李进峰著 . -- 北京：社会科学文献出版社，2021.7
 ISBN 978 - 7 - 5201 - 7818 - 1

Ⅰ.①上… Ⅱ.①李… Ⅲ.①上海合作组织 - 概况 Ⅳ.①D814.1

中国版本图书馆 CIP 数据核字（2021）第 123381 号

上海合作组织 20 年
——成就、挑战与前景

著 者 /	李进峰
出 版 人 /	王利民
责任编辑 /	张苏琴　仇　扬

出　　版 / 社会科学文献出版社·当代世界出版分社（010）59367004
　　　　　 地址：北京市北三环中路甲 29 号院华龙大厦　邮编：100029
　　　　　 网址：www.ssap.com.cn
发　　行 / 市场营销中心（010）59367081　59367083
印　　装 / 三河市东方印刷有限公司

规　　格 / 开　本：787mm × 1092mm　1/16
　　　　　 印　张：26.5　字　数：486 千字
版　　次 / 2021 年 7 月第 1 版　2021 年 7 月第 1 次印刷
书　　号 / ISBN 978 - 7 - 5201 - 7818 - 1
定　　价 / 168.00 元

本书如有印装质量问题，请与读者服务中心（010 - 59367028）联系

▲ 版权所有 翻印必究